U0142424

所有人的正義
JUSTICE FOR ALL
法務部廖正豪前部長
近年法制論文集

廖正豪　著

序

　　我自小就養成讀書和寫作的習慣，小學及中學階段，喜歡閱讀歷史章回小說，景仰英雄人物，尤其對於除暴安良、濟弱扶傾、伸張正義、維護人權之先聖先賢，心更嚮往之。高中時即確定以研究及推動法律爲終身志業，報考大學遂以法律系爲唯一志願，並以第一志願進入台大法律學系就讀。大學及研究所階段，就有不少法學論著及譯述，我的台大法律碩博士指導恩師韓忠謨教授，曾經期待我專注投入學術研究，但是因緣尚不俱足，讓我在大學研究所中，除了學術又兼做實務，細數此十餘年間，亦有數十篇著作及譯述發表，及自1979年至1998年之二十年公職期間，包括推動解除戒嚴、開放黨禁、報禁，中央民意代表退職、地方自治法制化，以及改善社會風氣及治安等對台灣民主法治奠基及社會轉型之五大革新事項，時任行政院第一組組長的我，無役不與，諸多方案政策以及法律，甚至於法律案之法案總說明或逐條說明等，皆爲我的手跡，而次第完成此等重大艱鉅之改革工程。此段時間，著作不計其數，惟均錄入政府文書，載入歷史，不知凡幾，又經公職之最後階段，在調查局長及法務部部長任內，推動掃除黑金，重建社會價值，而規劃甚多方案、政策、計畫等，當然也有不便公諸於世之處，但我對於此一階段之歷練以及對社會之些許貢獻，總是心存滿足、感恩及回饋之心。

　　1998年我辭卸公職回歸民間，在三所法律研究所授課，作育英才，更組織向陽公益基金會，創辦向陽中輟生學園，帶領身心障礙人士，從事社會公益活動，促進兩岸交流，所爲者，純屬民間性質之建設社會安全之基礎工作，亦更從實務與理論

整理思緒，漸成體系。驀然回首，確認從出生環境、家庭、學校所學，社會所做，公務推行，以至於離開公職所推動之事項，均係在於建構大眾正義之社會公平、公正基石，因此乃將2006年迄今十年的專題論文中之十八篇彙編成冊，分為法治建設與司法改革、刑法、刑事訴訟法、刑事政策四大部分，提出完整的論述，與司法理論及實務界互勉互勵，共同推動，以期提高司法信賴度，建立司法威信，達成司法為民之目的。尤其殷切期盼司法除了解決個案之問題，更能建構從被告、被害人權益之保障，公平正義之維護，進而建立起整個社會公平正義，亦即實現所謂「所有人的正義（Justice For All）」。

我對「所有人的正義」之瞭解與推動，是本於社會是大家的，全民應共同關心自己生活周遭所發生的任何問題，有福同享，有難同當，互相愛護，互相扶持，是以對於屬於社會之惡之犯罪，即應共同面對，籌謀對策，而我從實務及理論形成與確立之體系，即自以往懲罰主義之時代進入我擔任法務部部長時所引進的「兩極化刑事政策（後改稱為「寬嚴並進的刑事政策」）」。兩極化刑事政策的要旨在於「重者恆重，輕者恆輕」八個字，而中間仍有極大部分，是屬於中間刑事政策所照顧之對象，其處罰原則即屬「輕重適當」之範圍。兩極化刑事政策之進一步，即進入「修復式司法」，旨在建立社會之和諧與安定為終極目標。基本上不論應報刑主義、教育刑主義、兩極化刑事政策，或修復式司法，所欲達成之目的均屬同一，即在創造社會的公平正義，也就是除了被告之人權保護以外，應注意及保障被害人，更應維護整個社會的公平公正，也就是落實了所有人的正義。

綜合言之，本論文集定名為「所有人的正義」，有以下原

因：

　　其一，我出生在嘉南平原的中心，一個偏僻的鄉下農村—嘉義縣六腳鄉潭墘村，具有農家子弟樸實堅毅、刻苦耐勞的本性，父親受日據時代高等教育，算是士農工商兼具之鄉下仕紳，擔任過第一屆至第四屆鄉民代表，並曾任六腳鄉會理事，在地方上一言九鼎，為鄉民排難解紛，主持正義。我耳濡目染，受其身教與言教甚多，對我工作有莫大的幫助，我的個性來自父親的擇善固執，也來自母親的慈悲喜捨，能有一點成就，最感恩的是偉大的雙親。這也是我追求及推動「所有人的正義」的主要動力源頭。

　　其二，我在任何崗位，都能本於嫉惡如仇、是非分明的堅持，又能以民胞物與、寬容大度的態度，推動相關工作，故能契合民心，亦能得到更多的支持。尤其在法務部服務期間，推動掃黑除暴、檢肅貪瀆、打擊犯罪的工作之外，並推動被害人及證人之保護、獄政改革等。尤其為掃黑政策之落實，我促成「組織犯罪防治條例」立法，採行積極手段，懲罰重大犯罪，並對隨從之眾，予以輔導轉業，開展了「兩極化刑事政策」，奠定我國刑事政策之基礎，目的無非在於實現「所有人的正義」。而其過程則需由兩極化刑事政策及修復式司法，始能竟其功。

　　其三，我非常認同2002年英國司法改革白皮書以「所有人的正義（Justice For All）」為標題，詳述英國司法改革之背景、宗旨、重點、步驟與目標，而其最重要者則在於被告、被害人與社會三方面之兼籌並顧，此一思維與我在法務部部長任內（1996~1998）所規劃及推動之政策完全符合，茲又可從論文集之內容得知我對於「所有人的正義」之肯定與推動之用

心。

　　其四，1998年7月，因為當年行政院不支持我的掃黑政策，毫無理由悍然否決我成立國家犯罪研究院之建議，我即宣布辭去法務部部長工作。離開公職後，對於國家社會之關愛未曾稍減，乃即組成向陽公益基金會、創辦中輟生學園，研擬改善社會治安之刑事政策，並成立海峽兩岸法學交流協會，推動兩岸交流，秉持在法務部推動之信念，持續發揚社會公平正義之理念，與大家一起關心家園及在此生活的同胞，以共同創造公平正義的社會為己任，部分程度實現了在法務部推行的「所有人的正義」之理念。

　　本論文集之完成與出版，要特別感謝廖其偉、吳佶諭兩位賢棣蒐集彙整資料，許福生教授協助整理順序，五南出版社負責編排校對與印務，小女尉均負責編務，至為辛勞，尤其是結褵四十六載的內人廖林麗貞女士，對我無怨無悔的支持與扶持，是我最重要的力量。各服務單位同仁的努力協助，與社會各界的愛護，讓我更有勇氣更加努力，在此一併表示感謝。

　　至祈本論文集的發行，是發展「所有人的正義」的一個重要開端，我願意以最虔誠的心情，以野人獻曝的態度，做拋磚引玉的工作，希望引起更多人對於「所有人的正義」的注意與關懷，推動更多的研究與討論，也希望政府實施更多有益社會民生的政策與方案。十八年前擔任法務部長時，我憂心台灣社會治安之敗壞，爭取仿照日本已經運行半個多世紀，對日本全國治安改善貢獻卓著的國家級「綜合犯罪研究所」，在台灣設置國家級的犯罪防治綜合研究院，整合內政、司法、法務、社會、福利、醫療衛生等政府部門及專家學者，對犯罪現象、犯罪抗制以及其他事項提出整體而有效的對策，但因為我在法務

部長任內掃黑過於積極澈底，引起了當權人士的不滿，多方阻撓我的工作，當時此一建議迭次遭受行政院的悍然拒絕。最近社會發生多起慘無人道的重大案件，治安事件頻傳，引起大家對犯罪防治研究的重視，我也念茲在茲的再度呼籲，為實現社會正義，應儘速成立此一國家級的犯罪防治研究機構，必能對社會治安有重大的貢獻，更能擴大影響力，則無論分配正義、居住正義、轉型正義等正義，即「所有人的正義」均可落實，公平正義幸福安康的社會，即可實現。

廖正豪

2016.03.30

廖正豪先生簡歷

　　廖正豪先生，1946年生，台灣省嘉義縣人，國立台灣大學法學士、法學碩士、法學博士，日本國立東京大學研究，美國史丹佛（Stanford）大學訪問學者，曾任中華民國第十二任法務部部長（1996年～1998年）。

　　南台灣長大的廖正豪先生，個性質樸敦厚，極富正義感，對於社會不公、不義的情形，始終懷抱「濟弱扶傾，除暴安良」的使命精神。廖先生於高中時期便已立定志向，以服務社會、實現正義之法律為終身職志，其後亦順利以第一志願考取國立台灣大學法律系法學組。廖先生的成就不凡，曾創造台灣多項第一的紀錄。大學時期參加多項國家考試，均名列前茅：大二高考司法官及格，以二十歲之齡成為全國最年輕的司法官，至今仍維持此一紀錄；大三考取留學日本資格；大四考上律師；其後更成為全國第一位文人法務部調查局局長、最具民間聲望的法務部部長等，表現出其卓越的學識才能。

　　大學畢業後，廖正豪先生順利考取國立台灣大學法律研究所，一邊修習碩、博士課程，一邊開始執業擔任律師，並於取得碩士學位後，以二十六歲之齡，開始在中央警察大學、中國文化大學、東吳大學、東海大學、國立中興大學、法務部調查局訓練所等大學及研究單位擔任教職，作育英才。廖先生執業十年期間，為全國排名前十名之律師，後因友人力邀，毅然放棄收入優渥的律師生涯，投身公職，服務廣大民眾。

　　二十年的公職生涯中，廖正豪先生曾任台灣省政府地政處主任秘書、行政院法規會參事、台灣省政府主席辦公室主任、

台灣省政府法規暨訴願委員會主任委員、行政院第一組組長、行政院新聞局副局長、行政院顧問、行政院副秘書長、法務部調查局局長、法務部部長。廖先生於服務台灣省政府期間，規劃辦理台灣省農村土地重劃及市地重劃、促進地方發展、整理台灣省法規、推動法治下鄉工作；於行政院服務期間，規劃辦理解除戒嚴、開放黨禁、中央民意代表退職、地方自治法制化、改善社會治安與社會風氣等重大事項，並為因應巨大時代變革，制訂相關政策及法令規章，對台灣民主化、法制化、現代化與多元化之發展，有重要貢獻。

廖正豪先生擔任行政院新聞局副局長時，多次代表中華民國與美國就侵犯著作權之報復法案——「301條款」，進行智慧財產權保護之談判，其表現使對手深深折服，維護國家及人民之利益；於行政院副秘書長任內，一本「人溺己溺、人飢己飢」之心，為民眾解決許多問題。因表現優異，能力非凡，獲任命為第一位台籍文人法務部調查局局長，任內積極推動依法行政，使調查局成為「國家的調查局」、「人民的調查局」、「大家的調查局」。並積極推動反毒、查賄、肅貪，加強掃蕩經濟犯罪、偵辦多項重大弊案，績效卓著，隨即被拔擢為法務部部長。

廖正豪先生就任法務部部長後，不計個人安危，不畏艱難險阻，大力掃除黑金，整頓台灣治安，檢肅流氓黑道，重建社會價值，主導推動組織犯罪防制條例、犯罪被害人保護法、證人保護法之立法，嚴格依據法律規定，執行台灣治安史上最有名之治平專案與綠島政策，使黑道首腦聞風喪膽，紛紛走避海外，締造97%的民意支持度。同時秉其深厚之法學素養，全面檢討刑事政策，奠定台灣刑事法之基礎，其後至今台灣二十年

來的刑法、刑事訴訟法相關法規修正，以及整體刑事司法之方向，仍大體上依循他在法務部任內所訂立的兩極化刑事政策。除了打擊犯罪，掃蕩黑金，廖先生亦重視矯正之功能，改革獄政及假釋制度，其有魄力又具遠見之作為，至今仍對台灣影響深遠，並屢受國外政府與相關單位重視。因其正義形象深入人心，民間乃稱之為「掃黑英雄」，更有媲美中國古代名人包公公正無私之美譽──廖青天。

廖正豪先生於1998年7月辭卸法務部長職務，辭職時聲明謝絕任何安排，並宣告「美好的仗，我已打過。」「凡走過的必留下痕跡。」「我來自民間，回到民間；來自社會，回到社會；來自家庭，回到家庭。」謝絕一切黨、政、企業、律師事務所等職務之邀請，完全回歸教育與公益，即所謂「裸退」，迄今仍堅守此一原則，開創風氣之先，傳為佳話。

廖正豪先生現在是中國文化大學、銘傳大學講座教授、國立台北大學法學研究所兼任教授，離開公職之後，基於對台灣人民之大愛，為繼續奉獻斯土斯民，乃於民間創辦財團法人向陽公益基金會，以實現其犯罪防制之一貫理念，從事法治教育推動、研擬治安改善政策、設立中輟生中途學校、協助輔導更生人等實際工作，並領導社團法人海峽兩岸法學交流協會、財團法人刑事法雜誌社基金會、中華民國身心障礙者藝文推廣協會、財團法人泰安旌忠文教公益基金會、社團法人國際尊親會、社團法人台灣犯罪被害人人權服務協會、中華民國道教總會、中華民國博遠文化經濟協會、中華民國化石礦物協會、中華民國專案管理協會、中華民國就業服務協會、台北市嘉義同鄉會等各民間團體，足跡遍及海內外。卸任公職後的廖先生，秉著一貫為民服務的熱忱，發揮其在民間所具有相當大的影響

力及號召力，投身於公益事業，在文化、教育、殘障、青少年
等各個弱勢領域，帶領有志之士服務人群，盡一己之力整合社
會資源，希冀能創造人民福祉、建設美麗寶島。

　　廖正豪先生爲促進兩岸和平不遺餘力，於2002年曾獨力接
洽、主導籌畫大陸特級國寶——陝西省法門寺珍藏二千餘年之
釋迦牟尼佛指骨眞身舍利來台巡禮，創下兩岸交流史上最多人
次參與之空前絕後紀錄。2010年廖正豪先生再將法門寺地宮唐
代皇家敬獻佛指舍利之文物，請來台灣展出半年。廖先生因法
務部部長任內之輝煌表現及深厚的法學素養，於國際間受到相
當推崇，屢次舉辦兩岸重要法學論壇與研討會，協助立法與司
法實務問題，對兩岸法治建設貢獻卓著，並獲聘爲北京大學、
吉林大學、廈門大學、華東政法大學、西北政法大學、南昌大
學等大陸知名高校榮譽客座教授，經常受邀至國際知名學府及
重要活動發表演說。廖正豪先生以其正義形象、高尚人格、豐
富學養與卓越遠見，極受人民愛戴與尊敬。

目錄

第一編

法治建設與司法改革

1

健全法治　司法為民[*]

壹、前言

　　歷史的遞嬗，時代的巨輪不斷快速的往前推進，人類從穴居野處，私相報復；發展到成立政府，制定典範規章，設官分職，為人民服務；而人與人的相處，則互相保護與尊重，任何紛爭，亦都由相關部門定分止爭，是由野蠻進入文明。政府的目的，也就在於為民服務，苦民所苦，樂民所樂。此一發展與變化，以最近數十年最為快速而有效率，吾人躬逢其盛。本人有幸參與了與台灣經濟發展息息相關之「土地改革」、「家庭即工廠」、「富麗農村」、「經濟建設」等社會基礎建設相關工作的推動。也參與了「解除戒嚴」、「開放黨禁」、「地方自治法治化」等法治改革的重大工作。尤其是對台灣的法制建設，本人更是從擔任台灣省政府法規

[*] 2010年7月29日於「第二屆海峽兩岸司法實務研討會」（福州）主題演講。

委員會兼訴願審議委員會的主任委員，以至行政院第一組組長、行政院顧問、行政院副秘書長、調查局局長、法務部部長，均為負責台灣法制建全的重要職務，於此工作期間更能主導或協助台灣民主化與法治化的重要工作。對於這些際遇，本人深感榮幸。

多年工作經驗的累積，本人認為，政府存在的目的，是在於為民眾解決問題，亦即苦民所苦；也是本於為民眾創造更多的幸福，就是樂民所樂；所以要為民眾的安居樂業設想，這是自古以來不能改變的道理。所以本人在擔任公務員的時候，就提出戒石銘的十六個字「爾俸爾祿，民脂民膏，下民易虐，上天難欺」來與所有同仁互相勉勵。

其實人民寄望於法治建設的，無非在於（一）健全的法律制度：也就是完美良善的立法；（二）人人知法守法：也就是法律真正落實到民間社會，上下一體遵守不渝；（三）澈底執行法律，制裁不法，保障合法。人民的要求不高，政府應該戮力達成人民此一願望。

本人認為要達成此一目標，就是要時時處處以民為念，這也是英國司法部2002年提出的司法改革白皮書所標榜的「所有人的正義」，此一概念的主要內容，藉由所有人的正義之概念，而讓公平正義普遍彰顯於全世界，我們身為具有悠久歷史中華文化的兒女，亦為兩岸司法從業人員，更應在此時刻，以「健全法治，司法為民」作為終身的職志。

貳、台灣的法制建設

一、概說

法治國觀念在現今法治社會中，雖然人人琅琅上口，但若且將時空推移向前，恐非必然得出相同結果。台灣的法治建設，無論是現行的法制規模，抑或人民法治觀念，目前都已蔚為東亞的法律文化先驅，但這些成果，並非憑空拾得，都是先人篳路藍縷所擘畫出的法治理想，且逐步成就。當中歷程艱辛，卻也有許多歷史因素的偶遇，造就今日的規模。因

此，本文擬先就台灣的法律傳統、法律體系、法制現況以及行政的革新等面向，次第介紹，勾稽台灣法制的輪廓樣貌，藉以形塑司法為民的根基。

二、台灣的法律傳統

台灣歷經多源法律體制的植入，當中除原已既有的原住民法之外，曾歷經傳統西方法律、傳統中華法律、日治時期的近代法律以及近代中華法律等法律體系的交錯移植[1]，因此承襲了多元的法律精神與傳統。在法律近代化的表現上，實質上是一個特殊的法律近代化歷程。歐陸國家以將近三個世紀的啟蒙而辛苦建立的法律體系，在台灣卻是在一世紀裡完成[2]。

大抵上台灣法律文明的遞嬗，可以分為幾個時期：以原住民法為開端；首先是1624年以降，荷蘭人與為時較短的西班牙人，在台灣分別施行的傳統西方法之法律措施；1661年鄭成功將傳統中華法律體系帶入，此一狀況一直持續影響到1895年為止；1895年至1945年的日治時期，為引進近代化法律的開始，而1945年迄今，則是近代中華法律體系的舞台[3]。因此可見台灣的法律傳統，曾是多元文明強行介入的產物，也造就今日快速近代化的結果。

綜觀台灣法律的傳統，由於承襲多源文明，自然呈現多元的特色，學者[4]歸納有如下特色：

一是濃厚的中華法律觀念，在日治時期以前，傳統中華法律事實上運作了近兩個世紀，許多的觀念，即在當時建立。例如：對於禮教觀念維持，有很深的著力，刑事實體法中，對於直系血親尊親屬犯暴行的加重處罰規定，現今仍存於現行法中；女性無繼承權的觀念，也是一例，此觀念不僅受到荷蘭人、日本人等的尊重，甚至同化了部分與漢人較有接觸的原住民族，改變了部分母系社會的原住民族觀念，一直到近代中華法律進入

---

[1]　王泰升，台灣法律史概論，頁9-11，元照出版，2004年9月2版。

[2]　王泰升，前揭註1，頁116。

[3]　王泰升，前揭註1，頁9-11。

[4]　王泰升，多源而多元的台灣法——外來法的在地化，當代第220期，頁14-22，2005年12月1日。

台灣才結束[5]。而司法審判的特色中，對於發現真實的觀念[6]，更是根深蒂固，也相當程度依賴類似糾問式的訴訟體制，直到晚近才有所修正。

二是受到日本法制的深厚影響，例如：最高限額抵押權的承認，進而立法明文[7]，即源自於日本自身所發展出之「根抵當」觀念[8]；而戶籍制度的落實，更是日治時期（1906年）所建置；更重要者，當時日本本土的法律近代化運動，間接的基於統治需求，影響了台灣的法律制度相當深刻。學者形容，此乃西方近代法披著「日本法」的外衣，隨著日本尖刀踏入台灣[9]。

三是西方文化的折衝，西方在啟蒙後的近代法制，透過日本的近代化歷程，進入台灣。而1945年，經過近代化之中華法律制度也進入台灣。不獨歐陸法系的折衝，甚至在英美法制的概念，也漸次局部的進入台灣。例如：以權利為本位的法律體系、近代的訴訟制度建立、設立專職審判的司法機關等等，都是前所未有的概念。當然，在適用之初，並非都能順遂推展，也曾有人民對於權利概念的薄弱；以及礙於禮教觀念，對於權利行使的退卻等問題[10]。

正因台灣法律的傳統是多元的成長，其內涵的複雜性更勝於單一來源的法律體系，導致不論是法律實務的適用，或是法律學者的論證解釋，都不得不更詳加探究法律背後的成因，進而影響了法律適用與法學思維的澎湃發展。而對於不同法律體系的內化，更有著東亞各文明所無法比擬的適應能力，此乃基於多元傳統特性使然。

渡過法律文化強行移植的階段之後，台灣法律制度的建設，進入較

---

[5] 王泰升，前揭註4，頁14-15。

[6] 王泰升，前揭註1，頁50-51。

[7] 最高限額抵押權在未明文規定前，向來透過司法實務之判例的承認來運作，直到2007年3月28日民法物權編修正，始將最高限額抵押權明文化。

[8] 王泰升，前揭註4，頁19。

[9] 王泰升，前揭註1，頁119。

[10] 馬漢寶，法律、道德與中國社會的變遷，收於氏著，法律與中國社會之變遷，頁8-10，作者自版，1999年10月。

為成熟的層次，開始思考現有的法律制度，是否有在地化的條件；甚至在繼受新觀念時，也開始思考在地文化的需求。而正由於上述的多元傳統使然，台灣將法律制度在地化的適應能力與反省能力，均優於東亞各文化，則是另一層次的法律傳統。

三、台灣的法律體系

由於多源性法律文明繼受的背景，台灣的法律體系，也在繼受過程中逐步確立。目前所使用的，是近代中華法律體系，大略建置完成於1930年代左右，當時國民政府時期逐步頒布各法典，確立六法的概念，其內容之沿革，約可追溯至清末沈家本、民初北洋政府與廣州軍政府所研擬的各項法規[11]。但當時的台灣，卻是施行著近代日本法的體系，台灣社會因受殖民統治，反而熟悉於近代法體制的運行[12]。1945年，兩個形式上不同的法律文明在台灣相逢，卻意外出現法社會連續的現象，究其原因，在於相當多的法制內容，都以德國立法例為基礎，諸如戶籍、土地登記制度等[13]，使制度的接軌較為順遂，也讓人民在轉換期間對於法律制度的認知，不致於有過大的偏差，進而使法律體系的建立與修正更加迅速。

繼受了大陸法系的法律體系，法典的規模可大致分為憲法、行政法、民法、刑法、民事訴訟法與刑事訴訟法，並且採行民商合一的體例，建立民商統一法典。

民法典建立在五編體制之下，自1929年起，陸續公布施行總則、債編、物權、親屬、繼承等五編條文，其體例以德國民法為骨架，兼採瑞士及日本民法，建構法律行為的方法論體系；制度面則有行為能力、物權行為無因性與土地登記等建設[14]。其中以權利為主軸的體例，改變傳統以義

---

[11] 黃源盛，中國法律文化的傳統與蛻變，收於氏著，法律繼受與近代中國法，頁34，黃若喬，2007年3月改訂初版。

[12] 王泰升，前揭註1，頁120。王澤鑑，民法五十年，收於氏著，民法學說與判例研究第五冊，頁8，王慕華，2002年3月。

[13] 王泰升，前揭註1，頁123。

[14] 王澤鑑，前揭註12，頁5。

務為本位的觀念；而強調平等的個人觀念，也與傳統禮教觀念有異。

　　刑法典的建立則是在1934年確立，1928年所公布的舊刑法，實質上已擺脫清末「暫行章程」與民初「暫行新刑律補充條例」等維護傳統帝制禮教的規定[15]，清末的禮法之爭，也已非重點。1934年所新訂，1935年7月1日施行，經歷次修正沿用至今的現行刑法典，更是兼採德、日兩國的刑法修正草案，開始重視主觀主義與社會防衛思想。廣納人權保障、法益保護的觀念。

　　行政法制的建立則相對緩慢，以法律保留的角度觀察，在重組織輕行為的觀念下，組織法的法律保留密度過高[16]，反而行政作用法部分，法律保留並非完全受到保障[17]；1999年制定公布的行政程序法，始堪稱為行政法制發展的里程碑；行政救濟法制的發展較為特殊，並無前述近代法制的法社會連續情形，原因在於日治時期台灣未有行政訴訟制度，真正在台灣實行的行政訴訟法制，是1950年後真正施行於台灣的的近代中華法制，作為法制化的基礎[18]。

　　司法制度方面，獨立司法機構的設立，告別傳統中國的父母官型訴訟，轉向歐陸法體系的競技型訴訟[19]；法院的組織於1980年落實審檢分立，是為審判獨立奠基的重要改革；違憲審查制度逐漸步上軌道，大法官會議開始勇於任事，作為實質的憲法守護者，也是始於1980年代，司法權與行政權的分際因此漸明[20]。司法制度的走向也漸漸從講究形式上的公

---

[15] 黃源盛，前揭註11，頁34。

[16] 吳庚，行政法之理論與實用，頁95，作者自版，2005年10月增訂9版。

[17] 李建良，台灣行政法史初考：日治時期篇，收於以台灣為主體的法律史研究，頁272，元照出版，2007年5月。

[18] 李建良，台灣行政訴訟法制的沿革、演進與發展課題，收於湯德宗、王鵬翔主編，兩岸四地法律發展（上冊）──違憲審查與行政訴訟，頁278-282，中央研究院法律學研究所，2007年8月。

[19] 黃源盛，前揭註11，頁28-30。

[20] 王泰升，前揭註1，頁152-153。

平，走向實質的公平，諸多訴訟上的協助與照料制度，正朝著司法爲民的方向建構，容後詳述。

四、台灣的法制完備

台灣法制在基礎建設期的大量引進之後，開始進入成熟期，反省在地化的需求，其原因一方面是1987年解嚴之後，領導者的視角轉移，以民爲本的民主觀念受到重視；另一方面是社會變遷快速，工商社會的變化，已非基礎建設期之法制所能負荷。因此法制建設的進展勢必展開。

（一）民法方面

歷經數十年的研究與考證，於1982年首先對於民法總則編進行法典的修正，在修法總說明中提到：「民法各編於民國18年至20年間先後公布施行，迄今已四十餘年，社會情況丕變，其中若干規定，已難因應實際需要……」[21]，其中不僅有因應台灣社會的變動而改變的，例如：死亡宣告制度的修正，係因應交通發達，以及人民平均餘命增加，而縮短失蹤期間與提高老年失蹤年齡的要件。亦有回應司法機關對於法律適用不妥當[22]，而增訂誠信原則於總則之中。2008年又針對監護制度爲一番重大檢討，也一併修改各編相關之規定。

債編修正案提出於1997年，由民法主管機關法務部所主導，提案當時，本人擔任法務部部長，大力推動法律的在地化觀念，法律必須適合社會結構、政治環境、經濟型態與人民生活觀念，而當時立基於農業生活型態的民法債編已不敷使用，於是提出民法債編的修正案，其中變動幅度之大[23]，爲民法典施行後首見，該草案並於1999年修正通過。本次債編的修正，多針對台灣在地法制的需求所設，例如：增設旅遊、合會與人事保證等契約類型，便是因應人民長久以來的交易習慣與新型態的生活方式而訂

---

[21] 立法院公報，第70卷第87期，頁7。

[22] 最高法院61年台上字第413號判決中認爲，誠信原則僅能適用於債之關係，其原因在於誠信原則規定在債編之中。

[23] 本次修正草案中，增刪修的條文共234條，占原有條文38%的比例。

立。更有許多為保障人民權益的變革，例如：對人格的保護，擴大人格關係被侵害的慰撫金請求權；設立定型化契約的規範，以平衡契約自由與契約正義；調整侵權行為的歸責原則等等[24]。許多措施都是朝著以民為本、保障權益的方向前進。

而物權編修正的研究醞釀多年，修正草案至1997年始告完成提出，由於屬全面性的研修，因此不論在學界或實務界都引起廣泛討論。而法典的修正較為緩慢，到2007年始通過擔保物權之修正；2009年針對物權通則與所有權修正，2010則通過用益物權與占有的修正，整部物權編的修正始克其功。其重要的修正方向，在於保障交易安全與物盡其用，當中對於民間習慣也多所考量，更不乏司法實務見解的明文化。

民法中修正最頻繁的部分，要屬親屬、繼承編，自1985年起即開始法典的修正，多是因應台灣社會所生的挑戰與議題而為。最主要之理念，在於男女平等觀念的貫徹，以及未成年子女權益的保障。

（二）刑法方面

自1992年關於刑法第100條的修正後，開始有較為零星的修正，舉其要者，例如1994年有放寬假釋條件的修正；1997年針對新型態運用科技犯罪行為的修正；1997年針對假釋條件過低，受刑人再犯情形嚴重，已影響社會治安，將假釋門檻調高等制度的修正；1999年的修正則是自制定以來較大幅度的變動，共有公共危險、妨害性自主、妨害風化、妨害秘密等罪章異動；2001年對於日趨氾濫利用塑膠貨幣犯罪之情形，針對偽造有價證券罪章的修正；2001年配合行政革新，對於圖利罪構成要件的修正；2002年因應懲治盜匪條例的廢止，修正強盜罪以及修正擄人勒贖罪；2003年增訂妨害電腦使用罪章。

刑法總則的全面性修正，由於涉及刑法體系與刑事政策取向，牽涉較為廣泛，雖於1990年曾有完整的刑法修正案初稿的提出，但卻未能通過，而2005年所通過的第十六次刑法修正案，則是歷次修正中，幅度最廣、影

---

[24] 王澤鑑，民法總則，頁43，王慕華，2008年10月修訂版。

響最深的一次修正[25]，其陸續效應仍在學界與實務界裡震盪中[26]。

由上述歷次的刑法修正中，可以發現許多刑法在地化的痕跡，每次重要的修正，都是為了因應社會的需求與發展、保障人民權益而生。例如：假釋門檻的調整，就是本人經過實證觀察之後發現，假釋門檻降低之後，假釋核准的浮濫，造成刑罰對於犯罪行為人根本達不到教化矯正的功能，進而影響社會治安的敗壞，尤其在幾件社會重大刑案的發生後，更是證明浮濫的假釋制度，不但未能使受刑人復歸社會，反而使整個社會成為巨型牢籠。因此本人遂配合社會對治安良善的期盼與刑事政策的雙重考量，將假釋制度改革，藉以改善治安，協助受刑人復歸社會。這就是透過健全符合人民需要的法制，達成保障人民權益的理想之例。而在1997年以降，刑法多次修正，則都是以本人於1997年，指示在法務部組成的「法務部檢討暨改進當前刑事政策研究小組」，所確定的基本原則為方向，而進行的各項修正，此些修法都表現出在地化的需求，而同時又與當前世界的潮流，如「兩極化刑事政策」（或稱寬嚴並濟的刑事政策）、「修復式正義」（或稱恢復性正義），及「所有人的正義」的概念相符合。

(三) 行政法方面

從行政法對於依法行政需求的觀察，行政法的法制健全相較於其他法律，理應更為完善，然而，實踐的狀況卻不盡然。依中央法規標準法第5條[27]之規定可得知，台灣對於法律保留的事項，不僅限於干涉人民權利之情形，甚至機關組織以及其他重要事項，都屬於法律保留的範疇。但實際的落實情形則是在組織法的部分過度落實，而行為法的部分，反倒是經常

---

[25] 本次修正，增刪修的條文共109條，總則部分就占了87條。

[26] 關於本次修正其刑事政策上的思維，可參考廖正豪，刑法之修正與刑事政策之變遷，刑事法雜誌第50卷第4期，頁2以下，2006年8月。

[27] 中央法規標準法第5條：「左列事項應以法律定之：一、憲法或法律有明文規定，應以法律定之者。二、關於人民之權利、義務者。三、關於國家各機關之組織者。四、其他重要事項之應以法律定之者。」

無法可據[28]。

　　雖說行政法本無總則性的規定，是各國法制皆然，但自從1925年奧國制定一般行政程序法之後，各國相繼仿造立法，將行政法總則性的規定納入其中，可作為實質的行政法總則規定[29]，台灣在各國的立法浪潮與人民對於政府依法行政的要求的驅使下，遂於1999年制定公布行政程序法，在保障人民權益與兼顧行政效能的權衡下[30]，制定規範各項行政行為的原則性規定。

　　行政救濟的法制，則是以1998年為重要分水嶺，訴願法與行政訴訟法於同時大幅度修正，不僅使訴願的救濟範圍與效力擴大、更進而廢除再訴願的程序、增加訴訟種類、創設暫時權利保護措施、程序嚴格化與民事訴訟化等多項特色[31]。其他尚有1998年大幅修訂之行政執行法；2005年制定之行政罰法等，都可看出行政法的體制益日趨完善。

(四) 司法制度面

　　在台灣人民已經形成依賴司法作為解決紛爭途徑，在司法的需求量大增之情況下，對於司法制度的期望必然提高。而顧慮到人民權益之保障，已非單純對訴訟法的修正所能滿足，司法制度變革呼聲由此而生，在1999年展開廣泛的討論。其中有許多司法制度改革的議題，舉其要者，例如：逐步進行司法院審判機關化，調整司法行政權，由首長制轉向合議制；將司法院改造為終審機關，職司釋憲與審判；針對人民訴訟權的保障，建立法律扶助制度；調整訴訟制度，強化第一審的事實審功能，與第二審嚴格續審制，及第三審嚴格法律審與上訴許可制的建立等等諸多變革的議題，正在台灣的法制中逐步建立。

　　由上述變革議題當中，可以觀察出對於獨立審判機關的要求、對於訴

---

28 吳庚，前揭註16，頁95-96。

29 吳庚，前揭註16，頁26。

30 立法院公報，第88卷第6期，頁295-297。

31 吳庚，前揭註16，頁620-622。

訟權實質保障的要求等，這在在都是司法為民的內涵與期許，最終就是希冀司法機關能提供優質的法律服務，進而真正成為人民定分止爭的信賴指標。考量的視角須從人民立場著眼，而非由司法機關立場考量，否則只是流於表象的變革。而台灣在擺脫受法律強制殖民之歷程後，進入了法制的成熟期。如何具體實踐司法為民服務的理念？須另從司法制度與訴訟體系仔細觀察。

參、台灣司法為民的實踐

「司法為民」向來為台灣司法機關施政之理念，然而理念是否有具體落實？是否有實踐的作為？是否已讓司法機關成為人民信賴解決紛爭的指標？觀察司法院所做之滿意度調查報告發現，台灣人民在2009年對法院的整體經驗感覺滿意度為68.5%；不滿意比率為29.2%[32]，逾半的民眾對於法院的服務尚屬滿意，相對而言也有近三成民眾呈現不滿意的狀況。其何以如此？必須分別就台灣的司法制度、訴訟體制與爭端解決機制分別觀察，檢視台灣在日趨健全的法制環境下，如何實踐司法為民的理念。

一、台灣司法制度介紹

台灣的司法制度，有意建構在金字塔型的體系中，目前，司法院執掌解釋權、審判權、懲戒權與司法行政權。其中，解釋權的內涵包括解釋憲法與統一解釋法令；審判權包含總統、副總統彈劾及政黨違憲解散案件、民、刑事訴訟與行政訴訟案件；懲戒權內涵為公務員懲戒案件；以及首長制的司法行政工作。

台灣的違憲審查制度，屬性雖有爭議，但原則上屬於集中式違憲審查制度，而不同於英美分散式違憲審查制度。廣義的違憲審查權中，尚可區

---

[32] 司法統計網站，http://www.judicial.gov.tw/juds/4_u98.pdf，最後瀏覽日期：2010年7月8日。

分成狹義的違憲審查權與非難權，在台灣，普通法院與大法官會議都擁有狹義的違憲審查權是不容置疑的，蓋減少內在體系矛盾，不僅是適用法律機關的權利，更是義務，法官有義務使上下位階的法規範價值一致性[33]。此觀司法院大法官會議釋字第371號與第572號解釋即可得知，普通法院並不是置身於違憲審查之外，只是關於非難權以及其下位概念的拒絕適用權及廢棄權，集中於大法官會議而已[34]。

集中式違憲審查制下，所能容許的審查類型較為豐富，以德國為例，其規範審查可容許有「抽象規範審查」、「具體規範審查」與「憲法訴願」，前兩者所為審查之客體是法規，後者則是以基本權利受公權力侵害時所提起[35]，故有稱前二者為客觀程序，亦即其目的不在保護訴訟當事人之主觀權利[36]，反之，後者則稱為主觀程序。關於人民可提起的規範審查中，僅有憲法訴願是唯一管道[37]，人民藉此向憲法法院提起違憲審查。

在台灣體制的運作中，普通法院法官依釋字第137號與第216號解釋，僅有命令的違憲審查權。至於法規的違憲審查，則依照釋字第371號解釋，僅能由普通法院法官停止審判，依「客觀上形成確信法律為違憲之具體理由」，聲請大法官會議釋憲，此即所謂「具體規範審查制」。之後在釋字第572號解釋，更進一步要求法官必須於提出的聲請書內，「詳敘其對系爭違憲法律之闡釋，以及對據以審查之憲法規範意涵之說明，並基於以上見解，提出其確信系爭法律違反該憲法規範之論證，且其論證客觀

---

[33] 許宗力，憲法與法治國家行政，頁133-135，元照出版，1999年。

[34] 參照大法官會議釋字第371號、第572號、第590號。目前大法官案件審理法第5條第2項卻規定：最高法院或行政法院就其受理之案件，對所適用之法律或命令，確信有牴觸憲法之疑義時，得以裁定停止訴訟程序，聲請大法官解釋。將釋字中所稱之法官，限於最高法院或行政法院，顯然有違前開各解釋之意旨。惟司法院大法官審理案件法修正草案第39條第1項第5款已擴及所有法官。

[35] 李建良，論法規之司法審查與違憲宣告，收於氏著，憲法理論與實踐（一），頁441-443，學林出版，2003年2月3版。

[36] 參照司法院釋字第572號解釋，許玉秀大法官、城仲模大法官不同意見書。

[37] Korioth, Stefan講；黃舒芃譯，德國憲法與憲法訴訟法中的憲法訴願（上），司法周刊第1234期，頁2，2005年5月5日。

上無明顯錯誤者，始足當之。」因此，就非難權的部分綜合觀察，原則上台灣是屬於集中式違憲審查制度，例外在命令的位階採分散式違憲審查制度。其中規範審查類型，除了包括前述「具體規範審查制」，在「抽象規範審查制」也承認三分之一以上立法委員聲請的規範審查類型。

　　但「憲法訴願」則較有疑問。其中較有爭議的問題，在於人民提起規範審查的客體與其效力，因為個案爭議在透過大法官會議解釋後，並不能直接的對個案生效，而必須迂迴的透過再審程序始能獲得救濟，此觀大法官會議解釋第177、185、188及193號等一連串有關個案如何在釋憲後，如何獲得實質救濟的解釋自可明白，大法官會議在堅守對法規抽象解釋的原則下，對於人民權利救濟產生迂迴的效果。因此，在效力上與德國的憲法訴願類型迥然不同，德國憲法訴願所審查的客體是公權力行為，而效力上也可對個案直接產生救濟[38]。雖然台灣在解釋客體的要件上從原本限於法令、之後擴張到判例（釋字第153號）、決議（釋字第374、420號），甚至到釋字第582號解釋，已擴張到「判決實質上已經援用系爭違憲疑義之判例為判決之依據」，該判決亦得為解釋之客體。實質上已允許個案裁判進入大法官會議作為審查客體，原因在於現今台灣的司法判決中，絕少有不是依照最高法院的判例意旨為判決，因此，實際上這種類型在客體上而言，已接近於所謂的憲法訴願，但是效力上仍須迂迴的申請再審，形成一種類型卻在客體（具體違憲審查）與效力（抽象違憲審查）兩者間割裂為兩種制度。這種類型被稱為是「不純正的憲法訴願」[39]。但總結而言，台灣違憲審查制度的發展，透過多次的解釋案中可以發現，越來越趨向於德國制的憲法法庭制度，但救濟的效力過於曲折，離人民需求仍有距離。

　　審判權的內涵，除總統、副總統彈劾及政黨違憲解散案件外，最主要的就是民事、刑事與行政訴訟，民、刑事訴訟之審判權歸屬於普通法院管轄，行政訴訟則歸由行政法院管轄，智慧財產案件之訴訟，由智慧財產法院管轄。民、刑事訴訟的審判系統，分為地方法院、高等法院與最高法

---

[38] 吳志光，比較違憲審查制度，頁11-13，神州出版，2003年4月。

[39] 吳志光，前揭註38，頁13。

院，就普通案件分別執掌一至三審各審級。但其中仍有就案件的類型有所區隔，而有不同的職務管轄。例如：地方法院設置有簡易庭，分別對於民、刑事簡易案件，為第一審審判，由獨任法官擔綱；其上訴至第二審級則由地方法院合議庭為審判；部分民事簡易案件，經許可在相當嚴格的條件之下，允許上訴第三審至最高法院，此即所謂飛躍上訴制度。涉及內亂、外患與妨害國交之刑事案件，其第一審在高等法院，並僅能上訴至最高法院為其第二審。就程序的性質而言，台灣法院之審級，第一審為事實審；第二審在民事訴訟採行續審制[40]，在刑事訴訟則採覆審制[41]；第三審為法律審。行政訴訟的審判系統，採行二級二審制，審判法院層級分為高等行政法院與最高行政法院，其程序的性質分別為事實審與法律審。部分的行政訴訟類型採訴願前置，必須先經由行政機關的訴願程序，始得提起行政訴訟，讓行政機關有自行矯正其違法或不當處分的機會[42]。智慧財產法院自2008年7月1日成立，係因應台灣加入WTO之後，對於智慧財產案件的集中妥善解決，其負責特定的智慧財產案件，而受理的審級因案件性質而異，在民事部分，受理第一審與第二審關於智慧財產訴訟案件；在刑事部分受理第二審特定智慧財產案件的上訴；行政訴訟部分，受理特定智慧財產行政爭訟之第一審案件。

　　懲戒權指公務員懲戒案件審理，由司法院轄下之公務員懲戒委員會所管轄，負責受理由監察院[43]或各院、部、會長官、地方之最高行政長官

---

[40] 參照民事訴訟法第447條第1項規定：「當事人不得提出新攻擊或防禦方法。但有下列情形之一者，不在此限：一、因第一審法院違背法令致未能提出者。二、事實發生於第一審法院言詞辯論終結後者。三、對於在第一審已提出之攻擊或防禦方法為補充者。四、事實於法院已顯著或為其職務上所已知或應依職權調查證據者。五、其他非可歸責於當事人之事由，致未能於第一審提出者。六、如不許其提出顯失公平者。」

[41] 參照刑事訴訟法第364條：「第二審之審判，除本章有特別規定外，準用第一審審判之規定。」

[42] 吳庚，前揭註16，頁618。

[43] 參照公務員懲戒法第18條：「監察院認為公務員有第2條所定情事，應付懲戒者，應將彈劾案連同證據，移送公務員懲戒委員會審議。」

等[44]所移送之懲戒案件。由於體制上並未採法院體制，而採委員會制，卻又屬於司法權的一環，經釋字第396號解釋所指明應盡速修正。其委員之組成，經釋字第162號解釋指正後，於1985年修正，原則上限制由資深法官組成。程序上，爲符合司法機關體制的本質，仍依循正當法律程序爲案件之審議，實質上已經是法庭審理與審判程序的方式運作[45]；但形式上的法庭化與審判程序訴訟化仍待法制的修正。

司法行政權的運作，目前最高司法行政機關與最高司法審判機關仍屬分離體系，遂產生司法行政權凌駕於司法權之上的疑慮，有損對於審判獨立的信賴，並經釋字第530號解釋，認爲違反憲法規定與制憲本旨[46]。爲降低上開疑慮，首先，於人事權部分，司法院組織法遂於2001年修正，調整人事審議權結構，使法官人事制度民主化，淡化人事權[47]，減低以人事行政權凌駕司法的質疑。更有認爲，當司法院長以大法官身分就任時（2003年10月），司法院首長既已成爲憲法上的法官，司法院本身就是審判機關，司法院審判機關化的目標，僅剩司法院組織調整問題[48]，儘管，此仍有審判機關一元或多元、院內組織單軌或多軌等政策考量，但爲維護法官獨立審判，在體制上的著力可見一斑。

然而司法體制之改善，發展至今已顯滯慢，解決之道，建議不妨將視角轉移。過往，因爲積弊已深，體制妾身不明，爲求正本清源，改革的聲

---

[44] 參照公務員懲戒法第19條第1項：「各院、部、會長官，地方最高行政長官或其他相當之主管長官，認爲所屬公務員有第2條所定情事者，應備文聲敘事由，連同證據送請監察院審查。但對於所屬九職等或相當於九職等以下之公務員，得逕送公務員懲戒委員會審議。」

[45] 翁岳生，司法改革十週年的回顧與展望，收於《司法改革十週年的回顧與展望》會議實錄，頁44-45，2010年3月。

[46] 李念祖，司法院定位（一）——一元多軌與一元單軌，收於《司法改革十週年的回顧與展望》會議實錄，頁88-89，2010年3月。但釋字第530號解釋本身所生之爭議，亦不可小覰，例如解釋本身的訴外裁判就備受質疑，可參照上開研討會紀錄，蘇永欽之發言。

[47] 立法院公報，第90卷第2期，頁105。

[48] 翁岳生，前揭註45，頁56。

浪總是朝司法院本身檢討，卻造成法院觀點式的改革，而未能體察人民的需求。事實證明，體制內的革新，也能達成對審判獨立的尊重，可見制度改革至今，此部分的需求已逐漸滿足。反倒是人民對於司法優質服務的要求，未能顧慮，是目前改革方向的盲點，或許也是未能獲得立法機構大力支持法制化的主因。若能擺脫司法院本位主義的觀點，將視角轉移，將以往由法院看人民的觀點，轉由人民看法院的期待，或許更能加快體制的完備，而此部分不僅涉及司法體制問題，更重要的是訴訟體制的完善，以下即從台灣訴訟體制的面向，觀察司法為民的實踐。

二、台灣訴訟體制介紹

台灣的訴訟體制，在法制建設骨架完備之後，進入很長的一段停滯期，1935年師法德國制度所制定的民、刑事訴訟法典；1932年參考法國制所制定的行政訴訟法典。都經過很長時間的停滯，未有大規模的法制變革。而到了1990年代，整個訴訟制度的澈底翻修，讓已形同枯槁的訴訟制度，瞬間注入活水，翻修幅度之大，速度之快，為制度施行以來首見，其中處處可見觀念的革命，也造就的訴訟法學的活絡。

(一) 民事訴訟

民事訴訟的革新，以1990年為開端，擴大簡易程序適用範圍，並由獨任法官受理簡易案件第一審審判，第二審改由地方法院合議庭審理，又參考德國飛躍上訴制度，在極其嚴格的條件[49]之下，允許簡易案件上訴至最高法院。其結果就是使得簡易案件大增，有效的紓解了大量的案件，不但上訴至第三審極其困難，甚至直接跳過高等法院，使高等法院與最高法院都大幅減少此部分的案件量。此次的修正，其目的在解決簡易程序適用範

---

[49] 民事訴訟法第436條之3規定：「對於簡易訴訟程序之第二審裁判，提起第三審上訴或抗告，須經原裁判法院之許可。前項許可，以訴訟事件所涉及之法律見解具有原則上之重要性者為限。第1項之上訴或抗告，為裁判之原法院認為應行許可者，應添具意見書，敘明合於前項規定之理由，逕將卷宗送最高法院；認為不應許可者，應以裁定駁回其上訴或抗告。前項裁定得逕向最高法院抗告。」

圍過小，連帶著調解程序適用範圍也少，但此類案件卻被認為尚屬輕微，應該速審速決[50]，因此擴大簡易程序的適用。實則，本次之修正仍屬於法院本位的立場，僅為減少各級法院的案件負擔[51]，作審級結構與上訴條件的調整。

真正對於民事訴訟法在司法為民方面的反動，卻是慢慢的從民間展開，1980年代成立之民事訴訟法研究會，集結民事訴訟法之學者與實務界人士，定期開會並發表論文，理論與實務在該會中，相互影響激盪，成為重要的研究平台[52]，進而促使民事訴訟法的在地化意識抬頭，也影響了1999年、2000年以及2003年三次民事訴訟法有計畫且大規模的體制改革。此三次修法，各有其民事訴訟在地化重要的代表意義：首先，在1999年，是程序選擇權的保障；2000年是集中審理制度的建立；2003年則是紛爭一次解決的制度建立與配套。而其共通的法理基礎，在於將當事人定位為程序之主體[53]，並且不同於德、日法制在實體真實與訴訟經濟間的權衡，而是基於訴訟權保障的觀點，並將訴訟權定調為憲法保障的基本權利加以凸顯，許多促進訴訟權保障的修正，因此次第的展開。首要者，就是提高程序利益的層次，使其與實體利益同，稱為「適時審判請求權」；而以此為核心，當事人得以處分其實體利益與程序利益，並且得選擇衡平兩種利益的最佳爭端解決機制；法院方面，則一反過去審判活動主體的角色，須更積極的保障當事人上述權利的義務；而著眼於司法是有限財的觀念，對於上述權利的保障界限，是顧慮到其他國民平等接近、使用法院的權利[54]。以這樣的法理基礎所展開的民事訴訟法修正，回歸到法院為人民服務的觀點，若澈底實踐，頗有一番大破大立的企圖，並且跳脫百年來的訴訟法邏

---

[50] 立法院公報，第79卷第57期，頁170-171。

[51] 王泰升，前揭註1，頁327。

[52] 黃國昌，台灣民事訴訟法之新開展－理論突破與立法革新軌跡之一考察，收於湯德宗、王鵬翔主編，兩岸四地法律發展（下冊）——民事訴訟與刑事訴訟，頁127，中央研究院法律學研究所，2007年8月。

[53] 邱聯恭，司法之現代化與程序法，頁111-116，2001年。

[54] 黃國昌，前揭註52，頁128-130。

輯輪迴—亦即實體真實與訴訟經濟的權衡,是民事訴訟法在歷經多年的適用後,立基於台灣在地的需求,所研究出的法理基礎。

　　在此法理基礎之下,幾個環節的修正可以看見其實踐的軌跡,例如:小額訴訟制度的創設[55]、合意適用簡易程序、小額訴訟程序,以及與通常程序之間的選擇權與程序保障[56],就是使當事人得以自行權衡程序利益或實體利益,並且適當的限制,以充分保障當事人權益的適例[57],讓當事人選擇適時、適當的程序,來解決紛爭,此即適時審判請求權的實踐。又例如:採行集中審理主義,修正過去使用之併行審理主義,一方面促使當事人適時提出事實與證據,另一方面擴大法官闡明義務範圍[58],因此,將攻擊防禦方法的自由提出主義,修正為適時提出主義[59],法官必須先為爭點整理始得調查證據,促使審理集中[60],並擴大受命法官於準備程序的闡明範圍[61]。而所謂平等使用法院的實踐,最主要者,在於紛爭一次解決的相關修正,讓司法資源合理分配到所需要的人[62],例如:第199條之1的法官闡明權之增訂[63],與第255條第1項第2款關於訴之變更、追加的修

---

[55] 參照民事訴訟法第436條之8至第436條之32。

[56] 參照民事訴訟法第427條、第435條、第436條之8、第436條之26、第451條之1等規定。

[57] 邱聯恭講述,彭昭芬整理,民事訴訟法有關促進審理集中化之修正條文對法官及律師所揭示之行為規律——著重於瀏覽其相關新法之走向並略論其對今後審判實務運作之影響,收於民事法律專題研究(十八)——民事訴訟審理集中化之理論與實務,第三篇,頁17,2000年7月。

[58] 立法院公報,第89卷第9期,頁32。

[59] 參照民事訴訟法第196條第1項

[60] 參照民事訴訟法第296條之1。

[61] 參照民事訴訟法第270條、第270條之1。

[62] 邱聯恭,前揭註57,頁15。

[63] 參照民事訴訟法第199條之1:「原告之聲明及事實上之陳述,得主張數項法律關係,而其主張不明瞭或不完足者,審判長應曉諭其敘明或補充之。被告如主張有消滅或妨礙原告請求之事由,究屬防禦方法或提起反訴有疑義時,審判長應闡明之。」

正[64]，即為擴大訴訟一次解決紛爭功能的適例。

然而，台灣的民事訴訟走向集中審理制之際，對於人民是否有能力應付日趨專業化的審判，單純依賴法官訴訟上的照料已顯不足，因此法律扶助制度的建立就至為重要，儘管目前強制律師代理的制度僅規範在第三審法律審的層級，但對於日趨複雜的集中審理程序，即使法律專業人士都應付不暇，更遑論無法律背景之當事人。因此，促使法律扶助法在2003年12月由立法院三讀通過，主要由司法院等機關，挹注資金成立法律扶助基金會，協助在符合若干條件下[65]，得以申請法律扶助。台灣之訴訟制度至此走向嶄新進步的一頁。

由於台灣的民事訴訟越趨重視當事人程序上的選擇權，而對於爭端解決機制也越趨精密，俾利人民在程序上的權衡利益，但此仍須注意過猶不及的疑慮。例如強制調解事項的擴大，讓無意願參與調解的當事人，僅因事件性質，經常需耗費時間作無意義的調解程序，浪費的司法資源與當事人程序上的利益，不可小覷。然而程序的多元是台灣民事訴訟制度的特色，因此關於台灣爭端解決機制的內容涉及相當廣泛，不止訴訟上的制度多元，訴訟外爭端解決機制也相當豐富，此部分則容後詳述。

(二) 刑事訴訟

台灣刑事訴訟的變革，在1990年亦有一波關於減輕法院負擔的修正，其中，如簡化判決書之制作、擴大簡易程序適用，並且如同民事訴訟，將第二審由地方法院合議庭審理等。1995年又再次以相同目的，修正刑事訴訟法，其中包含簡化第二審判決書制作、限制上訴第三審案件、擴大簡易程序適用範圍，並將簡易案件第一審由簡易庭審理、擴大檢察官職權不起訴範圍。兩次的變動，其目的也僅是以法院為本位之修正，為減輕法院之審理負擔，作審級結構的調整，並無新意。

台灣刑事訴訟進入變動期的力量，不同於民事訴訟來自民間的推

---

64 參照民事訴訟法第255條：「訴狀送達後，原告不得將原訴變更或追加他訴。但有下列各款情形之一者，不在此限：二、請求之基礎事實同一者。」

65 參照法律扶助法第13條至第16條。

力，刑事訴訟法的修正，反而是由台灣的違憲審查制度與最高法院，多次基於人權保障的意見表達，形成修法的觸媒，罕見的在刑事審判實務中，出現觀念建立與運用早於立法之前的情形[66]，透過最接近人民需求的審判體系，產生訴訟法制的改進，也促成了刑事訴訟的在地化。諸如，釋字第384號解釋與第582號解釋，對於對質詰問權的保障；釋字第392號解釋對於人身自由之法官保留的宣示；釋字第436號解釋，對於軍人審級利益之保障等等。而最高法院在幾次的判決與決議當中，亦產生對刑事訴訟制度的重大影響，例如：1998年台上字第452號判決，明白承認證據排除法則，致使對於審判活動產生重大影響，使審判的重心從有罪與否，轉向正當法律程序的要求[67]；2001年最高法院第7次刑庭決議，將充滿有罪推定意味的1936年上字第3706號判例廢除，無罪推定的刑事訴訟鐵律，澈底確立。然而，不可忽視的，是刑事訴訟受到憲法衝擊的危機，除大法官解釋所產生的效力龐大，可能有抑制刑事訴訟自主發展的空間外；更重要的，法律乃憲法的具體化實踐，以刑事訴訟法尤然，法律已明定的事項，若無違憲疑慮，應直接適用具體的法律，而非援引抽象的憲法概念作為依據[68]，否則面對本具多義性的憲法精神，人民將無所適從。

就刑事訴訟制度的變革而言，釋字第392號堪稱是一個指標性的解釋，該解釋對於刑事訴訟制度中，由於檢察官並非憲法第8條第2項所稱之法院，不應有羈押的權限，因此宣告刑事訴訟法中，關於法院外復賦予檢察官羈押被告之權；賦予檢察官核准押所長官命令之權；檢察官撤銷羈押、停止羈押、再執行羈押、繼續羈押暨其他有關羈押被告各項處分之權，均與前述憲法規定之意旨不符，開啟了刑事訴訟變革的第一道門，並於1997年修正了刑事訴訟法中羈押制度。至此之後，刑事訴訟之修正，漸次活絡，例如：2002年為加強檢察官的舉證責任，落實檢察官為公訴

---

[66] 王兆鵬，台灣刑事訴訟的重大變革，收於湯德宗、王鵬翔主編，兩岸四地法律發展（下冊）——民事訴訟與刑事訴訟，頁414，中央研究院法律學研究所，2007年8月。

[67] 王兆鵬，前揭註66，頁413-414。

[68] 林鈺雄，刑事訴訟法上冊總論編，頁25-27，作者自版，2007年9月5版。

人之刑事訴追角色，增訂法院之起訴審查制度，以及調整法院與檢察官在調查證據分際之規定[69]，已明白揭示「改良式當事人進行主義」的審理原則，此次的修正，甚至造成院檢兩方的緊張關係，可見其影響之廣泛與深遠[70]。2003年為了配合改良式當事人進行主義之審理原則變動的修正，將相關配套的法制更新，舉其要者，例如：採行嚴謹的證據法則，並加強交互詰問要求與直接審理的強化，諸如自白任意性的舉證責任[71]、證據排除法則[72]、傳聞法則的承認與對質詰問權的保障[73]等，使法官退居聽審角色，必要時始主動介入調查[74]；落實刑事案件集中審理，明定準備程序內容[75]；增設簡式審判程序[76]，並擴大簡易程序適用[77]，2004年另增設協商程序[78]，藉以減輕因強化證據法則與交互詰問程序，所造成的法院負擔，使司法資源合理分配。並且略為提升被害人在刑事訴訟中的角色，例如緩起訴制度的增訂[79]，協商程序中對於被害人意見的徵詢[80]等。

而同樣的，在刑事訴訟逐漸走向程序精密，當事人表面上的程序主體性被提升的同時，實質上是否有能力足以應付複雜的審判程序，在刑事訴訟程序中尤然，因此對於訴訟的協助更顯人權保障的意義，此亦有賴法律扶助的運作，始得克其功。

---

[69] 參照刑事訴訟法第161條、第163條。

[70] 王兆鵬，前揭註66，頁403-404。

[71] 參照刑事訴訟法第156條第3項。

[72] 參照刑事訴訟法第158條之4。

[73] 參照刑事訴訟法第159條至第159條之5。

[74] 參照刑事訴訟法第163條第2項：「法院爲發見眞實，得依職權調查證據。但於公平正義之維護或對被告之利益有重大關係事項，法院應依職權調查之。」

[75] 參照刑事訴訟法第273條、第279條。

[76] 參照刑事訴訟法第273條之1、第273條之2。

[77] 參照刑事訴訟法第449條。

[78] 參照刑事訴訟法第455條之2、第455條之11。

[79] 參照刑事訴訟法第253條之2。

[80] 參照刑事訴訟法第451條之2。

　　另一方面，刑事訴訟中被害人地位的重視，是刑事訴訟制度是否進步的一個重要指標，此乃基於修復式正義的刑事政策思潮而來，台灣在犯罪被害人保護的法制發展，乃本人服務公職期間所重視並大力推動，1998年犯罪被害人保護法新訂通過，並依法於1999年成立犯罪被害人保護協會，其目的在解決犯罪被害人困境，撫平傷痛並協助重建生活，到了2009年，更將犯罪被害人的認定範圍，將性侵害被害人納入犯罪被害補償及保護對象，並同時將家庭暴力與人口販運犯罪行為被害人、兒童及少年以及大陸地區、香港、澳門與外國籍配偶或勞工等被害人納入。台灣刑事訴訟的進步可見一斑，不但重視法律扶助的機制，也不忘對被害人之保護，為兼顧所有人的正義，著力很深。

　　尤有甚者，在修復式正義的社會關係修復之一端，若要在刑事訴訟制度中，體現司法為民的理念，裁判員制度的引進或許更是一則良方。以鄰近的日本為例，在二次大戰前，雖曾短暫施行過裁判員制度（1928至1943年），卻因戰爭而暫停施行；一直到2004年，制定通過關於裁判員參加的刑事審判法律案，並於2009年5月21日開始實施。在施行一年後討論的聲浪雖不曾停歇，但是對於人民參與司法，進而提升人民對於司法信賴的期待，也未曾減低。在刑事司法不斷專業化細緻化的發展下，為提升人民對司法的理解，並且修復被告與社會間因犯罪所產生的傷害，進而達成所有人的正義理念，實有必要考慮裁判員制度的設立。

　　從刑事訴訟法制的演進可以發現，為強化堅實的事實審，強調直接審理與交互詰問，其結果一方面有助於退居聽審角色的法官發現真實，另一方面卻產生法官不可負擔的沉重程序。因此，擴大簡易程序，設置簡式審判程序與協商程序，卻反而產生對於當事人的權益影響的質疑。簡言之，加強法庭的審判程序密度，其目的在於增加發現實體真實的可能，如果增設許多例外的程序，使通常審判程序成了例外，豈非怪哉。所謂「明案速斷、疑案慎斷」的標準，仔細檢討其權衡的砝碼，或許是今後台灣刑事訴訟的重要課題。

　　今年中，司法院所力推通過之刑事妥訴審判法，就在台灣社會中引起相當大的討論。當中對於長期羈押，特別有明文的抑制，原本刑事訴訟法

中對於被告所犯者為死刑、無期徒刑或十年以上有期徒刑之案件，並無羈押次數之限制，本法特設規定限制之，但此舉仍無解於案件經更審後，延長羈押次數的重新計算，仍有長期羈押的疑慮，因此更進一步明文限制，對於審判中的羈押期限不得逾八年，以充分保障人身自由；對於反覆就無罪判決的上訴，造成被告受迅速審判權利的損害，本法亦特設規定限制一定條件下的上訴，若案件自第一審繫屬日起已逾六年且經最高法院第三次以上發回後，第二審法院更審維持第一審所為無罪判決，或其所為無罪之更審判決，如於更審前曾經同審級法院為二次以上無罪判決者，不得上訴於最高法院，並且嚴格限制上訴的理由，讓無罪判決不致因不斷的發回更審懸而不決；對於長期未能確定之有罪判決，法官亦得斟酌予以減輕其刑；在條文中更重申幾項刑事訴訟的重要原則與政策，諸如無罪推定、集中審理、法律扶助等等。從社會對於本法的熱烈討論，也可看出台灣民眾對於法制建設的參與熱衷，與刑事案件妥速審結的期盼，實有助於法律在地化的理念推動。

(三) 行政救濟

台灣的行政救濟制度如前所述，是以1998年為重要分隔，1998年以前的行政救濟程序其特徵有[81]：概括主義的行政裁判權，一切不服行政處分的事件，都可提起行政訴訟；訴願前置主義，提起行政訴訟前需先提起訴願與再訴願；僅有撤銷訴訟為唯一訴訟類型；僅單一審級，形式上僅有行政法院一審級，雖有訴願前置的救濟，但與訴訟仍有別。而此舊制中，行政訴訟的功能不彰，行政法院甚至被譏為駁回法院，加以行政訴訟紛爭漸增，不得不為一番變革。

1998年以後的行政救濟制度，可從兩方面觀察，在訴願法部分，刪除再訴願制度；訴願程序採行言詞辯論[82]；訴願的提起改向原機關為之[83]；

---

[81] 吳庚，前揭註16，頁617-618。李建良，前揭註18，頁272-273。
[82] 參照訴願法第65條。
[83] 參照訴願法第58條。

增設訴願參加制度[84]；增訂情況決定制度[85]，俾利公益之維護；健全訴願審議委員會體制使其專業化、準司法化[86]。行政訴訟法方面的變革主要有：審級修改為三級二審，設置高等行政法院與最高行政法院，分別受理事實審與法律審；增加行政訴訟種類[87]，除原有之撤銷訴訟外，增加課予義務訴訟、確認訴訟、給付訴訟、公益訴訟與選舉罷免訴訟；增訂暫時權利保護途徑，例如提起行政訴訟前得暫停執行處分[88]以及保全程序的設置[89]；情況判決的設置[90]，以維護公益；增訂情事變更原則的適用[91]；和解程序[92]、強制執行程序[93]與簡易程序[94]的設置等等。使行政救濟制度呈現全新風貌，不但強化了權利救濟的途徑，也使行政救濟的程序嚴格化與民事訴訟化[95]，配合訴願法與行政法院組織法的修正，成就全新的行政救濟體系，並於2000年7月1日起施行。2007年又有一番變革，當中對於審判權錯誤的案件，改採移送制，保障人民提起訴訟之權益；將行政訴訟改採徵收裁判費制度；並且以律師或專業人士強制代理；提起再審之訴期間的明確化等局部但重要的修正。2009年行政訴訟法又再度針對便利人民訴訟、保障人民權益與提升司法效能三大方向進行修正及調整，諸如：管轄的調整、確認訴訟範圍的調整[96]、訴訟費用徵收或退還的調整、減輕原告

---

[84] 參照訴願法第28條。

[85] 參照訴願法第83條。

[86] 參照訴願法第52條至第55條。

[87] 參照行政訴訟法第4條至第10條。

[88] 參照行政訴訟法第116條。

[89] 參照行政訴訟法第293條至第303條。

[90] 參照行政訴訟法第198條。

[91] 參照行政訴訟法第203條。

[92] 參照行政訴訟法第219條至第228條。

[93] 參照行政訴訟法第304條至307條。

[94] 參照行政訴訟法第229條至第237條。

[95] 吳庚，前揭註16，頁623。

[96] 參照行政訴訟法第6條。

於損害數額證明的責任[97]、撤銷訴訟與確認訴訟之轉換[98]、擴大簡易程序適用範圍[99]等。行政救濟的體系日趨完善。

　　然而對於採二元審判體系的台灣，勢必要面對審判權衝突的問題，尤其，有經驗的法律人尚且無法完全明辨公、私法之區別，遑論人民在提起訴訟時，抉擇的兩難，而其中又涉及人民訴訟權的保障，誠如釋字第305號解釋所云：「人民就同一事件向行政法院及民事法院提起訴訟，均被以無審判之權限為由而予駁回，致其憲法上所保障之訴訟權受侵害……」對於渠等事件之爭議，不容小覷。在舊制時期，往往需委由大法官定奪，曠日廢時卻僅因審判體系二元所生，絕非良制，所幸，透過民事訴訟法[100]與行政訴訟法[101]的紛紛修正，分別規定若法院認為有受理訴訟權限而為裁判確定者，其他法院就應受該裁判之羈束，已稍有進步，但若法院認為無受理權限時，則仍需經由大法官解釋始得定奪，此乃為德不卒之修正。若以司法為民著眼，應令移轉法院之裁定有拘束受移轉法院之效力[102]，始為正辦。

三、台灣爭端解決機制

　　誠如前所述，台灣在重視人民程序選擇權的條件下，對於爭端解決之機制的多元，實屬當然。而面對如此多元的爭端解決機制，應如何詳加抉擇，並且又如何預先擬定爭端的解決機制，都必須先加以了解其內涵，因此，本文將分別就台灣在訴訟上與訴訟外的爭端解決機制，詳加說明，俾利制度之使用者能了解其優劣，並加以抉擇或適用。目前在台灣可能產生的爭端解決機制有調解、仲裁、民事訴訟與非訟程序，以下分別論之。

---

[97] 參照行政訴訟法第189條。

[98] 參照行政訴訟法第196條。

[99] 參照行政訴訟法第229條、第230條。

[100] 參照民事訴訟法第31條之2（2009年）。

[101] 參照行政訴訟法第12條之2（2007年）。

[102] 李建良，前揭註18，頁294。

（一）調解

　　調解制度的適用範圍相當廣泛，舉凡訴訟外的調解與訴訟程序中的調解皆包含其中，原則上兩者的區分在於調解成立後之效力，前者須於調解成立後再經法院核定[103]，始生執行力，而後者則無此程序，因為調解委員並非全為法律背景人士，有時無法預期調解書的內容是否足以執行，經法院核定可補足如此問題，避免產生爭議。

　　在民事訴訟上的調解，又可分為強制調解與任意調解，前者包含如簡易案件與其他列舉之案件[104]、離婚及夫妻同居之訴[105]、終止收養關係之訴[106]，此類案件若未經調解逕向法院起訴者，該起訴視為調解之聲請，並且，債務人對於支付命令之異議，也被視為是調解之聲請。任意調解則依當事人聲請為之，但需審查是否有得裁定駁回之理由，例如：無調解必要或調解無成立可能之情形，或是已有經調解而未成立之情形等。

　　而調解的程序，不論前述何者，原本都是在訴訟前為之，訴訟開始後，紛爭的解決方式僅有法官試行和解、繼續訴訟或是撤回訴訟，但為擴大紛爭解決途徑，1999年修正民事訴訟法時，將起訴後，經當事人合意的調解移付制度引進，使起訴後亦得為調解程序，並且不限於第一審。

　　而調解進行之指揮或撮合，在訴訟上的調解原則上由法官為之，法官得選任社會公正人士參與調解或自行為之。2005年為擴大紛爭解決的途徑，減輕法院負擔，修正鄉鎮市調解條例第12條，法院得將調解案件移付調解委員會辦理，此時又成為訴訟外調解。而訴訟外的調解，主要是依據鄉鎮市調解條例運行，由鄉鎮市公所設立調解委員會為之。

　　訴訟上之調解，法官或調解委員得酌擬平允方案；經兩造同意得酌

---

[103] 參照鄉鎮市調解條例第27條。但若在訴訟上由調解委員調解，其仍需經由法官核定，參照民事訴訟法第415條之1第4項。

[104] 參照民事訴訟法第403條。

[105] 參照民事訴訟法第577條，101年1月11日移列於家事事件法第23條，調解前置民訴相關規定已廢除。

[106] 參照民事訴訟法第587條，101年1月11日移列於家事事件法第23條，調解前置民訴相關規定已廢除。

定調解條款；或是在不能合意但兩造意見已經接近時，提出解決事件之方案，三者的效力各有強弱之不同，平允方案的擬定是為求兩造意見的撮合，使調解易於成立，但無拘束力；調解條款的酌定，則是經兩造同意，交由法官或調解委員所定，其一旦得以擬定之後，調解即為成立，且案件限於財產權爭議；而解決事件之方案，係法官視兩造間的意見已漸趨一致，但仍為合意的情況下，在不違反兩造主要意見的範圍內，平衡兩造意見所提出之解決方案，其效力在送達相關當事人之後，若於十日不變期間內未提出異議，就視同調解成立，雖仍限於財產權爭議，但效力更勝前者。主要的目的在於盡可能的使調解能成立，但對於當事人雙方的意願，仍保持最高的尊重，兼顧弭平爭議與程序正義。若調解成立，其效力如同訴訟上和解，與確定判決有同一效力，若未能成立則回復起訴之狀態，回歸訴訟繫屬。

訴訟外的調解，調解委員的撮合手段則不若訴訟上調解多樣，僅得，酌擬公正合理辦法，力謀雙方之協和。而當事人到場調解的要求也有差異，在訴訟外調解，當事人無正當理由，於調解期日不到場者，若調解無望，則視為調解不成立，訴訟上的調解則較有強制力，對於違背到場義務者得加以處罰。訴訟外調解若成立後，經法院核定，與民事確定判決有同一效力，而有既判力、確定力、形成力與執行力。

有疑慮者，若調解未能成立，其於調解程序中當事人所為之陳訴或讓步，在訴訟時不得採為裁判的基礎[107]，雖立意良善，卻有執行困難，若調解係由法官參與其中，其為盡力撮合兩造爭議，對於系爭案件內容心證早已形成，卻要其不受影響並且不得為裁判基礎，恐非易事。退步言之，即使要求法官不受影響，但若於調解其間攻擊防禦方法盡出，強行要求不得為判決基礎，則判決要如何形成，誠有疑問。其實益大概僅剩當事人於調解其間之讓步，不得視為捨棄、認諾或自認爾。

調解若有無效或得撤銷之原因，得向原法院提起無效或撤銷之訴，論

---

107 參照民事訴訟法第422條：「調解程序中，調解委員或法官所為之勸導及當事人所為之陳述或讓步，於調解不成立後之本案訴訟，不得採為裁判之基礎。」

者質疑，調解與和解性質與效力並無不同，何以和解有無效或得撤銷之原因，當事人得請求繼續審判，而調解卻須另行起訴[108]，對於當事人在紛爭的解決上徒增程序的繁冗，並不適當。

　　台灣在調解案件的運用上，以2008年為例，調解成立的案件數有2萬4千多件，但不成立的案件亦有2萬9千多件，撤回的有1萬1千多件，可說是成敗各半，但占地方法院年度所終結23萬件民事案件中，仍屬少數。反而訴訟外由鄉鎮市調解委員會所移送之調解核定案件，則高達9萬4千多件，其核定的比例亦高達九成五[109]。可見調解制度已在台灣的爭端解決機制中，占有相當重的比例。

(二) 仲裁

　　仲裁制度為台灣爭端解決機制之重要一環，仲裁的發動主要由當事人雙方所擬定之仲裁協議為開端，內容以一定法律關係之爭議為限，其效力在契約中須獨立認定。問題在於，當事人往往約定仲裁前置程序，若未為前置程序逕行仲裁，是否有違仲裁協議，經常成為法庭攻防的爭議焦點，目前法院的實務見解認為，仲裁之前置程序約定，其目的在於更快速有效的解決當事人紛爭，節省勞費支出，若當事人認為已無透過前置程序解決紛爭之可能，而逕行提付仲裁者，亦無違反前置程序所設之目的[110]。

　　仲裁機構的選定，原則上由當事人所約定，台灣最主要的仲裁機構為中華民國仲裁協會，當事人依雙方間書面的仲裁協議或仲裁契約，向仲裁協會提出仲裁之聲請，並繳交仲裁費用，若未約定仲裁人，則須選定仲裁人。而仲裁協會將其聲請送交相對人，通知其提出答辯並選定仲裁人，並且再由雙方共推一人為主任仲裁人，若無法共識，則由法院或仲裁協會選定，並組成仲裁庭。

　　仲裁庭的詢問程序，原則上依仲裁法之規定行之，未規定之事項則準

---

[108] 吳明軒，民事訴訟法（中冊），頁1194-1195，2007年9月修訂7版。

[109] 司法統計網站，http://www.judicial.gov.tw/juds/index1.htm，最後瀏覽日期：2010年7月。

[110] 參照最高法院93年度台上字第992號判決。

用民事訴訟法，須經詢問、調查證據、送請鑑定、言詞辯論等與民事訴訟無異，但仲裁庭除非另有約定，程序不公開。

仲裁判斷之作成，若經當事人明示合意，得使用衡平原則為判斷。仲裁判斷之效力於當事人間，與法院確定判決同，若為仲裁判斷前雙方和解，則與仲裁判斷有同一效力，若雙方因無仲裁協議，另合意由仲裁人進行調解，其調解成功之效力亦與和解同，擴大紛爭解決的方式。仲裁判斷作成後，必須經法院為強制執行之裁定始具有執行力，始得為強制執行。對於外國之仲裁判斷，亦得聲請法院承認，為有效的執行名義，大陸的仲裁判斷，亦可聲請承認，並且無互惠原則之限制。而仲裁判斷若有得撤銷之原因，得提起撤銷仲裁判斷之訴，以資救濟。

(三) 民事訴訟

民事訴訟為台灣爭端解決之大宗，如前所述，民事訴訟中為擴大爭端解決之可能，尊重當事人之程序選擇權，設有許多種類之程序，諸如：小額程序、簡易程序、通常程序，以及因案件類型不同，而分立的人事訴訟程序，又有督促程序等較簡便迅速的爭端解決機制。由於前已紛紛述及其特色與制度，不另詳述。

程序進行間，若當事人隨時有和解的可能，不論審級，亦可透過法院之和解，達成解決爭端之效。2009年訴訟上和解的案件近9,000件，亦有紓解部分爭端之成果。而訴訟上的和解不同於訴訟外之和解契約，得直接產生訴訟法上之效力，因此同具有實體法與訴訟法上之效果。其進行必須在訴訟繫屬中，在法院中由法官就雙方本案之訴訟標的，試行和解。其內容則必須為實體法上所允許和解之法律關係。

法官為促成和解之成立，除試行和解之外，得經兩造聲請，擬定和解方案，雙方於受送達後，和解即為成立。亦可在兩造和解有望，但一造到場有困難之情形下，依一造聲請或依職權提出和解方案，並定期限答覆是否接受，若兩造同意，和解始成立，此點不同於調解中解決事件方案之效力。

和解成立者，與確定判決有同一效力，但若有無效獲得撤銷之原因

者，當事人得請求繼續審判，若確認成立，則已成立之和解失效，並回復已消滅之訴訟繫屬，但仍須注意不影響第三人善意取得之權利。

（四）非訟事件

某些民事爭端，本質適合快速的解決，事件的真相並非至為重要，在現今工商社會中，此類的紛爭尤其多，因此漸漸產生民事訴訟非訟化的需求與傾向。非訟的本質並不強調爭執權利的有無，而是以權利存在為前提，國家僅居於監督與認證的角色。台灣的非訟事件，原則上是以書面審理及職權主義為之，重在推定權利有效，加速紛爭的解決。

非訟事件法中，目前所允許的程序有民事非訟、登記、家事非訟與商事非訟；民事訴訟法中亦有一些本質上屬於非訟者，例如分割共有物、確定經界訴訟等。而既然非訟事件並無言詞辯論，雖然快速，但卻不重真實，因此該裁定並無實體法關係的實質確定力，是與民事訴訟相當大的區別。但實際運作中，為爭端之解決有相當大的疏解。

肆、兩岸交流之法律保障

兩岸之關係，在交流頻繁且密切接觸的時空環境下，法治建設的腳步也逐漸趕上實際需求，但要認為足以保障交流兩岸的人民需求，恐怕尚有未足。隨著兩岸各項協議的簽訂，彼此間的互信建立之同時，對於法治的要求恐怕要更加積極邁進。台灣的法治觀念在長久以來的建設與改革之下，有相當進步之規模，已如前述。而大陸方面，法治觀念在1979年開始的「法治與人治」大討論，被認為是法治觀念受重視的開端，到了1989年，「論法治改革」一文，提到大陸正往高度民主的社會主義法治國家進成加速，更提出法制的具體目標是法律至上原則；完備的法律體系；法律適應社會生產力的發展需要；法律保障公民的權利與自由；建立權利的制約機制及司法獨立；黨在憲法和法律範圍內活動等六個面向，是民間要求法治最具代表性的文章，並且大陸中央領導人在多次的講話中，也不斷提

及依法治國的基本方向[111]。2007年胡錦濤先生在主持十七屆中共中央政治局的一次集體學習中，發表了講話，他指出：「黨的十七大明確提出，要全面落實依法治國基本方略，加快建設社會主義法治國家，並對加強社會主義法制建設作出了全面部署。」[112]足見大陸的法治建設，正朝著積極的方面前進。

兩岸人民最切身之問題，在於兩岸人民交往的過程中，所產生之爭端應如何妥適的依法解決。過去，往往因為彼此間的不了解與欠缺信賴感，造成許多不必要的誤會，如今，若能在法治建全的條件底下，只要依法行事，都能弭平這些不必要的因素，進而建立雙方互信，共同創造雙贏。以下，本文就兩岸人民互動中，所產生的人身安全、投資權益、婚姻繼承等三個面向的問題，分別闡述，以釐清兩岸法治應致力建設之方向。

一、兩岸人民人身安全保障

兩岸人民往來頻繁，在大陸，廣大的台商遍布大陸各地；在台灣，隨著陸客開放來台，以及近期在台灣熱烈討論的陸生、陸資來台議題。並且隨著兩岸直航的開放，兩岸之間形成一日生活圈的情形越趨明顯，而隨處可見兩岸之人民在生活的周遭。在此同時，由於法治觀念的差異，人民對於法律的認知不同，往往會造成誤會而觸法，是常見的爭議，然而觸法後的人身自由的保障，則是本文所最重視的問題。

在台灣，對於人身自由的絕對保障，是憲法層次的位階，因此，舉凡因涉法而有受到政府機關的人身自由限制時，在台灣的刑事訴訟法制當中有相當嚴格程序保障，首先，是傳喚、拘提或逮捕，傳喚與拘提應有令狀，而逮捕則為無令狀，是對於通緝犯與現行犯為之，緊急拘捕則為例外，係無令狀的情況下，為保全被告所為之限制人身自由方式。由於憲法第8條明定：「人民因犯罪嫌疑被逮捕拘禁時，其逮捕拘禁機關應將逮捕拘禁原因，以書面告知本人及其本人指定之親友，並至遲於二十四小時內

---

[111] 何勤華，改革開放三十年與中國的法治建設，收於張憲初、顧維遐主編，兩岸四地法律發展與互動，頁4-5，2009年11月。

[112] http://big5.gov.cn/gate/big5/www.gov.cn/ldhd/2007-11-28/content_819599.htm。

移送該管法院審問。」因此，在受合法拘捕之後，若有羈押之必要，須於二十四小時內[113]，向法院聲請羈押，由法院為羈押與否之判斷，其判斷標準為是否具有重大犯罪嫌疑、法定羈押原因與羈押之必要性。而審理的原則是言詞審理，並且有通知檢察官與辯護人到場的義務。其審查的結果可能為准予羈押、具保、責付、限制住居或駁回羈押聲請等，並且得抗告以資救濟。若遭羈押者，其期間之限制在偵查中不得逾二月，審判中不得逾三月，但皆得延長羈押，雖各有其限制，但對於所犯最重本刑十年以上有期徒刑之罪者，則毫無限制，亦有長期羈押的情形存在[114]。不過，在台灣要受到來自於公權力的人身自由限制，其必然受到層層的程序保障，而無由任意拘禁。並且由於刑事訴訟大幅將被告自白任意性的要求提升，目前偵查中，已無刑求的誘因與可能。在台灣，律師於偵查中或審判中的協助，亦發揮相當大的功效。

　　大陸的刑事訴訟法關於人身自由的保障，是到了1996年才有大幅的更動，在此之前，刑事訴訟法上甚至沒有規範收容審查的條文，卻仍在實務中實行，造成人身自由毫無限制的被拘束，甚至長達三、五年[115]，實非良制，1996年修正後已有部分限制，對犯罪嫌疑人逮捕後的偵查羈押期限不得超過二個月。但若案情複雜、期限屆滿不能終結的案件，可以經上一級人民檢察院批准延長一個月，部分案件經省、自治區、直轄市人民檢察院批准或者決定，可以延長二個月，而亦有重罪羈押的規定，得再延長二個月。但實際運作情形下，超期羈押的情形仍在，從2003年11月所發布

---

[113] 但須注意有法定障礙事由，參照刑事訴訟法第93條之1。

[114] 最著名者，陸正案之主嫌犯邱和順，遭羈押長達二十二年，目前仍在更11審中。2010年5月所公布（同年9月施行）之刑事妥速審判法已對於長期羈押有了限制，該法第5條規定：「法院就被告在押之案件，應優先且密集集中審理。審判中之延長羈押，如所犯最重本刑為死刑、無期徒刑或逾有期徒刑十年者，第一審、第二審以六次為限，第三審以一次為限。審判中之羈押期間，累計不得逾八年。前項羈押期間已滿，仍未判決確定者，視為撤銷羈押，法院應將被告釋放。」

[115] 熊秋紅，大陸刑事訴訟法——過去、現在與未來，收於湯德宗、王鵬翔主編，兩岸四地法律發展（下冊）——民事訴訟與刑事訴訟，頁263，中央研究院法律學研究所，2007年8月。

之「最高人民法院、最高人民檢察院、公安部關於嚴格執行刑事訴訟法，切實糾防超期羈押的通知」即可得知。然而大陸的羈押並非由法院審查，而是由偵查機關自行決定，除上述延長羈押由檢察機關核准外，幾無監督機制，更何況檢察機關肩負起訴之責，本不應有羈押審查權限，如此將造成權力制衡的困境。對於人身安全的保障，並非妥適，此乃長久以來重實體、輕程序，重結果、輕過程之觀念所致。並且律師的功效在偵查階段所能提供的協助亦有限，更加深程序保障的難度。

即使在一片撻伐超期羈押的聲浪中，修正了刑事訴訟法，卻仍無法馬上改變大陸偵查機關的習慣，由此可見，健全法制固然是依法行政的根基，但真正要落實依法行政並且公正執法，才能夠體會如何讓法律體系為人民服務，而非將法律作為社會控制之工具。然而，在台灣雖有嚴格的羈押權外部監督體系，長期羈押的情況亦非罕見，如何能導正加強刑事偵查的有效性與時效性，扭轉押人取供或是押人預防的觀念，是兩岸應共同努力的方向。

二、兩岸人民投資權益保障

兩岸的投資環境迥異，台商在大陸的規模人數龐大，對於台商投資權益的重視，是大陸所積極經營的區塊，尤其在市場經濟開放之後，隨著各方投資進入大陸的同時，對於法治保障投資權益的觀念，不斷衝擊著固有的法律體系，改革開放不但打開了經濟的大門，也步入了法治的階梯，一步一步的建構理想的投資環境，一步一步的與全球化接軌。但是2007年震驚兩岸的新光華聯事件，因經營權糾紛，被誤認為是經濟犯罪，竟引來公安單位短暫介入，並遭受人身自由的限制，甚至驚動北京高層，最後由國台辦介入協助談判，此乃不必要之誤會，影響兩岸交流之互信，實則，若雙方能基於就法論法，尋求法律救濟途徑，解決彼此之間的歧異，或許就無如此紛擾產生。

2010年6月29日海基與海協兩會甫簽定之海峽兩岸經濟合作架構協議（ECFA），勢必造成兩岸相互投資的熱絡，事實上，早在協議簽定前，台灣方面，早已於2009年7月經濟部依據兩岸人民關係條例第72條第2項與

第73條第3項,公布「大陸地區人民來台投資許可辦法」與「大陸地區人民投資業別項目」作為陸資來台的法源依據;相對的在2008年12月大陸為推動兩岸直接雙向投資,促進兩岸經濟發展,其國家發展和改革委員會與國務院台灣事務辦公室,就已聯合發布「關於大陸企業赴台灣地區投資項目管理有關規定的通知」[116]。可見兩岸相互投資即將進入嶄新的熱絡期。然而台灣的法治建設完善,基本的架構已與現代化的法治社會無異,並且人民依賴司法解決問題的觀念深厚,在加上為因應加入WTO之後,致力於投資保障法制建設,減少因此而生之貿易障礙,早已成為全球化經濟法律體系之一環,因此,今後陸資來台投資,雖然可能因為政經環境的特殊考量,而有所限制[117],但隨著互信增加,此部分的限制將逐漸減少是可見的趨勢。其他部分的保障,則毫不遜於其他投資環境。

　　大陸在進入市場經濟之後,對於法治建設的飢渴現象,不斷的注入立法的活水,但超前立法的結果,造成鮮明對比的是執法的不足,並且在法制建設上僅著重於經濟制度變遷的適應[118],例如,受到加入WTO的衝擊,為符合WTO規則的要求,必須制定大量的經濟性法規,事實上這些法規未必能為社會所理解,造成的隔閡與抵抗在所難免[119]。反倒是保障了早已適應於此類法規之台商,卻因此得到形式上法律的保障。然而,大陸人民利用法院解決紛爭的觀念仍然有限,司法獨立的努力仍在持續進行中,而司法為民的理念,則早在2003年肖揚先生就曾宣示:新世紀人民法院工作的宗旨是司法為民,因此使人民相信司法、利用司法解決紛爭,達到公正與效率的需求,是當前大陸正大力改革司法的目標,也唯有如此,

---

[116] 其內容說明,可參考姜志俊,大陸有關陸資來台及外資撤離規定簡析,展望與探索第7卷第3期,頁83-89,2009年3月。

[117] 台灣對外資的限制是採負面表列的方式,其精神是原則允許、例外禁止,但對於陸資則是採原則禁止、例外允許的正面表列方式。其差異,可參照黃崇哲,陸資登台投資公共建設之評析,台灣經濟研究月刊第32卷第9期,頁31-36,2009年9月。

[118] 王文杰,中國大陸法制之變遷,頁366-367,作者自版,2002年10月初版。

[119] 王文杰,前揭註118,頁328-329。

才能朔造出良好的投資環境，使紛爭得以有公正的機關，依照可預期的法規範，合理的解決。

三、兩岸人民婚姻繼承身分保障

　　兩岸通婚的情況比起經貿活動，更是有過之而無不及，依海基會結婚公證書驗證的數據，至2008年12月底止，已逾32萬2,000件，另根據內政部1988年11月至2006年8月底的統計，大陸配偶申請入台人數約32萬多人[120]。相關的問題相應而生，諸如居留問題、工作權益保障、身分保障與婚姻生活等問題不斷發生。

　　台灣對於大陸配偶的限制，主要來自於兩岸人民關係條例的規定，例如：對於繼承權的限制，依該條例第66條第1項規定：大陸地區人民繼承台灣地區人民之遺產，應於繼承開始起三年內以書面向被繼承人住所地之法院爲繼承之表示；逾期視爲拋棄其繼承權。並且依照第67條第1項規定：被繼承人在台灣地區之遺產，由大陸地區人民依法繼承者，其所得財產總額，每人不得逾新台幣200萬元。超過部分，歸屬台灣地區同爲繼承之人；台灣地區無同爲繼承之人者，歸屬台灣地區後順序之繼承人；台灣地區無繼承人者，歸屬國庫。由此可知，不但對於大陸配偶繼承權的承認採取拋棄爲原則，繼承爲例外的規定[121]，並且以新台幣200萬元爲限，但對於外籍配偶則無此限制。

　　居留權的問題更是一大難題，雖然大陸配偶在一定條件下得以申請定居，但依同條例第17條之規定，內政部得訂定依親居留、長期居留及定居之數額及類別，此配額卻是一年比一年緊縮，此乃人口政策之考量，藉以限制人口總數與結構[122]，本無可置疑，但相較於外籍配偶取得身分

---

[120] 海基會公布之數據，http://www.sef.org.tw/ct.asp?xItem=2501&CtNode=4555&mp=41。

[121] 其差異可以比較民法第1148條：「繼承人自繼承開始時，除本法另有規定外，承受被繼承人財產上之一切權利、義務。但權利、義務專屬於被繼承人本身者，不在此限。繼承人對於被繼承人之債務，以因繼承所得遺產爲限，負清償責任。」

[122] 目前大陸地區配偶在台灣有27萬餘人，而有定居證者僅8萬餘人。可參考移民署統計資料，http://www.immigration.gov.tw/OutWeb/ch9/f9b.html。

證的比例，卻有些微差異，外籍配偶領有身分證者為27%，而大陸配偶僅19.7%，略低於外籍配偶部分[123]，遂引發爭議。而工作權的問題也是因此而來，對於無身分證者，雇主的聘僱比率較低是台灣之現狀[124]，但實際上勞委會為提高雇主聘僱意願，特別訂定「促進外籍配偶及大陸地區配偶就業補助作業要點」，以雇用獎助的方式獎勵雇主，多少可見其在工作權益保障的法制化成效。

由此可知，隨著兩岸通婚日漸普及，當初因兩岸情勢所擬定的人口政策，到如今隨著交往頻繁，對於認知歧異的差距漸弭，是否有必要再與一般外籍配偶差別對待，在台灣已引發檢討，事實上在兩岸互信之基礎下，當初嚴格限制兩岸人民往來的時空環境早已不存在，只要在人口政策控制的專業考量範圍內，應無差別對待的必要，反倒是應該著眼新移民生活的保障，工作的輔導與婚姻的協助等，才是目前更應積極努力的工作。

伍、結論

法制建設一向為本人長年以來所致力推動之工作，在台灣，我們可以看見法制建設完備下的豐碩果實，人民的法治觀念也因此建立，不僅知法守法，更習慣用法來弭平爭議，要靠人民私力救濟的情形在台灣幾乎不可想像，這也是台灣在厚實的法制建設下，提供人民可信賴之解決途徑，並進而營造出整體的法治社會環境，實不可或缺之基礎。

然而，法制健全的觀點並非以政府管理為視角，而是以人民需求為目的，進行法制的革新，誠所謂司法為民的理念，並非口號，若主政者的觀念不能以人民為主，打造人民所需求的司法環境，則只是徒然保障一個空殼的法律秩序，而無內涵，人民也無法相信司法、親近司法、利用司法，因此，建設一個以人民為主的司法體制，是政府責無旁貸的任務。司法能

---

[123] 移民署，97年外籍與大陸配偶生活需求調查結果摘要分析，頁4，http://www.immigration.gov.tw/OutWeb/ch9/f9b.html。

[124] 移民署，前揭註123，頁6。

否爲民服務，首重司法人員人格之培育與建全，所以必須從養成教育、考選、任用、考核等方面要求，並應建立符合人民要求，社會公義之進場、退場機制。要讓人民相信司法，必須建立起審判獨立的公正司法機構；要讓人民親近司法，必須建立起法律扶助的機制；要讓人民利用司法，必須建立起多元的爭端解決機制。在台灣，透過多年的法律在地化，從審判體系聆聽人民的聲音，從學術研究改善繼受法的齟齬，從公正執行法律使人民理解法律，都是台灣法律能在地化的因素與契機。

公正執法是法律制度能否受到人民信賴的重要方法，若法律的執行存有人治考量，則法律制度終將崩塌於平等原則之前，因此我們必須堅持依法行政、依法審判，法是由於人民之間的約定，因此最能取信於人民，也是司法爲民理念落實的唯一途徑。

在相信法治的社會中，法律的精神更要以保障人民爲目的，以人民的需求爲指標，針對人民生活的問題，提供解決。畢竟，人民唯一的依歸是法律，因相信法律得以解決問題，始繼續信賴法律制度的存在，台灣在多年的法律停滯期後，積極改善法制環境，希望透過在地化的需求，建立起人民所需要的秩序，蘊積了多年的制度反省與傾聽人民的聲音，終於在跨世紀的前後，一舉將法制革新，不但趕上先進國家之林，更重要的是符合在地的人民需求，本人有幸在此其中躬逢其盛參與改革，深感光榮。

兩岸人民，同文同種，社會觀念相近，倫理秩序相似。台灣歷經了法律的強行殖民過後，深度反省，並且擘畫出適合台灣人民的法治環境，透過多年的實行與變革，讓法治觀念的種子得以散播在社會的每一個角落，實乃集合健全法制、司法爲民、公正執法與保障人民各條件交錯輝映所得而來。在兩岸交往頻繁，而大陸又在此時積極建設法制的同時，或許可借鏡台灣完備的法制，不僅能取其在地化之效，更能一舉將法律體系鋪設周延，讓兩岸人民共享法制建設的甜美果實，共同爲兩岸創造一個法制健全、司法爲民的和諧社會。

謹此，本人在此提出具體方向，若要建設一個能提供以民爲本的優質法律服務制度，所需具備的條件，必以：

（一）司法爲民爲理念；

（二）健全法制為基礎；

（三）公正執法為手段；

（四）保障人民為目的；

（五）共創和諧為願景。

以此共勉之。

2

把握司法改革契機　再造公平正義社會[*]

壹、前言

　　司法是正義的最後一道防線，司法制度的良窳與人民的信賴感相互依存，良好的司法制度，能建立起人民的信賴，使人民願意主動以司法解決紛爭，願意透過司法寬恕原諒，使社會和諧，使國家安定，司法服務的本質與價值即在於此。而司法作為定分止爭，建立和平公義的終極手段，對於「司法是正義的最後一道防線」這句話，我的詮釋是「司法好了，其他的也壞不到哪裡去」，「司法壞了，其他的也好不到哪裡去」。前句話代表司法終究是是非善惡的確認者，使社會有正確的價值觀，後一句話則表示司法不佳則造成善惡不分，是非不明的價值觀錯亂的社會。

　　然而，在2010年台灣社會發生了幾個事件，讓司法的理想價值出現

[*] 2011年7月29日於「第三屆海峽兩岸司法實務研討會」（廈門）主題演講。

了前所未有的質疑，首先，發生在高雄的六歲女童性侵案[1]，法官於判決中認為被告行為當時並未違反被害人意願，揚棄了刑法第221條強制性交罪，改採用法定刑本刑較輕的刑法第227條準強制性交罪條文論罪科刑，法官的專業知識遭質疑與社會觀感背離；再者，體制內的腐敗，接連發生的法官關說[2]、法官貪瀆案[3]，社會輿論對法官的品德操守也產生疑問。要求司法改革的聲浪，從過往在保守與改革勢力的暗潮洶湧，突然檯面化成為每日社會所關切的議題，不但司法院院長因此下台負責，更意外促成延宕數十年之久的法官法完成立法程序，人民對司法的信賴感，驟然下降[4]。

　　大陸於2007年發生的兩件案例也產生類似質疑，其一是彭宇案[5]，法院未經事實認定，且不適用法律，大量使用常理推定判決，而許霆案[6]則是機械操作法律，得出重罪判決，卻未能被社會接受，法院的專業知識同樣遭受質疑；2008年大陸爆發最高人民法院的副院長、二級大法官黃松有[7]的貪污、受賄案，則是大陸有史以來司法系統因涉嫌貪腐而下台的最高級別官員，對司法公信力的打擊更是雪上加霜。

　　對於兩岸近年來發生的種種司法事件，造成對於司法制度的反感與不信任，但實際上司法制度的改革卻不曾停歇，在改革的路上，遭遇此等

1　〈荒謬判決縱容色狼，男子性侵6歲娃輕判3年2月法官竟稱「未違女童意願」〉，http://tw.nextmedia.com/applenews/article/art_id/32739146/IssueID/20100815。

2　〈司法黑幕何時了，最高院法官子肇逃一審半年二審無罪〉，http://tw.nextmedia.com/applenews/article/art_id/32728528/IssueID/20100811。

3　〈大醜聞4司法官聲押，涉集體收賄千萬改判何智輝無罪〉，http://tw.nextmedia.com/applenews/article/art_id/32659417/IssueID/20100714。

4　參照司法院司法統計，一般民眾對司法認知調查，http://www.judicial.gov.tw/juds/4_u99.pdf。

5　〈男子稱扶摔倒老太反被告被判賠4萬〉，http://news.163.com/07/0906/05/3NMDBNR600011229.html。

6　〈男子惡意取款被判無期〉，http://news.sina.com.cn/z/eyqkpwq/index.shtml。

7　〈黃松有疑涉全國最大爛尾樓拍賣弊案〉，http://news.sina.com.cn/c/2008-10-29/011816543407.shtml。

問題，要如何及時導正與設定正確目標，是我們應該勇於改變的，畢竟司法制度的爭議，在在都是建立在人民的權益之上，若不能以民眾的權益為念，這樣的司法改革，最終仍只是官僚體系下的紙上業績，徒勞無功。

　　本文將從最根本的司法制度詳盡觀察，並且正本清源的提供如何建立公正法院與司法的服務專業化之建議，進而對於兩岸交流與投資關係趨於緊密的現實下，兩岸司法應該如何因應，以期建立一個穩固信賴的司法服務環境。

貳、司法制度之觀察

　　司法權的發展影響司法制度的方向，過往司法權不若行政、立法權的強勢，在政府體系中，未占有關鍵位置，但隨著人權保障的意識高漲，人民逐漸發現司法權的制衡重要性，目前已是政治革新與法制革新最重要的一環[8]，而司法制度儘管各國發展迴異，卻也逐漸發展出一些國際間共通的特質，值得我們觀察與思考，以下，本文將針對司法權的本質觀察，再就兩岸司法制度的病竈一一解構，並透過東亞近年來蔚為風潮的司法制度改革活動作介紹，回頭檢視兩岸司法改革的成果與反思。

一、司法權本質

　　司法權的本質為何？大抵言之，「法官為發揮法的效能，在最可能正確的保障下作成權威的法的判斷」，並可以認為有以下四種特徵，（一）被動性；（二）獨立性與中立性；（三）正確性；（四）權威性[9]。從權力分立的角度觀察，由主權在民出發，人民透過代議制度立法，由行政機關執行，產生紛爭時，不論在人民與人民，或人民與政府之間的爭議，都可請求法院予以儘量正確、客觀且權威性的判斷，因此司法權關鍵的特徵

---

[8]　翁岳生，司法改革十週年的回顧與展望，收於《司法改革十週年的回顧與展望》會議實錄，頁14，2010年3月。

[9]　翁岳生，法治國家之行政法與司法，頁332-336，月旦出版社，1997年4月。

在於「解決紛爭」，並且司法權需要被動的等待紛爭的發生，相對來說，就是要滿足紛爭的當事人提起訴訟「解決紛爭」的權利。

正確的來說，司法權的本質就是作為保障人民的權益的政府職能，司法具有濃厚的社會性，而非僅是高高在上的政府權力[10]，其中雖涉及人民權益，支配司法權運作的中心思想仍是自由主義，而非高舉民主主義的大旗，塑造民粹的司法制度。因司法權的審查（尤其是違憲審查）總有其對抗多數的困境與特色，為的就是要保留最後理性的制衡，此種制度設計的典型，尤以戰後德國的防禦型民主最為標準，德國試圖建立一個具有價值拘束性的憲法體系，以人性尊嚴、基本權利的保障為核心，由憲法宣示不容侵犯[11]，並由憲法法院作最後的防衛。由此可知，司法權運作的中心思想，應當是建立在維護人民基本權利的自由主義之上，民主運作有其少數服從多數的特性，若將司法權運作建立在民主主義之上，則勢必發生對於少數者的壓抑[12]，而在司法權的運作中，本來必然會產生少數者的存在，否則根本無從發生糾紛，也無權益保障需求，解決紛爭的目的絕非犧牲權益，而是依法適切的透過法院正確的判斷，給予人民法律的服務，若無法洞悉此一特色，空言司法民主，是無法完成司法任務的。故基於司法權保障人民權益的本質，司法權自應建立在自由主義保障人民權益為中心。司法的民主正當性也並非就此捨棄，而是來自於公正、獨立、正確的審判，塑造司法的權威性，贏得人民的信賴[13]，不是直接將民主原則灌輸在司法權的本質之中，是我們在討論司法制度設計或改良時，所應釐清的課題。

---

[10] 譚世貴，構建協調發展、和諧有序的中國司法制度體系——以司法制度的理論分類為切入點，蘇州大學學報第1期（哲學社會科學版），頁73，2011年。

[11] 李建良，民主政治的建構基礎及其難題，收於憲法理論與實踐（一），頁36-43，學林文化事業有限公司，2003年2月2版。

[12] 上野正雄，刑事司法の民主化，法律論叢第82卷第2期，頁33-35，2010年2月。

[13] 柳瀬昇，裁判所の司法權行使の民主的正統性，信州大学人文社会科学研究第3期，頁145，2009年3月。

二、兩岸司法制度的癥結

兩岸司法制度的發展，各有其截然不同的著眼點，在台灣，司法制度的改革，長久以來著重在於司法獨立的制度建立上，擺脫行政權的干涉，長期以來圍繞在憲法第80條之精神努力，諸如1980年的審檢分隸；1982年司法院大法官會議作成釋字第175號解釋，肯定司法院的法律提案權；1997年憲法增修條文新增司法預算獨立條款，將法院外部的審判干涉排除。於1989年廢止裁判書類事先送閱制度，1994年建立公開的司法人事審議制度，1996年廢除實任與試署法官裁判書類送閱制度、後補法官改採事後送閱，將法院內部的審判干涉排除。至此，台灣的司法系統，不僅在組織、預算、提案上都獨立於政府的其他權力干擾，在內部司法行政的個案干擾上，亦漸漸排除。政府要以不當的外力對於台灣法官的個案干預，在目前的體制下，幾乎已無可能。若要說在法院的實際運作中，政府要對於個別法官的獨立審判有所關切，動輒已達驚弓之鳥的反應程度，實不過分。

然而從數據上觀察，台灣人民雖然已習慣使用法院解決糾紛，但對於法院審判的信賴，卻遲遲未能提升，在2010年的統計中，民眾對於法官審判的公信力，僅達39.2%，對於法院人員的廉潔操守，更僅有30.6%[14]，既然審判的獨立已達如此地步，又為何無法提升人民對於司法的信賴呢？顯然，制度性的獨立並非審判服務品質的唯一保證，問題的癥結，難道是出於法官個人的素養與專業？

在大陸，則是圍繞在司法集權化努力，由於大陸對於司法權的理解，並不同於西方國家三權分立的概念，國家權力雖有行政、審判與法律監督機關，但最終都必須對國家權力負責，而國家權力是屬於人民，因此也無違憲審查的設置，因本無互相制衡的原始設計使然[15]。再者，由於經濟發展起飛，面對各地方經濟發展的差異，逐漸產生地方保護主義，這也

---

[14] 參照前揭註4。

[15] 虞政平，中國特色社會主義司法制度的「特色」研究，中國法學第5期，頁164-165，2010年。

嚴重影響到人民法院、檢察院的運作，受到地方領導的指示之下，以地
方的權益為優先[16]，當然，這也就嚴重影響到司法的正確性與超然，到了
1980年代地方政府更要求司法部門為地方發展保駕護航，這樣的發展造成
中央的立法與政策無法在地方執行，也因此引發了司法改革的契機。1990
年代，大陸開始一連串的政府體制改革，其中很重要的一部分是加強中央
政府的集權化，到了中期，司法權力集中化也成為政制改革的延伸，當
中，改革的內涵，強調依法行政、依法審判，目的在於維護中央法律的正
統，並確保執行，以達成集權化的政治目標，而法院獨立解決紛爭的權威
性，則不是主要的考量[17]。1999年最高人民法院所公布的「人民法院改革
五年改革綱要」，其中最重要的兩個部分，就是審判專業化與公正審判的
建立，在前者，最大的變革就是2002年的統一司法資格考試，以及對於現
任法官的專業要求。後者，則是對於審判委員會的功能的弱化。事實上，
兩者的調整是互相影響的，審判委員會的存在，來自於對於法官專業能力
的質疑，大陸法官的組成複雜與非專業化，是大陸特有的現象[18]，因此產
生對於個案審查的機構，以確保裁判品質，雖然運作的結果造成對於個案
的干涉所在多有，但基本的初衷仍在此，而當法官的專業提升的同時，審
判委員會的功能，理所當然的要被弱化，這是建立公正法院的基本要求。
但實際上，在這一波的司法改革當中，審判委員會並未被完全弱化，甚至
在某程度上被擴張，在2005年公布的第二個法院改革綱要中，審判委員
會甚至被制度化[19]，到了2009年所公布的第三個法院改革綱要中，亦復如

---

[16] 葉陵陵，中国の地方保護主義と司法の独立，熊本法学第83号，頁73-74，1995年6
　　月。

[17] 陳至潔，重鑄紅色天平：中國司法改革的政治邏輯及其對法治的影響，政治科學論
　　叢第45期，頁72-75，2010年9月。

[18] 冷羅生，中国の裁判官管理制度の一考察，千葉大学社会文化科学研究第8号，頁
　　215，2004年2月。

[19] 人民法院第二個五年改革綱要，23、改革人民法院審判委員會制度。最高人民法院
　　審判委員會設刑事專業委員會和民事行政專業委員會；高級人民法院、中級人民法
　　院可以根據需要在審判委員會中設刑事專業委員會和民事行政專業委員會。改革審
　　判委員會的成員結構，確保高水準的資深法官能夠進入審判委員會。改革審判委員

是[20]。

從上述發展我們可以發現，儘管審判委員會有其保障人民權益的功能，在法官素養與專業漸漸提升的同時，仍然趕不及經濟活動與民眾糾紛四起的現象，其仍有階段性的任務未完，造成不斷的強化與深化，大陸學界，甚至多數肯定審判委員會存在的價值[21]，因此，大陸與台灣司法制度發展的方向截然不同，司法改革的道路上，大陸選擇了提升案件審查的水準為優先，其結果，卻導致對於法官素養不佳的惡性循環[22]，而其衍生的審判獨立問題更造成人民對於司法的信賴危機，便是癥結所在。而強化審判委員會的發展方向，難道就是解決的方針？

三、熱鬧的東亞司法改革活動

在檢討兩岸的司法改革成果之前，我們或許可以先環顧四周近年來也是熱鬧的東亞司改活動，釐清發展的趨勢，建立檢證的標準，作為改革的再改革之參考。

以日本為例，1999年成立司法制度改革審議會，並於2001年提出意

會審理案件的程式和方式，將審判委員會的活動由會議制改為審理制；改革審判委員會的表決機制；健全審判委員會的辦事機構。24、審判委員會委員可以自行組成或者與其他法官組成合議庭，審理重大、疑難、複雜或者具有普遍法律適用意義的案件。

[20] 人民法院第三個五年改革綱要，5、改革和完善審判組織。完善審判委員會討論案件的範圍和程式，規範審判委員會的職責和管理工作。落實人民檢察院檢察長、受檢察長委託的副檢察長列席同級人民法院審判委員會的規定。完善合議庭制度，加強合議庭和主審法官的職責。進一步完善人民陪審員制度，擴大人民陪審員的選任範圍和參與審判活動的範圍，規範人民陪審員參與審理案件的活動，健全相關管理制度，落實保障措施。

[21] 冷羅生，前揭註18，頁216。主要的理由是，1.法官素質低落，集體討論可以保證裁判品質。2.因為集體討論，可以減少人情案與關說案，有利於減少個別法官貪腐。3.集體討論可以減輕個別法官的壓力，排除對審判的干涉。4.法官可學得專業的法律知識，有利於專業的提升。當然也有不少的反對意見，針對上述理由一一批評。可參考賀衛方，關於審判委員會的幾點評論，北大法律評論第2期，頁365-374，1998年。

[22] 賀衛方，司法公正，我們心中的隱痛，科學中國人第1期，頁17-18，2001年。

見書，名為「二十一世紀支持日本之司法制度」，改革的方向是司法為民的目標，當中發現現行制度的幾個問題，包含大型、專業訴訟延遲、裁判費用過高、專業紛爭的解決能力不足、紛爭解決機制不足、人民對於司法的疏離感等問題，草擬兩大改革方向，分別為擴充制度基本面與擴充人的基本面兩個方向，前者，以強化法曹機能、增加多元的紛爭解決機制、人民參與司法三個部分；後者，包含對於法曹養成的改革與法曹一元化。希望達成審判的迅速化、費用合理化、提升專業性紛爭的解決能力、多元的紛爭解決機制、增加人民的信賴與親近感。最終達到司法為民的目標[23]。其中，已經有許多的制度開始落實，包含許多訴訟程序上的改良，而其中最為矚目的，例如2009年12月開始的犯罪被害者參加制度[24]、2010年5月開始實施的刑事案件裁判員制度、2004年開始的法科大學院等等。總括來說，就法曹養成與構成的部分觀察，日本的改革方向，有意由下而上擴大法曹的構成，廣納多元的專業能力，並且運用在審判當中，使法庭的專業能力提升，並進而使人民信賴法院，達成法律服務的宗旨，當然，除了長遠的透過法科大學院的制度，讓多元專業漸漸的進入法院當中之外，在訴訟制度的改良中，適當的增加法律以外專業人員在審判中的程序地位，也是短期提高裁判專業性的方法，因此引進了專門委員的制度，以收短期之效。

　　韓國的司法改革也在2000年提出21世紀司法改革發展計畫，其中包含改善訴訟體系措施、改善司法行政措施、增加效率及有效運用司法資源措施與改善公共服務措施，2003年成立司法改革委員會澈底檢討最高法院組織及功能、法官任用體系、法教育及律師資格、公眾參與司法程序、法律服務及刑事訟體系之改革方法，更在2005年成立總統府司法改革委員會，目的在促成司改方案的實施，以更開放、透明方式，實現更民主、公平、效率的司法制度。2007年完成刑事訴訟修正案，引進職業法學院體系

---

[23] http://www.courts.go.jp/about/kaikaku/sihou_21.html。

[24] 起因自轟動日本的「光市殺人事件」，引起日本社會對於被害者於刑事訴訟中的地位反思，更進而促進犯罪被害人參加制度，建立犯罪被害者的程序主體性。

的法學院法，國民參與刑事審判法的立法等[25]，特別是國民參與刑事審判的類似陪審員制度，在實施以後，於學界受到很大的肯定，法院方面也相當積極的推動，與實施前有很大的差異[26]。

綜合觀察，鄰近兩岸的日本與韓國，於司法改革的時程上，與兩岸的發展相去不遠，但著重的要點卻有相當大的差異，其規劃的重點是在於公平而專業的法院建立，希望透過廣納法曹人才，擴大法曹任用的範疇，將法官原本不足的法律外專業知識，納入法院體系當中，提高法院專業性；並且，透過大規模的國民參與程序，讓刑事案件的審判能使人民理解，讓人民親近。兩方面並進，加強人民對法院的信賴，相信法院，進而利用法院服務，達到司法為民的最終目標。司法至此已非單純政府權力，而是保障人民權益的服務機構。

四、兩岸司法改革成果之檢視與反思

檢視兩岸的司法改革，縱使有其訴訟制度改革的成果，但司法的信賴卻不是堅實的禁得起任何考驗，一個重大社會司法案件，就足以讓過往所努力的成果遭受質疑，兩岸司法制度的改革絕非無心，而是不能對症下藥，各有所偏。

從台灣的改革觀察，司法院歷經十餘年，不斷的在審判獨立的議題上深耕，對於司法院的定位、審檢分隸、組織調整下了莫大的心力，企圖建構一個由制度提供公正保障的審判環境，不但完成了司法預算、司法提案的獨立，對於司法行政方面的審判干涉，更積極的消弭，甚至由司法院大法官會議作成第530號解釋，說明審判獨立的重要性，要完全排除行政上的干涉，即使司法院制定審理規則，個案法官仍不受拘束，更進而自設落日條款，要將司法院審判機關化，要求立法院修法。可惜未能獲立法院認同，也不願通過相關的組織法，導致延宕多年，加以立法院與司法院的互

---

[25] 許政賢，全國司法改革會議十週年之省思——以建構合理審判環境為例，法官協會雜誌第11期，頁152，2009年11月。

[26] 韓寅燮，学界から見た韓国の国民参与裁判，法学セミナー，第55卷第4号，頁40，2010年4月。

動並不友善[27]，至今仍難解決，在台灣要建立起司法組織金字塔化，似就如同當年埃及建立金字塔一般困難，此一發展，實為始料所未及。正因如此，司法院更是傾全力在司法院組織的改造上為司改工作，而忽略了司法改革的初衷，在於建立司法為民的制度，人民絕對無法理解，究竟審判一元化之後對於其自身利益的影響為何，遠在天邊的最高法院，究竟應該單軌或多軌職司審判業務，根本不是人民的切身需要。反倒是若遭受不專業的司法揉捏，一路上訴到最高法院之後，又一再由最高法院發回更審的經驗，人民對於最高法院的怨懟，不會因為權利獲得短暫救濟而減低，這是不爭的事實。

　　然而，台灣的司法人員素養難道就是如此不堪嗎？可能也不全然正確，台灣司法裁判的品質，絕大多數足以昭服人心，最重要的因素在於司法理性的反思能力，已成為台灣司法的文化風氣[28]，無奈爭議判決總是引起媒體的關注，即便依法審判，仍無法免除質疑。或有極其少數的受賄案件，卻能由司法自身自省揪出，可見其自我檢討的文化甚高。但社會對司法的期待絕對是完美無瑕，設想人民要將身家性命交由法院裁判，若不能完美的司法服務，其內心的擔憂可見一斑。加以台灣社會普遍習慣將糾紛交由法院處理，當發生司法人員的風紀問題、法律專業背離社會問題，自然在社會中會引發連續性的恐慌。但回顧台灣的司法體質，在多年的審判獨立之經營，在公正法院方面，已經無庸質疑；而司法人員的品德方面，仍可信賴司法自身的反省能力予以端正，加以近日通過之法官法，也引進部分外部評鑑機制，值得期待；法律專業的服務，即使法學素養皆有一定以上的水準，在法學以外的專業部分，仍有待法曹擴大廣納人才的努力；而最終，也是最欠缺的部分，是人民親近司法，了解司法的措施不足。在台灣司法改革往往形同司法體系的內部事務，除了特定案件，民眾、媒體對於制度性的改革冷漠，司法議題向來乏人問津，因為審判獨立，更是

---

[27] 蔡烱燉，台灣司法改革之困境與展望——以司法自主與司法環境為主軸，法官協會雜誌第11期，頁118，2009年11月。

[28] 王寶輝，從司法文化窺探台灣司法倫理——淺談台灣司法反思能力，月旦法學雜誌第188期，頁115，2011年1月。

其他部門所不敢觸碰的區塊[29]。導致即使機械操作而依法審判的情況下，仍有專業背離社會感情的情況發生，而法官惡用惡法的情形，雖屬極為少數[30]，但人民的認知卻是浮動的，容易隨著媒體的引導，一次又一次的加深印象，因此，有必要增加人民參與審判的制度，讓人民有親近司法的管道。

在大陸的改革道路上，則是深耕在司法集權化以及法院素養提升的議題上，雖然建立了法曹人才的考試制度，確立法官職業化；使法院組織制度更加合理化；擴大了合議庭和獨任法官的審判權限；改革和完善司法人事管理制度，加強法官職業保障，推進法官職業化建設進程；改革和加強人民法院內部監督和接受外部監督的各項制度，完善對審判權、執行權、管理權運行的監督機制，保持司法廉潔；並且落實人民陪審員制度與人民監督員制度有諸多的努力。但對於裁判信心的根源之一審判獨立，卻無法積極落實，雖有其體制與現實上的因素，短期內無法全面提升法官素質，為維護訴訟權益，有必要為進一步的措施，但絕不能以審判庭外組織，監督審判庭內的案件，使法官權力虛化，法官因而缺乏責任感，而落入更強的監督，惡性循環加深人民對司法的不信任[31]。司法不能獨立不能完全歸咎於司法腐敗，所以不能因為司法腐敗就將案件的審查交由審判庭外的組織，因為干預司法的權力，往往同時成為尋租的權力，權力干涉司法的結果是更多的權力參加司法腐敗的盛宴，黃松有案就是明顯的案例[32]。再從政府體制面的觀察，審判委員會的存在，對於地方保護主義的對抗，有著非常不利的影響，中央的法令規範，無法落實於地方，當國家的發展與地方利益衝突時，要如何執行法治工作？審判委員會在歷次改革綱要中被制度化，正是地方政權對於同級法院持久不變的影響力之展現[33]。國家發展

[29] 蔡碧玉，司改十年的回顧與展望——以檢察改革為中心，檢察新論第6期，頁6，2009年7月。

[30] 王寶輝，前揭註28，頁109。

[31] 賀衛方，前揭註22，頁17-18。

[32] 周永坤，我們需要什麼樣的司法民主，法學第2期，頁15，2009年。

[33] 陳至潔，前揭註17，頁88。

有其整體規劃，當下對地方的不利益，長久來看可能是利多，所以應該拋開短視近利的想法，大步改革前進。

事實上大陸在司法獨立的努力上並非全然空白，只是較重視在裁判品質的提升。雖然憲法中規定人民法院依據法律獨立行使審判權，但並未對於個別法官承認獨立審判權[34]，但仍可嘗試逐步將獨立審判的觀念落實在各別審判庭中，在第一個法院改革綱要中，藉由強化合議庭的能力與職權、限定審判委員會的功能、並減少合議庭提交審判委員會討論案件的數量，仍有部分的貢獻，但到了第二個綱要時對於審判委員會的制度化，第三個綱要對職權內容的具體化，都在在影響到審判獨立的理想與公正法院的建立。而正本清源的方法，應是階段性的逐步縮小審判委員會職權內容，擴張審判庭的獨立，乃至於個別法官的獨立，但法官的專業素養短期內全面提升的困難，則有賴於外部的援助，開放法曹進用的管道，增加法律以外專業人員的參與，都是短期內要全面提升的較佳方式。

綜觀兩岸的司法改革步調，各有所偏廢，司法制度的改革，理應是依循司法權的本質，在獨立而正確的前提下，維護權益解決紛爭的工作，具體的展現就是公正與專業並濟，始能贏得人民信賴，而兩岸的發展，一則提升公正輕忽了專業，一則提升專業輕忽了公正，而兩者最關鍵的問題，就是在於法庭組成的專業性問題，一如東亞司法改革的浪潮中，擴大專業參與，增加法庭專業的多元性，正是兩岸司法改革的共同良方。並且改革的號角不能再吹響於象牙塔之中，應敞開法院大門，讓人民接觸法律服務，親近法院，理解法律生活，讓人民參與在法院之中，透過了解而信任法院捍衛人民權益的基本信念，才是改革的正辦。

---

[34] 賀衛方，中國的法院改革與司法獨立──一個參與者的觀察與反思，科學中國人第5期，頁19，2002年。

參、建立多元專業法曹

　　司法權的本質在於解決糾紛，解決糾紛的途徑，必須透過獨立與正確的認事用法，最終要達到保障權益的目的，這樣過程之中，不能有一個環節疏漏，也就是司法制度完善的目標。兩岸的司法改革，或許稍有偏差，但最終要保障人民權益的方向是不變的，這正是司法的存在價值，而如前所述，兩岸目前所欠缺的，是專業與大眾化的法院服務改革，因此，以下將進一步探討如何建立一個多元而專業的法曹環境，並且在兩岸交流越趨頻繁的情況下，如何建立交流與相互投資保障的司法環境，更是本文所最重視。

一、司法服務專業化

　　司法服務的內容是以法律服務為主要，但人民的糾紛複雜而多樣，絕非僅僅限於法律之紛爭，甚至大多數問題出在事實認定的部分，而事實認定又往往與法律外專業息息相關，有賴具有法律外專業人士的參與，在台灣，以往是透過鑑定人的方式，引入專家意見，並由當事人雙方詰問，提供法官作為心證的理由[35]。在大陸，則是透過挑選具備專業知識的人民陪審員，以國民參審的角色，行專家參審之事實[36]。

　　面對當事人與案件日新月異的挑戰，法官的專業知識，勢必無法在審判之外又逐步提升，遂有專業人士引進審判庭的構想。再者，鑑定制度有其極限，私人申請鑑定困難，造成證據爭點的失焦；鑑定制度多為專業人員，囿於同儕壓力，鑑定意見可能避重就輕；鑑定次數重複過多，爭點掌握不易，造成司法資源浪費[37]；某些專業知識的不確定性，不易單純就鑑

---

[35] 王梅英，專家在法庭上的角色——鑑定或參審？，律師雜誌第253期，頁29-37，2000年10月。

[36] 陳昱奉、黃鈺晴，中國大陸專家參審制度研究——以智慧財產權案件為例，政大智慧財產評論第1卷第1期，頁113，2003年10月。

[37] 邱琦，醫療專庭與專家參審——以德國、法國商事法庭為借鏡，月旦法學雜誌第185

定報告判斷；鑑定結果可能出錯；法官可以運用自由心證排除鑑定報告；跨知識領域的理解困難；以及鑑定作業本身的疑慮[38]。因此，除了改善鑑定制度的弊病之外，若能更進一步就部分高專業性的案件，引進專家參審，不但避免了上述鑑定制度的問題，還能夠參與審判增加法庭法律服務的專業性，更可以透過評議的充分討論，形成更公平、正確的裁判。

　　然而，專家參審亦有其設置上的疑慮，首先是憲法上關於法官獨立審判與法官終身職保障的質疑，正反意見不一，合憲論者認為：參審員是榮譽職，憲法所稱之法官僅限於職業法官；憲法的精神是獨立審判，透過參審可以使司法更健全，並無不可；憲法未規定職業法官才能行使司法權；憲法只規定法官的獨立審判，並未規定只有法官才能審判。違憲論者認為：司法審判是法官職權，憲法禁止不具法官資格者參與審判；德國參審是先於憲法而存在，因此即使憲法未規定，仍可施行，但台灣則非如此，則憲法中必須有明文[39]。1994年司法院完成刑事參審試行條例草案後，亦曾送請行政院表示意見，行政院函覆認為：「參審員，究否為我國憲法所稱之『法官』，在我國未有如德國特殊之憲政及法官制度之情形下，該制度是否符合我國憲法之精神，乃成為討論其可行性問題之前提，允宜先就其憲法上之法源基礎取得共識，並建立制度法源，俾免於合憲性之爭議。」[40]正因如此，在台灣要推行專家參審抑或國民參審的制度，總是圍繞在是否合憲的疑慮上，至今仍未曾停歇。

　　事實上，從憲法第80條之規定觀察「法官須超出黨派以外，依據法律獨立審判，不受任何干涉。」僅是規範法官的誡命規定，規範法官在行使審判職務時，要保持超然立場，不受干涉，也不許干涉，重點是在職務的行使，絕非指職務的專屬性，即使職業法官在非行使審判職務時，亦非

期，頁83-84，2010年10月。

[38] 張麗卿，刑事醫療糾紛之課題與展望，檢察新論第8期，頁147-152，2010年7月。

[39] 上述正反意見之整理，參照蘇素娥，我國刑事審判是否採行國民參審之研究，月旦法學雜誌第177期，頁195-196，2010年2月。

[40] 參照邱琦，前揭註37，頁99。此意見係針對國民參審制度的回覆，但在專家參審的思考下，仍可能得出相同回覆。

憲法第80條的規範對象，退步言之，憲法也未明文規定法官非以職業法官不可，法官的定義乃法律所賦予，其資格要如何訂定，大可由立法自由形成，違憲論者對於本條規定的過度延伸，實非妥適。至於第81條所規定「法官為終身職，非受刑事或懲戒處分，或禁治產之宣告，不得免職。非依法律，不得停職、轉任或減俸。」之法官終身職保障，保守論者仍認為須透過釋憲或修憲來解決終身職之爭議[41]，實際上仍可透過定義限縮範圍，制定榮譽法官制度即可避免。

再者，是專業的定義問題，究竟何種事項屬於專業，各種領域似乎都可能成為專業，法官在法律外知識的不足，讓專業問題似乎定義非常困難，實際上只有真正參與裁判的法官與當事人，才能知道系爭案件的專業需求，因此，除了預先歸納一些廣為普遍接受的高度專業領域，例如醫療、工程、商事、智財、少年、家事等，更須建立當事人或法官申請制度，提供多元意見專業審理的法律服務。而更重要的，是建立專家資料庫，並且擴大範疇分門別類，增加選擇的隨機性，避免違反法定法官與法官公正的疑慮。

專家數量的不足可能造成法定法官的質疑，是專家參審的另一顧慮，不僅可能造成熱門專家的疲於奔命（例如享譽國際的李昌鈺博士可能就是最熱門的人選），對與法定法官的審判獨立要求，可能也會有所動搖，此部分如前所述，必須擴大專家資料庫的範圍，增加受選的隨機性，避免弊端，維持公正。

台灣與大陸其實都曾在專家參審的目標上努力，台灣在2006年完成「專家參審試行條例」草案，而在大陸部分法院則是透過2004年通過的「關於完善人民陪審員制度的決定」來實行專家參審之實。兩者在實踐上都有其困難，在台灣，仍舊困在是否違憲的爭議上，並且，該條例不僅規範專家參審的功能，甚至有調整訴訟制度的程序規定，諸如限制上訴、裁判書制作新類型等等，使原本單純的專業考量，擔負過多的程序規範，推

---

[41] 顧立雄，專家參審之由來，律師雜誌第253期，頁5，2000年10月。

行有其困難性[42]。在大陸，則有實行上與上開決定扞格的問題，例如在知識產權案件中，一審是由中級人民法院負責，但陪審員的選拔，卻是由基層人民法院為之，基層人民法院自無可能選擇無需求的知識產權人才。該決定中，並未將陪審員分門別類，而是隨機抽取，因其本無專業考量。部分地區的專業人才不足[43]等等問題，正本清源之道，還是盡速訂立一個專責的法律，至於訴訟上的配套措施，則應包裹立法，一同提出修正法案，始為解決之道。

法曹的構成並非僅止於法院一方，而是審、檢、辯三方所構成，傳統的發展，是以法官之養成為中心，往往忽略要維護人民權益，單純依賴法官的素養與判斷，有時仍屬勉強，甚至與社會之認知大相逕庭。因此，在東亞這波司法改革的浪潮中，非常重視法律人養成的革新，日、韓皆引進類似美國學士後法律的制度，讓法律人的構成更加豐富多元，讓民眾在司法上所受的協助更加專業，有利於對司法信心的建立，此為增加法庭專業知識的長久養成之計，值得兩岸學習與參考。當然，進入法曹後的研修管道，也是增進專業的方式之一，但兩岸共同的法曹人數不足問題，若在進入後長期專注研究，尤其是學位取得，恐怕會產生勞役分配的問題，學位取得與提升法官專業智能應屬二事[44]，要明確區分，適當的提供管道，避免捨棄司法給付義務，尋個人升遷之條件。

二、增進理解與信賴的司法環境

在法院專業化的條件之下，要如何增加民眾信賴的司法環境？直接的作法是由人民作主的決定，但司法有其理性的一面，要肩負維護人民權益的功能，在自由主義的前導法理下，司法民主化是太過獨斷的想法，如前

---

[42] 許惠祐，兩岸國民參與司法之研析，法官協會雜誌第8卷第2期，頁235，2006年12月。

[43] 孫永紅，陪審制在知識產權審判中的作用評析──兼談專家陪審制的完善，科技與法律第5期，頁74，2008年

[44] 姜世明，法官法革案評釋──談與魔鬼交易的失落靈魂，月旦法學雜誌第189期，頁107-108，2011年2月。

所述，司法有其保障人民權益的特質，而民主卻又有其少數服從多數的特性，空言民主卻未考量少數人的權益保障，並非司法的屬性能接受，也難以使判決昭服人心，因此，民主化的構想，應當是建立在提供人民能夠理解並信賴專業法院所能提供的正確、公正之審判為優先。

兩岸在國民參與審判的努力上有不同的成果，大陸在2004年通過的「關於完善人民陪審員制度的決定」讓國民可以直接參與審判庭的運作認定事實，參與評議，而台灣則囿於前開憲法法理的困惑，僅提出「觀審制」的構想[45]。

台灣的目前研議中的人民觀審制，其所設定的案件範圍，僅限於重大刑案；參與審判者的資格，為一般成年國民，經隨機抽選產生，但有消極條件，並且排除法律專業人士；其權限規劃方案有二：1.有拘束力的表意制：與法官共同評議、但無表決權，僅能陳述意見供法官參考。2.有拘束力的表決制：與法官共同評議、擁有與法官相同之表決權，但目前的傾向是不給予表決權的前者[46]。表決的代表意義，並非在於國民感情的代表性，畢竟僅有少數人難以充分表達代表性，而是將觀審員視為「社會正當法律感情」的抽樣範例[47]。目前該制度仍屬廣泛徵求意見中，未有確定版本出現。

大陸的人民陪審員制度則由來已久，但未能確實落實，2004年通過的決定，則是希望落實該制度，其規劃雖名為陪審，但由於實際參與評議，應屬參審。其設定之案件範圍較為廣泛，包含1.社會影響較大的刑事、民事、行政案件；2.刑事案件被告人、民事案件原告或者被告、行政案件原告申請由人民陪審員參加合議庭審判的案件；人民陪審員的資格為一般公民但也有消極條件與排除法律專業人員之規範；其權限則為有拘束力的表決，並且可以要求合議庭將案件提請院長決定是否提交審判委員會討論決定。

---

[45] 參照司法院人民觀審制研議：http://www.judicial.gov.tw/revolution/judReform03.asp。

[46] 司法院構思中人民觀審制度Q&A進階版，頁7-8。

[47] 司法院構思中人民觀審制度Q&A進階版，頁7。

　　然而，大陸在落實人民陪審員制度後，出現了若干的疑問，首先，是對於陪審員資格的爭議，就體制上設計來說，陪審員的資格應當排除法律專業人士，以避免法律人判斷的盲點，然而實際運作的結果，卻產生法官化的傾向，主要的原因在於選任與培訓的問題，在選任時就已經有意識的挑選官員、高學歷與公職等條件，加以培訓時，過度重視法律專業的訓練，背離陪審員素人參審的原始初衷；而管理方面又與一般法官同等，甚至有退休法官回鍋擔任陪審員的情事[48]；以上問題，都將原本未受法律專業制約的人民，推向法官的思維，並且選拔制度寡頭化，也降低了民眾親近司法的途徑，背離制度設計的目的。再者，大陸在陪審員案件適用範圍廣泛的情況下，常常造成陪而不審的質疑，甚至有認為只是為了解決案件激增，法官人數不足的缺口，基層法院直接分配人民陪審員到審判庭中，失去了原本隨機抽樣的特性[49]。先天不足（選拔寡頭）加上後天失調（派任不隨機），造成良善的制度失焦，是目前比較大的危機。

　　回歸正軌而言，不論是採取何種方式的國民參與審判制度，應注意幾項重點，首先，是採樣的公平性，既然是要推動人民對司法的信賴，其選拔的普遍性，就必須廣泛，不能僅僅以專業考量，此部分乃專家參審之任務，不宜將觀念混同，因此，廣開選拔基礎，接納多元意見與監督，是首要的重點。其次，是分配的任意性，法定法官原則的中心思想，是審判獨立之要求，也是國民參審所應注意的事項，若無法任意分配，所造成的社會正當法律感情純度不足之外，司法公正的挑戰，更是不可負擔的弊病。另外，法律因子的排除，是本制度最核心的初衷，讓司法注入新鮮空氣，不再只是法律人的法律遊戲，而是人民法律感情思維的關注。最後，關於表決權的設計，不應拘泥於假設的違憲爭議，捨棄保守思維與本位主義的思考，大膽承認人民在參審過程中的評議效力，若有疑問，當可就表決權數、參審人數、表決權內容構成等琢磨設計，而非畫餅充飢，僅能參與卻無實權，降低人民參與意願，終究會讓制度崩解。唯有認真面對人民參與

---

[48] 陳江華，人民陪審員「法官化」傾向質疑，學術界第3期，頁15-16，2011年。
[49] 陳江華，前揭註48，頁16-17。

審判的核心目標，亦即取得人民對法律服務專業的信賴，才能切實的對於制度設計的良窳有深切的思考，增進人民理解與信賴的司法環境，才是現代化司法的任務與使命。

三、建立兩岸交流與投資保障專業法庭

兩岸關係融冰之後，來往越趨頻繁，台灣是在1987年開放探親之後，緊接者在許多台商西進投資以及旅遊，每年皆以數百萬人次的數目增加，迄今已達6,200萬人次曾經進入大陸地區。而大陸地區部分則是在2009以後，進入台灣人數倍增，目前也已達530萬人次（截至2011年4月）。在非法入境的部分，累計緝獲收容達5萬2,000人，但數據顯示在近年兩岸往來更加開放之後，人數明顯下降[50]，可以預見的，在兩岸交通、觀光與投資政策逐步開放之後，未來人員往來將更形密切，也更無阻礙。

再者，以貿易關係觀察，台灣對大陸貿易累計已逾1兆美元，其中對大陸出口7,600多億美元，自大陸進口2,400多億美元，出超累計高達5,000億美元[51]。而在2010年的統計中，台灣對大陸的貿易總額全年有1,200億美元，其中出口848億美元，進口359億美元，以此估算，2010年台灣對大陸貿易的比重，占外貿總額比重23.0%；其中，出口占總出口比重30.9%，進口占總進口比重15.3%（如果加計香港，外貿總額比重更高達29.0%）[52]。在投資關係部分，據經濟部統計，迄2011年3月止台灣企業赴大陸投資金額累計高達1,000億美元，3萬8,000多件投資案[53]，2010年全年投資，122億美元[54]。整體觀察企業赴大陸投資占台灣對外投資總額比重

---

[50] 參照兩岸經濟統計月報第217期，http://www.mac.gov.tw/public/Attachment/153011291912.pdf。

[51] 參照陸委會兩岸經濟交流統計速報2011年3月，http://www.mac.gov.tw/public/Data/161011375871.pdf。

[52] 參照陸委會兩岸經濟交流統計速報2010年12月，http://www.mac.gov.tw/public/Data/1371044671.pdf。

[53] 參照前揭註51。

[54] 參照前揭註52。

為61.6%[55]。而大陸對台灣貿易占大陸貿易比重，出口長期維持在2%，進口則在5%至15%不等，尤以1997年進口高達15.77%[56]，不論是數字或是比例，都可以看出台灣與大陸人民以及商業往來的緊密依存度。

兩岸人民往來與相互投資的數據節節上升的同時，隨之而來的，是經濟與社會問題糾紛，根據海基會協處台商人身安全案件統計表，1991年至今共有2,200多件，其中以因案受人身自由限制者最高，達600多件；經貿糾紛部分，經台商投訴者有1,600多件，經大陸投訴台商者，有100多件[57]，以上都尚未包含糾紛的黑數，實際在未受委託的部分，可能高達數倍。

面對如此頻繁的交往，兩岸相互投資保障協議的簽定在即，如何能建構一個讓投資無虞的環境？最重要的是紛爭解決的公平性與專業性，而如前所述，專業法官的參與，能讓將身家性命交由法院裁決的人民，感到信賴，但面對兩岸紛爭的特殊性，與跨領域的知識專精，不論是在法律抑或法律外的專業需求，恐比一般民商事案件為高，若將案件落入一般審判庭中，不僅法律外專業知識有限，法律上的知識更是造成人民的恐懼，因此，本文認為，在處理如此往來頻繁的商業活動，加以跨足不同法域的考量，有必要設立專業法庭，並協同專家參審，營造兩岸無後顧之憂的投資背景。

而設立專業法庭，首先會遭遇的質疑，在於法定法官的問題，法定法官的初衷，在於不容許法官的案件承辦受到外力來操控，因此，在設立專業法庭的同時，顧慮及此，就應擴大專業法庭的組成，而兩岸人民往來之頻繁，案件絕非少數，大可不必本位主義的認為，設立兩岸專業法庭會造成院內的勞逸分布不均問題[58]，兩者因素相乘，更應在公平審判的前提

---

[55] 參照前揭註51。

[56] 參照兩岸經濟統計月報第217期，http://www.mac.gov.tw/public/Attachment/153011252439.pdf。

[57] 參照海基會協處台商經貿糾紛案件統計，http://www.sef.org.tw/lp.asp?CtNode=4288&CtUnit=2291&BaseDSD=7&mp=37&nowPage=1&pagesize=15。

[58] 林孟皇法官對於專業法庭的疑慮，參照林孟皇，「從專業法院看專業法庭」學術研

下，擴大專業法庭的設置。而在大陸，各院設置涉台專業法庭或許仍有困難，但幾個台灣重點投資地方，其基層法院則應優先設立。又在分案的處理上，或許涉及審判分案的公平性，以及是否主要為兩岸事務的爭議，在各法庭之間的排擠，事實上只要在法定法官的公平性下，維持分案的隨機性，制定明確的兩岸事務認定之分案規則，完全去除人治，大可避免爭議。

再者，對於專庭法官，雖輔以專家參審可避免專業上的不足，但仍須對於法官的兩岸法律專業知識加強，認識相互間全盤法律的特殊性，並開設比較法制課程，俾利於法律衝突時，法律適用上的正確性，藉此提高人民對於法院的信賴，與投資的保障。

同時，兩岸也應該針對自己所不熟悉的對方之政治體制、兩岸的政策、相關的風俗民情、社會背景等，對專業法庭、專業法官作有計畫的、深入的培訓，並能進入對方的司法系統作交流學習，才能更深切的了解，做出最符合兩岸發展以及保障人民權益的正確裁判。

肆、結論

司法制度的設計，必須回歸定分止爭的本質，而公正、正確的解決糾紛，是司法的手段，最終，仍是希望，透過正確而專業的判斷，讓人民權益受到保障，人民因此信賴司法，人民願意過法律的生活，是國家之福，也是司法機構服務的目標。

因應社會的需要以及保障人民權益的需求，司法改革的工作，是永無止盡的，本人認為司法改革的面向有二，其一為制度面的改革，例如審級制度的設計，究竟以三級三審為優，抑或三級二審或四級二審為優，第二審應為續審或覆審、法律審或事實審？刑事案件是否採取起訴狀一本主義或卷證併送主義？究採當事人進行主義或改良式當事人進行主義或維持

討會，顧立雄主持，月旦法學雜誌第178期，頁307-308，2010年3月。

職權進行主義。司法院是否完全法院化等均屬於制度面或理論面所應研究改進的課題。但本人始終認為第二個面向，也就是實踐面的改革，尤其重要。此一面向人民的要求不高，法院（或法官）等司法從業人員，只要心繫民眾，設身處地為人民設想，也就是「以民為本，司法為民」的觀念常在於心，即可達成人民的心願，本人認為人民對於此一面向的需求，綜合言之，無非為（一）公正、正確的裁判；（二）迅速裁判；（三）裁判能夠有效執行；（四）司法人員的廉潔；（五）司法人員的態度良好。此些基本的要求，如能達成，人民對司法的信賴度自然提升。

綜觀兩岸的司法改革，有其個別的侷限性，或有其不可不為的現實，但摒除成見與本位主義，是兩岸在處理司法改革的道路上，所必須體認的，在台灣，過度偏重在審判獨立的維護，法律外專業能力的參與卻遲遲未能制度化，而人民參與審判的機制，又過於保守，是其不足之處；在大陸，過度偏重在裁判內容的品質問題，影響司法公正，反而陷入品質未能快速提升的惡性循環，加以專家參審未能制度化，都是短期內無法提升裁判品質的病竈。

而兩岸各自發展的侷限性反倒是在解決的途徑上，取得了共通之處，也就是擴大專業人士的法曹參與，儘管短期內提升的只是法律外的專業能力，但對於職業法官的影響，絕對是有非常正面的教育與培訓意義，並且，透過專業法庭的服務，更可以提高人民對於法院裁判的公信力。

除專業的提升外，對於人民參與審判的努力，應持續加以推動，並且擴大實施，保持客觀性與隨機性，保障參與的表決效力，提高人民參與的意願，使人民光榮的走入法院，親近法律的生活，讓法治生活成為人民的習慣。

兩岸間投資保障協議簽定在即，對於保障的最後防線，亦即紛爭解決機制，仍未有全面性的考量，在此之前，本人多次建議，應盡速各自成立涉及兩岸事務之專業法庭，福建漳州中院已於2009年3月首創「涉台案件審判庭」，並延攬台籍人士擔任陪審員、仲裁員、調解員等，其後，各地法院陸續成立專庭處理涉台案件，最近福建省高院成立台灣地區司法事

務辦公室[59]，福建省亦通過多項涉台法令規章，並在適用中。對於此些發展，本人至感欣慰。福建省有極佳條件成為兩岸法律服務窗口，相關作為也是兩岸法律為民服務的標竿，讓人民在交往頻繁的當下，有所依循，也讓兩岸的人民信賴司法，達成司法為民的目標。進而建立兩岸公平正義的社會，促進兩岸的和諧與發展。

---

[59] 福建省高院設台灣事務辦公室，http://udn.com/NEWS/MAINLAND/MAI1/6471043.shtml。

3

實現公平正義　創建和諧社會
——對海峽兩岸司法實務研討會的期許與祝福*

壹、海峽兩岸司法實務研討會之緣起

　　正豪於1998年毅然辭去法務部部長職務，回歸民間，服務社會，全力推動社會公益事業，創辦中輟生學校，開展法治教育，帶領身心障礙朋友突破困境、實現夢想，並即開始推動兩岸交流，尤其是長期以來一直

---

* 2012年8月16日於「2012海峽兩岸司法實務研討會」（台北）主題演講。

關心戮力的司法交流。2006年，正豪與大陸司法部原部長蔡誠先生、國台辦前副主任唐樹備先生等共同商議，由正豪在台灣成立「海峽兩岸法學交流協會（以下簡稱「本會」）」，與大陸司法部主管的「海峽兩岸法學交流促進會」互為對口，並旋於當年11月，在北京飯店舉辦「海峽兩岸法學論壇」，正豪邀請台灣四位卸任之部長、十位政務官，以及專家學者共約三十位與會，深入探討兩岸至今仍積極突破的「台胞投資保護相關法律問題」、「台資中小企業融資問題」、「兩岸貨幣直接清算機制問題」、「兩岸避免重複納稅問題」、「執業資格考試對台開放與台籍人士就業問題」、「兩岸共同打擊違法犯罪問題」，並作成結論，追蹤成效。時隔多年，這些議題，以目前兩岸之進展觀之，仍然相當具有前瞻性。其後，本會與大陸公檢法司及國台辦等各機關直接交流，陸續承擔並進行了兩岸司法交流與合作的許多重要工作。

2009年，福建省高院與本會接觸溝通，希望共同辦理「海峽兩岸司法實務研討會」。本人向來認為，所有個案問題應回歸到政策法律，從制度上尋求根本解決；也主張兩岸法界之交流應該加強力度與深度。能夠為兩岸司法搭建平台，探討解決實務上之問題，增進兩岸民眾福祉，本人樂於奉獻付出。於是，本會與最高人民法院、福建省高院、中國審判理論研究會海峽兩岸審判理論專業委員會，自2009年起，在福建省共同主辦三屆「海峽兩岸司法實務研討會」，分別以「兩岸共同懲治犯罪及經貿往來之司法保障」、「兩岸經濟文化交流合作中的司法保障與法律服務」、「兩岸投資保障熱點法律問題、兩岸訴訟制度問題、兩岸知識產權（智慧財產權）法律問題、兩岸交流交往衍生法律問題」等議題，切合每年兩岸協議或實際發展，深入探討衍生的司法實務問題，在兩岸司法界成為指標性的活動。今年是第四年，也是研討會首度來台舉辦，承蒙兩岸機關首長、司法專家學者，以及關心此些議題的朋友齊聚一堂，本人非常感謝各界的支持，亦覺榮幸之至。

貳、司法的宿命與使命

一、司法的宿命

做為一個法律人，對於社會不公不義的事情，總想剷除之；對於社會的混亂失序，總想導正之，這是法律人的性格使然，而最為強烈具備這種個性的，莫過於司法人員，因為他所面對的人，一半是錯的，另一半是對的，和社會上守法善良民眾占多數的情況，差距極大。因此我們常稱司法人員是「鐵面無私」、「不問親疏」、「摘奸發伏」、「伸張正義」、「剷除不法」、「維護人權」，但是要做到這些目標，司法人員應該具備豐富的學識經驗與正確的人生觀，能夠妥適合理的適用法律，同時也必須忍受寂寞，抗拒誘惑，尤其面對權力的干擾，身家性命的威脅，仍應該堅定不移，勇敢面對，不能有絲毫退縮或讓步。回想1990年代，正豪推動全面掃黑除暴、整頓台灣社會的重要工作時，得罪了權貴、黑幫與犯罪者，政策遭受阻撓，人身受到威脅、抹黑造謠，甚至有相關部門人員不擇手段以組織性的手法抹黑污衊，此些經過讓正豪深感，屬於白道的權貴比黑道更可怕，所以正豪就毅然決然宣布辭職，並宣布完全回歸民間（即所謂裸退），投身公益事業，從事社會基礎工作，繼續服務社會，推動兩岸交流，期能建設民主法治社會。綜合正豪之經驗，可知司法人員堅定公正執法，必然會得罪小人，所以甘扮黑臉，不顧生死，不畏艱難，忍受寂寞，抗拒誘惑，正是司法人員的宿命。

二、司法的使命

雖謂司法人員有得罪人的宿命，但是如能公正持平的執行法律，仍然會得到勝訴敗訴（或被判決有罪）當事人的肯定與支持。尤其是國家社會的安定與進步，人民權益的保障維護，都需要司法人員予以實現，所以司法人員的職責重大，其產生的效應，影響及於千秋萬世。司法人員所從事的，是至為神聖的工作，等於代替上天判斷是非曲直，這是司法的使命，

也是支撐司法人員戮力從公的最大力量。

(一) 司法是正義的最後一道防線

對於「司法是正義的最後一道防線」這句話，我把它簡單詮釋為「司法好了，其他的也壞不到哪裡去」，「司法壞了，其他的也好不到哪裡去」。前一句話代表司法為是非善惡的確認者，使社會有正確的價值觀，社會得以在公平合理的環境下，穩定的發展與成長；後一句話則表示司法不佳則造成善惡不分，是非不明的價值觀錯亂的社會，社會秩序處於不穩定的狀況，表面可能看似繁華，背地裡暗濤洶湧，隨時可能爆發衝突事件。司法功能不彰的社會，即為欠缺正義的社會，欠缺正義的社會，終將難以實現真正的穩定、繁榮或長期發展。

(二) 司法平亭曲直，實現公平正義

司法權的本質就是作為保障人民的權益的政府職能，司法具有濃厚的社會性，而非僅是高高在上的政府權力，其中雖涉及人民權益，支配司法權運作的中心思想仍是自由主義，而非高舉民主主義的大旗，塑造民粹的司法制度。因司法權的審查（尤其是違憲審查）總有其對抗多數的困境與特色，為的就是要保留最後理性的制衡，以人性尊嚴、基本權利的保障為核心，由憲法宣示不容侵犯，並由憲法法院作最後的防衛。司法權運作的中心思想，應當是建立在維護人民基本權利的自由主義之上，民主運作有其少數服從多數的特性，若將司法權運作建立在民主主義之上，則勢必發生對於少數者的壓抑。基於司法權保障人民權益的本質，司法權自應建立在自由主義保障人民權益為中心。司法的民主當性也並非就此捨棄，而是來自於公正、獨立、正確的審判，塑造司法的權威性，贏得人民的信賴，不是直接將民主原則灌輸在司法權的本質之中。

(三) 司法是創建和諧社會的基礎

有云「法院不能解決的進醫院解決」。遠古社會紛爭解決的最終方案是武力，近代社會紛爭解決的最終方案是皇權，現代社會紛爭解決的最終

方案應該是司法。如果不想淪為強凌弱眾暴寡的混亂秩序，司法必須能有效發揮定如下紛止爭的功能：1.公正、正確的裁判；2.迅速裁判；3.裁判能夠有效執行；4.司法人員的廉潔；5.司法人員的態度良好。這些基本的要求，如能達成，人民對司法的信賴度自然提升，願意透過司法程序解決紛爭，進而實現真正的和諧社會。

參、兩岸司法的發展梗概

一、台灣司法發展的軌跡：從未間斷，已達成司法獨立的目標

在台灣，司法制度的改革，長久以來著重在於司法獨立的制度建立上，擺脫行政權的干涉，長期以來圍繞在憲法第80條之精神努力，諸如1980年的審檢分隸；1982年大法官會議作成釋字第175號解釋，肯定了司法主管部門的法律提案權；1997年增修條文新增司法預算獨立條款，將法院外部的審判干涉排除。於1989年廢止裁判書類事先送閱制度，1994年建立公開的司法人事審議制度，1996年廢除實任與試署法官裁判書類送閱制度、後補法官改採事後送閱，將法院內部的審判干涉排除。

台灣的司法系統，不僅在組織、預算、提案上都獨立於政府的其他權力干擾，在內部司法行政的個案干擾上，亦漸漸排除。政府要以不當的外力對於台灣法官的個案干預，在目前的體制下，幾乎已無可能。若要說在法院的實際運作中，政府要對於個別法官的獨立審判有所關切，動輒已達驚弓之鳥的反應程度，實不過分。

二、大陸司法發展的軌跡：正在發展司法獨立，並建立司法信賴的層次

在大陸，則是圍繞在司法權威化努力，由於大陸對於司法權的理解，並不同於西方國家三權分立的概念，國家權力雖有行政、審判與法律監督機關，但最終都必須對國家權力負責（即中央與地方人大），而國家

權力是屬於人民,因此也無違憲審查的設置,因本無互相制衡的原始設計使然。再者,由於經濟發展起飛,面對各地方經濟發展的差異,逐漸產生地方保護主義,這也嚴重影響到人民法院、檢察院的運作,受到地方領導的指示之下,以地方的權益為優先,當然,這也就嚴重影響到司法的正確性與超然,到了1980年代地方政府更要求司法部門為地方發展保駕護航,這樣的發展造成中央的立法與政策無法在地方執行,也因此引發了司法改革的契機。

1990年代,大陸開始一連串的政府體制改革,其中很重要的一部分是加強中央政府的權威,到了中期,司法權威也成為政制改革的延伸,當中,改革的內涵,強調依法行政、依法審判,目的在於維護中央法律的正統,並確保執行,而法院獨立解決紛爭的權威性,則不是主要的考慮。1999年最高人民法院所公布的「人民法院改革五年改革綱要」,其中最重要的兩個部分,就是審判專業化與公正審判的建立,在前者,最大的變革就是2002年的統一司法資格考試,以及對於現任法官的專業要求。後者,則是對於審判委員會的功能的弱化。兩者的調整是互相影響的,審判委員會的存在,來自於對於法官專業能力的質疑,大陸法官的組成複雜與非專業化,是大陸特有的現象,因此產生對於個案審查的機構,以確保裁判品質,雖然運作的結果造成對於個案的干涉所在多有,但基本的初衷仍在此,而當法官的專業提升的同時,審判委員會的功能,理所當然的要被弱化,這是建立公正法院的基本要求。儘管審判委員會有其保障人民權益的功能,在法官素養與專業漸漸提升的同時,仍然趕不及經濟活動與民眾糾紛四起的現象,其仍有階段性的任務未完,造成不斷的強化與深化,大陸學界,甚至多數肯定審判委員會存在的價值。

肆、台灣司法的成就

台灣司法發展迄今,除猶本於「司法為民」之理念,持續成長、改革外,已有諸多具體發展成就,諸如已達成審判獨立、提供弱勢民眾法律

扶助,以及對於犯罪被害人之保護……等等,甚值讚許,且已草擬完成「人民觀審試行條例草案」,積極地推動人民參與審判,資以提升人民對司法之信賴,爰析述台灣司法之成就如後:

一、審判獨立

為實現司法為民之理念,即應確保憲法保障人民之訴訟權,論者有認為憲法第80條關於「獨立審判」之規定,解釋上應認為屬於憲法第16條保障人民訴訟權之核心內涵。申言之,司法之所以追求審判獨立,目的不外乎在於確保訴訟權所要求公平公正之審判。為落實審判獨立,健全法官制度及保障法官身分,便亟為重要。2011年6月14日「法官法」立法通過,代表台灣法官人事制度的重大變革,便彰顯台灣在審判獨立與人民受公正審判權利上達到一個全新的里程碑[1],此觀法官法第1條第1項即明白宣示:「為維護法官依法獨立審判,保障法官之身分,並建立法官評鑑機制,以確保人民接受公正審判之權利,特制定本法」,便可明瞭法官法在台灣司法史上對於審判獨立之實踐深具意義,此亦為台灣司法成就一。

二、人民參審

人民對司法存在信賴感之重要關鍵,往往繫諸於人民能否感受法院裁判之公正性,準此,提升人民對法院裁判公正性之感受,則為提升人民對司法信賴度之必經途徑。從而司法院「司法改革策進委員會」於2011年7月26日通過人民參與審判的建議案[2],建議採行人民觀審制,作為讓人民參與審判之第一步,冀藉以提升人民對司法的信賴。

司法院於2012年1月11日公布「人民觀審試行條例草案」(以下若未特別指明,均指此版本之草案)共計有81條,就該草案觀之,藍圖中之

---

[1] 關於法官法中對於法官評鑑與退場機制之檢討,可參賴恆盈,法官法關於法官評鑑與退場機制之檢討,月旦法學雜誌第196期,頁123-143,2011年9月。

[2] 關於「人民觀審制度」之研議過程,可參考林俊益,穩健踏出人民參與審判的第一步:本土化的人民觀審制,刑事法雜誌第55卷第5期,頁42-62。

「人民觀審制度」，係由一般人民中經一定程序選出觀審員[3]，針對某些
重罪案件[4]，全程參與「第一審」法院之審判程序[5]。觀審員與法官一同進
行調查證據程序，並對於認定事實及適用法律表示意見，雖然觀審員對於
法官作成判決結論並無表決權，但仍可表示意見，若法官之判決與觀審員
見解有異時，法官應於判決內敘明不採觀審員們所形成之多數見解之理
由，因此，觀審員之多數見解對於法官仍有一定程度之拘束力。

相信在未來人民觀審制度施行後，必可藉由該制度讓司法更加透
明、更能貼近人民情感，提升人民對司法之信賴感[6]，落實司法為民之理
念。

三、速審速決

基於司法為民之理念，即不可忽略對於人民訴訟權之保障，而探究
訴訟權保障之具體內涵，應解為保障人民有受公正、合法及迅速審判之
權利。2010年5月台灣制訂並公布刑事妥速審判法（下稱速審法），除第
9條自2011年5月19日施行、第5條第2至4項自2012年5月19日施行外，均於
2010年9月1日施行。

綜觀速審法之內容，除如第6條為再重申無罪推定原則外，主要重點
可分為三個部分，其一，乃第5條中羈押設有總羈押期間不得逾八年及重
罪案件審判中之羈押期間加以限制，從而，無論何種案件之被告，均不再

---

[3] 關於觀審員之選任程序，係規定於人民觀審試行條例草案第17條至第28條。

[4] 依目前規劃中適用人民觀審制度之案件類型，參人民觀審試行條例草案第5條第1
項：「除少年刑事案件外，下列經檢察官提起公訴之案件，受指定試行觀審審判之
地方法院第一審（下稱試行地方法院），應行觀審審判：一、被告所犯最重本刑為
死刑、無期徒刑之罪之案件。二、其他由司法院以命令定之者。」

[5] 觀審員之職權主要包含：一、全程參與審判期日之訴訟程序。二、參與中間討論。
三、參與終局評議。參人民觀審試行條例草案第8條。

[6] 透過學者之實證研究，約有七成之受訪者贊成引進國民參審制度，顯見人民對於國
民參與審判有高度之期待。參陳恭平、黃國昌、林常青，台灣人民對於國民參與審
判之態度——以2011年《紛爭解決行為實證研究》預試調查結果為基礎-，台灣法學
雜誌第177期，頁15-27，2011年6月1日。

受似乎不見終點之羈押[7]，同時促使司法審判能妥適且迅速地作出正確之裁判，避免久懸未決，此為人權保障更進一步之重大里程碑，堪稱台灣司法之重大成就之一。

其次，為免保障人民受公正、合法及迅速審判之權利淪為口號性宣示，俾彰顯速審權之具體內涵，速審法第7條即明定被告速審權受侵害之救濟方式。當自第一審繫屬日起已逾八年未能判決確定之案件，除依法應諭知無罪判決者外，經被告聲請，法院審酌一定事項認侵害被告受迅速審判之權利，情節重大，有予適當救濟之必要者，得酌量減輕其刑。自此規定而言，將來若歷經長久審判，猶未能判決確定之案件，被告之速審權若因此受到侵害，則可循上述規定以資救濟，以實現人民確能受受公正、合法及迅速審判之權利，此亦為台灣司法成就之一。

再者，速審法第8條及第9條分別為提起上訴之限制及上訴第三審理由之限制，前者乃直接禁止檢察官對於無罪判決；後者為上訴理由等上訴審結構的不對稱調整[8]。被告受無罪推定之保障，應享有受該無罪判決保護之安定地位，並且憑藉限制檢察官之上訴，俾檢察官於第一及第二審中善盡其舉證責任，速審法此部分之規範，令被告可在獲得無罪判決且符合一定要件後，不在反覆於司法程序中接受審判，實為人權保障重要突破，亦為台灣司法成就之一。

四、扶助民眾

法律扶助，乃指對於需要專業性法律幫助而又無力負擔訴訟費用及律

---

7 學者何賴傑教授亦指出：「第5條第2項，把重罪羈押的期限跟次數規定清楚是正確。以前被詬病的重罪沒有羈押期限，可以一延再延，如果發回更審繼續再來，現在這樣規定之後，縱使是重罪也有一定限度。」猶有甚者，羈押本係干預人身自由最嚴重之強制處分，為免羈押實施之監督能夠落實何賴傑教授進一步提出建言：「就算在期限之內也不代表羈押沒有違反人權仍要考量羈押之合理性與正當性。」，參何賴傑於刑事妥速審判法學術研討會之發言，台灣法學雜誌第162期，頁69，2010年10月15日。

8 學者陳運財教授即將速審法第8條及第9條稱之為「不對稱上訴制度」，關於該制度之檢討與分析，可參陳運財，不對稱上訴制度之初探，檢察新論第9期，頁65-87。

師報酬之人民，予以制度性之援助，以維護其憲法所保障之訴訟權及平等權等基本人權。

在1999年7月「司法改革會議」作成「推動法律扶助制度」之決議，「法律扶助法」終在2003年12月23日立法通過，並在2004年1月7日公布。往後，弱勢民眾，如有受法律上協助之需求，諸如法律問題之諮詢、法律文件之撰擬，抑或委請律師代理各種訴訟，由司法院所捐助設立的「財團法人法律扶助基金會」均會予以協助，目前共有21個分會布於各縣市為經濟弱勢的民眾提供法律服務。從此，弱勢民眾可享有與經濟優勢之人民相同之法律援助，法扶扶助制度對於落實人民訴訟權及平等權之保障，誠功不可沒，此亦為台灣司法發展上值得稱許之重大成就。

伍、台灣司法的迷失

台灣司法已有前述之成就，確實值得喝采；惟為期望台灣司法能更為成長、茁壯，則需指出台灣司法迷失之處，期能有所改善、革新，爰分述台灣司法迷失之處如下：

一、養成教育的問題

台灣司法之迷失，首見於對司法人員養成教育的問題，可從以下幾個角度析述之：

(一) 奶嘴法官、恐龍法官之譏

2011年3月25日台灣新聞之社論以「恐龍法官與奶嘴法官」為標題，其內容提及：「社會對法官的批評除了『有錢判生，無錢判死』之外，主要集中在三部分：法官進場機制有很大的弊病，以致法官太年輕，脫離社會現實，判決違背常識。」[9]所謂奶嘴法官即諷刺初任法官之年紀太輕，

---

[9] 蘋果日報2011年3月25日之社論，查閱網址：http://www.appledaily.com.tw/appledaily/

往往在無社會經驗時,便掌理審判生死之大權。而恐龍法官,則係批判法官思維似乎停留在如遠古時代之恐龍一般,所為之判決經常悖離人民法律情感。

「恐龍法官與奶嘴法官」在媒體的不斷報導及網路上熱烈的轉載下,已強烈地在台灣社會中型塑法官之負面形象,為免因此戕害台灣司法改革之成就,提出改革已是刻不容緩。如論者所觀察,台灣法學教育仍受到高度體系主義、概念主義與詮釋主義影響,在教育中相當缺乏對於對社脈絡的連結思考,因此容易造就與社會脈絡有所差異的形式守法主義之法官[10],從而,欲化解奶嘴法官、恐龍法官之譏,應從強化法學教育中與社會脈動之連結著手,或能有所改善。

(二) 進用管道狹隘

回顧台灣司法官進用管道之歷史,絕大部分之司法官均係透過司法官特考錄取,再予以訓練、分發,由律師、學者轉任之情形甚少。而由於出任法官年紀較輕,缺乏人生經驗、社會歷練不足,所為之判決與社會期待相違時,便經常會發生如前述奶嘴法官、恐龍法官之譏,其實,這也正反應出台灣司法另一迷失之處-進用管道狹隘;借鏡美國情形,法官們在出任法官已經過一段相當長時間的養成教育[11],社會經驗豐富、學養深厚,自無如我國多以考試進用所產生之上述迷失。從而,從多元管道進用法官,提高法官進用之資格,鼓勵資深律師、素有學養之學者轉任法官,相信應可減少奶嘴法官、恐龍法官之譏,並提升人民對司法之信賴。

(三) 品格教育不足

目前台灣法律教育對於司法官與律師的培訓,一向是以專業知識與技能的傳授為要務,品德教育幾等於無。以司法官訓練為例,司法官訓練

---

article/headline/20110325/33272756,最後瀏覽日期:2012年8月6日。

[10] 葉俊榮,恐龍法官與恐龍法學,台灣法學雜誌第164期,頁43,2010年11月15日。

[11] 關於美國法官之錄取及任用制度,可參楊楨,改革法官任用制度,月旦法學雜誌第194期,頁274、275,2011年7月。

所目前以法律實務課占最多數，有四百三十七個小時；理論課程其次，有兩百零五個小時，品格教育顯然未受重視。對於司法官予以紮實之專業訓練，但品格教育卻嚴重不足，洵屬台灣司法迷失之一。

然而在追求制度面之司法改革的同時，應為法律工作者建立更堅強的心理建設抵抗誘惑，做為法律工作者追求公平與正義之後盾，當社會瀰漫著短視近利之風氣時，欲重振法律工作者之風紀，自應強化法律工作者之品格教育，特別是「法律倫理」的注入。關於品格教育之強化，尤其是法律倫理之深植，識者建言應從法學教育、學術研究、考試訓練上三管齊下[12]，此或為台灣司法走出品格教育不足之迷失之康莊大道。

二、任職環境的問題

其次，論及台灣司法之迷失，可從法官之任職環境談起。台灣之法院係由職業法官所組成，即藉由法學教育、考試錄取及培育實習等三個階段長期養成與過濾[13]。然而，因為法官在養成過程及任職環境中所接觸者，絕大多數均為本質相當近似之同質團體，在做出裁判之時，便可能囿於司法體系內象牙塔的思維而故步自封，難以與時俱進。

三、社會環境的問題

最後，是社會環境的問題。政治力每每試圖「介入」或「誣陷」司法，「當選過關，落選被關」、「一選重判、二審減半、三審豬腳麵線」早已是耳熟能詳的順口溜，可惜的是，現實的社會經驗及司法審判實務，「政治迫害」的口號，不斷在很多案件中出現，常常引致以上的猜疑。再加上爆料與黑函文化的盛行，以及媒體與社會以訛傳訛，造成人民對司法的不信賴感，有增無減。實際上，極小部分司法人員把司法程序視同兒戲，欠缺專業或忽略正當程序，加以媒體渲染放大，往往讓曾經參與司法審判的人民，加深對司法不信賴的感覺。

---

[12] 古嘉諄，法律工作者的法律倫理，台灣本土法學雜誌第75期，頁7，2005年10月。

[13] 林鈺雄，刑事訴訟法（上冊）總論篇，作者自版，頁88，2010年9月6版。

陸、大陸司法面臨的問題

在大陸的改革道路上，深耕在司法權威以及法院素養提升的議題上，雖然建立了法曹人才的考試制度，確立法官職業化；使法院組織制度更加合理化；擴大了合議庭和獨任法官的審判權限；改革和完善司法人事管理制度，加強法官職業保障，推進法官職業化建設進程；改革和加強人民法院內部監督和接受外部監督的各項制度，完善對審判權、執行權、管理權運行的監督機制，保持司法廉潔；並且落實人民陪審員制度與人民監督員制度有諸多的努力。

但對於裁判信心的根源之一審判獨立，卻無法積極落實，雖有其體制與現實上的因素，短期內無法全面提升法官素質，為維護訴訟權益，有必要為進一步的措施，但絕不能以審判庭外組織，監督審判庭內的案件，使法官權力虛化，法官因而缺乏責任感，而落入更強的監督，惡性循環加深人民對司法的不信任。

「有關係就沒有關係，沒關係就有關係」，人情及關係文化讓參與司法程序的人民，莫不想透過關係來維護自身的權益。過於強調實質正義，忽略程序正義，法庭程序形式大於實質，看似「黑箱作業」，也讓參與司法程序的人民，無法經由司法程序產生對司法的信賴感。對三效合一的要求，即法律需要達到「政治效果」、「社會效果」及「法律效果」，三者的順序由高至低，法律效果是最末的考慮因素，可能讓法官的裁判無法完全忠於法律及事實，增加裁判結果的不可預測性，要人民信賴及願意透過「純」司法途徑解決紛爭，有其難度。

柒、結論——兩岸經驗與交流

綜觀兩岸的司法改革步調，各有所進展，但亦各有所偏，司法制度的改革，理應是依循司法權的本質，在獨立而正確的前提下，維護權益解決

紛爭的工作，具體的展現就是公正與專業並濟，始能贏得人民信賴。兩岸的發展，台灣是著重提升公正輕忽了專業，大陸則著重提升專業輕忽了公正。在台灣，過度偏重在審判獨立的維護，法律外專業能力的參與卻遲遲未能制度化，而人民參與審判的機制，又過於保守，是其不足之處；在大陸，過度偏重在裁判內容的品質問題，影響司法公正，反而陷入品質未能快速提升的惡性循環，加以專家參審未能制度化，都是短期內無法提升裁判品質的病灶。

最關鍵的問題，就是在於法庭組成的專業性及司法獨立的問題。除了政治力不介入司法，維護司法獨立性外；擴大專業參與，增加法庭專業的多元性，提升審判人員的素質及審判程序的專業性，正是兩岸司法改革的共同良方。並且改革的號角不能再吹響於象牙塔之中，應敞開法院大門，讓人民接觸法律服務，親近法院，理解法律生活，讓人民參與在法院之中，透過了解而信任法院捍衛人民權益的基本信念，才是改革的正辦。

面對兩岸交往日益頻繁，「兩岸投資保障和促進協議」（兩岸投保協議）業已簽定，如何能建構一個讓投資無虞的環境？最重要的是紛爭解決的獨立性、公平性與專業性，而如前所述，公正獨立的司法環境及專業法官的參與，能讓將身家性命交由法院裁決的人民，感到信賴，但面對兩岸紛爭的特殊性，與跨領域的知識專精，不論是在法律抑或法律外的專業需求，恐比一般民商事案件為高，若將案件落入一般審判庭中，不僅法律外專業知識有限，法律上的知識更是造成人民的恐懼。在處理如此往來頻繁的商業活動，加以跨足不同法域的考慮，有必要設立專業法庭，並協同專家參審，營造兩岸無後顧之憂的投資背景。漳州中級人民法院設置涉台案件審判庭，並聘請台商擔任人民陪審員、仲裁員與調解員，運作結果大幅降低案件的上訴率，更能保障台商權益，促進兩岸和諧，此一作法，值得廣為推廣。

兩岸應該針對自己所不熟悉的對方之政治體制、兩岸的政策、相關的風俗民情、社會背景等，對專業法庭、專業法官作有計畫的、深入的培訓，並能進入對方的司法系統作交流學習，才能更深切的了解，做出最符合兩岸發展以及保障人民權益的正確裁判。可以藉由海峽兩岸司法實務研

討會的平台，加強兩岸法學及對紛爭解決機制與經驗的交流，增加對彼此的認識，相互借鏡，務實推動兩岸司法合作，讓兩岸以司法合作為基礎，共創兩岸和諧社會。

4

以人為本的司法
——中華法系的傳承與發揚[*]

壹、前言

　　孟子曰：「民為貴，社稷次之，君為輕。是故得乎丘民而為天子，得乎天子為諸侯，得乎諸侯為大夫。諸侯危社稷，則變置。犧牲既成，粢盛既潔，祭祀以時，然而旱乾水溢，則變置社稷。」[1]人民作為國家根本的觀念自古有之，在帝制底下卻難以完全實現，法律思想往往借道而行，久而久之發展出完整的法律體系，中華法系在儒家思想的浸濡下，進一步

---

[*] 2013年12月6日於「兩岸法制前瞻研討會」（台北）專題演講。

[1] 孟子，盡心・下。

的法制化，滋養出偌大的禮教倫常法律系統，直到清末帝制終結前，仍多有爭議，但時至民國由於承繼了變法的成果，個人主義昂揚，民主思想有了更直接的突破，禮教觀念也就不再受到直接的重視，尤其在法律的建置上，也就不再繞道托言禮教，而直取個人權利，法律系統也為之丕變。

　　然而，台灣在承繼了中華法系變法後的成果，是否還留有中華法系的遺跡？司法實務上，對於禮教觀念的關注，是如何的呈現？社會發展、國家建設的過程，又有多少倫常的折衝？而現今工商社會的高度發展，個人主義至上，是否仍需要倫常觀念作為基礎，讓民主更貼近真實？作為公理是非最後評斷的司法制度，是否能、如何能扮演倫常維護的角色？以及在現今民主體制下，原有的倫常、人本觀念如何顯見其中？上述的疑問，都有待我們以一個嶄新的視角，對中華法系做一番新的詮釋，以求得正確的認知與實用，來匡正當前法制上的缺失，是為本人始終念茲在茲，並寄以最深的期待。

貳、禮刑之爭與中華法系

　　根據韋格摩爾的分類，世界分成十六個法系，有埃及法系、美索不達米亞法系、希伯來法系、希臘法系、色勒特法系、海上法系、教會法系、古羅馬法系、中華法系、印度法系、日本法系、日耳曼法系、蘇俄法系、回回法系、大陸法系、英美法系，而目前還在沿用的為後八者，最主要有五，即中華、印度、大陸、英美、回回等五大法系[2]。

　　中華法系的特色，在於強烈的禮教觀念，配合封建政治體制，造就一個龐大的行為規範系統，重視宗法、家族，個人權利的觀念較淡薄，甚至被排斥，而整個法律系統的特色，也是因應禮教而生，將禮入法繩之以刑，是中華法系發展的主軸。因此在清末變法之時，是否將法去禮教化變

---

[2]　黃源盛，中國法史導論，頁65，元照出版，2012年9月初版。張晉藩主編，中華法系的回顧與前瞻，頁35，中國政法大學出版社，2007年8月1版。

成了莫大的爭議，也就是著名的禮刑之爭，從這其中，我們便可以觀察出
禮教、倫常觀念在中華法系所占有的地位，而我們也必須探究其背後的原
因，並找出中華法系爲何如此高度重視道德性的現實問題，而在現今是否
仍有相同條件可以做爲禮教立法的國家體質，以及人本哲學又如何體現在
中華法系之中，都值得我們一一探討。

一、中華法系法律思想

　　中華法系肇始於建置在宗法封建之下的周朝，自李悝撰法經以來，成
文法典不斷隨著朝代而系統化，尤其漢朝大量注入儒家思想，至唐律集其
大成，並沿用至清，蛻變於清末變法。

　　周朝建立在封建體制之下，由於民族較小，而疆域遼闊，遂以宗族分
封，建立起宗法制度，藉由宗族親親、尊尊的法則規範整個社會，治理國
家[3]。在傳統先秦儒家思想底下，雖然不推崇以法推行禮，而是重教化，
強調以德去刑，反對不教而殺，對於刑罰是採取愼用的心態[4]，但儒家思
想的發展，到了漢朝發揮到極致，大量的儒家思想吸收了陰陽家、法學家
觀念，以法以刑之方式強制執行，瞿同祖先生稱此情形爲法律儒家化[5]，
到了唐朝建立起禮教立法的中心思想[6]，至此之後，中華法系中道德與法
律已難分難捨，失禮則入刑，相爲表裡[7]。

　　中華法系可歸納出幾個特色，首先是由漢儒吸收陰陽家天人感通的
說法，將自然現象與人結合[8]，重視天人感通的法律基礎，將天理入法，

---

[3] 黃源盛，前揭註2，頁124。

[4] 李貴連、李啓成著，中國法律思想史，頁40-42，北京大學出版社，2013年1月2版。

[5] 馬漢寶，儒家思想法律化與中國家庭關係的發展，收於法律與中國社會之變遷增訂
本，頁36，Airiti Press，2012年6月初版。

[6] 可參考黃源盛，唐律中的禮刑思想，收於漢唐法制與儒家傳統，頁177-212，元照出
版，2009年3月初版。

[7] 後漢書，陳寵傳。

[8] 馬漢寶，個人在中國傳統與現代法律上之地位，收於法律與中國社會之變遷增訂
本，頁60，Airiti Press，2012年6月初版。

並順應人情，使天理、國法、人情三者融合，將性理、社會人文與自然秩序一貫之[9]。再者，孔孟思想中，個人的觀念是非常淡薄的，重視家族主義，即使談到個人的道德，也是為了家族、宗法的健全為立基點，因此個人只有義務，沒有權利[10]，而法律的體系中，也都是由義務本位建立，而此義務的內容，在於維護家族倫理與群體關係，因此也富含強烈的社會義務[11]，並且因依附於倫理，個人趨附於倫常之下，常出現違反平等原則的義務型態，而民事法的發展更大量委由習慣、家規、族法等來解決，基本上也是禮的展現[12]，因此法律主要是建立在刑章的發展上，甚至在民事糾紛的處理上，有少數採行刑事手段，主要也是因為其行為脫離了禮教。

由於制度上建立於封建，法律的政治目的落在維繫封建帝制的統治，其法律思想自然也大致依附於此。因此，禮教、國法緊密結合，家族、國族的的宗法體系規範整個國家、社會與家庭，而此之下要求每位成員有其倫理常規，建立起體系化的禮教。禮教入法之後，以法律作為維繫父權、族權，使君權、父權、族權相互補充強化[13]。然而，在帝制底下不可能主張民主，由於在宗法封建制度下，每個人都有他的社會角色與義務，君王也不例外，對於人民的重視，採取的是對仁君的形塑，也是仁君在此體制下的個人義務，只不過效力上，法律止步於天子而已。

因此，總結來說，中華法系的特色可以歸納成維繫宗法的禮教被制度化為法律，自成一個義務導向的法律系統。具有高度的自然法色彩，甚至將高於人性期待，強調社會義務的善入於法律，其範疇更勝於自然法的固有觀點。

在此我們可以發現中華法系與大陸法系及英美法系的差異，尤其在

---

[9] 黃源盛，中國法律文化的傳統與蛻變，收於法律繼受與近代中國法，頁7-9，元照出版，2007年改訂初版。

[10] 林文雄，從現代的法治觀點看孔孟的法律思想，收於中國法律思想初探，頁126，學林文化，2002年4月1版。

[11] 黃源盛，前揭註2，頁100-101。

[12] 黃源盛，前揭註2，頁88-91。

[13] 黃源盛，前揭註2，頁70。

啟蒙之後，西方的法系主張天賦人權，重視個人權利，自由主義盛行，因此，法律規範的方向性，來自於人民對於國家或人民間的請求；而反觀在中華法系中，則是來自於自身義務的遂行，並且自身的義務當中，富含人與人之間相處的社會義務，推己及人。這樣的觀念在晚近西方社會，是在發覺自由主義、工商社會開始反噬壓縮個人基本權利的時候，才做出調整。但兩者仍有微妙差異，在西方，社會義務是為了保障個人基本權；在中華法系當中，社會義務則是成就自身的善。

二、道德、禮、法的融合

從上述的中華法系法律特徵來看，似乎道德藉著禮的規制，進入了法的強制，使禮獲得保障，也使得中華法系的系統中，道德與法難以分割，自然法的模式深入了中華法系之中，甚至更勝自然法的要求，而追求更高、更超越人性的善，或者說對人性有更高的期待。自然法學是承認共同的人性存在，有一些共通的社會生活基本原則，而因為有必然的因素，所以有相當程度的一致性與普遍性[14]，中華法系中的禮，雖然大抵從人性出發，但中外對於善的概念理解不同，我們仍可看到許多為追求倫常善被認定成禮，舉其最甚者，如唐律名例十惡條：「一曰謀反、二曰謀大逆、三曰謀叛、四曰惡逆、五曰不道、六曰大不敬、七曰不孝、八曰不睦、九曰不義、十曰內亂。」是被認定最為嚴重的重罪，其中惡逆、不孝、不睦是卑親屬犯尊親屬，違反人道之大倫[15]，若以個人主義來看，除身分之外與其他犯行無所差別，當無特別之理，但放入倫常觀念，就非同小可。因此我們無法以近代自然法的觀念看待過去的法制，只能說其模式或許相當，內涵則遠矣。當然，我們也不能說群體關係的善就高尚於個人關係的善，只是取向有所差異，有時個人可能得承受超乎自己人性的善的期許而已。

而禮刑合一的立法趨勢來自於漢，但建立起五倫法秩序的觀念則是唐律集大成，學者黃源盛認為，禮有分為喪、祭等集中反映當時社會結構、

---

[14] 馬漢寶，法律、道德與中國社會，收於法律與中國社會之變遷增訂本，頁22-23，Airiti Press，2012年6月初版。

[15] 黃源盛，前揭註2，頁244。

各項制度和觀念型態的禮之儀，也有強調諸禮的精神實質合用禮之目的的禮之義，然而，實際的範圍來看，法所禁止者，禮當然不容，反之若禮所允許者，當無刑的約束，因此其認為唐律的特色，是禮本刑用[16]，申言之，就範圍而言，禮包含了全數的法，但禮的範圍可能更勝於法。

上述這種道德、法律緊密相連的情形，不免引起自然法與實證法的爭議，事實上，借用富勒對於道德的區分，或許可以使概念更加清晰，富勒將道德區分為兩種，一種是義務性道德，一種是期待性道德，期待性道德是以人類所能達致的最高境界作為出發點，而義務性道德則是從最低點出發，使社會有秩序，或達成特定目標[17]，富勒用一個非常適切比喻來形容兩種道德的差異，獎賞與懲罰，在義務性道德中，懲罰優先於獎勵，但是在期待性道德中，卻不見得獎勵優先於懲罰，理由是：一個人越是接近於人類成就所能達致的巔峰，其他人越是缺乏資格來表彰其成績[18]，完美的善是無法窮極的定義的，但義務性的道德卻是強烈的讓人無法忽略其存在，其如同富勒所言，義務性道德存在著義務壓力，一旦越過了義務壓力的範圍，就是追求卓越的開始[19]。

中華法系的道德觀，如果從個人主義來觀察，或從現在的社會秩序來看，會發現多數的法律要求，落在期待性道德的範疇，也就是上述的義務壓力位移了。尤其，孔孟的人倫思想，重視人與人的關係，例如中庸提及做人的五達道「曰君臣也、父子也、夫婦也、昆弟也、朋友之交也，五者天下之達道也。」又孟子談五倫即「父子有親，夫婦有別，君臣有義，長幼有序，朋友有信[20]」。這些思維深刻的落實在中華法系當中，從目前的角度來看，似乎傳統中國法律對於一個人的期待是非常高的，而且也落實在法律裡面，具有強制效果的。但是，過去的中國社會是否對於這樣的期

---

[16] 黃源盛，前揭註2，頁257。

[17] 富勒（Lon L. Fuller）著，鄭戈譯，顏厥安審閱，陳郁雯、王志弘、邱慶桓校訂，法律的道德性，頁33，五南圖書，2010年3月。

[18] 富勒（Lon L. Fuller），前揭註17，頁59-60。

[19] 富勒（Lon L. Fuller），前揭註17，頁78。

[20] 孟子，滕文公・上。

待性道德都具有義務壓力，是非常值得懷疑的，尤其是超乎個人的義務承擔，能不能在脫離法律之後仍保有義務壓力？我們雖無法以今論古，我們只能看見老祖宗在群體生活上的壓力是很大的，法律某程度創設了倫理，人們也習慣用高標準來過生活，傳統的人倫觀念入了法之後，也使得人與人之間「依法」得相互關心、互相尊重，禮義之邦其來有自。

但上述的期待性道德過度的以法相繩，仍不免發生反效果，倫理道德入了法，受到強制力的保護下，法律不只嚴苛，也剝奪了一個人內在的仁性與人性[21]，簡言之，高尚的道德被法律化之後，不再是人們追尋的高尚情操，而是畏懼的標準，外在的義務壓力，是不是足以形成內在的壓力，值得懷疑，道德卻變得不太道德。

但從現在的觀念來看，完全放棄理想，澈底的以個人主義設定義務性道德並且立法，似乎也不符合目前的社會實況，然而，如何適度的調整以及追探合理的人倫之間義務壓力，或許可以成為中華法系精神承繼發展的重要方向，這仍有待社會的評價與多元的探討。

三、人本哲學的發現與調和

如前所述，中華法系當中，對於人本的思維是早已存在，孔孟儒家思想雖然重視群體關係，但對於人民的重視，在善待人民的立場上鮮明，只是邏輯結構上，跟現今的民主觀念差異甚遠。

例如孟子曰：「桀紂之失天下也，失其民也；失其民者，失其心也。得天下有道：得其民，斯得天下矣；得其民有道：得其心，斯得民矣；得其心有道：所欲與之聚之，所惡勿施爾也。民之歸仁也，猶水之就下、獸之走壙也。故為淵敺魚者，獺也；為叢敺爵者，鸇也；為湯武敺民者，桀與紂也。今天下之君有好仁者，則諸侯皆為之敺矣。雖欲無王，不可得已。今之欲王者，猶七年之病求三年之艾也。苟為不畜，終身不得。苟不志於仁，終身憂辱，以陷於死亡。詩云『其何能淑，載胥及溺』，此

---

[21] 馬漢寶，前揭註5，頁38。

之謂也。」[22]

　　從這樣的觀念我們就清楚的發現,儒家思想關心人民的邏輯結構,如前所述是來自於對仁君的期許,儒家思想重視在社會上每個位置上的人能各司其職,因此分別會就各層級的人做出行為舉止上「善的期許」,對於君王為王之道,就是善待人民、重視人民。更簡單的來說,中華法系在這樣的思維下,只有民本概念而無民主概念[23],當然這也不是中華法系獨有的現象,天賦人權的概念在西方也是遲至1789年法國大革命才確立,要說上對人民的重視,儒家思想在封建君王的專制底下,能夠提出君王的義務,已經是長足的進步了,可惜的是未能更進一步的確立人民權利的觀念,徒留無強制效力的王道觀念。

　　因此,我們很清楚的發現,人本思想在帝制底下,出現了一種中華法系中少見的義務性道德,當大部分對於人民的道德期許都形成禮而入了法的同時,對於奉天而行之天子的道德期許,沒有外在的壓力,對於達成者,讚以仁君,冠以某某之治;對於違逆者,最多是期待改朝換代的革命,而體制內的制衡機制是不存在的。但絕對不可否認的,一個君王面對這種沒有外在壓力的期許,其內心有很強烈的義務壓力,畢竟我們很難想像,一個人會以昏君為榮、以暴君為傲,只不過我們的禮教觀念不及於天子,甚至有意識的階級化、不平等化而已。

　　如果從權力分立的觀點來看,一個國家權力背離了人民的基本權保障,卻無法制衡,那我們會說這是權力失衡,但帝制下的中國,能夠有孟子提出民本思想;甚至在更早之前,周公因為兩次東征中發現民情的重要,因此在康誥、召誥中,都提及了統治者要注意「保民」[24]。在封建制度底下,堪可說是人民權利保障的另闢蹊徑。然而,以古論今,在目前重視個人基本權利的時代中,我們當然不會消極的僅期許上蒼賜給我們一位仁君,對於統治者,我們要求的也絕不會低於過往對於君王的期待,也就

---

[22] 孟子,離婁・上。

[23] 林文雄,前揭註10,頁127。

[24] 黃源盛,前揭註2,頁126。

是以人為本的基本觀念，是在人倫秩序當中，對於統治者最基礎的要求，並且我們也希望透過制度設計，讓過去對於君王高度的義務壓力，能夠在現今制度下被外在義務化，這都有待憲政制度的開創與建立。

參、台灣的承繼與開創

　　台灣的法律系統，隨著土地上的統治權更易，有著多元樣貌，但目前所施行的法律體系，仍是承繼著中華法系變法後的成果，並且在施行多年後，不斷的透過在地化的洗鍊，造就出現今多元文化的法律，然而，我們可以在現行法律中，發現許多中華法系深刻的痕跡，這對於台灣的社會、文化發展，都有相當大的影響力。並且在司法實務中，更可發現執法評斷的司法者，有時也深受傳統文化的影響，在評價上考量了人倫、道德入於實例之中。而社會的發展，更是在中華文化的大量洗禮之下，在社群關係中，有別於西方的個人主義色彩，但是在工商高度發展下，卻也發生了社會的衝突。這些現象大抵都可以發現中華文化的足跡，影響整個台灣，也值得我們做現實面的考察。

一、台灣法律系統的演變

　　台灣歷經多源法律體制的植入，當中除原已既有的原住民法之外，曾歷經傳統西方法律、傳統中華法律、日治時期的近代法律以及近代中華法律等法律體系的交錯移植[25]，因此承襲了多元的法律精神與傳統。在法律近代化的表現上，實質上是一個特殊的法律近代化歷程。歐陸國家以將近三個世紀的啟蒙而辛苦建立的法律體系，在台灣卻是在一世紀裡完成[26]。

　　大抵上台灣法律文明的遞嬗，可以分為幾個時期：以原住民法為開端；首先是1624年以降，荷蘭人與為時較短的西班牙人，在台灣分別施行

---

[25] 王泰升，台灣法律史概論，頁9-11，元照出版，2004年9月2版。

[26] 王泰升，前揭註25，頁116。

的傳統西方法之法律措施；1661年鄭成功將傳統中華法律體系帶入，此一直持續影響到1895年為止；1895年至1945年的日治時期，為引進近代化法律的開始，而1945年迄今，則是近代中華法律體系的舞台[27]。因此可見台灣的法律傳統，曾是多元文明強行介入的產物，也造就今日快速近代化的結果。

綜觀台灣法律的傳統，由於承襲多源文明，自然呈現多元的特色，學者[28]歸納有如下特色：

一是濃厚的中華法律觀念，在日治時期以前，傳統中華法律事實上運作了近兩個世紀，許多的觀念，即在當時建立。例如：對於禮教觀念維持，有很深的著力，刑事實體法中，對於直系血親尊親屬犯暴行的加重處罰規定，現仍存於現行法中；女性無繼承權的觀念，也是一例，此觀念不僅受到荷蘭人、日本人等的尊重，甚至同化了部分與漢人較有接觸的原住民族，改變了部分母系社會的原住民族觀念，一直到近代中華法律進入台灣才結束[29]。而司法審判的特色中，對於發現真實的觀念[30]，更是根深蒂固，也相當程度依賴類似糾問式的訴訟體制，直到晚近才有所修正。

二是受到日本法制的深厚影響，例如：最高限額抵押權的承認，進而立法明文[31]，即源自於日本自身所發展出之「根抵當」觀念[32]；而戶籍制度的落實，更是日治時期（1906年）所建置；更重要者，當時日本本土的法律近代化運動，間接的基於統治需求，影響了台灣的法律制度相當深刻。學者形容，此乃西方近代法披著「日本法」的外衣，隨著日本尖刀踏

---

[27] 王泰升，前揭註25，頁9-11。

[28] 王泰升，多源而多元的台灣法——外來法的在地化，當代第220期，頁14-22，2005年12月1日。

[29] 王泰升，前揭註25，頁14-15。

[30] 王泰升，前揭註25，頁50-51。

[31] 最高限額抵押權在未明文規定前，向來透過司法實務之判例的承認來運作，直到2007年3月28日民法物權編修正，始將最高限額抵押權明文化。

[32] 王泰升，前揭註28，頁19。

入台灣[33]。

三是西方文化的折衝，西方在啟蒙後的近代法制，透過日本的近代化歷程，進入台灣。而1945年，經過近代化之中華法律制度也進入台灣。不獨歐陸法系的折衝，甚至在英美法制的概念，也漸次局部的進入台灣。例如：以權利為本位的法律體系、近代的訴訟制度建立、設立專職審判的司法機關等等，都是前所未有的概念。當然，在適用之初，並非都能順遂推展，也曾有人民對於權利概念的薄弱；以及礙於禮教觀念，對於權利行使的退卻等問題[34]。

正因台灣法律的傳統是多元的成長，其內涵的複雜性更勝於單一來源的法律體系，導致不論是法律實務的適用，或是法律學者的論證解釋，都不得不更詳加探究法律背後的成因，進而影響了法律適用與法學思想的澎湃發展。而對於不同法律體系的內化，更有著東亞各文明所無法比擬的適應能力，此乃基於多元傳統特性使然。

度過法律文化強行移植的階段之後，台灣法律制度的建設，進入較為成熟的層次，開始思考現有的法律制度，是否有在地化的條件；甚至在繼受新觀念時，也開始思考在地文化的需求。而正由於上述的多元傳統使然，台灣將法律制度在地化的適應能力與反省能力，均優於東亞各文化，則是另一層次的法律傳統。

二、現行法的考察

在現行法律體系當中，如前所述，我們仍可看見許多中華法系的影響力，不僅在刑事法系統，在民事法系統亦然，甚至在早期的行政法系統中，也是如此。倫常觀念的法律化，一向是中華法系的鮮明標誌，台灣既然承受中華法系變法的成果，雖然變法後骨幹上已無傳統中華法系的特徵，但仍可見其蹤跡，舉其要者分述如下：

刑事法律是清末變法圖強的關鍵點，當時所爭議的比附援引、無夫

---

[33] 王泰升，前揭註25，頁119。

[34] 馬漢寶，前揭註14，頁11-14。

姦、子孫違犯教令、卑幼不得對尊長主張正當防衛等爭議[35]，今日當然已不存在，但是仍有部分條文維繫著五倫觀念，例如：刑法第160條第2項規定：「意圖侮辱創立中華民國之孫先生，而公然損壞、除去或污辱其遺像者亦同。」是對於開國元勳的尊崇，保護對象延伸至象徵意義的遺像，形同侵犯王權象徵的大逆，只不過其罪刑屬於輕罪而已。

　　禮教觀念更加明顯的是刑法中對於直系血親卑親屬之惡逆，作為加重處罰的各項罪刑，例如：刑法第171條對於直系血親尊親屬的誣告[36]；第250條侵害直系血親尊親屬的屍體或墳墓[37]；第272條殺直系血親尊親屬[38]；第280條傷害直系血親尊親屬[39]；第281條對直系血親尊親屬施暴未成傷[40]；第295條遺棄直系血親尊親屬[41]；第303條剝奪直系血親尊親屬行動自由[42]等等對於此些侵犯父子倫的行為加重處罰，是目前已經少見的立法例，但在台灣社會層面，對於這樣的立法多正面看待。

　　再者，所謂通姦罪[43]的處罰，此乃偏向夫婦倫的立法，在台灣屢有爭議[44]，情感的維護是否繫於刑罰？尤其在民事法律對離婚都採取破綻主義

---

[35] 其爭議可參考黃源盛，前揭註2，頁365-392。

[36] 刑法第170條：意圖陷害直系血親尊親屬，而犯前條之罪者，加重其刑至二分之一。

[37] 刑法第250條：對於直系血親尊親屬犯第247條至第249條之罪者，加重其刑至二分之一。

[38] 刑法第272條：殺直系血親尊親屬者，處死刑或無期徒刑。前項之未遂犯罰之。預備犯第1項之罪者，處三年以下有期徒刑。

[39] 刑法第280條：對於直系血親尊親屬，犯第277條或第278條之罪者，加重其刑至二分之一。

[40] 刑法第281條：施強暴於直系血親尊親屬，未成傷者，處一年以下有期徒刑、拘役或五百元以下罰金。

[41] 刑法第295條：對於直系血親尊親屬犯第294條之罪者，加重其刑至二分之一。

[42] 刑法第303條：對於直系血親尊親屬犯前條第1項或第2項之罪者，加重其刑至二分之一。

[43] 刑法第239條：有配偶而與人通姦者，處一年以下有期徒刑。其相姦者亦同。

[44] 婦女新知基金會、尤美女委員辦公室聯合記者會，會後新聞稿「廢除刑法第239條通姦罪 大老婆抓姦，破財被告又傷心，通姦罪懲罰了誰？」，http://www.awakening.org.tw/chhtml/news_dtl.asp?id=1030，最後瀏覽日期：2013年11月27日。

的同時，是否仍有此必要處罰？目前社會上仍無明顯贊成廢止趨勢，正反意見拉鋸，意見呈現兩極[45]。

　　在民事法律當中，對於貞操權的概念，則是一項特殊的立法例，在民法第195條規定：「不法侵害他人之身體、健康、名譽、自由、信用、隱私、貞操，或不法侵害其他人格法益而情節重大者，被害人雖非財產上之損害，亦得請求賠償相當之金額。其名譽被侵害者，並得請求回復名譽之適當處分。前項請求權，不得讓與或繼承。但以金額賠償之請求權已依契約承諾，或已起訴者，不在此限。前二項規定，於不法侵害他人基於父、母、子、女或配偶關係之身分法益而情節重大者，準用之。」其中，對於貞操權將其獨立於個人身體自由之外，特別例示一個並列的權利，並且在同條文第3項，又承認一定身分關係的身分法益也是傳統倫常觀念的表現。又在過去的身分法當中，雖曾遺留少部分傳統的父權為尊、家族本位思維，但目前的親屬、繼承法，已修正去除[46]。

　　在行政法律體系中，過往藉著特別權力關係理論，搭載著義務本位的身分關係，似乎隱含君權不可侵犯的宗法觀念，使得在特別權力關係底下，個人權利受到很大的壓抑。但隨著幾次司法院大法官會議解釋的宣告[47]，特別權力關係幾近解構，舉凡在公務員、學生與學校間、軍人與國家間、受刑人與監獄間，都一一被宣告不得因身分而阻礙救濟途徑，貫徹法律保留、正當法律程序以及有權利就有救濟的基本原則，特別權力關係已經不再有什麼特別了。

---

[45] 〈婚姻靠刑法維繫？通姦除罪化公聽會激辯〉，http://newtalk.tw/news_read.php?oid= 42332，最後瀏覽日期：2013年11月29日。

[46] 黃源盛，前揭註2，頁450。

[47] 例如：釋字第243號解釋，公務員對於免職處分得提起救濟。第298號解釋，公務員對於身分關係重大影響之處分得提起救濟。第382號解釋，學生對於退學等處分得提起救濟。第684號解釋，學生對於各種行政處分得提起救濟。第430號解釋，軍人對於改變身分關係之處可以提起救濟。第681號解釋，認為受刑人對於假釋撤銷後須待執行殘餘刑期後，始得提起救濟之決議，認為須檢討改進。第691號解釋，受刑人對於不予假釋之決定，得提起救濟。

三、司法實務的觀察

　　司法有定分止爭的任務，而司法實務對於人倫的關注，更是關係著倫常觀念的義務壓力指標，尤以刑事案件最受高度關注，我們可以從前述刑事法律中，一些爭議性的判決來做觀察。

　　例如：南投的驚世媳婦案，一名婦人林○○為詐領保險金，八個月內連續殺害母親、婆婆和丈夫，在殺害母親的部分，法院認為林○○係自首犯罪，雖一度又否認犯案，但又多次自白犯行，曾見悔意；在殺害婆婆的部分，其後已坦承全部犯罪事實，尚具悔意等一切情狀，因此認為林○○惡性固屬重大，惟尚無處以極刑之必要，因而分別量處無期徒刑，褫奪公權終身。而殺害丈夫的部分則有所爭議，並且曾因未判處死刑而遭最高法院發回，最終最高法院認定此部分判處死刑並無過當，其理由略為：「一、公民與政治權利國際公約……限制未廢除死刑國家，只有對『情節最重大之罪』（或譯為最嚴重的犯罪）可以判決死刑。而故意犯罪，且發生死亡或其他極端重大結果者，自可認為係『情節最重大之罪』。本件上訴人故意殺害其夫劉○○，並發生死亡之結果，其恣意剝奪他人生命，自屬該公約所稱『情節最重大之罪』。……二、犯罪後態度，僅屬刑法第57條所列量刑審酌標準之一，而坦承犯行，雖可作為犯罪後態度之參考，但不當然足以為免除死刑判決之事由。……三、……放火未遂、殺害直系血親尊親屬、詐欺取財既遂、殺人、詐欺取財未遂及偽造文書等犯行並經判處罪刑確定，顯見其品性並非良善。而其係因沉迷賭博，為詐領保險給付而犯本案，犯罪之動機及目的起於金錢貪欲。四、劉○○與上訴人為夫妻，二人並育有幼子一人，本當相守一生，關係至為密切，而本件並無具體證據顯示劉○○有因外遇、家庭暴力或其他不當之行為，促使上訴人為此奪命之犯行，足見上訴人之犯本案，並非因有可歸責於劉○○之事由而受刺激所致。其行為實屬殘酷無情，除使劉○○無辜受害外，對於劉○○其他家人造成難以止息之傷痛，對其幼子而言，更是心靈永難磨滅之烙痕，顯然其對稚子亦乏愛憐之心，已因貪欲，泯滅天良，為達目的，不擇手段且不計後果。而劉○○之父母均已死亡，其祖父劉○○、外祖父

鄭○無法原宥上訴人，均請求判處上訴人死刑。五、上訴人於98年6月25日接續以前述手法欲致劉○○於死，且於兩度遭護士發現制止而未遂後，猶不知警悟，及時回頭，再於同年7月19日以相同之手法，殺害劉○○既遂，顯見殺死劉○○以取得保險給付之心意急切，不達目的，絕不甘休，欲致劉○○死亡之犯意，至為堅定。而其於醫院內以混合抗憂鬱藥、安眠藥、農藥、甲醇之藥水注射入劉○○點滴內之犯罪手段，除不易被察覺外，並可能使相關醫護人員陷入醫療疏失之紛擾，心思縝密，手法極為陰狠，惡性無殊於持器械殺人。六、……實無從認定其智能有明顯低於常人之情形，自難認其因身心障礙、智能不足，而不應判處死刑。七、刑法第272條第1項殺害直系血親尊親屬罪，其法定刑為死刑或無期徒刑；同法第271條第1項普通殺人罪，法定刑為死刑、無期徒刑或十年以上有期徒刑。前者固較後者為重。惟上訴人殺害其母林侯○○部分，因屬偶發，且係上訴人第一次犯殺人之罪，並符合自首之要件，判處無期徒刑，固屬適當。但其殺害劉○○，係在殺死林侯○○及鄭○○，以及殺害劉○○未遂之後，已屬第三次殺人既遂，且為計畫性的預謀犯罪，其在接續殺害劉○○未遂之後，本當及時醒覺，但臨崖猶不勒馬，執意利用劉○○再次就醫住院之機會，以相同之手法殺害劉○○。兩者情節及量刑應斟酌之事項，並不相同。尚難以上訴人殺害林侯○○部分，業經判處無期徒刑確定，即認殺害劉○○部分不得判處死刑。八、行為人先前犯行，為其素行良窳之重要參考，法院將之列為量刑審酌之因素，並無重複或過度評價可言。上訴人先前殺害林侯○○及鄭○○部分，均經判處無期徒刑確定，其殺害劉○○犯行，為其在不及九個月內，第三次為詐領保險金而殺人既遂，並非初次犯案，且所殺之人均屬至親，所為難見容於天地之間，如仍判處無期徒刑，則依刑法第51條第3款規定，宣告多數無期徒刑者，僅能執行其一，就刑之執行而言，無異免刑判決，對於無辜生命之保護與社會安全之維護，並非允洽，不符社會大眾對於法律及公理、正義的認知與期待，對於一再侵害他人生命權之犯罪遏阻，更難收一般預防之作用。上訴人因沉迷賭博，為詐領保險給付，於殺害其親生母親及婆婆後，短時間內再以上揭手法毒殺其夫，所為國法、天理均所難容，其人性既泯，已難有

教化之可能，原審維持第一審就其殺人未遂部分，科處有期徒刑八年六月，殺人既遂部分，量處死刑，褫奪公權終身，其量刑職權之行使，核屬適當，爰予維持。」

此案的歷審判決所據理由我們可以發現幾個關鍵，首先是公民與政治權利公約，目前對最高法院來說仍不是判決死刑的一個阻礙；其次，即使是重大的弒親案件，在自首的條件下，仍得以減刑；其三，殺害配偶之尊親屬，在本案中因不屬於刑法第272條的範疇，儘管與第272條在最高刑度是一致的，在量刑上似乎也沒有對於人倫有特別強調的考量，因此在坦承犯行後，以無期徒刑定讞並未發回；其四，對於夫妻倫常的重視，認為配偶屬於至親，堅決的殺害配偶，難容於社會觀念；另外，判決中提及公理、正義、天理，但實際上此等內涵如何考察而來，似乎留下一些想像，但可以知道判決對於社會觀感非常重視。

然而，並不是殺害配偶都會遭遇如此極刑，在考量配偶之個人情況下，結果仍有所差別，例如：在一起受家暴的大陸配偶趙○○殺人案當中，擁有化工碩士學位的大陸配偶趙○○女士，因不堪丈夫長期家暴，且罹患子宮頸癌需要相關治療，向丈夫要求經濟上協助，反而遭丈夫持刀威脅，趙○○憤而殺死丈夫。在本案中，法院認為其成立第271條普通殺人罪，但符合自首、減刑條例以及刑法第59條認為其情可憫予以酌減，尤其最後一項理由至關重要，其略以：「被告原來在學識與經歷上，均高於華人社會同年齡之一般婦女，只是後來歷經家庭暴力、子宮頸癌等各種壓力，甚至罹患重度憂鬱症後，依照國立台灣大學醫學院附設醫院所作心理測驗結果，被告之智力已淪為邊緣程度（總智商76），其認知運作效能已鈍化下降；被告剛來台時，言談舉止均有相當文化水平，文靜且與賈○○感情很好，並積極照顧賈○○，尤其是賈○○膝蓋裝置人工關節、心臟手術等二次住院期間，照顧更是用心，且與和平社區人員互動不錯，於精神疾病住院治療期間，自承想過吞藥或跳樓，覺得對不起台灣，浪費醫療資源，顯見被告雖係因嚮往台灣地區之生活，希望到台灣地區賺錢發展，亦積極維持婚姻、照顧賈○○之生活及融入台灣地區社會，並非純為賺錢目的來台，品行堪認良好，惟因賈○○具有前述老榮民所特有『罕有學習正

統異性戀性愛倫理之機會』之生活模式，失去自我調整與欠缺處理婚姻衝突之思考與能力，以及被告與賈○○在年齡、生活習慣、家庭費用支出、宗教信仰、婚姻期待及政治意識之嚴重差異，賈○○遂嚴格控制被告之交友與行動自由、對被告多次實施家庭暴力行為、拒絕給付家庭生活費用、干涉他人借款給被告，並以羞辱、政治意識型態對抗強烈之字眼辱罵被告，甚至謊稱狀告被告為匪諜，希冀達到控制或遣返被告出境之目的，造成被告與賈○○之關係陷於極度惡劣之情況，並使被告處於嚴重被孤立、人性尊嚴之基本生活條件均無法維持之生活狀況。案發當日正逢春節期間，被告已有多日未曾進食，且因導尿管之問題而疼痛難當，被告央求賈○○送其就診，賈○○不僅嚴詞拒絕，甚至持茶几上之菜刀一把，稱被告如再談錢之事，便欲將其『腦袋剁掉』，被告係因處於急迫危險之情狀，又一時氣憤，而持身旁之榔頭用力敲擊賈○○頭部，並於賈○○昏迷倒地後取下賈○○手部所持有之菜刀，接續砍刺賈○○面部與頸部，其犯罪時所受之刺激足以引起一般人之同情，被告於原審及本院審理時均已表示對於本案之發生表示懊悔，客觀上以一般國民生活經驗法則為之檢驗，可認被告之犯罪情節頗值憫恕，縱宣告本件犯殺人罪最低之刑度有期徒刑十年猶嫌過重，爰依刑法第59條之規定酌減其刑……。」

　　最終最高法院維持原審有期徒刑一年六個月之判決，雖然上訴目的之一是以爭取緩刑為訴求，但並未緩刑，在本案中我們可以發現，夫妻倫的違逆並非重要爭議，而是被告的處境、心態以及被害人的行為等，被告個人的角色反倒成為了本案的重點，社會輿論當時也同情其處境，更有婦女團體伸出援手對其訴訟協助，法院盡可能的細鐸其犯罪情節、人生歷程，還原人生的長河，這樣的判決其實並不常見，但的確讓司法判決的內容耳目一新，目前趙女也已服刑完畢。

　　從兩則極端的案例來看，我國司法實務判決中，對於倫常的關注，並不是非常穩定，重點還是放在個人的基本權利、法益保護，而不會單純凸顯倫常的重要性，但不能否認倫常的受矚目特性，其義務壓力的確存在於這些案件當中，倫常觀念對於台灣社會來說，是一個義務性道德，只不過會隨著基本權的權衡有所差異，並且其範圍也不可能如傳統中華文化所

倡議的如此廣泛。其實在中華法系的發展當中,也不乏此些狀況,最著名者,當論及董仲舒之春秋折獄。古代的法律相當嚴苛,動輒重罰處死,董仲舒以超越法律文義的方式,透過儒家經典的比擬手段,將仁義精神導入價值判斷於判決當中,調整嚴苛的刑罰,雖然其做法褒貶不一,一方面避免了罪刑擅斷,但另一方面也危及法安定性,價值判斷太過靈活,經典遭後人惡用,也是事實[48]。

倫常壓力與基本權保障的權衡,這些狀況在最高法院目前對於死刑的裁判採取公開辯論的政策之後,由於眾所矚目,社會壓力更大,也將會有更多元的價值理念進入判決當中,這對目前的司法封閉體系來說,是一個正面的發展。我們的司法早已不再是訓詁辭修,而是真正貼近社會的價值衡量,基本權是一種價值,倫常也是,任何一種造成義務壓力的價值,在案件中都應該盡可能的推敲琢磨,這才能讓義務壓力長存,價值觀念建立,如同富勒認為要使法律成為可能的道德,官方行動與公布的規則之間要有一致性是條件之一[49],法院的角色就是在立法者所設法律的範疇內,在文義解釋的極限中,符合人民的法律感情,建立起穩定的價值判斷,並且尊重多元價值,如此才有機會建立起以人民需求為中心的司法體系。

四、道德倫常與社會現狀

如前所述,道德倫常在台灣的社會裡面,是一個重要的價值,這樣的價值觀念不是因為法律所逼使,而是長久以來受中華文化的影響,執政者長期強力推行禮教觀念、儒家思想,並且作為教育基本素材當然也有影響。更重要的是社會重視群體觀念,講求互助互信、互相尊重、崇德尚禮,在傳統農業社會當中尤然。但隨著工商發展興起,人倫禮教觀念常被認為不合時宜,不符人性,人與人的關係卻漸漸有所疏離。所幸,富有人情味的台灣社會基層中,從未在自己的價值觀、義務壓力中,將倫常完全拋棄,也使得一些重大的社會事件中,仍可見群體互助的現象,以下分析

---

[48] 黃源盛,前揭註2,頁218-219。

[49] 富勒(Lon L. Fuller),前揭註17,頁117-128。

幾則重大社會事件。

文林苑拆遷案，此為一件都市更新的爭議事件，是台北市第一起對於都更不同意戶強制拆除的案件，因此造成非常大的社會反應，台北市政府在2012年3月以公權力強勢拆除不同意戶的房屋，被拆除的不同意戶認為合法的房屋遭到市政府拆除[50]，並且被強迫加入都市更新，群眾加入聲援，引起社會回響。此些爭議也進入了司法院大法官會議，並做出了第709號解釋，就都市更新部分程序不符合正當行政程序之要求，宣告違憲。此案件中，值得觀察的是，原本感情融洽的鄰里，因為都市更新的不順遂，感情也不復以往，資本社會中，利益導向的建設發展，藉著都市更新進入了鄰里社區，利益的成分參入單純的社區模式，總不免產生質變，這些恐怕是金錢難以回復的損害。

大埔土地徵收案，是發生在苗栗縣竹南鎮大埔里的一件區段徵收案件，起因是苗栗縣政府為執行「新竹科學園區竹南基地暨周邊地區特定區」都市計畫，以區段徵收方式，進行土地徵收。但在2010年6月對於區域內未同意之農戶，因已強制徵收，遂將怪手開入即將收成的農田直接整地[51]，引發批評。而在道路拓寬部分，徵收張○○先生等四戶房屋土地[52]，引發不必要徵收的質疑。在本次案件中，農地徵收爭議部分，自救

---

50 〈綁鐵鍊力抗市府強拆！文林苑王家300人抗爭〉，http://www.appledaily.com.tw/realtimenews/article/life/20120327/116135/applesearch/%E7%B6%81%E9%90%B5%E9%8D%8A%E5%8A%9B%E6%8A%97%E5%B8%82%E5%BA%9C%E5%BC%B7%E6%8B%86%EF%BC%81%E3%80%80%E6%96%87%E6%9E%97%E8%8B%91%E7%8E%8B%E5%AE%B6300%E4%BA%BA%E6%8A%97%E7%88%AD，最後瀏覽日期：2013年11月28日。

51 〈當怪手開進稻田中〉，https://www.peopo.org/news/53635，最後瀏覽日期：2013年11月28日。

52 〈大埔案強制拆除 衝突後警方抬走8人〉，http://www.appledaily.com.tw/realtimenews/article/politics/20130718/227012/applesearch/%E5%A4%A7%E5%9F%94%E6%A1%88%E5%BC%B7%E5%88%B6%E6%8B%86%E9%99%A4%E3%80%80%E3%80%80%E8%A1%9D%E7%AA%81%E5%BE%8C%E8%AD%A6%E6%96%B9%E6%8A%AC%E8%B5%B08%E4%BA%BA，最後瀏覽日期：2013年11月28日。

會成員73歲的朱○○女士因不滿政府強徵農地，喝農藥自殺身亡[53]；道路徵收的部分，張○○先生也於其藥房遭拆除後，溺斃自殺身亡[54]。本案件是以工商發展進入農村生活的指標性案件，地方政府為籌措財源，也重視地方開發，尤其是科學園區的成功典範，讓各縣市政府趨之若鶩，遂採取大規模的都市計畫，農村之中有認為開發可成就經濟發展，因此贊成徵收；而少數重土安遷、想保留在原地的不同意戶則反對徵收，並受到社會的聲援，使得平靜和諧的農村，形成兩股強烈的對抗。案件中出現多種不同價值的權衡，工業發展與農業發展、經濟發展與既有生活型態、公益性、必要性與個人選擇自由等等，溝通協調不易，除了有賴主政者的智慧之外，程序上的保障更加重要。

　　美麗灣開發案，2003年7月台東縣政府以BOT方式，將台東縣卑南鄉海濱6公頃的杉原海岸，出租給美麗灣渡假村股份有限公司，並且投資興建美麗灣渡假村飯店，但過程中因刻意迴避環境影響評估程序，諸如核發0.9997公頃的建築執照，先行施工，然後再就整個範圍的開發送環評等等，遭到行政法院多次判決環評程序違法。但是台東縣政府仍堅持開發，引起環保團體與公民團體的不滿。最高行政法院對於停工假處分已駁回業者之抗告，而使美麗灣開發案在撤銷環評訴訟判決確定前必須停工[55]。本案涉及到的問題與前兩議題不同，涉及的是環境保護與地方開發的爭議，贊成者認為此案的開發可以帶動經濟繁榮；反對者則認為環境是屬於公眾的，除了有保護的必要性應審慎評估之外，更不得將美麗海灣劃為私人景觀，並且也影響當地原住民文化保存。因此，環保團體透過司法救濟途徑，不斷的以公民訴訟的方式，進行權利救濟，目前，此案的本案訴訟仍

---

53 〈「田沒了」大埔婦仰藥亡〉，http://www.appledaily.com.tw/appledaily/article/headline/20100804/32712152/applesearch/%E3%80%8C%E7%94%B0%E6%B2%92%E4%BA%86%E3%80%8D%E5%A4%A7%E5%9F%94%E5%A9%A6%E4%BB%B0%E8%97%A5%E4%BA%A1，最後瀏覽日期：2013年11月28日。

54 〈大埔張藥局老闆失蹤 遺體下午尋獲〉，http://newtalk.tw/news_read.php?oid=40281，最後瀏覽日期：2013年11月28日。

55 〈環評判決定讞前，美麗灣必須停工〉，http://newtalk.tw/news_read.php?oid=41172，最後瀏覽日期：2013年11月28日。

在審理中。

　　以上的三則重大社會事件，激起台灣公民運動的活躍，共同的特色是面對經濟發展，我們的社會仍然對於一些個人基本權利以外的善的觀念有所堅持，財產權不是唯一，拚經濟不是萬能，很多美好事物是金錢無法補償；而同樣的，由於統治者領銜的重商政策，面對重視經濟發展的社會，我們也發覺人們對於改善生活的渴望，使得我們社會對於經濟領航的價值觀深信不已，這也是我們不得不面對的人民選擇。只是面對不同社群的選擇，我們要怎麼權衡？再怎麼衡量都會有所犧牲，因此，要如何在程序上保障，每一個價值觀有其發表的空間，遂成為近年來司法者所重視，因此每每透過正當法律程序、正當行政程序來督促主政者落實關心每一個不同的聲音，顯然，倫理道德的實踐在民主政府體制下，有了不同的詮釋方式。

肆、去蕪存菁在地化、現代化的淬鍊

　　從前述的各個實際面向我們可以察覺，在台灣個人主義不是唯一至上的觀念，我們所要保障的也不是只著眼於個人，而有一些群體生活的價值觀念，並且在政府失能的同時，也是透過群眾的力量來維繫這些價值觀。重商政策下很多人倫常理都會被排擠，近年來台灣在經濟成長率年年下降的環境下，政府不斷祭出經濟政策，也不斷地獎勵投資、減少賦稅，但卻只造就了巨賈，苦了小民，薪資所得不斷地下降，貧富差距不斷地增大，據報載某企業集團經營者購買台北市豪宅竟可貸款99%[56]；而諷刺的是，隔天馬上出現一則單親媽媽買到凶宅，沒有銀行願意貸款給他的新聞[57]。

---

[56] 〈頂新魏家買九戶帝寶，99%貸款〉，http://udn.com/NEWS/FINANCE/FIN1/8309745. shtml，最後瀏覽日期：2013年11月28日。

[57] 〈貧母誤買凶宅遭拒貸，虧39萬〉，http://www.appledaily.com.tw/appledaily/article/hea dline/20131123/35458514/%E8%B2%A7%E6%AF%8D%E8%AA%A4%E8%B2%B7%E 5%87%B6%E5%AE%85%E9%81%AD%E6%8B%92%E8%B2%B8%E8%99%A739%E8

一個台灣兩個社會已是事實，但我們要如何喚醒關懷群體的義務性道德遂成為一項重大的社會工作，而我們在此同時，也希望能透過司法者的落實，讓倫理道德秩序能夠透過司法者的價值權衡，受到尊重。並且在民主制度的權力分立底下，我們要重新看待人本思維的觀念，讓這種善的價值，不僅僅是個人權利的保障，更是實質上對弱勢的關懷，做出真正有保障的優惠差別待遇。

一、倫常觀念的重建

道德是人們追求善的目標，本文所謂的倫常觀念，並不是那些無法定義、沒有極限的期待性道德，而是深藏在台灣社會，在個人基本權利之外，我們所重視的那種人情義理，這對於台灣社會來說是一種義務性道德，會對於人們產生義務壓力的一種反應。

在台灣鄉間，許多的家族仍居住在生活的周遭，傳統台灣人對於稱謂的重視，表現出倫常的態度，甚至在朋友之間，也都教導孩子要以叔、伯、姨、嬸相稱，長幼之間自然建立起一定的次序，並在這樣的次序下相互尊重。

互助精神的重視，也是台灣人深信的價值，我們隨處可見鄰里間自行組成守望相助隊，路上隨處可見義警指揮交通，義消在火場裡衝鋒陷陣。面對不公義的情形，公民自行組成聲援團體，甚至可以震撼整個政府，例如：陸軍下士洪仲丘案，造成25萬人走上街頭，共同要為洪仲丘討公道[58]，也終結了多年來無法更動的軍事審判制度，這都是互助精神的展現。尤其社群軟體的盛行，讓社會的意見能夠迅速地凝聚，也廣為流傳，更造就了互助精神的昇華。

倫理道德儘管在台灣社會裡有其特殊的義務壓力，但無法完全透過法律來強制，特別是脫離個人基本權利之外，這些都得靠社會運動來維護。

%90%AC，最後瀏覽日期：2013年11月28日。

[58] 〈送仲丘討真相　擠爆凱道　25萬人怒吼馬下台〉，http://www.libertytimes.com.tw/2013/new/aug/4/today-t1.htm，最後瀏覽日期：2013年11月28日。

事實上，傳統儒家思想也不認為道德可以依法律來建立[59]，本人自卸下公職後致力於法治教育、重建倫理的工作，本人帶領著基金會的同仁，深入校園宣講法治教育，並且宣揚互敬互重的傳統倫理秩序，本人深信，即使在工商社會底下，這些基礎價值仍然可以被建立，很多價值觀念是金錢無法介入的。桑德爾曾舉行為經濟學家艾瑞里的實驗為例，說明付錢要別人做一件好事，可能會使他們願意付出的心力低於免費當志工時，其實際案例是，美國退休人士協會詢問一群律師，是否願意以較折扣的價錢提供退休人士法律諮詢，這些律師拒絕了，但問他們願不願意提供免費法律諮詢，卻都同意了[60]，也就是說，慈善而非交易的情形下，人性的選擇是明確的。但是這樣的價值觀念會沖淡、會流失，必須不斷地在社會裡面被實現，違反時被譴責，有時在西方被認為是美德的觀念，在台灣是具有義務壓力的道德，只不過未能強烈的如法律一般，受到外在的強制而已。

因此，本人重視道德倫常的建設，這是社會經濟發展下，一個社會能夠安定和樂的軟體建設，我們必須保留傳統台灣承接著多年來的中華文化思維，對於社群發揮人性關懷，對於個人分享愛與協助，才能使國家內涵真正的富足，這也才正是實現富而好禮的和諧社會。

其實，對於社會群體的照顧，不正也是西方社會在極度發展的自由主義後，調整了其步伐，將國家政策傾向左派，重視每一個人的社會義務，人需要有社會責任感，作為平衡的力量[61]，我們目前正處在自由主義高漲的時局，政府從上到下，推動自由經濟不遺餘力，社會底層的小民苦不堪言，我們非但沒有施以政策調整，甚至舉債供輸上層經濟發展與社會福利，國家經濟迫在眉睫的同時，是該往有良心的自由主義做調整了。

固然經濟成長是國家發展的根本，但發展的過程若不能照顧人民，讓人民均富，日後這些發展經濟的良方，恐成為壓垮社會結構的毒藥。因此，我們應該積極的重建起經濟較佳者的社會義務，對於照顧弱勢的觀念

---

[59] 馬漢寶，前揭註5，頁38-39。

[60] 邁可桑德爾著，吳四明、姬健梅譯，錢買不到的東西──金錢與正義的攻防，頁152-154，先覺出版，2012年10月。

[61] 馬漢寶，前揭註14，頁20。

要加強，對於協助社會階層流動的方案要提出，這是我們每一個社會的成員所應該具備的倫理道德觀念，讓每一個人有其尊嚴的活在我們共同生活的社會裡，這也是人本思想的根基，更是社會穩定的力量，甚至比基本權利更為基礎。

二、具有人性思考的司法制度

如前所述，我們對於規範的確立，在民主社會中，經常必須透過司法者來確認，而司法者認事用法的同時，若與社會事實脫軌，將造成社會規範崩解的災難。過去，曾有幾次發生司法者與社會觀念差距過大的案例，例如襲胸十秒案[62]、女童性侵案[63]、吳啟豪案[64]等，雖然法院依法判決，卻仍遭受社會強烈的批判，遂有恐龍法官、奶嘴法官之譏評。實則，在法律安定性的考量底下，我們也無法容許法官自行依社會觀感造法，民主國原則下，法院依據立法者的立法，忠實地依照法律來審判，這是司法有其被動性的特徵。

因此，要司法具有人性思考的重點，不在於將判決超乎法律來符合民意，而是在裁判正確性的基礎大前提之下，對於司法程序的人性化，假設，案件的當事人，在司法程序中其意見能夠受到尊重，並且也受到詳實的審度，那麼對於判決結果的接受度必然提升，人們對於法院的信賴感必須透過每一次的法庭接觸逐步建立，而不是猛爆型的譁然判決，縱使大快人心，總損害了法安定性，也動搖了道德的壓力點。因此，訴訟權的保障最重要者在於程序參與，也就是正當法律程序的觀念，本人常言，有些人一輩子就上法庭這麼一次，如果法官不耐煩，不願意傾聽，那麼人們又怎麼信服法院呢？報載一位民眾，因為法院願意傾聽、尊重被告，讓被告原

---

62 〈襲胸10秒判無罪〉，http://www.appledaily.com.tw/appledaily/article/headline/2007
0829/3770417/，最後瀏覽日期：2013年11月28日。

63 〈惡狼性侵女童輕判，法院：未違反女童意願〉，http://iservice.libertytimes.com.tw/
liveNews/news.php?no=398359，最後瀏覽日期：2013年11月28日。

64 〈生死辯大逆轉 吳啟豪弒父免死〉，http://www.libertytimes.com.tw/2013/new/feb/6/
today-so1.htm，最後瀏覽日期：2013年11月30日。

須被追繳150萬元罰金，確認僅須繳10多萬元，被告事後捐出150萬元幫助需要的人[65]，就是一個非常正面的案例。而透過完全的正當程序，法院了解各種不同的價值觀，並做出權衡，在法律文義的極限下，做出合於法也適於理的人本判決，對於法律文字的度衡，應當在社會的理解範圍內，要知悉社會的理解，當然要透過完整的正當程序，兩者相輔相成，自可造就司法公信。

其次，遲來的正義不是正義，司法必須是有效率的權利救濟，追訴、裁判速度的提升，係在維持裁判品質的前提之下所應重視的問題，也是人民在使用法院資源時的切身之痛，我們都知道訟累會拖垮兩造以及全社會，但卻無法擺脫減少法官積案的舊思維，從訴訟法的修正，乃至於台灣在刑事妥速審判法的訂定，都不斷看見此等鋸箭式的修法，形同強要民眾將糾紛作割捨，紓解法院訟源，將裁判品質與裁判速度一同丟入零和的賽局當中，這絕對不是一個正義的表現，最終只是讓人民回到私力救濟的原始途徑，司法大失民心。合理的作法，應該是重視人民的程序選擇權，擺脫法院為尊的強勢指導角色，提供適切的程序，在民眾充分認知權益的衡量之下，做出最符合各方利益的選擇，才是有實質意義的裁判速度提升。

再者，是司法人員的道德與學識的提升。道德觀念是維護人民信賴的關鍵，卻也脆弱的如同皇后的貞操，禁不起一絲的質疑，任何司法人員道德上的瑕疵，都將破壞人民對司法的信賴。學識養成教育不能只是幾年的職前教育培養，在職的進修教育更是不斷讓司法人員觀念、智識精進的動力，並透過嚴格的考核，時時檢視司法人員的素質，不斷維持在足以提供人民優質法律服務的水準，絕不可放任司法人員在個案中學習，影響民眾的權益。對於不適任的法官汰除，其標準甚至應比一般公務員更高，蓋司法制度的維持端視司法人員的良莠，當然應以最高標準作為進場、退場的依據，因此司法人員之學識與道德之培育、建全，必須從養成教育、考

---

[65] 〈感念法官捐150萬「延續善意」〉，http://www.appledaily.com.tw/appledaily/article/headline/20131110/35427387/，最後瀏覽日期：2013年11月28日。

選、任用、考核等方面要求，並應建立符合人民要求，社會公義之進場、退場機制。目前我們的法官法當中，對於司法官的退場機制，仍屬過於保守，能從此機制退場者幾乎是行徑極其誇張的情形下，才可能發生，司法官的任免，幾乎是鐵板一塊。

綜合上述，我們要建立一個人性思考的司法制度，必須在裁判正確的前提下，提升當事人程序參與的程度，藉以使價值衡量貼近社會事實；加速紛爭解決並提供程序選擇權；而最核心的法官學識與道德，必須靠最嚴格的考核來維護，如此，方有建立具備人性、符合社會脈動的司法制度。

三、權力分立下的人本思維

在現今民主制度的下，個人基本權利已經不再需要透過王道的推崇來建立起對人本思維的尊重，每一個公民，都有其權利為自己發聲，並透過選舉，選擇自己喜好的價值，並期許自己認同的理念能在國家制度中被實踐，這也是權力分立底下人本思維的基礎邏輯。

而過往中華法系對於社會上每個角色的倫理規範有其制定，到了民主體制之下，並不是就失其意義，只是換了個方式，進入我們的體制當中，過去，人倫道德是由上而下的規制，每個人各遵其分、各行其禮；現在，人倫道德是由下而上的形成，我們除了憲法所保障的基本權利之外，豐富的倫理價值秩序，在社會底層形成，不論是社會輿論、公開的思辯等，慢慢累積我們社會對善的概念，也希望成為一種規制。

然而，工商發展快速，財富集中的社會中，弱勢者往往難以發聲，尤其在代議政治之下，每一位代議士有其選舉壓力，而往往在受到資助後，為了其利益，難以照顧弱勢，甚至犧牲弱勢，這也是常見的國會生態。富者以大量的資金投注在國會選舉，受其資助者當然湧泉以報，未能受選舉資助的候選人，又經常是選舉中的弱勢，因此，要在民主制度中找尋以人為本，其結果恐怕只剩人性。

既然權力分立的概念是為了保障基本權以及我們所共同信任的道德善念，如上所述，民主制度有時而窮，因此司法者在權力分立下的角色更形重要，除了要限制行政權的恣意、濫權之外，對於立法權的價值判斷偏

差，也有一定限度內的制衡。因此，立法者若因利益團體的遊說，產生價值失衡、戕害弱勢的法律，作為一個基本權的守護者，司法應當適時介入，透過真理的思辯加以導正，並且還原我們社會對於互助互信的價值觀，此時，基於人性而生的道德信念，才是最直接最根本的依據，也是違憲審查的清晰標準。

可惜，近年來職司違憲審查的司法院大法官會議，由於深恐違憲審查成為超級終審法院，並且遠離權力爭議。最近幾年所做成的解釋，爭議、影響範圍都很小，實質影響人民生活的效力非常侷限，甚至多為租稅爭議，為大企業的租稅權益解決問題[66]，恐怕成為司法的危機。

伍、結論

中華法系源遠流長，台灣除了繼受中華法系變法後的成果之外，更將儒家禮教思想置入在國家基礎建設當中，不論在教育、體制或法律，處處可見其痕跡，也使得社會充滿了人情，同時也維護了義理。

然而，國家競爭、工商發展掛帥的主政者思維下，倫理道德的價值觀，似乎有所退卻，原本在長期傳統農業社會的重倫常、講互助的義務壓力，在工商社會利之所趨下，變得較為弱勢，但歷史的總是一再的反覆調整，在過度重視個人自由主義之後，西方的趨勢也開始重視個人社會的義務，而這樣的社會義務，正好與台灣傳統的倫常道德觀念相契合。我們必須承認，有許多的價值、文化、信念，是金錢無法比擬的，而這些社會義務，在目前的台灣，從社會的發展來看，仍然屬於義務性道德，而被認為人與人之間應該相互協助，雖與個人主義有所消長，但這仍是我們值得開展的一個優點。

互助互信的道德情操展現在立法上，就是對於社會弱勢的關注，如

---

[66] 高烊輝，台灣版「藥房案」憲法法庭言詞辯論場邊觀察，司法改革雜誌第96期，http://www.jrf.org.tw/newjrf/RTE/myform_detail.asp?id=3992，最後瀏覽日期：2013年11月28日。

何，在體制上仍保有對於社會弱勢的協助，有賴權力分立的運行，尤其是司法者，在處理人民權益的最前端，若不能正確的適用法律，並且適時地做出正義判斷的違憲審查，那麼弱勢者將在社會中永無機會，所謂的正義，並不是多麼崇高的道德情操，而是每一個人都可以保有其尊嚴的在他的一生當中活下去，台灣的社會對於這樣互助的倫理思想有其基礎，因為我們傳統的社會本來就是如此，只不過在接受西方思想後，義務突然變成只是一種美德，與傳統的認知，反而互有差異。

倫理道德的重建或發揚有其工作上的艱辛，本人之所以戮力在人倫道德建設上，是感於對台灣這片土地的熱愛，不願意看到美麗的寶島，因利益、權勢而沉淪，因此大力推行法治教育、倫理重建，對於老的東西，我們必須找出新的詮釋，對於好的東西，我們必須發揚推廣，老祖宗的智慧不是因為朝代更易就如此不堪，有些道德就在你我身邊被恪遵，只是我們沒有發覺，而我們的社會，也不會僅僅自滿於個人基本權利的保障，社群的觀念在華人社會裡，是重要而無法拋棄的，若能善用社群理念，讓每一個角色都有其目標理想，每一個群體都相互關懷協助，也讓每一個人都有尊嚴的生活著，不就成就了所有人的正義。

權力分立是保障人民權利的基礎，是建立在民主與不信任之間的平衡，尤其在司法獨立上，台灣走得較早，早在憲法增修條文第5條修訂行政院不得刪減司法預算之前，行政機關早已透過自律，確保司法權能獨立，司法獨立是民主能否穩固的最基本條件，也是司法權是否能發揮作用的基礎。近來大陸也倡議司法人事、預算脫離地方人代會的審議，希望能透過此保障人民權利、創造司法獨立的條件。尤其宣示人權保障的規定，不斷推陳出新：今（2013）年1月1日甫實行的刑事訴訟法修正條文，在其第2條當中更揭示了以尊重和保障人權，保護公民的人身權利、財產權利、民主權利和其他權利作為刑事訴訟法的任務，更可見其欲建立保障人權體制的急切性。最近更加重視司法改革有其重要性與必要性，在大陸有幾個重點目前已經逐步在實踐，例如前述將司法獨立出來的分權作為；廢止勞動教養，重視基本權的保障；對於信訪的開放，並且不再作為考核地方官員的標準，使人民的聲音能被聽見，並且主動面對問題、解決問題等

等，此些作為都是一步步要走向一個為人民服務的司法制度做努力，儘管步驟稍慢，但總是起了頭，仍值得肯定。

　　民之所欲，長在我心。在大陸稱作為人民服務，政府作為保障人民權益的國家機器，凡事都應該以人民為念，探詢全體人民的需求，本人在擔任法務部部長期間，深感人民受到社會沉淪、治安敗壞所苦，本於苦民所苦的從政理念，大力推動掃黑除暴行動，並且為台灣量身訂做刑事政策，親自引進並定調兩極化刑事政策，不但面向廣泛、深入問題核心，對於國家長遠的發展，有不容抹滅的痕跡，本人能有幸擔此重任，面對鄉親的期待，不敢鬆懈，迄今仍不斷推動倡議。也希冀在未來的政府，能夠重視民間的呼籲，維護我們社會中的基礎價值，人與人間的和諧社群關係，發展工商的同時，要能照顧弱勢，使每一個人保有其尊嚴的生活，以人本主義的思維與行動，本於司法為民的理念，創造一個「肯定自己，尊重別人」，富而好禮，互信互助的幸福社會，達成以人為本的司法目標，實現包括被告、被害人以及整體社會的所有人的正義。

5

修復式正義於刑事司法之展望
——以台灣推動「修復式司法試行方案」爲中心[*]

壹、前言

　　司法係為實現正義而產生定分止爭的程序，制度化後成為訴訟制度。回顧歷史的遞嬗，時代的巨輪不斷快速的往前推進，人類從穴居野處，私相報復；發展到成立政府，制定典範規章，設官分職，為人民服務；而人與人的相處，則互相保護與尊重，任何紛爭，亦都由相關部門定分止爭，是由野蠻進入文明。政府的目的，也就在於為民服務，苦民所苦，樂民所樂，而實現正義正是司法機關的任務。

[*]　2013年7月20日於「2013年海峽兩岸司法實務研討會」（漳州）主題演講。

　　因此，司法是正義的最後一道防線，司法制度的良窳與人民的信賴感相互依存，良好的司法制度，能建立起人民的信賴，使人民願意主動以司法解決紛爭，願意透過司法寬恕原諒，使社會和諧，使國家安定，司法服務的本質與價值即在於此。而司法作為定分止爭，建立和平公義的終極手段，對於「司法是正義的最後一道防線」這句話，我的詮釋是「司法好了，其他的也壞不到哪裡去」，「司法壞了，其他的也好不到哪裡去」。前句話代表司法終究是是非善惡的確認者，使社會有正確的價值觀，後一句話則表示司法不佳則造成善惡不分，是非不明的價值觀錯亂的社會。故要說司法改革的方向，重點還是在於以實現正義為主軸，往人民所需來改進。

　　為關懷在法庭上被遺忘已久的被害者，開啟了熱烈的被害者運動，跟隨著被害者學的推動與實務的重視，進而展開全面性制度化之修復式正義思想，在近十幾年間引起國際社會的關注，掀起一波RJ（Restorative Justice，大陸有稱為「恢復性司法」）風潮。修復式正義的思想，其實可以上溯至中國古代宗法、家族之協調處理所發展出的制度化運作。現今各國面對這樣一個既新潮又復古的價值觀提出，嘗試在原本的刑事司法體系注入RJ精神，從青少年跨入成人、從偵查、審判跨入矯治、更生、從法院跨入校園、社區，一步一步擴大修復式正義的適用範疇，使被害者運動有規模的、有制度的、有方向的全面展開，甚至有超乎關注被害者的態勢，進而期望能透過此程序對加害者產生教化、救贖，並且與社會言歸和好，涉及的對象相當廣泛。

　　台灣在這波RJ風潮中也沒有缺席，主要是從法務部及檢察體系為出發點，法務部本於以人為本的柔性司法體系，擇定板橋、士林、宜蘭、苗栗、台中、台南、高雄及澎湖等八處地方法院檢察署自2010年9月起開始試辦「修復式司法試行方案」，2012年9月起更擴及全國各地方法院檢察署。開辦迄2013年1月止，各地檢署總計收案409件，開案330件，進入對話程序的有164件，進入對話後雙方達成協議的件數為123件，占75%[1]。

---

[1] 法務部修復式司法試行方案績效說明：http://www.moj.gov.tw/ct.asp?xItem=294006&ct

　　然而推行RJ制度的過程中當然也不免與傳統體系的原理原則相互牴觸，造成適用上的疑慮，畢竟一個新的視野要融入傳統價值不免產生折衝，我們不能僅僅看見新價值的正面影響，也必須評估其衝擊與負面因素，更不能二分法式的將其單純視為新典範新價值，就可以恣意割裂刑事司法的基本限制，畢竟刑事司法直接的觸及人權議題，並非當事人得任意處置，對於人權的敏感度應予以高度重視，在提升被害者人權之餘，不應讓加害者人權產生同步消長，而是應尋求共同關注的理路。

　　尤其在修復式正義的理念尚不足成為一個完全性的替代方案之前，如何解決與傳統司法體系的衝突，例如：在反嚴密化理念下所推動的修復式正義，是否反倒成為走向嚴密化的最佳夥伴或完美修辭？以自願性作為無罪推定的違反的根據是否妥適[2]？行為人是否出自內心的自願性疑慮，是否壓制了人格尊嚴？和解內容多樣化後，是否對於罪刑法定產生違逆？若無法先行釐清此等諸多疑問，RJ實行的正當性恐遭質疑。本文試圖從司法的本質著眼，再從修復式正義的基本原理展開，探討在此原理下運作會對於現行刑事司法產生如何衝擊，並嘗試在此衝擊下，找出新的契機與定位，尋求RJ精神在注入台灣司法制度過程中，一個緩和的、具有展望性的視角，供有志推廣者一個具備實效性的參考。

貳、司法為民的基本思考

一、司法權的概念

　　司法為民是司法權的中心思維，司法權的本質為何？大抵言之，「法官為發揮法的效能，在最可能正確的保障下作成權威的法的判斷」，並可以認為有以下四種特徵，（一）被動性；（二）獨立性與中立性；

Node=33533&mp=001，最後瀏覽日期：2013年7月5日。

[2] 黃榮堅，讎敵社會裡的修復式司法？——刑事法體系中的損害賠償概念問題，月旦法學雜誌第146期，頁114-115，2007年7月。

（三）正確性；（四）權威性[3]。從權力分立的角度觀察，由主權在民出發，人民透過代議制度立法，由行政機關執行，產生紛爭時，不論在人民與人民，或人民與政府，甚至政府與政府之間的爭議，都可請求法院予以儘量正確、客觀且權威性的判斷，因此司法權關鍵的特徵在於「解決紛爭」，並且司法權需要被動的等待紛爭的發生，相對來說，就是要滿足紛爭的當事人提起訴訟「解決紛爭」的權利。

正確的來說，司法權的本質就是作為保障人民的權益的政府職能，司法具有濃厚的社會性，而非僅是高高在上的政府權力[4]，其中雖涉及人民權益，支配司法權運作的中心思想仍是自由主義，而非高舉民主主義的大旗，塑造民粹的司法制度。因司法權的審查（尤其是違憲審查）總有其對抗多數的困境與特色，為的就是要保留最後理性的制衡，此種制度設計的典型，尤以戰後德國的防禦型民主最為標準，德國試圖建立一個具有價值拘束性的憲法體系，以人性尊嚴、基本權利的保障為核心，由憲法宣示不容侵犯[5]，並由憲法法院作最後的防衛。由此可知，司法權運作的中心思想，應當是建立在維護人民基本權利的自由主義之上，民主運作有其少數服從多數的特性，若將司法權運作建立在民主主義之上，則勢必發生對於少數者的壓抑[6]，而在司法權的運作中，本來必然會產生少數者的存在，否則根本無從發生糾紛，也無權益保障需求，解決紛爭的目的絕非犧牲權益，而是依法適切的透過法院正確的判斷，給予人民法律的服務，若無法洞悉此一特色，空言司法民主，是無法完成司法任務的。故基於司法權保障人民權益的本質，司法權自應建立在自由主義保障人民權益為中心。司法的民主正當性也並非就此捨棄，而是來自於公正、獨立、正確的審判，

---

[3] 翁岳生，法治國家之行政法與司法，頁332-336，月旦出版社，1997年4月初版。

[4] 譚世貴，構建協調發展、和諧有序的中國司法制度體系──以司法制度的理論分類為切入點，蘇州大學學報（哲學社會科學版）第1期，頁73，2011年。

[5] 李建良，民主政治的建構基礎及其難題，收於憲法理論與實踐（一），頁36-43，學林文化，2003年2月2版。

[6] 上野正雄，刑事司法の民主化，法律論叢第82 第2号，頁33-35，2010年2月。

塑造司法的權威性，贏得人民的信賴[7]，不是直接將民主原則灌輸在司法權的本質之中，以上是我們在討論司法制度設計或改良時，所應釐清的課題[8]。

二、兩極化刑事政策的影響

刑事政策的討論，應立基在司法為民的思考，事實上，任何與司法有關的工作推動，都應該有同樣的思考。1992年本人在美國史丹佛大學擔任訪問學者之時，適值美國加州正反復辯論恢復死刑之執行，並制定「三振法案」之際，本人深受影響，加上，日本學者森下忠教授所闡述之「兩極化的刑事政策」，本人頗有同感，乃於1996年擔任法務部長時多次於法務部務會報提出實行兩極化的刑事政策之意見，並於1997年指示於法務部成立「法務部檢討暨改進當前刑事政策研究小組」，具體推動兩極化的刑事政策。兩極化的刑事政策其基礎概念其實非常明確，主要係在處理防止犯罪以及犯罪人之處遇這兩方面的問題，而較不涉及其他的問題。亦即，所謂的兩極化的刑事政策，指的是對於兇惡犯罪，或是具有強烈再犯傾向，難以復歸社會恢復正常生活的危險犯人，採取嚴格的法律嚴罰以及處遇方式；而對於侵害法益輕微的犯罪，或是具有改善可能性，再犯可能性小，給予其緩和或是轉向之處遇，避免其受更進一步之追究與處罰，即為緩和的刑事政策的目的。事實上，兩極化刑事政策並非僅有嚴格的刑事政策以及緩和的刑事政策，所謂的「兩極」，指的是刑事政策在面對推定兇惡犯罪或是相當輕微兩極化犯罪時，所採取的兩種趨向嚴格以及輕緩的策略，而對於並非輕微犯罪，亦不屬於兇惡犯罪的中間型態的犯罪類型，則以中間刑事政策來處遇犯罪人，此一部分可以被稱為「中間刑事政策」。在這中間領域，係以一般的刑事處遇方式（刑罰、保安處分、保護管束）

---

[7]　柳瀬昇，裁判所の司法権行使の民主的正統性，信州大学人文社会科学研究第3期，頁145，2009年3月。

[8]　詳細論述，可參考廖正豪，把握司法改革契機再造公平正義社會，2011年於「第三屆海峽兩岸司法實務研討會」主題演講，收於刑事法雜誌第55卷第4期，頁5以下，2011年8月。

來進行犯罪防止以及犯罪者的處遇。從第二次世界大戰以來，各國刑事訴訟制度漸次改良，朝向尊重犯罪人之人權的方向演進，同時也影響了受刑人在監禁以及處遇環境上的改良。雖然嚴格的刑事政策基本上是朝向正義（Justice）模式發展，但是中間刑事政策與緩和刑事政策及嚴格的刑事政策的界線基本上是處於一種流動的、相對的狀況。因此，兩極化刑事政策是一種完整、高效率的刑事政策，參圖1。

　　從上述的基礎論點，我們可以清楚地發現，其實兩極化刑事政策本身是一個結構完整的、足以支援刑事司法體系有效運作的刑事政策架構。本人認為真正的「刑事政策」的範疇，不僅限於官方所主導或推動的防制犯罪對策，或是專家學者對於犯罪現象如何控制、改善及求取犯罪與社會如何調和的見解和主張，概括其他足以提供政府與民眾有更為正確的方向與觀念的具體作為，亦均應屬於刑事政策的範圍。所以更進一步，對於整體社會大家的認知與需求，也就是所謂「法通念」概念的正確建立與實踐，更屬於身為對於社會有影響力的政府、民意代表、知識份子、媒體等的共同責任。讓對社會有影響力的人發揮「風行草偃」、「上行下效」的功能，是這些人無可旁貸的重責大任；此外，刑事政策的正確掌握與推動，不僅只在於刑事實體法的修正與推行，其於刑事程式法的配合，甚至於犯罪矯治、更生保護與犯罪被害人保護之相關法令制度的建立與健全，也都是刑事政策成敗的關鍵。本於上述認知，本人在法務部服務期間，即曾自檢察面、司法面、監所面、社會面提出各種不同的司法及處遇方面應該調整或努力的工作，期能改善台灣日益惡化的治安狀況，使大家能在「樂業」之外，更能有「安居」的生活環境，並以「重者恒重、輕者恒輕」八

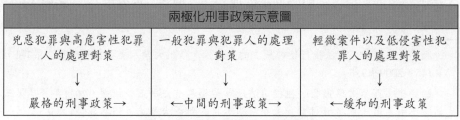

兩極化刑事政策示意圖		
兇惡犯罪與高危害性犯罪人的處理對策	一般犯罪與犯罪人的處理對策	輕微案件以及低侵害性犯罪人的處理對策
↓	↓	↓
嚴格的刑事政策→	←中間的刑事政策→	←緩和的刑事政策

圖1　兩極化刑事政策示意圖

個字概括兩極化的刑事政策之精義[9]。

三、司法為民是修復式正義的基礎

本人於法務部服務期間，積極推動複合式的刑事政策，即以刑法處罰犯罪人，其目的在於使其改過自新、重新適應社會生活的目的為核心，更進而擴大為犯罪之預防、犯罪之偵查、審判以及執行甚至於包括刑罰執行以後之更生保護，更擴及訴訟經濟與犯罪被害人保護等全面性的刑事政策。

我們從司法權的演進回顧可以發現，當解決紛爭的程序制度化之後，我們的視角較關注於紛爭之上，因此對於當事人反而有些疏忽，這也是司法追求專業、正確、權威的同時，漸漸走向冰冷的司法。然而修復式正義的提倡，正是對於這種現象的反動。作為司法改革的一個新的嘗試，我們仍須關注在總體的大方向，也就是司法為民的基礎思考之上，針對上述全面性的刑事政策各面向，我們可以這樣定位修復式正義的角色，是在於改善過往我們由以人為本的紛爭解決機制，演進到以事為主的訴訟程序後，再度由於司法為民的本質性思維，對於當事人被客體化的強烈反動，從早期的加害者人權，到被害者人權的興起，最後關注到社群對於紛爭的意見，以及是否達成正義的最終目的，故正義的實現是眾人的期待，而實現眾人的正義，是一個以人民為本的政府所應擔負起的重要責任。由此可見，修復式正義是一種既復古又創新的概念，復古在於我們傳統的理解是以人為本的紛爭解決，創新在於對演進後過度客觀到忽略當事人的司法制度，注入了主觀的因素。

然而，所謂修復式正義的概念，若與前述全面性的刑事政策以及兩極化刑事政策相互結合，可作為一個策略性新的思考方向，我們從加害者的改善出發，到被害者損害的修復以及社會整體正義的實現（也就是所謂積極的一般預防思想），全盤性的提升兩極化刑事政策的實效性，使得受損

9　詳細論述，可參考廖正豪，邁向和諧，共創雙贏──從兩岸刑事政策看海峽兩岸共同打擊犯罪及司法互助協議，於2009年「第一屆海峽兩岸司法實務研討會」主題演講，收於刑事法雜誌第53卷第5期，頁5以下，2009年10月。

害者得以受賠償及保護，加損害於他人者免於再犯並且復歸於社會，而社會的秩序回歸和平，並且避免過度的耗費司法資源，所有人的正義仍得以實現，也就是本人多年來不斷提倡的，「所有人的正義」概念。2002年英國的刑事政策白皮書將這樣的發展趨勢定名為「實現所有人的正義」，事實上，就是希望透過對於被害者在刑事程序中的保障、在補償中的強化，以及協助其恢復正常社會生活的各項措施，修正原本法律與政策中過度傾向保障加害者的偏頗，而將公平之理念導入未來的刑事政策發展核心。然而，面對傾巢而出的被害者運動，以及對社區法和平性回復的要求，為避免過猶不及，我們仍然必須持續關注加害者在整個程序中的角色，而修復式正義的觀點，正是導正過往刑事司法程序的獨斷，尤其是受國家獨占刑罰權後，犯罪事實裡的真實人物反而成為程序客體的錯誤制度得以導正，讓每一個活在事實中的人，在程序中也都受到重視。

參、修復式正義的基本原理

欲探求修復式正義的基本原理，必須從其發展蓬勃的過程中觀察，並且就目前所公認的兩大基本模式作概觀性的基本論述與評判，進一步在此基礎上，理性抉擇一個可行的模式，作為本文探討的主要對象，以下，分別就修復式正義發軔及其基本模式以及台灣目前的發展探討之。

一、修復式正義發展簡史

關於修復式正義的起源，概念上來自於紐西蘭原住民族毛利人之統治系統，與加拿大原住民族愛斯基摩社會處理紛爭的回復原狀方法。而加拿大在1970年代的少年事件當中，對於與犯罪被害者和解方案的發展為最初雛形，最著名的就屬1974年在安大略省Kitchener市實驗性的「被害者與加害者和解」（victim offender reconciliation program, VORP）制度，滿足了加害者與被害者的需求，強化了被害者的參加，而非如傳統司法制度，將被害者排除於外。進而更引發紐西蘭領先全球在1989年的少年司法制度法

制化（Children, Young Persons and Their Families Act 1989），以及澳洲、加拿大、英國等國家在修復式正義運動的活絡，並延伸到成人以及重大犯罪的適用。傳統歐陸法系國家，例如德國亦受到此波運動的影響，在1980年代已針對少年事件有所回應，到了1990年的青少年法院法修正，加入了加害者與被害者和解的程序（Täter-Opfer-Ausgleich, TOA）1994年導入成人之普通刑法當中。整個修復式正義之發展到了1990年代後期，北美至少存有300種，歐洲超過500種被害者與加害者和解方案存在，並有許多關於南半球實施方案的報告。1980年代對於企業犯罪的規制，亦有顯著的修復式正義改革[10]。因此，被害者運動的抬頭，直接造成修復式正義的理念昂揚，透過制度設計，讓被害者在過往不受重視的刑事司法程序中，獲得地位的正視與提升，使刑事司法不再將被害者視爲刑罰權實現的背景事實，被害人不再僅僅是篩選未來可能再犯行爲人的客體，而是將其糾紛與人帶入法庭，進行有實效的對話。

再者，對於處遇模式的反動也是因素之一，例如：美國於1970年代社會復歸思想在刑罰理論上趨於弱勢，並轉而長年實行嚴罰政策之後，其結果是監禁人數顯著增加、短期自由刑增多、三振法案通過嚴懲累犯、死刑復活等等；到了1990年代又開始有些反動，首要的問題就是刑事司法的負擔過重，不論是法院、監獄負荷都急遽上升，並且高再犯率以及收容費用居高不下等問題，證實了此種嚴罰方式的失敗，因而有了早於監獄之前介入的方案、代替收容的社區內處遇政策、維持社會復歸思想的呼聲等等[11]。也是修復式正義在被害者運動之外的重要影響因素，簡言之，過於

---

[10] 以上發展歷史，參考菊田幸一，少年の修復的正義，收於所一彦（ほか）編，犯罪の被害とその修復：西村春夫先生古稀祝賀，頁245，敬文堂，2002年12月。高橋則夫，修復的司法の探求，頁74-75，成文堂，2003年8月。ジョン・ブレイスウェイト著；細井洋子、染田惠、前原宏一、鴨志田康弘共訳，修復的司法の世界，頁3，成文堂，2008年7月。柯爾納、鄭昆山、盧映潔，德國如何在刑事程序中改善被害人的地位——以「行爲人與被害人調解制度」爲討論重點，軍法專刊第49卷第4期，頁23，2003年4月。

[11] 鮎田実，アメリカ合衆国における修復的司法の現状と問題点，收於藤本哲也編著，諸外国の修復的司法，頁365-367，中央大学出版部，2004年12月。藤本哲也，修復的司法の批判的考察，收於藤本哲也編著，諸外国の修復的司法，頁400-401，

嚴罰的思想，其所造成的不是正義的實現，而是刑事司法制度的崩壞，無實益的拘禁，造成再犯率的提升，惡性循環之下，逼迫著政府必須提出另一套制裁制度，以求有效的矯治。

　　總結而言，之所以引發如此盛大的RJ風潮，日本學者高橋則夫歸納有以下五點原因：（一）刑罰的危機，對於高再犯率以及傳染惡習的自由刑之負面指責，期待有取而代之具有建設性的刑事制裁。（二）被害者的利益，提高被害者在刑法與刑事訴訟法中的地位呼聲高漲。（三）從廢止論的角度減少刑法的任務，傾向私自處理犯罪的方式獲得支持。（四）刑法目的的再思考，相對於應報或改善，從法和平回復的觀點出發，對於犯罪希望朝有建設性的處理方向發展。（五）實務上的實踐，特別是少年司法領域中被害者與加害者和解的方案一一被實現[12]。

　　修復式正義的思維，也在國際社會上受到正式的承認與關注，聯合國在1999年就已對於被害者運動中修復式正義有所述及，更重要的在2002年經濟與社會理事會提出，對於刑事案件中使用修復式正義的基本原則，其中有一些定義如下：（一）所謂修復式正義的方案，指利用修復的程序或是以實現修復的成果作為目的的方案。（二）所謂修復程序，指任何有關於受害者、加害者以及任何適合的、受到犯罪影響的個人或社區成員積極的一同參與解決犯罪所生的問題，公正的受到促進者的援助，修復程序可能包含和解、調解、會議以及量刑圈。（三）所謂修復的成果，指因修復程序而達成合意，修復成果包含回應、補償或賠償方案、社區服務，針對參與者之個別或集體的需求，達成加害者與被害者的重新整合。（四）所謂參與者，指參與在修復程序中，受犯罪影響的受害者、加害者以及其他集體或社區成員。（五）所謂促進者，指以公平公正的方式促進為主要工作，參與在修復程序中的成員[13]。此些定義，已成為國際間對於修復式正

　　中央大學出版部，2004年12月。

[12] 高橋則夫，前揭註10，頁75。

[13] 聯合國預防犯罪與刑事司法委員會網站資料：http://www.unodc.org/pdf/criminal_justice/Basic_Principles_on_the_use_of_Restorative_Justice_Programs_in_Criminal_Matters.pdf，最後瀏覽日期：2013年7月5日。

義的基本理解，發展上也不離此範疇。

二、修復式正義的基本模式

修復式正義的探討上，大抵上分成兩種不同的定義，亦即「純粹模式」與「最大化模式」。所謂「純粹模式」，係指集合與特定犯罪有利害關係之全體，共同對於其犯罪的結果與將來潛在的影響，商討如何處理的一個過程，上述聯合國之基本原則即採此定義[14]。而所謂「最大化模式」，係指回復由犯罪所生的損害，以其作為實現正義的全部活動[15]。兩者最大的差異在於純粹模式重視參加者的意願，必須自行決定解決的方法，核心思想在於對話與參與的過程；反之最大化模式不重視導出修復結論的「過程」，而只要結果有含修復的「效果」即為已足，當事人參與並非重要，並且只要能達成修復之目的，亦肯定制裁手段[16]。

修復式正義的方案非常多樣，要言之，被歸納在純粹模式的例如：被害者與加害者和解（VOM），此為最原始及最被採納的方案，透過代表社區需求的調解人介入，調停被害者、加害者與社區間之糾紛，達成修復[17]；家庭協商會議（FGC）與前述的VOM方案相同，也是在調停被害者與加害者間的糾紛，但是更加重參與的範疇，擴及加害人家族、被害人家族以及社區成員，其中也有澳洲在1991年導入警察介入調停之方案，稱為Wagga Wagga Model[18]；量刑圈（sentencing circle）則為刑事程序的一環，

---

[14] 謝如媛，修復式司法的現狀與未來，月旦法學雜誌第118期，頁49，2005年3月。

[15] 染田惠著，修復的司法の基礎的概念の再檢討及び修復的司法プログラムの実効性と実務の可能性，收於所一彦（ほか）編，犯罪の被害とその修復：西村春夫先生古稀祝賀，頁276，敬文堂，2002年12月。

[16] 謝如媛，前揭註14，頁49。日本弁護士連合会犯罪被害者支援委員会編，犯罪被害者の権利の確立と総合的支援を求めて，頁238，明石書店，2004年10月。

[17] 詳細介紹，可參考謝如媛，前揭註14，頁44-45。細井洋子、西村春夫、樫村志郎、辰野文理編著，修復的司法の総合的研究：刑罰を超え新たな正義を求めて，頁610，風間書房，2006年1月。金井直美，修復的司法の限界と可能性：当事者の主体性尊重の観点から，法政論叢第47巻2号，頁17，2011年5月15日。

[18] 詳細介紹，可參考謝如媛，前揭註14，頁45。細井洋子、西村春夫、樫村志郎、辰

概念來自加拿大及美國原住民傳統，於1970到1980年代前半即有先例，擴大司法程序的參與者，擴及加害人及其支持者、被害人及其支持者、社區成員等，賦予發言權討論系爭案件[19]。被歸類在最大化模式的方案，例如：源自美國1990年以降少年司法改革導入均衡的、修復的司法途徑，其中包含對於加害少年的損害賠償命令與社區服務命令，損害賠償命令是直接對被害者的損害填補，賠償之後會連動減少刑期，而社區服務命令則是為了填補社區的損害[20]。

　　上述各種模式其實定義上不盡相同，並且內涵也非常概括，因此在修復式正義的探討上，常常有失焦的情形發生，對於概念認知的差異是論及修復式正義方案的困難點，往往在兩地所實施的方案名稱可能相同，方案模式卻天南地北，這也是肇因於對修復概念的開放性定義所致。並且各國對於方案推行的需求迥異，修復式司法的圖像與實際實行後有落差；有些側重於被害者的損害回復，有些側重於加害者再犯預防、社會復歸，在目的不明確下，對於溝通、相互理解、治癒的內涵當然也產生混亂；適用對象、範圍的不一致；對於社區概念模糊等等，都是加劇概念混淆的主要原因[21]，這些原因也是目前修復式正義圖像混亂的結果，而概念上也就越趨模糊抽象，以期能兼括所有方案態樣。導致最後的圖像僅剩空泛的「修復」一詞作為核心，而參與程序的重視與否作為兩個流派的區別，其餘的特徵都僅能作為某國某方案的制度現實描述而已，概念的歸納已經失去簡化思考的功能，任何方案的印象，都可能隨著國情差異，做調整運用。因

野文理編著，前揭註17，頁609。謝如媛，修復的司法の制度化に向けて：そのモデル論の檢討，一橋法學第2卷1号，頁185-186，2003年3月10日。金井直美，前揭註17，頁17。

[19] 詳細介紹，可參考謝如媛，前揭註14，頁45-46。細井洋子、西村春夫、樫村志郎、辰野文理編著，前揭註17，頁610。金井直美，前揭註17，頁17。

[20] 詳細介紹，可參考謝如媛，前揭註14，頁46。金井直美，前揭註17，頁17。細井洋子，修復的司法の社会学的理解，收於修復的司法の綜合的研究：刑罰を超え新たな正義を求めて，頁45-46，風間書房，2006年1月。

[21] 瀬川晃，修復的司法（Restorative Justice）論の混迷，同志社法學第56卷6号，頁575-577，2005年2月28日。

此，我們可以說在修復式正義的框架下，只有修復的目的，不一定需要派別的區分。

三、台灣推行修復式正義的模式

台灣推行修復式正義於政府體系中的明確提出，是在2008年法務部第1157次部務會報，由當時的王清峰部長指示：「協助化解加害人與被害人間之仇恨感，轉化衝突對立情緒爲懺悔與寬恕，其過程雖相當不易，然透過專家指導應仍有可行性，希研辦。」2009年法務部即推出「法務部推動修復式正義—建構對話機制、修復犯罪傷害計畫」並經過縝密的研討、講習，在2010年曾勇夫部長核定「法務部推動修復式司法（Restorative Justice）試行方案實施計畫」。並於2010年9月1日起板橋、士林、宜蘭、苗栗、台中、台南、高雄及澎湖等八個地檢署開始試辦。其後法務部在同年11月與本人所帶領的向陽公益基金會，合辦修復促進者培訓工作坊專題講演及論壇，邀請香港城市大學黎定基導師以「在成人犯罪運用修復式司法方案之實踐與成效」爲題發表專題講演，並舉辦「修復式司法試行方案」修復促進者培訓工作坊，邀請香港復和綜合服務中心認證講師來台講授，爲期二天，計培訓100人。2011年決定繼續試辦一年，並且仍繼續與本人所帶領的向陽公益基金會合辦修復促進者培訓工作坊，培訓修復促進者，並開始區分初階與進階課程，培訓地點擴及台南，共計培訓約260人。2012年繼續深耕培訓修復促進者，地點擴及高雄，共計培訓約200人，同年，並邀請黃成榮教授進行專題演講以及個案討論。2012年9月起該試行方案更擴及全國各地方法院檢察署。2013年7月亦持續由本人所帶領的向陽公益基金會辦理修復促進者培訓課程[22]。

台灣在修復式正義的推行方案，主要以法務部推動「修復式司法試行方案」實施計畫[23]爲主軸，初期爲避免修法的困難，規劃推動以「被害人

---

[22] 相關推行過程，可參考法務部推動「修復式司法試行方案」大事記，http://www.moj. gov.tw/ct.asp?xItem=294006&ctNode=33533&mp=001，最後瀏覽日期：2013年7月5日。

[23] 法務部推動「修復式司法試行方案」實施計畫，http://www.moj.gov.tw/ct.asp?xItem=2

與加害人調解VOM」為主要模式之修復式司法方案，其實施宗旨揭示六點：

一、協助被害人、加害人及雙方家庭、社區（群）進行充分的對話，讓當事人間有機會互相陳述、澄清案件事實、聽取對方的感受、提出對犯罪事件的疑問並獲得解答。

二、讓加害人能認知自己的錯誤，有機會主動向被害人、雙方家庭及社區（群）真誠道歉及承擔賠償責任，並經歷自我認知及情緒之正向轉變，以改善自己與家庭、被害人及社區（群）之關係，俾助其復歸社會。

三、提升加害人對修復與被害人間關係的自信與動力，協助其啟動再整合之重建機制，並降低其再犯罪之機會。

四、尊重被害人在犯罪處理程序有公平發聲的權利，讓被害人有機會描述其所經驗的犯罪過程、被害感受與直接詢問加害人，並表達他們的需求及參與決定程序。

五、透過對話程序，讓被害人得以療傷止痛、重新感受自己仍有掌握自己生活的能力，且能進一步了解加害人，而減少因被害產生的負面情緒。

六、提供一個非敵對、無威脅的安全環境，讓被害人、加害人及社區（群）能完整表達其利益及需求，並獲致終結案件的共識及協議，以達到情感修復及填補實質損害。

實施的時間點包含偵查、審判、執行、保護管束、更生保護等階段。實施的對象則未特定，可依罪名、犯罪結果及當事人特性，排定適合參與方案當事人之優先順序，其中仍建議以微罪、少年犯罪案件等優先，待試行成熟後再擴大實施，惟順位在後者如經評估仍認合宜，亦得進行，但仍排除無被害人之犯罪及兒虐案件。在實施原則中非常強調當事人之自願性諸如：加害人必須先有認錯及承擔責任之意；當事人未因罹患精神疾病致減損其溝通表達能力；當事人皆未因藥物濫用致有影響對話進行之虞；未成年之被害人或加害人，應經監護人同意或陪同參加；尊重當事人

之自主意願及權利（雙方均可提出申請或自願進行修復式程序），如當事人一方無參與意願，絕不可強制其參與；以及不得有意或無意強制加害人道歉或促使被害人接受道歉。修復的方法採取開放式的定義，只要是修補犯罪傷害的責任者及方法，都可能被採納，並且作為檢察官偵查終結處分、法院量刑或矯正機關陳報假釋的參考。

　　綜觀台灣推行修復式正義的方案，採取對於現行制度最小變動的試行方案，主因在於修法的困難，若無實效可做為遊說的基礎，恐怕在全面性修法時會遇到很大的阻礙，尤其修復式正義的態樣多元，涉及層級不僅多也廣，跨部會甚至跨院間的協商，都是必須考量的問題，單純要由法務部進行推動，起初規模勢必要以衝擊最小的方式推行，因此採取VOM模式，可說是一個最為實際的想法。然而從促進者的選擇標準[24]，可以看出並非採取傳統的VOM模式，亦即促進者所代表的社區因素，在該方案的標準中並不是一個特別的要件。再者，亦承認修復陪伴者[25]以及雙方親屬[26]的角色，已經有家庭協商會議（FGC）的色彩。然而誠如前所述，修

---

[24] 法務部推動「修復式司法試行方案」實施計畫，伍、實施策略 二、試辦機關辦理部分：（五）試辦機關應遴選具備下列要件之修復促進者，以中立第三者之角色，協助當事人經由對話完成犯罪傷害之修復：
　1. 認同且充分了解修復式司法之理念、價值及進行程序。
　2. 具有真誠溫暖、同理心及良好溝通能力的特質。
　3. 有參與被害人或加害人或其他助人工作之經驗。
　4. 具備法律、心理、諮商輔導及社會工作等知識、技能及經驗。
　5. 可全程參與本方案之訓練及實習課程。
　6. 能遵守保密責任、例外之預警責任及注意事項。

[25] 法務部推動「修復式司法試行方案」實施計畫，伍、實施策略二、試辦機關辦理部分：（六）試辦機關得視需要遴選具備下列要件之修復陪伴者，以關懷當事人之角色，協助修復促進者完成修復程序：
　1. 認同且充分了解修復式司法之理念、價值及進行程序。
　2. 具有真誠、溫暖、接納、關懷及同理心的特質。
　3. 有參與被害人或加害人或其他助人工作之經驗。
　4. 可全程參與本方案之訓練及實習課程。
　5. 能配合修復促進者遵守保密規定。

[26] 法務部推動「修復式司法試行方案」實施計畫，柒、實施流程一、修復程序：（四）對話2.參與成員，原則以被害人、加害人為主，雙方家屬或陪伴人員需經修

復式正義方案本有多元多樣性，會隨著不同國家需求，而有不同的修正，所謂的典型模式，亦僅作為修正的參考，在台灣的試行方案，正是在這樣的概念下，找出目前適合台灣的修復式正義方案。若要強以典型的VOM或FGC模式圖像辯證，恐怕不是一個全然正確的論理。因此，試行方案中所提到的「被害人與加害人調解VOM」，其調整後所呈現的圖像，堪可說是一個配合目前台灣現況的VOM模式。進一步我們所需關注的，是這樣模式下，所可能遇到在實行上的挑戰與質疑。

肆、挑戰與質疑

對於修復式正義的美好前景，在許多的文獻、實證研究上多有憧憬，然而我們仍然必須面對修復式正義對於傳統刑事司法的影響，其可能產生的挑戰與質疑。

首先，從修復的方法來看，由於台灣的試行方案是採取開放性的態度，原則上由參與者透過自由意志來共同協議，所以第一個要面對的問題就是罪刑法定的疑慮，當然論者可能認為，所謂修復式正義的概念，是截然不同於傳統二元的犯罪制裁體系，是所謂刑罰、保安處分以外的第三種針對犯罪行為的法律效果，也有稱為「第二軌道」[27]，然而，我們回頭審視何謂刑事刑罰，基本上就是剝奪法益為手段的制裁，而所謂保安處分，是基於社會保安的必要，以強制手段的司法處分[28]，兩者的共通點，就是對於國家對於人民基本權利的壓抑，不論其名稱為何，從法律效果來觀察，基於基本權保障的原則，在法治國架構底下，只要是對於基本權的侵害，都被推定違憲，國家勢必要取得合憲事由，才得以實施，而最基本的形式阻卻違憲事由就是法律保留，因此我們可以看到刑法必須臚列所有的

復促進者邀請或評估後參與。

[27] 柯爾納、鄭昆山、盧映潔，前揭註10，頁23。

[28] 林山田，刑罰學，頁2，台灣商務印書館，2002年5月修訂版。

制裁方法，也就是罪刑法定原則。然而，台灣此種開放式的、無外在限制的協議空間，能不能因為自願性就排除在罪刑法定之外？

　　第二是關於自願性的質疑，關於修復式正義的研究當中，對於是否提供誘因作為促進當事人修復意願的方法多有探究，自願性顯然是修復式正義發展的基礎，這個從我們的試行方案中，強調當事人的自由意志、當事人有能力自己決定、過程中也不可以有任何的壓迫，要透過最無干擾的個人意志來達成修復，但另一方面，同意檢察官、法院、矯正機關，可以將修復的結果作為執行職務的參考，其原因為何頗耐人尋味，自願性既然居於如此重要地位，如何在程序上要保持不受干擾？而制度還能維持？

　　第三是關於無罪推定的質疑，所指涉的是在判決確定前進行修復式方案，似乎影射被告有罪之印象，尤其在自願性的制度前提下，更是強化了有罪自白的印象，那麼被告就會遭遇到協議不成後的窘境，後續的程序中要如何繼續為自己辯護？制度上有沒有突破的可能？

　　第四是制度發展後刑事政策面向上的總體觀察，肇因於消解嚴密化之修復式正義，在台灣試行方案中適用對象雖然毫不設限，但是在既有制度的侷限底下，尤其此項重大工作是透過法務部所主導，大部分的工作落在檢察機關，其便宜原則的偵查手段極其有限，法制上也多規劃在較輕微犯罪的區塊，為遷就於便宜原則，往往實際執行時會趨於輕微犯罪的類型，做為試行方案的適用對象，但是要思考的問題是，這個區塊修復的條件為何？其他區塊的修復又該如何進行？

　　上述四點，皆為檢視台灣目前所試行的方案必須面對的難題，以下，本文分別針對相關議題，論述之：

一、罪刑法定

　　修復式正義方案所協議出來的結果，究竟是不是基本權的侵害？換個名稱甚至透過概念區分，將此部分排除在刑事制裁之外，縱使已不屬於刑事制裁，我們還是要面對這樣方案所得出的協議，是不是基本權的侵害？協議結果裡面有自願性、有原諒、有救贖、有和解等等因素，是否就非侵害？傳統的基本權侵害概念必須包含目的性、直接性、法效性、強制性，

然而國家功能大肆擴張，各種行為手段多元化後，侵害的概念也隨之增長，目前較完整的侵害概念，是指凡因國家之行為而致人民之基本權利無法完善行使者，均可能構成基本權侵害，不論其行為是否出於有意無意、直接間接、法律行為或事實行為、得否予以強制等[29]。因此，名稱或自願性顯然不是一個解套的說法。

再者，如果試行方案的協議是一種基本權侵害的態樣，那麼沒有對於協議結果提供有預測可能的範圍，並且加以立法，也就沒有符合法律保留的基本要求，與中古世紀的罪刑擅斷有何區別？目前台灣的方案中，協議結果是當事人的合意，只要是修補犯罪傷害的方法都可能是協議的內容，侵害基本權的內容，能逃得過法律保留的限制？顯然不是如此，所幸這些內容要透過與其他制度的結合才有履行的監督機制，也就是強制力介入，例如民事方面透過調解，取得民事的執行名義，刑事方面透過緩起訴來監督其履行，結合此些制度或許可以讓法律保留的疑問較為緩和，但終究不是直接的法源，這也是為了避免修法困難，推行試行方案所忽略的問題。

因此，即使認為修復式正義不是一個傳統的紛爭解決機制、社會控制手段，但仍然必須面對其協議結果侵害基本權的本質，而不是透過名詞解釋，閃避合憲事由的監督，這也是日後在法制化的過程中必須注意的問題點，尤其對於千變萬化的方案，顧及協議的多樣化，仍然要把守協議內涵的法制化，否則難逃法治國下對基本權保障的疑慮。

二、自願性

修復式正義的理論基礎，參與者自願性的要求是非常重要的因素，從台灣的試行方案當中，強調當事人的自由意志（加害人必須先有認錯及承擔責任之意）、當事人必須有自己決定的能力（當事人未因罹患精神疾病致減損其溝通表達能力；當事人皆未因藥物濫用致有影響對話進行之虞；未成年之被害人或加害人，應經監護人同意或陪同參加）、過程中也不可

---

[29] 李建良，基本權利理論體系之構成及其思考層次，收於憲法理論與實踐（一），頁82-83，學林文化，2003年2月2版。

以有任何的壓迫（尊重當事人之自主意願及權利（雙方均可提出申請或自願進行修復式程序），如當事人一方無參與意願，絕不可強制其參與；不得有意或無意強制加害人道歉或促使被害人接受道歉）。要篩選出最不受干擾的個人意志來達成修復，當然主要的原因涉及修復的終極目的以及過程中要透過自願性來降低對基本權侵害的疑慮，緩和對刑事司法的衝擊。

被害者端的自願性問題，較為單純，法務部的研究報告中雖提出若被害者知悉加害者將獲得較輕微刑罰的優惠，是否也會影響其自願性之疑問[30]，但實際上只要透過促進者的說明與溝通，被害者的意願程度上仍屬自由，畢竟制度的本質也沒有一定要被害者接受修復不可。

然而如前所述，對基本權利的侵害不是當事人自願就可以私了，那麼自願性的角色又是如何呢？台灣目前的方案，仍處於將修復的成果作為檢察官偵查終結處分、法院量刑或矯正機關陳報假釋的參考等直接影響，當然這會影響到所謂真摯自願性的問題。但是從另一個角度觀察，在紐西蘭的試行方案研究當中，有法官認為將案件轉介修復式司法會議，目的不是減輕刑罰，而要達成修復犯罪所造成的損害等目標，法院不因修復而當然減刑[31]，這樣的處置對於自願性的提升有所幫助，但所遭遇到的另一個問題，是違反罪責原則的疑慮，蓋透過修復的成果，我們可以得出加害者在刑罰預防需求的降低，也就是一種類似於中止犯概念[32]的另一種個人解除刑罰事由，屬於廣義罪責的一種，如果修復後絲毫不影響量刑，恐怕也是造成過度評價加害者的預防需求，對於罪責原則的違反是顯而易見。

因此在台灣目前的方案中，協議的結果作為偵查終結、量刑、假釋的考量邏輯上是符合罪責原則的安排，但卻得處理真摯自願的疑慮，也就是提供誘因的前提下，我們還能想像當事人尤其是加害者出於自由意志決定好好的與被害者及社區言歸和好？從法務部官方的研究報告中的確也發現

---

[30] 黃蘭媖主持，法務部99年委託研究案——「修復式正義理念運用於刑事司法制度之探討」成果報告書，頁356。

[31] 謝如媛，夢想或現實？由紐西蘭經驗看修復式司法之可能性——以法院轉介之修復式司法方案為中心，成大法學第14期，頁158，2007年12月。

[32] 黃榮堅，前揭註2，頁112。

了這個問題，促進者在確認當事人是否適合參與的時候，當事人只是想換得不起訴或緩起訴[33]，或許有人會質疑，中止犯的概念上不也潛藏減刑誘因？然而那是對於中止犯認定過廣的一個謬誤，中止犯的核心要素，在於行為人誠摯悔悟以及倫理上的自我要求[34]，中止犯之所以能夠成為行為人在行為後的個人因素，產生減輕刑罰效果，不是提供當事人行為當下的誘因，而是事後評價行為人中止的事實，推論其在個別預防上的需求降低，假如中止犯是因為減刑誘因而中止，恐怕難以符合己意中止的要件。同樣的回到修復式正義方案，我們之所以必須在偵結時、量刑時或是提報假釋時考量修復的成果，是因為在修復的成果下，我們發現了加害者個別預防需求降低[35]，因此基於罪責原則，我們必須在處分、裁判或處遇上有所回應。

那麼我們應該如何在修復式正義模式下既能夠符合罪責原則，又能夠保持加害者的真誠？或是較容易驗證加害者倫理上的自我要求？由於在刑事程序中，密接著刑事處罰，要加害者絲毫不受刑罰威脅的影響，似乎過於樂觀。當然這可能又落入刑法既古老又核心的爭議，決定論與非決定論之紛爭中，但事實上，即使採取非決定論的立場，一個人就算可以自由的決定很多事，這樣的自由也很難落實在面對刑罰的時候，畢竟那是一個讓人從自由的決定落入不自由的被決定關卡，顯然在當下加害人是極度不自由的。因此，合理降低刑罰威脅的紛擾因素，至少應該在修復進行的時點上做區隔，本文認為在對加害者犯行事實明確且有證據完整支持後始轉介進入修復，在查證加害者的意願時會較為容易，當加害者知悉自己在劫難逃，必然遭受刑事處罰時，其所為的決定，可能會比起尚未明確前來的自由，畢竟，尋求完全無人身自由限制的誘因，會比起減少人身自由限制

---

[33] 黃蘭媖主持，前揭註30，頁333，「我們發現有些人來談只是想透過這樣的機會得到檢察官的緩起訴或是不起訴之類的，或是他想藉由會議得到他……其他想要的東西，那我們對這樣的狀況也會做一個保留。（南區焦點座談楊巧鈴社工督導）」

[34] 林東茂，中止犯，收於一個知識論上的刑法學思考，頁86-91，五南圖書，2007年10月3版。

[35] 黃榮堅，前揭註2，頁110-112。

大很多。尤其是偵查階段的職權不起訴、緩起訴處分，適用在修復式正義的方案當中，最需注意仍要達到如此程度始得轉介，基於便宜原則適用條件的認知，不論是起訴法定或是便宜原則的適用，都是有罪事證明確爲前提，也就是都過了起訴門檻足以獲致一個有罪判決的程度，甚至在便宜原則的理念下，應該是更高的心證才合理，也就是真正的「明案」。便宜原則實不應容許在犯罪嫌疑不足的情形下適用，偵查中被告犯罪嫌疑不足以獲致有罪判決時，僅僅只有一種效果，就是不起訴，起訴便宜不是通往結案的任意門，這一點是不能妥協的底線[36]。而發動轉介基於明案與真摯自願性的考量，更需注意到心證的程度，簡言之，轉介修復本於人民爲主的思考，是爲了修補關係，而不是結案。在審判中基於相同法理，也應該在有罪宣告後，才是轉介修復的較佳時間點。而在矯正期間的轉介，雖亦與假釋作爲連結，但其誘因比起量刑酌減又更小，亦爲適當的時間點。

三、無罪推定

修復式正義的另一項問題是對於無罪推定的違反，雖有論者認爲因爲有自願性作爲前提，被告在刑事程序中的防禦權沒有受到剝奪，但學者認爲修復式正義是透過轉介，不在刑事訴訟程序中進行，所謂的防禦權根本沒有作用[37]，並且加害者來自於法庭參與者的壓力下，讓訴訟程序充滿風險，尤其是拒絕修復建議的負面印象作用最爲嚴重，而無罪推定原則顯然也不是當事人所得以處分的標的[38]。簡言之，當加害者同意轉介之後若修復協議破局，其處境恐怕已是訴訟程序的待宰羔羊，當然某程度上也壓迫著加害者在修復程序中的妥協。而所謂自願性的概念，如前所述本身都已是岌岌可危，又何以得擔保無罪推定？

---

[36] 關於緩起訴的詳細論述，可參考廖正豪，緩起訴制度的任務與前瞻，刑事法雜誌第56卷第4期，頁1以下，2012年8月。

[37] 盧映潔，犯罪被害人保護在德國法中的發展——以犯罪被害人在刑事訴訟程序中的地位以及「犯罪人與被害人均衡協商暨再復原」制度爲探討中心，台灣大學法學論叢第34卷第3期，頁251-252，2005年5月。

[38] 黃榮堅，前揭註2，頁114-115。

因此，為減少修復式正義對於無罪推定的衝擊，將轉介程序設置在明確認定犯罪，心證超越合理懷疑之後的程序，是較為合理的安排，偵查程序如前所述亦如是。再者，對於在轉介修復程序之中已經展現出真摯努力，最後沒有達成修復協議，而被轉回一般程序的加害者，應該採取較為開放的態度，對於其真摯努力也應該作為酌減刑期的參考，畢竟在此情況下，很有可能加害者的個別預防需求已經降低，只是仍有其他因素而破局，對於預防需求的評價不應有所不同。如此也可以減少被告對於破局的壓力，反而未能真摯的達成修復的協議。

四、嚴密化

最後一個政策上的疑慮，是推動修復式正義後，雖然讓嚴密化的現象獲得緩和，但是卻陷入另一種困境，亦即擴大了刑事制裁的範圍，主要的原因學者認為有：（一）修復式司法採取更形式的當事人主義，減弱加害者在正當法律程序上的保護，因此可能產生更嚴格的刑罰內容。（二）以更嚴格刑罰來壓制加害者參與修復方案，尤其出現在以強制手段實現修復的一些國家。（三）修復式正義方案，擴大了潛在的社會控制網絡，尤其社區的影響力增加，將適用對象擴及輕微犯罪與再犯危險性低者，受到更嚴密的公眾監督，諸如電子監控等等。（四）將監視加害者作為修復式正義方案制裁的一種，使得加害者被附加原本刑罰以外的負擔。（五）由更嚴密的監控下，使得這些被監控的加害者，經常被抓到違反協議，因此而被送入監獄。（六）若與社會再整合的政策或是方案的開發失敗，只好再進一步增加刑罰的適用的範圍[39]。再者，台灣的試行方案是結合民事和解、試行調解、緩起訴處分、協商判決等程序，以取得執行名義或供為緩起訴、協商內容之參考。對象類型受限於手段，因此都落在較輕的犯罪類型，而且多適用在偵查階段，可能造成被認定為加害者之人害怕審判程序的不確定感，因此被迫與被害人達成協議，但不一定與真實相符的情形。

因此，對於嚴格的一端，屬於凶惡犯罪，或是有強烈再犯傾向，難以

---

[39] 藤本哲也，前揭註11，頁407-411。

復歸社會恢復正常生活之加害者，必須採取嚴格的法律制裁，尤其是涉及死刑、無期徒刑案件，以及不屬於以上兩者的中間的刑事政策，也就是非輕微也非凶惡的犯罪，採取普通的手段，恪遵嚴格的正當法律程序。對於有品德且能自我改善的行為人的輕微犯罪，是本文所認為最需要修復式正義介入的區塊，由於此類的案件當中，加害者造成被害者損害不大，可透過修復式正義的方案，讓此類案件的被害者以及社區，可以與加害者言歸和好。

誠如John Braithwaite所言，將「具懲罰性的」刑事司法系統，完全轉變為「修復式的」刑事司法，是不實際，亦難以為社會大眾所接受。因此，為了調和彼此的利益，John Braithwaite以各種不同正義模式對人性的假設，提出雙重系統的修復式正義。如1.修復式正義認為人性是有品德且能自我改善的行為人；2.威嚇式正義認為人是理性的行為者，精於計算，不會做出對己不利的事；3.隔離式正義認為人是非理性的行為者，缺少改過遷善的能力，只有藉由長期監禁的政策，方可保障社會大眾的安全。因此，我們應該首先嘗試以修復式正義為處理犯罪的首要策略，因為它較便宜、高尚較不會有負面反應，但當修復式正義失敗以後，再進入威嚇式正義，而當威嚇式司法又再度失敗時，再進入隔離式正義[40]。

伍、結論

修復式正義的發展，是一個充滿希望的圖像，在人際裂痕之中，我們對於司法期待有更豐沛的能量，來彌補這個裂痕，修復式正義的模式協助當事人敞開心胸，接納被害的事實，承受加害的責任，平復社會的動盪，對於責任的概念，毋寧是一個新的嘗試，也可說是一個復古的體驗。

然而面對一個制度的衝擊，我們不能因為制度的華麗詞藻，就忽略了基本的架構，畢竟再複雜的方案，最終都要融入我們現行的社會安全體

---

[40] 許春金，人本犯罪學，三民書局，頁361-362，2006年4月。

系，因此我們不能忽視原有社會對於國家限制人民權利的基本要求，也就是基本權的保障。對基本權的侵害不會因為名詞的不同就非侵害，必須實質認定我們將修復式正義融入的過程中，在過往我們是怎麼捍衛基本權的，在本論文裡所提到的諸如對罪刑法定的牴觸與對無罪推定的違反都是非常典型的侵害，而理論依據要單純繫諸自願性的要件，誠如前所論及，我們的自由不是放在決定刑罰之上。政策上的發展，可能導致嚴密化，也是肇因於對基本權侵害的敏感度過低，對於新制度所給予的空間過大，所造成的現象。

因此，本文更期盼現行法務部所推行的試行方案，如採行於罪刑法定、自願性、無罪推定及嚴密化有所疑慮的寬鬆作法，誠有必要盡速完成全盤性的立法，尤其事涉人民基本權的保障，消極地透過其他制度的搭配，不僅犧牲原有的緩起訴、不起訴的架構，也使得推展受到侷限，並且違反法律保留原則，都是非常嚴重的問題。再者，若要以現行模式做為立法基礎，那麼對於適用的時點就非常重要，誠如前所述，本文認為應該將修復式正義的方案，適用在明確認定犯罪達超越合理懷疑之心證程度，才得以避開自願性與無罪推定原則的質疑。而適用的對象，不應再侷限於手段，而僅適用在緩和的刑事政策面向，反而應該著重在中間或是嚴格刑事政策的推展，讓此些較為重大的犯罪，有機會進行修復式正義的調和。

尤有甚者，本文認為修復式正義的「觀念」應該落實在每一個司法程序當中，不僅在於刑事案件，可以及於所有司法案件，畢竟基於糾紛的本質，當然都有修復的需求，民事程序上的調解，不也如此在台灣發展多年。再者，也不限於當事人轉介後的促進者才有修復的概念，事實上承辦案件的警察、檢察官、法官，甚至於仲裁人、調解人、和解人、監院所管理人員、觀護人，以至於參與之社工、社區人員等有機會介入之人員，也應該本於司法為民的精神，考量修復式正義的目的，適時地在案件審理或處理中，展現類似的思維，諸如目前在法院裡也經常有試行調解的程序、賦予被害人陳述意見機會等。並且在前述全面性的刑事政策底下，為達成所有人的正義，修復式正義的概念也應該在所有的程序階段中被重視，從犯罪預防、偵查、審判、執行、更生保護、被害人保護各個面向等各項

民、刑以及行政爭議等案件，都要以一貫的思維去執行，去關注人民的需求，始符合司法爲民的司法權本質。

我們期待一個祥和的社會，然而，社會必然存在衝突與糾紛，執政者不須害怕面對衝突與糾紛，而是必須正視如何解決與降低紛爭，修復式正義是一個既創新也是復古的制度，在台灣實施是一個很好的嘗試，讓社會的紛爭，透過溝通、調和與理解，使社會的裂痕有平復的方法，協商的正義或許才是符合人民需求的真正填補，修復式正義正也可以是司法爲民的另一種呈現，期待這個方案能儘速的完成全盤性的法制化，讓台灣的司法能邁向更多元、更圓滿的目標。

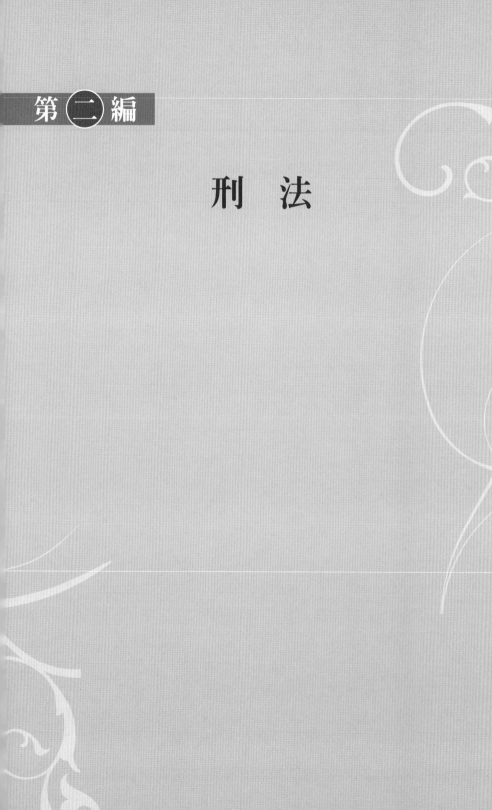

第 二 編

刑　法

6

刑法之修正與刑事政策之變遷*

---

* 2006年6月29日於「2006年刑法新思維研討會」（台北）專題演講。

壹、前言

　　2005年2月2日經由立法院三讀通過，總統公布之修正刑法，已於2006年7月1日施行，本項修正案，為刑法自1935年公布施行以來，第十六次之修正。一般有稱之為新刑法者，惟此一稱謂並不妥適。本次修正，應稱為刑法第十六次修正，或稱為刑法新修正，或修正刑法之新規定，始為正確。本次修正之中，關於刑事實體法與刑事政策的重要內容，如公務員定義[1]、行為人責任能力上心神喪失與精神耗弱之定義、多數行為人的從屬關係，違法性錯誤與不能犯之刑事責任問題、追訴權時效的起算與期間、褫奪公權的範圍、性侵害犯罪人之強制治療制度等修正規定，以及重大影響刑事司法實務與刑法理論之連續犯、牽連犯與常業犯規定之廢除，提高數罪併罰定被告執行刑之上限，及無期徒刑假釋門檻、參酌美國「三振法案」之精神所引入的重罪累犯三犯假釋之限制，以及性侵害犯罪人治療無效果之假釋限制等規定[2]，均有全新的詮釋與規定；其修正幅度之

---

[1] 關於公務員定義之修正，可參考：甘添貴，刑法上公務員之定義與涵蓋範圍，頁26-38，月旦法學雜誌第92期，2003年1月，元照出版公司發行。事實上，2005年修正之刑法目前所規定之公務員定義，幾乎完全採用甘添貴教授在此篇論文中，針對本次刑法修正草案之用語，以及其對公務員定義之意見與描述來加以修正，而成為現在之條文。

[2] 2005年中華民國刑法暨刑法施行法修正立法資料編彙（上），頁1-3，法務部編輯、出版，2005年12月。此外，我國刑法之修正沿革，大略可整理如下：
1. 民國24年1月1日國民政府制定公布全文357條；並自24年1月1日起施行。
2. 民國37年11月7日總統令修正公布第5條條文。
3. 民國43年7月21日總統令修正公布第77條條文。
4. 民國43年10月23日總統令修正公布第160條條文。
5. 民國58年12月26日總統令修正公布第235條條文。
6. 民國81年5月16日總統令修正公布第100條條文。
7. 民國83年1月28日總統令修正公布第77至79條條文；並增訂第79之1條條文。
8. 民國86年10月8日總統令修正公布第220、315、323、352條條文；並增訂第318之1、318之2、319之1至339之3條條文。
9. 民國86年11月26日總統令修正公布第77、79、79之1條條文。
10. 民國88年2月3日總統令修正公布第340、343條條文。

廣，影響之深，係自1935年7月1日現行中華民國刑法施行以來最為顯著者。

　　本次刑法修正，總則部分增、刪、修正之條文，計有87條；而分則配合總則之調整，或是配合法例修正而更動之條文，亦有22條之多，總則與分則合計共修正109條，另刑法施行法修正7條，合計總則、分則以及施行法共修正116條[3]。尤其是總則的大量修正，對於我國刑法學說以及實務未來之運作，產生了長遠而重大之影響，且就刑事政策之角度而言，犯罪人的處遇及矯正因為修正之規定而產生不同之面貌，未來應該如何調整現有的刑事政策，以及矯治機關架構，尤其是如何採用更為廣泛、更為多元的方式進行犯罪行為人或是受刑人之社會復歸[4]，不僅攸關犯罪行為人的人權或是再社會化之考量，更重要的是，全體國民對於2005年修正之刑法以及配合其實施，而採取之新刑事政策，如何能維持社會秩序，能有效防止

---

11. 民國88年4月21日總統令修正公布第10、77、221、222、224至236、240、241、243、298、300、319、332、334、348條條文及第十六章章名；增訂第91之1、185之1至185之4、186之1、187之1至187之3、189之1、189之2、190之1、191之1、224之1、226之1、227之1、229之1、231之1、296之1、315之1至315之3條條文及第十六章之一章名；並刪除第223條條文。
12. 民國90年1月10日總統令修正公布第41條條文。
13. 民國90年6月20日總統令修正公布第204、205條條文；並增訂第201-1條條文。
14. 民國90年11月7日總統令修正公布第131條條文。
15. 民國91年1月30日總統令修正公布第328、330、332、347、348條條文；並增訂第334-1、348-1條條文。
16. 民國92年6月25日總統令修正公布第323、352條條文；並增訂第三十六章章名、358至363條條文。
17. 民國94年2月2日總統令修正公布第1至3、5、10、11、15、16、19、25至27、28至31、33至38、40至42、46、47、49、51、55、57至59、61至65、67、68、74至80、83至90、91之1、93、96、98、99、157、182、220、222、225、229之1、231、231之1、296之1、297、315之1、315之2、316、341、343條條文；增訂第40之1、75之1條條文；刪除第56、81、94、97、267、322、327、331、340、345、350條條文；並自95年7月1日施行。

[3] 可參考2005年中華民國刑法暨相關配套修正法律彙編，法務部編印。

[4] 太田達也，「修復的矯正」の實現に向て——台灣・更生團契の試み，頁44-46，收於刑政第115卷2號，2004年（平成16年）2月，日本財團法人矯正協會發行。

犯罪之惡化，並且調和社會上一般之法感情以及使犯罪人順利復歸社會以避免再犯，可以說是未來學術界以及實務界最需要深耕的課題。

　　刑事基本法之修正，不僅攸關刑法理論以及刑事政策學上的理論變遷；最重要的影響以及其效力乃在於，對人民之生活以及法益之保護，與刑法本身維護社會秩序之基本功能，能得到多少程度的改善與進化，此是全體人民以及所有法律人衷心關切的課題。2005年新修正之刑法的刑事政策基礎，誠如法務部所言[5]，係以「寬嚴並進之刑事政策」為其修法方向，並以此做為本次修法之刑事政策基礎理念。本文之目的，除具體說明法務部引入嚴格的與緩和的刑事政策之源流，以及檢討之過程以外，對於刑法新規定中的條文，則配合刑事政策學之觀點加以具體檢討及說明，最後則提出對於當前治安狀況以及刑事政策之相關建議，做為結論。

貳、刑事政策之意義

一、刑事政策之概念

　　刑事政策，由於其學科上之特殊性，係屬於政策面以及立法基礎理論上的概念，依照目前我國學說上的見解[6]，可以分成廣義以及狹義兩說。分述如下：

　　（一）廣義說：廣義說之見解，乃認為所謂的「刑事政策」或是「刑事政策學」，指的是「探求犯罪的原因，從而樹立犯罪之對策。」或是「包括犯罪原因之研究，內含刑罰學、刑事立法以及刑事司法政策，或

---

[5] 行政院審查「中華民國刑法總則修正草案」暨「中華民國刑法施行法部分條文修正草案」會議資料編彙，頁3-6，法務部編輯、發行，2003年2月。筆者於法務部服務時，所引進之當時日本學者森下忠教授所提出之「兩極化的刑事政策」，即為日後發展而改名為「寬嚴並進的刑事政策」之濫觴。

[6] 許福生，刑事政策學，頁10-12，作者自版，三民書局總經銷，2005年3月。本書中對於刑事政策此一學門之定義，具體整理了我國學說與各國學說之見解，頗值參考。

是犯罪人處遇對策之統合學科。」的概念，廣義說之定義，可以說是描述了刑事政策學與犯罪防治之關係，亦即，體認到刑事政策學，乃是犯罪的整體防治的一種專門學科。

（二）狹義說：狹義說與廣義說之區別，其實並不明顯。其共同點乃在於認為刑事政策，係與犯罪問題之研究息息相關。而狹義之刑事政策，指的是犯罪之對策，以研究犯罪人之處遇制度以及預防犯罪之各種對策為重要內容。

二、日本學說上對於刑事政策概念之說明

日本對於刑事政策定義以及其範圍之見解，在學說上尚未統合[7]。就90年代前後的新近見解來看，日本學說上對於刑事政策之定義，以表1整理如下：

表1　日本學說對於刑事政策之定義

學　者	刑事政策之定義或是範圍
所一彥[8]	所教授認為，所謂的刑事政策，最廣義之範圍，指的是圍繞著犯罪的各種問題而設想之對策。在此意義之下，亦可將刑事政策稱之為「犯罪政策」。
前野育三[9]	氏認為，概略上或是廣義上來說，所謂的刑事政策學做為一種社會科學之項目，指的是以一切犯罪現象以及犯罪對策為研究對象之科學。在廣義與狹義的刑事政策的分野上，氏比較「刑事政策」與「犯罪學」、「刑事學」之概念後，認為所謂廣義之刑事政策，指的是包含犯罪現象與犯罪原因之研究，以及犯罪對策三種主要內涵在內之學科。而所謂狹義之刑事政策，所涉及的範圍，則僅限於犯罪對策而言。

---

[7] 學說上較有系統之分類，係將狹義的刑事政策定義為犯罪對策論之一環，而與犯罪學性格濃厚的犯罪原因論相結合，兩者構成廣義刑事政策的主要內容。此等分類概念，應係受到德國學說上，對於廣義的刑事學以及狹義的刑事學之分類的影響。八木國之等著，酒井明發行，刑事政策原論，頁4-14，改訂版，有斐閣發行。

[8] 澤登俊雄、所一彥、星野周弘、前野育三編著，新‧刑事政策刑事政策，頁3，日本評論社發行，1999年1月15日。

[9] 前野育三，刑事政策論，頁1-3，有斐閣發行，1994年4月20日改訂版。

表1　日本學說對於刑事政策之定義（續）

學 者	刑事政策之定義或是範圍
大谷實[10]	大谷教授並不去區分廣義或是狹義之刑事政策，而係直接對於刑事政策加以定義。氏認爲，所謂的刑事政策，指的是國家根據防止犯罪之各種需求，爲維護社會秩序，而由國家機關或是地方之公共團體所進行的一切施政與對策而言，而此等對策，包含了行政、立法司法等各種性質之對策。
森下忠[11]	氏認爲，雖然在學說上有廣義與狹義各種各樣的理解，但是就國內的刑事政策而言，可以將其定義爲「以犯罪防止、犯罪者之處遇以及被害人之保護救濟爲其直接目的，而由國家或是地方自治團體所規劃的一切對策」。而其亦說明，由於刑事政策近年來的發展，不只關切犯罪防止或是犯罪人處遇之問題，更擴及於犯罪被害人的保護或是救濟，因此，近年來之學說或是實務發展，所謂的刑事政策均有擴大的趨勢。
加藤久雄[12]	採取獨特的刑事政策學定義方式，由目的論爲出發點，認爲刑事政策之意義，即在於其所要達到之目的，以及所欲解決之問題。故而，刑事政策之定義，或是刑事政策學之研究範圍，乃在於犯罪之預防、社會秩序之維持、實現犯罪被害人之救濟、犯罪行爲人或是受刑人之再教育、再社會化、受刑人是否能成功復歸社會等等課題之策略或是研究項目。氏認爲，現代的刑事政策之原理，已經不是採取「犯罪人的社會復歸」與「社會防衛」兩個衝突命題爲其研究核心，而是以社會共同體之調和與發展爲其中心課題。
藤本哲也[13]	藤本教授由犯罪學之角度來觀察刑事政策學或是刑事政策之定義，而認爲犯罪學係透過刑事政策學，來與現代刑法學進行連結。亦即，氏認爲，其實最廣義之刑事政策學，就是犯罪學。而刑事政策，則是以研究犯罪各種層面之問題，並提出對策之學門。

---

[10] 大谷實，刑事政策講義──第三版，頁1-2，有斐閣發行，1995年（平成7年）2月改訂版。

[11] 森下忠，刑事政策の論點Ⅱ，頁1，成文堂發行，1994年9月1日。森下教授即爲將兩極的刑事政策引介入日本的主要人物。關於兩極的刑事政策，則詳後述。

[12] 加藤久雄，ボーダーレス時代の刑事政策，頁3-5，有斐閣發行，1999年4月15日改訂版。

[13] 藤本哲也，刑事政策あらかると增補版，頁10-18，法學書院發行，1995年5月20日增補版。

從日本晚近之最新學說發展，我們可以了解到，學說上對於刑事政策學或是刑事政策之定義，雖然尚無統一之見解，但是，就其學門之概念而言，已經有一個相近之範圍[14]。亦即，從刑事政策提出之主體而言，既然名為政策，則應該是由國家或是地方自治團體來加以規劃提出，其性質上為公部門所提出之犯罪問題對策。而就其實質上而言，則配合社會學以及犯罪學等各種專題分工之範圍，如犯罪發生之原因，各種犯罪之型態、被害人之保護與救濟、犯罪人之處遇或是矯正等等主要犯罪議題，進行實務上可進行之對策研究，而這個範圍，正是日本學說上對於廣義的刑事政策學所描繪的最主要範圍。

三、本文所採取之「刑事政策」定義

平成4年（1992年）版的日本警察白皮書中即曾使用所謂「Borderless」的用語，來描述當代的社會問題。日本學者加藤久雄亦於平成6年（1995年）出版「ボーダーレス時代の刑事政策」（1999年改訂版）一書，闡述其意義[15]。所謂的「Borderless」，從全體的社會價值觀來看，由於全球社群國際化以及全球化之轉變，引起國民價值觀念之轉化，而原本國內社會中所賴以依存的社會價值判斷基準，因為政經環境以及經濟條件之變化，因而產生崩壞之現象，造成「國境、縣境的地理上之界限已經失去意義」，也在社會各階層上造成「社會上界限的消滅」等諸多價值觀崩壞的現象。加藤久雄氏並主張除地理上之界限消失外，連同男女界限、年齡界限、貧富界限，或是本國人與外國人之界限均已產生崩解。從這些角度觀察，既然「無界限」之社會現象已經發生，個人或是社會之價值觀已經無法統一，那麼，就「無界線」社會下的犯罪現象而言，應該如

---

[14] 學說上對於刑事政策學的基本理解，雖然在廣義或是狹義的刑事政策定義以及範圍上尚未統合，但是在概念上，對於刑事政策學的對象，已經透過犯罪學以及刑事學的立論，將其範圍界定在犯罪的對策以及犯罪的原因，亦即，「政策論」以及「原因論」即為當代刑事政策學研究之主流。宮澤浩一，阿部義任發行，刑事政策の動き，頁47，成文堂發行，1981年（昭和56年）10月1日。

[15] 加藤久雄，ボーダーレス時代の刑事政策，頁2-5，有斐閣發行，1999年4月15日改訂版。

何就各種犯罪問題來擬定良好之治安對策,即成為當代刑事政策之主要課題。

　　然而,如就刑事政策與刑事法之關係而言,刑事法之主要目的,就是對於犯罪行為人,依照一定之程序與法律之規定,確立國家刑罰權,換言之,是一種程序法與實體法之連動與系統操作之結果。從評價之觀念來看,刑事法對於犯罪行為人行為之評價,在處罰面上是刑罰,但是在評價面上,是對於犯罪行為人或是受刑人的一種嚴格地否定與拒絕[16]。而刑事政策所追求之目的,不能僅僅是社會秩序的安定與維持,如何使尚未犯罪人不致於犯罪,以及如何使犯罪人能夠重新復歸社會,追求整體社會與犯罪現象的調和與控制,才是刑事政策,或是刑事政策學所必須要追求之主要目的。因此,如果從刑事政策與刑法之關係來看,同樣是處理犯罪行為之問題,而犯罪行為人會受到刑事法嚴格地處罰或是評價上之否定,那麼,刑事政策之思考,本身就應該是一種不絕地、無盡地、積極地、彈性地自省過程|這與刑法謙抑性的人權思想是互相配合的。

　　基於上述的思考,配合我國以及日本學說上對於刑事政策的概念與理解,本文所採取的刑事政策定義,乃是廣義的刑事政策。在主體上,刑事政策是由國家機關、地方自治團體,或是其他國家關於治安、犯罪之公部門所規劃出來的犯罪問題對策,而其目的,係為配合整體社會之演化與轉變,與時俱進,面對社會上所有的治安與犯罪問題,尋求最好的解決方式,追求犯罪現象與社會之調和;同時,也規劃犯罪人復歸社會之具體方案[17]與犯罪被害人之保護與積極救濟。是以其內容應包涵犯罪現象、犯罪原因之研究、犯罪抗制、犯罪制裁或處遇之對策、刑罰執行後之更生保護或復歸之策略,以及犯罪被害人之保護等,即以務實之態度,全面性、務

---

[16] 吉岡一男,刑事政策と犯罪現象の研究,頁98-99,收於刑政115卷2號,日本財團法人矯正協會發行,2004年(平成16年)2月。

[17] 所一彥,更生の思想,頁74-75,收於刑政115卷4號,日本財團法人矯正協會發行,2004年(平成16年)4月。所一彥教授是日本近年來提倡「共生的刑事學」之有力學者之一。在刑事政策之觀點上,氏注重犯罪行為人或是受刑人復歸社會之問題,氏認為犯罪人是否能順利復歸社會,與被害人及全體國民的感情有密切關係。

實性、深入地分析研究與制定相關的政策，是可謂為廣義的或複合式的刑事政策概念。

參、刑法新規定在刑事政策上之考量

一、刑法修正之經過及其刑事政策基礎之發展

　　如同本文所採取的刑事政策之定義，在主體上，所謂的刑事政策，其既然以「政策」為名，則定義上當然涵蓋由國家機關、地方自治團體或是其他治安機關，針對社會上所有的治安與犯罪問題，尋求最好的解決方式，而這個解決的總體方案，就是我國當前刑事政策的基礎之一。

　　眾所周知，本次刑法修正草案的提出，歷經漫長之過程。自第二次世界大戰結束後，國際刑法思潮與時俱進，大陸法系國家之刑法多已研究修正，屬同一法系之我國刑法，原本即應通盤檢討修正，以配合現代刑法之思潮及適應國家社會之需要。

　　前司法行政部有鑑於此，乃於1974年7月成立刑法研究修正委員會，聘請專家、學者及實務界人士共同參與，總則編部分共開會一百一十次，分則編部分計開會一百零五次，初稿始行確定。但因國內政經環境因素，學說以及各界意見之整合均有相當困難，歷經十五年以上之時間，方由法務部於1989年9月間完成「中華民國刑法修正草案」暨「中華民國刑法施行法修正草案」，並經行政院與司法院會銜於1990年2月13日送請立法院審議。其間經立法院司法委員會多次審查，通過部分條文，但立法院司法委員會第三屆第二會期第一次全體委員會議於1996年10月21日審查前開修正草案時，決議請法務部重新檢討上開草案，再另提修正草案送請立法院審議。

　　法務部於立法院司法委員會上開決議後，即組成「刑法研究修正小組」，由筆者擔任召集人，並擬定「中華民國刑法修正草案」再研修實施計畫，自1997年2月24日開始迄1999年8月27日止，計召開二十四次會議，

就原來修正草案之總則規定再逐條加以檢討，並就較為急迫之刑法分則部分條文加以研修，其間並曾分別提出刑法分則「妨害風化罪」章及「妨害秘密罪」章之部分條文修正草案。另亦提出刑法第131條「圖利罪」之修正草案，及配合懲治盜匪條例之廢止而修正刑法強盜罪及擄人勒贖罪之相關條文，上述各項修正，均已經立法院審議三讀通過，並分別於2001年11月7日、2002年1月30日公布施行在案。

鑑於近年來各國的刑事政策有朝向嚴格的刑事政策與緩和的刑事政策二者同時發展之趨勢，為期早日朝此目標前進，建構現代刑事政策的藍圖，筆者於1997年10月間，指示組成「法務部檢討暨改進當前刑事政策研究小組委員會[18]」，邀集學者、專家及實務界人士，針對刑事政策之相關議題，分別予以討論，迄1998年10月11日計召開十五次會議。而為落實前揭會議之結論，積極推動「兩極化的刑事政策」（後改稱為寬嚴並進的刑事政策），法務部於1999年8月起，復組成「刑事政策研究小組」，研提具體可行之刑法修正草案，迄2000年8月14日止，計再召開九次會議研商；為期慎重，再於2000年12月6日起，至2001年3月16日止邀集各界，召開七次「刑法總則修正草案」公聽會後，擬具刑法部分條文修正草案送行政院審查。行政院鑑於刑法為刑事實體法之基本大法，自應極為審慎，乃自2002年3月28日起，至同年7月11日止密集召開八次審查會，始行擬定本次之刑法部分條文修正草案[19]。

---

[18] 此即為筆者擔任法務部長期間，有感於各國刑事政策變遷之趨勢，為期早日朝向兩極化的刑事政策目標，規劃相關的具體措施，以漸進推展，建構現代刑事政策之藍圖，乃於1996年10月間指定謝常務次長文定及林常務次長鉅鋃，共同邀集國內學者專家以及實務界人士，組成此委員會，針對各項刑事政策之相關議題，進行學術與實務結合之全面性研討，並針對當時刑事政策之缺點，提出具體之改進措施，獲致了相當的成果。並且奠定了近年來刑事訴訟法修正以及本次2005年刑法修正的刑事政策基礎。詳細資料請參閱：法務部檢討暨改進當前刑事政策研究小組研究資料彙編，頁3以下，法務部檢察司編輯，法務部發行，1999年8月。此外，對於兩極化的刑事政策的最新論文檢討，亦可參考：謝煜偉，二分論刑事政策的考察與批判——從我國「寬嚴並進的刑事政策」談起，頁9-15，國立台灣大學法律學系刑法組碩士論文，李茂生教授指導，2004年7月10日。

[19] 詳參法務部所提出於立法院之「中華民國刑法部分條文草案修正總說明」。並請參

　　因此，本次刑法修正之刑事政策基礎，即為兩極化的刑事政策（寬嚴並進的刑事政策），在基礎的結構上，也就是嚴格的刑事政策與緩和的刑事政策兩者同時存立之思維。

二、寬嚴並進之刑事政策表現於法務部刑法修正草案之相關規定

　　所謂「寬嚴並進的刑事政策」（兩極化的刑事政策），承上所述，即為嚴格的刑事政策與緩和的刑事政策兩者併行之趨勢。而所謂嚴格的刑事政策，指的是對於危害社會的重大犯罪或是高危險性的犯罪人，採取重罪重罰的嚴格刑事政策，使其罪當其罰，罰當其罪，以有效壓制犯罪，目的在於防衛社會，有效維持社會秩序。

　　另一方面，所謂緩和的刑事政策，指的是對於輕微犯罪或是法益侵害性微小之犯罪，以及具有改善可能性之犯罪行為人，採取非刑罰化的緩和手段，以抑制刑罰權之發動為出發點，透過不同階段之「轉向」（diversion），採取各項緩和之處遇（如我國刑事訴訟法目前已經採取的檢察官緩起訴制度、本次刑法修正將緩刑要件中之犯罪經歷，使曾因過失犯罪受徒刑以上刑之宣告者，亦得受緩刑諭知，擴大緩刑之範圍，以及社區處遇或是委託民間或是宗教機構進行輕罪行為人之犯罪矯治等）措施，以代替傳統刑罰，而達成促使犯罪人回歸社會，並盡可能發揮防止再犯之功效的積極目的[20]。

　　從法務部對於本次修正之刑法所提出的草案來觀察，我們可以發

考行政院審查「中華民國刑法總則修正草案」暨「中華民國刑法施行法部分條文修正草案」會議資料編彙，頁1-2，法務部編輯、發行，2003年2月。此外，亦可參考：蔡碧玉，刑法之修正與當前刑事政策，頁20-38，收於戰鬥的法律人——林山田教授退休祝賀論文集，2004年1月，林山田教授退休祝賀論文編輯委員會出版。以上資料，對於本次刑法修正法務部之立場，以及所採取之刑事政策背景，均詳細加以說明。

[20] 法務部檢討暨改進當前刑事政策研究小組研究資料彙編，頁2-3，法務部檢察司編輯，法務部發行，1999年8月。此外，亦可參考：趙晞華，評述我國當前之刑事政策——以寬嚴並進的刑事政策及死刑為中心，2003年11月3日國政研究報告憲政（研）○九二一○四三號，財團法人國家政策研究基金會，http://www.npf.org.tw。

現，就嚴格的刑事政策部分之主要重點，乃在於：

（一）提高有期徒刑（單一刑罰）以及合併刑（加重刑罰）的最高上限為二十年及三十年（修正草案條文第33條第3款）。

（二）酌採美國「三振法案」之精神，對於曾經犯最輕本刑五年以上有期徒刑之特別累犯，加重其刑罰。並且明訂特別累犯之加重規定，在其刑之部分可以「加重本刑二分之一」，以及三犯者「加重本刑一倍」之特別規定（修正草案條文第33條第3款）。

（三）配合有期徒刑上限之提高以及「特別累犯」規定之修正，提高假釋門檻為無期徒刑需服刑逾三十年，累犯者須服刑逾四十年，始得允許假釋。並將現行無期徒刑假釋後滿十五年未經撤銷者，其未執行之刑以已執行論，提高為二十年[21]（修正草案條文第77條第1項、第79條第1項）。

而對於緩和的刑事政策之修正，草案中的主要部分為：

（一）避免短期自由刑之受刑人在監獄「學好不足，學壞有餘」，故而放寬緩刑條件，使緩刑宣告更趨彈性（修正草案條文第74條第1、2款）。

（二）將緩刑宣告之附帶措施，參照緩起訴增列刑罰以外之社會性處遇，如接受精神、心理輔導或是提供義務勞務等（修正條文第74條第2項）。

（三）刪除舊法第63條第2項，依據國際人權標準，修正為對於未滿十八歲人之犯罪行為，不得判處死刑或是無期徒刑[22]（修正草案條文第63條）。

---

[21] 反對累犯規定最烈者，當屬柯耀程教授。當時法務部參考美國三振法案之規定與精神，引入「特別累犯」之規定，氏即曾多次專文批判與反對。法務部提出特別累犯草案規定之概述，可以參考：蔡碧玉，刑法之修正與當前刑事政策，頁32-34，收於戰鬥的法律人——林山田教授退休祝賀論文集，林山田教授退休祝賀論文編輯委員會出版，2004年1月。柯耀程教授基本上對於累犯之立場相當一貫而明確，係以廢除行為人刑法思想為基礎之累犯規定為中心。詳見：柯耀程，刑法總論釋義——修正法篇（下），頁440-451，作者自版，元照出版總經銷，2005年10月。

[22] 對於法務部所提出的刑法修正草案中，何謂嚴格的刑事政策的體現，何謂緩和的刑事政策的體現，論者之理解上並不相同。其中，緩和的刑事政策之修法範圍，有論者認為應包含擴大得易科罰金之範圍以及刑事訴訟法上緩起訴制度之建立，亦有認為也包括拘束人身自由的保安處分適用行為時之法律。但是，如果專就本次2005年

肆、兩極化刑事政策的眞諦

一、整體刑事政策的考量

事實上，1997年，筆者於法務部成立研究小組，並引進各國的刑事政策主要趨勢時，最根本的思考，即是日本學者森下忠教授所引介的「兩極化的刑事政策」。其實也就是上述嚴格的刑事政策與緩和的刑事政策兩者並行的原點[23]。但是，或許是因為「兩極」的名詞相當獨特，而容易使得學界或是實務界僅專注於嚴格的刑事政策與緩和的刑事政策兩端，而忽略除了輕重原本兩極的刑事政策，亦同樣關注非屬於重大犯罪或是高危險的犯罪行為人，或是非屬於輕罪或是惡性極小的犯罪行為人，也就是被稱為中間地帶的犯罪以及犯罪行為人。而且事實上，中間地帶的犯罪或犯罪行為人，仍占極大之比例，是以其存在不容忽視[24]。

修正之刑法而言，可以認爲是緩和的刑事政策之修正者，應該屬於新法第74條有關緩刑之要件以及第63條未滿十八歲人之犯罪行爲不得判處死刑或是無期徒刑兩項爲最重要。在其理由乃在於，總則所有之修正，不僅適用於刑法本身，對於所有規定刑事處罰之法律或是條文，均有適用之可能，故拘束人身自由的保安處分，應屬對於近似自由刑之處分的修正，是合乎刑罰基礎思維之修正，故與輕重無關，而爲保安處分之原則修正。此外，亦有論者認爲刑法第55條以及第56條有關牽連犯以及連續犯之規定是屬於朝向嚴格的刑事政策加以修正，然而，刑法第55條以及第56條之修正，係基於刑罰公平性之原則進行修正，對於犯罪行爲人之行爲個數以及競合論之處理均產生重大影響，亦非朝向嚴格的刑事政策加以修正。關於這一方面之見解，讀者可以比較：蔡碧玉，刑法之修正與當前刑事政策，頁28-38，收於戰鬥的法律人——林山田教授退休祝賀論文集，林山田教授退休祝賀論文編輯委員會出版，2004年1月；趙晞華，評述我國當前之刑事政策——以寬嚴並進的刑事政策及死刑爲中心，2003年11月3日國政研究報告憲政（研）〇九二一〇四三號，財團法人國家政策研究基金會。網址爲：http://www.npf.org.tw。

[23] 森下忠，刑事政策的二極化，頁1-4，收於刑事政策の論點Ⅱ，成文堂發行，1994年9月1日。國內文獻可以參考：許福生，刑事政策學，頁525-529，作者自版，三民書局總經銷，2005年3月。

[24] 在此點上，刑事政策與治安政策之概念是相通的。刑事政策的全體性與治安政策的位階性雖然在範圍上具有不同的界定，但是，就中間地帶的犯罪或是中間的犯罪行爲人而言，國民生活的安全與國家機關對於犯罪行爲之有效管理，不論對於治安上

　　森下忠教授在闡述兩極化的刑事政策時，僅以簡單的定義以及範圍，來說明何謂嚴格的刑事政策與緩和的刑事政策，並未特別提出在兩極的刑事政策的中間，被稱為「中間刑事政策」的部分。所謂的「中間刑事政策」，指的是適用一般的、通常的程序以及刑罰來處罰一般的犯罪行為人。二次世界大戰之後，就犯罪行為人或是受刑人處罰以及矯正之處遇來看，對於犯罪行為人或是受刑人人權之尊重，以及處遇條件之改善，可以說是中間刑事政策最明顯的特徵。亦即，在世界人權思潮蓬勃發展之當代社會中，中間的刑事政策與嚴格的刑事政策、緩和的刑事政策的界線，可以說是流動的、相對的。

　　如果以上述觀點來理解「兩極化的刑事政策」時，其實就會發現其概念是屬於流動以及彈性之設計，而不是單純朝向兩個極化，亦即，不應該以所謂的「二律背反」原則去理解[25]，而是一個具有整體概念之設計。換言之，在兩極化刑事政策之整體理解上，重大犯罪或是高危險性之犯罪行為人，應該立於防衛社會，維持社會秩序與整體國民安全公益之立場，對其採取嚴格的處遇方式來防止或是矯正其罪行：而對於侵害法益微小、輕度的過失犯罪，或是危險性小，足以復歸社會，社會觀感上也能接受之輕刑行為人，則儘量利用緩和或是轉向之措施，使其早日復歸社會，回復社會正常生活：而對於這兩個重心之外的一般犯罪行為人，則依據一般處遇方式，重視其人權，採取正當法律程序，以確定國家刑罰權以及其處罰方式。這三種模式的彈性組合與運用，才是兩極化刑事政策面對社會上各種不同的犯罪以及其型態，可以發揮所長，調和刑事司法資源的真髓所在。

　　在現代的刑事政策觀念下，如果將兩極化的刑事政策理解為「如果不是輕罪，就是重罪」或是「朝向重刑化進行的刑事政策」這兩者，均非正確。兩極化刑事政策之發展，之所以受到法治先進國家的肯定，雖然有社會背景以及制度因素之考量，但是，真正的關鍵，乃在於趨向於嚴格的

之支配者或是被支配者而言，都是同等重要的。前野育三，柴田穰發行，刑事政策と治安政策，頁256至259，法律文化社，1979年6月30日。

[25] 加藤久雄，ボーダーレス時代の刑事政策，頁4-5，有斐閣發行，1999年4月15日改訂版。

「社會防衛」目的，與趨向於緩和的「犯罪人的社會復歸」，這兩者能夠在兩極化刑事政策的彈性架構下，與中間刑事政策互動而得到調和。這也正是當初筆者於法務部服務時，將兩極化刑事政策引入我國的最核心理由。

二、兩極化刑事政策等於寬嚴並進的刑事政策

現代的刑事政策，真正的關鍵在於「調和」，而非「對立」。當初將兩極化刑事政策之整體思考引入國內時，是基於國家整體刑事政策的發展與規劃之目標；在思考有關預防犯罪以及犯罪人處遇的各項對策之同時，我們亦不能忘記，在每一個犯罪的背後，同時存在著被害人，而且，被害人如果被忽略，他們很可能會成為犯罪人。被害人政策事實上與預防犯罪以及犯罪人處遇有密不可分之關係，因此，在整體刑事政策規劃時，也應該將犯罪被害人的保護政策包含在內，使刑事政策之內涵更具全方位之角度，而得以從加害人與被害人之雙方同步尋求犯罪問題之解決[26]。尤其在採取兩極化刑事政策之前提下，除了顧慮到犯罪人的懲罰、更生以及矯正之外，更必須考慮被害人的損害是否救濟，被害感情有否得到平撫，使刑事司法程序不但對於犯罪發生制裁與遏阻作用，也因為犯罪被害人之傷痛及損害得到救濟與撫平，而具有更積極的社會公平之意義[27]。

從以上論述來觀察，其實我們可以發現，兩極化刑事政策其實就是寬嚴並進的刑事政策。而結合嚴格的刑事政策與緩和的刑事政策、配合具有中間性質的被害人保護以及追求訴訟經濟效益的刑事政策，一方面可以大

---

[26] 被害者學乃為廣義刑事政策中的重要環節。對於被害者或是被害現象之研究，後來對於各國立法以及相關被害人保護或是補償政策之研擬，都產生了深遠的影響。澤登俊雄、所一彥、星野周弘、前野育三編著，大石進發行，新·刑事政策，日本評論社，頁105-113，1999年。

[27] 當時研究小組即曾就被害人之保護檢討相關問題，如其於刑事程序上之地位、維護被害人名譽與安全之設計、被害人之補償、受刑人對於被害人之道歉或是必要措施之保全或是救濟，這些議題都影響了後來刑事訴訟法上緩起訴制度之設計，以及為緩起訴時檢察官命被告為一定行為之要件。法務部檢討暨改進當前刑事政策研究小組研究資料彙編，頁8、279-416，法務部檢察司編輯，法務部發行，1999年8月。

量減輕刑事司法機關及矯正機構的負荷，使相關資源得以進行更有效之利用，更能集中資源對付重大犯罪；另一方面可使重刑犯及高危險罪犯能得到更適當的刑罰及處遇；輕刑犯則減少入監服刑的機會，改以拘禁以外的其他處遇方式。如此一來，可望能減少短期自由刑之流弊，並可促使犯罪被害人及早獲得補償，可以說是對於政府、犯罪人、被害人以及社會整體均是有利的政策方向[28]。

伍、刑法新規定在刑事政策上之表現

如果專就本次刑法修正之規定觀察，法務部修正草案中，原本象徵嚴格的刑事政策的修正，如關於有期徒刑上限之提高，累犯刑期加重之規定以及採取美國三振法案精神的「特別累犯」規定，均因為各界意見之衝擊以及學界之強烈反對[29]而進行調整。同時，緩和的刑事政策也因為緩刑制度之調整以及易科罰金制度之擴大，得到了進一步之落實。以下，謹就嚴格的刑事政策之修正條文與緩和之刑事政策之修正條文分別加以說明：

一、嚴格的刑事政策

（一）第47條擴大累犯認定之範圍，但也同時將累犯認定之範圍限制在故意犯。修正理由乃在於採防衛社會之嚴格刑事政策觀點，認為：

累犯之加重，係因犯罪行為人之刑罰反應力薄弱，需再延長其矯正期

---

[28] 但是，盧映潔教授針對修正草案的重刑化趨勢以及死刑之廢除進行過相關探討，並且對於寬嚴並進的刑事政策提出重要質疑，亦值得我們參考。盧映潔，我國刑法重刑化趨勢與死刑之廢除——寬嚴並進的刑事政策，頁110-129，收於戰鬥的法律人——林山田教授退休祝賀論文集，林山田教授退休祝賀論文編輯委員會出版，2004年1月。

[29] 如累犯之規定，可以說是本次修法歷程中爭議最烈之部分。最後，新法之版本，既未採取三犯之規定，亦未將累犯之規定刪除而朝向保留累犯之規定加以修正之方式來進行處理。柯耀程，刑法總論釋義——修正法篇（下），頁440以下，作者自版，元照出版總經銷，2005年10月。

間，以助其重返社會，並兼顧社會防衛之效果。參之同為大陸法系之日本現行刑法第56條及改正刑法草案第56條、瑞士刑法第67條、奧地利刑法第39條、法國刑法第132條之8至第132條之11仍有累犯之規定，宜維持現行累犯制度。惟可因行為人惡性之程度酌予量處適當之刑。

　　而犯罪行為人之再犯係出於故意者，固有適用累犯加重規定之必要；惟若過失再犯者因難據以確認其刑罰反應力薄弱，故宜以勸導改善等方式，促其提高注意力以避免再犯，而不宜遽行加重其刑，故本條第1項限制以故意再犯者為限，方成立累犯。

　　在保安處分方面，保安處分本有補充或代替刑罰之功用，為配合第98條第2項增訂強制工作處分與刑罰之執行效果得以互代，爰參採竊盜犯贓物犯保安處分條例第7條之立法體例，於本條第2項增訂擬制累犯之規定。此一規定，擴大累犯之範圍，自屬嚴格刑事政策之規定。

　　（二）第51條第5款數罪併罰之情形，宣告多數有期徒刑之合併刑最長上限提高至三十年。修正理由認為：

　　修正前條文第5款對於併罰之數罪，如係宣告多數之有期徒刑者，其合併執行有期徒刑之上限，不得逾二十年。惟：單一犯罪所得科處有期徒刑之上限，原則上為十五年，遇有加重時，得加重至二十年（例如第231條之1第4項、第232條、第264條、第280條、第295條、第296條之1第3項及第6項、第303條等，其有期徒刑之上限，均得加重至二十年），而宣告有期徒刑之數罪予以併罰時，其上限亦僅為二十年，不僅有違衡平原則，亦有鼓勵犯罪之嫌。

　　如行為人在受有期徒刑之科刑判決確定後，再犯他罪，受有期徒刑之宣告者，依第50條之規定，並無本款之適用，即不得合併定應執行之刑。亦即在數個單純受有期徒刑宣告之罪，而接續執行各有期徒刑時，並無上限，何以性質上同為數罪之數罪併罰，其合併執行有期徒刑之上限，卻不得逾二十年？益徵現行規定有違刑罰衡平原則。因此，為兼顧數罪併罰與單純數罪之區別及刑罰衡平原則，本款對於有期徒刑合併定應執行刑之上限應予提高，爰酌予提高至三十年，以資衡平。

　　雖然修正理由所採取之論理基礎是刑罰衡平原則，但是有期徒刑合併

刑度之提高，效力卻會及於所有合併刑之案件，因此，在概念上應屬嚴格的刑事政策之立法。

（三）第62條自首改為「得減」，由法官認定是否減輕自首人之刑度，等於排除了國家對於自首人寬典之保證，在概念上應屬嚴格的刑事政策。

（四）第64條刪除死刑減輕為有期徒刑之規定，縮小死刑減輕之範圍。其理由略謂：

死刑之減輕，減為無期徒刑部分，固無疑義；惟修正前刑法第2項規定得減為十五年以下十二年以上有期徒刑部分，則有未妥，因：1.單一犯罪有期徒刑之最高上限，第33條第3款規定原則上為十五年，遇加重時得加至二十年，何以死刑之減輕，除得減為無期徒刑外，尚得減為有期徒刑，且其上限為十五年，下限為十二年？2.修正前第65條第2項之規定，無期徒刑減輕者，減為七年以上，其上限依第33條第3款之意旨，應為十五年。死刑減輕為無期徒刑之上限，與無期徒刑減輕之上限，同為十五年，死刑與無期徒刑之性質，差異極大，如其減輕之效果無法予以區別，實有違衡平原則之要求。

其次，修正前死刑減輕得減至有期徒刑，實係過去有為數不少之罪為絕對死刑，為避免有情輕法重之情形，死刑減輕至有期徒刑有其必要性。惟現行刑事政策已陸續將絕對死刑之罪，修正為相對死刑，而相對死刑之罪遇有減輕事由，依本條及第65條無期徒刑減輕之規定，使相對死刑減輕後之選科可能為無期徒刑、有期徒刑，為避免上開1、2點所述之缺點，爰將第2項後段死刑得減輕至有期徒刑之規定刪除。顯係採取嚴格的刑事政策之修正。

（五）第65條無期徒刑減輕為有期徒刑下限之提高，亦為採取防衛社會觀點之嚴格刑事政策之修正。

（六）第77條累犯假釋門檻之提高，以及同條第2項不許假釋之規定，均係採取防衛社會之觀點，以嚴格之刑事政策加以修正之條文。其主要理由則為：

假釋制度係發軔於英國，固已為目前大多數國家刑事立法例所採

行，惟對於受刑人應服刑多久，始得許其假釋，各國立法規定不一。尤其對於重刑犯及累犯是否准予假釋，尤有爭執。鑑於晚近之犯罪學研究發現，重刑犯罪者，易有累犯之傾向，且矯正不易，再犯率比一般犯罪者高，因此在立法上為達到防衛社會之目的，漸有將假釋條件趨於嚴格之傾向[30]。如美國所採之「三振法案」，對於三犯之重刑犯罪者（Felony）更採取終身監禁不得假釋（Life Sentence without Parole）之立法例。我國修正前對於重大暴力犯罪被判處無期徒刑者，於服刑滿十五年或二十年後即有獲得假釋之機會，然其再犯之危險性較之一般犯罪仍屬偏高，一旦給予假釋，其對社會仍有潛在之侵害性及危險性。近年來多起震撼社會之重大暴力犯罪[31]，均屬此類情形。因此目前之無期徒刑無法發揮其應有之功能，實際上變成較長期之有期徒刑，故應提高無期徒刑之假釋門檻，以達到防衛社會之目的有其必要性，爰將無期徒刑得假釋之條件提高至執行逾二十五年，始得許假釋。

在無期徒刑的累犯部分，因修正後之無期徒刑假釋至少需執行二十五年，對被告已有相當之嚇阻效果，而人之壽命有限，累犯如再加重五年或十年，似無實益，如其仍無悛悔實據，儘可不准其假釋，且為避免我國刑罰過苛之感，爰刪除無期徒刑累犯之假釋條件。第78條之修正，與第77條之旨趣亦稱相同。

（七）第79條第1項「在無期徒刑假釋後滿二十年或在有期徒刑所餘刑期內未經撤銷假釋者，其未執行之刑，以已執行論。但依第78條第1項撤銷其假釋者，不在此限。」之規定，以及第79條之1第2項：「前項情形，併執行無期徒刑者，適用無期徒刑假釋之規定；二以上有期徒刑合併刑期逾四十年，而接續執行逾二十年者，亦得許假釋。但有第77條第2項

---

[30] 假釋從嚴與學說上「慢性習慣犯」（Chronic recidivist）的概念，可說有密切之關聯。可參閱：許福生，從刑事政策觀點論台灣當前犯罪控制對策之研究，中央研究院社會問題研究委員會，台灣社會問題研究學術研討會論文，1999年12月29至30日，網址為：www.ios.sinica.edu.tw。

[31] 如白曉燕遭綁架撕票案，張錫銘犯罪集團擄人勒贖案，以及薛球強盜集團案，其犯罪歷程漫長，亦幾乎均為刑法上之累犯或是刑事司法上之慣犯。

第2款之情形者，不在此限。」之規定，均屬因為數罪併罰有期徒刑之年限已經提高至三十年而加重之修正，此亦為嚴格刑事政策之體現。

（八）第80條追訴權時效之延長，屬於延長國家刑事機關追訴之時間，因此亦為嚴格的刑事政策在時效上之範圍。第84條行刑權時效之修正延長，亦同此旨。

（九）第87條監護處分之修正，係立於防衛社會之觀點而進行，其理由為：

保安處分之目標，在消滅犯罪行為人之危險性，藉以確保公共安全。對於因第19條第1項之原因而不罰之人或有第2項及第20條原因之人，並非應一律施以監護，必於其情狀有再犯或有危害公共安全之虞時，為防衛社會安全，應由法院宣付監護處分，始符保安處分之目的。爰參考德國現行刑法第63條之規定，於第1項、第2項增設此一要件，並採義務宣告，而修正第1項、第2項「得」令入相當處所之規定。

而監護並具治療之意義，行為人如有第19條第2項之原因，而認有必要時，在刑之執行前，即有先予治療之必要，故保安處分執行法第4條第2項、第3項分別規定，法院認有緊急必要時，得於判決前將被告先以裁定宣告保安處分；檢察官於偵查中認被告有先付監護之必要者亦得聲請法院裁定之。惟判決確定後至刑之執行前，能否將受刑人先付監護處分，則欠缺規定，爰於第2項但書增設規定，使法院於必要時，宣告監護處分先於刑之執行。

對精神障礙者之監護處分，其內容不以監督保護為已足，並應注意治療（參照保安處分執行法第47條）及預防對社會安全之危害。現行第3項規定監護處分期間僅為三年以下，尚嫌過短，殊有延長必要，故將其最長執行期間提高為五年以下。此顯然亦為嚴格的刑事政策之修正。

（十）第92條之1性犯罪人強制治療之規定，雖然修正理由中並未說明採取之立場，但顯亦係立於防衛社會，以及重刑犯罪人必須進行矯治之觀點，朝向嚴格之刑事政策加以修正。

二、緩和的刑事政策

（一）第36條刪除以行使選舉、罷免、創制、複決四權為褫奪公權之內容。依其理由觀之，現行褫奪公權制度係剝奪犯罪行為人三種資格，就社會防衛立場觀之，咸認第一款限制被告擔任公務員及第2款擔任公職候選人之資格，尚屬適當[32]。惟第3款之行使選舉、罷免、創制、複決四權之資格，係不分犯罪情節、犯罪種類，齊頭式的剝奪人民參政權之行使，似與受刑人之再社會化目的有悖，則迭遭質疑其與預防犯罪之關係。為兼顧預防犯罪及受刑人再社會化之理想，宜修正褫奪公權內涵，將選舉、罷免、創制、複決等參政權行使之限制，移於「公職人員選舉罷免法」、「總統副總統選舉罷免法」中規範，以與憲法第23條以法律限制基本權利行使之必要性、比例原則相契合。故而就犯罪人再社會化之過程而言，可以說是緩和的刑事政策之觀點的修正。

（二）第41條刪除因身體、教育、職業、家庭之關係或其他正當事由，執行顯有困難者，得易科罰金之限制。其理由在於：易科罰金制度旨在救濟短期自由刑之流弊，性質屬易刑處分，故在裁判宣告之條件上，不宜過於嚴苛，修正前規定除「犯最重本刑為五年以下有期徒刑以下之刑之罪」、「而受六個月以下有期徒刑或拘役之宣告」外，尚須具有「因身體、教育、職業、家庭之關係或其他正當事由，執行顯有困難」之情形，似嫌過苛，爰刪除「因身體、教育、職業、家庭之關係或其他正當事由，執行顯有困難」之限制。至於個別受刑人如有不宜易科罰金之情形，在刑事執行程序中，檢察官得依現行條文第1項但書之規定，審酌受刑人是否具有「確因不執行所宣告之刑，難收矯正之效，或難以維持法秩序」等事由，而為准許或駁回受刑人易科罰金之聲請，更符合易科罰金制度之意旨。如此規定可以增加實務上彈性運用之機會，也可以擴大易科罰金適用之範圍。

---

[32] 林山田教授對於以褫奪公權做為一種刑罰手段，相當不以為然，並且認為刑法第36條之規定應全面加以刪除。林山田，九十四年修正之刑法總評，頁91-92，台灣本土法學雜誌第67期，學林出版公司發行，2005年2月。

（三）第42條罰金分期繳納制度之確立，除落實實務上行之多年的分期繳納罰金之制度外，對於犯罪行為人權利之保障，以及如果確實無力繳納，犯罪行為人必須易服勞役之程序規定，均較以往更為精緻，可望有效地保障犯罪行為人或是受刑人之權益。

（四）第59條科刑之酌減範圍之放寬。本條為實務上見解之落實，在犯罪之情狀顯可憫恕之前提下，法官如認科以最低刑度仍然過重時，得再進行酌減，可說是緩和的刑事政策在科刑上的體現。

（五）第61條擴大特定構成要件之犯罪減免其刑之範圍，避免情輕法重之情形，同係採取緩和的刑事政策之精神。

（六）第63條刪除未滿十八歲人處死刑或是無期徒刑之例外規定，係配合國際人權要求，乃屬緩和的刑事政策，對於青少年人之犯行，從寬處理之理念加以修正。

（七）第74條擴大緩刑之範圍，以及緩刑宣告被告應為事項之設計，均屬緩和之刑事政策修正之範疇。其理由最主要者乃在於：

緩刑制度，既為促使惡性輕微之被告或偶發犯、初犯改過自新而設，自應擴大其適用範圍，使其及於曾因過失犯罪受徒刑以上刑之宣告者。故分別於第1款及第2款增列「因故意犯罪」字樣，使曾因過失犯罪，受徒刑以上刑之宣告及曾因故意犯罪，受徒刑以上刑之宣告，執行完畢或赦免後，五年以內，再因過失犯罪，受徒刑以上之宣告者，均屬於得適用緩刑規定之範圍。此外，第75條撤銷緩刑宣告之修正理由，以及撤銷緩刑宣告之聲請期間之規定，均係緩和的刑事政策之表現。

（八）第99條保安處分開始執行期間之修正，其目的及理由在於確定法律狀態，以及受處分人權益之維護，應屬緩和的刑事政策之修法。

三、小結

從本次修正的條文數量來看，其實總則修正的87條之中與兩極化刑事政策有關的條文，亦即，屬於嚴格的刑事政策與緩和的刑事政策之部分，僅有19條。然而，學界多認為本次刑法之修正，係朝向重刑化之趨勢，而其所執之觀點，乃以有期徒刑之提高、累犯規定之加重，以及累犯假釋門

檻之提高為最主要之論點[33]。

如果從兩極化刑事政策之真正內涵來檢驗本次刑法修正之內容，其實，真正能夠認為係屬傾向重刑化趨勢，而對整體刑罰產生普遍性影響者，應該是第51條有期徒刑合併刑期之提高。至於累犯設計之基礎概念，原本就是對於惡性重大，或是刑罰反應薄弱之犯罪行為人或是受刑人，進行處罰之特殊設計，也確實帶有行為人刑法之色彩，而其設計目的原本就在於防衛社會，係屬於嚴格的刑事政策的一環，而與中間刑事政策之有期徒刑合併刑期之提高，雖然互相有所關聯，但似乎不能以此當作整部刑法採取重刑化趨勢之主要論點。因為，累犯原本即屬從嚴之範疇。真正的問題，乃在於有期徒刑合併刑期之提高，是不是中間的刑事政策有傾向嚴格的刑事政策之一端靠攏之趨勢，以及為何產生如此的趨勢，方為爭論之所在。

「人權」一直是刑事政策關切的重心。在我國，兩極化的刑事政策被批判最烈者，乃在於嚴格的刑事政策所採取之手段，均屬基於防衛社會之理念，對於受刑人或是犯罪行為人之人權，足以產生嚴重的影響；這也是為何本次刑法修正草案中特殊累犯之規定，以及採取美國「三振法案」精神之對策，均無法通過之主要原因。或許在制度設計上的粗糙，與配套措施之不足，是主要的考量。但是，當學說上為犯罪行為人或是受刑人的人權大聲疾呼時，嚴格的刑事政策所考量的社會整體安全以及制度設計，除了法務部的修正草案理由外，卻沒有人曾經為其辯護。而生活在一個安全，不受犯罪侵害之社會，卻幾乎是所有國民的期待與希望，同樣的，這也是人權與社會公益之整體考量。因此，用侵害人權之角度來批判嚴格的刑事政策之修法，是重要的意見，但並非是全面的意見，也不是對於兩極化刑事政策的真正認識。

兩極化刑事政策的基礎架構，並非採取「二律背反」之原則，而是由嚴格的刑事政策與中間的刑事政策，以及緩和的刑事政策三者互相具有

---

[33] 柯耀程，刑法總論釋義——修正法篇（下），頁440以下，作者自版，元照出版總經銷，2005年10月。

調和、配合作用之架構所組成的，是三元結構的刑事政策。只是在嚴格的刑事政策與緩和的刑事政策，在論理以及對策之提出上特別突出，並不是僅偏重於兩極；而國內學者之討論，卻往往僅偏重於嚴格的刑事政策之檢討，這是相當令人遺憾的。

陸、兩極化刑事政策的實踐

綜上所述，筆者主張的刑事政策的意義，不僅只是官方所主導或推動的防制犯罪對策，專家學者對於犯罪現象如何控制、改善及求取犯罪與社會如何調和的見解和主張，亦足以提供政府與民眾有更為正確的方向與觀念，均應屬於刑事政策的範圍。所以更進一步，對於整體社會大眾的認知與需求，也就是所謂「法通念」概念的正確建立與實踐，更屬於身為對於社會有影響力的政府、知識份子、媒體等，讓對社會有影響力的人發揮「風行草偃」、「上行下效」的功能，是這些人無可旁貸的重責大任；此外，刑事政策的正確掌握與推動，不僅只在於刑事實體法的修正與推行，其他有關刑事程序法的配合，甚至於犯罪矯治、更生保護與犯罪被害人保護之相關法令制度的建立與健全，也都是刑事政策成敗的關鍵。本於上述認知，筆者在法務部服務期間，即曾自檢察面、司法面、監所面、社會面提出各種不同的面向應該調整或努力的工作，期能改善台灣日益惡化的治安狀況，使大家能在「樂業」之外，更能有「安居」的生活環境，並以「重者恆重、輕者恆輕」八個字概括其精義。

首先，筆者在法務部部務會報及相關講話中，不斷闡述兩極化刑事政策的意義。

一、在「重者恆重」方面

根據美國賓州大學教授Wolfgang及其研究團隊實證研究「慢性習慣犯（Chronic Recidivist）」追蹤了1945年出生於賓州費城9,945名小孩直至

十八歲以上，所得到的結論[34]，發現6%的慢性習慣犯，總共犯了5,305個罪行，共占全部犯罪行為的樣本的51.9%，在全部樣本中，他們的殺人犯罪數占71%、強姦占73%、強盜搶奪占82%。其後，Wolfgang又追蹤調查了其中10%（974位）至渠等三十歲為止，發現慢性少年習慣犯長大後，仍然持續犯罪而成為「持續性的習慣犯」。再加以筆者於法務部服務期間，發生震驚社會之白曉燕被綁架的重大案件，該案之嫌犯陳進興自十七歲起即不斷犯罪，每進入監獄一次，假釋後即更犯更為重大的案件，至民國86年4月14日犯下擄人勒贖殺人、其後強姦多數婦女等人神共憤之滔天大罪；更以當時美國加州恢復死刑之執行未久，並已積極推動所謂「三振法案[35]」之「暴力犯罪控制暨執行法」（Violent Crime Control and Law Enforcement Act）[36]均頗著成效[37]；且以美國正風行犯罪學之「破窗理論[38]」（Broken Windows theory）而在美國紐約市市長朱里安尼強力配合執行破窗理論之政策後，紐約市治安狀況大幅改善[39]。筆者深受此些理論及實務運作之影響，並參照當時國內重刑犯、累犯及習慣犯之比例居高不下，而且發現法院「從輕量刑」、假釋執行太寬、刑罰完全失去威嚇及約束之力，重大犯罪層出不窮，是以筆者乃認為，應全面改弦更張，對於重大犯罪及累犯、連續犯，主張應長期與社會隔離，筆者深信，如此，雖未

---

[34] Wolfgang教授以及其團隊的完整研究成果，可以參考：Delinquency In A Birth Cohort，頁209以下，The University of Chicago Press, 1972。此外，Wolfgang教授對於暴力次文化之研究，也影響了兩極化刑事政策對於重罪行為人採取社會隔離之基礎見解。關於此點可以參考：The Subculture of Violence: Towards an Integrated in Criminology，頁257以下，Marvin E Wolfgang And Franco Ferracuti, 1967。

[35] Hon. J. Richard Couzens, The California Three Strikes Sentencing Law (1997), at 1.

[36] 徐昀，美國三振出局法——問題與聯想，刑事法雜誌第39卷第6期，頁61，1995年12月。

[37] Michael Vitiello, Three Strikes: Can We Return to Rationality, The Journal of Criminal Law 7 Criminology, Vol. 87, No. 2, at 463-481.

[38] 破窗理論與機關廉政，政風通報第121期，行政院國軍退除役官兵輔導委員會政風處，2003年9月。

[39] see Michael Vitiello, Punishment and Democracy: A Hard Look at Three Strikes' Overblown Promises, 90 CALR 257, Jan. 2002, at 270.

必能減少其所犯之51.9%全部犯罪，但至少可以減少20%或30%，則治安狀況必有重大之改善，大眾之生活安全必能獲得更大之保障。

二、在「輕者恆輕」方面

刑罰執行之目的，主要在於改善犯罪人，使其改過自新，重新適應社會生活（監獄行刑法第1條），而短期自由刑之弊害，則為眾所共知，也就是學者所謂「教化不足，學壞有餘[40]」。故近年來刑法修正均限制短期自由刑之科處（如德國刑法第47條）。

而且，就當時實務之觀察，判處一年以下有期徒刑而在監執行之人數高達50%以上[41]，對此等受刑人一則產生烙印之效果，使其不易重新生活，再則於執行期間斷絕家庭與社會之關係，產生各種問題，許多人只因一時失誤，而致終生難以重生，甚至於拖累家人，因此，只得重操犯罪之舊業，是以筆者一再闡述對於此類之輕刑犯、初犯、過失犯，一方面應避免短期自由刑之科處，他方面則應儘量以非機構之處遇方法，例如義務勞務、支付金額、電子監禁、假日服刑等等替代機構內處遇之方式，以期一方面達成處罰之目的（在使犯罪人知錯能改），他方面避免其在機構內沾染惡習，另方面則使其不脫離生活之環境，不致發生社會復歸之困難。

有鑑於上述的認知及對於台灣社會的責任心與使命感，筆者於法務部服務期間，積極推動複合式的刑事政策，即以刑法處罰犯罪人，其目的在於使其改過自新、重新適應社會生活的目的為核心，更進而擴大為犯罪之預防、犯罪之偵查、審判以及執行甚至於包括刑罰執行以後之更生保護，更擴及訴訟經濟與犯罪被害人保護等全面性的刑事政策。積極推動各項措施，茲舉其中犖犖大者，說明如下：

---

[40] 中央警察大學學務長黃富源教授即認為，短期自由刑讓受刑人沾染監獄習氣，不僅無助教化，反而容易使其趨向犯罪。詳參：黃富源、曹光文，成年觀護新趨勢，頁226以下，心理出版社，1999年6月30日。

[41] 94年新收受刑人仍有一半以上為短期自由刑。該年新收受刑人為33,193人，刑期為一年未滿之受刑人即高達19,244人，占全部新收受刑人的57%。參法務部法務資料統計網站：http// www.moj.gov.tw，搜尋法務統計指標。

三、在整體面

　　於1997年10月成立「法務部檢討暨改進當前刑事政策研究小組」，全面性深入探討包括嚴格的刑事政策與寬容（或緩和）的刑事政策，犯罪被害人之保護以及訴訟經濟等課題，計為六大項目二十一項子題，予以分析並提出具體建議，逐步推動，其項目為：

(一) 如何改善假釋制度，以防杜再犯

1. 修正刑法假釋條件及其相關法規，以發揮監獄教化功能。
2. 增設「假釋審查委員會」，落實假釋之審查。

(二) 如何加強受刑人之考核工作，發揮監獄教化功能，以有效防制犯罪

1. 務實重刑犯之執行率。
2. 受刑人分級分類，給予不同待遇。

(三) 輕刑犯罪人處遇方式之對策

1. 加強運用職權不起訴及聲請簡易判決。
2. 加強緩刑之宣告。
3. 加強易科罰金之運用。
4. 研究「緩起訴制度」之可行性。
5. 研究對輕罪受刑人採行社會內處遇之可行性。
6. 強化鄉鎮市調解功能。

(四) 重刑犯罪人處遇方式之檢討

1. 現行刑法有期徒刑最高上限之檢討。
2. 仿美國加州採取「三振刑」立法之可行性。

（五）對犯罪被害人之保護

1. 強化被害人在刑事訴訟程序中之地位。
2. 強化刑事程序中保護被害人安全及名譽之設計。
3. 使被害人獲得適當的補償或賠償。
4. 將受刑人賠償被害人之情形作為假釋審查條件，以促使受刑人設法補償被害人之損害，使被害人能認同假釋制度。
5. 檢察官介入協助調查刑事案件被害人保全債權之可行性。

（六）刑事政策經濟面之檢討

1. 研究「認罪協商制度」之可行性。
2. 研究「刑事訴訟有費制度」之可行性。
3. 研究「偵察案件立案審查制度」之可行性。
4. 現行刑罰除罪化之檢討。

研究小組指請二位常務次長謝文定、林鉅鋃先生為召集人，並邀請專家學者及相關主管同仁蔡墩銘、甘添貴、吳景芳、蔡德輝、黃富源、楊士隆、吳昭瑩、游乾賜、黃徵男、葉雪鵬、吳國愛、曾宗己、林茂榮等先生女士為委員，另邀請邱文禎、陳秉仁、洪威華、闕銘富、韓玉元、陳文琪、陳佳瑤、李雅玲、葉自強、蔡碧玉、陳宏達、林邦樑、林錦村、莊南卿等先生女士為研究員，針對前述各項子題，深入分析，詳加研討，並提出具體意見與建議，成為其後推動之依據。小組委員及研究員之智慧結晶，貢獻甚鉅。

四、在預防犯罪面

（一）建立正確價值觀念

致力於宣導社會是與非、善與惡、對與錯，守法與違法的界線，加強保障合法、打擊不法的決心與作為，建立正確的價值觀念，使社會更加安定和諧。

(二)加強法治教育

　　除由筆者本人及部、檢察署、調查局、政風室、監院所相關同仁不斷實施法治教育外，筆者並多次協調教育部吳部長京，除共同策定「加強學校法治教育方案」以外，筆者並建議將法治教育列入課程之重要內容，另並建議在升學考試中將「法治教育」列入，占考試題目中一定之百分比，以期學校及社會各界更加重視法治教育，達到筆者所企盼的「人人知法守法，建設美好家園」境界。惜以此事在筆者離開法務部後，即告無疾而終。

(三)創設中輟生學園[42]

　　筆者推動掃黑除暴之工作，獲得社會各界之支持，尤其是推動股市掃黑，解除上市公司股東會及負責人遭受騷擾、恐嚇之困擾。企業界對於當時法務部之工作至表肯定，並予協助，其中如宣明智、曹興誠、郭台銘、溫世仁、趙滕雄等先生（尚有甚多企業以及民間人士參與，不克一一列出）與筆者均憂心社會價值觀念錯亂，治安敗壞，除支持筆者之掃黑工作外，更期斷絕犯罪之源頭，是以倡議成立向陽公益基金會，推動1.收容中輟生之學園、2.設立技能訓練場所，增強受刑人就業能力、3.設立工作站，成為出獄青少年之中途之家、4.為出獄人介紹就業、就學，並提供擔保，以解決僱用人之疑慮。如萬一有所受損時即予賠償、5.加強法治教育之宣導，導正社會風氣，杜絕犯罪之根源。此一構想，於筆者在法務部服務時即已成熟，並經主管同仁簽報筆者核定，但筆者離開法務部後，該案竟不再繼續推動，未久，筆者與宣明智先生等企業界友人乃又共同將此案付諸實現，現在基金會及所屬向陽學園均正常運作，工作偏重於青少年輔導、法治教育之推廣，至今中輟生學園已經有五屆的畢業生。除感謝企業界友人之協助外，對於當時構想之出獄人技能訓練、中途之家及出獄人就

---

[42] 兒童與青少年之非行與犯罪問題，歷來為各國刑事政策所重視。關於日本曾經試圖制定「兒童憲章」之簡要經過，以及日本現行對於非行少年或是青少年犯罪之處遇策略之簡介，可以參考：菊田幸一，石橋雄二發行，刑事政策の問題狀況，頁14以下、18-19、129-130，勁草書房，1990年1月25日。

業之推介及保證工作，限於人力、物力而尚未能推動，不無遺憾之處。

(四) 推動反毒戒毒工作

　　毒品是萬惡之淵藪，毒品及槍枝是治安敗壞之根源，是以筆者在法務部服務時，為整頓治安，特別著重槍枝與毒品之檢肅，並獲致相當之成效，當時並引進美國之新戒毒技術，經過試驗，成效良好，但此一作法，於筆者離開法務部後，即行中止，筆者離開公職後，在佛教界一向支持筆者工作甚力的淨耀法師支持下，成立中華佛教普賢護法會，並由筆者擔任總會長，繼續推動反毒、戒毒工作，期對治安改善、社會安定貢獻一己之力。

五、在偵查犯罪面

　　筆者出身嘉義偏僻地區，高中前求學於南部，大學之後前來北部求學與就業，深入民間基層，了解台灣社會之各種現象，發現社會基礎已被腐蝕，而原來霸占地盤從事非法地下營業、白吃白喝之地痞流氓已經在經濟發展之同時跨出步伐，介入各種正當行業，圍標綁標，恐嚇勒索，無所不用其極，從中獲取重大利益，壯大其黑道幫派之勢力。此些犯罪者意猶未盡，乃勾結政治人物，或為政治人物之樁腳，或甚至於自己參選，取得政治上的地位，以此壯大其暴力與金錢，再以此暴力與金錢獲致更高之政治地位。亦即以「拳」得「錢」，再以「拳」、「錢」而得「權」，更以「權」得更多之「拳」、「錢」，如此惡性循環，將至黑道治鄉、治縣、治省、甚至是治國，則台灣將陷於永劫不復之境地，是以筆者當時即曾預言：台灣不掃黑，或掃黑不澈底，台灣將變成菲律賓，將變成西西里。

　　有鑑於此，筆者於1996年6月10日法務部部長就職典禮提出當前十大工作要點，第一項即為掃除黑金，旋於6月30日核定「掃黑執行方案」，並於7月起結合檢、警、憲、調之鐵四角，雷厲風行，執行全國性掃黑工作，依據法律規定，蒐集事實及證據，對於犯罪事實明確，證據充分的黑道幫派領導者，並依刑事訴訟法及最高法院判例所示，解送指定處所之台東看守所綠島分舍收押偵辦、依法起訴、判罪執行，如此澈底作為，使台

灣社會治安狀況大幅改善，社會價值觀念導正，好人得到保障，作奸犯科者依法接受制裁。

六、在司法審判面

此部分屬於整體刑事政策之重要一環，在不影響審判獨立前提下，曾建議司法院轉請各級法院儘量採用簡易審判程序，合理、合法審慎羈押人犯，妥適量刑及妥善運用緩刑，以期發揮刑罰之功能。

七、在執行面

最重要有下列各項：

（一）加速獄政革新

1. 建立監院所工作同仁之責任感與榮譽心。

2. 加強選考及訓練，提高工作同仁素質。

3. 增加工作同仁之福利待遇。

4. 調整監院所收容人、受刑人處遇有關事項。

5. 加強教化功能，引進藝文、宗教、技能、品德等教育。

（二）改善假釋制度，修正刑法第77條有關假釋之門檻，並從實審核假釋申請之案件，避免浮濫，以切實發揮假釋之功能[43]。

（三）研究推動輕刑犯受刑人之非機構內處遇制度，例如義務勞務、電子監禁、假日服刑等。

八、在被害人保護面

積極推動被害人保護法、證人保護法之立法，及推動犯罪被害人保護方案，除保障犯罪人應有之權益以外，並應同時保護被害人，以建立正確

---

[43] 當時之刑法規定，有期徒刑服刑三分之一以上，便可提報假釋，配合接近百分之百的假釋核准率，受三年以上有期徒刑宣告之受刑人，大部分都執行未至二分之一或甚至僅執行三分之一即許假釋；但受未滿一年有期徒刑之宣告者，其刑之執行反而達到七成以上。因此，白曉燕命案之主嫌林春生在犯下重罪後，仍然大言不慚地告知其親友，說四、五年後便可再見面。這種不分輕重的假釋政策，顯然使刑罰對於犯罪人已經失去威嚇作用，更是治安敗壞的主要原因之一，詳參表2。

的人權觀念，達成公平正義的社會。

九、在訴訟經濟面

推動緩起訴制度，鼓勵切實做好職權不起訴及聲請簡易處刑判決，研究偵查案件立案審查制度及刑事訴訟有費制度。

就上述刑事政策實際運作的項目當中，設置「法務部檢討暨改進當前刑事政策研究小組」，研究之議題與推展之工作當中，關於整體面的工作、預防犯罪面諸措施、以及司法審判面、執行面之獄政改革、被害人保護面等部分，可謂係「中間的刑事政策」；而關於掃除黑金之偵查犯罪面，以及在執行面中之改善治安假釋制度，修正刑法第77條假釋門檻及從實審核假釋，應屬所謂的「嚴格的刑事政策」；其餘加強罰金型之運用、研究推動輕刑犯罪人之非機構內處遇，訴訟經濟面諸項目，均為「緩和的刑事政策」。可謂兼容並蓄，但整體言，筆者認為該嚴則嚴，該輕則輕，而中間部分，仍應按一般做法合理科刑，如此始能符合大多數民眾之期待。

表2　台灣各監獄假釋受刑人刑期執行情形
1996年及1997年1-6月　　　　　　　　　　　單位：%

執行率別	合計		以下累計		逾六月一年未滿		一年以上三年未滿		三年以上五年未滿		五年以上十年未滿		十年以上		無期徒刑(月)	
	1996年	1997年	1996年	1997年	1996年	1997年	1996年	1997年	1996年	1997年	1996年	1997年	1996年	1997年	1996年	1997年
平均執行率	513	546	-	-	86.5	85.2	64.4	67.2	47.2	50.1	40.3	42.2	41.6	44.8	148	142
總計	100.0	100.0	-	-	100.0	100.0	100.0	100.0	100.0	100.0	100.0	100.0	100.0	100.0	-	-
33-39%	30.5	19.7	30.5	19.7	0.0	0.0	2.2	1.3	22.0	11.9	67.6	51.1	55.7	32.9	-	-
40-49%	30.5	31.1	61.0	50.8	0.0	0.0	17.9	10.8	50.0	48.0	23.2	36.6	32.2	47.7	-	-
50-59%	14.5	18.0	75.5	68.8	0.0	0.8	21.1	19.9	18.7	26.4	6.1	8.9	8.9	13.5	-	-
60-69%	9.2	11.4	84.7	80.2	0.3	0.6	23.5	24.9	6.0	8.6	1.9	2.0	2.6	5.0	-	-
70-79%	6.8	9.7	91.5	89.9	17.5	19.3	18.9	23.9	2.1	3.1	0.6	0.9	0.6	0.5	-	-
80-89%	5.5	7.1	97.0	97.0	48.6	52.8	11.1	13.7	0.8	1.5	0.4	0.0	0.0	0.0	-	-
90%以上	3.1	3.0	100.0	100.0	33.6	26.6	5.4	5.4	0.4	0.5	0.1	0.1	0.0	0.5	-	-

柒、展望—代結論

　　刑法修正新規定已經施行，值此世風日下、貪腐盛行、治安敗壞、亂象叢生、景氣蕭條、價值觀念錯亂、人際關係疏離，只有短視近利，而無遠見關懷，只問立場，不論是非，甚至整個社會缺乏誠信，已無可信之人，亦無可信之機關。此一發展，令人憂心。因此，民眾所寄望者，應該是做為正義的最後一道防線的司法，在此混亂的時刻，能成為中流砥柱，力挽狂瀾，這也是筆者在參觀檢察世紀文物大展時所留在簽名簿上的題字：「做公平的使者，做正義的守護神，摘奸發伏，導正社會，名留青史」，表達的應是大多數國民共同的願望。同時，因本次刑法修正新規定，在整體刑事政策的考量下，修正幅度之廣之多，前所未見，值此亂世，為人民燃起一線希望，是以刑法修正新規定實施之成效，將影響台灣社會之發展，但是，吾人深知徒法不足以自行，為配合刑法修正新規定，並使其所採取之刑事政策發揮功能，在此謹提出所應採行之作法如下：

一、加強教育宣導

　　就刑法新規定之條文，涵義以及其對社會國家所肩負的政策意義，本於所採取的刑事政策之立場，做最平實的教育宣導，使民眾充分了解刑法新規定的內容，以期大家了解，共同遵守。

二、深入分析研討

　　學者、專家以及實務工作者，應以新刑事政策為基礎，配合刑法修正新規定，不斷就理論與實務予以分析，發現問題，並探求解決問題之途徑，以期修正規定能契合社會之需要，改善犯罪現象。至於修正規定有欠周延部分，亦應建議再做修正，其有疑義者，則應本於新刑事政策之立場，妥適解釋及運用。

三、釐定配套措施

在此分兩方面：

(一) 相關法令之配套

整合與刑事政策相關之刑事實體法、刑事程序法規定，包括從犯罪之預防、犯罪之偵查、審判及執行，甚至於執行後之觀護、更生保護等相關法令制度的釐清、修正等，均應切實執行。尤其對於刑法相關之法令有不一致或修正新規定本身窒礙難行之處，更應謀求解決之道或配合予以修正調整。

法務部自去（2005）年刑法修正新規定完成三讀程序後，於1月7日發布之新聞稿，固已提出將進行教育宣導，及對相關問題進行研討，以及繼續研修刑法分則及特別法，修正刑法分則各條以期立法體例統一，並檢視各罪之法定刑，做一整體調整，以求刑罰之均衡。然而，法律之修正最忌片段式的思維，刑事政策牽涉範圍之廣之深，仍應全面檢視修正調整所有之實體法、程序法之規定，使能達成刑法修正新規定所揭櫫之刑事政策目標。

(二) 相關部門之整合工作

應基於共同推動社會基礎工作之考量，整合相關部門，例如預防犯罪之工作，應由民政、社政、教育、文化及法律部門，本於青少年輔導教育、技能之訓練、倫理道德之導正及正確價值觀念之建立，才能發揮功效；又如對於犯罪案件之偵查、審判、執行與更生保護之推動，則需全體民眾之協助。而警察、檢察機關之切實偵查，法院之妥適審判以及監院所之切實執行，更生保護會及觀護人之盡心盡力，才能消弭犯罪，並促成犯罪人改過自新。因此相關部門之合作，加上民眾協助的力量，自可發揮最大之功效。

四、應即成立國家犯罪防治研究院

　　上述各項措施之綜合研究與推動，應有一專責機關負責，始能有效，否則多頭馬車，各行其是，各家學說，缺乏統合及整理之作法，最後言人人殊，莫衷一是。如以鄰近之日本而言，其國家級之總合犯罪研究所成立已逾半世紀，對日本犯罪學、刑事政策學、刑事法學之研究與推動，貢獻甚鉅，並成為日本諸多政策制訂之主要依據，筆者在法務部服務時，於87年年初即曾強烈主張成立國家犯罪防治研究院，並將此一建議提報行政院院會審議，惜以當時行政院長無心改善社會治安，故意阻撓此一提議，致使延宕迄今。為改善台灣地區之治安，正確推動刑事政策，建立完善刑事法制，在此鄭重建請在行政院或法務部迅速成立國家犯罪防治研究院，如一時不及成立，亦應迅速設置刑事政策專案小組，網羅各界碩彥，專責於刑事政策相關各事項之整理、分析、研討，並提出對策。以建立良好的政策內容，解決刑事法律與政策目前所面對的諸多困難，而最終之妥善做法，仍應建立制度內組織之「國家犯罪防治研究院」，始為正確。

7

理性思考死刑制度的存廢
——如何實現所有人的正義[*]

[*] 2007年4月27日於「從理性思考死刑制度的存廢研討會」（台北）專題演講。

壹、前言

一、死刑制度的國際趨勢

　　現在世界上大多數的國家，或透過國際合作以及條約的方式[1]，或是自發性地檢討國內刑事政策以及犯罪防制、治安維護上的需求，漸次地廢止死刑的執行，或是根本性地自普通刑法或是特別刑法將死刑從刑罰的種類之中加以刪除，成為停止執行死刑或是沒有死刑的國家[2]。歐洲地區的死刑廢除運動，雖然比較起南美洲地區或是加拿大等國家來說，腳步稍微延遲，但是就第二次世界大戰以後的世界趨勢來看，歐洲國家呈現出團結的態勢，在經濟上的結合以及文化價值觀念的互通，還有對於人性尊嚴以及人權保障的尊重，更使得廢除死刑運動在二次世界大戰後，於歐洲國家得到普遍的串連以及實踐[3]，甚至可以說，歐洲國家在死刑作為一種刑罰的立場上，已經形成一種完全排除的信仰。

---

[1] 從進程上來看，處理死刑議題的國際條約，當推以1966年聯合國大會簽訂，1976年生效的《公民及政治權利公約》第6條規定爲其濫觴，其規定內容大略爲：「生命權應受保障，無人應被恣意剝奪生命，在未廢除死刑之國家，死刑之執行只得適用於最嚴重之犯罪。」而1989年聯合國決議增訂之《公民及政治權利公約第二任擇議定書》在前言中，即明白呼籲各國廢除死刑，理由在於廢除死刑有助於人性尊嚴之提升及人權的進步發展，同時確信所有廢除死刑的措施，應被認爲是對於生命權享有的進展。請參閱：廖福特，廢除死刑——進行中的國際共識，律師雜誌第251期，頁27-30，2000年8月15日。同時亦可參考：吳志光、林永頌，我國停止執行死刑的策略——以現行法制及國際人權法之精神爲核心，月旦法學雜誌第113期，頁83-85，2004年10月。

[2] 例如英國的廢除死刑就經過國內上議院以及眾議院相互意見的思辯。關於其過程可以參考：Peter Hodg-kinson，鄭純宜譯，一個沒有死刑的社會——歐洲經驗談，律師雜誌五月號，頁97-98，2002年5月15日出版。更詳細的論述，可以參照：瀬川晃，イギリス刑事法の現代的展開，頁142-145，成文堂，1995年6月。此外，南美洲國家於獨立時即已超前於歐洲七十年廢除死刑，可參考：吳志光、雷敦龢，西歐國家死刑觀研討會，司法改革雜誌第40期，頁34-35，2002年7月15日舉辦。

[3] 吳志光，生活在一個沒有死刑的社會，司法改革雜誌第43期，頁54-55，2003年2月。

　　然而，死刑存廢爭議在美國以及日本的狀況卻與歐洲大相逕庭。雖然其中牽涉各國政治體制以及治安狀況的不同考量，但是在已開發國家之中，美國的死刑執行率卻依然居高不下[4]，日本同樣也在普通刑法之中保有死刑的刑罰規定。以美國為例，雖然在1967年的Furman案件判決[5]上，美國最高法院透過大法官的多數決，使美國全國的死刑法律因為違憲而失效，形成美國歷史上沒有死刑的十年。但是，在各州民意的強大壓力，政治因素的影響以及美國最高法院保守派以及自由派勢力消長的影響之下，1976年美國加州進行了恢復死刑的公民投票，以此開始了各州強力修法恢復死刑的活動。而在日本的情況，雖然自1990年11月10日開始到1992年11月10日為止，整整有三年的時間沒有死刑執行，但是自1993年3月27日開始，擔任法務大臣的後藤田正晴先生，以及之後的三個月章法務大臣，即以尊重刑罰制度之執行為由，繼續批准死刑之執行[6]。同樣地，即使學者以及民間團體非常活躍地進行遊說，以及推動相關的廢除死刑運動，日本的民意調查還是顯示出，贊成繼續保留死刑作為刑罰的一種之民意，始終高過廢除死刑的民意[7]。

　　此外，從全世界的角度來看，依據一份可靠的報告[8]指出，目前世界上已經有86個國家全面廢除死刑，11個國家僅保留針對戰爭罪刑的死刑，而有另外25個國家雖然法律上仍有死刑，但是已經有十年以上沒有執行死

---

[4] 王玉葉，美國聯邦主義與民意對美國廢除死刑的影響，歐美研究第35卷第4期，頁776-777，2005年12月。

[5] 可參照：王玉葉，美國最高法院審理死刑合憲性原則：試看Furman，Gregg與Atkins三案之軌跡，政大法學評論第82期，頁54-60，2004年12月。文中對於美國最高法院對於死刑是否合憲，以及死刑案件審判之程序與原則有詳細之敘述。

[6] 團藤重光，死刑廢止論（第6版），頁48-51，有斐閣，2000年4月30日。團藤重光教授即屬於日本司法實務界（曾任日本最高裁判所判事，等同於我國最高法院法官）極力提倡廢除死刑的一位重要人物。

[7] 蔡德輝、楊士隆、關仲偉，死刑存廢意向之調查研究，收於刑事法學的理想與探索（四），頁153-154，2002年3月。

[8] 國際人道聯盟（FIDH）調查小組，台灣死刑與人權現況報告，頁4，2005年9月，廢除死刑聯盟提供。在此份長達五十五頁的調查報告中，國際人權聯盟清楚地闡釋了為何反對死刑之理由，以及目前台灣的各項人權作為與應改進的問題。

刑，可以說是實質上廢除死刑的國家。但是，從法律中規定死刑的國家來看，美國、中國、日本、越南、伊拉克、伊朗、沙烏地阿拉伯[9]以及剛果等國家，卻同樣地繼續執行死刑。對於死刑的態度，如果嚴格地觀察國際上的趨勢，雖然在潮流上以廢除死刑為方向，但是對於死刑是不是可以繼續保留為刑罰之一類，還是有相當多的國家基於民意以及刑事政策為理由繼續保留死刑。

二、死刑爭議的國內狀況

　　如果從實體法面向上來觀察，我國的刑法修正可以當作死刑制度進化的一個指標。過往特別刑法時代「治亂世用重典」的刑事政策思維在近年來已經受到彈性的調整，2005年1月7日由立法院通過的刑法修正案，在根基上是採取兩極化刑事政策[10]的思維方式，針對目前社會在刑事政策上所遇到的問題，尋求在法制面上的解決。而在緩和的刑事政策方面，除了之前即已修正的擄人勒贖罪殺害被害人之唯一死刑，以及海盜罪與強盜、強制性交等罪不採取唯一死刑的修正之外，2006年7月1日開始施行的第十六次刑法修正條文，也已經廢止了未成年人犯故意殺害直系親尊親屬罪的死刑。目前在刑法的特別法中，只剩下陸海空軍刑法第27條、第66條有於戰時處唯一死刑之規定，以及妨害國幣懲治條例第3條第2項有唯一死刑的規定。普通刑法的分則以及其他特別刑法之規定中，均只剩下相對死刑之規定。在第十六次刑法修正的漫長歷程之中，依據法務部的構想，在嚴格的刑事政策思維下，原本希望引入美國加州所採取的累犯三振法案，或是對於惡性重大的犯罪人施以無期徒刑不得假釋的自由刑，以及提高有期徒刑上限等具體作法，或許有機會在配套措施完成以及矯治系統進化之後，漸

9　關於中東地區的死刑立法，可以參考：夏木文雄，アラブ諸國の刑事立法の研究，頁142-145，法律文化社，1990年3月25日。而關於國際間死刑的相關情報，可以參酌：死刑と人權——国が殺すとき，アムネスティ・インターナショナル編，辻本義男譯，頁126-317，成文堂，1989年12月10日。

10　法務部，法務部檢討暨改進當前刑事政策研究小組研究資料彙編，頁2-3，1999年8月。

次完成法務部所宣示的「廢除死刑政策」[11]。但是，社會治安問題持續擴大，再加上兩極化的刑事政策思維遭到學者誤會，而批評為一味「重刑」的刑事立法[12]，因此就第十六次的刑法修正歷程而言，死刑存廢的問題雖然引起關注，但是死席存廢問題依然沒有導入主要的修正方向之中，雖然甚早就有廢除死刑論者認為，可以採取提高有期徒刑的刑度上限，或是將無期徒刑的假釋要件提高或是廢除，作為死刑的替代刑[13]。

　　2006年迄2009年，法務部沒有執行任何一件死刑確定判決。對於以廢除死刑為職志的民間人權團體以及許多律師而言，或是對於國際人權組織而言，都可以當作是一個標誌；甚至也可以認為，這是廢除死刑的團體或是個人的大力遊說，以及「暫時停止執行死刑」的廢除死刑策略奏效的成果。但是，不論從整體社會價值或是目前的民意歸趨來看，雖然主張廢除死刑的一方持續不斷地遊說以及發聲，但是在治安指標性案件頻傳[14]，國人對於政府治安作為欠缺信心的狀況下，支持死刑做為一種刑罰的民意調查結果卻往往嚴重挫折主張廢除死刑者的策略與志氣[15]。誠然，從現在的客觀條件以及社會整體環境來說，要人民放棄死刑做為一種刑罰的手段，是相當困難的[16]。不論死刑制度本身是不是違反憲法第15條生命權的保障，或是只認為死刑是過去封建時代或是農業社會的遺跡，甚或認為，

---

[11] 蔡碧玉檢察官發言，「生命權保障與死刑違憲的爭議」座談會會議記錄，台灣本土法學雜誌第91期，頁108-111，2007年2月。

[12] 柯耀程，重刑化犯罪防治構想的隱憂與省思，收於變動中的刑法思想，頁456-459，1999年9月。

[13] 蔡順雄，死刑與無期徒刑的擺盪，司法改革雜誌第43期，頁53，2003年2月。

[14] 如2007年3月11日台北士林捷運站發生「捷運雙狼」隨機擄人性侵劫財的案件，台南縣則於3月20日發生李姓犯罪人強奪警槍以及警用巡邏車的案件。雖然案件在警方全力追緝之下很快即宣告破案，但是不論是隨機性侵或是象徵公權力的警械被搶，都造成了民眾的恐慌以及對治安的不滿。

[15] 在2007年3月18日的《蘋果日報》頭版上，即出現一個有關刑罰與犯罪的民調結果。結果顯示，高達九成以上的民眾認為死刑或是嚴懲重大犯罪行為人是有必要的。

[16] 李茂生，死刑廢止運動的社會意義，律師雜誌第251期，頁15，2000年8月15日出版。李教授即認為：「……兩百多年來，有關死刑的議論從未停止過，而其間正反兩種意見，早就傾囊而出，互相角力，雙方都無法得到絕對的優勢。」

主張死刑存續的運動是不知反省或是沒有反省機制的保守運動；然而，上述的觀點都沒有成為推動廢除死刑運動前進的力量，甚至可以說，廢除死刑運動者對於犯罪人或是受刑人人權的重視，在重大案件頻傳的現在反而成為一種遭人譏嘲的觀點，也被其他持中間思想或是支持死刑制度存續的人批評為不重視被害人或是其家屬的人權。而過去廢除死刑運動者對於主張死刑續存的批判以及以「人權」為中心的論述思想，似乎也並沒有如他們所主張的以「理性」做為出發點，反而只是以「違反人權」的幫助犯論點，或是強烈地認為支持死刑就是主張合法地殺人[17]，似乎在某種程度上已經將支持死刑與支持殘忍的刑罰劃上等號，雖然近來已經開始有反省的聲音出現[18]，但是堅持生命權不可由國家或是任何人剝奪的論點則未曾有所改變。

三、小結

　　本文的目的是希望表達一點心聲，也就是以現在的刑罰制度來整體觀察的話，依據刑法總則第33條之規定，死刑是我國五大主刑的種類之一，在司法院大法官會議沒有認為死刑制度基本上是違反憲法第15條生命權的保障，或是違反憲法第23條比例原則的前提之下，死刑制度在目前的台灣社會以及民主機制之下，應該是要被尊重的。以下即整理我國死刑存廢的論爭，並兼及引介日本死刑爭議的學說現況以為參考，最後則就社會整體的刑事政策觀點以及最為廢除死刑運動者重視的人權觀點，來進行論述。希望能夠拋磚引玉，不論是支持或是廢除死刑的觀點都有更多人能理性地加以闡述，引導出國家刑事政策的重要方向。

---

[17] 李佳玫，死刑在台灣社會的象徵意義與社會功能，月旦法學雜誌第113期，頁110-111，2004年10月。李教授在文中一開頭就將死刑定義為「國家殺人」或是「司法殺人」。

[18] 人權觀點終究還是死刑存廢問題的一個主要戰場。鄭逸哲教授發言，「生命權保障與死刑違憲的爭議」座談會記錄，台灣本土法學雜誌第91期，頁104，2007年2月。

貳、我國死刑制度的存廢意見

一、法理層次的討論

死刑制度的存廢牽涉範圍極廣，不僅牽涉實體法上的主刑種類與法官的刑度量定範圍，亦牽涉到刑事訴訟法中有關死刑執行的規定，以及在監獄行刑法之中對於死刑犯之處遇以及教化等等多重問題。學說上對於死刑存廢在法理上的討論，雖然存廢理由均備，但是除了幾個彼此堅持，互不讓步的大項目之外，幾乎沒有針對當前制度上的改進做出明確建議或是建立任何指導原則。以下即以圖表的方式闡述國內對於死刑制度存廢的兩面意見（參表3）：

表3　死刑制度存廢的兩面意見

死刑制度存廢的兩面意見[19]	
支持死刑繼續為刑罰一類之意見	廢除死刑或以他刑代替死刑之意見
從司法院大法官釋字第194號、第263號以及第476號解釋之見解來看，我國目前實務認為死刑並沒有違反憲法第23條的問題[20]。	從民主國家的理念而言，在「國家主權在民」的原理之下，以生命刑為嚇阻重罪的手段法理上欠缺正當性。可能會有違反憲法第15條生命權之保障以及第23條比例原則之問題[21]。

---

[19] 整理自蘇俊雄，死刑制度與理性批判，刑事法雜誌第44卷第1期，頁10-14，2000年2月。甘添貴，兩岸死刑制度之比較研究，收於刑法之重要理念，頁226-228，1996年6月初版。李茂生，死刑廢止運動的社會意義，律師雜誌第251期，頁16-18，民國89年8月15日。許福生，刑事政策學，頁265-271，2005年3月初版。

[20] 但是，這些死刑的相關大法官解釋引起了廢除死刑運動者強烈的批判。可參考：李念祖，理性討論死刑存廢的空間何在？——從大法官解釋死刑合憲的司法態度談起，律師雜誌第251期，頁4-7，2000年8月15日。陳志祥，評大法官第四七六號解釋，律師雜誌第251期，頁57-63，2000年8月15日。陳志祥法官即為本號解釋之聲請人。

[21] 陳慈陽教授發言，「生命權保障與死刑違憲的爭議」座談會會議記錄，台灣本土法學雜誌第91期，頁115-117，2007年2月。陳教授自基本權核心理論的觀點出發，認為我國憲法第23條的比例原則規定，只可以「限制」人民的基本權利，而一切基本權利都來自於人的生命，所以生命權如果被「剝奪」，就已經超過了國家限制基本權利的範圍。

表3　死刑制度存廢的兩面意見（續）

死刑制度存廢的兩面意見	
支持死刑繼續為刑罰一類之意見	廢除死刑或以他刑代替死刑之意見
從刑法的一般預防以及特別預防的角度來看，在刑事政策上經過渲染的「治亂世用重典」根本不是現在我國刑事政策或是實體法制的選擇，這種論點就如同認為死刑在現代社會存在是農業社會的遺產一樣欠缺理性基礎。	從刑事政策的觀點而言，「治亂世用重典」為維護死刑制度的重要因素之一。但是，實證研究資料顯示，死刑對於犯罪並沒有嚇阻力[22]。
在責任刑法的原則之下，刑事訴訟程序以及證據制度的改革將可避免死刑之濫用。而且目前在我國普通刑法之中已無絕對死刑之規定，死刑為相對之選擇刑，法官當可依據行為人犯行與各種證據，以及一切量刑事由深加斟酌。	死刑的宣告欠缺客觀的標準，裁量未能盡合公平，亦無法確實證明其罪有應得。亦即，死刑沒有程度的差別，不足以反應犯人的惡性，欠缺適當的彈性。
誤判可以透過程序救濟來解決，產生誤判與死刑並無直接關連，不論任何刑罰，都可能產生誤判問題。況且死刑判決程序較一般案件慎重許多。	一旦死刑執行過後，生命權即無法回復，如果是因為誤判[23]造成無辜者受死刑，根本沒有救濟的方式。
對於窮凶極惡之犯罪人處以死刑，如能對於同種犯罪之發生產生防範未然之效果，並生警惕與威嚇之效，即為對於一般善良國民生命之尊重。如果基於生命權一律平等之論點，保障多數善良國民之生命，自較保障窮凶極惡之徒的生命，更符合人道主義。	如果一個社會必須以殺止殺，才能滿足人民的正義情緒，反而容易破壞憲法尊重並保護生命權的基礎理念。

---

[22] 可參照：侯崇文、許福生，治亂世用重典社會意向之研究，犯罪學期刊第3期，頁43-58，1997年。但是，亦有調查結果顯示，有七成六的一般民眾認為，廢除死刑會使得社會治安變得更壞。蔡德輝、楊士隆、闕仲偉，死刑存廢意向之調查研究，收於刑事法學的理想與探索（四），頁170-171，2002年3月。此類的觀點如果僅僅用治亂世用重典這樣模糊不清的概念來說明的話，還是欠缺理性基礎的。

[23] 所謂的司法誤判，造成社會上關注最深，爭議最多，也可以說是我國死刑犯人權啟蒙的案件乃為蘇建和、劉炳郎以及莊林勳三人殺人、強盜、強制性交案。可參考：「從蘇案再審宣判談司法改革未來方向」座談會紀錄──死刑與無罪之間，司法改革路迢遙？，司法改革雜誌第43期，頁23-26，2003年2月。

表3 死刑制度存廢的兩面意見（續）

死刑制度存廢的兩面意見	
支持死刑繼續為刑罰一類之意見	廢除死刑或以他刑代替死刑之意見
如果就被害者情感而言，受害者的親屬，面對加害人因為「尊重生命」的人權呼籲而受到法律保障，情何以堪。不論被害人或是被害人家屬的正義情感被如何解讀[24]，死刑所具有的報應功能與被害情感之滿足，均屬重要的社會感受關鍵[25]。	如果從刑罰的教化與復歸社會觀點來看，死刑的存在根本毫無意義。
酷刑與死刑應該加以嚴格區別，況且，究竟是終身監禁不得假釋的自由刑或是死刑較為殘酷，可能就是價值判斷的問題[26]。	一切剝奪生命權的刑罰，都是殘虐野蠻的刑罰，死刑自然為其中的一類。
死刑犯的處遇可以透過改革監獄制度或是矯治制度的方式來進行，這是受刑人處遇的通盤檢討問題。過度訴求受刑人的人權保障，只會加深「當社會重大案件發生後，被聲援的對象竟然是加害者而不是被害者」的惡劣印象。	死刑會導致「死刑現象」的發生。死刑現象通常指的是長期羈押、在單人囚室與他人完全隔離、處決時間遲遲未定，跟外界的接觸被完全或是部分剝奪。此等待遇嚴重違反人道與憲法保障人性尊嚴之精神[27]。

---

[24] 廢除死刑論者曾進行實證研究，否定死刑存在對於被害人保護的功用。可參考：盧映潔，死刑存在＝犯罪被害人的保護？——簡論德國與台灣之被害人保護措施，月旦法學雜誌第113期，頁98-109，2004年10月。

[25] 被害情感不只是被害者家屬或是被害人自己的事，在媒體快速發展與傳播的社會中，重大犯罪案件的發生往往引起的是整個社會群體的不安感受。這一點與人民感覺治安好不好是同樣的觀點，也就是刑罰的一般預防效能所關切的重心。可以參考：許福生，治安是一種感覺，自由時報自由廣場論壇，2006年4月25日。網址為：http://www.libertytimes.com.tw/2006/new/apr/25/today-o6.htm。

[26] 蔡碧玉檢察官發言與吳志光教授發言，「生命權保障與死刑違憲的爭議」座談會會議記錄，台灣本土法學雜誌第91期，頁122至125，2007年2月。蔡檢察官說明了一個很實際的觀點。在現行的矯治制度上，如果犯罪人是被判處無期徒刑而且終身不得假釋的話，如何對其進行教化？就會產生根本上的問題。因為既然被判處不得假釋的有期徒刑，就表示法官認為此一受刑人無法回歸社會，無法回歸社會時，根本就沒有教化使其回歸社會的基礎。吳志光教授亦舉自身擔任流氓管訓工作之實例，說明在重大刑事罪犯上教化之困難。

[27] 國際人道聯盟（FIDH）調查小組，台灣死刑與人權現況報告，頁4，2005年9月，廢

二、法社會學的討論

從上述的論述來看，不論是訴諸堅強民意或是人民感情的支持死刑說，或是立於人權保障與憲法理論強調人性尊嚴的廢除死刑論，自然都各據其理，而且論理均有相當之基礎。然而，在現行法律體制之下，死刑的存在是一種實然。在廢除死刑的議題上，支持死刑的見解自然就會成為防禦的一方。在上述見解久攻不下時，廢除死刑運動者將論點自憲法或是法律層次抽離，轉向由法社會學的觀點切入。其中論點較為突出者有二：

(一) 重新省思「刑罰」與「應報」理論的觀點[28]

如果從生命權的角度來看，不論是死刑或是不得假釋的無期徒刑，對於受刑人來說都一樣是不人道的，唯一的差別就在於生命之存否。但是，不得假釋的無期徒刑卻很可能造成死刑受刑人在身心上的無比折磨，造成「雖生猶死」或是「生不如死」的身心狀況。而且，廢除死刑論者多數主張死刑僅僅是犯人的廢棄以及隔離社會，那麼不得假釋的無期徒刑又何嘗不是如此？在這種思維理論之下的廢除死刑理論，其實就是明白地承認刑罰的意義純粹就只有「嚇阻」與「隔離」。而這在廢止死刑論理上是自相矛盾的。

此外，如果依據英國倫敦劍橋大學刑事政策教授，亦為當今西方最著名的應報主義法學家之一的Andrew von Hirsch的見解來看，與犯罪程度互成比例的刑罰，是代表一種譴責，是法律對於身為道德主體的道德訴求。但是刑罰為何總帶有痛苦的施加？氏認為此乃因為人的不完美性，痛苦的施加在於使得犯人服從，以幫助譴責的道德目標的達成；痛苦是一種附帶效應，而不可僭越道德譴責的主要目標。如果從這個觀點來看，廢除死刑論者的重要主張之一，亦即死刑僅為應報，屬於不尊重人權的說法，也與此應報理論確立人的主體性，而強化道德譴責的說法不能完全相容。亦

除死刑聯盟提供。

[28] 周盈成，廢除死刑的論點如何深化？，司法改革雜誌第37期，頁64-66，2002年3月。

即，過去廢止死刑論者強烈批判的僅為應報之觀點，如果從客觀的道德情感與正義情感觀點來分析的話，會發現不僅是死刑，所有的刑罰都有同樣的效應與功能，僅有強弱之別，而無性質之分，因此繼續攻擊死刑僅為報復或是虛假正義感的滿足，或是認為死刑單純具有應報之效能此一論點，根本無助於死刑存廢的理性討論。

(二) 刑罰的象徵意義與社會意義[29]

亦有論者自康德（Immanuel Kant）哲學[30]與當代著名社會學家涂爾幹（Emile Durkheim）的刑罰理論出發，認為台灣甚少有學者去研究死刑與社會秩序維護之間的關係。但是，如果要真正理解死刑制度在現代國家的意義，必須擺脫過去將死刑當作封建時期的野蠻遺跡的成見，開始正視死刑在現代社會的意義。

而從涂爾幹的刑罰論出發來觀察，氏認為刑事制裁（亦即刑罰）是社會集體的良心對於違反道德秩序者的反應。透過刑罰的運作過程，社會的道德價值被具體展現以及重建。亦即，刑罰將社會的道德秩序明確具體化，透過刑罰的發動，社會道德秩序因此能夠表現出來而受到支持。以刑罰對於社會大眾的象徵意義而言，刑罰制度的存在本身與刑罰儀式或是過程的發動，本身是一種訊息的傳遞，而其主要傳遞對象並非為受刑人或是犯罪人，而是事實上大多數的人民，也就是那些遵守法律的人，而不是破壞法律的人。對於社會一般大眾而言，一度遭到犯罪人破壞的社會道德價值，必須要藉由處罰的發動受到重新的肯定。

如果依據這樣的理論來說明死刑的象徵意義時，死刑的存在本身具有的象徵意義，即不在於對於犯罪人的應報或是對於其他犯罪人的威嚇，而是其對於社會道德上重要的象徵意義，而這個意義是必須要透過死刑的存

---

[29] 李佳玟，死刑在台灣社會的象徵意義與社會功能，月旦法學雜誌第113期，頁119-124，2004年10月。李茂生，死刑廢止運動的社會意義，律師雜誌第251期，頁18-20，2000年8月15日。

[30] 關於康德社會契約論之說明，另可參考：蘇俊雄，死刑制度及理性批判，刑事法雜誌第44卷第1期，頁9，2000年2月。

在與執行才能得到落實的。亦即,死刑象徵了一個社會的決心,彰顯出此社會願意(支持死刑)並且能夠(執行死刑)提供一個最終的手段,來處理這個社會對於違背秩序與道德最為嚴重的犯罪行為。如果從刑罰的整體來觀察的話,所有的刑罰都代表對於犯罪者的道德譴責與否定,而死刑在這套體系之中,象徵了一個對犯罪者最嚴屬的譴責。這個觀點雖然並非全新的觀點,而係由涂爾幹的社會學理論出發,但是卻點出一個重要的社會觀點:亦即,對於一般大眾而言,死刑在現在社會事實上負有終極地維護社會道德與正義的重要性,其存在與施行,對於社會道德凝聚具有關鍵性的象徵意義。從這一點來進行民意調查的解讀的話,就很容易發現為何即使廢除死刑論者少數而澎湃的發聲振振有詞,卻無法撼動高達六成或是七成的民眾對於死刑的支持率而這也正是此一意義上支持死刑論者最有力的論據。

三、小結

平心而論,不論支持死刑之存在,或是強調人道觀點而認為死刑應該廢除,有一個關鍵點都是相同的,那就是不論死刑是不是應該要廢止,在制度上尊重人性尊嚴,即使支持死刑也以支持人道的立場出發而進行討論,是一個重要的關鍵。就如同大多數的人不會同意以性侵害的方式來處罰妨害性自主的犯罪人一樣,因為那樣的刑罰就變成一種純然的報復與宣洩,在現代民主法治國家是不容許這樣的刑罰存在的。然而,本文亦觀察到,即使被害人的觀點以及受害後的救贖過程非常重要,但是不論是支持死刑或是廢除死刑論者均沒有太多著墨。同時,如果死刑是一項重要的社會象徵以及道德譴責,而受到大多數民意支持的話,死刑犯處遇之改善,應該就會是重視死刑犯人權的廢除死刑論者的一個重要論點。但是,除了部分實際上的觀察報告[31]之外,對於監獄行刑法目前規定的缺失,或是死

---

[31] 國際人權聯盟(FIDH)調查小組,台灣死刑與人權現況報告,頁36-38,2005年9月,廢除死刑聯盟提供。

刑犯處遇的討論，幾乎都是完全欠缺的。這也形成廢除死刑論者在對大眾發聲上的一個重要缺憾[32]。

參、日本死刑存廢的爭議

一、爭議的實況

　　日本、韓國與我國同樣，都沒有廢除死刑。而我國刑事訴訟法與普通刑法均曾繼受日本法制，因此日本學說上對於死刑存廢問題之爭論，恰可成為我國重要的參考觀點。與我國相同，日本的死刑問題同樣亦牽涉憲法、實體法、刑事政策以及法社會學方面的諸多觀點，但是，與我國稍有不同的是，日本部分學者很早就注意到，如果民意調查以及社會的法律感情，還有現行法律體制的確認同死刑之存在時，不妨在制度上進行轉向，將焦點轉化至犯罪被害人或是被害人家屬的救贖與補償上，或是使得死刑確定人犯的處遇更為人性化，此點恰可補充我國論理上的不足。

　　首先，在死刑合憲性的態度上，日本最高裁判所的意見迄今都沒有變化。日本憲法第36條[33]規定：「對於來自公務員的拷問以及殘虐的刑罰，一律加以禁止。」，而死刑是否違反日本國憲法第36條之規定，成為殘虐之刑罰，最高裁判所對於此點之見解，並沒有太大的更動，亦即，自最高裁判所昭和23年（1947年）3月12日的判例做成之後，基本上肯定死刑存續之見解都沒有經過變化[34]。但是，值得注意的是，本判例的補充理由卻認為：「憲法無意要永久承認死刑。」換句話說，當民意、國內的治安狀

---

[32] 吳志光，生活在一個沒有死刑的社會，司法改革雜誌第43期，頁54-55，2003年2月。文中提到歐洲的死刑問題現狀，同時點出對於歐洲大多數人民來說，生活在一個沒有死刑的國家，是一種普世價值，幾乎可以成為一種人權信仰。

[33] 佐藤幸治編修，デイリー六法，頁17，三省堂，2004年10月15日。中文為筆者自行翻譯。

[34] 守山正，死刑，收於澤登俊雄、所一彥、星野周弘、前野育三合編，新‧刑事政策，頁145，日本評論社，1999年1月15日。

況以及人民的法律感情等等重要社會因素開始轉向，而傾向認為死刑可能
帶有太高的殘虐性而不能合乎立憲精神時，司法機關依然可以透過憲法解
釋之彈性來對死刑進行違憲之宣判。以下即以圖表整理日本死刑存廢學說
之見解（參表4）：

表4　日本死刑存廢學說之見解

日本死刑存廢學說之見解	
團藤重光[35]	團藤教授為日本著名的死刑廢止運動的實務界領袖之一。氏反對死刑的理由可以大別為兩個層次，一為程序法上之理由，另一則為實體法上之理由。在程序法上，團藤教授認為，死刑案件一旦誤判，由於死刑本身具有生命刑之性質，人的生命係有無之單純二元，一旦因為誤判而執行死刑，縱日後發現該受刑人為無辜，亦無任何可能加以救濟[36]，故而在尊重生命權以及避免因為誤判而殺害無辜之人的觀點上，應反對極刑之存在。而在實體法的罪刑法定主義以及罪責原則之考量下，雖然死刑與無期徒刑都是對於人性尊嚴以及身體、生命、自由等基本權嚴重之侵害，但是由於死刑本身就只有一個結果，在量刑上根本不能反應出犯罪人之惡性而加以伸縮，而且基於生命權不可回復之主要觀點，死刑在實體法上可能有違反罪責原則之嫌疑，因此反對死刑之存續。
平野龍一[37]	平野教授自刑罰的故意理論出發來觀察死刑之存續。雖然就立場上而言，無法表現出平野教授對於死刑存廢的明確意見，但是，在基礎的立場上，平野教授對於死刑是否為一種殘虐的刑罰，意見是保留的。同時，在行為人具有未必故意的情況下，如果就殺人行為處行為人死刑，氏認為可能有刑罰過重之問題。
大谷實[38]	大古教授亦整理日本國內死刑存廢之爭的意見，然而與我國之兩面見解相近。在今後的展望上，大古教授之見解傾向以民意為依歸。如果在今後，由於國民的法律感情以及道德感情的變化，認為死刑衝擊一般人民的感情，而使得人民認為死刑是殘虐的刑罰時，自然就有可能將死刑從刑罰中剔除。當前的態勢，則以慎重死刑的審判與執行，以及減少死刑之執行為目標。

---

[35] 團藤重光，死刑廢止論（第6版），頁315-343，有斐閣，2000年4月30日。

[36] 可參照：蘇俊雄，死刑制度與理性批判，刑事法雜誌第44卷第1期，頁12，2000年4月。文中提到，團藤教授受到1983年的免田事件、1984年的財田事件、1984年的松山事件以及1985年的島田事件此四個重大死刑案件之司法誤判所影響，更加強其積極肯定極刑應該予以廢除之理念。

[37] 平野龍一，犯罪者處遇法の諸問題（增補版），頁134-144，有斐閣，1982年1月25日。

[38] 大谷實，刑事政策講義（第4版），頁118-225，弘文堂，1996年6月30日。

表4　日本死刑存廢學說之見解（續）

日本死刑存廢學說之見解	
辻本義男 辻本衣佐[39]	辻本教授爲日本國內著名的廢除死刑論者。氏認爲，不論是從國際條約的趨勢，或者是從人權觀點來看，死刑做爲一種刑罰的殘酷性係屬無可置疑。更何況，從實證的研究指出，死刑對於犯罪抑止的效果並不明確，而且氏與團藤教授相同，認爲如果產生誤判之情形，由於人的生命不可回復，死刑欠缺可供救濟的任何管道，可能產生殺死無辜者的不良後果，故而反對死刑。
守山正[40]	從理論上來看，守山教授的見解亦傾向於國民感情之訴求以及目前法制下死刑制度的尊重。氏認爲，在刑法典中規定死刑，對於一般國民而言，象徵著國家願意在重大犯罪發生的時候，透過最嚴峻的死刑來維持國民的安全以及社會之秩序，此爲對於國民生命之保護的堅持以及對於生命權之敬畏。此外，死刑對於犯罪是不是有抑止之效力，對於死刑之存廢議題應係屬於次要性的問題，不論實證結果如何，由於現在幾乎很少有公開執行死刑的情況，對於犯罪的威嚇或是對於犯罪人的應報，似乎已經不是死刑存廢論爭一個重要的觀點。氏認爲未來的展望上，還是在程序面的修正以及改進。例如將實體法中的死刑犯罪，修改其幅度，使其限制爲重大侵害生命法益之犯罪，或是引入死刑的緩期執行制度[41]，仍以減少死刑之執行爲當前目標。
前野育三[42]	前野教授整理目前死刑存廢之論點以及世界廢除死刑的潮流之後認爲，從目前日本的現狀看來，死刑的確定判決，一年減少至三件左右。如果可以採行死刑的替代制度，或是在犯罪人已經眞心誠摯地懺悔自己的犯行，社會也逐漸遺忘犯行之殘酷時，可以考慮以通常的無期徒刑代替死刑之執行，讓死刑人犯有獲得重生的機會。而前野教授亦期待作爲一個人權國家，日本終究還是能夠廢除死刑。

---

[39] 辻本義男、辻本衣佐，アジアーの死刑，頁7-36，成文堂，1993年7月1日。

[40] 守山正，死刑，收於澤登俊雄、所一彥、星野周弘、前野育三合編，新・刑事政策，頁139-150，日本評論社，1999年1月15日。

[41] 鈴木敬夫編譯，中国の死刑制度と労働改造，頁36-50，成文堂，1994年8月10日。日本亦有不少的學者嘗試介紹或是引入大陸目前實行已久的死緩制度，以減少死刑對於社會的衝擊，以做爲廢除死刑的前階運動。另可參考：甘添貴，大陸刑法死緩制度之研究，收於刑法之重要理念，頁265-267，1996年6月。

[42] 前野育三，刑事政策論（改定版），頁131-136，法律文化社，1994年4月20日。

表4　日本死刑存廢學說之見解（續）

日本死刑存廢學說之見解	
森下忠[43]	森下教授所強調之點在於刑罰之執行以及死刑、通常無期徒刑以及不得假釋的特殊無期徒刑或是必須服刑一定之長時間後方得假釋的加重無期徒刑的區別。如果要將死刑加以廢止，必須在上述的數種無期徒刑之中，僅選擇一種做為死刑之替代方案，方為合理。而且，如果依據目前的日本行刑實務來說，日本的通常無期徒刑，人犯必須要監禁二十年之後才有機會可以獲得假釋，氏認為就人犯社會復歸的觀點來看，與死刑的差別不大。在制度的論點上，森下教授傾向於如果要廢除死刑，必須要先進行完整的制度配套以及相關法令的全面修改，以其他更合理的刑罰方式來代替死刑之後，方得廢除之。
菊田幸一[44]	菊田教授自美國最高法院於1972年Furman案的死刑違憲判決切入，進行美國憲法增修條文第8條「殘虐與異常之刑罰」以及日本憲法第36條「殘虐的刑罰」的意義的比較。氏認為，如果就文意上來分析的話，異常的刑罰基本上是可以包含在殘虐的刑罰的一類之中。然而，如果就殘虐性來看的話，死刑在日本最高裁判所的見解上，並沒有異常或是殘虐的問題，只有死行執行的方式才有殘虐性的問題。換句話說，在最高裁判所變更其憲法見解之前，死刑並非日本憲法第36條所謂的「殘虐的刑罰」。在這一點上，菊田教授認為可以將「放棄死刑」的觀點與「放棄戰爭」的觀點相提並論，此類觀念會隨著新的憲法解釋而產生變動，目前則未有定論。

　　日本自最高裁判所昭和23年（1947年）3月12日的判例做成之後，死刑的合憲性基本上就沒有動搖過，亦即，在基礎上，日本最高裁判所之見解，係認為死刑本身並沒有殘虐性的問題，但是在死刑執行的方式上則有此類的問題[45]。經歷數十年之演進，昭和58年（1982年）7月8日的永山連續殺人判決上，日本最高裁判所做出了關於死刑的確定判決的一般性判斷基準，其內容略為：「在死刑制度存續的現行法制之下，法官必須要對於犯罪人犯罪之罪質、動機、態樣，亦即殺害手段上的執拗性、殘虐

[43] 森下忠，刑事政策の論點Ⅱ，頁26-39，成文堂，1994年9月1日。

[44] 菊田幸一，刑事政策の問題狀況，頁290-294，勁草書房，1990年1月25日。

[45] 如最高裁判所1955年4月6日之判例見解推翻1948年3月12日的判例見解，認為將犯人絞死的方式，有違反憲法第36條之疑慮，亦即，最高裁判所認為，在死刑的執行方式上，絞首至死是一種殘虐的刑罰，而不見容於刑罰的體系之下。請參閱：辻本義男，辻本衣佐，アジアーの死刑，頁22-23，成文堂，1993年7月1日。

性、結果的重大性；與被害者的人數、遺族的被害感情、該案件對於社會的影響、犯人的年齡以及前科記錄、犯罪後的表現以及各種情狀合併加以觀察，在判斷犯罪人罪責確實相當重大，從罪刑均衡的角度或是刑罰一般預防的角度來看確實沒有辦法不選擇極刑（死刑）之時，法官方得為死刑之判決。」此判例即成為迄今日本實務上各級法院進行死刑確定判決的重要判斷基礎。亦即，從實體上來看，如果是殘虐的殺人事件，連續殺人或是存在大量的被害人時，法官自然可以依法宣告死刑。從這個觀點來看，日本實務見解的統合趨勢，乃在於將死刑之適用，限縮於重大侵害生命法益或是侵害多數生命法益之犯罪上，這一點也深值我國實務界以及學界參考。而本判例亦顯現出兩個面向的重要觀察，其中之一，即是日本司法體系對於憲法以及死刑之尊重態度，在判例開頭即言：「在死刑制度存續的現行法制之下……。」亦即，日本實務見解似乎傾向於死刑是否存廢，是民意歸趨以及憲法解釋的問題，尊重現制雖然可能會遭致保守之批評，但是在法律體制以及人民法感情的趨勢上，卻是一個比較理性的選擇。另外一方面，這個判決顯示出一個死刑的確定判決必須要極端謹慎，因為等待判決結果的雙方，天平的一端是失去親人生命的遺族的感情，而這也會連結到社會整體對於被害家屬的同情以及整體法秩序維護的觀點，另一端則是犯罪人不可回復的生命法益，兩端的輕重難有客觀標準能互相比較，但是判決結果卻不能罪刑失衡，這也彰顯出死刑確定判決對於刑事庭法官智慧的高度考驗。從尊重死刑制度存續的觀點來看，限制死刑的適用在重大侵害生命法益的犯罪上，對於我國目前的刑事司法判決來說，的確是一個非常重要的參考點。

二、小結

我國最高法院近來有一則判決值得吾人注意，即最高法院95年度台上字第4566號判決[46]；其判決主文略為：「……死刑之存在，就現階段之刑事政策而言，與其說是一種報應主義之產物，毋寧說是對於某種特別犯

---

[46] 李佳玟，死刑與理性正義，台灣本土法學雜誌第92期，頁249-250，2007年3月。

罪，實現理性正義的需求，並為維護社會秩序或增進公共利益所必要。由
於死刑之諭知，為生命之剝奪，具有不可回復性，基於對生命價值、生命
權及人道之基本尊重，法官在諭知死刑之判決前，除應就個案整體觀察，
審酌刑法第57條所列舉科刑輕重之事項外，亦應審酌其他一切情狀，避免
有失衡平，以及是否確為罪無可逭，非執行死刑不足以實現理性正義，並
為維護社會秩序或增進公共利益所必要，並應於判決內說明其理由，始為
適法。……」此一判決首次在我國死刑案件判決中出現「理性正義」之
思維方式，在某程度上，尤其是在追求罪刑均衡以及死刑使用之限縮與審
慎之態度上，可說與日本最高裁判所昭和58年的永山判例有著異曲同工
之妙。換句話說，由於我國釋憲機制與刑事審判體系有著制度上的區別，
我國的最高法院似亦採取與日本最高裁判所相類似之見解；亦即，在尊重
現有的法律體制係維持死刑制度之下，對於死刑的存廢爭議不多加著墨，
而著眼於審慎死刑的適用以及罪刑均衡的追求，在理念上可說是值得肯定
的。

　　此外，在尊重死刑制度存續的前提下，日本的矯治制度以及矯治法律
開始進行有關與死刑犯處遇相關的問題討論，以及進行必要的法令修正，
這是目前我國在死刑存廢爭議上幾乎無人探討之課題。日本在2006年6月
8日將原本的「刑事設施與受刑人等之處遇的相關法律」（簡稱為受刑人
處遇法）進一步加以修改與擴大，修正為「刑事收容設施與被收容者等之
處遇的相關法律」（簡稱為刑事被收容者處遇法）。雖然必須要等到2007
年的6月才會開始正式施行，但是相關的先頭討論以及說明已經在日本律
師界以及學界展開[47]。對於死刑確定者之處遇，新修正的刑事被收容者處
遇法有兩個重點；其一乃死刑犯的「心情之安定」見解之更新，在修法過
程中，透過日本全國律師連合會的努力爭取與發聲，將原本含混不明的、
散亂於受刑人處遇法的「心情之安定」的概念，在修法過程中加以統合，
使得新法在死刑犯處遇的原則、態樣，面會以及書信往來等等規定，都重

---

[47] 田鎖麻衣子，変わる死刑確定者處遇——刑事被收容者處遇法の規定と解釋，自由
　　と正義：日本弁護士連合會會誌，頁68-76，2007年1月。

新進行了以死刑收容人為中心的修正，亦即，將過去不重視死刑收容人個人的心情以及感受的規定加以全面修改，在制度上進行彈性調整，使得制度能夠配合死刑收容人自己的心情，而使其安定，此為修法概念之全新落實。簡而言之，回歸死刑收容人本身的心情，由機關進行可使其安定之處遇，而非由機關片面決定某種處遇方式即有助於死刑收容人「心情之安定」，此也可視為日本矯治理論與實務的新突破。其次，在處遇方式上，日本過去矯治實務上習慣性地將死刑收容人單獨收容於舍房之內，或是嚴格禁止面會、書信、等處遇方式，隨著國際趨勢反應在國內立法上，將會有更進一步的彈性以及放寬。同時，日本新修正的刑事被收容者處遇法在附則中規定，該法於公布施行至2011年時，必須要視實行之狀況進一步加以修正以及調整，亦即，在現代刑事矯治的思維之下，如何彈性地運用矯治措施，並且與時俱進地修正法令之規定，使其能符合人性尊嚴之保障以及人權之要求，在犯罪處遇以及刑事矯治上，是最重要的工作。在這個趨勢上，我國顯然嚴重落後，這大概也是只重視死刑存廢的表面爭議，而忽略眼前需要專注研究、發展的課題所致。

　　從刑事政策的角度來看，死刑制度雖然在刑事實體法上是主刑的一個種類，但是，在刑事政策學上，卻可以當作獨立的一個課題而加以研究。因此，有必要以當前作為我國刑事法基礎的刑事政策思維來加以檢討，並進行觀念的深化；而我國當前的刑事政策主流思維以及具體實踐，即為「兩極化的刑事政策[48]」。以下，即從兩極化刑事政策的觀點來加以切入，並在一貫的體系之下進行被害人觀點的深化，進一步討論死刑制度與被害人的關係。

---

[48] 關於刑法第十六次修正與我國兩極化刑事政策之間的關係，以及兩極化刑事政策各項實踐與展望的完整介紹，請參酌：拙著，刑法之修正與刑事政策的變遷，刑事法雜誌第50卷第6期，頁11-33，2006年8月。

肆、兩極化刑事政策下的死刑觀點

　　如果從刑法第十六次修正的角度來看，本次刑法新修正之刑事政策基礎，就在於所謂寬嚴並進的刑事政策，而其實這個刑事政策理論之原點，即為筆者於民國86年擔任法務部長時期引入的「兩極化刑事政策」。所謂的兩極化刑事政策，指的是在「輕者衡輕，重者衡重」的基礎精義之下開展的刑事政策。從原理上來看，兩極的刑事政策其實是三元的結構，是以輕罪、重罪之預防以及行為人的處遇作為極端之二元，而透過中間（或稱為一般）的犯罪來進行有機之結合，三者的概念互相流動、補充，目的在於適應社會上治安狀況之良窳，適當地調整刑事政策的作為，配合犯罪人的特性，進行嚴格的社會防衛或是緩和的社會復歸作為，而使得社會整體資源在犯罪防制上得到最有效率也最合理之運用。換言之，在兩極化刑事政策之整體理解上，重大犯罪或是高危險性之犯罪行為人，應該立於防衛社會，維持社會秩序與整體國民安全公益之立場，對其採取嚴格的處遇方式來防止或是矯正其罪行；而對於侵害法益微小，輕度的過失犯罪，或是危險性小，足以復歸社會，社會觀感上也能接受之輕罪行為人，則儘量利用緩和或是轉向之措施，使其早日復歸社會，回復社會正常生活；而對於這兩個重心之外的一般犯罪行為人，則依據一般處遇方式，重視其人權，採取正當法律程序，以確定國家刑罰權以及其處罰方式。這三種模式的彈性組合與運用，才是兩極化刑事政策面對社會上各種不同的犯罪以及其型態，可以發揮所長，調和刑事司法資源的真髓所在。

　　同時，現代的刑事政策思維與作法，真正的關鍵在於「調和」，而非「對立」。當初將兩極化刑事政策之整體思考引入國內時，是基於國家整體刑事政策的發展與規劃之目標；在思考有關預防犯罪以及犯罪人處遇的各項對策之同時，我們亦不能忘記，在每一個犯罪的背後，同時存在著被害人，而且，被害人如果被忽略，他們很可能會成為犯罪人。被害人政策事實上與預防犯罪以及犯罪人處遇有密不可分之關係，因此，在規劃整體刑事政策時，也應該將犯罪被害人的保護政策包含在內，使刑事政策之

內涵更具全方位之角度，而得以從加害人與被害人之雙方同步尋求犯罪問題之解決。尤其在採取兩極化刑事政策之前提下，除了顧慮到犯罪人的懲罰、更生以及矯正之外，更必須考慮被害人的損害有否救濟，被害感情有否得到平撫，使刑事司法程序不但對於犯罪發生制裁與遏阻作用，也因為犯罪被害人之傷痛及損害得到救濟與撫平，而具有更積極之意義。也就是在這樣的思考基礎上，被害人在死刑制度上的意義就變得非常關鍵。

一、「被害人」的定位與思考

（一）刑事實體法中的被害人

從現代意義的刑罰觀點來看，刑法之所以可以處罰犯罪人，是因為犯罪人侵害了某一種法益。不論這個法益是國家法益、社會法益或是個人法益。亦即，就法益侵害與保護的觀點來看，刑法保護的法益雖然在概念上是抽象地存在，但是其保護的個體卻是真實的[49]。例如刑法第271條第1項之故意殺人罪，刑法保護的是個人的生命法益，但是在現實上，必須有被害人實體之存在，才有保護之可能與必要。現代刑法之法益論以及刑罰論之基礎，原則上即建立在這樣的關係上。

但是，如果從現代刑罰理論的兩個基礎理論，亦即應報理論與預防理論來觀察的話，我們會發現，不論在哪一個詮釋架構之下，幾乎都沒有被害人的立足之地[50]。現代意義下的應報理論一般分為兩個面向，其一是認為刑罰涉及對犯罪人所為之惡的應報，其二則認為犯罪是對於法律秩序的破壞以及違反，而刑罰的施加或是刑罰的執行則涉及法律秩序的恢復以及重塑。在應報理論的觀點中，刑罰是犯罪人基於道德規律之要求，或是基於恢復法律秩序的需要而為其犯行所付出的代價。如果從此觀點來看，即使刑法涉及的不是對於被害人權益的具體侵害，而是對於法律的惡意違反，而刑罰只是做為體現道德規律的要求以及法律秩序的恢復時，其間當

---

[49] 伊東研祐，法益概念史研究，頁4-7-416，成文堂，1984年6月15日。

[50] 勞東燕，事實與規範之間——從被害人視角對刑事實體法體系之反思，中外法學雙月刊，頁298-299，2006年3月。

然很難找到被害人的定位所在。

　　而預防理論通常分為一般預防理論與特別預防理論。積極的一般預防理論認為，對於犯罪人施加刑罰，能夠使被破壞的秩序在人民的心中重新被穩固。消極的一般預防則將刑罰視為防止未來犯罪發生的威嚇工具。很顯然，在一般預防理論中也沒有被害人的位置。積極的一般預防將刑罰界定為確認法規範、引導人民形成對法律的忠誠的手段，最主要的目的在於國家之利益，而與被害人到底被侵害了什麼法益產生了遙遠的距離，而消極的一般預防則是將被害人也納入在被刑罰威嚇的對象之中，亦即，在此被害人僅為公眾之一員，亦不具有特殊之意義。特殊預防理論是從犯罪人個人的角度來出發的，一般係採取剝奪能力或是矯正之方式，防止犯罪人繼續實施新的犯罪。剝奪能力是以隔離或是消滅的方式，從物理上禁絕其再犯之可能性。而矯正則透過各種手段之採取；如醫學、心理學、精神疾病學或是其他有效之矯治方式，促使犯罪人再社會化。而刑罰的教育理論也就是矯正理論的進化，事實上還是在處理刑罰與犯罪人的關係。特殊預防基於保護公眾的目的，而對於犯罪人進行隔絕或是矯正，被害人雖然在這個層次上可能會因犯罪人受到處分而受到心理上的補償或是得到一定之利益，但是在此理論之下依然被當作是公眾的一員，與其他沒有受到犯罪侵害的人沒有差別。但是，不論是被害人本身或是被害人的遺族、親屬，在自己的親人或是朋友受到犯罪侵害，而親身經歷被害的過程之後，把被害人或是被害家屬與無關的公眾相提並論，顯然也不盡公平。

　　如果從以上的視角來觀察，過往死刑存廢論的討論畢竟太過武斷與自我，不論是支持死刑存續的觀點或是主張廢除死刑的觀點[51]，都沒有謙卑而深刻地去探討被害人、犯罪人與刑罰之間的關係。筆者認為，我們應該要思考的是，被害人或是被害人的遺屬的心情與救贖，不僅僅限於其權益保護或是補償的問題，更進一步來說，被害人與遺屬的受害狀況、是否受到犯罪人之補償、犯罪人對於其犯行是否對被害人或其遺屬懺悔或是請求

---

[51] Peter Hodgkinson教授曾經注意到這樣的問題，但是其立論與本文見解並不相同。Peter Hodgkinson，鄭純宜譯，一個沒有死刑的社會——歐洲經驗談，律師雜誌五月號，頁101-102，2002年5月15日。

原諒，反而更是決定犯罪人刑事責任的基礎所在。也唯有透過被害人、犯罪人以及象徵刑罰執行者的國家機關的三方調和，才能真正讓被害人在刑罰的執行過程上得到其應有之尊重與權益。不論一個國家是不是有死刑制度，在刑事實體法上長期被忽略的被害人，才是刑事制度未來更新以及追求公眾人權，並非僅為被告或是受刑人之人權的一個重要關鍵。在現行死刑案件判決制度之下，如果可以將被害人或是其遺屬的意見，納入法官量刑的基礎，並且透過適當的方式讓被害人得到一定的補償，將有助於死刑判決更為人性化，也更能在具體判決上平衡被告以及被害人或其遺屬的權益[52]。

(二)刑事程序法中的被害人

在刑事實體法中沒有地位的被害人，在刑事程序法中是不是會得到相對的改善呢？答案其實很清楚。其實，早在民國86年筆者擔任法務部長的期間，當時的學界以及實務界，甚至世界的刑事政策潮流都開始慢慢地轉向，將刑事司法程序的焦點自被告或是犯罪行為人的集中，開始一部分地、漸進地往被害人的角度來挪動，並且嘗試對於刑事訴訟程序上被害人的訴權以及被害人在受犯罪侵害後的各種補償、司法機關的積極協助以及訴訟參與的各種可能性，加以全面性地檢討與改進。基於這樣的理念，當初筆者於86年10月成立「法務部檢討暨改進當前刑事政策研究小組[53]」，全面性深入探討包括嚴格的刑事政策與寬容（或緩和）的刑事政策，犯罪被害人之保護以及訴訟經濟等課題時，對於被害人在刑事訴訟程序以及賠償、保護的課題，即已進行全面性的研究與討論。在對於被害人的整體刑事政策方面，主要的研討課題在於：

1. 強化被害人在刑事訴訟程序中之地位[54]。

---

[52] 亦有論者主張在刑罰執行的變更中可以擴大被害人的參與，此意見亦深具參考價值。韓流，論被害人訴權，中外法學雙月刊，頁290-291，2006年3月。

[53] 關於成立之經過、小組成員與研修的所有課題，可以參酌：拙著，刑法之修正與刑事政策的變遷，刑事法雜誌第50卷第6期，頁24-26，2006年8月。

[54] 李雅玲，強化被害人在刑事程序中的地位，收於法務部檢討暨改進當前刑事政策研

2. 強化刑事程序中保護被害人安全及名譽之設計。

3. 使被害人獲得適當的補償或賠償[55]。

4. 將受刑人賠償被害人之情形作為假釋審查條件，以促使受刑人設法補償被害人之損害，使被害人能認同假釋制度。

5. 檢察官介入協助調查刑事案件被害人保全債權之可行性[56]。

上述研究的成果以及結論，在具體的影響以及落實上，即為我國刑事訴訟法緩起訴制度中，檢察官得於緩起訴處分前，命被告向被害人進行一定之補償或是道歉，以及後來的協商程序中，被害人可以進行實體的參與。但是，在就被害人訴權以及程序參與的整體研究成果上，卻沒有在後來的刑事訴訟程序修正中得到更理想的落實。而且，除了犯罪被害人的賠償問題在犯罪被害人保護法之立法中獲得部分解決，關於被害人或是其家屬的輔導以及協助，社會資源的整合以及協調，對於被害人以及其家屬的長期輔導與追蹤，幾乎都沒有很完整的配套措施加以落實[57]，這是相當令人遺憾的。

回歸到世界潮流的觀點，英國在2003年的司法改革報告白皮書[58]中明確地提到：「本國的人民希望有一個有利於實現公正的刑事司法制度，人民認為犯罪被害人應當成為這一個制度的核心。」追求「所有人的正義」，而不只是犯罪人在刑事訴訟程序中的人權保障，昭示了當代刑事訴

究小組資料彙編，頁279-295、311-321，1999年8月，法務部。

[55] 蔡碧玉，犯罪被害人的賠償與刑事司法，收於法務部檢討暨改進當前刑事政策研究小組資料彙編，頁352-369、372-385，1999年8月，法務部。

[56] 陳宏達，檢察官介入協助刑事案件被害人保全民事債權的可能性，收於法務部檢討暨改進當前刑事政策研究小組資料彙編，頁386-405、407-416，法務部，民國88年8月。

[57] 廢除死刑運動者同樣注意到這一個問題。吳志光教授發言，西歐國家死刑觀座談會記錄，司法改革雜誌第40期，頁39，2002年7月15日。盧映潔，死刑存在＝犯罪被害人之保護？——簡論德國與台灣之被害人保護措施，月旦法學雜誌第113期，頁107-109，2004年10月。

[58] 大陸最高人民檢察院法律政策研究室（編譯），所有人的正義：英國司法改革報告，頁1，中國檢察出版社，2003年。

訟制度以及刑事政策轉型的一個新的方向。以這樣的觀點來思考當前死刑存廢的爭論時，我們必須要捫心自問，如果被害人的關懷以及救贖如此重要，在目前制度沒有完整配套，而且在刑事實體法上被害人的定位顯然薄弱的前提下，廢除死刑制度，對於被害人的感情以及救贖，會是一件值得肯定的事嗎？如果在刑事實體法以及刑事程序法上對於被害人的參與以及照顧不足的情況下，國家就貿然廢除死刑，使得被害人因為犯罪人受到國家的處罰，而能夠得到的一點心理補償[59]都被剝奪，那麼我們如何說服人民這個刑事司法體制的目的是為了實現正義，追求公平以及公正？到頭來還是不免刑事司法程序只為保護被告或是犯罪人的人權之譏。

二、兩極化刑事政策與死刑

如果從國家整體刑事政策的觀點來看的話，死刑制度之存在與兩極化刑事政策的整體思維，並沒有任何衝突，相反地，在立於國家秩序維護以及保障大多數善良公眾的生命以及人權的角度來看的話，依據特別預防理論而建立的嚴格的刑事政策[60]的此一端點，正是要將無法矯治，或是對於社會顯然具有危險性，或是嚴重暴力犯罪的犯罪人，自社會生活中加以隔絕。在尊重死刑制度，同時，在目前我國刑事政策已經朝向兩極化刑事政策的觀點進行轉向以及修正時，如何審慎對於犯罪人罪刑之判斷，以及是否有必要將其完全隔絕於社會之外，或者是還有任何矯治可能性等等實務作為，都還需要進一步的研究與探討，並且還要在實踐中得到修正的數

---

[59] 此與「報復」問題不能相提並論。報復是私人對私人的行為，而國家執行死刑，在特別預防的觀點上，是認為犯罪人已經無法回歸社會，只好不得已將其永遠隔絕於社會之外。被害人在此時只能得到一個自然情緒上的滿足，也就是國家已經為我們恢復了秩序。對於已經失去的、無法回復的親人的生命，因為犯罪人犯行受害的身心，都可能會留下無法磨滅的傷口。廢除死刑論者一再強調這就是一種報復心理或是虛假的正義滿足，但是，在此之前我們應該要先問國家為被害人做了哪些事情，如果連這一點秩序之恢復以及情緒之彌補都不能透過刑罰的執行來體現的話，刑事司法追求正義與人權的基礎將不復存在。或許對廢除死刑論者而言，法律是為了矯正這樣的自然情緒而存在，但是，不可否認，在理性上被害人刑事政策的轉向，已經證明了這一點在死刑制度甚至是整體刑罰制度的思考上都非常重要。

[60] 森下忠，刑事政策の論点，頁5-8，成文堂，1994年9月1日。

據與改革的方向。現在的廢除死刑論者似乎並沒有認真地從整個制度面去思考死刑制度存在的意義與效能[61]。犯罪人的人權保障以及制度保障當然是一個觀點，但是，如果國家的政策或是制度變成只會保障某一部分人的程序人權，那這樣的人權觀點就已經偏頗，而難能成為支持制度建立的基礎。

伍、展望與建議——代結論

從人權保障的觀點來看，憲法保障的基本權利，又被稱作基本人權，是必須透過國家的法律制度及政策推行來落實的。而這些法律或是法制之建立，正因為基本人權是附著在每一位國民身上，所以法律制度的建立與人權保障的關係，就必須具有「普遍性」以及「公平性」。死刑制度之所以存在自有其理由，然而筆者同樣也認為，對於一個長久施行的制度提出不一樣的觀點，來刺激整體刑罰制度的改進以及促進人權之保障，這樣理性的對話以及思辯，恰巧反映出一個民主國家保障所有人的言論自由，以及公開討論法律政策的優點。從整體刑事政策以及現在刑事司法制度的觀點，在廢除死刑的客觀環境與制度、架構成熟之前，筆者認為，「所有人的正義」才是制度以及政策應該要追求的目標。基於這樣的思考，關於死刑的刑事政策研究，我們還有一些具體的方向要努力：

一、擴大交流對話，讓更多人參與思辯的過程

理性而平等的對話是一切政策研討的基礎。不論是支持死刑存續或是主張應當要廢除死刑的兩方意見，都不應激化而成為絕對對立的觀點，儘量在不同的觀點之中異中求同，了解對方的理論基礎以及思維模式，在現行制度的問題上實事求是的進行討論，才能獲致實在而可以確實改進的意見。

---

[61] 鄭逸哲教授對此即有來自不同觀點的論述。可參閱：鄭逸哲，現行法架構下「廢除死刑執行」的「實質途徑」，台灣本土法學雜誌第91期，頁98-100，2007年2月。

二、對「被害人」觀點的深化以及制度性保障

如前所述，不論是世界的刑事潮流或是我國目前整體刑事政策的觀點，兩極化刑事政策以及被害人轉向的觀點，已經是重要的基礎。如何在實體法以及程序法上一面顧及犯罪人應有的權益，同時保護並補償被害人，積極完善被害人保護法、證人保護法的立法，使其更趨合理完備，以及積極完成被害人的救贖與社會支援的整體架構，將會是建立正確的人權觀念，達成公平正義社會的重要契機。

三、實證研究的強化與深入的資料分析

民意的支持一直是支持死刑論者一個重要的依據。但是，民意的轉向以及民意調查的結果未必能夠正確無誤地反映出一般民眾對於死刑議題的看法，過度訴諸民意也只會形成不理性的民粹結果。因此，必須廣泛地進行各種層次，多種角度的調查[62]，才能更精準地窺知民意對於死刑問題的趨向，並且在合乎現行制度以及刑事政策方向的立場下，以民意做為刑事政策的依據。

四、強化犯罪的預防以及治安整體政策的規劃與推動

從兩極化刑事政策可以彈性調整，配合社會治安情況來進行嚴格的刑事政策作為或是緩和的刑事政策作為的基礎思維下，如果犯罪預防工作能夠具體落實，社會整體治安政策能夠確實推動，社會治安情況將會從嚴峻轉為緩和。此時，刑事政策作為便會自然地向中間的刑事政策或是緩和的刑事政策靠攏，而不需要太多特別預防理論下的嚴格刑事政策處遇。只要人民感覺到治安確實變好了，關於刑罰的議題就會有更多的空間可以討論以及開展。在一個治安良好的社會裡，刑罰是沒有實際意義的，因為沒有人會因為犯罪而受到罪刑相加，這也才是儒家理念中「刑期無刑」概念真正的精髓所在。更進一步來說，一個治安良好的社會，不會有犯罪人去侵

---

[62] 蔡德輝、楊士隆、關仲偉，死刑存廢意向之調查研究，收於刑事法學的理想與探索（四），頁177，2002年3月。

害其他人的人權或是法益,每一個人的人權都被平等地尊重以及保護,這也才是公平正義的人權理念所要追求的目標。

五、建立國家犯罪防治研究院實為當務之急

筆者一再呼籲與強調,刑事政策各項措施的綜合研究與推動,應有一專責機關負責,始能有效,否則多頭馬車,各行其是,各家學說,而缺乏統合及整理之作法,最後言人人殊,莫衷一是[63]。如以鄰近之日本而言,其法務省法務總合研究所成立已逾半世紀,對日本犯罪學、刑事政策學、刑事法學之研究與推動,貢獻甚鉅,並成為日本諸多政策制訂之主要依據。同時,不僅是日本,英國、澳洲、加拿大、中國大陸等地區為了整合刑事司法資源以及配合國際共同打擊犯罪之需求,同樣先後成立了跨部會的國家級犯罪資源整合中心。為改善台灣地區之治安,推動正確的刑事政策,建立完善的刑事法制,在行政院或法務部迅速成立國家犯罪防治研究院實為當務之急[64]。在死刑制度議題的研究上,由於問題性質的特殊以及見解之對立,更需要整合刑事政策的考量以及充足研究的支持。在這一點上,如果國家級的整合機構無法及時成立,亦應由主管機關迅速設置刑事政策專案小組,網羅各界碩彥,專責於刑事政策相關各事項之整理、分析、研討,並提出對策。以建立良好的政策內容,解決刑事法律與政策目前所面對的諸多困難,同時在長程規劃上,以建立國家犯罪防治研究院為目標,方屬正確。

基本權利的保障不是天生的,在現代民主法治國家之中,基本權利必須要受到比例原則以及法律的限制,在不妨害其他人的正常生活,不侵害其他人權益的情況下,基本權利才會產生社會生活上的價值。在尊重現行刑罰制度的前提下,我們如何改善被害人在刑事司法中不公平的人權處境,將會直接地影響到死刑制度的存廢問題。當被害人保障與救贖以及整

---

[63] 可參閱拙著,刑法之修正與刑事政策的變遷,刑事法雜誌第50卷第6期,頁33,民國2006年8月。

[64] 相同見解可參酌:蔡德輝、楊士隆、闕仲偉,死刑存廢意向之調查研究,收於刑事法學的理想與探索(四),頁177,2002年3月。

體刑事政策都能完善配套之後，或許我們可以謙卑而深入地開始探討廢除死刑制度的可能性，然而在這一切工程有明顯進展之前，保留死刑制度依然會是我國刑事司法政策上比較理性的選擇。

8

我國檢肅貪瀆法制之檢討與策進
—— 並從兩極化刑事政策看「財產來源不明罪」 *

壹、前言

　　2009年4月6日，亞洲政經風險顧問公司發表了17個亞洲、美澳國家以及地區的年度（2008年）貪污評比，依據本評比的標準，台灣的貪污程度，首度在國際上超越大陸，同時，外商機構認為「台灣沒有真正高道德標準的政黨」，不論是執政黨或是在野黨，其政治人物貪污腐化之狀況，均相當嚴重[1]。而就在本評比公布之前的三日，即4月3日，立法院三讀通

---

*　2009年6月26日於「廉政肅貪法治問題研討會」（台北）專題演講。

[1]　〈我政客貪污比中國嚴重〉，蘋果日報A4要聞，2009年4月7日。報導中並指出政治人物的貪污問題是在本次評比中使得我國超越大陸的主因，並且認為：「正在審理的扁案，就是台灣貪污問題嚴重程度的指標。」在本日同版的「蘋論」一欄中，則以非常醒目的「貪污大國」為標題，提出台灣的貪污指數恐將超越菲律賓的種種觀

過我國對抗貪污腐化犯罪最核心、最重要的「貪污治罪條例」的部分條文修正案，將列為貪污被告的公務員，檢察官於偵查中如果發現其本人或是配偶、未成年子女財產總額異常增加，可要求其說明來源；未說明或是說明不實者，即因此說明義務之違反與隱匿資訊，可以論處3年以下有期徒刑，這也就是通稱的「財產來源不明罪」[2]。

　　法務部在4月3日立法院通過財產來源不明罪的法案之後，很快地在其官方網站上以「陽光不打折，反貪大步走」的標題發表了公告[3]，說明本次修正的要旨、修正法條與修法所希望達成的目標，其中關於貪污犯罪被告據實說明來源不明財產之部分，是否涉及對於被告不自證己罪以及無罪推定原則[4]之侵害，法務部認為：「本修正案之特色，是在被告的緘默權與公務員的廉潔義務中取得平衡。檢察官偵辦本罪時，就被告有貪污的嫌

點。但本人認為如僅以審理中的扁案作為評比貪污之主要依據，恐將與現在的狀況有很大的出入。

2　〈財產來源不明罪，立院三讀〉，聯合報A4要聞，2009年4月4日。報導中簡單說明了朝野在法案三讀通過之後所表達的立場，在野黨派認為這是「烏雲罩頂的陽光法案」，並且在議場拉起海報指責執政黨是「假陽光 真包庇」；執政黨則認為本法案之通過，是「反貪腐」的一大步，同時 亦在議場拉起「貪污總統全國蒙羞」之標語反制在野黨。

3　詳參法務部官網：http://www.moj.gov.tw/ct.asp?xItem=154065&ctNode=79&mp=001，2009年4月3日新聞發布。本公告內容主要係說明本次修正之目的，以及介紹條文與相當程度的說明與相關宣導措施，並回應關於可能侵害被告刑事訴訟法上緘默基本權的質疑。法務部認為：此項立法突顯了政府要建構一個「廉能、乾淨」政府的決心，對民眾的承諾也絕不打折扣。本罪可達到使公務員「不敢貪」之目的，更能有效打擊貪腐，重建人民對政府的信心。

4　無罪推定原則係我國刑事訴訟法保障被告刑事訴訟基本權的基本原則，在具體的規定上，我國的刑事訴訟法第154條第1項即明文規定：「被告未經審判證明有罪確定前，推定其為無罪。」即屬無罪推定原則之明文規定。詳參黃朝義，刑事訴訟法，頁14-16，一品文化出版社，2006年9月。而無罪推定原則在程序上之表現，即被告緘默權之保障；在學說上亦稱為「不自證己罪原則」或是「拒絕自我負罪原則」。我國刑事訴訟法關於緘默權之規定，係規定於人別訊問程序，刑事訴訟法第95條第2款規定：「得保持緘默，無須違背自己之意思而為陳述。」亦即，從我國刑事訴訟法的制度來看，訊問被告前司法機關應踐行的告知義務，與被告緘默權之保障，係屬一體之兩面。詳參林俊益，刑事訴訟法概論（上冊），頁474-478，學林文化事業出版，2004年11月5版。

疑以及財產異常增加的事實舉證後，因公務員對他財產的來源最清楚，所以要負起說明的責任，也就是他的緘默權應受限制。雖有認為此項陽光被打折了，但這樣的立法方式，可避免無限上綱，把公務員直接當成貪污嫌疑犯，一旦被檢舉就得跑法院，污名化所有公務員，將「無罪」推定變成「有罪」推定，侵害公務員的人權。」而在4月8日，亦即亞洲政經風險顧問公司公布其亞洲、美澳等地區貪污排名調查報告的後二日，法務部隨即透過秘書室發布新聞稿，呼應總統三個月內肅貪之要求，擬定了相關的具體的作為，其中以《國家廉政建設行動方案》之提出、廉政專責機構之可行性，以及貪污治罪條例與刑法瀆職罪章之研修為其中較具有重要性以及指標性的具體措施[5]，似乎對於「肅清貪腐」的重要政策目標，已經具備了初步的規劃。從以上的敘述來看，從2009年的4月3日到4月10日前後，我國政府機關對於肅清貪腐的工作，又開展了一個新的局面。而在這短短不到一週的期間之內，最重要的改變，就是貪污治罪條例的修正，新設了財產來源不明罪。這樣的立法，從我國現行的刑事政策來看，會產生如何的問題；該罪是否能夠如法務部所期望的，達到使公務員「不敢貪」之效果，而達到肅貪防弊之目的，則為本文最主要探討之部分。另外，對於檢肅貪瀆法制之健全，以及如何切實有效檢肅貪瀆並同時提升行政效率，而能在消極面制裁犯罪，在積極面服務民眾，造福社會，以達成設置公務員之目的，當於本文結語中提出具體之意見。

---

5 詳參法務部官網：http://www.moj.gov.tw/public/Data/9410171427912.pdf，2009年4月10日新聞發布。本檔案為直接連結下載的PDF檔案，法務部在本次發布的新聞稿中，總共規劃17項的具體措施，也包括貫徹公務人員財產申報法第2條第4項之規定，通函所有政風機關（機構），對於不須申報財產的公務員，調查如有證據顯示其生活與消費顯超過其薪資收入者，各該機關或其上級機關應陳報法務部核可後，指定其申報財產，如隱匿財產故意申報不實者，依法處以最高400萬元罰鍰。亦即，從法務部這17項具體作為來看，除了刑事制裁制度的研修與改進之外，行政管制上的嚴格與加強拘束，也成為施政的重心，而關於專責機關（機構）之設置，也再度成為施政的具體措施。

貳、貪污犯罪之意義

一、犯罪學上的意義

　　從犯罪學[6]的角度來看，如承襲義大利學者加羅法洛所提出的「自然犯罪」概念，則從現實生活的實證角度來觀察，可以發現犯罪本身不只是一種法律學上的問題，更是一種社會學上的問題[7]，包含道德以及倫理觀念等等維繫社會人倫秩序的規則。因此，我們從犯罪學的角度觀察貪污行為時，其範圍比從法律學的角度觀察更為寬廣。從犯罪學的角度來看，所謂的貪污犯罪，指的是公職人員利用職務的機會或濫用職權而要求、期約或收受賄賂或其他不正利益之犯罪，在性質上，係具有高度損害性與危險性的一種白領犯罪與職業犯罪或是公務犯罪[8]，故而，因為其犯罪本質上

---

[6]　所謂的犯罪學，在這裡所指的是美國學者Glueck所主張的「研究犯罪成因以及罪犯處遇的社會科學」。詳參丁道源，刑事政策學，第30頁，作者自版，三民書局經銷，2002年9月16日初版。學說上對於犯罪學的意義以及概念，在範圍上有不同的見解，不過並不影響犯罪學的基本定義。犯罪學家曼海姆（Hermann Mannheim）即認為；就狹義而言，犯罪學是犯罪之研究，就廣義而言，則係包含刑罰學以及犯罪預防措施等研究。關於學說上的各種整理，詳參蔡德輝、楊士隆合著，犯罪學，頁6-8，五南圖書，2006年3月4版。統合來說，犯罪學在性質上是一門傾向實證研究的社會科學，而此門科學係專門研究犯罪與犯罪人，並找出適切地處理社會中犯罪問題的解決之道的社會科學。

[7]　加羅法洛氏認為，透過對於道德的認同感的「情感分析」方法，才能準確理解社會如何看待犯罪行為，這也就是加羅法洛建立犯罪的社會學概念的核心法則。詳參加羅法洛（義）著，耿偉、王新譯，犯罪學，中國大百科全書出版社出版，1996年1月。

[8]　林山田教授於犯罪學各論的研討中，特意將貪污犯罪獨立為一章加以說明，所謂的高度損害性與危險性，指的是公務員貪污的行為，係直接破壞社會大眾對於公職人員以及其公務行為「不受賄性」或是「不可收買性」的信賴，並且因為不當利益之取得，而影響或是竄改了「國家意志」，對於政策的推動造成損害或是危險。詳參林山田、林東茂、林燦璋合著，犯罪學，頁501-503，三民書局出版，2008年1月增訂4版。

的特性，係屬於公務員犯罪[9]之一環，傳統上亦將其稱為瀆職犯罪[10]。

貪污犯罪之所以具有高度的損害性以及危險性，從犯罪社會學的倫理角度可以得到一個較明確的觀察。從近代法治開展的歷程來看，不論採取何種政治體制，法治的落實以及政府施政的廉能，均屬於國家權力作用能夠正常運作的基礎，亦即「廉潔」與「效能」，係一個法治國家的主要施政目標[11]，或者我們也可以認為，廉能政府是人民企求的政府體質。在這樣的前提下，人民對於政府的信賴，之所以必須要透過法律來保障，係來自於人民對於政府的道德要求，而此道德要求的核心，係透過正義的制度保障的公平、廉潔以及守法，確保公務員不會恣意而為[12]，這就是確保政府施政能夠存立的核心資產；而貪污犯罪是破壞政府廉潔的法律價值，以及人民道德信賴最具殺傷力的武器[13]。

---

[9] 日本學界較傾向於刑事政策中研究公務員犯罪之問題。多數見解雖然沒有強調公務員犯罪之獨特性，但部分學者仍將公務員犯罪獨立出來討論，而認為公務員犯罪之本質，係侵害國民對於公務之信賴，使得職務之公正性受到人民的質疑，而妨害了國家的統治作用。故而，公務員犯罪之種類，依其特性乃分為瀆職罪、職權濫用之罪以及收賄罪為最重要。詳參澤登俊雄、所一彥、星野周弘、前野育三，新‧刑事政策，頁437-439，日本評論社發行，1999年1月15日。

[10] 古今中外，除欠缺政府組織之原始社會之外，均存在貪污犯罪，無論採取何種政治制度或是政府組織，均會發生貪污犯罪，所不同者，僅是犯罪型態與貪污犯罪率高低之差別而已。因此，貪污犯罪與暴力犯罪、財產犯罪一樣，是一種傳統型態的犯罪，我國固有較具規模的法制，如唐律、宋代的刑統、明律、清律等，對於貪污犯罪幾乎均採取嚴刑重罰，尤以明律為最。詳參陳世煌，貪污犯罪之研究，頁42-47，國立中興大學法律學研究所碩士論文，蔡墩銘博士指導，1988年6月。

[11] 劉鴻儒，貪污對社會倫理道德的影響，法令月刊第47卷第6期，第20頁，1996年6月1日。劉氏並以當年中正機場航站工程舞弊案、周人蔘電玩弊案為例，痛陳政府官員與不肖廠商之間的串通作弊，並批判部分違法檢警人員涉案，係敗壞公務員廉恥與法治之毒瘤。

[12] 孔傑榮（Jerome A. Cohen，紐約大學法學院亞美法研究所共同主任），追訴政治貪腐公平很重要，中國時報A19時論廣場，2009年4月16日。

[13] 聯合國反腐敗公約的序言中提到：「本公約締約國，關注腐敗對於社會穩定與安全所造成的問題和構成威脅的嚴重性，它破壞民主體制和價值觀、道德觀和正義並危害著社會持續發展與法治，並關注腐敗與其他形式的犯罪，特別是與組織犯罪和包括洗錢在內的經濟犯罪的關聯……。」同時也點出腐敗（貪污犯罪）的本質，是確信個人或是組織「非法獲得個人財富會特別會對於民主體制、國民經濟和法治造成

二、刑事法上的意義

　　從我國法制現實上來看，與公務員財產、公務員貪瀆犯罪較為相關的法律，最主要的有三部法律，即公職人員財產申報法[14]、普通刑法以及貪污治罪條例[15]。然而，公職人員財產申報法之規定，在性質上屬於行政法，係行政機關為確保公職人員清廉作為之行政法制，故而並無「貪污犯罪」之規定；公職人員財產申報法總計二十條，分別規範應申報人、申報財產之範圍、申報財產之期間，以及未如期申報或是不實申報之行政裁罰等重要規定，全文亦無「貪污」用語之出現，故而，在概念上，公職人員

損害。」故而，本質上貪污犯罪也是一種不法獲得利益的財產犯罪。聯合國反腐敗公約全文可自「聯合國抗制藥害與犯罪公署」（United Nations Office on Drugs and Crime，簡稱UNODC）的官方網站上下載而得，共包括六種語言之版本，有簡體中文與英文版本，其他則為阿拉伯文、俄文、法文與西班牙文，網址為：http://www.unodc.org/unodc/en/treaties/CAC/index.html。

[14] 公職人員財產申報法係於民國82年7月2日總統令制定公布全文17條，而民國83年7月20日總統令修正公布第7條條文，復於民國84年7月12日總統令再度修正公布第7條條文；並自溯及自民國82年9月1日施行。較近的大幅度修正，則為民國96年3月21日總統令修正公布全文20條；施行日期，由行政院會同考試院、監察院以命令定之，故而民國97年7月30日行政院、考試院、監察院令會同發布定自97年10月1日施行。最近一次的修正則為民國97年1月9日總統令修正公布第4條條文；施行日期，亦由行政院會同考試院、監察院以命令定之；於民國97年7月30日行政院、考試院、監察院令會同發布定自97年10月1日施行。公職人員財產申報法第1條即明文規定：「為端正政風，確立公職人員清廉之作為，特制定本法。」依據本法第12條之規定，於應申報之公職人員不實申報，或是未依規定申報之處罰上，分為二重處罰方式，即行政罰鍰先行，如處行政罰鍰後仍未為申報或是仍不實申報者，方有刑事徒刑以及罰金之處罰（第12條第4項）。故而，公職人員財產申報法中，亦有性質上為特別刑法，而係處罰財產不實申報行為之規定。

[15] 關於本罪之立法與修正歷程，民國52年7月15日總統制定公布全文20條，後於民國62年8月17日總統復修正公布全文20條。而於動員戡亂時期終止後，民國81年7月17日總統令修正公布名稱及全文共18條，此時才正式具有目前所稱的「貪污治罪條例」之名稱。而於民國85年10月23日總統令修正公布全文20條，由於民國90年11月7日總統令修正公布第6條條文，民國92年2月6日總統令修正公布第11條條文；並增訂第12條之1條文。民國95年5月30日總統令修正公布第2、8、20條條文；並自95年7月1日施行，最新一次修正，係於民國98年4月22日總統令修正公布第6、10條條文；並增訂第6條之1條文，這也就是財產來源不明罪在特別刑法中立法之初始，詳後述。

財產申報法之規定,並不屬於界定公職人員是否貪污之準據。

　　普通刑法中涉及貪污犯罪之概念者,最主要之範圍,係刑法分則第四章瀆職罪之規定。然而,其中關於以財物或是不正利益賄賂、圖利之行為,僅以第121條關於職務行為的要求、期約或是收受賄賂罪、第122條第1項、第2項違背職務的要求、期約或是收受賄賂罪,與因而為違背職務之行為罪、第123條的準受賄罪,以及第131條的公務員圖利罪,是此章規定並非完全規範貪污犯罪或是與貪污相關之構成要件的犯罪行為,分則的第四章以瀆職稱之,亦沒有使用「貪污」之用語[16]。不過,從構成要件的設計上來看,普通刑法中的要求、期約或是收受賄賂之行為[17],與圖謀不法利益而得利之行為,性質上均屬於貪污犯罪之一類。故而亦有學者主張,貪污罪係一種廣義的公務員圖利罪,而以職務行為的不法對價、違背法令與私人獲取不法利益是典型貪污瀆職行為的三大特徵[18]。從刑法的觀點而言,瀆職罪基本上是一種身分犯,公務員具有忠勤與廉潔之義務,故而違背法令私相授受,在本質上為對於國家公務執行公平正義法益之侵害,屬於刑法必要處罰之行為[19],這也就是貪污犯罪在普通刑法中最主要的依

---

[16] 拙著,「貪污」之意義,軍法專刊第29卷第1期,頁21-22,1983年1月1日。本人將其稱為一般貪污行為,係因瀆職章並非專門規範財賄之行為,亦規範有其他足以侵害公務員忠勤義務之構成要件行為故也。

[17] 許玉秀,貪污罪——廣義的公務員圖利罪,台灣本土法學雜誌第36期,頁205,2002年7月。

[18] 賄賂一詞,辭典註解泛指請託他人而私贈財物之意,就刑法而言,所謂的賄賂,應指「賄賂公行」,而屬構成官員(公務員)貪瀆的要件。詳參朱石炎,泛論賄賂罪,法令月刊第45卷第10期,頁13-14,1994年10月1日。朱教授於文中亦整理妨害兵役治罪條例、陸海空軍刑法、公職人員選舉罷免法、破產法以及證券交易法、農會法、漁會法、銀行法等法律中受賄行為之規定,深具參考價值。而關於賄賂罪行為態樣之描述,可參考黃村力,賄賂罪之行為態樣,法令月刊第47卷第1期,頁21-23,1996年1月1日。黃教授認為,賄賂罪的行為態樣與行為階段在理論上並不相同,所謂賄賂罪的行為態樣,指的是公務員或仲裁人所從事的,與賄賂或是不法利益具有對價關係的職務行為,究竟是「屬於公務員職務上之行為」,或是「違背職務之行為」等不同態樣。

[19] 犯罪行為之所以必須要處罰,係侵害刑法所肯定必須加以保護的價值,也就是抽象上存在的法益。公務員應恪遵對於國家之誓言,忠心努力,依法律命令所定執行其

據。

相對於普通刑法，我國對於公務員涉及貪污犯罪者，於特別刑法中以「貪污治罪條例」作為處罰公務員貪污犯行之專法。

嚴格來說，我國與貪污瀆職相關之犯罪，僅於貪污治罪條例中使用「貪污」之用語。不過，貪污治罪條例中並沒有正面對於「貪污」一詞之意義，加以明確定義，而係透過各種貪瀆行為之處罰與要件，規範何種行為會構成貪污，應該要加以如何之刑罰[20]。貪污治罪條例第1條係規定其目的，條文開宗明義即稱：「為嚴懲貪污，澄清吏治，特制定本條例。」從刑事政策的角度來看，現行貪污治罪條例的前身為民國52年首度制定的「戡亂時期貪污治罪條例」，其目的亦一脈相承[21]，即為「嚴懲貪污，澄清吏治」；學者批評這是以「治亂世用重典」[22]的基礎思想，以嚴刑重罰的方式[23]，希望能夠達成消弭貪瀆犯罪，使公務員因重刑之威嚇，而達到

職務。如執行職務欠缺公平正義或是收受非法之酬庸，不惟損害人民之權益，對於政府之威信，亦造成嚴重之打擊。詳參蔡墩銘，刑法各論，頁619-622，三民書局，2008年2月修訂6版。

[20] 關於貪污治罪條例各條文與刑法瀆職罪之相互比較與說明，可參考鄭善印，貪污治罪條例在立法上的評估與檢討，月旦法學雜誌第94期，頁61-65，2003年3月。鄭教授依據其蒐集資料所顯現之結果，認為近來貪污治罪條例之案件，在判決上多有「法重刑輕」之現象。因此，氏認為違反貪污治罪條例案件，在判決時法院的宣告刑與法定刑之立法原意有違，高法定刑的該條例在判決時，並無法達到威嚇效果，因此，更不必談整部特別刑法在實施上的威嚇效果如何。氏同時建議宜將貪污治罪條例之規定，轉訂入普通刑法之中，該條例似無獨立存在之絕對必要性。

[21] 依據民國52年7月5日公布施行的戡亂時期貪污治罪條例第1條規定：「戡亂時期，為嚴懲貪污，澄清吏治，特制定本條例。」其實與現行法的描述並無不同，其目的在於澄清吏治，而使用的手段則是「嚴懲」貪污。

[22] 關於「治亂世用重典」的說明，可以參照許福生，刑事政策學，頁257-258，作者自版，2005年3月。許教授闡釋了一般國人對於「治亂世用重典」此一概念的理解與想法，即主張對於任何犯罪行為均採取「用重典」，即對於任何犯罪均採取嚴苛刑罰的方式。然而，如自刑法謙抑性的基礎法則以及法治國原則中重要基礎原則的比例原則來看，這樣的想法是背離我國憲法原則，而難以成為刑事政策的基礎思想。

[23] 陳志祥，貪污治罪條例在內容上的評估與檢討，月旦法學雜誌第94期，頁33，2003年3月。陳法官將貪污治罪條例中所規範的各種貪污構成要件行為，依構成要件設計之重輕，區別為重度貪污行為、中度貪污行為以及輕度貪污行為三者，然而重度貪

法律的目的，即使公務員「不敢貪」。雖然在要件、刑罰以及存在價值上有所爭議[24]，然而不可否認的是，我國對於貪瀆犯罪，係以特別刑法之方式，以貪污治罪條例為處罰公務員貪瀆行為的專法，普通刑法或是其他法律中有貪污犯罪之規定，而構成要件與貪污治罪條例所規定之構成要件相同者，依據特別法優先於普通法之基本原則，優先適用貪污治罪條例之規定，故而在我國現行法制中，公務員貪污犯罪之處罰，係以貪污治罪條例之規定為核心，並具有優先適用之效果，亦即，就目前刑事法而言，「貪污」所涉及的範圍，不論是貪污行為或是貪污犯罪，指的是行為人構成貪污治罪條例中所規定之貪污行為的要件，而具有違法性與有責性之犯罪行為。

污行為中的部分構成要件，如第4條第4款規定以公用運輸工具裝運違禁物品或漏稅物品者，即得處無期徒刑或十年以上有期徒刑，甚至得併科新台幣1億元以下罰金，其構成要件行為並非屬於嚴重貪污行為，卻有極重的刑罰，顯然有刑罰輕重失衡的問題，故亦主張宜廢除本特別刑法，而回歸普通刑法之賄賂罪之適用。

[24] 學界與實務界對於貪污治罪條例是否有必要作為特別刑法而存在，立場迥然不同。實務家曾主張，檢討貪污治罪條例之存廢，不宜因循舊制，而應該從更宏觀的角度來評估，採取突破性的作法，始能達到其立法目的。故而在現階段，不但不宜廢除貪污治罪條例，更應該充實其範圍及內容，使其成為真正的貪污「防」、「制」大法，使其成為內容完備的肅清貪瀆法制。詳參邢泰釗，就我國實務運作觀點，評現行貪污治罪條例，月旦法學雜誌第94期，頁14-15，2003年3月。然而，學界對於貪污治罪條例之存在，有自適用關係之錯亂與不當進行批判者，而認為宜純化貪污治罪條例的適用關係，先從貪污行為的明確定義著手，將普通刑法中瀆職行為與貪污行為之分野具體釐清，重新全面檢討貪污治罪條例，而不使貪污治罪條例在適用上遭到不當之擴大。詳參柯耀程，貪污治罪條例在適用上的評估與檢討—貪污治罪條例與刑法相關規定的適用與競合，月旦法學雜誌第94期，頁52-57，2003年3月。此外，亦有認為學者自時代背景加以分析，認為貪污治罪條例其實是一種具有「限時性」的特別刑法，在競合關係上，有些條文可以直接回歸普通刑法加以適用，有些條文則宜在普通刑法中增訂新的構成要件類型，而其他不能回歸普通刑法，亦無處罰必要之行為，則宜直接加以廢除，最後則完成廢止貪污治罪條例的目標。詳參余振華，廢止貪污治罪條例回歸普通刑法之可行性，月旦法學雜誌第94期，頁72-83，2003年3月。由此可見，學界與實務界對於存廢問題之想法，實為南轅北轍。然而，從目前立法的發展來看，我國的立法機關似乎以「財產來源不明罪」之立法，支持了實務界的見解，而強化、擴張了貪污治罪條例在適用上的範圍。

三、小結

民國85年6月本人接任法務部工作，在就職典禮時提出法務部十項之重點工作，第1項為「掃除黑金」，第2項為「檢肅貪瀆」，並推動掃除黑金、檢肅貪瀆及查察賄選等專案，積極展開掃黑、肅貪、查賄等工作，在全體同仁努力下，頗著績效。民國89年法務部研擬「掃除黑金行動方案」[25]，最主要的內容可以分成三大部分，一為掃黑，二為肅貪，三為查賄，並在民國92年擬定「掃除黑金行動方案」後續推動方案[26]，以期永續推動掃除黑金之工作，同樣亦以掃黑、肅貪、查賄為最主的掃除黑金、斷絕黑金與政治權力之間的聯繫。而「掃除黑金行動方案」與其後續推動方案，對於肅貪的工作重點，則再分為三個部分，即：

1. 採取肅貪與防貪並重的做法結合檢察、調查、政風三股力量，成為堅實的鐵三角，配合偵查行動編組的建立，嚴密查察蒐報，執行肅貪，務使達到公務員不敢貪、不能貪、不願貪、不必貪的目標。

2. 持續鎖定十八種易滋生貪瀆弊端的類型作為優先查察的對象：重大工程、鉅額採購、工商登記、都市計畫、銀行放款、證券管理、監理、稅務、關務、警察、司法、矯正、建管、地政、環保、醫療、教育、消防及殯葬等，未來視社會實況再做調整。

3. 未來擬繼續規劃設置專責肅貪機構—法務部廉政署現行有關廉政工作之推動，係由分散之不同機關各依權責分工辦理，因乏團隊整合力量，以致事倍功半，宜參考香港廉政公署及新加坡貪污調

---

[25] 行政院89年7月12日台89法字第20964號函核定。關於掃除黑金之具體方案，其實作者於擔任法務部長期間即曾擬定完整配套措施，並劍及履及地落實了掃黑行動方案。詳參拙著，「掃黑」法制與實務——宏觀政策的規劃與推動，刑事法雜誌第52卷第3期，頁10-34，2008年6月。

[26] 行政院92年7月1日院台法字第0920087133號函修正核定。其中關於肅貪的任務描述，與「掃除黑金行動方案」幾乎完全相同。在肅貪方面，增列一種易滋生貪瀆弊端之類型，作為優先查察的對象，即「消防及殯葬」，而成為十八類。此外，繼續推動專責肅貪機構「法務部廉政署」之設置，亦屬於掃除黑金行動後續推動方案在肅貪方面之重點工作。

查局成功之經驗[27]，在法務部設立廉政署，統籌防貪、肅貪，以齊一工作之目標，發揮以臂使指、統一事權之效。

　　掃除黑金行動方案以及其後續推動方案之成效，就法務部最近的統計[28]上來看，自民國89年規劃、推動本方案之後，關於該方案迄今（89年7月至98年3月，累計105個月）的執行成效，起訴總件數為4,784件，起訴總人次合計13,374人次，其中高、中層人員及民意代表所占總人次比率為29.22%，而基層公務人員3,680人次，占27.52%，民眾則有5,787人次，占43.27%。累計查獲貪瀆金額為新台幣323億2,465萬8,151.28元。而從這13,374人次的定罪率來看，13,374人次中，判決確定的總人次為5,945人次，貪瀆罪判決確定者有4,662人次，非貪瀆罪[29]判決確定者有1,283人次，兩者合計判決有罪者係3,575人次，定罪率為60.13%。而從實施掃除黑金行動方案後，各地方法院檢察署貪瀆案件及全般刑案定罪率各年度統

---

[27] 關於香港以及新加坡設立肅貪專門機構之介紹，可以參照胡佳吟，公務員貪污犯罪影響因素之研究，國立台北大學社會科學院犯罪學研究所碩士論文，頁77-82，侯崇文博士指導，2004年1月7日。簡要來說，香港係以1974年2月15日成立之「總督特派廉政專員工署」，又稱為「反貪瀆獨立委員會」，簡稱為「廉政公署」（ICAC）作為主導肅貪行動與推動肅貪法制等相關政策之專責機構。而新加坡則於1960年修訂了「貪污防制法案」，漸次改善了其國內貪污之狀況，同時依據本法案成立了反貪污調查局（Corrupt Practices Investigation Bureau，簡寫為CPIB），賦予其特別調查權，專責辦理防貪與肅貪業務。這兩個專責機關對於其境內肅貪工作，均發揮極大功效，而得到國際上之肯定。此外，為完備我國廉政機制，我國乃於2011年成立專責廉政機關「法務部廉政署」成為「廉政專責機關」，並具有如下組織特色：1.為專責廉政機關，兼具預防性反貪與專責性肅貪雙重功能，肩負國家廉政政策規劃推動、反貪、防貪及肅貪等四大任務，而為一複合式機關。2.定位為獨立之「專職」、「專業」、「專責」之「三專化」廉政機關，統籌防貪、肅貪及反貪策略。3.與各級政風機構結合，建構具內、外控雙重機能之廉政運作機制，以適應我國政府組織狀況。參照法務部廉政署102年度工作報告，頁12，2014年10月。

[28] 法務部統計資料可直接自法務部「法務統計」網站上取得。而關於貪瀆案件之辦理以及其成效，本文所引用的數據，係2009年3月貪瀆起訴的統計資料，其內容包括執行成效、定罪率、年度統計、案件分析等重要資訊，詳參法務部「法務統計」資料列表網址：http://www.moj.gov.tw/ct.asp?xItem=156786&ctNode=11658&mp=001，最後瀏覽日期：2009年5月15日。

[29] 依法務統計資料之說明，所謂的非貪瀆罪，指的是原本以貪瀆罪偵辦，但是起訴或是定罪實非屬貪污治罪條例或是瀆職罪，不包括一般案件數字在內。

計比較則可發現，自民國90年至98年3月，平均而言，掃除黑金行動方案
的定罪率為56%，全般刑案的定罪率為93.2%，與掃除黑金行動方案實施
前之定罪率統計數據[30]比較，雖然在統計指標以及計算基礎上有所差異，
但是自民國89年實施掃除黑金行動方案與其後續方案後，對於貪瀆犯罪的
定罪率，確實有顯著的進步，值得吾人加以肯定。

　　不過，從民國89年的「掃除黑金行動方案」以及民國92年其後續推動
方案的規劃上來看，肅貪工作主要的具體措施與其實施要項，係落在「健
全掃除黑金法制」的項目之下，而此項目總計有十一個具體措施[31]，而與
肅貪具有較為直接關連者，計有四項，分別為制定公職人員利益衝突迴避
法、研修貪污治罪條例[32]、研修公務員服務法以及配合法務部廉政署之設

---

[30] 此處使用之數據，係引用自前揭註24，邢泰釗文，頁15。此數據係「各地方法院貪
污瀆職案件以圖利罪執行裁判確定有罪及無罪人數」，自民國83年至90年之統計，
判決有罪者，平均而言，占了30.48%，無罪者則占了69.52%，定罪率僅有三成左
右，而且自民國87年到90年之間，定罪率約為26.55%，甚至不到三成。邢檢察官認
為必須要正視這種定罪率過低，無罪率過高的問題，而建議以一審判決結果為核分
之標準，以激勵辦案人員落實公訴。

[31] 民國89年版的「掃除黑金行動方案」在「壹、健全掃除黑金法制」項下有11個具體
措施，包括：1.研修公職人員選舉罷免法。2.制定政治獻金管理條例。3.制定遊說
法。4.制定公職人員利益迴避法。5.研修貪污治罪條例。6.研修公務員服務法。7.配
合法務部廉政署之設置，研修法務部組織法，並制定法務部廉政署組織條例。8.建
立犯罪資金查緝系統。9.增訂強制信託條款。10.研修洗錢防制法。11.研修刑法。其
中有數項已經完成者，如刑法之研修、洗錢防制法之研修、公職人員利益衝突迴避
法之立法公布、以及最近的貪污治罪條例財產來源不明罪之立法，皆屬於階段性任
務之完成。然而，如果從肅貪專業工作之配套措施來看，其實多數工作項目僅間接
與肅貪相關，而非直接處理貪污犯罪之問題，或者可說，這些工作項目，其實最主
要是為截斷公職人員與組織犯罪與金融犯罪或是財產犯罪可能產生之裙帶關係。

[32] 此即財產來源不明罪在貪污治罪條例中增訂之始。本方案說明為：（一）於貪污治
罪條例中增訂財產來源不明罪。即參考香港『防止賄賂條例』（Preventionof Bribery
Ordinance）第10條「來歷不明財產罪」、新加坡『防制貪污法』（Prevention of
Corruption Act）第24條有關金錢來源或財產證據認定之規定及馬來西亞『反貪污
法』（Anti-Corruption Act）第42條有關視為貪污規定等立法例，研議修訂貪污治罪
條例，增訂涉案中之公務員對其於特定時間及特定事項有關之來源不明財產有說明
其財產合法來源之義務，違反此項說明義務者，科以刑罰。（二）參考OECD（經
濟合作及發展組織）『檢肅行賄外國公務員公約』之規定，研議在貪污治罪條例增

置，研修法務部組織法，並制定法務部廉政署組織條例。而就目前來看，經歷九年時間之後，公職人員利益衝突迴避法、貪污治罪條例中的財產來源不明罪已經立法通過並公布，而法務部廉政署之設置，與公務員服務法之修正則迄今尚未完成。

從宏觀的角度來看，「掃除黑金行動方案」確實發揮了一定的成效，也完成了許多階段性的任務，但是，從另外一個層次加以思考，是不是一定要先成立法務部廉政署，才能有專門的肅貪計畫或是方案，肅貪的工作才能有效推動？或是一定要立法強化貪污治罪條例，將財產來源不明罪明訂於該條例中，才能有效約束公務員「不敢貪」或是使之「不能貪」？這些問題無法從「掃除黑金行動方案」與其後續推動方案中得到解答，而在2003年12月聯合國將「聯合國反腐敗公約」於墨西哥梅里達開放各國簽署之後，我國的反貪腐策略與行動方案，是否亦應參酌聯合國公約所揭示的精神與各項法律要件，進行一定程度的調整與修正，確立肅貪法制以及政策發展的新方向。這些重要工作項目的開展，關係我國未來結合專業打擊貪污犯罪的命脈，檢察、調查、政風的鐵三角是否真正能夠堅實，正是建立在這些工作的基礎之上，法務部關於此點之研修，實有必要更深入分析探討。此外，從歷來關於貪污治罪條例之存廢與修正之議題[33]加以觀察，學界與實務界、立法意見之間的齟齬、對立，至為嚴重，而在財產來源不明罪修正通過之後，此立場尖銳之情況，可能更趨惡化。肅貪工作與打擊其他犯罪最大之不同，係貪瀆犯罪多數屬於白領犯罪或是權貴

訂行賄外國公務員之刑罰規定，以嚇阻我國廠商向外國公務員行賄，向國際展現肅貪決心。

[33] 學界多數見解，傾向讓法制正常化發展，在意見的層次上，多傾向由普通刑法的瀆職罪章來取代貪污治罪條例之功效，不論係廢止貪污治罪條例，或是強化瀆職罪章中關於財賄構成要件行為之規定種類，均屬於傾向削弱或是廢止貪污治罪條例，以避免特別刑法過度膨脹，而形成法律規定重刑重罰，現實上卻無法達到立法目的之尷尬現象。然而，立法機關與實務專家卻繼續強化特別刑法之適用，使得問題更趨矛盾與複雜。可參考高金桂，貪污治罪條例各罪之適用與競合，月旦法學雜誌第94期，頁44-45，2003年3月。高教授於檢討各罪的適用關係之後，認為貪污治罪條例各構成要件可以大量加以刪除或是歸併，該特別法實已無存在之價值，全部回歸刑法才是正途。

犯罪[34]，故而許多案件，司法機關實處於與犯罪人鬥智之狀況，在訴訟以及偵查策略上的運用，以及法律、政治、經濟、金融、商業專門人才之結合與運用，對於打擊貪污犯罪之力道有深遠之影響，如何具體地得到學界專家的支持與運用其對於專業問題的判斷，主管機關實宜以更宏觀、更透明的角度來面對這些問題，進而得到更多專業上的援助，加深打擊貪瀆的廣度與深度。

參、兩極化刑事政策與財產來源不明罪

在民國98年4月22日總統公布新修正通過的貪污治罪條例修正條文之前，學界對於法務部「財產來源不明罪」之草案以及立法，即曾經表示相關意見，不過立場並不相同。學者有自構成要件之分析，而認為本罪並沒有違反無罪推定原則，而且在行為人（公務員）為了隱瞞、掩飾該不明增加之財產來源，而為「拒絕說明」、「說而不明」、「虛偽說明」時，則構成本罪，對於端正公務員之清廉，實有時代上之意義，而肯定此次立法者[35]。亦有比較各國相近之規定，而認為雖然財產來源不明罪於震懾貪污犯罪上確實有相當效果，然而基於刑事政策「預防犯罪勝於治療」之理念，為避免財產來源不明罪與我國刑事訴訟法中關於被告「無罪推定」以及「緘默權」等基礎法則相衝突，仍宜以行政罰為主，刑事制裁為輔之設計，藉以遏阻貪污犯罪之發生[36]。亦有學者認為本次修正貪污治罪條例，

---

[34] 林山田、林東茂，前揭註8書，頁539-543。林教授將權貴犯罪之定義分為三個部分，即其本質上屬於有權者及有錢者之犯罪，且具有結構性以及集體犯罪之特質，且大多數權貴犯罪者，受教育程度極其良好，社會地位崇高，具有相當的經濟實力，因此亦屬於一種智慧犯罪的類型。貪污犯罪，尤其是高階公職人員的貪污犯罪，顯然具有以上描述之特質。

[35] 曾淑瑜，又見「因人設事，因事立法」罪名（下）——評財產來源不明罪，月旦法學雜誌第142期，頁268-272，2007年3月。

[36] 黃成琪，公務員財產來源不明罪之評析，軍法專刊第47卷第2期，頁22-23，2001年2月1日。黃調查官在本文中介紹世界各國反貪污法制中規定有財產來源不明罪或是類

加入財產來源不明罪的疑義過多，公務員的說明義務充滿矛盾，而且事實上係以本罪迫使被告放棄刑事訴訟法上所保護之緘默基本權，故而必須反對本次之立法[37]。

然而，從刑事政策上來看，財產來源不明罪的立法，是一種犯罪化。所謂的犯罪化，指的是社會上原本並不屬於犯罪的行為，透過一定之程序，將此特定之行為抽象化，使其成為犯罪的構成要件行為，而對其加以一定的刑事制裁者而言[38]。我國普通刑法第1條明文採取罪刑法定原則，即行為之處罰，以行為時之法律有明文規定者為限，且拘束人身自由的保安處分，同樣受到罪刑法定原則之拘束。故而，在罪刑法定原則之下，不能容許透過解釋、適用上之狀況，而將原本並非犯罪之行為，解釋為犯罪行為而加以處罰，此即類推適用之禁止。在這樣的前提之下，對於行為之犯罪化，必須符合一定之基準；而且刑事制裁之本質，係限制人民身體、自由、以及財產等重要法益之強制措施，故而犯罪化所要達成之目的，以及該條文保護之法益的明確，都必須要有適當的規劃。而且，由於刑事制裁所具有的嚴苛性質，犯罪化的另外一個重要精神，即必須服膺刑法「謙抑性」之基礎，而必須要謹慎、保守地犯罪化，而不能有「犯罪化過度」（overcriminalization）[39]的傾向。亦即，不論是普通刑法或是特別刑法，在將社會行為犯罪化的過程中，必須要遵從謹慎、謙抑而穩健的基準，不能急就章，最重要的是，在保護法益明確的基礎上，貫徹實質正義

似規定者，頗值參考。

[37] 吳景欽，公務員財產來源不明入罪化的疑義，月旦法學雜誌第164期，頁75-76，2009年1月。吳教授提出數點疑義，認為本次新修正的財產來源不明罪，可能有犯罪嫌疑的恣意認定、罪不止一身、說明義務的矛盾、迫使被告放棄緘默權以及處罰矛盾等疑義，如此急就章式的立法，恐將帶來更大的人權侵害，而不能發揮原本立法所希望達到的犯罪控制目的。

[38] 關於犯罪化與除罪化（非犯罪化）較精準的論述，請參閱：大谷實，刑事政策講義，第91-94頁，弘文堂發行，1996年6月30日第4版。

[39] 可參閱：Ellen s. Podgor, OVERCRIMINALIZATION: THE POLITICS OF CRIME, American University Law Review Vol.54, P541-542, 2005.

之原則，同時符合憲法第23條比例原則[40]之基礎精神。

從這樣的觀點來看，在性質為特別刑法的貪污治罪條例中創設財產來源不明罪之規定，在形式上符合貪污治罪條例第1條所規範之目的，即「嚴懲貪污，澄清吏治」；然而，這樣的立法與我國當前的刑事政策是否相容？是否符合刑事政策中犯罪化的基礎要求？以及其要件是否能夠達到立法原本所設定之目的，都還有必須加以深究之空間。

一、兩極化刑事政策之意義

我國當前的刑事政策，雖名為「寬嚴並進的刑事政策」，然而，究其本質，其實即為日本學者森下忠博士所介紹的「兩極化刑事政策」，而經本人研究、分析之後，引進我國法務機關，而成為我國現行刑事政策之基礎。民國85年本人在法務部服務時，即曾多次在法務部部務會報及相關會議中提出推動「兩極化刑事政策」，並於86年10月指示成立「法務部檢討暨改進當前刑事政策研究小組」，全面探討相關之制度與法律。普通刑法在民國94年2月2日的新修正，即是依據兩極化刑事政策的大方向修正所得之成果[41]。雖然在學說上對於本次修正相關之爭議仍未有定論[42]，然而不可否認的是，本次的刑法修正，在刑事政策的意義上，係確立我國刑事

---

[40] 司法院大法官會議一再確認我國憲法第23條的規定，係比例原則之規範，如釋字第436號、第471號、第476號、第487號、第507號、第510號、第514號、第523號等，最近的第695號解釋亦屬於比例原則相關之解釋。比例原則之具體內容，以釋字第476號解釋關於毒品危害防治條例之死刑、無期徒刑非屬違憲之說明，必須具有合目的性、侵害最小原則以及狹義比例原則（損害比例必須相當）。

[41] 關於筆者研究、引進兩極化刑事政策，並具體落實於我國刑事政策規劃的詳細說明，詳參拙著，刑法的修正與刑事政策的變遷，刑事法雜誌第50卷第4期，頁11-30，2006年8月。並請參照蔡碧玉，2005年刑法之修正與刑事政策，收錄於2005年刑法總則修正之介紹與評析，頁12-44，台灣刑事法學會出版，2005年4月。

[42] 以總則第四章正犯與共犯為例，學者即認為在第29條教唆犯之範圍修正之後，教唆之幫助與幫助之教唆，以及幫助之幫助，均屬於犯罪之幫助行為的見解，基本上依然可以維持，然而由於原本學說上對於此類行為是否有處罰之必要，即存在有肯定與否定兩說，因此即使第29條教唆犯修正後，對於共犯之處罰，一律採取「共犯從屬性說」，依然無法平息上述之爭議。詳參陳子平，正犯與共犯，收錄於2005年刑法總則修正之介紹與評析，頁191-194，台灣刑事法學會出版，2005年4月。

政策的發展方向，朝向兩極化刑事政策發展，即本人一再提出之「輕者恆輕，重者恆重」概念，而並非僅傾向於嚴刑峻罰，或者僅強調輕緩處遇的「二律背反」的基礎法則，而民國94年刑法的新修正，雖然還有許多必須檢討的問題，但基礎上而言，兩極化刑事政策的實現，顯然已經是我國邁向21世紀法治國家的刑事司法方向。

本人依據日本學者森下忠教授所闡述「兩極化刑事政策」的概念為基礎，並參考美國三振法案之精神，認為兩極化刑事政策，其基礎概念其實非常明確，主要係在處理犯罪防止以及犯罪人之處遇這兩方面的問題，而較不涉及其他的問題。亦即，所謂的兩極化的刑事政策，指的是對於兇惡犯罪[43]，或是具有強烈再犯傾向，難以復歸社會，恢復正常生活的危險犯人，採取嚴格的法律制裁以及處遇方式；而對於侵害法益輕微的犯罪，或是具有改善可能性，再犯可能性小，宜給予其機會復歸社會的犯罪人，給予其緩和或是轉向之處遇，避免其受到刑事制裁制度更進一步之追究與處罰，即為緩和的刑事政策的目的[44]。事實上，本人一再強調，兩極化刑事政策並非僅有嚴格的刑事政策以及緩和的刑事政策，所謂的「兩極」，指的是兩極化刑事政策在面對兇惡犯罪或是輕微犯罪時，所採取的兩種趨向嚴格以及輕緩的策略，而對於並非輕微犯罪，亦不屬於兇惡犯罪的中間型態的犯罪類型，則以中間刑事政策來處遇犯罪人，這個部分可以被稱為「中間刑事政策」。在這個中間領域，係以一般的刑事處遇方式（刑罰、保安處分、保護管束）來進行犯罪防止以及犯罪者的處遇。從第二次世界

---

[43] 森下忠教授所指的「兇惡犯罪」，又稱為「重大犯罪」。森下教授依據日本刑法所定之罪名，說明其內容為殺人罪、殺害直系血親尊親屬罪、殺嬰罪、預備殺人罪、教唆自殺或是幫助自殺罪以及強盜、強盜罪的結合犯、準強盜罪、強姦罪、強姦罪的結合犯、放火罪等。亦即，兇惡犯罪之種類，係以暴力犯罪為核心，而涉及之保護法益，則包括與侵害國民生命、身體、自由、財產等核心基本權相關的各種犯罪，係屬於重大犯罪之範圍，而此類重大犯罪之犯罪人，即成為嚴格的刑事政策之處遇對象。詳參森下忠，刑事政策の論点II，頁3-4，成文堂發行，1994年9月1日。

[44] 森下教授所指的輕微犯罪或是輕微案件，係指侵占遺失物、輕傷罪、未致傷的暴力犯罪、輕微的交通事故、風俗犯罪、侵害財產法益輕微的案件為主。詳參，前揭註43，頁4-5。本人則認為可概括包括輕刑犯、過失與初犯等，情節輕微或有改善可能之犯罪，不宜予以機構內處遇者為主。

大戰以來，各國刑事訴訟制度漸次改良，朝向尊重犯罪人之人權的方向演進，同時也影響了受刑人在監禁以及處遇環境上的改良。因此，雖然嚴格的刑事政策基本上是朝向正義（Justice）模式發展[45]，不過中間刑事政策與緩和刑事政策的界線基本上是處於一種流動的、相對的狀況[46]。因此，兩極化刑事政策是一種完整、高效率的刑事政策，參圖2。

兩極化刑事政策示意圖		
兇惡犯罪與高危害性犯罪人的處理對策	一般犯罪與犯罪人的處理對策	輕微案件以及低侵害性犯罪人的處理對策
↓	↓	↓
嚴格的刑事政策→	←中間的刑事政策→	←緩和的刑事政策

圖2　兩極化刑事政策示意圖

　　從兩極化刑事政策的全面性觀點，以及犯罪化的基準來看，我國的特別刑法以及普通刑法其實所扮演的是不同的角色，亦即，特別刑法所扮演的角色，是傾向嚴格的刑事政策這一極，如毒品危害防治條例、組織犯罪防治條例[47]，以及本次新修正的貪污治罪條例等，均屬具有為對抗妨害社會治安重大之犯罪類型，而採取較一般刑法更為嚴格的對抗模式。而普通刑法與其他社會秩序維護之法律，即扮演支撐中間的刑事政策與緩和的刑事政策的角色，除了對於一般犯罪人採取普通的刑事制裁手段之外，對於輕微犯行的犯罪人，亦運用刑事訴訟制度中的相關制度，如緩起訴制度等，進行轉向或是非刑之處遇，盡可能避免其浸淫於刑事司法程序中，並

[45] 楊士隆、邱明偉，從刑法新規定重行化規範談矯正機關之矯正教化方針──制度與實務層面的思考，刑事法雜誌第50卷第4期，頁96-97，2006年8月。在這裡所指的正義模式，係指社會面對犯罪之威脅，希望追求治安之成效，而使得打擊犯罪的力度增強，而強化對於犯罪人或是受刑人的矯治而言。

[46] 前揭註43，頁2-3。

[47] 關於毒品危害防治條例以及組織犯罪防治條例之立法過程，係筆者於法務部服務時主導、規劃，並親自前往立法院說明其必要性以及急迫性，方得順利通過。詳參法務部，掃黑白皮書，頁25-40，法務部檢察司，1998年10月。

使其早日恢復正常的社會生活。

　　因此，在這樣的狀況下，既然貪污治罪條例原本所希望達成之目的，即在於打擊公務員的貪污犯罪，則透過立法者所表彰的國民意識，係加重對於貪污行為之處罰範圍，顯然對於貪污行為惡化之防治，已經成為社會所希望達到的刑事政策目的，特別刑法的擴大處罰，就是貪污瀆職犯罪走向嚴格刑事政策的明證。從單一社會的角度來看，兩極化刑事政策的基礎論點，雖然是以嚴格的刑事政策來對抗兇惡犯罪，但是組織犯罪、黑幫犯罪、貪污腐敗，甚至是國際的恐怖攻擊等等，對於社會以及人民生命財產之損害，社會整體秩序之危害，均極為強烈，影響也極為深遠，故而亦屬於宜採取嚴格的刑事政策加以對抗的犯罪類型[48]。然而，採取嚴格的刑事政策，並不表示容許背離刑事訴訟法的基本原則，而是在遵守刑事訴訟法保障被告基本訴訟權以及公平正義程序的條件之下[49]，加強對於貪污腐敗犯罪的打擊力度。因此，兩極化刑事政策並非「治亂世用重典」的單極思維，亦非僅有嚴格或是緩和的二律背反模式，而是一種具有完整結構，得以適應社會甚至國際上的犯罪狀況，調整刑事政策具體措施的有效模式[50]。

---

[48] 前揭註43，頁2-3。從國際上的現實狀況來看，聯合國反腐敗公約第30條第3項規定：「在因根據本公約確立的犯罪起訴被告，而行使本國法律所規定的任何法律裁量權時，各締約國均應努力確保針對這些犯罪的執法措施取得最大成效，並適當考慮到震懾這種犯罪必要性。」然亦朝向嚴格的刑事政策方向加以發展。並請參閱陳光中、胡銘，《聯合國反腐敗公約》與刑事訴訟法再修改（上），澳門廉政季刊第18期，頁4-5，2006年7月。

[49] 聯合國反腐敗公約第30條第4項規定：「就根據本公約確立的犯罪而言，各締約國均應當根據本國法律，並在適當尊重被告權利的情況下採取相當之措施，力求確保就判決前或者上訴期間釋放的判決所規定的條件，已經考慮到被告在其後的刑事訴訟中出庭的需要。」同時，公約第6項規定：「各締約國均應當在符合本國法律制度基本原則的範圍內，考慮建立相關程序，使有關部門得以對被指控實施了根據本公約得確立之犯罪的公職人員酌情予以撤職、停職或者調職，但應當尊重無罪推定原則。」均屬於確保正當程序底線的措施。

[50] 不僅我國，大陸地區在經歷過「嚴打」刑事政策的洗禮與反省之後，亦開始檢討嚴刑重罰可能對社會所造成的嚴重衝擊與威脅，而開始改採「寬嚴相濟的刑事政策」。而所謂寬嚴相濟的刑事政策，其實就是兩極化刑事政策，大陸實務與學界多

二、財產來源不明罪在兩極化刑事政策中的定位

　　貪污治罪條例所希望達成之目的，既然屬於嚴格刑事政策之範疇，則本次貪污治罪條例在處罰範圍上的擴大，可以認為係在某程度上反映了我國對於貪污犯罪採取嚴格的刑事政策的趨勢。

　　貪污治罪條例新修正的「財產來源不明罪」，主要係新增第6條之1的規定，並修正第10條[51]；而從法條的主、客觀構成要件來看，最核心的條文其實是第6條之1，即公務員對於來源不明的財產說明不清、不能說明或者是說明不實者，得處三年以下有期徒刑、拘役或科或併科不明來源財產額度以下之罰金。從客觀構成要件上而言，本罪的行為主體，限於犯貪污治罪條例第4條到第6條的「被告」，亦即，已經刑事訴訟法形成其被告地位者，方得適用本罪。而關於何謂來源不明之財產的範圍，本罪在客觀構成要件要素的設計上，係以「期間」為主要的衡量標準，即自被告涉嫌犯

以「輕輕、重重」簡稱之，其實即為「輕者恆輕，重者恆重」的簡稱。關於嚴打政策的專門論述，可以參考馬天山，「嚴打」政策概論，收錄於張穹主編，「嚴打」政策的理論與實務，頁19-76，中國檢察出版社，2002年10月。而寬嚴相濟的刑事政策，係大陸現在刑事政策研究的亮點與熱點，故而研討的專文極多，亦將其應用擴大到刑事政策的各個層面。關於此政策的說明，詳參劉沛諝，寬嚴相濟政策的模式構建與實證研判，犯罪研究2007年第1期，頁4-8，2007年2月20日。關於寬嚴相濟刑事政策在犯罪人處遇相關之應用，可以參酌：付永偉，論寬嚴相濟刑事司法政策視野下前科消滅制度之構建，犯罪研究2007年第5期，頁60-63，2007年10月20日；魏韌思、黃傳華，寬嚴相濟的刑事政策在監獄刑罰執行中的現實，犯罪研究第2008年第5期，頁34-37、80，2008年10月20日。

[51] 貪污治罪條例第6條之1規定：「有犯第4條至前條之被告，檢察官於偵查中，發現公務員本人及其配偶、未成年子女自涉嫌犯罪時及其後三年內任一年間所增加之財產總額超過其最近一年度合併申報之綜合所得總額時，得命本人就來源可疑之財產提出說明，無正當理由未為說明、無法提出合理說明或說明不實者，處三年以下有期徒刑、拘役或科或併科不明來源財產額度以下之罰金。」第10條則規定：「犯第4條至第6條之罪者，其所得財物，應予追繳，並依其情節分別沒收或發還被害人（第1項）。犯第4條至第6條之罪者，本人及其配偶、未成年子女自犯罪時及其後三年內取得之來源可疑財物，經檢察官或法院於偵查、審判程序中命本人證明來源合法而未能證明者，視為其所得財物（第2項）。前二項財物之全部或一部無法追繳時，應追徵其價額，或以其財產抵償之（第3項）。為保全前三項財物之追繳、價額之追徵或財產之抵償，必要時得酌量扣押其財產（第4項）。」

罪時起，及其後三年內任一年間所增加的財產總額，超過其最近一年度合併申報之綜合所得總額，該超過而有來源不明之財產，被告負有清楚說明來源之義務。而此類來源不明之財產的客觀範圍，係限制在被告本身、被告之配偶以及被告的未成年子女名下之財產；配合涉嫌貪瀆期間之衡量標準，檢察官即得針對期間內增加的不明財產，賦予被告說明之義務，而說明義務之違反，即應作為而不作為，使得本罪成為特別刑法中較為罕見的不作為犯。

　　在這樣的主、客觀要件之下，財產來源不明罪究竟是不是能夠符合嚴格的刑事政策的要求，而達到主管機關原本希望公務員「不敢貪」之目的，恐怕還有斟酌的空間。聯合國反腐敗公約所規定打擊貪污腐化的手段以及所採取的措施[52]，與我國現行反制貪污、腐化的各項措施相較起來，其打擊力度之大，設計內容之嚴密，與我國學界對於財產來源不明罪之認識與批評[53]，實有相當之差距。如果說特別刑法之目的，係為了回應社會犯罪之狀況，為了達成一定的刑事政策目的而存在；則顯然本次貪污治罪條例中關於財產來源不明罪之修正，對於打擊貪污犯罪，震懾貪污腐化之公務員，而貫徹採取兩極化刑事政策中嚴格刑事政策之目的，尚有相當的

---

[52] 聯合國反貪腐公約第28條規定：「根據本公約確立的犯罪所需的明知、故意或者目的（意圖）等要素，可以根據實際情況予以推定。」如果依據此等見解，則必然引起是否違反罪刑法定原則之討論；而在我國學界對於財產來源不明罪產生是否違反無罪推定原則之疑義時，本公約則在第31條第8項明文規定：「締約國可以考慮要求由犯罪證明這類所指稱的犯罪所得或這其他應當予以沒收的財產的合法來源，但是此種要求應當符合其本國法律之基本原則以及司法程序和其他程序的性質。」學說上有認為此即屬於舉證責任之倒置，詳參陳光中、胡銘，《聯合國反腐敗公約》與刑事訴訟法再修改（上），澳門廉政季刊第18期，頁5-6，2006年10月。陳光中教授認為，聯合國反貪腐公約第28條以及第31條第8項之規定，其實在性質上都是一種推定，亦即被告如不反駁或是反駁理由不成立，則推定成立。亦即，舉證責任的倒置實質上是一種特殊的法律推定，只要辯方（被告）不能證明該財產之合法來源，法官即可推定這些財產是不法所得，這主要是考量嚴屬打擊腐敗犯罪的需要。

[53] 詳參前揭註37，吳景欽文，頁69-75。並請參閱邱忠義，財產來源不明罪與貪污所得擬制之評析，頁82-94，月旦法學雜誌第164期，2009年1月。邱檢察官在本罪行為之性質的討論上，亦立於說明義務之觀察，而採取不作為說，認貪污治罪條例第4條至第6條之被告若違反說明義務而拒不說明，即足以構成本罪。

差距。我國現行的財產來源不明罪，在主體上的限制固然有其立法上的理由，然而在範圍上，卻可能無法完全達到原本立法之目的。

　　本罪中所謂「來源不明財產」之範圍，僅限於該被告、其配偶以及其未成年子女的財產總額加以計算，然而，如果確有不明財產，則何限於配偶、未成年子女？被告當可利用其他人頭，如直系血親尊親屬、旁系血親如兄弟、姊妹，或是利用其非婚姻關係，而有事實上親密關係之情人，以為隱匿其不明財產或不法所得之用，且就實證研究而言，貪污犯罪在性質上多有長期規劃，且許多重大貪污案件，共犯結構緊密，牽連人數極廣，涉案金額龐大[54]，僅以配偶、未成年子女及被告自身之增加財產總額與申報所得總額互相比較而界定來源不明之財產，以其為處罰之根據，顯然範圍狹隘，可能很難產生具體成效。而就本罪所規範之刑罰而言，就罰金之部分，固然有其設定之理由，且立於不法所得之追徵、追繳，不使犯罪人得享有犯罪所得之立場而言，與第10條之規定相互作用之下，對於已確定之不法所得，當能產生一定之成效。然而，在併科不明財產來源額度以下之罰金後，是否有必要對於被告另處三年以下有期徒刑，實有復加斟酌之必要[55]。亦即，配合第10條第2項以及第3項之規定，不明財產或視為不明

---

[54] 以陳水扁先生所涉及之貪污腐化案件為例，檢察官起訴書中說明犯罪事實，即包括國務機要費案、龍潭購地案、南港展覽館案、洗錢案四個不同事實，而有互相牽涉之關係，而各被告因貪污所涉及之金額，單以陳水扁先生為例，起訴書中計算其貪污所得為新台幣1億415萬2,395元，美金1,198萬元（折合新台幣約3億8,336萬元），合計新台幣4億8,751萬2,395元，而其「成年子女」陳致中，陳致中之妻黃睿靚亦涉及洗錢罪嫌。詳參：中國時報專刊，扁家4案起訴書摘錄，2008年12月13日，第1-8版。如以本案為例，陳致中先生係被告之成年子女，而黃睿靚小姐係其媳婦，均非屬財產來源不明罪所得處罰之範圍，則本罪之功用何在，顯有疑慮。

[55] 以大陸刑法為比較法之例，在2009年2月28日第7次修正後，第395條第1款的財產來源不明罪，雖然有五年以下有期徒刑之規定，但是有不明財產而不能說明者，並不併處罰金刑，而係直接追繳其不明財產與合法所得之差額部分。財產不明罪之處罰，其目的為澄清吏治，懲罰貪污腐化之公務員，不應該是直接或間接導致被告家破人亡之法律。以本條罰金刑之設計，不論其不明財產金額多寡，顯然有要將被告「剝兩層皮」之寓意存在，如追繳不明財產且併處罰金刑，則受扶養之親屬，是否能繼續受到生活之照顧，在現實上不能沒有疑慮，這樣的立法就有過苛之嫌；更何況大陸刑法係直接於分則第八章規定貪污賄賂罪，自第382條到第396條，其中包括

財產之部分，原本即可依據第10條之規定加以追徵、追繳或抵償，在併科
罰金至最高度之狀況下，幾乎等於向被告追繳二次不明財產所得，如原本
不明財產之數額即屬龐大，則被告其他家人，如受扶養之尊親屬之權益如
何在現實上予以調和，避免製造社會問題，實在需要以更高度之智慧加以
調整。且貪污治罪條例一再被批判為重刑化之立法[56]，雖然就兩極化刑事
政策的角度來看，採取嚴屬而必要的措施以對抗犯罪，是嚴格的刑事政策
希望達成控制犯罪、安定社會的主要目的，然而嚴格的刑事政策絕非單純
重刑化的理由，在理論基礎上也完全不同，更不應該是不重視人道精神的
刑事政策。因此，第6條之1所規定的刑罰，除自由刑之外，尚有高度的罰
金刑，如果立法上認為自由刑有其威嚇之效而應予以規定，實不必另外以
高度的罰金刑併罰被告，僅追徵或是追繳或抵償其不明財產所得，較合法
理，亦兼顧人情之平。而自此點反思本罪處罰範圍模糊與過狹之問題時，
本次立法顯然呈現單極化的趨向，即對一範圍狹窄之標的，科處嚴苛之刑

新立法的第388條之1，總計15條，分別規範不同的貪污賄賂犯罪，行賄罪之範圍亦
與我國普通刑法加上貪污治罪條例所規定之範圍相差無幾，甚且處罰範圍更廣。而
第388條之1則規定國家工作人員的進親屬或是與該國家工作人員關係密切之人，只
要透過該國家工作人員的職務行為，或是透過職務行為或地位形成之便利條件，請
託或是謀取不正當利益，就可科處三年以下有期徒刑，且區分數額巨大與數額特別
巨大或有其他特別嚴重情節者，最高更可處到七年以上有期徒刑，且並處罰金與沒
收財產刑。相較於澳門與台灣，大陸地區處罰貪污行為之類型，可以認為是範圍最
廣、構成要件種類最多，刑罰亦最重者，但是以其刑法第395條第1款與我國貪污治
罪條例第6條之1互相比較，卻得出我國刑罰範圍較窄，而刑罰卻相對加重許多之情
形，在法制上實有深思、檢討之必要。關於澳門之財產來源不明罪，詳參米萬英，
財產來源不明罪闡釋，澳門廉政第季刊第11期，頁5-7頁，2004年10月。並請參閱
彭仲廉，財產來源不明罪與刑事訴訟的保障，澳門廉政季刊第7期，頁6-9，2003年
9月。澳門的財產來源不明罪係規定於第11/2003號法律第28條第1款（我國則稱為
項）：「根據第1條規定所指負有提交申報義務書的人，其本人或藉居中人所擁有的
財產，異常地超過所申報的財產，且對如何和何時擁有不作具體解釋或不能合理顯
示其合法來源者，處最高三年徒刑，並科最高三百六十日罰金。」其處罰要件之設
計，亦稍較我國為廣，雖然亦有罰金之規定，然其數額則一定，非如我國以不明財
產額度為上限，較符合刑罰可預測性之法理要求。

[56] 紀致光，貪瀆犯罪採重刑政策之效果——以侵占罪為例，頁9-17，國立台北大學社
會科學院犯罪學研究所碩士論文，周愫嫻博士指導，2005年12月26日。

罰，似乎欲以日後可能出現之標竿案例為震懾貪污腐化公務員之教具。然而，貪污治罪條例既為我國貪污防治之專法，財產來源不明罪之設計宗旨，實宜對於可能隱匿不明財產之對象詳加探索，規劃成構成要件，擴大對於不明財產之打擊面。而在處罰上宜兼顧法理與配套措施，如已有相當之徒刑設計，則追繳其不明財產實為已足，不必併科高度之罰金刑，且於貪污治罪條例第8條減免其刑之規定，亦應考量擴大其適用範圍，給予有心悔過之公務員或被告得有改過自新之機會，使其能重新開始；則其家庭與親族亦得有喘息、重生之機會。

　　就以提高貪污犯罪的風險而言，本條確實有必要制定，惟本條當初立法時卻因黨政不斷協商後的產物，因而實施以來未能顯現成效，民意對此迭有批評。促使2011年再度修正本條文，其修正目的在適度擴大犯罪主體範圍、放寬財產異常增加之認定及略微提高刑罰，規定涉及特定罪嫌之公務員經檢察官於偵查中，發現公務員本人及其配偶、未成年子女自公務員涉嫌犯罪時及其後三年內，有財產增加與收入顯不相當時，得命本人就來源可疑之財產提出說明，無正當理由未為說明、無法提出合理說明或說明不實者，處五年以下有期徒刑、拘役或科或併科不明來源財產額度以下之罰金。

三、小結

　　從宏觀的角度來看，國際公約以及各國對於貪污賄賂犯罪的治理與預防之過程，犯罪化與非犯罪化一直都是刑事政策與刑事立法的基本問題[57]。財產來源不明罪的犯罪化，就兩極化刑事政策的意義而言，是我國刑事司法機關對於貪污賄賂犯罪，維持嚴格的刑事政策，擴大處罰範圍的一個佐證，然而，與世界其他各國相較，我國的財產來源不明罪才剛剛立法通過，也可以認為係打擊貪污賄賂犯罪的一個新起步。本文認為，本次立法的成效，終究必須透過實務的檢驗才能獲得確認，而從法條的構成要

---

[57] 陳雷，我國（大陸）反腐敗刑事立法之犯罪化與輕刑化問題研究，犯罪研究2008年第5期，頁19-26，2008年10月20日。

件的侷限性以及嚴格的處罰來看，是否能達到威嚇公務員「不敢貪」之效果，並兼顧人權公平，可能在本法施行後的二到三年之間，必須要進行階段性的檢討，並繼續追蹤其成效。如果成效不顯，則宜再度修法，朝向減輕刑罰、擴大處罰對象之範圍，並且完整自首與自白的各項措施，使有心悔改的行為人或是被告得有重生之機會，而且在行政的管制上亦應採取相應的配套措施；同時，關於與貪污腐敗犯罪相關的其他犯罪，如洗錢犯罪等高智能犯罪[58]，也應該採取具體與協調的對策，加深打擊貪污賄賂犯罪之力道，真正讓邪門歪道不得其門而入，應該是較為妥善的作法。

　　立法完善，不僅僅是幾個條文的問題，而是刑事政策全面性的問題。德國刑法學、犯罪學大家李斯特在總結個人與社會因素對犯罪原因的影響時，提出其著名的論點[59]，氏認為：「最好的社會政策就是最好的刑事政策。」不論是貪污賄賂犯罪或是其他犯罪，此一論點即使經過時間的洗禮，依然鏗鏘有力。我國貪污治罪條例係初創於民國52年，而財產來源不明罪係立法於民國98年，在此46年的歲月中，社會與犯罪之狀況不斷變遷，特別刑法肥大化的問題也漸次得到改善，原本採取偏向重刑化的刑事政策也慢慢轉變，進化而採取兩極化的刑事政策，並使之成為我國當前刑事政策與刑事立法的基礎。從這一點來看，貪污治罪條例的全面性修正與檢討，已經是刻不容緩的工作。如果我國法制的選擇，係確立貪污賄賂犯罪之專法，那麼這一部專法的框架跟各種要件、配套措施以及具體落實方案，應當都要符合與實踐兩極化刑事政策的精神與作為，而不應是在原本的舊框架裡加上處罰範圍狹隘，刑度嚴格的新條文，也必須配合刑法分則第四章之修正與協調。從這一點來看，財產來源不明罪的通過，或可認為係一個新的契機，以此契機為發展，而打開全面性檢討、治理我國貪污賄賂犯罪的各項法律、政策以及落實方策的大門。

---

[58] 程小白、王強，試論腐敗洗錢及其對策，犯罪研究2007年第5期，頁36-37，2007年10月20日。

[59] 張曉秦、趙國玲主編，當代中國的犯罪與治理，頁75-89，北京大學出版社，2001年5月。

肆、結論

「廉潔」是公務員應該具備的基本條件，「廉政」也是政府機關存在的基本要求，但是「貪污」「瀆職」仍然存在於每一個時代，每一個社會，甚至是每一個政府之中，「檢肅貪瀆」因此成為每一個政治人物爭取選民必要的口號，甚至成為國際社會共同面對的重要問題。但是此一問題之解決，絕對不是單靠「口號」或者「公約」，即可達成。而是應該以更寬廣、更深入、更細膩的規劃設計，方能讓貪污腐敗的犯罪，減低到最少。

檢肅貪瀆在制度與法律的設計上，並非僅在刑法瀆職罪章或特別刑法的貪污治罪條例規定即已足夠，事實上，公務員制度的建立，從其選考、訓練、任用、獎懲、考績、俸給、保障等方面，使公務員有其責任感、榮譽心，此方為使公務員不願貪、不敢貪、不必貪、不能貪之最重要基礎。

遏阻貪污腐敗，當然應該給予刑事制裁，但是其構成要件及處罰，仍應切實而有效，否則必致徒勞而無功。如果犯罪成立要件不夠明確，犯罪證據不夠充分，濫行追訴，則將造成公務員無辜被訴，不幸者終身纏訟，最後縱然判決無罪，也已虛耗其一生；縱或起訴後未久即獲無罪判決，但其名譽、權益均已嚴重受害，回復無門。貪瀆案件定罪率不高，一方面侵害公務員之權益，同時並戕害司法之威信，此一問題，在檢肅貪瀆之工作上，應列為最優先予以檢討之重要課題。

公務員因擔心無端被訴，是以時常抱持多做多錯、少做少錯，不做不錯之心態，遂致行政效率低落；或是認為自己無任何貪瀆行為，故處理公務即可恣意妄為，此二種極端之作法，均與政府設官分職，服務民眾之意旨大相違背，其危害實不亞於貪污，是以如何在要求不貪污之外，同時亦要求「不瀆職（不怠忽職責）」，此亦為討論檢肅貪瀆時，應兼顧之問題所在。此一問題，反映在貪瀆犯罪定罪率甚低之現象，特別是圖利罪定罪率更低，尤其凸顯其嚴重性。

在屬行檢肅貪瀆之際，如何同時提高行政效率，切實做好服務民

眾、便民利民的工作,也是重要的課題。表面上二者似有衝突,但在實際
上並無矛盾,只要符合法律的規定,以及公平正義的要求,二者甚至有相
輔相成的效果。本人於擔任公務員時,曾再三強調公務員之職責,即在於
圖民眾之利益,如不具備便民利民之心態,即無擔任公務員之資格;進一
步言之,公務員之求利與求名,正如古人所謂「計利當計天下利,求名當
求萬世名」。因此,本人以為當前最重要之事為:(一)加強全民法治教
育,尤其是公務員的法治教育,使其了解合法與違法之界線,使民眾及公
務員不致誤蹈法網,並使違法亂紀貪瀆之徒無所遁形。(二)加強司法檢
調機關與公務界之觀念溝通,以期對於法律之規定及其內涵之認知趨於一
致,俾免公務員無端被訴,甚至身陷囹圄,無辜受害。(三)行政機關、
檢調及法院對事實及證據之認定標準,應儘量一致化。使公務員只要依
法行政,即受法律保障,以免動輒得咎,遂至裹足不前,消極不作為。
(四)對檢察官於被告有犯罪嫌疑時即得提起公訴之要件(刑事訴訟法第
251條),應研究修正是否採取與法院有罪判決同一標準,始得起訴,以
求起訴與有罪判決之證據一致,庶免於濫行起訴,傷及無辜。

此外,貪瀆之檢肅,非僅自設置機關(如法務部廉政署)或增修條
文(如貪污治罪條例第6條之1),即能奏效,而必須從其根源,即公務員
選考、任用、獎懲、考績、俸給、保障(甚至是撫卹)等制度的檢討與建
立,進而就檢肅貪瀆之法制(包括機關設置、處罰法制之完備、追訴要件
及標準之建立)等,澈底全面的深入探討分析,始能發揮功能,有效打擊
貪瀆犯罪。

為蒐集相關資訊、分析整理與判斷,以至於做出整體規劃等工作之
進行,本人仍就當年(民國87)年在法務部服務時所提出,而為行政院否
決之建立國家級「犯罪防治研究院」之構想,再度提出呼籲,期盼早日實
現,以期面對當前貪瀆、黑金及社會治安日益惡化等問題,由「犯罪防治
研究院」籌謀對策,以端正政風,改善治安、造福社會。

第三編

刑事訴訟法

9

人權的淬煉與新生
——台灣刑事訴訟法的過去、現在及未來[*]

壹、前言

　　刑事訴訟的歷史，從遠古的神判、公眾追訴，發展到透過人類理性所展開的國家追訴，如歐洲在1532年的卡洛尼亞治罪法典；最後在法國大革命之後，出現近代刑事訴訟制度之原型，擺脫糾問主義的刑事程序，基

[*] 2011年11月18日於「當代刑事訴訟法之展望——海峽兩岸刑事訴訟法學交流研討會」（北京）專題演講。

於對人權的尊重，建立起彈劾主義的刑事訴訟制度[1]，在兩百餘年後的今日，刑事訴訟的脈動，仍然一本初衷，依循著人權理念而增生、進化，此乃啟蒙之後，法律亙古不變的演進因素，而刑事訴訟法，就如同一部活的權利法案，不斷的向新的時代邁進。

在21世紀的前後，整個東亞甚至全球，都掀起了司法改革的風潮，而刑事訴訟的變革，更是居中要角，台灣當然也深耕其中。這個跨世紀的司法改革活動，讓我們有機會深自反省與檢討，在擺脫帝制的一百年當中，我們的刑事訴訟制度給予人民如何的保障？是否讓人民生活在安樂無懼的生活中？刑事訴訟制度不再是由上而下的統治手段，而是人民權益的保障書，其內容個個都代表著政府對人民的承諾，不僅要合於人民的期待，更要具體的落實，此乃刑事訴訟改革的基本觀念。

然而，我們觀察到司法院在2011年度「一般民眾對司法認知調查」當中的幾個重點，首先是49.6%民眾對法院處理訴訟方面感到不滿意；「法院人員的廉潔操守」滿意比率為36.7%；「法官審判的公信力」滿意比率為42.1%；「法院的辦事效率」滿意比率為42.6%[2]。反觀法務部在2011年8月的法務統計重要參考指標中，截至8月為止，地檢署所起訴案件之定罪率為96.2%[3]。交互比較可以發現，經檢察官起訴後的定罪比率非常的高，但民眾對於法院的判決，則不甚信服，這其中儘管滿意比率包含民、刑及行政訴訟，但仍不可否認其公信力普遍不彰之現象。也因此，更顯刑事訴訟改革中，要如何提高人民的信任，符合人民的期許，維護人民權益，是展望未來的重要著眼點。

台灣的刑事訴訟法歷經數個階段的變革，其中包含許多的歷史背景，本文嘗試從變革的始末著手，依循時間的縱軸，說明各個階段的改革理念與動力，推敲台灣刑事訴訟的發展特色；再從現行制度的剖面，檢視

---

[1] 田口守一，刑事訴訟法，頁4-5，弘文堂，2006年第4版補正版。

[2] 司法統計網站，http://www.judicial.gov.tw/juds/u100.pdf。

[3] 法務統計重要參考指標，http://www.moj.gov.tw/public/Attachment/192216245543.pdf。

現行刑事訴訟法的光譜射程；最後綜合探討，在台灣，要如何發展出人權
保障與適合本土文化的刑事訴訟制度。

貳、變革始末

　　現行於台灣的近代刑事訴訟制度，源自清末以來乃至國民政府時期的
版本，儘管，理論上對於法制沿革過程，有是否著眼實際實行於台灣的日
治時期法律史等不同觀點，但現行法制的起源，則無爭執[4]。現行刑事訴
訟制度的變革歷經幾個過程，從清末變法的草創期、1967年到1980年的展
開期、1980到2003年的變動期以及2003年至今的改革期等四個階段，而這
四個階段當中，其異動的原因或有來自人權的覺醒、民眾的反動、輿論的
壓力、法院的自省、大法官的創新、立法院的推動等等，以下我們將依循
時間的縱軸，探究變革的始末，呈現台灣在刑事訴訟制度在地化的過程與
內涵。

一、草創期（1906～1967年）

　　清光緒32年，西元1906年，伍廷芳起草「刑事民事訴訟法」草案完
成，其中採行陪審制、律師制與公開審判，但尚無檢察官的設置，仍屬傳
統糾問主義刑事訴訟[5]。該草案受到張之洞等人的大力批評，為禮法之爭
的開端，最終也因時事變遷，草案未能頒布施行，之後雖有修訂法律館於
1910年完成的刑事訴訟律草案，但未能施行清朝已遭推翻[6]。

　　民國成立後，修訂法律館所完成的刑事訴訟律草案，經由司法部呈准

---

[4]　王兆鵬，台灣刑事訴訟的重大變革，收於湯德宗、王鵬翔主編，兩岸四地法律發
　　展（下冊）──民事訴訟與刑事訴訟，頁402，中央研究院法律學研究所，2007年8
　　月。

[5]　王泰升，台灣檢察史：制度變遷史與運作實況，頁44，法務部，2008年1月。

[6]　黃源盛，中國法律文化的傳統與蛻變，收於法律繼受與近代中國法，頁25-26、
　　201，黃若喬，2007年改訂版。

援用部分條文。其後因護法戰爭起，南北尚未統一，南方政府將該刑事訴訟律修正不符民國體制部分之條文，正式公布施行刑事訴訟律；北方政府則另定刑事訴訟條例。後經國民政府統一全國，於1928年制訂公布「中華民國刑事訴訟法」，至1935年再度大幅度全面修正[7]，1935年的「中華民國刑事訴訟法」一直延用到1945年，再作部分的修正，並且到1967年，才有較為大幅度的修訂。

草創期的刑事訴訟制度，大抵透過日本的媒介，而以德國式的刑事訴訟為主要師法對象[8]，但在1928年的舊刑事訴訟法版本中，廢除預審制度[9]，將預審法官的職權交由檢察官，而1935年的刑事訴訟法全面修正，則大部分參考當時已改為德國式制度的1922年日本刑事訴訟法，其特色即為職權進行的法院活動，以及檢察官的客觀性義務等等[10]。巧合的是，當時因台灣的特殊情形，日本將其刑事訴訟中預審法官的職能，交由檢察官行使，不同於其本國之制度，恰巧與1928年之後廢除預審制度的中華民國刑事訴訟法不謀而合[11]，使得後來在台灣刑事訴訟制度的施行，能順利推行。

二、展開期（1967～1980年）

1945年的刑事訴訟法隨著國民政府來台施行，至1967年修訂全文，並更名為「刑事訴訟法」，即現行刑事訴訟法的原型。其中有意「兼採當事人進行主義」的修法意旨，更是歷來職權主義（指調查原則）的一大轉折，其目的在於使當事人於訴訟程序上居於主動地位，增強證據真實性，

---

[7] 林永謀，刑事訴訟法釋論（上），頁29-30，林永謀，2006年。

[8] 王泰升，台灣法律史概論，頁255，元照出版，2009年3版。

[9] 日本在1948年廢除；德國在1974年廢除，田口守一，前揭註1，頁6-7。但二者對於預審制度的廢除，係建立在擺脫秘密、糾問式的預審制度為出發點，保障被告人權。反觀1928年乃至於其後的修正，則僅僅在加強檢察官的權利，視同預審法官，權利保障仍缺，且沒有上述二國廢除預審制度的思維。

[10] 林永謀，前揭註7，頁32。

[11] 王泰升，前揭註8，頁252-256。

判斷證明力客觀化，使當事人參與證據的蒐集、調查與判斷，不再是專責於法官[12]。幾個修正要點包括：增訂檢察官的舉證責任，增強其當事人的實質地位，但仍排斥舉證責任分配的思維；增加當事人對繼續審判的聲請權；增加當事人得聲請調查證據之規定，並且得訊問證人、鑑定人及被告，以及被告得請求對質與詰問的明文承認等等[13]。本次的修訂，仍以職權主義為核心，將當事人進行主義視為補充性之調節[14]，是其特色，可惜對於無罪推定立場仍未堅定。

1980年7月以前，台灣的司法制度是由司法院監督最高法院，而行政院內之司法行政部監督最高法院檢察署與高等、地方法院及其檢察處，司法機關受到行政權的介入從體制上甚為明顯，司法與行政制衡機制先天失調；復加以長期戒嚴，軍法審判的案件不特定，常有被告不預期而遭受軍法審判之情形[15]；又有來自司法機關內部干擾，1989年以前還有所謂裁判書類事先送閱制度，司法獨立難以彰顯，遑論刑事訴訟人權保障的落實與推進。而司法機關在權力分立上的弱勢，對於人權保障的思維難以施展，檢審分隸的歷程即為其著例，1960年司法院大法官會議曾作成釋字第86號解釋，其中明白指出：「憲法第77條所定司法院為國家最高司法機關，掌理民事、刑事之審判，係指各級法院民事、刑事訴訟之審判而言。高等法院以下各級法院既分掌民事、刑事訴訟之審判，自亦應隸屬於司法院。」此號台灣有史以來首號法律違憲的解釋，不但未受重視，甚至延至二十年後因應中美斷交，蔣經國總統推動政治革新，才在中國國民黨中常會中宣告檢審分隸的政策，並在1980年7月1日起，高等法院及地方法院改隸司法院，而最高檢察署與各級檢察處，隸屬原司法行政部改制之法務部[16]。

---

[12] 陳樸生，刑事訴訟法修正後應有之新認識，法令月刊第20卷第12期，頁3，1969年12月。

[13] 陳樸生，前揭註12，頁3-4。

[14] 林永謀，前揭註7，頁32-33。

[15] 王泰升，前揭註8，頁219。

[16] 王泰升，歷史回顧對檢察法制研究的意義和提示，檢察新論第1期，頁32，2007年1月。

展開期的刑事訴訟制度，由於受到政治與體制的失調影響，人權觀念未能突破，即使有所倡議，卻是孤掌難鳴，在此時所蘊積的改革動力，雖偶有零星火花例如：釋字第137號解釋開啟普通法院對於命令的審查權等，但仍無全面性對於刑事訴訟制度的反動，蓋因司法尚無形式上獨立，遑論訴訟體制的改善與來自司法機關的權力制衡，此乃極權體制下的實際情形，但是在檢審分隸之後，上述情形開始有了轉變。

三、變動期（1980～2003年）

檢審分隸之後，台灣的刑事訴訟制度正式進入變動時期，這期間由於民風漸開，不但對於個人權利的爭取覺醒，並且，司法院大法官違憲審查制度與最高法院，也多次基於人權保障的意見表達，形成修法的觸媒，罕見的在刑事審判實務中，出現觀念建立與運用早於立法之前的情形[17]，透過最接近人民需求的審判體系，產生訴訟法制的改進，也促成了刑事訴訟的在地化。諸如，1980年釋字第166號與1990年第251號解釋，對於違警罰法限制人身自由之處分交由警察官署為之的規定宣告違反憲法第8條法官保留原則；1995年釋字第384號解釋，認為檢肅流氓條例中拘束人身自由處分，未踐行司法程序，並且其秘密證人制度有妨礙對質詰問權的行使，宣告相關規定違憲；1995年釋字第392號解釋對於人身自由之法官保留的宣示；1997年釋字第436號解釋，對於軍人審級利益之保障等等。

最高法院在幾次的判決與決議當中，亦產生對刑事訴訟制度的重大影響，例如：1998年台上字第4025號判決[18]，明白承認證據排除法則，致

---

[17] 王兆鵬，前揭註4，頁414。

[18] 87年度台上字第4025號判決：「刑事訴訟之目的，固在發現真實，藉以維護社會安全，其手段則應合法純潔、公平公正，以保障人權；倘證據之取得非依法定程序，而法院若容許該項證據作為認定犯罪事實之依據有害於公平正義時，因已違背憲法第8條、第16條所示應依正當法律程序保障人身自由、貫徹訴訟基本權之行使及受公平審判權利之保障等旨意（司法院大法官會議釋字第384、396、418號等解釋部分釋示參考），自應排除其證據能力。準此，實施刑事訴訟之公務員對被告或訴訟關係人施以通訊監察，如非依法定程序而有妨害憲法第12條所保障人民秘密通訊自由之重大違法情事，且從抑制違法偵查之觀點衡量，容許該通訊監察所得資料作為證據並不適當時，當應否定其證據能力。」

使對於審判活動產生重大影響，使審判的重心從有罪與否，轉向正當法律程序的要求[19]，更促成1999年通訊監察的立法；1999年台上字第233號判決[20]，以權衡觀點建立證據排除法則的標準，也影響之後2003年的修法；2001年最高法院第七次刑庭決議，將充滿有罪推定意味的1936年上字第3706號判例[21]廢除，宣示無罪推定的刑事訴訟鐵律，澈底確立。都是最高法院具指標意義的作為。

　　事件、輿論與政治力，亦為變動期刑事訴訟的人權觸媒，1982年的「王迎先命案」[22]，為避免再次發生偵查中刑求事件發生，承認被告在起訴前得自由委任律師的辯護權；1991年的「許阿桂事件」[23]，對於檢察官是否擁有羈押權開始有所討論，後經1994年的查賄爭議，檢察官先後收押54名民意代表，以及所謂「上上級事件[24]」，立法委員倡議必須對於檢察

---

[19] 王兆鵬，前揭註4，頁413-414。

[20] 88年度台上字第233號判決：「違反法定程序取得之證據，應否予以排除，必須考量容許其作為認定事實之依據，是否有害於公平正義。倘依憲法所揭示之基本精神，就個案違反法定程序情節、犯罪所生危害等事項綜合考量結果，認以容許其作為認定事實之依據，始符合審判之公平正義，而不予排除，自不能指為違法。原判決考量查獲之安非他命數量龐大，且為政府公告查禁之違禁物，依比例原則，認扣押之安非他命等物有證據能力，於法尚無不合。」

[21] 25年上字第3706號判例：「審理事實之法院，對於被告之犯罪證據，應從各方面詳予調查，以期發現真實，苟非調查之途徑已窮，而被告之犯罪嫌疑仍屬不能證明，要難遽為無罪之判斷。」

[22] 1982年台灣發生第一起持槍搶劫銀行案，王迎先被懷疑涉嫌犯下該起搶案，經逮捕訊問後，自白犯罪，隨後於帶領警方尋找犯案工具及贓款之過程中，趁機跳橋墜入新店溪中自殺。不久真正的搶匪李師科遭到逮捕，並查明該案確為其所犯下。而王迎先的自白，則是來自於警方的刑求，員警也坦承刑求，並展開逃亡。

[23] 1991年「華隆案」爆發，承辦檢察官許阿桂將華隆公司董事長翁有銘收押，發生巨大的政治效應，包括監察院認為其未依法對於提起自訴之案件停止偵查，因此彈劾許阿桂檢察官，後來刑事訴訟法亦因此修正第323條，人稱許阿桂條款；立法院方面則是打算把檢察官的羈押權移除。許阿桂檢察官在本案偵查、公訴中遭受極大的政治壓力，後稱為「許阿桂事件」。

[24] 1994年台中地檢署檢察官偵辦省議會副議長楊文欣等人涉嫌賄選案，遭懷疑受到上級（檢察長）與上上級（上級檢察長、檢察總長等）的濫用指揮監督權，干預個案檢察官的強制處分權。

官的羈押權限有所限制，但卻要修法將檢察官羈押權集中到檢察長手中，其後修法未果，又經立法委員申請釋憲，作成釋字第392號解釋。

　　就刑事訴訟制度的變革而言，1995年的釋字第392號解釋，堪稱是一個指標性的解釋，不但擺脫上述政治紛擾，正本清源的將羈押權依照憲法回歸法院，該解釋認為刑事訴訟制度中，由於檢察官並非憲法第8條第2項所稱之法院，不應有羈押的權限，因此宣告刑事訴訟法中，關於法院外復賦予檢察官羈押被告之權；賦予檢察官核准押所長官命令之權；檢察官撤銷羈押、停止羈押、再執行羈押、繼續羈押暨其他有關羈押被告各項處分之權，均與前述憲法規定之意旨不符。立法院並於1997年修正了刑事訴訟法中的羈押制度，將羈押決定權回歸法院統一審查。其代表的意義並非在於法院在刑事訴訟上的優越地位，而是在於公平審理的機制，避免事主變公親，原本就帶有對抗意味的檢察官角色，縱使具有客觀性義務，也不能自行決定是否限制被告人身自由，審查機制的分離，是其象徵性的意義，本此基本思維，後續檢察官權限的檢討，因此大開。

　　2000年首次發生搜索國會事件[25]，以及搜索新聞媒體事件[26]，造成對於檢察官搜索權實行的質疑，以及國會自治與新聞自由的界限討論。隨即立法院在2001年修法，將偵查中檢察官的搜索權決定改由法院審查，並在同年7月1日施行。2001年4月又發生搜索成功大學生宿舍事件[27]，引起軒然大波，對於檢察官的搜索權與搜索的方式有許多的爭議與檢討。檢察官的強制處分權，在一次次的爭議事件當中，漸漸的被削弱；刑事訴訟程序

---

[25] 台南地檢署檢察官位調查奇美假股票案，在未事前告知立法院的情形下，要對於立法委員的研究室及宿舍進行搜索，當時立法院長王金平則以「國會自治」為由，拒絕對於立法院院區的搜索，最終僅對於宿舍為之。

[26] 中時晚報於劉冠軍案偵查中，報導關於本案關鍵人物之偵查筆錄內容，台北地檢署遂主動對於中時晚報編輯部與記者住處進行搜索，中國時報則主張其新聞自由遭受侵害，但仍無法阻止檢察官的搜索。

[27] 台南地檢署檢察官因獲檢舉，指稱成功大學男生宿舍內有非法下載音樂MP3使用的情形，涉嫌違反著作權法，檢察官派員警在未開立搜索票的情況下前往查探，在校方人員的陪同下，果真在學生電腦中查獲檢舉內容所稱之MP3，並展開更大規模的搜索與扣押。

與人民基本權的衝擊,也一次次的被凸顯,此乃人權保障的正向發展,也是變動期的豐盛成果。

　　2002年為加強檢察官的舉證責任,落實檢察官為公訴人之刑事訴追角色,增訂法院之起訴審查制度,以及調整法院與檢察官在調查證據分際之規定,已明白揭示「改良式當事人進行主義」的審理原則,此次的修正,甚至造成院檢兩方的緊張關係,可見其影響之廣泛與深遠[28]。而刑事訴訟法的基本架構,也開始產生質變,到了2003年更是大幅度的以「改良式當事人進行主義」為主軸,大舉翻修刑事訴訟法,讓台灣刑事訴訟的發展進入白熱化的改革期。

四、改革期(2003年～)

　　2003年為了配合「改良式當事人進行主義」之審理原則變動的修正,將相關配套的法制更新,舉其要者,例如:採行嚴謹的證據法則,並加強交互詰問要求與直接審理的強化,諸如自白任意性的舉證責任、證據排除法則、傳聞法則的承認與規定證人到場義務保障對質詰問權等,使法官退居聽審角色,必要時始主動介入調查;落實刑事案件集中審理,明定準備程序內容;增設簡式審判程序,並擴大簡易程序適用。2004年另增設協商程序,藉以減輕因強化證據法則與交互詰問程序,所造成的法院負擔,使司法資源合理分配。並且略為提升被害人在刑事訴訟中的角色,例如緩起訴制度的新訂,協商程序中對於被害人意見的徵詢等。其後分別又在2006年、2007年、2009年及2010年共修訂7次,並且在2007年修正通訊保障及監察法,採行令狀原則,以及在2010年增訂刑事妥速審判法,也都是相關的刑事訴訟制度之修正。

　　除了實際法律的修正之外,司法院大法官會議仍持續的關注在刑事訴訟人權保障的議題,並作出許多關鍵的解釋,例如:2004年釋字第582號解釋,為確保對於共同被告之詰問權,將最高法院兩判例其內容有不當剝奪其他共同被告對於實際上具有證人適格的共同被告詰問之權利,宣告

---

[28] 王兆鵬,前揭註4,頁403-404。

無效，引起最高法院的反彈[29]，提出申請補充解釋其適用範圍，2005年大法官作成釋字第592號解釋，補充說明其適用範圍。2007年釋字第631號解釋，將檢察官對於通訊監察書之核發權限移除，而由法官負責。2008年釋字第653號解釋認為受羈押被告如認執行羈押機關對其所為之不利決定，逾越達成羈押目的或維持羈押處所秩序之必要範圍，不法侵害其憲法所保障之權利者，自應許被告向法院提起訴訟請求救濟。2009年釋字第654號解釋為充分保障受羈押被告的防禦權，認為羈押法中，律師接見受羈押被告時，應監視之規定，與對受羈押被告與辯護人接見時監聽、錄音所獲得之資訊，得以作為偵查或審判上認定被告本案犯罪事實之證據，兩項規定係妨害被告防禦權之行使，宣告違憲。

　　最高法院在2003年大幅修正刑事訴訟法後，對於新法的詮釋，亦有相當的著力，但主要仍為新法之修法理由的再次確認與重申，例如，2003年台上字第128號判例[30]，重申無罪推定與檢察官實質舉證責任的落實。

---

[29] 最高法院擬罷審——最高法院與司法院大法官爆發的「五八二號解釋戰火」升高。最高法院昨天召開全院刑事庭會議，成立五八二號解釋因應小組，小組決定，建議最高法院向大法官聲請補充解釋，並在補充解釋作出之前，最高法院停止所有類似案件的審判。刑庭因應小組的建議，形同以「罷審」的嚴屬手段向大法官表達強烈抗議。據悉，最高法院刑事庭接受的可能性很高。果真如此，這將是我國憲政史上兩個最高司法權酖酖最高法院審判權與大法官釋憲權公開對抗的首例。司法界已高度關切，並注意情勢發展。最高法院昨天下午罕見的發布新聞稿，公開因應小組的決議。「司法院大法官審理案件法」明定，審理中案件聲請釋憲時，得裁定停止訴訟程序；最高法院估計，目前上訴到最高法院、符合「停止審判」的類似案件，約4,000件，一旦「罷審」，影響深遠。大法官上周五作出第582號解釋，宣告最高法院兩件關於「共同被告不利於己的供述，得做為其他共同被告犯罪證據」的判例部分違憲，認為共同被告間互相指證的供述，等同證人的證詞，法院應給予被告詰問證人的權利，不能依單方供述或自白及其他補強證據判罪。第582號解釋作出後，因犯擄人勒贖殺人罪被判死刑的釋憲聲請人徐自強，獲得再審機會。最高法院則認為大法官的解釋權侵犯了他們的審判權，並造成最高法院極大的審判困擾，昨天召開刑事庭會議，決議由12位庭長及資深法官共20餘人組成因應小組，抨擊第582號解釋是為徐自強量身定作，「以今日之是，斷昨日之非」，完全置社會安全於不顧。2004年7月28日，聯合報，第1版重點新聞。

[30] 92年台上字第128號判例：「刑事訴訟法第161條已於民國91年2月8日修正公布，其第1項規定：檢察官就被告犯罪事實，應負舉證責任，並指出證明之方法。因此，檢察官對於起訴之犯罪事實，應負提出證據及說服之實質舉證責任。倘其所提出之

2004年台上字第664號判例[31]，再次強調證據排除法則之權衡理論，也是立法理由的再次宣示。2004年台上字第2033號判例[32]與2004年台上字第5185號判例[33]，則是重視法庭活動、直接審理原則與言詞審理原則。2005

證據，不足爲被告有罪之積極證明，或其指出證明之方法，無從説服法院以形成被告有罪之心證，基於無罪推定之原則，自應爲被告無罪判決之諭知。本件原審審判時，修正之刑事訴訟法關於舉證責任之規定，已經公布施行，檢察官仍未提出適合於證明犯罪事實之積極證據，並説明其證據方法與待證事實之關係；原審對於卷内訴訟資料，復已逐一剖析，參互審酌，仍無從獲得有罪之心證，因而維持第一審諭知無罪之判決，於法洵無違誤。」

[31] 93年台上字第664號判例：「刑事訴訟，係以確定國家具體之刑罰權爲目的，爲保全證據並確保刑罰之執行，於訴訟程序之進行，固有許實施強制處分之必要，惟強制處分之搜索、扣押，足以侵害個人之隱私權及財產權，若爲達訴追之目的而漫無限制，許其不擇手段爲之，於人權之保障，自有未周。故基於維持正當法律程序、司法純潔性及抑止違法偵查之原則，實施刑事訴訟程序之公務員不得任意違背法定程序實施搜索、扣押；至於違法搜索、扣押所取得之證據，若不分情節，一概以程序違法爲由，否定其證據能力，從究明事實眞相之角度而言，難謂適當，且若僅因程序上之瑕疵，致使許多與事實相符之證據，無例外地被排除而不用，例如案情重大，然違背法定程序之情節輕微，若遽捨棄該證據不用，被告可能逍遙法外，此與國民感情相悖，難爲社會所接受，自有害於審判之公平正義。因此，對於違法搜索、扣押所取得之證據，除法律另有規定外，爲兼顧程序正義及發現實體眞實，應由法院於個案審理中，就個人基本人權之保障及公共利益之均衡維護，依比例原則及法益權衡原則，予以客觀之判斷，亦即宜就（一）違背法定程序之程度。（二）違背法定程序時之主觀意圖（即實施搜索、扣押之公務員是否明知違法並故意爲之）。（三）違背法定程序時之狀況（即程序之違反是否有緊急或不得已之情形）。（四）侵害犯罪嫌疑人或被告權益之種類及輕重。（五）犯罪所生之危險或實害。（六）禁止使用證據對於預防將來違法取得證據之效果。（七）偵審人員如依法定程序，有無發現該證據之必然性。（八）證據取得之違法對被告訴訟上防禦不利益之程度等情狀予以審酌，以決定應否賦予證據能力。」

[32] 93年台上字第2033號判例：「依刑事訴訟法第279條第1項規定，準備程序處理之事項，原則上僅限於訴訟資料之聚集及彙整，旨在使審判程序能密集而順暢之進行預作準備，不得因此而取代審判期日應踐行之直接調查證據程序。調查證據乃刑事審判程序之核心，改良式當事人進行主義之精神所在；關於證人、鑑定人之調查、詰問，尤爲當事人間攻擊、防禦最重要之法庭活動，亦爲法院形成心證之所繫，除依同法第276條第1項規定，法院預料證人不能於審判期日到場之情形者外，不得於準備程序訊問證人，致使審判程序空洞化，破壞直接審理原則與言詞審理原則。」

[33] 93年台上字第5185號判例：「刑事訴訟法第279條第1項、第276條第1項規定預料證人不能於審判期日到場，而受命法官得於審判期日前行準備程序時訊問證人之例外

年台上字第4929號判例[34]，對於被告在法院調查證據時之在場權及其辯護權的保護，強調為刑事訴訟之基本權利。

再者，台灣在2009年5月14日簽署「公民與政治權利國際公約」（以下簡稱公約）之後，國際人權法的衝擊亦直接進入法院當中，例如，最高法院99年台上字第1893號判決，提及國家調查機關須遵守告知義務，以符合公約第9條第2款規定於拘捕時應受告知權利之精神。99年台上字第5079號判決與99年台上字第5080號判決，則是提及強制辯護權的保障，對於上訴第二審之程序（即上訴理由之敘明）亦應受協助，以符合公約第14條第3項第4款之規定，被告受辯護之權利。2011年的五則判決，包括台上字第319號、台上字第1716號、台上字第1718號、台上字第3231號與台上字第4036號判決等，均係以公約第14條第2項所揭示無罪推定原則為輔助理由，說明檢察官實質舉證責任。顯見，在公約簽署後，人權的思考與衝擊更是直接而明顯。而歐洲人權法，則是在學者的大量研究之下，直接或間接的影響台灣法制的探討，雖在法院實務較為罕見，但也是不容忽略的發展。

從上述基本權對於刑事訴訟制度的衝擊，不難發現刑事訴訟法有逐漸憲法化的傾向，但仍必須審慎看待此等發展，尤其在刑事訴訟法當中已有

情形，其所稱『預料證人不能於審判期日到場』之原因，須有一定之客觀事實，可認其於審判期日不能到場並不違背證人義務，例如因疾病即將住院手術治療，或行將出國，短期內無法返國，或路途遙遠，因故交通恐將阻絕，或其他特殊事故，於審判期日到場確有困難者，方足當之。必以此從嚴之限制，始符合集中審理制度之立法本旨，不得僅以證人空泛陳稱：『審判期日不能到場』，甚或由受命法官逕行泛詞諭知『預料該證人不能於審判期日到庭』，即行訊問或詰問證人程序，為實質之證據調查。」

[34] 94年台上字第4929號判例：「當事人及審判中之辯護人得於搜索或扣押時在場。但被告受拘禁，或認其在場於搜索或扣押有妨害者，不在此限。刑事訴訟法第150條第1項定有明文。此規定依同法第219條，於審判中實施勘驗時準用之。此即學理上所稱之『在場權』，屬被告在訴訟法上之基本權利之一，兼及其對辯護人之倚賴權同受保護。故事實審法院行勘驗時，倘無法定例外情形，而未依法通知當事人及辯護人，使其有到場之機會，所踐行之訴訟程序自有瑕疵，此項勘驗筆錄，應認屬因違背法定程序取得之證據。」

明文規範的條文，卻仍持上位的憲法觀點解釋適用，則屬過當[35]，對於國際公約的態度亦復如是。抽象化程度較低的法律概念，其在同一概念體系上，含有較多的具體要件，該概念自應優先適用[36]，不宜逕以較抽象的上位概念作為適用的法源。

　　此一發展在另一方面，也可以觀察出，改革期的刑事訴訟制度發展當中，對於基本人權與訴訟基本權利的重視。另外，對於訴訟主體法庭活動的強調，檢察官地位當事人化；並且延續對於檢察官權限繼變動期以來一貫的制衡觀念，抑制違法偵查[37]與偵查中程序彈劾化等等，更是重要而具體的發展趨勢。同時，變動頻仍，而且動輒澈底顛覆結構的修法幅度，也是改革時期的常見現象。

　　綜合觀察台灣刑事訴訟的制度演變，從草創期的牙牙學語、傲仿摸索，展開期壓抑的在地化，變革期的人權衝擊，到改革期訴訟制度大幅改造，可以發現台灣刑事訴訟法的發展越來越具體，也越來越精緻，對於權衡拿捏都有相當深刻的反省。社會事件的衝擊，漸漸的制度化往司法救濟發展，尤其以司法院大法官會議之解釋與法院的判決，更形成檢討改進的平台，審、檢、辯、學各方，無不對於此發展高度關注。而越趨具體的人權保障，讓口號式的主義之爭，即所謂「職權進行主義」、「當事人進行主義」與「改良式當事人進行主義」，也漸漸受到質疑，甚至倡議要揚棄口號式的討論，而直接以實質內涵為優先考察，才具有實益[38]。百年以來

---

[35] 林鈺雄，刑事訴訟法上冊總論編，頁25-27，作者自版，2010年9月6版。

[36] 黃茂榮，法律概念，收於法學方法與現代民法，頁147-148，作者自版，2002年9月增訂4版。

[37] 陳運財，刑事訴訟制度改革動向的省思與展望，月旦法學教室第100期，頁159，2011年2月。

[38] 林山田，別迷失在主義的叢林中——為職權主義與調查原則申冤，收於刑法的革新，頁439-441，學林文化，2001年8月。陳運財，前揭註37，頁158。何賴傑，論刑事訴訟法之傳承與變革——從我國與德國晚近刑事訴訟法修法談起，月旦法學教室第100期，頁173，2011年2月。柯耀程，職權進行與當事人進行模式之省思——我國刑事訴訟修正應思考的方向，收於刑事法系列研討會——如何建立一套適合我國國情的刑事訴訟制度，頁163，學林文化，2000年4月。

刑事訴訟制度的推進，可謂是透過人權的淬煉，蘊育出現今刑事訴訟制度的果實，而人權的昂揚，更是不可逆的趨勢，也唯有依循維護人民權益的發展方向，才是刑事訴訟法發展的正道，以下，我們將承繼過往發展的歷史記憶與訓戒，觀察現行刑事訴訟法在新生後的制度概況。

參、現行刑事訴訟法之光譜

　　刑事訴訟制度中，最主要的四個主體，分別為法院、檢察官、被告及被害人，儘管，被害人的角色地位在現行台灣刑事訴訟發展中，仍屬於起步階段，但仍不可否認其有越趨重要的趨勢，因此，本文以下，將透過訴訟主體的職能任務或權利義務的具體內容之探究，將台灣刑事訴訟的光譜射程描繪呈現。

一、被告的保障與權利

　　在刑事訴訟的發展中，被告地位的改進是改革前期的重心，從以往為刑事訴訟的客體，進而推進到訴訟主體，是一個艱辛的發展過程，而其所受關注，絕對是所有訴訟主體中的首位，以下就被告在刑事訴訟程序中所受的保障與權利舉其要者，分別論述：

(一) 被告之保障

　　對於刑事程序中，被告身分認定的始點，特別是在偵查階段，容有許多不同意見，主因在於被告身分有許多保障與權利，係屬犯罪嫌疑人或證人所無，因此有所爭議，尤有甚者，台灣過往由於偵查手段的運用，經常將犯罪嫌疑人作為證人傳喚，導致變相剝奪其作為被告所具有的緘默權，明顯違反告知義務的情形，所幸最高法院已多次針對該問題判決認定此舉取得之證據應予以排除[39]，亂象稍緩。目前在檢察官偵查階段統一認定為

---

[39] 例如：92年台上字第4003號判決：「刑事被告乃程序主體者之一，有本於程序主體

被告，而在司法警察階段，則稱為犯罪嫌疑人，隨著被告防禦權的擴張，此些分類已漸無意義。

1. 不自證己罪原則

任何人皆無義務以積極作為，協助對自己的刑事追訴，並且國家也不得強制任何人積極的為之[40]。偵查機關與被告或犯罪嫌疑人維持著攻擊與防禦的關係，而被告或犯罪嫌疑人並無協力義務，此為成就彈劾式刑事訴訟的典型要素，但僅限於無義務積極的合作，對於消極的忍受義務仍可能存在，晚近受基本權衝擊的影響，範圍有越趨精緻的討論，例如對於測謊與人格自由的探究，就可能有所影響。因此，在消極的忍受義務範疇中，即使不受不自證己罪的原則拘束，但國家行為仍舊受基本人權的拘束則是必然。

2. 無罪推定原則

本法第154條第1項規定：「被告未經審判證明有罪確定前，推定其為無罪。」此乃刑事程序中人權保障的核心概念無罪推定原則的明文化，其適用的時點，或有認為應從起訴後到第一審判決之間，而偵查階段與一審

之地位而參與審判之權利，並藉由辯護人協助，以強化其防禦能力，落實訴訟當事人實質上之對等。又被告之陳述亦屬證據方法之一種，為保障其陳述之自由，現行法承認被告有保持緘默之權。故刑事訴訟法第95條規定：『訊問被告應先告知左列事項：一、犯罪嫌疑及所犯所有罪名，罪名經告知後，認為應變更者，應再告知。二、得保持緘默，無須違背自己之意思而為陳述。三、得選任辯護人。四、得請求調查有利之證據。』此為訊問被告前，應先踐行之法定義務，屬刑事訴訟之正當程序，於偵查程序同有適用。至證人，僅以其陳述為證據方法，並非程序主體，亦非追訴或審判之客體，除有得拒絕證言之情形外，負有真實陳述之義務，且不生訴訟上防禦及辯護權等問題。倘檢察官於偵查中，蓄意規避踐行刑事訴訟法第95條所定之告知義務，對於犯罪嫌疑人以證人之身分予以傳喚，命具結陳述後，採其證言為不利之證據，列為被告，提起公訴，無異剝奪被告緘默權及防禦權之行使，尤難謂非以詐欺之方法而取得自白。此項違法取得之供述資料，自不具證據能力，應予以排除。如非蓄意規避上開告知義務，或訊問時始發現證人涉有犯罪嫌疑，卻未適時為刑事訴訟法第95條之告知，即逕列為被告，提起公訴，其因此所取得之自白，有無證據能力，仍應權衡個案違背法定程序之情節、侵害被告權益之種類及輕重、對於被告訴訟上防禦不利益之程度、犯罪所生之危害或實害等情形，兼顧人權保障及公共利益之均衡維護，審酌判斷之。」

[40] 林鈺雄，前揭註35，頁158-160。

受有罪判決的上訴審則不適用[41]。前者，衡其原因，可能是出於與檢察官追訴的義務衝突，但此說恐忽略檢察官在刑事訴訟程序中的客觀性義務，檢察官的地位恐非全然單純的訴訟對造。再者，犧牲無罪推定原則在偵查中的適用，對於因無罪推定原則而生之訴訟保障，諸如對於各種程序行為心證程度的制衡，其主張將失其基礎，此舉不但危及被告在訴訟上角色，也不符上開法律所明示規範的範疇。因此，關於無罪推定原則之適用，仍應依法適用在有罪判決確定前的所有刑事訴訟程序，包含偵查與審判。

　　無罪推定原則的貫徹，近來則經常運用在檢察官舉證責任的落實，過往，本於法官調查原則的強調，導致事實審法院必須窮盡一切的調查，始能為無罪判決，已遭廢止的25年上字第3706號判例即為其著例，然修法以來，檢察官的舉證責任越趨重要，實務發展至今，已居於定罪的主導地位，幾乎在檢察官未能積極證明有罪事實的情況下，無罪推定原則的作用就發生，而為被告無罪之判決。改革的陣痛期中，此等發展或許仍有其正面效應，但若制度已趨穩定，檢察官落實舉證責任已成常態的前提下，法院對於調查原則的取捨，尤其是第163條第2項但書的提示，仍應有所注意，始避免刑事訴訟發現真實的主要目的，在無罪推定的原則下被無條件犧牲。

(二) 被告權利

　　在上述兩基本原則的保障下，被告的權利因此展開，尤其在被告主體性提升的同時，如何賦予被告在刑事訴訟程序中的平等地位，端賴權利的平衡與設計，以下舉其要者論述之。

1. 聽審權

　　聽審權的內涵包括請求資訊、請求表達與請求注意之權利三部分，簡言之，被告可以對於控訴、審判內容請求其資訊，並且得充分表達意見，而該意見可要求法官審酌。具體的表現在現行法當中有告知義務的要求，

---

[41] 蔡秋明、陳重言，從檢察官的角度談二〇〇三年刑事訴訟法修正，全國律師第8卷第9期，頁39-40，2004年9月。

言詞辯論的必需性以及判決應詳附理由等相關規定[42]。充實聽審權的實際內涵。

2. 辯護權

辯護權係維護被告在訴訟程序中的平等地位，使其在面對國家機器的龐大訴追壓力下，能有與之對抗的實力，因此本法第27條規定被告得隨時選任辯護人。犯罪嫌疑人受司法警察官或司法警察調查者，亦同。然而，辯護制度必須以被告的正當利益維護為核心，而不論是搜查機關或法院，若都有維護該正當利益的義務，即所謂實質的辯護制度[43]，在台灣因檢察官有客觀性義務、法院有澄清義務，對於被告的利益或不利益都必須一併注意，因此，不是只有以辯護人為外形的形式辯護，更有來自國家機關的實質辯護。而除了任意辯護之外，尚有強制辯護的案件類型，以衡平重大案件或特殊情況之被告在訴訟上之地位。

事關辯護權重要內涵之一的閱卷權，在台灣則僅限於審判階段始有此權限，而偵查中則無，造成辯護人在偵查中的資訊取得困難，嚴重影響辯護的效果，偵查中少數能有效主張的在場權，還受到偵查機關寬鬆標準的侷限[44]，無怪乎學者認為即使承認偵查中被告得選任辯護人，在台灣卻可能形同蠟像一般[45]，無實質效果，或許言過其實，但仍看出修正動輒可能受限的在場權之必要性。除此之外，辯護權的內涵中尚有接見交通權，經過司法院大法官的解釋之後，關於羈押中被告與辯護人的接見之錄音錄影，已不得作為證據，更加保障被告的辯護權。

3. 聲請調查證據權

被告除受國家機關客觀性義務的保障，應主動注意有利於被告之證據，但有時仍有未足，被告、辯護人亦得主動聲請調查證據，此乃基於本法第2條第2項規定被告得請求前項公務員，為有利於己的處分，儘管偵查

---

[42] 林鈺雄，前揭註35，頁163-164。

[43] 田口守一，前揭註1，頁135-136。

[44] 林山田，論刑事程序原則，收於刑法的革新，頁354-355，學林文化，2001年8月。

[45] 王泰升，前揭註5，頁86-87。

中調查證據的聲請權相關規範不若審判中完善，但仍有其法源依據，惟誠如上述，對於偵查中的閱卷權若無法實現，此權利保護仍屬片面。再者，若證據有湮滅、偽造、變造、隱匿或礙難使用之虞時，被告或其辯護人更得聲請保全證據。而調查證據的聲請，其許可與否則以本法第163-2條之規範，判定是否必要。

4. 對質詰問權

對質，係被告對於證人或其他共同被告就同一或相關連事項之陳述有不同或矛盾時，使其等同時在場，分別輪流對疑點加以訊問或互相質問解答釋疑，而詰問則是在證人具結的前提下，由被告所進行的質問[46]，此乃訴訟基本權利，更是建構公平法院的基礎，亦即所謂面對面權利[47]，不論是對於共同被告、證人或是鑑定人，原則上被告都有權利提出對質或詰問，俾使真相因相互往來的質問而呈現於法院。但仍得依法律有所限制，例如，性侵害犯罪防治法第16條對於被害人的詰問，即有所限制。本法第163條第1項後段亦規定審判長若認為有不當時，也得禁止之。

5. 緘默權

源自於不自證己罪原則，在台灣，緘默權的範疇，在於受拘提、逮捕之被告或犯罪嫌疑人，受告知義務的保障，檢察事務官、司法警察官或司法警察詢問時，若未適時盡告知義務，該自白或不利之陳述可能會無證據力。上述範圍內乃法定的證據排除事由，若有其他情形，例如受緊急拘捕的被告，或者是由檢察官、法官之訊問，而有違反告知義務者，仍可能為相對排除事由[48]。並且不得因被告行使緘默權而推斷其罪行或為量刑上負面評價，否則無異架空緘默權的保護，在法律的建構上，緘默權的保障已開始有密度較低之基礎規範，但是即使法規宣示意味濃厚，實際執行由於沒有強大的制衡機制，幾乎是僅僅依賴自白法則微弱的箝制，經常在實務中被侵犯，特別是偵查中更屬嚴重，乃實際之情況。

---

[46] 參照釋字第582號解釋。

[47] 王兆鵬，刑事訴訟法講義，頁602-603，作者自版，2005年9月。

[48] 王兆鵬，前揭註47，頁357-358。

6. 救濟權

被告得提起法律救濟，對於程序事項得聲明異議，對於撤銷緩起訴處分得聲請再議，對於法院之裁定不服得抗告、再抗告，對於法院判決不服得上訴，對於法院確定判決得提起再審。都是被告在訴訟法上所保障的救濟權利。

二、法院的任務與職權

法院在刑事訴訟程序中扮演的角色係一公正獨立的裁決單位，因此，自須以公正法院為核心，推展其受憲法所賦予的任務與權限，除職司審判事務為當然之外，尚有許多為建立公正法院而制度化的原理原則，並且有強制處分的審查權，以及攸關法院角色定位的澄清義務，分別論述如下：

(一) 公正法院

為建構一個公平審判的機制，公正法院的核心原則，係建立在以下幾點要素：

1. 審判獨立

憲法第80條規定：「法官須超出黨派以外，依據法律獨立審判，不受任何干涉。」台灣對於審判獨立的努力，歷經逐步的改革例如審檢分隸、司法院的法律提案權、司法預算獨立，將法院外部的審判干涉排除。憲法第81條對於法官終身職的保障、公開的司法人事審議制度、廢止裁判書類事先送閱制度，將法院內部的審判干涉排除。台灣的司法系統，不僅在組織、預算、提案上都自外於政府的其他權力，在內部司法行政的個案干擾上，亦漸漸排除。

2. 直接審理

直接審理係指法官不透過他人，直接由自己參與在調查證據程序中，以原生證據為調查對象，藉此形成貼近事實的心證[49]。也就是「出於

---

[49] 前者稱為形式的直接審理（自己調查），後者為實質的直接審理（替代證據禁

審判庭」的要求,在遂行嚴格證明的程序中,是最基本的要求[50]。若審理中法官有所更替,則必須踐行更新審判程序重新審理,並且非虛應故事以筆錄代替更新[51],否則即屬違反直接審理的審判,屬當然違背法令之判決。然而,2003年刑事訴訟法修正,對於傳聞法則的引進,肇因於規範的不足,造成究竟是直接審理的保障,抑或直接審理的缺口,混沌不明;以及對於反對詰問權侵害的界限等疑義,仍屬發展中的問題。

3. 言詞審理

在直接審理原則下,言詞審理原則有助於其實踐,透過當事人提出於法庭的陳述,使法院獲得案件內容的印象較深,而證據法則中,亦透過言詞來進行調查與嚴格證明,而透過言詞的陳述,來達到公開審理的效果,擔保裁判的公正[52],此些運用都是言詞審理的功能。而言詞審理有其例外,本法中規定若干得不經言詞辯論之審判,例如:免訴、不受理或管轄錯誤判決、第三審法院裁判、非常上訴判決、簡易處刑判決與協商程序等等。

4. 公開審理

法院組織法第86條規定:「訴訟之辯論及裁判之宣示,應公開法庭行之。但有妨害國家安全、公共秩序或善良風俗之虞時,法院得決定不予公開。」同法第87條第1項復規定:「法庭不公開時,審判長應將不公開之理由宣示。」公開審理原則當然也有其限制,而其本意係透過大眾的監督,保障司法的公正,維持人民對於司法的信賴,違反者,亦屬當然違背法令之判決。台灣在公開審理的執行上相當落實,甚至在社會矚目案件,旁聽席的開放抽籤,或者由電視、網路直播,可說是已到達全然透明的程度,亦不為過,對於法庭公正的監督,有其正面意義,但強大的輿論壓力

止)。參照田口守一,前揭註1,頁399。

[50] 林鈺雄,刑事訴訟法下冊各論編,頁187,作者自版,2010年9月6版。。

[51] 在日本實務上更有以「辯論更新」一言以蔽之的形式上更新,飽受批評。白取祐司,刑事訴訟法,頁280-281,日本評論社,2007年3月第4版。

[52] 白取祐司,前揭註51,頁281。

是否使法庭活動變質，仍須注意[53]。

(二) 強制處分審查權

由於本法採行混合式的強制處分審查模式，亦即部分強制處分採行令狀原則、法官保留，部分則委由偵查機關決行，其界限劃分之依據，端視侵害基本權的嚴重性與處分的急迫性，強制處分審查的彈劾化，乃是人權發展的正向指標，從過往的經驗觀察，過去擁有預審法官職權的檢察官，其強制處分權幾乎與法官無異，發展至今，逐漸注意到權力制衡的重要性，讓強制處分的審查擺脫糾問色彩，申請與審查機關分離，正是人權觀念昂揚的具體展現。

法官保留之強制處分可以分成憲法保留與法律保留，依據憲法第8條規定人民因犯罪嫌疑被逮捕拘禁時，至遲於二十四小時內需移送該管法院審問。因此，關於長期拘束人身自由的拘禁，亦即羈押與鑑定留置，係受憲法所明定之法官保留；而短暫拘束人身自由的逮捕，即拘提與逮捕，則屬相對法官保留，原則上由法官事先同意，例外由法官事後審查，而其短暫的拘束則以二十四小時為限，否則即屬長期，回歸絕對法官保留[54]，此乃憲法所保障的人身自由範疇。

但現行本法對於相對法官保留的部分，卻仍容有檢察官的審查權在其中，在偵查中的拘提，其拘票之核發，由檢察官為之，並且在逮捕的部分，原則上屬於無令狀強制處分。拘提有一般拘提與逕行拘提，都須以令狀為前提，偵查中由檢察官核發；逮捕有現行犯逮捕、通緝犯逮捕，屬於無令狀強制處分；而緊急拘捕（緊急逮捕），則須事後補發拘票，因皆屬偵查階段，而由檢察官補發之。可見現行本法制度與憲法對於人身自由的保障似仍有齟齬之處。

再者，法律所規範之法官保留，包含搜索扣押與通訊監察，搜索分為有令狀搜索與無令狀搜索，無令狀搜索包括附帶搜索、逕行搜索、緊急

---

[53] 林鈺雄，前揭註50，頁192-193。

[54] 林鈺雄，前揭註35，頁311-312。

搜索與同意搜索，此部分容後詳述。原則上，搜索應用搜索票，由法官核發，乃法律所明定之法官保留，但容有例外情形，即所謂無令狀搜索，在逕行搜索與緊急搜索有事後陳報法院制度，法院認為不應准許者，應撤銷之。扣押亦分為有令狀扣押與無令狀扣押，以搜索票之有無區分之，並且尚有原搜索目標意料之外的附帶扣押與另案扣押，亦屬無令狀的範疇。通訊監察則是規範在通訊保障及監察法中，原則上須以有通訊監察書為前提，而通訊監察書的核發，由法院為之，例外在急迫情形得容許在二十四小時內，向法院陳報補發通訊監察書。

綜觀上述法院對於強制處分的審查權，本法所規範並不十分嚴謹，例外多過於原則，而實務操作上，提供了適用例外程序的誘因，亦即對於事後審查的密度不足。並且，對於部分強制處分審查權，在偵查中歸由檢察官為之並不恰當，事實上，為保障人民基本權與提升人民對於司法的信賴，即便是偵查中，也應以彈劾的審查模式為優先，避免事主變公親，讓職司犯罪偵查的檢察官，擁有過多不必要的審查權，不僅權責衝突，也失之公允。猶有進者，對於審判中的強制處分，特別是攸關人身自由重大的處分，如羈押的審查，亦須維持彈劾的結構，原則上應由檢察官申請[55]，抑或由法院向上級法院申請[56]，學者上述主張，都是可參考的方式，現行法由本案法院自行決定的配置，似有違強制處分審查的核心概念，分權制衡的初衷。

（三）澄清義務

本法第163條第2項規定：「法院為發見真實，得依職權調查證據。但於公平正義之維護或對被告之利益有重大關係事項，法院應依職權調查之。」此乃法院之調查原則，亦被稱為澄清義務，由於涉及法院在刑事訴訟程序中的角色定位，因此備受討論，大抵可分為兩類，一則認為此乃良心規定，一則認為修法後並未免除法院調查之義務。

---

[55] 林鈺雄，前揭註35，頁358。

[56] 楊雲驊，二十年來台灣刑事訴訟程序羈押制度之檢討與建議下，月旦法學雜誌第181期，頁191，2010年6月。

前者，認為在修法後，已採行當事人主義之架構，法院的角色，不再如過往糾問的接力賽，法院須退居聽審角色，法院已無蒐集證據的義務，在檢察官未能實質舉證使法院達毫無合理懷疑的有罪確信程度下，基於無罪推定原則的作用，法院應為無罪判決，不應再進行證據之蒐集，因此，本法上開規定，目前僅能當成法院良心裁判的規範，並且僅對於被告有利時，始得曉諭被告或協助被告蒐集證據[57]。

後者，認為澄清義務來自於對實體真實的刑事訴訟根本目的，並且透過澄清義務可達毋枉毋縱，確保法和平性[58]，法院依法嚴格遵守程序正義，來追求實體正義，程序事實的真實，依職權進行由法院主導，實體事實的真實，由當事人主導，法院輔助[59]。因此，本法上開規定，法院不僅有調查證據的權限，並且特定條件下有澄清的義務。假使法院在澄清義務的範圍內未能調查完全，則屬於依本法應於審判期日調查之證據而未予調查者，之當然違背法令判決。

最高法院在此點的立場則是強調檢察官的實質舉證責任，如前述92年台上字第128號判例，明白指出檢察官未盡實質舉證責任，基於無罪推定之作用，法院自應為無罪之判決，似有採取前者之用意。但在最高法院2002年第4次刑庭決議中[60]，強調法院雖退居輔助角色，但為發現真實終究無以完全豁免其在必要時補充介入調查證據之職責。且在2011年第四次刑庭決議中，對前開決議雖有部分之調整，但發現真實的論述部分未調

---

[57] 黃朝義，刑事訴訟法，頁452-456，一品文化，2006年9月。

[58] 林鈺雄，前揭註35，頁59-74。

[59] 劉秉鈞，法庭之法律性質——以公平法院之理念為中心，軍法專刊第55卷第6期，頁26，2009年12月。

[60] 91年第4次刑庭決議：「……三、本法第163條第2項但書，雖將修正前同條第1項規定『法院應依職權調查證據』之範圍，原則上減縮至『於公平正義之維護或對於被告之利益有重大關係事項』之特殊情形，用以淡化糾問主義色彩，但亦適足顯示：法院為發見真實，終究無以完全豁免其在必要時補充介入調查證據之職責。……六、依本法第163條之規定，法院原則上不主動調查證據，僅於左列情形，始有調查證據之義務：一、當事人、代理人、辯護人或輔佐人聲請調查而客觀上認為有必要。二、本條第2項但書規定應依職權調查之證據。三、本條第2項前段規定法院為發見真實，經裁量後，在客觀上又為法院認定事實，適用法律之基礎者。」

整，而且仍舊認為法院有調查證據之義務，似又如後者之說法。

本文認為，法院的澄清義務並無法完全免除，尚有兩項理由，首先，須考量台灣民眾對於司法的使用文化，傳統中國訴訟的原型，屬於父母官型訴訟，後來才因變法導入競技型訴訟觀[61]，民眾雖然是使用彈劾式的訴訟制度，但對於法院的期待，總希望能明察秋毫，並且受法院在訴訟上的照料，民眾可能終其一生只進入法院一次，恐懼不安都尚不足以形容其心情，如何能期待被告面對檢察官的指控，能提出自身有利的證據聲請，反觀面對被害人主體性日漸提升的同時，對於被害人發現真實的強烈渴望，如有檢察官漏未調查之事項，又如何能棄之不顧。

再者，面對前述鬆散的強制處分法官保留，檢察官所掌控的強制處分權甚為廣泛，儘管檢察官有客觀性義務，但終究須有防漏機制，在完全不對等的權力架構下，放任檢察官與被告近身肉搏，其不妥當性自明，在未有適當辯護的案件中，當事人的關係就如同一場槍與筷子的戰爭，極度懸殊，也無怪乎法院近期也注意到在被告未獲實質辯護時，如其無辯護人或辯護人未盡職責時，得斟酌具體個案情形，無待聲請，主動依職權調查[62]。據此，本文認為，在民眾使用法院之文化與強制處分權配置不當等考量下，法院之澄清義務無法免除，此無關主義抉擇，乃發現真實與人權保障考量。對於本條文發動客體的解釋爭議方興未艾，至少，在對於被告有利的證據，法院有澄清義務仍屬妥適，也較無爭議，而對於被告不利的部分，基於發現真實的根本要求，仍是法院應廣泛納入考量的範疇。而本法第163條之2的規定，則是其發動的範圍。

三、檢察官的任務與職權

依據法院組織法第60條規定，檢察官之職權有實施偵查、提起公訴、實行公訴、協助自訴、擔當自訴、指揮刑事裁判之執行及其他法令所定職務之執行。而在此些職權當中，亦受到法律所規範的義務所拘束，諸

---

[61] 黃源盛，前揭註6，頁28-29。

[62] 參照台灣高等法院98年金上重更（一）字第57號判決。

如法定性義務、客觀性義務與受上級監督的檢察一體，而其所主導或執行的強制處分，則是實施偵查的重要權能，以下分別論述之。

(一) 法定性義務

法定性義務源自於國家獨占刑罰權，因此有義務依照法律追訴或不追訴，檢察官行使追訴活動受嚴格的法律規範，更可防止國家刑罰權的行使受不當的干涉，故偵查的發動、起訴與不起訴都需依循法定標準，檢察官因告訴、告發、自首或其他情事知有犯罪嫌疑者，應即開始偵查；檢察官依偵查所得之證據，足認被告有犯罪嫌疑者，應提起公訴；而應為不起訴之處分，亦在本法第252條中明確規範。

然而，上述應報理論的法定性義務，受到特別預防的衝擊，開始發展出不起訴的便宜原則，在本法有三種，分別是微罪不起訴、緩起訴與執行無實益之不起訴，以兼顧特別預防的再社會化目的。微罪不起訴係指對於特定案件檢察官參酌刑法第57條所列事項，認為以不起訴為適當者，得為不起訴之處分。緩起訴則是一種附條件的不起訴，被告所犯為死刑、無期徒刑或最輕本刑三年以上有期徒刑以外之罪，檢察官參酌刑法第57條所列事項及公共利益之維護，認以緩起訴為適當者，得定一年以上三年以下之緩起訴期間為緩起訴處分，並得命被告履行一定負擔。而被告犯數罪時，其一罪已受重刑之確定判決，檢察官認為他罪雖行起訴，於應執行之刑無重大關係者，得為不起訴之處分，則屬執行無實益之不起訴處分。

(二) 客觀性義務

本法第2條第1項規定：「實施刑事訴訟程序之公務員，就該管案件，應於被告有利及不利之情形，一律注意。」檢察官身為刑事訴訟程序中核心的偵查主體，自受該規範所拘束，因此檢察官為刑事訴訟程序中，不僅須蒐集被告的不利證據，也必須為被告的利益執行職務，因此，檢察官在本法中的地位，並非一造當事人，而是法律的守護人，須維護被告的

正當權益，此可從檢察官的迴避制度得證[63]，而從刑事訴訟法追求實體真實的立場，亦同此理[64]。檢察官不僅要積極的追訴犯罪，對於可能造成人權侵害的偵查過程，亦負有監督之責，此乃本法的特色。

有學者認為，檢察官為訴訟中的當事人，與被告為對立的狀態，因此客觀性義務是將檢察官過度神化有違人性，反而應從權力分立的制衡觀點來詮釋檢察官地位[65]。然而現行制衡機制缺漏的強制處分制度，若要單純從訴訟對造的觀點來說明檢察官的地位，或許仍有需調整的部位尚未到齊，這也正是反對客觀性義務的論者所提及的權力制衡觀點，從目前本法在偵查階段的糾問色彩依然濃厚前提下，不宜貿然將客觀性義務否定。反而應在賦予檢察官強制處分權限的同時，提升檢察官公益的角色地位，並且以檢察官客觀義務為媒介，充實被告防禦權的保障[66]。

(三) 檢察一體

檢察機關的組織架構在台灣有所謂檢察一體的設計，亦即，檢察官雖然對於法院，獨立行使職權，但檢察機關內部卻有上命下從的指揮監督權、職務收取權與職務移轉權，形成在內部檢察總長以下的服從體系，使檢察事務能一體性的運作，避免個別檢察官追訴裁量標準不一[67]，防止濫用或誤用職權，有賴內部的控管機制，並且透過團隊合作，統合辦理複雜案件[68]，此乃檢察一體所由而設。而另有與檢察官承辦之個案無關的，是來自法務部部長檢察行政事務的指令權，如經費、人事等事項，則非檢察

---

[63] 林山田，論檢察官，收於刑法的革新，頁450，學林文化，2001年8月。林鈺雄，前揭註35，頁132-134。

[64] 林永謀，前揭註7，頁137-138。

[65] 黃朝義，前揭註57，頁58-59。

[66] 白取祐司，前揭註51，頁48-49。

[67] 林鈺雄，前揭註35，頁135。

[68] 吳巡龍，檢察獨立與檢察一體，收於刑事訴訟與證據法實務，頁21，新學林出版，2006年11月。

一體概念所及[69]。

　　然而制度的設計立意雖尚屬良善，卻缺乏節制的力量，反而造成行政機關藉由檢察一體介入司法案件的情形，1989年的「吳蘇案」與1994年的「上上級事件」，就是非常負面的實際案例，在目前尚無制衡機制的設計之下，對於指揮監督權，只能依循法定義務的範疇，視有無違反或濫用，為外部拘束[70]；對於職務收取權與移轉權，則有認為必須限於三種情形，分別是案件明顯過於重大複雜、檢察官承辦個案有明顯瑕疵、或雖無明顯瑕疵但檢察長與檢察官認知差異，為維持一致的訴追標準[71]。但合理的處置，應對於此等制度預設法定標準，始能有正當的運作與成效。

(四) 強制處分

　　檢察官執行訴追的重要權能之一強制處分權，在本法中如同前述，係獲得較為廣泛的權限，其肇因於舊刑事訴訟法修正時，將預審制度廢除，而將預審法官的權限，移轉由偵查主體檢察官來執行，導致檢察官身兼公訴官[72]，到晚近才有所鬆動，但並未澈底革新，則是事實。

　　目前，本法規範的強制處分，屬於絕對法官保留的羈押、鑑定留置，以及相對法官保留的有令狀搜索扣押與非急迫情形之通訊監察，此兩種類型為法官所決定，檢察官僅有聲請權，無審查權。除此之外，檢察官有多種受不同強度制衡的強制處分權，其中，第一種是屬相對法官保留中，得由檢察官發動，法院為事後審查的類型，有逕行搜索、緊急搜索、附帶扣押與急迫的通訊監察；第二種屬於依訴訟程序階段區分，偵查中由檢察官決定之類型，有傳喚、拘提、通緝、附帶搜索、同意搜索、無令狀扣押、另案扣押、身體檢查；第三種屬於由司法警察決定執行，檢察官為事後監督之類型，主要有緊急拘捕。

---

[69] 林鈺雄，前揭註35，頁140。

[70] 林山田，前揭註63，頁455-458；林鈺雄，前揭註35，頁136。

[71] 吳巡龍，前揭註68，頁22。

[72] 林永謀，前揭註7，頁133-134。

　　從上述分析可以發現，本法對於偵查中強制處分的制衡機制，特別是彈劾模式的制衡，侷限在非常小的範疇中，僅對於拘束人身自由的羈押、鑑定留置，以及有令狀的搜索、通訊監察較全面的受其規範，而偵查中檢察官仍有廣泛的強制處分發動權限，未區分侵害基本權的強度，直接以訴訟程序進行程度為區隔標準，並非妥適；對於急迫情形的強制處分，原則上亦應納入事後審查機制，使強制處分的審核盡可能的彈劾化，不僅保障被告權益，也減輕證據調查階段的負擔。

四、被害人的角色

　　被害人的角色在本法尚未成為一個被重視的程序主體，目前充其量僅負責告訴、再議、聲請交付審判、偵查中聲請證據保全與自訴等程序發動者，以及淪為單純的證人。此乃因國家代替被害人行使刑罰權，使得被害人權益在訴訟中被遺忘，忽略犯罪被害人是案件中感受最深，對犯罪事實有親身體驗的了解[73]，過去對於被告地位提升的同時，卻忽略正義並非專屬於被告特權，而係所有人的正義觀點，此等忽略，在晚近被害者學的興起，許多的研究中，已有逐步的受到重視。

　　目前本法的規範中，對於被害人權益的保障，除上述程序的發動者外，已漸漸開始有被害人保護及程序中陳述意見的規範，在被害人保護的部分，例如：本法第248條之1規定，被害人於偵查中受訊問時，得由其特定親屬、醫師或社工人員陪同在場，並得陳述意見。於司法警察官或司法警察調查時，亦同。而陳述意見機會的保障部分，例如：本法第271條第1項前段規定，審判期日，應傳喚被害人或其家屬並予陳述意見之機會。第271條之1第1項規定，告訴人得於審判中委任代理人到場陳述意見。但法院認為必要時，得命本人到場。第314條第2項規定，前項判決正本，並應送達於告訴人及告發人，告訴人於上訴期間內，得向檢察官陳述意見。

　　由上述規範中我們可以發現，本法對於被害人權益的保障仍屬於萌芽階段，對於被害人陳述的效力與範圍，也僅止於有限度的提供機會層次，

---

[73] 林永謀，前揭註7，頁177-178。

而犯罪被害人保護法的規範,專責在處理金錢補償問題,本法或特別法中對於被害人的程序地位實質效果都未能直接觸及,此乃現狀之事實。

肆、維護人權建立權力制衡

從前開介紹中我們可以發現,現行刑事訴訟法人權保障的光譜射程範圍,也發現了若干現行制度下所未及的陰影區域,而這些區域其實是環環相扣,當立法者將刑事訴訟的光源投注在偵查中檢察官的身上時,賦予其追求真相的使命之同時,光源的背後,自然產生陰影,並且互相連動,目前失衡的當事人關係,就是最明顯的區塊,甚至延伸至審判階段。因此,若要正本清源的將發展的道路導正,勢必要有所調整,而建立起權力的制衡關係,是值得思考的方向。

一、彈劾的偵查觀

過往在糾問或彈劾的探討對象,是落在審判的構造,然而在羈押等強制處分權因憲法的誡命,遭大法官將審查之權限移至法院審理後,開始有權力制衡的觀念滲透至偵查階段,陸續有搜索、鑑定留置、通訊監察等強制處分採取法官保留的立法。然而,假如立法的出發點,是來自於對人民基本權侵害的權力制衡,則不禁令人聯想,拘提、逮捕等等處分,又為何有區別呢?

平野龍一教授曾對於偵查的結構,從權力抗衡的觀點,提出「彈劾的偵查觀」來導正過往「糾問的偵查觀」,將偵查定位在平等的基礎上,一方面偵查機關進行審判的準備活動,另一方面被告為防禦活動的主體,而正因為被告是防禦活動的主體,必須保障其對應於準備活動的防禦權[74]。程序主體間的關係,偵查機關僅僅是單獨的進行準備活動,被告亦然,如涉及強制,是為了將來裁判的證據調查、保全,則須由法院為之,因此偵

---

[74] 白取祐司,前揭註51,頁69-70。

查機關僅僅為當事人一方，自無所謂強制處分權[75]。

　　與此相近概念有所謂「訴訟的偵查觀」，係由井田侃教授所提出，認為偵查程序，是檢察官為了決定起訴或不起訴，為釐清事實關係、訴訟條件所進行之一連串的程序。因此，偵查結構是由檢察官、司法警察與被告三者組成三面關係。再者，田宮裕教授則是以彈劾的偵查觀為基礎，將訴訟參與者定位在協同關係，提出當事人主義的偵查觀[76]。

　　糾問的偵查觀，有其明快的特色，在現代的都市化社會，犯罪趨於複雜，恐怕無法完全的排除[77]。而訴訟的偵查觀，則是將司法警察列為當事人，並與檢察官切割，使檢察官位居審查角色，在現今台灣的檢警密切合作的關係下，是否能直接適用？恐如日本一般，仍存有所疑慮[78]。而當事人主義的偵查觀，重視訴訟關係者的協調配合，若無強而有力的辯護制度，恐怕又落入糾問的輪迴。彈劾的偵查觀，立足於權力分立的概念，使偵查中的強制措施，都落入權力制衡當中，卻也產生程序拖延的疑慮[79]。

　　權力分立的目的，在於保障人權，避免權力集中，濫權也無法制衡，要導正目前權力過度集中的偵查程序，勢必要面對偵查結構的改造，檢察官擁有強制處分權的缺點，在於其本身的任務在偵查犯罪，容易對其強制處分的容許性較寬容[80]，而彈劾的偵查結構，正是對於檢察官能兼顧兩種角色的質疑[81]，公平審理的觀念，不能乞憐於檢察官的良知、智識，而是應從制度設計來避免不公平或過度侵害人權的國家行為發生，並且藉此提升被告之防禦權。故彈劾的偵查觀概念，應屬妥當，而其內涵，更應先從強制處分的審查著手。

---

[75] 田口守一，前揭註1，頁38。

[76] 田口守一，前揭註1，頁39-41。

[77] 渥美東洋，全訂刑事訴訟法，頁49，有斐閣，2009年4月第2版。

[78] 白取祐司，前揭註51，頁71；田口守一，前揭註1，頁40。

[79] 林鈺雄，前揭註35，頁299。

[80] 林鈺雄，前揭註35，頁299。

[81] 林裕順，大法官釋字第631號解釋與監聽法制評析——我國令狀主義之評估與前瞻，收於基本人權與司法改革，頁128-129，新學林出版，2010年10月。

台灣目前的現狀，部分強制處分為法官保留，此部分類似彈劾的偵查觀，但大多數仍屬於檢察官職權範圍，並非妥適，已如前所述，考量目前台灣的制度，在調整最小的範圍內，採行彈劾的偵查觀，是可行的，對於強制處分權的配置，凡涉及基本權利的侵犯，在未受正當程序裁決前，被告並無受侵犯的忍受義務，因此諸如：傳喚、拘提、逮捕、搜索、扣押、通訊監察、身體檢查等等，若無急迫的情形，都應有事前的令狀原則拘束，並且在急迫的情形也應受事後的審查，若無法通過審查，即應對於因此所取得之證據的合法性有所認定，並且對於該處分不當，要有所救濟。較有疑慮的是對於必須秘密偵查的處分，若維持三面關係，恐失其意義，此部分則應特別列舉，以避免過度侵害，現行通訊監察的審查制度即為如此。而或有認為全面採行法官保留，對於法院會造成案件量暴增，無法處理，則應可透過專責法官來審理，不但對於心證的程度拿捏較為妥當，也避免產生先入為主的偏見[82]，更可減輕本案法官於調查證據時的負擔，使審判速度加快。

二、辯護權與緘默權的擴大保障與落實

台灣刑事訴訟的偵查結構除上述關於被告主體性的提升之外，仍需有相關配套的抗衡機制，也就是防禦權的內涵，否則亦無實效，尤其，現行制度對於偵查不公開的迷思，常常導致辯護權的削弱，例如，本法第245條第2項規定「被告或犯罪嫌疑人之辯護人，得於檢察官、檢察事務官、司法警察官或司法警察訊問該被告或犯罪嫌疑人時在場，並得陳述意見。但有事實足認其在場有妨害國家機密或有湮滅、偽造、變造證據或勾串共犯或證人或妨害他人名譽之虞，或其行為不當足以影響偵查秩序者，得限制或禁止之。」儘管規範了辯護人的在場權，卻大幅度的訂定除外條款，甚至只要行為不當足以影響偵查秩序，就構成禁止的理由，禁或不禁，存乎偵查機關一心，形同剝奪被告受辯護的權利，並且也無制衡的機制，被

---

[82] 吳巡龍，偵查中聲請羈押的管轄問題與即時抗告，收於刑事訴訟與證據法實務，頁50-52，新學林出版，2006年11月。

告豈能受到實質辯護。

辯護律師的在場權，因為歷史因素，總是與防止刑求相連結，卻忽略在防範刑求的措施上，已有自白法則與全程錄音錄影的保障，其在台灣的原始意義已不是最重要的因素，反而與在場權環環相扣的權利，亦即緘默權的保護，才是最為首要的保護對象[83]，捨此觀點，誤解法規範目的，就容易使上開條款反成為偵查技巧。

再者，現行辯護人制度，並無調查權的設計，辯護人欲調查證據，僅能透過聲請檢察官調查或保全證據，而調查之後偵查中又無閱卷權，甚至連在現場抄錄都還受限制，辯護人在偵查中的資訊取得困難，儘管偵查程序證據攻防並非主要任務，但對於發現真實的證據蒐集，應屬當然，因此，當有必要承認律師的調查權，此乃在貿然將被告與檢察官丟入當事人進行的近身肉搏之前，首應賦予的基本訴訟權利。

緘默權的保障，本法對於告知義務的違反，有證據使用禁止的規範，但僅僅限於檢察事務官、司法警察官或司法警察詢問，而檢察官或法官則不與焉，並且，若經證明其違背非出於惡意，且該自白或陳述係出於自由意志者，亦不在此限。顯將任意性自白作為緘默權保障的唯一理由，但事實上，此處所違反的是不自證己罪原則[84]，當被告根本無從得知自己所供述的內容會發生何種效力，保障其任意性又有何用？因此，就有必要透過律師在場，保障其緘默的正當權利，使其明白自己無義務積極配合偵查機關的訊問、調查。

綜觀上述，我們可以發現本法在平衡當事人的制度設計上，如基於維護被告人權之立場上考量，仍有值得商榷之處。辯護人在場權可以任意被排除，被告緘默權因此可能被犧牲，不自覺的在任意性的陳述中，證明自己犯罪。即使辯護人在場，偵查中也無法閱卷，更無調查權。每個環節都有不足，造成與偵查機關抗衡的漏洞。而究其主要原因，在於偵查不公開的迷思，然而，偵查不公開又怎能向辯護人主張？並且，若有偵訊中保密

---

[83] 林裕順，論偵訊中辯護人之在場權——以緘默權保障為核心，收於基本人權與司法改革，頁32-35，新學林出版，2010年10月。

[84] 林鈺雄，前揭註35，頁182。

的需求，亦屬於偵訊專業的問題[85]，偵訊技巧不足的缺漏，不能犧牲被告受辯護權利來補足。因此，上述環環相扣的問題均應予通盤考量，才能真正符合當事人進行之主張，而得以避免侵害人權之疑慮。

三、起訴狀一本

在前述檢辯雙方實力平衡的前提下，當事人才有條件與能力，面對趨於複雜的法庭活動，目前本法對於起訴，採行卷證併送制度，遂有偵查與審判心證連接，審理如同與偵查的接力，並且法官未審判就已有先入為主的偏見之疑慮。因此有所謂起訴狀一本亦即卷證不併送制度的倡議，起訴狀一本之制度並非所謂當事人進行主義之專利，因事涉公平審判，要在審判上積極的排除預斷，乃彈劾制度的本身價值，無關主義抉擇[86]，重點在於整體配套制度的配合是否完善。

目前在採行交互詰問的程序下，卷證併送制度產生了交互詰問形式化的問題，辯方認為法官因過早接觸偵查卷證，導致心證早於詰問前已形成、傳聞法則的例外被廣泛承認、被告詰問權無法保障等問題；檢方則認為審判長介入詰問程序，打亂調查證據的步調；並且主導不告不理之告的範疇，造成對被告防禦權的突襲[87]。此些問題，都是在卷證併送制度下，對於現行法所產生的實務問題。

然而，亦有論者認為，採行起訴狀一本制度，雖然在起訴時未接觸證據，但透過證據開示，大量的證據侵入法庭，心證更趨複雜；而若無接觸卷證，法院對於仍有輔助性的澄清義務，亦難以判斷；再者，現行法已採行起訴審查制度，讓法官於審判前詳閱卷證，排除未達起訴門檻的案件，兩者制度衝突；並且，台灣採行職業法官，法官的素養，足以區分心證形成的階段[88]。故認為不需採行起訴狀一本制度。

---

[85] 林裕順，前揭註83，頁47。

[86] 刑事訴訟起訴狀一本主義及配套制度法條化研究報告（上），頁46-47，最高法院學術研究會，1999年4月。

[87] 陳運財，前揭註37，頁162。

[88] 劉秉鈞，前揭註59，頁24-25；林鈺雄，前揭註50，頁120-121；林山田，前揭註38，

以上所言，可以發現在未完整配套措施下的制度施行，將造成全盤性的制度崩解，採行起訴狀一本，則應配合證據開示、傳聞法則與對等的辯護權等等；採行卷證併送，則須有素養高的職業法官、法院的澄清義務、閱卷權與起訴審查等相互配合，目的都是為了營造公平法院的理念，而相互配合運用與制衡。但反觀本法卻有交互參雜的齟齬之處，導致實務問題叢生。實則，若以公平法院的建制觀念，兩者都有其說服力，但是必須建立在配套措施完善的前提下，始有其意義，從目前檢辯雙方的懸殊地位，要往起訴狀一本的制度前進，恐仍有諸多阻礙尚須大幅度調整。

四、訴因制度

訴訟標的為何，事涉被告防禦權的保障，以及法和平性的維護，為防止法院的裁判突襲當事人，在日本有訴因制度的發展，所謂訴因，是指檢察官於起訴時，為使審判特定化所主張的具體犯罪事實，並以之為審判對象[89]。台灣在處理不告不理與一事不再理問題時，主要由於認定主體的錯位，與過度受實體法羈絆兩大問題，導致整套制度錯綜複雜，被告對於訴訟標的之防禦範圍無從理解，甚至檢察官本身也未必有把握，因此遂有訴因制度引入的倡議。

訴因的意義，在於透過訴因的設定，讓被告一方事前得知防禦的對象，審判過程中，集中在訴因的防禦，也就不會有超越此範圍的不利益。在此前提下，幾個相應的問題如訴因的特定、訴因是否需要變更、訴因是否可以變更、訴訟條件由訴因判斷、法院變更訴因的容許性、訴因變更的效力與超出訴因審判的效果等[90]圍繞在被告防禦權保障的議題。

台灣目前的實務運作，由於法院可自行認定審判的範圍，起訴的犯罪事實為顯在性的事實，但效力卻可延伸至潛在性的事實，因此審判時有罪與有罪之間產生不可分效力，認定主體的錯位，混淆追訴者與審判者的角

頁428-429。

[89] 三井誠，刑事手續法Ⅱ，頁179，有斐閣，2003年7月。

[90] 三井誠，前揭註89，頁180-182。

色，不僅影響公平審判，更無法保障被告防禦權利[91]。所謂不告不理，理應是指檢察官起訴的內容，為法院審判的內容，今不僅法院可以認定內容的範圍，更可以變更起訴法條，而上訴後，又以後訴法院認定為準，整個訴訟過程中，訴訟標的從未特定，甚至到判決確定，連結到既判力的效力範圍的認定問題，是不是真的確定，可說無人敢確定。

也正因上述紛亂的認定與擴張，不僅造成被告在訴訟上的防禦，無從著力，法的安定性無從保障，訴因的制度，將法院審理的範圍，限定在檢察官所提出之事實，為其理論建構的起點。事實上，不告不理的原則，並非訴因制度所獨具，法院在檢察官所起訴的範圍內審判，本為訴訟制度在分權負責的設計，更是保障被告防禦權的基本架構，訴因制度所特別凸顯的，正是當今法院實務的病灶，因此獨具吸引力。

訴因制度的採行，並非單點的承認，而是整個訴訟的改革，諸如起訴狀一本以及其相關配套的採用，檢察官全面的訴訟標的處分權之承認，檢察官實質舉證責任的落實以及大量的簡易程序等等，可說是將現行制度激底翻修，是否能有更經濟的思考，也值得再深入探究。

五、被害人訴訟程序地位提升

被害人程序地位的提升，可以分成幾個層次，分別是受社會援助的權利、請求避免二次被害保護的權利、訴訟資訊請求權與訴訟參加的權利[92]。目前，台灣的法制現狀除自訴外，有犯罪被害人保護法保障其受社會援助之權利，而部分的程序規定，例如性侵害犯罪防治法第16條關於對被害人訊問之方法、內容等限制。至多，台灣目前的發展，僅僅到被害人得陳述意見之訴訟參加層次，具有實質效果的訴訟參加仍屬保留。

犯罪被害人的程序地位，如前所述，在本法中尚屬起步階段，然而，正義並非僅止於被告一端，正義的概念應該是存在於被告、被害人及社會，也就是所謂「所有人的正義」概念，此乃2002年英國司法改革白皮

---

[91] 陳運財，前揭註37，頁167。

[92] 白取祐司，前揭註51，頁62-63。

書的主張，該白皮書中第二章，就提到給被害人與證人更好的待遇，犯罪被害人的程序地位的提升，已經是刑事訴訟制度不可逆的潮流與趨勢。

日本在2007年，由於光市殺人事件的影響，大舉提升被害人訴訟地位，於刑事訴訟法中增訂被害者參加制度，其中，承認被害人的在場權、實質的陳述意見權、詰問證人、質問被告、律師權等權利。而該參加制度是由被害人自行申請，並且有範圍限制，而且仍非訴訟當事人，對於當事人主義的結構，並沒有改變。

目前台灣的被害人訴訟地位有待加強，拋開對於法庭結構改造的議題，仍有許多值得努力的部分，諸如，被害人的對質詰問權、在場權、律師權、聽審權，特別是對於所陳述意見的實質保障，以及更進一步的損害賠償命令制度之建立，都應該予以重視，也是刑事訴訟制度必然發展的方向。

伍、結論

刑事訴訟法是人民權利的保障書，而人權的發展是動態的演進，因此，刑事訴訟法的發展應依循著保障人民權利的節奏脈動，人民的權利保障需求，是來自受刑事追訴的被告，也是來自被害人，國家將刑罰權獨攬，更有義務保障被害人的權利，因此，發現真實，一向是刑事訴訟無法捨棄的主要目的，透過發現真實，懲治罪犯，讓受犯罪行為打破的法和平性回復，此乃國家受憲法所賦予的基本權保護義務；而與此相對，國家行為的介入，是對於被告的基本權干涉，也應依循正當法律程序，並且不過度的干涉，此乃國家受憲法所箝制的基本權防禦功能。權力分立的角色亦然，權力分立也是出自於對基本權保障的初衷，希望透過分散權力，權力相互制衡，來達成公正審判，保障人民權利。因此，在憲法精神的架構下，刑事訴訟的目的發展，是與人民權利保障相存相依。

過往，台灣刑事訴訟的發展歷程中，在諸多動力的推進下，逐步的發生質變，有可謂從職權主義走向當事人主義，發軔於對被告權利的重視，

被告主體的承認，不可諱言的，是來自於人權侵犯的抵抗，透過人權理念的淬煉，刑事訴訟制度受到徹頭徹尾的檢討，並新生成今日法制，然而，改革的動力尚未停歇，淬煉的爐火正值赤焰，儘管大幅度的修正，仍有相關的制度尚無法到位，造成人民權利保障的缺口，是將來仍須持續關注的問題。

　　從現行的制度我們可以發現，要將被告推向當事人進行的途中，仍有許多問題尚待解決，首先，是強制處分權力仍有部分屬於偵查機關，致使產生權力濫用的疑慮，另一方面，被告抵抗國家行為的正當權利也不足或不受重視。制度面又未能有抗衡措施，造成失衡的當事人關係，自然產生再一次的權利侵害，有害於真實的發現，並且造成新制無法落實，此已無關主義的優劣，是設計缺憾使然。因此，本文認為，應當即刻修正傾斜的當事人關係，平衡當事人間的實力，如此才有採行起訴狀一本、訴因制度的基本條件。而在此之前，衡量台灣民眾的司法使用情況與當事人間實力，法院仍無法免於介入案件的調查義務，否則僅是延續偵查中不對等的情形，再次上演於法庭當中，能否藉此發現真實，不無可議。並且，需重視被害人在訴訟中的地位，過往戮力於提升被告主體性的同時，卻忽略案件中可能是感受最深的被害人，司法制度對被害人而言，既遙遠而冷漠，人權保障似乎將被害人排除在外，為使刑事訴訟兼顧所有人的正義，也該是關注到被害人角色的時機了。

　　綜上所述，訴訟制度的修訂，絕非空言口號，就可以等於整體完備，許許多多的相應措施，若無法協調配合，根本無法達成原先設定的目標，反而造成問題的來源，造成的損害恐非立法者可以想像，在訴訟制度接受人權挑戰的同時，仍應有通盤的思考，才能兼顧發現真實與人權保障，使人民信任司法，並樂於利用司法解決紛爭，使基本權的保護義務與防禦功能皆能具體維護，達成司法為民的基本使命。

10

緩起訴制度的任務與前瞻*

壹、前言

　　刑法之目的，無非在於發現真實、制裁不法以及保障人權、保護合法，此二目的，需以程序上刑事訴訟法之運作，始克達成，但於刑事訴訟法之運作上，此二目的常常形成兩個極端，一般言之，在於承平時期，較為注重人權之保障，要求程序正義之呼聲成為訴訟進行之主流。但於治安敗壞，社會不安之際，則較為注重有效率的打擊犯罪，或基本上對於程序正義之要求則較鬆散。是以訴訟制度之理念與運用，常在保障人權與發現真實之間擺盪，因之也影響所謂公平正義之認知與需求，時常顯現不同之結論。

　　本人在85年接掌法務部部務，深思當時治安敗壞，黑道勾結政治與商業，無惡不作，乃即雷厲風行推動全國性之掃黑工作，並於86年10月在法

---

* 2012年6月4日於「緩起訴十年之檢討與展望研討會」（台北）專題演講。

務部成立「法務部檢討暨改進當前刑事政策小組委員會」指請謝常務次長文定及林常務次長鉅錕共同召集，邀請學者專家及實務界人士，規劃相關具體措施，建構現代刑事政策的藍圖，歷經15次會議，共討論18個議題，對法務部政策的擬定，提供具體方向，結論並由法務部逐步具體實施，對我國刑事政策之發展，具有深遠的影響。

法務部檢討暨改進當前刑事政策小組委員會於86年12月6日召開第4次會議討論主題一即為「應否採行緩起訴？」，並作成結論：「請檢察司就擴大職權不起訴範圍及採行緩起訴制度相互關係及優先次序加以評估，並參考日本與我國前試行之緩起訴制度，及各位委員指教諸如確定力、期間、被害人不服機制等試擬刑事訴訟法條文，供修法之參考」，該結論並送本人核定，至此，我國建立緩起訴制度之方向應已確定。

本人自86年起多次在法務部部務會報提出建立緩起訴制度之構想，以期改善治安，建立公平正義的社會，其理由為（一）個人出生背景深刻了解社會問題之所在，尤其欲求建立公平正義社會，所亟需建立的刑事政策。（二）本人所積極引進並推動兩極化的刑事政策（後改為寬嚴並進的刑事政策），緩起訴處分應當屬於寬鬆刑事政策之一端，以發揮輕者恒輕的政策功能，鼓勵初犯、過失犯、輕刑犯之改過自新，適應社會生活。（三）發揮檢察機關之濾網作用，建立如同日本「精密的司法」之司法制度。（四）參考緩刑制度，在偵查階段對確認已有明確罪證之人犯，儘早給予自新及轉向之處理，避免標籤化。（五）避免短期自由刑之弊端，乃要求仿造日本之起訴猶豫制度建立符合我國國情的緩起訴制度。

91年刑事訴訟法修正增訂緩起訴制度，讓原先以起訴法定為原則，起訴便宜為例外的體系，有了較大的變化，立法理由中則說明了其緣由：「為使司法資源有效運用，填補被害人之損害、有利被告或犯罪嫌疑人之再社會化及犯罪之特別預防等目的，爰參考日本起訴猶豫制度及德國附條件及履行期間之暫不提起公訴制度，增訂緩起訴處分制度。」時至今日，緩起訴的運作已成為常態，十年來以緩起訴終結的案件持續上升（圖3），手段運用也日趨多元（表5及表6），此際應透過執行的成效與現狀，檢討制度的良窳，正是負責的政策所能不斷成長的條件。

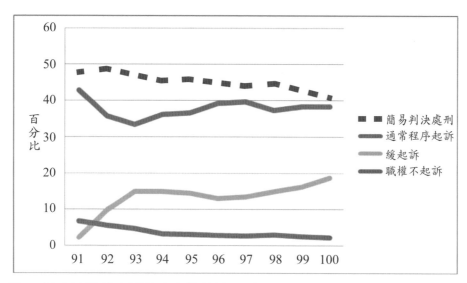

圖3　地方法院檢察署偵字案件終結情形

表5　地方法院檢察署檢察官命被告於緩起訴期間應遵守或履行事項

單位：人次、人

項目別	向被害人道歉	立悔過書	向被害人支付相當數額之財產或	向公庫或指定之公益團體支付一定之金額	向指定之公益團體地方自治團體	方自治團體或社區提供四十小時以上二百四十小時以下之義務勞務	完成戒癮治療、精神治療、心理輔導或其他適當之處遇措施	保護被害人之安全必要命令	預防再犯所謂之必要命令	緩起訴處分人數
95年	263	7,701	499	24,100	3,250	121	52	3,669	32,729
96年	220	10,090	485	24,798	3,746	543	162	4,970	35,075
97年	269	9,927	602	25,218	5,001	1,085	1,074	12,509	36,977
98年	218	7,568	718	24,567	6,338	1,389	2,371	16,742	39,387
99年	231	7,479	686	28,362	6,173	2,419	1,538	18,453	44,514

說明：檢察官得命被告遵守或改造刑事訴訟法第253條之2第1項，致各款人次合計數大於緩起訴處分人數。

表6　地方法院檢察署執行緩字新收案件緩起訴處分金情形

項目別	總計		國庫		公益團體		地方自治團體	
	新台幣 萬元	%	新台幣 萬元	%	新台幣 萬元	%	新台幣 萬元	%
95年	73,542	100.0	21,149	28.8	50,754	69.0	1,639	2.2
96年	83,976	100.0	28,766	34.3	53,430	63.6	1,781	2.1
97年	91,602	100.0	28,601	31.2	60,282	65.8	2,720	3.0
98年	97,645	100.0	39,041	40.0	51,007	52.2	7,597	7.8
99年	102,008	100.0	45,515	44.6	51,776	50.8	4,717	4.6

　　緩起訴的研究與評估，不僅議題廣泛，國內的研究成果更是汗牛充棟，有針對緩起訴為整體性的介紹[1]；有針對緩起訴所附條件的研究[2]；有針對緩起訴處分效力的探討[3]；有針對緩起訴監督機制的檢討[4]；有針對緩

---

[1] 對緩起訴為整體性介紹的文獻，例如：陳運財，緩起訴制度之研究，台灣本土法學雜誌第35期，頁73-97，2002年6月。何賴傑，新修正刑事訴訟法案例系列(2)──緩起訴處分之要件及撤銷，法學講座第5期，頁39-46，2002年5月。何賴傑，檢察官不起訴職權修法之總檢討──第一部分：緩起訴處分，法學講座第6期，頁1-26，2002年6月。張麗卿，評析新增訂之緩起訴制度，月旦法學雜誌第89期，頁114-125，2002年10月。張麗卿，緩起訴處分之決定與效力，月旦法學雜誌第85期，頁12-13，2002年6月。

[2] 對緩起訴所附條件的研究，例如：林錦村，附條件緩起訴處分之實務運作──以台北地檢署為例，檢察新論第2期，頁120-143，2007年7月。柯耀程，緩刑與緩起訴附條件之分析與檢討，軍法專刊第56卷第4期，頁101-121，2010年8月。陳彥希，當今檢察問題管窺，檢察新論第4期，頁110-117，2008年7月。

[3] 對緩起訴處分效力的探討，例如：劉邦繡，論緩起訴處分之撤銷，月旦法學雜誌第94期，頁204-211，2003年3月。柯耀程，被起訴的緩起訴，月旦法學教室第49期，頁18-19，2006年11月。柯耀程，緩起訴被起訴的效力──兼評最高法院九十六年度台非字第二三二號判決，月旦法學雜誌第156期，頁276-285，2008年5月。何賴傑，緩起訴處分之撤銷與再行起訴──最高法院相關判決之評釋，台灣本土法學雜誌第91期，頁93-102，2007年2月。郭棋湧，論緩起訴處分確定之效力範圍──兼評最高法院94年台非字第215號判例，法務通訊第2369期，頁3-5，2007年12月13日。郭棋湧，論緩起訴處分確定之效力範圍──兼評最高法院94年台非字第215號判例，法務通訊第2370期，頁3-5，2007年12月20日。林鈺雄，緩起訴期間內發現新事證之再行起訴──評94年台非字第215號判例及相關判決，檢察新論第4期，頁92-109，2008

起訴與行政罰競合的問題討論[5]，均具卓見，本文在此從實務運作的過程與學理的研究中發現，緩起訴的發展確實有監督制衡的不足與錯用，有待釜底抽薪的改革與檢討，是以本文將從緩起訴的本質與限制談起，並且探討監督制衡機制的可能發展，期許能為立意良善的法制，找出現有制度下的突圍，並打下更為堅實的根基，能夠在未來，發揮更完善的運用與成效。

貳、起訴法定原則與起訴便宜原則的消長

緩起訴的發展，實際上是起訴法定與便宜原則的消長，所產生的制度，我國早在刑事訴訟法制定之初，就訂有檢察官職權不起訴的規範，並且得在有限的手段中，令被告負擔，民國84年更擴大其適用範圍，不過效果不彰；另有對於應執行刑並無重大關係案件的不起訴處分；89年制定證人保護法，採行「窩裡反條款」，作為不起訴的條件較為特殊；在此之前都還屬於以起訴法定為原則的立法規範，91年採行緩起訴制度，為便宜原則作了大幅度的擴張，使原則與例外翻轉，此消彼長之間，有其一定的法理。然而便宜並不是隨便，要如何在法治國原則底下正確的運作，不生齟齬，當有賴合理的制衡，因此，便宜原則的考量點，便是探討的核心問題，以下，本文分別針對刑罰思維的變遷、司法制度以及檢察官職能三個

年7月。李善植，論緩起訴處分之效力——以緩起訴處分實質確定力之範圍爲中心，檢察新論第7期，頁213-223，2010年1月。許澤天，案件一部緩起訴的效力，台灣法學雜誌第177期，頁77-81，2011年6月。

[4] 對緩起訴監督機制的檢討，例如：黃翰義，論緩起訴制度在我國刑事訴訟法上之檢討，月旦法學雜誌第127期，頁165-188，2005年12月。黃翰義，簡析緩起訴制度，全國律師第11卷第6期，頁97-106，2007年6月。

[5] 對緩起訴與行政罰競合的問題討論，例如：蔡震榮，緩起訴性質與行政罰之關係，月旦法學雜誌第155期，頁23-46，2008年4月。蔡震榮，酒醉駕車緩起訴與交通違規處罰多層處罰之探討，台灣法學雜誌第154期，頁241-245，2010年6月。陳文貴，緩起訴處分與行政罰法第二六條第二項不起訴處分之法律關係——從憲法禁止雙重危險原則加以檢視，月旦法學雜誌第153期，頁132-150，2008年2月。

面向觀察，釐清便宜原則為何能替代法定原則的合理性，並檢討緩起訴的核心價值，作為其限制的依據。

一、刑罰思維的變遷

在刑罰目的觀的演進上，有所謂古典學派與近代學派的發展，在啟蒙之後數百年的今日，仍然深刻影響刑事司法運作的每一個議題，在刑事實體法上門派對立，體系迥異，而在刑事程序法中，最顯見的莫過於法定原則與便宜原則的消長。然而，刑罰思維的變遷，並無亙古不變的定律，往往是因應背後的社會環境，所引發的變遷，皆有其目的性，歷史的經驗告訴我們，這些變化大多出發點是良善的，轉折點是制度已非善，我們可以回顧一下啟蒙以來的發展。

在古典學派中，有所謂相對主義與絕對主義，啟蒙以前，刑罰是國家恣意的特權，對抗絕對王權思想，成為刑罰思維的發軔，也是之後各種刑罰思想的基本觀念。Beccaria（1738～1794）在當時濃厚的社會契約論氛圍下，發展出一般預防的思想，以功利目的作為緩和刑罰嚴苛的手段[6]，以社會契約設定國家權力界限，並藉以對抗神學的應報思維。而發展到了Feuerbach（1775～1833）產生體系性的思考，為了抵抗警察國家刑罰理論的專擅，透過心理強制、罪刑法定的手段，讓當時傾向於主觀化的特別預防（這裡指的是對個人的威嚇）刑法思維，重回客觀，以利人民遵守，保障人民權利。總歸而言，二者都是為了對抗絕對的權力，所不得不的自我設限方法。此時是相對主義的戰場。

上述以自由主義為核心的發展，完成其推翻專制的任務後，漸漸趕不上國家發展的壓力，尤其是拿破崙橫掃歐洲之後的重建時期，建立國家權威是國家發展的手段，並且，保守主義者如Metternich等對於法國大革命所提倡的自由主義，有強烈的反動，因此展開了應報刑的戰場。以Kant（1724～1840）及Hegle（1770～1831）為首，強調等價的報應，並

---

6 內藤謙，刑法講義總論（上），有斐閣，頁65，1991年。中村勉，刑法の基本思考，北樹出版，頁256-257，2003年改訂版。

且澈底的實行，國家是至高無上的倫理道德展現，國家規定了理性及倫理之後，就有以刑罰回復法與正義的權利[7]，其中Binding（1841～1920）強調，刑罰的本質是確認法律權威的應報[8]，犯罪對法秩序的破壞要與刑罰的痛苦成比例[9]。即使本時期的刑罰思想仍有自由主義與國家主義的不同立場，但在國家急需發展擴張的大前提下，自由主義的思維也漸漸弱化。

近代學派的開端，則是源自於對犯罪的關注，從行為轉向行為人本身，認為過去的刑罰是一種盲目的社會反應，刑罰必須要有必要性與合目的性，才有正當性，而最主要的功能就是要對行為人有適當的影響[10]。其最主要的動機，來自於累犯與短期自由刑犯罪人過多的現象，並且提供古典犯罪理論在面對資本主義蓬勃發展下的新型態犯罪新的制裁方法。當然，立意良善也終遭惡用，透過抽象概念的詮釋，將阻撓國家統治的政治犯當成病人來預防[11]，也就應運而生。從這樣的歷史軌跡我們不難發現，不論何種學派都有其功能性，也就是因應需求而生，而實際運作下，就展現其當代的價值。應報刑論最主要的論點，在於「有罪，必有罰」，刑的本身就是目的，進而迅速建立一個統一的法秩序，而刑罰權既然由國家所獨占，當有「法秩序回復」的職能，至於罪刑相當則某程度受到比例原則的替代。再者，一般預防理論在罪刑法定成為定律之後，立場顯得有點尷尬，因此轉而與應報當中的國民感情相結合，強調刑罰的學習、信賴以及滿足功能，朝向積極的一般預防發展[12]，而如此內涵下，刑罰的貫徹，有其「法秩序防衛」的功能。特別預防思想則是強調個別化，尤其是在再犯防止的積極表現上，期待行為人透過刑罰而再社會化，而其最大的阻礙，

---

[7] 前田雅英，刑法總論講義，東京大學出版會，頁21，2006年第4版。

[8] 淺田和茂，刑法總論，成文堂，頁24，2005年。

[9] 大塚仁，刑法概說（總論），有斐閣，頁22-23，2005年第3版增補版。

[10] 林山田，刑罰學，台灣商務印書館股份有限公司，頁73-74，2002年修訂版。

[11] 中村勉，前揭註6，頁269-270。

[12] 此為學者ClausRoxin所提倡，參照王皇玉，論刑罰的報應與預防作用，收於自由、責任、法──蘇俊雄教授七秩華誕祝壽論文集，月旦出版有限公司，頁182，2005年。

是對於其無上限與下限的發展,可能造成的人權及法感情的侵害,不過,在現今法治國觀念下,要出現毫無界限的刑罰思想,恐不容許[13]。

同樣的發展我們將視角轉回刑事程序法上,堅守應報、積極一般預防思維的法定原則,強調國家追訴模式的刑事訴訟程序,禁止私刑、自力救濟,國家當然就必須負起法秩序回復與法秩序防衛的責任,再者,分權制衡的初衷與設計,一方面為了避免檢察官成為執政者的附庸,起訴與否流於恣意,因此必須依照法定起訴原則,不論被告為何者,都一律起訴,這是前述有罪,必有罰的具體展現,也是基於平等原則的顧慮[14],更是在制衡觀念下的人權保障措施,另一方面檢察官的主要功能,就是貫徹法定的起訴條件,至於個別化的事由,則交由法院判斷,檢察官沒有其他的手段能處理個別化的問題。

然而,受到特別預防思想的衝擊,對於有罪必有罰觀念的強烈質疑,不僅在刑事實體法上,甚至認為在個別化的思維下,某些行為人根本不需要進入審判程序,尤其是對於標籤理論的除罪化思潮,更是有不可否認的正面意義。尤有甚者,在忽視犯罪黑數而盲目強調平等原則之下,反而拖垮了司法制度,因此對於比例原則的顧慮,也不斷增溫,德國學者稱此為典範移轉[15],而在日本,一開始也是有著減輕獄政負擔的壓力[16],漸漸的開始轉向起訴便宜原則。

對於上述思維衝擊的發展,其實就如同啟蒙以來的發展一般,隨著防堵恣意、公正執法的要求被落實之後,漸漸發現標準化下的個別化不足,造成刑罰預防需求無法達成,甚至惡化司法體制,因此對於起訴制度的改造是不得不然的轉折,即使堅守起訴法定的德國,雖然將公正刑罰與在法院得出的實體真實,視為兩個刑事訴訟基礎,卻仍在實務發展的過程中,

---

[13] 黃榮堅,基礎刑法學(上),頁19,楊雅惠,2006年3版。

[14] 王皇玉,刑事追訴理念的轉變與緩起訴──從德國刑事追訴制度之變遷談起,月旦法學雜誌第119期,頁57,2005年4月。

[15] 王皇玉,前揭註14,頁60-62。

[16] 陳運財,緩起訴制度之研究,台灣本土法學雜誌第35期,頁76,2002年6月。

漸漸出現便宜原則的空間[17]，似乎對於刑罰個別化的需求，並且揚棄可能無實效的刑罰，以及採用非正式的處罰，早已是啟蒙以來，刑罰思想對於人本身的關注，所必然的回應。

過往，我國在起訴法定為原則的舊法下，有職權不起訴的制度，但實務檢察官卻認為職權不起訴不具備刑罰應報功能，並且無教化功能，不宜廣泛使用，否則有鼓勵犯罪，並對犯罪被害人造成二次傷害，有違公平正義的追求[18]。於是乎，在為使司法資源有效運用，填補被害人之損害、有利被告或犯罪嫌疑人之再社會化及犯罪之特別預防等目的綜合考量下，我國開啟較大幅度的便宜原則，儘管司法成本、訴訟經濟的考量是無可迴避之外，其實其中有很大的因素，就是在刑罰個別化的努力，透過多元靈活的手段，希望可以達到預防再犯的目標，也唯有手段的賦予，才能讓檢察官有判斷特別預防的空間，此觀刑事訴訟法第253條之2第1項第8款：檢察官為緩起訴處分者，得命被告於一定期間內遵守或履行預防再犯所為之必要命令。就是一個特別預防目的展現的概括條款，這也是緩起訴制度核心的當代價值。

二、司法制度與訴訟經濟

一個無法迴避的嚴肅話題──司法資源的有限性，我們可以觀察，在刑事訴訟新制實施前後，各級法院的案件收結狀況，各級法院在終結案件平均所需日數（圖4），於新制實施前，幾乎達到一個臨界點，不論是司法資源抑或民眾對訴訟程序的期待，都迫使得司法制度要有所回應，訴訟制度的改革恐怕要比降低犯罪率來的急迫一些，也產生了一連串的司法改革，而來自自訴部分的案源，就是首波改進的的措施，84年自訴案件高達7,000多件，而至去年（100年）也僅餘500多件；但更重要的，是調整來自於偵察機關的案源，以及擴大簡易型程序的適用，而此部分最顯著

---

[17] Kerner, Hans-Jürgen著，許澤天譯，德國普通刑事程序的新發展（上）──從法定原則走向便宜原則，月旦法學雜誌第141期，頁244-250，2007年2月。

[18] 吳巡龍，我國應如何妥適運用緩起訴制度，台灣本土法學雜誌第35期，頁100，2002年6月。

的,就是擴大便宜原則區塊的緩起訴程序,甚至一度造成案件數的下降
(圖5),而簡易刑案件的效果,則出現在日漸攀升的結案數(圖6)與日
漸下降的結案所需日數(圖4)。

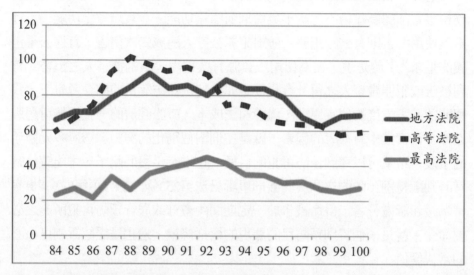

圖4　各級法院終結案件平均一件所需日數

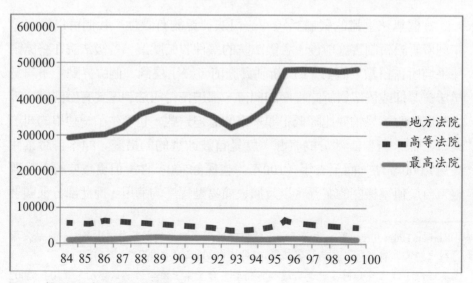

圖5　各級法院受理案件情形

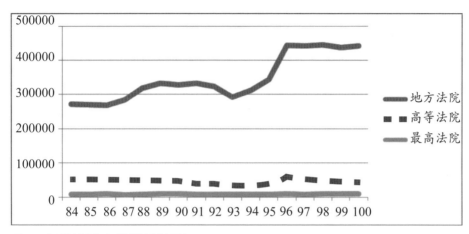

圖6 各級法院案件終結情形

在日本，起訴裁量的發展是來自於實務，1880年的治罪法與1890年的刑事訴訟法，是採取起訴法定原則，但是約莫在1885年左右就有微罪不起訴的實務運作，最明確的是1890年司法大臣清浦奎吾當時的命令，對於司法警察微罪不舉的放寬，強調刑事政策上的必要性與國家財政的節省，而1905年司法大臣波多野敬直對全國檢察長發布的命令中，微罪的起訴便宜原則具體成形，雖受有批評，但其援引緩刑的刑事政策方法，則是受到肯定[19]，並且受到近代學派的影響，把起訴猶豫當成特別預防的一種方式在1922年的大正刑訴法中正式明文規定，全面採用起訴便宜原則，即使背後有國家經濟因素的考量，但在日本一直以來還是非常強調對於特別預防的精神，並占有主要地位[20]。

德國方面，以往向來相當堅實的主張法定原則，但1924年Emminger以緊急命令的方式推動改革方案，為解決當時檢察署與法院的超額負擔，針對輕微案件，認為若與公益無關或不甚重要，國家暫時不追訴，不會有太大影響時，允許極其有限的便宜原則，而從1924年以來，對於期待由

---

[19] 須木主一，起訴猶予の目的と保護觀察（1）——刑事政策學的考察の試論として早稻田法學第40卷第2号，頁171-172，1965年3月。

[20] 陳運財，前揭註16，頁75-78。井上正仁講，陳運財譯，日本之檢察官及起訴裁量權，法學叢刊第44卷第2期，頁38，1999年4月。

犯罪率降低來全面追訴犯罪人的理想落空，受制於有限的司法資源，以及日漸複雜的案件，檢察官甚至淪為案件數量下的奴隸，因此想法上有些許的轉變，檢察官的角色，可能要面對由起訴的機關轉變成不起訴的機關的問題，也就是積極的便宜原則方向[21]。而其後更有進一步的想法，認為與其等到刑事判決之後才對於當事人的排除侵害或提供附加的公益給付，不如在刑事追訴開始的時候就考量這樣的情狀，使便宜原則的運用更加有實益[22]，其範圍也擴展開來。

本人一向主張，訴訟經濟不能作為刑事訴訟程序的目標，或許，我們無法迴避資源的有效性，但訴訟經濟就單單只能作為制度改革的反射利益，更直接的說，即使因為訴訟制度的改革，造成訴訟些許的不經濟，卻有助於合比例的提升最終目標之達成——降低犯罪率，那麼也是值得的。這是一個很重要的觀念，那些空言訴訟經濟披著務實外衣的說法，其實有治標不治本的盲點，根本忽略了在這裡所處理的是人身自由與刑罰權，主打訴訟經濟跟我們所能理解最低度的正義，相去太遠。

因此，儘管司法資源不足再即，仍不足以動搖我們對正當程序的要求，以及我們對於降低犯罪率的初衷，更何況以訴訟經濟為由來紓解訟源，即使能解決法院的經濟，將案件拒於門外，是否造成檢察署的不經濟？不是沒有質疑[23]，尤其是緩起訴後所附條件相當多元，層次亦豐，監督管理更甚法定原則下的運行，因此，立法理由中所提到司法資源的有效利用，要作為制度根基，恐有疑問。

三、檢察官職能的變化

檢察官被賦予的職能，在法定原則底下是依照法律所給予的條件，當犯罪嫌疑人起訴後，足以獲致一個有罪的判決時，就應當起訴，即使是

---

[21] Kerner, Hans-Jürgen著，許澤天譯，德國普通刑事程序的新發展（下）——從法定原則走向便宜原則，月旦法學雜誌第143期，頁215-216，2007年4月。

[22] Kerner, Hans-Jürgen，前揭註21，頁219。

[23] 林錦村，附條件緩起訴處分之實務運作——以台北地檢署爲例，檢察新論第2期，頁136，2007年7月。

超出這樣心證甚高,到達毫無合理懷疑的情況下,仍只有起訴一途,而對於行為人刑事政策上的考量,則委由法官行使裁量,分權制衡,一則保障人權,一則防止檢察官濫權前已述及。然而,早一步的考量刑事政策,是便宜原則介入的契機,藉以分擔法官在審判中的任務[24],特別是針對犯罪事實明確的案件,犯罪人事後表現影響罪責的判斷時,實際上也沒有必要等到審判階段才來裁決,此時以替代審判程序或審判程序外的制裁措施,對行為人而言可以產生去標籤化的實益[25],是有助於行為人再社會化的條件。

這裡還有一個涉及實體法方法論上的轉變,由於刑法體系早已轉變成危險防禦法[26],假如沒有預防需求作為前提,在論罪上恐將不具備有罪條件中罪責的要求,而起訴的門檻——足以獲致有罪判決,條件上自然也不滿足,此時檢察官本應為不起訴處分。當然,此時會有刑罰手段一元論的質疑,然而預防刑法的觀念下,一元論的觀點本不遠矣。而受到實體法對於犯罪判斷方法論上的轉變,造成檢察官職能的調整,檢察官本即應考量預防需求,此乃有罪成立的條件。因此,對於行為人刑事政策或個別化的考量,本來就沒有一定要法官來判斷,是至明之理,預防需求有、無的問題在上述說明下,檢察官當然要判斷。

而預防程度、手段的問題則是制度設計的考量,在法治國原則與合目的性的前提下可作適當分配,有些手段會分配在偵查階段,有些手段則只能由法院為之,分派在後者時,檢察官的裁量權限自然也受到壓縮,簡單的說,即使被告有預防需求,也符合緩起訴的其他條件,但卻無法透過便宜原則中法定的負擔、指示等達成預防目的,檢察官也就只能起訴。

另一個職能轉變的區塊,是在兩極化刑事政策下,對於修復式正義的關注,從被害者學的興起,刑事程序不得不重視被害者在程序中的主體

---

[24] 何賴傑,檢察官不起訴職權修法之總檢討——第一部分:緩起訴處分,法學講座第6期,頁3,2002年6月。

[25] Kerner, Hans-Jürgen,前揭註21,頁219。王皇玉,前揭註14,頁60-62。

[26] Winfried Hassemer,刑法與刑事政策下自由與安全之緊張關係,台大人文社會高等研究院社會科學講座,台大人文社會高等研究院,2007年11月23日。

性，而檢察官在這之中，就扮演起協助和解的角色，也就是在被害人——加害人調解程序中，促成被害人及其利害關係人與加害人直接面對面對話，讓加害人明瞭對被害人所造成的傷害，及如何賠償的事宜。而在此發展下，如有希望達成和解，消彌仇恨，並使加害人重建恥感，另一方面回復被害人的損害，使其能獲得充分的理解，並因了解而原諒，刑罰就沒有介入的必要。尤有甚者，在德國，如果加害人真摯努力與被害人達成和解，即使沒有明確和解的結果，檢察官仍然可以為暫緩起訴處分[27]。考其原因，應是此時加害人已無特別預防的需求，當無刑罰介入的空間。當然，修復式司法的理念並不是完全沒有反對意見，很多的質疑包括司法體系一元化、最大化模式的修復無法獲得真心的悔過，以及用金錢交易自由造成階級意識等等[28]，這個議題都還有待更多方面的研究來辯證。

部分研究認為，採用緩起訴來實行修復式正義的運行，在恥感重建上是有相當理想的效果[29]，而關於當事人關係的修復，目前我國更積極的計畫，有「法務部推動『修復式司法試行方案』實施計畫」，規劃推動以「被害人與加害人調解VOM」為主要模式之修復式司法方案，並以當事人自願參加為限，在一定條件下實施，其已在2010年12月開始積極收案，2011年6月底止，八個地檢署總共進入修復式司法方案者共有一百二十八件，真正進入對話階段的案件數僅有三十六件[30]，其實際效果如何，恐須更長的時間來觀察及追蹤，始具實益。

因此自以上三個區塊的變化觀察，檢察官的職能，從過往積極偵查犯罪，漸漸的轉化必須關注到行為人本身，甚至關心到被害人，也造成傳統

---

[27] 王皇玉，前揭註14，頁66。

[28] 對於修復式司法深刻的檢討，請參考黃榮堅，讎敵社會裡的修復式司法？——刑事法體系中的損害賠償概念問題，月旦法學雜誌第146期，頁96-119，2007年7月。

[29] 許春金、陳玉書、游伊君、柯雨瑞、呂宜芬、胡軒懷，從修復式正義觀點探討緩起訴受處分人修復性影響因素之研究，犯罪與刑事司法研究第7期，頁167-168，2006年9月。

[30] 法務部委託研究報告，「修復式正義理念運用於刑事司法制度之探討」成果報告書，頁310，http://www.criminalresearch.moj.gov.tw/public/Attachment/1101195675.pdf。

起訴法定原則在檢察官職能擴大後，必須有更積極、多元的作法與方案，此亦為便宜原則發展的空間。

四、合目的性的便宜原則

便宜原則在前述的說明下，應有其正當性，但還有剩下幾個問題需要說明清楚，首先是刑罰目的的考量，或有認為，採行緩起訴制度是表現預防的綜合理論，也就是特別預防與一般預防處於消長關係，並且以應報作為刑罰權的節制[31]，其實這恐怕是陷入刑罰目的的迷思，事實上在應報的刑罰節制功能，早已被憲法上法律保留、比例原則所取代，而一般預防在發展受限的情況底下，被迫與應報殘存的國民感情功能相結合，呈現積極的一般預防，強調刑罰的學習、信賴以及滿足功能雖無疑問，癥結點是，便宜原則的適用仍處於偵查程序，「偵查不公開」的原則底下，要怎麼達到學習、信賴以及滿足功能？尤其之所以透過便宜原則使處罰非司法化，就是希望能去標籤化，此觀「檢察機關辦理緩起訴處分作業要點」中，尚且把處分的標籤性認為是命令失當的參考標準，又怎讓緩起訴生上述效果？

當然也有從負面觀察，認為一般預防在此的觀察，是在防止那些不被追究的犯罪將造成國民法律感情上的戕害（例如對於刑訴法第253條之1所提到的「公共利益之維護」，大多採這樣的解釋），但同樣的問題是，「偵查不公開」，要怎麼造成上述的傷害，仍不明白，或許應該檢討的，是實際上偵查不公開的落實與否[32]，而不是對便宜原則加諸不合理的期待。

故實際上便宜原則的刑罰思維就僅僅以特別預防為主軸，應當是較合

---

[31] 張麗卿，評析新增訂之緩起訴制度，月旦法學雜誌第89期，頁116-117，2002年10月。

[32] 〈違反偵查不公開法部列案討論〉，2012年5月6日，聯合新聞網，http://udn.com/NEWS/BREAKINGNEWS/BREAKINGNEWS1/7076266.shtml。
〈立院初審明定偵查不公開範圍〉，2012年5月7日，聯合新聞網，http://udn.com/NEWS/BREAKINGNEWS/BREAKINGNEWS1/7076487.shtml。

乎體制的。但必須強調的，並不是說所有有特別預防需求的行為人都須以非司法手段便宜處分，而是能夠用非司法化處分達到特別預防功能者，才有適用，也就是適合於司法外處置的行為人，也就是符合手段適當性，我們才能考慮，此點不可誤解。

另需注意陳運財教授認為法定原則與便宜原則是兩立的議題，假如採取一般預防思維就必須立於法定原則之下，而針對微罪例外不起訴；假如採取特別預防思維，就應該全面的起訴裁量，而目前的緩起訴制度正好執兩用中，透露出浮動不實的法理依據[33]，的確添增了不少解釋上的難度，不過在現行法折衷的前提底下，採行有限度的便宜原則，就僅能在法律設限的範圍內，以特別預防為唯一考量，也是唯一能達成的目的，仍是不變的結論。

其次，是對於便宜原則適用條件的認知，如前所述我們很清楚的發現，不論是起訴法定或是便宜原則的適用，都是有罪事證明確為前提，也就是都過了起訴門檻——足以獲致一個有罪判決的程度，甚至在便宜原則的理念下，應該是更高的心證才合理，也就是真正的「明案」。便宜原則實不應容許在犯罪嫌疑不足的情形下適用，偵查中被告犯罪嫌疑不足以獲致有罪判決時，僅僅只有一種效果，就是不起訴，起訴便宜不是通往結案的任意門，這一點是不能妥協的底線。並且，此處的有罪與否，隨著刑法方法論上的轉變，必須注意到行為人是否有預防可能，否則根本是無罪而應不起訴。尤其我國現制底下，受緩起訴之被告，並無對緩起訴處分提出再議的機會，其處境甚至比受起訴進入審判更為艱難，只能無語問蒼天。

綜上所述，我們應當容許便宜原則在偵查中的適用，核心的考量，是特別預防的需求（當然必須注意的手段適當性），並且，面對檢察官在現代刑事訴訟程序中的職能轉變，擔負起對被告預防效果的檢驗，除了能提前產生效果去標籤化，並有其實體法上的根據。更負擔起協調加害人與被害人間的和解，凡此種種，都是我們承認檢察官的起訴便宜原則之理由，而訴訟經濟，就姑且讓他成為這些活動下的反射效果，而排除在目的之外吧！

---

[33] 陳運財，前揭註16，頁77-78。

參、緩起訴制度的幾個問題點

　　緩起訴制度實施至今，發生許多實際的問題，學者間也不斷提出探討與方案，期待這樣的制度不要走偏鋒，而本文觀察幾則實務的判決，是緩起訴適用之初，所產生的問題，並在近年獲得最高法院正面的回應，由於事涉檢察官公訴權的公正行使，並且對於緩起訴制度有根本上的影響，在此提出討論，作為檢討改進方案的建言。

一、三則實務判決的啓示

　　首先是緩起訴制度施行之初（事實上至今仍常見），實務上經常出現運用緩起訴作為協商條件，取得被告自白，而其後仍起訴的案例，最著名的，莫過於高雄市議會議長賄選案，本案在一開始的發展，據報載是由檢察長對外呼籲收賄的市議員帶著賄款投案，檢方將予以緩起訴處分[34]，但引起反彈，隨後陳水扁總統公開表示認為，緩起訴的條件應採最嚴格標準，不分黨派只要涉案的市議員都應該辭職[35]。其後偵辦高雄市議長賄選案的檢調專案小組對此表示檢察官引用證人保護法將涉案議員轉列污點證人，不一定會獲得緩起訴處分，必須視其供詞是否有利偵查其餘共犯及犯罪結構；檢調只對部分議員提過緩起訴之議，並非全面性緩起訴[36]（這裡媒體所謂適用證人保護法，與緩起訴無關，兩種考量是並行的，證人保護法並無緩起訴效果的準用應注意）。而部分受起訴的被告，其二審判決相關部分摘要如下：

　　台灣高等法院高雄分院92年選上重訴字第3號：「被告是否為緩起訴

---

[34] 〈高市議長賄選案檢方：收賄議員投案緩起訴〉，2003年1月3日，中國時報，http://forums.chinatimes.com/report/ko_corrupt/detect/92010301.htm。

[35] 〈陳總統：涉賄選議員應先辭職才能緩起訴〉，2003年1月7日，NOWnews，http://www.nownews.com/2003/01/07/703-1396980.htm。

[36] 〈檢方：緩起訴對象非全面，2003年1月8日〉，中時晚報，http://forums.chinatimes.com/report/ko_corrupt/detect/920108n2.htm。

處分乃係檢察官之法定職權。被告所犯雖為死刑、無期徒刑或最輕本刑三年以上有期徒刑以外之罪，惟是否予以緩起訴，檢察官尚有自由裁量之權限甚明。檢察官在偵查中訊問被告時，勸諭被告自白者酌予以緩起訴處分，係屬其法定職權之行使，顯為合法之偵查手段，難認已剝奪被訊問者意思決定及意思活動之自由，被告所為之自白，既出於任意性，即非無證據能力。其後，檢察官於參酌刑法第57條所列事項及公共利益之維護後，認定不以緩起訴為適當者，而將被告提起公訴，尚非法所不許。被告……等人雖曾於原審審理中為檢察官以不正方法取得之自白無證據能力等語之抗辯……經查，本件於高雄市調查處及檢察官偵辦中，台灣高雄地方法院檢察署襄閱主任檢察官曾經透過新聞媒體表示：『如果涉案議員願意在之前或傳訊時能夠把事實真象說出而且繳出賄款的話，專案小組將會給予從輕處理，也就是說做緩起訴處分』等語，惟此乃該署襄閱主任檢察官基於檢察行政之立場，透過媒體對犯罪嫌疑人所為之呼籲，然檢察官是否緩起訴，仍應依刑事訴訟法第253條之1規定參酌刑法第57條所列事項及公共利益之維護，如認緩起訴不適當，自得提起公訴，是被告等人指摘檢察官提起公訴不當，自無足取。

　　承辦檢察官於訊問被告等時，縱曾許以緩起訴之表示，惟案件之被告是否為緩起訴處分，乃檢察官之法定職權，於法定要件內得為自由裁量，已如前述，檢察官此項表示，係屬偵查手段，而非屬故意的禁止詐欺，尤非為超越法律與職權界限之利誘行為（黃惠婷著「不正訊問方法之禁止」一文參照），檢察官縱違反緩起訴之表示而提起公訴，仍為其職權內得以裁量之決定，其所取得之被告自白，尚不得指為不具任意性，而無證據能力。……惟檢察官代表國家行使刑事偵查、追訴之權，其偵查犯罪自當恪遵正當法律程序，實施偵查行為時尤應注意避免引起爭端及產生違反正當法律程序，侵害被告訴訟基本權之質疑，附此敘明。」

　　上述情形可區分成兩個區塊，一個是檢察官在偵查中訊問被告時，勸諭被告若自白者，將酌予以緩起訴處分，此部分承審法院認為，上述勸諭行為，是檢察官法定職權之行使，是合法的偵查手段，沒有剝奪被訊問者意思決定及意思活動之自由，被告所為自白，有任意性，有證據能力。之

後就算檢察官將被告起訴，也是允許的。

另一個部分，是檢察署襄閱主任檢察官透過新聞媒體公開表示，自白及繳出賄款可以換取緩起訴，對象可能已經特定，也可能未特定，不過，承審法院認為，這是基於檢察行政之立場所為之呼籲，檢察官仍得提起公訴，沒有提起公訴不當的問題。

儘管承審法院認為上述兩個區塊沒有違法的問題，但仍然認為有不當的疑慮，認為有違反正當法律程序，以及侵害被告訴訟基本權的問題，不過無礙證據採用。另外還有一種類似情形，主要是因為檢察官與被告起初採用證人保護法第14條協議，並且就符合緩起訴條件的部分予以承諾，並緩起訴，而不符合緩起訴條件的部分則承諾由檢察官求處輕刑，並請求法院宣告緩刑，但由於此部分並非簡易判決處刑案件，因此會出現法院所為判決與協議不同的情形。

首先應注意，實務上這樣的做法，可能把緩起訴與證人保護法的規範目的混淆互用，實際上還是要對被告是否適合緩起訴具體認定，緩起訴不是換證詞的工具；再者，最高法院對於因此取得的自白之證據能力，起初的表示如下：

最高法院97年台非字第115號：「刑事訴訟法第98條規定『訊問被告，不得用利誘……或其他不正之方法』，同法第156條第1項規定『被告之自白，非出於利誘……或其他不正之方法，且與事實相符者，得為證據』，足見上開法條所指之『利誘』，係指不正之利誘，故法所明定之證人保護法第14條所指經檢察官事先同意之被告或犯罪嫌疑人於偵查中所為可因而減輕或免除其刑之供述，自非出於不正之利誘方法；而此供述，其證據能力，並無如刑事訴訟法第七編之一審判中協商程序之第455條之7『法院未為協商判決者，被告或其代理人、辯護人在協商程序中之陳述，不得於本案或其他案件，採為對被告或其他共犯不利之證據』之規定，則法院未依檢察官與被告在偵查中之協議所為具體求刑內容而為判決時，被告在偵查中所為供述，自仍具證據能力。又按公訴案件，檢察官係代表國家為原告提起公訴，其所為具體求刑及為緩刑宣告與其期間、條件之表示，屬訴訟法上當事人之請求，除刑事訴訟法第451條之1第4項前段所規

定，於聲請簡易判決處刑案件，法院應於檢察官求刑或緩刑宣告請求之範圍內為判決之情形外，並無拘束法院之效力，法院於審理過程亦無告知被告此無拘束力及是否依檢察官請求而為判決之義務，否則即形同於辯論終結前先告知判決內容，此顯非法所容許。被告於訴訟程序中是否行使防禦權、詰問權及聲請調查證據之權利，被告均有處分權，被告如不積極行使，法院並無促其行使之責，不得以法院未促其行使，即謂法院未保障其上開權利之行使，而指為違法。」

　　其後，最高法院改變見解，不過最高法院仍然認為檢察官未依協議結果為緩起訴處分，是偵查裁量的結果，不是不正方法取證，此為檢察官的權限，而非被告，但是基於保護人民正當合理信賴，援用協商程序中第455條之7法理，排除此部分不利的陳述。

　　其判決內容摘要如下：

　　最高法院98年台上字第5665號：「被告於偵審中為認罪之陳述，動機不一，有衷心悔悟者，亦有為求身體上或精神上痛苦之解脫者，更有係出於企圖得到某種利益或由於一定意圖而為之者，故未必即與真實相符。檢察官偵查犯罪，對於非重罪之案件（死刑、無期徒刑或最輕本刑三年以上有期徒刑以外之罪），法律賦予其訴追必要性之評價，於參酌刑法第57條所列事項及公共利益之維護，並經被告之同意，附加課以被告履行刑事訴訟法第253條之2第1項第3款至第6款所定一定負擔之義務時，得為緩起訴。檢察官與被告如達成『認罪並向公庫或指定之公益團體支付一定之金額，即給予一定期間緩起訴』條件之協議，被告據此向檢察官認罪。惟檢察官嗣後並未依協議結果為緩起訴處分，而仍予以起訴者，此屬檢察官偵查裁量結果之作為，尚與不正方法取證之情形有異。第以緩起訴處分原本即非被告所得享有之權利，自不能強求檢察官為之，然被告既係因信賴檢察官而為一定行為，基於保護人民正當合理之信賴，並參酌刑事訴訟法第455條之7規定：『法院未為協商判決者，被告或其代理人、辯護人在協商過程中之陳述，不得於本案或其他案件採為對被告或其他共犯不利之證據』之相同法理，於此情形，則被告先前向檢察官之認罪及因此所為之不利陳述，即應予以排除，不得作為證據，方符公平正義之精神。」

上述的發展讓我們不禁有些疑問，第一、為何不能直接適用證據排除？此處自白具有任意性？第二、檢察官的起訴裁量有沒有限制？第三、起訴裁量是不是已經走了偏鋒，有沒有調整的方向？以下，我們分別加以探討。

二、自白任意性與緩起訴

刑事訴訟法第156條第1項規定：被告之自白，非出於強暴、脅迫、利誘、詐欺、疲勞訊問、違法羈押或其他不正之方法，且與事實相符者，得為證據。而檢察官以緩起訴為手段，取得被告自白，再予以起訴，是否即為詐欺，或是利誘，如是，則結果都應該排除。

前開實務見解認為，因為此時是採用合法的偵查手段，即使明示亦然，認為不影響任意性。但是最高法院同時也認為，依照第455-7條的法理，協商程序中所為的陳述，若事後未為協商判決，此部分不得作為不利的證據，再輾轉認定此處不利的陳述不合法，應當排除，將緩起訴的性質轉化為協商。考其原因，可能認為這樣的曉諭不符合法律條文中所稱「不正方法」，但是「不正方法」與「不法方法」之異同如何？則未予確認。

所以，我們仍然必須面對的問題是自白任意性的保障。德國的實務經驗指出，在需要被告同意的條件中，檢察官明示或暗示甚至沒有表示以緩起訴為誘因的情形下，被告也常常有無形的壓力或臆測，作出對自己最有利的選擇，跟事實如何沒有關連，甚至可能作出反於事實的同意，只希望能換得緩起訴處分，避免事情鬧大[37]，在檢察官沒有表示的情況下，我們還能坦蕩的說此時被告仍然是處於程序主體地位，沒有任意性被侵害的問題，但如果檢察官暗示可以緩起訴，我們還能這麼肯定？如果檢察官明示，答案是否更加明確？檢察官的法定職權，行使與否，著實與利益關連，如果檢察官都提出來當作交易籌碼了，即使單純立於「違法排除說」，也不會認為這樣的約定全部不須遵守[38]，實在沒有必要一致的將其

---

[37] 何賴傑，前揭註24，頁7-8。

[38] 辻本典央，約束による自白の証拠能力，近畿大学法学第57巻第4号，頁47-48，2010年3月。

排除在第156條第1項的適用之外。

　　日本實務上的判例[39]，很早之前就將此類檢察官表示可以緩起訴，而被告也因為期待能夠獲得緩起訴自白，之後竟然被起訴，對於這樣的自白表示欠缺任意性，此證據必須排除。有趣的是，在日本於2006年所導入的簡式程序中，因為必須得到被告同意，而制度設計中又必須宣告緩刑，被質疑會輕易的引發自白，日本最高法院認為制度設計上有程序的保障（主要是指辯護權的充分保障），所以沒有影響自白的任意性[40]。當然，適用的前提是在充分的程序保障，此處轉向承認這樣合意概念，但證據是否正當則需另外判斷[41]。

　　因此，回到我國的部分，如果否認公訴權可以協議，當然在協議下的自白任意性會受到影響，證據必須排除；如果承認公訴權可以協議，至少目前的程序保障是嚴重不足的，要直接承認自白的效力進入法院審判，顯無可能。目前實務迂迴的作法，甚至改變了緩起訴的本質成為協商程序的一部分，恐怕與便宜原則的初衷有所出入，考量的因素並不相同。

　　雖然在刑訴法的發展上，因為許多簡易型程序必須以被告同意作為開端，之後會越趨於肯定這樣協商的情境下，自白還是具有任意性，只要程序保障得宜，即無礙其存在。但是，協商程序的同意，與緩起訴的同意其作用功能仍是不相同，前者是程序的開啟，後者是降低緩起訴所附條件中，對於法官保留的衝擊，兩者迥不相侔。其次，兩種程序下所為的自白，不會有相同效力，前者是因為被告同意才開啟程序，自白至少是在受到程序保障的前提下所為（包括告知義務、強制辯護、任意撤銷同意權），後者，是因為偵查機關主動協議，其間無任何保障下所為，過程無

---

[39] 昭和40（あ）1968：「自白をすれば起訴猶予にする旨の檢察官のことばを信じた被疑者が、起訴猶予になることを期待してした自白は、任意性に疑いがあるものと解するのが相当である。」

[40] 平成20（あ）1575：「しかしながら、前記のような被告人に対する手続保障の内容に照らすと、即決裁判手続の制度自体が所論のような自白を誘発するものとはいえないから、憲法38条2項違反をいう所論は前提を欠く。」

[41] 辻本典央，前揭註38，頁52-55。

法期待檢察官履行，被告勢必預設要作出較多的「貢獻」，誠如前開97
年度台非字第115號判決中，非常上訴理由所提及，此時被告是為履行協
議而拋棄防禦權，如果自白不排除，對於檢察官違反協議，根本無救濟途
徑。因此，不管是任意還是真實，都不可期待。其結果就是，爾虞我詐，
對於偵查機關這樣的行為，應當要更進一步的遏止，最高法院雖然認定自
白無證據能力，卻無法直接宣示此等行為不正，未免美中不足。

　　總而言之，協議的性質、協議與否、協議保障等等對於自白的影響非
常大，我國實務對於偵查機關的手段運用，基本上只要合法，都還可以忍
受，尤其是關於處分的曉諭。事實上偵查機關的曉諭還是可以分成幾個層
次，例如，偵查機關自始就沒有實現的意圖所為的曉諭；以與事實不相符
合之罪或刑曉諭；偵查機關曉諭的內容對被告而言幾乎沒有選擇的餘地，
合意與否會影響到差異極大的不同處分效果曉諭；偵查機關的曉諭者以其
所無的處分權限曉諭、所曉諭的利益是法律上不允許的等方式，亦即以非
法的利益約定或刑事訴訟法上所不許的手段來曉諭等等[42]，基於這樣的協
議下，所誘發出來的同意及所為的自白，應當都要受到任意性的質疑。

三、公訴權濫用與緩起訴

　　前述問題，是檢察官將緩起訴作為偵查手段，與被告交易得出自白的
情形。而另一個相近的議題是，假如應當以緩起訴處分，檢察官卻將被告
起訴，會不會構成起訴的不當？曾有認為此即為所謂公訴權濫用[43]，依學
者田宮裕的定義：對於犯罪嫌疑不足卻提起公訴；或是得緩起訴卻起訴；
以及為壓抑特定思想、政治主張之目的而起訴等，屬於濫用檢察官獨占的
公訴權，法院應即以形式判決駁回[44]。公訴權濫用論中類型多元，其中與
上述問題最相關的就是逾越裁量法則的追訴，有幾個可以思考的方向。

---

[42] 辻本典央，前揭註38，頁53-54。

[43] 體系性的介紹，請參考朱朝亮，評公訴權濫用論——以日本實務及學說為中心，檢
察新論第7期，頁194-212，2010年1月。

[44] 田宮裕，訴追裁量のコントロール：公訴權の濫用について，立教法学第11号，頁
126-127，1969年2月20日。

　　此類案件常見於，檢察官認定被告符合緩起訴條件並應為緩起訴，即命履行支付一定金額緩起訴處分金，被告亦同意，然而在處分前，主任檢察官或檢察長，認為處分過低等理由，再與被告協調，而被告因無法負擔，表示不從，因此時無其他救濟方法，只能起訴。若檢察官是因為原處分內容無法達到預防效果而為的反悔，尚有其裁量的理由；反之，若是其他非正當原因任意反悔，此時被告所適合的處罰，是非司法化的處罰，卻因為檢察官一方的因素，直接將被告起訴，是否有必要讓被告走完全程審判程序，誠有疑問。

　　此處是否可以援引「誠信原則」作為國家刑罰請求權失效的理由？在「陷害教唆」的討論中，曾有這樣的倡議，認為在陷害教唆的情形下，屬於誠信原則中，矛盾行為的違反，但僅限適用於此，其他違法偵查的情形，就不認為是一種訴訟障礙，[45]批評者認為，矛盾行為必須建立在信賴事實，而陷害教唆的情形，被教唆之行為人並不知悉背後是受國家教唆，而否認其見解[46]，而亦有認為，在公法領域適用矛盾行為，不需要信賴事實，則又有成立的可能[47]。然而，如果套用上述的推論到此處，則不論是否需要信賴事實，在此處都能成立誠信原則之矛盾行為違反，進而認為此時因違反誠信原則，國家刑罰請求權失效，似乎是一個解決的途徑。但較多數的見解仍然認為，在刑事法的領域因為被告沒有所謂主觀權利的概念，所以根本不會有誠信原則的適用[48]。

　　另外有認為，應緩起訴卻起訴的情形，一般來說不容易判斷追訴必要性客觀與否，但如果明顯的是違反客觀性的情況下，就是公訴權的濫用[49]。此處觸碰到一個相當敏感的神經，起訴審查的問題，雖然在我國的起訴審查制度，僅僅限於檢察官指出之證明方法顯不足認定被告有成立犯

---

[45] 此為學者Katzorke所主張，引自宇藤崇，違法搜査と不処罰処理(1)，法學論叢第133卷第2号，頁45-46，1993年。

[46] 此為學者ImmeRoxin所主張，引自宇藤崇，前揭註45，頁46。

[47] 此為學者Bruns所主張，引自宇藤崇，前揭註45，頁46。

[48] 宇藤崇，前揭註45，頁47。

[49] 庭山英雄，高田事件判決と公訴權濫用論，一橋論叢第71卷第1号，頁26，1974年1月。

罪之可能時才能適用，主要目的是加強檢察官的舉證責任，在此並不適用，並且因為此時早已證據齊備，否則根本一開始不會要被告對緩起訴的條件同意，所以完全無刑訴法第161條第2項適用的空間，合先說明。但是如果承認前開的審查方式，等於是一種另類的起訴審查，將引起院檢雙方的高度緊張關係，尤其是在前舉案例中，當非常明顯被告應緩起訴，卻因為檢察官出於非正當原因，反悔之前的決定而起訴時，是否允許法院直接為不受理判決？

本文認為，原則上還是要尊重檢察官的裁量，畢竟被告是否合乎緩起訴的要件，屬於檢察官的判斷餘地，法院只有審查程序是否違背法令、事實認定有無錯誤、有無逾越權限或濫用權力等[50]，若有此類違法情形，法院才得介入，為不受理判決，因此，除非是在此類濫用判斷餘地的違法情形外，法院還是得受理，並為裁判，至於其自白的證據能力及相關衍生證據是否排除，前已述及。

四、彈劾的偵查觀

綜觀上述，我們可以發現緩起訴在實務操作上的幾個問題點，首先，是將緩起訴與證人保護法的目的混淆，儘管二者並無明確的排斥競合，但立意不同，緩起訴的目的來自於對行為人非司法化的處遇，如將提供證詞作為考量是否有預防需求，顯然是不當的連結，不僅在目的上不正當，從結果來看，更是造成自白任意性的衝擊，後續問題重重，理應有所節制，尤其是數罪併罰下的分拆處置，恐怕僅僅是為緩起訴而緩起訴，目的已經失焦。

再者，緩起訴並非結案的手段，也非協商程序，被告的同意在緩起訴中的意義，是在降低處分手段對於法治國衝擊的疑慮，是屬於決定處分時的最後程序，不是協商，不能讓受處分人有協商的錯覺，此觀刑訴法第253條之2第2項只針對部分負擔規定須被告同意，如為協商當然不會有除外的事項，其理自明。因此被告的同意不是程序的開端，而是處分正當性

---

50 釋字第319號解釋，翁岳生、楊日然、吳庚大法官不同意見書。

的由來，不可不辯。讓被告產生協商錯覺的結果，連帶影響自白的效力，緩起訴中又無程序保障的規範，被告幾乎是放棄所有防禦權來求得緩起訴，其後若起訴，更是造成對公訴權的不信任，被告對於審判的結果，也無信賴可言。並且，檢察官在為處分前，應有充分的考慮如何的處分最能達成預防被告再犯，再取得被告對處分的同意，如果因思慮不周，導致以非正當的理由片面改變處分的條件（通常是處分金金額的爭議），被告無法同意，而逕行起訴，對於公訴權公正行使的傷害令人擔憂。

　　因此，緩起訴發展至今，似乎在實務運作上走了偏鋒，或許有待些許結構上的調整，平野龍一教授曾對於偵查的結構，從權力抗衡的觀點，提出「彈劾的偵查觀」來導正過往「糾問的偵查觀」，將偵查定位在平等的基礎上，一方面偵查機關進行審判的準備活動，另一方面被告為防禦活動的主體，而正因為被告是防禦活動的主體，必須保障其對應於準備活動的防禦權[51]。與此相近概念有所謂「訴訟的偵查觀」，係由井戶田侃教授所提出，認為偵查程序，是檢察官為了決定起訴或不起訴，為釐清事實關係、訴訟條件所進行之一連串的程序。因此，偵查結構是由檢察官、司法警察與被告三者組成三面關係。再者，田宮裕教授則是以彈劾的偵查觀為基礎，將訴訟參與者定位在協同關係，提出當事人主義的偵查觀[52]。

　　糾問的偵查觀，有其明快的特色，在現代的都市化社會，犯罪趨於複雜，基於快速打擊犯罪的需求，恐怕無法完全的排除[53]。而訴訟的偵查觀，則是將司法警察列為當事人，並與檢察官切割，使檢察官位居審查角色，在現今台灣的檢警密切合作的關係下，是否能直接適用？恐如日本一般，仍存有所疑慮[54]。而當事人主義的偵查觀，重視訴訟關係者的協調配合，若無強而有力的辯護制度，恐怕又落入糾問的輪迴。彈劾的偵查觀，立足於權力分立的概念，使偵查中的強制措施，都落入權力制衡當中，卻

---

[51] 白取祐司，刑事訴訟法，頁69-70，日本評論社，2007年3月4版。

[52] 田口守一，刑事訴訟法，頁39-41，弘文堂，2006年4版補正版。

[53] 渥美東洋，全訂刑事訴訟法，頁49，有斐閣，2009年4月2版。

[54] 白取祐司，前揭註51，頁71。田口守一，前揭註52，頁40。

也產生程序拖延的疑慮[55]。

　　為解決上述緩起訴制度可能產生的各種問題，可以朝兩個方向予以考慮，其一為加強起訴便宜主義的論述，援引職權不起訴的法理基礎，借鏡日本精密司法的精神，嚴密檢察系統內部監督，並建立緩起訴制度的外部監督機制，發揮檢察官做為準司法官之角色與功能，正確而有效的執行緩起訴制度，惟如此作法，仍不免於侵越法官保留之疑慮，恐亦不免於權責不分之批判。

　　其二，為緩起訴由法官同意，蓋權力分立的目的，在於保障人權，避免權力集中，並防範濫權無法制衡，要導正上述對於緩起訴的誤解，勢必要從結構上調整，簡言之，就是思考在為緩起訴處分前，是否需得法官同意，由法官審查被告是否適合以非司法的處罰，達成特別預防的效果。申言之，檢察官在確認被告有罪的同時，本應起訴請求法院判決，但若認為被告適合以緩起訴處分，能透過緩起訴處分的負擔，達成預防被告再犯，並且透過較多元的手段，與被害人修復等等綜合考量，應向法院請求同意，得以緩起訴處分。法院在審查檢察官緩起訴的請求時，首要判斷的是就案內證據客觀判斷是否明確，足以獲致有罪判決，甚至更高，達到所謂「明案」的程度，並且，判斷檢察官所主張被告適合以司法外的處分來達到預防效果是否有理由，並作同意與否的決定，假如不適合為緩起訴，例如被告雖有預防可能（不然也不能起訴，已如前述），卻不適合以緩起訴的負擔或指示來處遇，就不能同意。當然做此考量之前提，釋需要有健全的司法與優質的法官，才能適當有效發揮緩起訴制度的功能。

　　如此，一方面可以預防檢察官為求案件脫手，對未達有罪心證的案件緩起訴；也可消弭學界對於緩起訴處分違反法官保留的疑慮；並且讓緩起訴降低可協商的誤會，儘管緩起訴處分的聲請仍在檢察官一方，還是可能以此為偵查的籌碼，但透過公訴權濫用的審查，假使有違反判斷餘地的明顯違法，對於應緩起訴處分卻起訴的案件，法院仍應為不受理判決，作為防堵的最後關卡。

---

[55] 林鈺雄，刑事訴訟法上冊總論編，頁299，作者自版，2010年9月6版。

肆、結論

緩起訴制度的建立得來不易，更在許多人的努力下，讓起訴裁量的空間擴大，目的是要讓那些有再犯預防可能的被告，能有自新的機會，並且擴大處分的手段，讓修復式正義的觀念慢慢滲透到司法體制之中，此一良制，若運用得宜，不但可降低犯罪率，更可消弭當事人間的損害與對立，立意良善，莫忘初衷。

我們必須很明確的認知，在現行制度下，特別預防需求的考量，是緩起訴的核心思考價值，除此之外，並無其他解釋的空間，主要是因為偵查不公開的限制，其餘目的恐怕無法達成。並且，檢察官的職能轉變，讓檢察官有多一分的任務，肩負起對被告預防效果的檢驗，除了能提前產生效果去標籤化，並有其實體法上的根據，更負擔起協調加害人與被害人間的和解，至於訴訟經濟，從來不會是我們的目的，不再贅言。

然而部分實務運作的混淆，將緩起訴與證人保護法的規範界限模糊化，使得後續問題重重，諸如自白任意性、被告防禦權等等，造成人民對公訴權的不信任，對交換正義的誤解，都是不甚正確的發展。並且，程序上的瑕疵，造成本應緩起訴的被告，卻因為檢察官單方的因素最終起訴，法院應擔起監督之責，尤有進者，應透過這些年來運作的齟齬，適度調整緩起訴處分之結構，引進法官同意的要件，讓法院得以審查是否為明案？處分是否適當？應該可以一舉解決上述實務的偏差誤會，更可讓人民對司法信服。

緩起訴制度十年了，作為當時引進及推動者，我希望這個制度可以走的長遠有效，或許過往的路上有些偏差，但對於制度的檢討，就是希望減少這些偏差，讓制度運行的正當，除了減少犯罪率，更增加人民的信賴感，希望透過上述論理的闡述，可以正本清源的釐清緩起訴的方向，檢察官的職責，以及法院的任務，讓這個制度可以為我們的司法做出貢獻，為我們的社會，增加一份祥和的力量。

11

邁向和諧，共創雙贏
——從兩岸刑事政策看海峽兩岸共同打擊犯罪及司法互助協議[*]

壹、前言

　　2009年4月26日在大陸南京所舉行的第三次「江陳會談」，會中兩岸代表簽署了共同打擊犯罪與司法互助、空運補充以及金融合作相關等三項主要協定，一舉突破了兩岸六十年來在現實上的困難，為兩岸經濟、社會、法治的共同發展，開展了新的里程碑。對於兩岸同胞來說，大陸與台灣關係的和平、正常發展，絕非一蹴可幾；然而，「共創雙贏」的選擇與

[*] 2009年7月9日於「2009年海峽兩岸司法實務研討會」（福州）主題演講。

思維，卻是兩岸人民對於政府機關最殷切的期待。在這三項重要協定中，空運補充與金融合作相關協定，可以說是新的發展，然而，兩岸共同打擊犯罪以及司法互助的工作，卻屬有跡可尋。1990年9月11日至13日，中國紅十字總會與台灣紅十字會，基於人道精神之立場，關於兩岸遣返作業之相關事宜，在兩岸政府的授權之下，於金門簽訂了「金門協議」。這也是自1949年以來，兩岸分別授權民間團體作為代表，而簽訂的第一個書面協定。原本金門協定之內容，主要係確保兩岸遣返人員時，必須要兼顧人道精神與安全便利之原則，由於在遣返物件上之設計，係包含行政上違反規定而非法進入對方地區之居民，以及犯罪嫌疑犯或刑事犯，而後者之遣返，因兩岸情勢之發展變化，在實際操作上，使得「金門協議」成為近年來兩岸刑事罪犯遣返的重要依據，也成為兩岸刑事司法互助合作重要的框架。

　　本次江陳會所簽訂的共同打擊犯罪及司法互助協定，在客觀上擴大了金門協定的內容，深化了兩岸在共同打擊犯罪以及司法協助上的合作，不僅包括罪犯之遣返，在刑事犯罪的相關對策上，也包括重點打擊犯罪範圍之確認、偵查情資之交換、送達文書與調查取證之實行等多項重要措施，而成為兩岸刑事政策發展的觀察熱點。從「金門協議」到「海峽兩岸共同打擊犯罪及司法互助協議」，中間經過近二十年的時間，依據雙向遣返的概略統計，總計次數有286次，人次則高達37,790人，對於海峽兩岸社會秩序的維護，具有相當程度的幫助與穩定之作用。如今，「海峽兩岸共同打擊犯罪及司法互助協定」的簽訂，在刑事政策上定位為何？如何理解並調和其與兩岸刑事政策發展之潮流，均屬吾人關切之核心問題。

貳、兩岸刑事政策的演進

　　兩岸客觀環境、社會情勢以及因此所面對的挑戰及改變，在步調上雖然不同，然而，兩岸人民心中企求「安居樂業」之願望，則無二致。刑事政策發展與落實的關鍵，正在謀求人民之「安居」，亦在「居安思危」、

「防患未然」。此一理念，也就是刑事政策在作為一種犯罪治理學門的核心思想與靈魂。雖然在學說上對於刑事政策的範圍與分類有不一樣的見解，然而從較宏觀的角度來看，由於全球在客觀情勢上，已經走向區際化以及社群化，普遍引起國民價值觀的轉變，在這樣的背景之下，原本國內社會中所賴以生存的價值判斷基準，因為整體大環境以及經濟、社會條件的提升或是衰落，與國民的價值觀念轉變產生連動作用，故而導致舊有價值觀的崩壞與消滅，犯罪現象也就因此變得難以掌握，因為在價值觀「無界線」的現象中，如何針對犯罪問題對症下藥，就是當代刑事政策發展的核心問題。而刑事政策的定義，實宜從這樣的角度加以斟酌，從具體的、廣義的、有發展性的角度來加以確認，促使本學門在未來能夠積極地、自省地提升與深化，才能奠定未來刑事政策發展的基礎。

　　以上述的思考為基礎，可見刑事政策的意義不是平板式的，也不是一元化的，而是一種立體的複合式概念。既然是政策，就表示犯罪之治理，係政府公部門與相關單位責無旁貸的工作，亦即，以主體為基礎，刑事政策指的是由國家機關、地方自治團體或是其他辦理治安、犯罪治理的國家單位所規劃出來的犯罪對策，而其追求之目的，係為應變社會上所有的治安與犯罪問題，配合相關社會政策之規劃與推動，而尋求最好的、最有效與最能調和犯罪人權益與社會公平正義的方式。從近代刑事政策與刑事法發展的趨勢來看，越來越多國家注意到被告或是犯罪人的人權保障以外的事情，而漸漸地從更高的位置看待刑事政策在總體社會政策中所扮演的地位，亦即，除了被告或是犯罪嫌疑人的程式基本權保障之外，更多國家關注的是如何去實現公平正義的理念，也就是在加害與被害之間的衡平關係，更是新世代刑事政策發展的重要基礎之一。2002年英國的刑事政策白皮書將這樣的發展趨勢定名為「實現所有人的正義」，事實上，就是希望透過對於被害人在刑事程式中的保障、在補償中的強化，以及協助其恢復正常社會生活的各項措施，修正原本法律與政策中過度傾向保障被告的偏頗，而將公平之理念導入未來的刑事政策發展核心。從這樣的觀點來看，刑事政策所包涵的範圍在實質上已經擴張，而涉及所有與犯罪問題相關層面的治理與措置。

一、大陸：從「嚴打」到「寬嚴相濟」的發展

（一）「嚴打」刑事政策之基礎

　　事實上，中國大陸從1983年迄今，已經推動了三次大規模的「嚴打」運動，第一次是1983年8月至1987年1月，第二次是從1996年4月至1997年2月，第三次從2001年4月開始，為期二年。每次嚴打又分為，若干戰役或專攻鬥爭，以致於「嚴打」帶有明顯的軍事色彩。

　　1979年鄧小平推動改革開放之後，大陸的政經情勢進入一個不同的紀元，社會開始隨經濟發展呈現驚人活力，然而，與其他國家在社會轉型期與經濟發展期所呈現的惡害相同，犯罪現象層出不窮，社會治安形勢漸趨嚴峻，在犯罪率邁向第三高峰期的同時，大陸當局，尤其是中央領導改革開放路線的關鍵人士，在意識到犯罪現象顯然足以侵蝕社會主義經濟建設的秩序時，決定提出「依法從重從快」打擊嚴重刑事犯罪的決策，1982年9月2日，在「加強專政力量，保護最大多數人的生命財產安全」的宗旨下，第6屆全國人民代表大會常務委員會第二次會議通過了《關於嚴懲嚴重危害社會治安犯罪份子的決定》和《關於迅速審判嚴重危害社會治安的犯罪份子的決定》，據此於次年開始實行大陸有史以來首次的「嚴打」策略。自1982年到1984年的三年間，由於維持「嚴打」的刑事政策方針，在短期之內收到了一定的效果，社會治安情勢稍趨穩定，立案率也較沒有實行「嚴打」前之時期穩定，「嚴打」的刑事政策產生積極的效果。然而，首次「嚴打」在何謂「嚴重危害社會治安」的行為上沒有清楚的定義，或者是因為在執行面上過度緊抓「從重、從快」的方針，而忽略了應當要「依法」，因此在首次嚴打之後，雖然整體社會治安狀況得到緩和，卻也因為如此而產生了許多冤、假、錯案，還有一些在性質上原本並非屬於嚴重危害社會治安的犯罪，如較輕微的妨害風化案件或是不屬於犯罪構成的行為，都被當成了要嚴厲打擊的對象，而立案統計的不確實，也造成了無法真確地反應「嚴打」作為一種刑事政策的效率究竟如何。刑事政策作為一種犯罪治理的對策，依據毛澤東的闡釋：「政策必須在人民實踐中，也就是經驗中，才能證明其正確與否，才能確定其正確和錯誤的程度。」故

而「嚴打」在某種程度上可以說是一種組織管理的策略，而這種策略必須透過在社會中實踐才會有效果，也才能看到其瑕疵，並且進一步修正在實踐上所產生的錯誤，而透過不斷地實踐與不斷地調整，政策或是策略才能真正產生犯罪治理的效果。

　　1983年的首次嚴打，從犯罪種類來看，最主要是集中打擊較為傳統的財產與人身犯罪，如強姦（妨害性自主）、搶劫（強盜）、竊盜、流氓（或稱為耍流氓）等犯罪團夥（集團、共犯、結夥等）19萬7,000餘個，受到法律懲處的行為人與被告，總共有170餘萬人。客觀上來說，可以認為是反映了大陸當局在「十年動盪」之後，首次面對社會上現實的犯罪情況，而進行第一次的犯罪治理工程，雖然在效果、手段以及範圍上都仍存在許多爭議，然而，「嚴打」卻扎實地確立了大陸刑事政策的主體方針。「嚴打」政策實踐的結果，使得「嚴打」在人民心中的意義超越了其作為一種刑事政策的範疇，而成為一種「堅強決心」或是「嚴格手段」的代名詞。

　　1988年到1995年之間，隨著社會情勢與國際化的潮流漸趨熱絡，大陸社會的犯罪狀況又開始趨於嚴峻，統計上將其稱為第四次犯罪高峰期。於是，第二波的「嚴打」行動就在1996年展開，這個時期的嚴打重點是「有黑社會性質的犯罪團夥和流氓惡勢力，偵破搶劫金融財會部門和洗劫車輛等重大流竄犯罪案件，打擊販毒販槍、拐賣婦女兒童、賣淫嫖娼、制黃販黃、賭博及數額巨大的多發性盜竊案件。」總體上來說，由於大陸現行刑事訴訟法在1997年已經確立，而在政治上，「依法治國」的方針已經納入大陸當局施政的核心指標之一，因此「嚴打」在這個時期所呈現的型態也開始轉變，由公檢法三機關主導的嚴打行動，雖然在規模上不如1983年時的聲勢浩大，但是在打擊範圍、打擊力度的深化，以及依法執行打擊勤務等諸多方面，尤其是在「嚴打」與「依法治國」精神的調和上，國家工作機關進行了許多的努力，在保障人民刑事程式權方面也有了很大的進步。相對於第二次「嚴打」的「掃黑掃黃」，在2000年所進行的第三次「嚴打」行動，在目標以及範圍上則更加明確，大陸中央直接將行動目標訂為「掃黑除惡」，係欲嚴屬打擊因改革開放而得到壯大機會的「黑

社會組織，以及與組織犯罪相關的其他重大犯罪，如爆炸、殺人、搶劫、綁架、強盜等嚴重危害群眾安全的多發性犯罪。」由於處理目標明確，因此，第三次「嚴打」在規模上雖然較前兩次為小，但是公檢法三機關以及其他國家工作機關所擬定的策略以及運用模式，卻更臻成熟，除了延續第二次嚴打中有關打擊違劣商品（仿冒商品及黑心商品）、走私、騙稅等犯罪重點，也將觸角延伸到黑社會勢力的保護傘，即國家機關工作人員的貪污腐化犯罪，在戰線的整合上顯得更為精准。從2001年年末的統計來看，全國公安機關破獲刑事案件214萬4,000多件，查處治安案件共423萬2,000多件，比起2000年同期的統計，還要多了24.9%與26.5%。從資料上來看，這樣的成果相當驚人，然而依然反映出一個事實，那就是雖然「嚴打」刑事政策有其階段性、短期性的打擊效力，但是面對大陸治安狀況與社會情勢不斷變遷，社會犯罪日趨嚴重的情況，具有時期性以及階段性的「嚴打」刑事政策，實在有必要加以深入省思，而規劃具有延續性、長效性，並且基本上符合刑法以及刑事訴訟法相關法治要求的刑事政策。

(二)「寬嚴相濟」刑事政策的確立

　　從「嚴打」刑事政策的橫向結構來看，由於「嚴打」政策在1996年步入成熟期之後，已經具體限定打擊的範圍與物件，而與其他的刑事措施不產生互相排斥的作用，雖然在執行的程式要求以及人民權益保障上，實務界與學術界在一定問題的發展上呈現較為對立的趨勢，但是就人民檢察院的立場與意見來看，「嚴打」的刑事政策本身並不排斥其他的刑事政策，只是相對於刑事立法、司法而言，在具體上「嚴打」政策居於主導的地位。2001年的「嚴打」在範圍上的限縮與調控，在某程度上係回應了大陸中央要求「依法治國」，在辦理刑事案件時必須遵守刑事訴訟法，以及公、檢、法三機關所制定、頒布或是政法委直接公布的規則等各種法律規定。從這一點來看，「嚴打」的刑事政策在第三次「嚴打」行動過後就已經產生了改變的契機；而在2006年的10月11日，大陸中央第十六屆中央委員會第六次會議全體通過「中共中央關於建構社會主義和諧社會若干重大問題的決定」之後，「和諧社會」戰略目標的提出與進程的規劃，不僅

在政治上、思想上、社會管制措施以及總體經濟政策上產生空前的影響，對於刑事政策之檢討，更明文確立「寬嚴相濟的刑事司法政策」是加強社會治安綜合治理，增強人民群眾安全感的重要關鍵。自此，「嚴打」的刑事政策在實踐上所累積的經驗與基礎，成為嚴格的刑事司法政策發展的契機，而對於初犯、偶犯、未成年犯、認罪態度良好以及社會危害性較小的犯罪，要從寬、從輕，以大陸的說法，是要「化消極因素為積極因素，從源頭上控制和減少不和諧因素，確保人民群眾安居樂業。」2006年12月28日，最高人民檢察院通過了「最高人民檢察院關於在檢察工作中貫徹寬嚴相濟刑事司法政策的若干意見」，這個「意見」的通過，確立了國家工作機關必須在刑事司法實踐上貫徹「寬嚴相濟的刑事政策」的基礎，也讓長期以「嚴打」為刑事政策基礎的大陸刑事司法體系，開展了新時代中，而成為建設和諧社會的治安方策。

　　大陸「寬嚴相濟的刑事政策」有兩個核心的觀念，其一是寬與嚴是一個「有機統一」的整體，其二則是「區別對待」。從意義上來看，寬嚴相濟的刑事政策，指的是「刑事司法機關要根據社會治安情勢與犯罪份子的不同情況，在依法履行法律職能中實施區別對待，注重寬與嚴的有機統一，該嚴則嚴、當寬則寬，寬嚴互補、寬嚴有度，對於嚴重犯罪依法從嚴打擊，對輕微犯罪依法從寬處理，對於嚴重犯罪中的從寬情節，和輕微犯罪中的從嚴情節，也要依法分別予以寬嚴體現，對犯罪的實體處理和適用訴訟程式都要體現寬嚴相濟的精神。」我們很清楚地可以在寬嚴相濟的刑事政策中看到「嚴打」的刑事政策的軌跡，或者我們可以說，「嚴打」的刑事政策在去蕪存菁之後，已經跟寬緩的刑事政策形成了有機統一，而成為大陸整體刑事司法政策的基礎。從「和諧社會」的戰略方針來看，這是一個必然的趨勢，尤其是在大陸刑事訴訟法制與其他刑事司法制度漸趨完備，而要邁向下一個十年蛻變期的當前，寬嚴相濟的刑事政策自然有其深遠意義，而其真正的關鍵乃在於法治，必須要「寬嚴合法，於法有據」。

　　在最高人民檢察院所通過的「意見」中，詳細闡述了檢察機關對於寬嚴相濟的刑事政策要如何加以把握，在司法實務上要如何加以落實，對於主要的工作方針以及辦法也有指標性的敘述，從刑事政策的本質來看，

想要落實寬嚴相濟的刑事政策，從事刑事司法實務的檢察機關與公安機關的辦案方式以及偵查品質是極關鍵的要素。在具體案件中，詳細地掌握案件的狀況，精密地進行調查取證，認為有必要採取強制措施的，按照法定程式採取必要的措施，如果認為情節可憫恕，也有依法可以寬大處理的事由時，則給予行為人自新的機會，但同時要兼顧被害人或是其親屬的感受，這才是所謂「有機統一」的核心概念。從程式法的觀點，寬嚴相濟的刑事司法政策要能夠得到落實，也就是真正符合「依法治國」的原則，以及建構和諧社會的精神，最好的路徑，就是透過法律的修正與創造。以刑事訴訟法為例，采證法則的不充足以及證據排除法則的空泛，長期以來成為實務以及學術界爭論不休的熱點；在2007年死刑復核權收歸最高人民法院行使之後，大陸的死刑政策以及執行方式象徵了長期以來堅持「少殺、慎殺」的觀念，已經漸漸傾向往「尊重人的生命權」的方向加以質變，這是一個好的、和諧的現象。此外，再審程式的重新建構，判決效力時點的精準確定，都是寬嚴相濟的刑事政策能依法落實的必要條件，而這些必要的改變，雖然有可能對於現行刑事訴訟法的架構產生一定程度的衝擊，但是艱辛探索的歷程必然有其價值。因此，在堅持建設社會主義和諧社會的路線上，法治顯然是實現寬嚴相濟的刑事政策的樞紐，而我們可以大膽預言，未來的十年，大陸在法治建設的推進上終究要與世界接軌，而繼續發展與探索適合大陸政經情勢與社會的法制結構。

二、台灣：兩極化刑事政策的定調與發展

　　台灣法制環境的建構，在基本上是以繼受法為基礎而發展的。以主導刑事司法制度的兩大法律，刑法以及刑事訴訟法為例，在近年來雖然經過了幾次較大的修改，但是在基礎架構上依然處處可以窺得繼受法的痕跡，尤其在刑事訴訟法的結構與基礎上更可以觀察到這樣的現象。與大陸的狀況相近，台灣的刑事訴訟法與刑事政策之推動是具有連動關係的，而台灣的刑事訴訟法主要繼受自日本、德國、法國、美國等法制輸出國，近年來由於朝向「改良式當事人進行主義」的架構修正（2003年），因此強化了法庭活動與詰問程式，並引入英美法系的證據法則，如傳聞證據排除

法則等，此外，透過緩起訴程式之建構，強化了檢察官的微罪處理權，並開始實行簡式訴訟程式，以及通稱為「認罪協商程式」的協商程式。而這些具體的修正內容，與有期徒刑上限的增加，累犯處遇的嚴格化，以及假釋門檻的提高，互為兩端，而成為所謂「寬嚴並進的刑事政策」的體現與落實。然而，不論將其稱呼為「寬嚴並進」，或是「寬嚴相濟」，其區別對待的核心本質不會改變，而在普通的刑事政策的兩極，輔以嚴格的刑事政策與緩和的刑事政策，形成一個整體刑事政策的有機統一的架構，也不會有所變動，而究其本源，此乃刑事政策兩極化之趨勢，亦即大陸慣稱的「輕輕、重重」政策，也就是日本學者森下忠教授所闡發的「兩極化刑事政策」。

(一) 兩極化刑事政策的意義

1992年本人在美國史丹佛大學擔任訪問學者之時，適值美國加州正反復辯論恢復死刑之執行，並制定「三振法案」之際，本人甚受影響，加上，日本學者森下忠教授所闡述之「兩極化的刑事政策」，本人深有同感，乃於1996年擔任法務部長時多次於法務部務會報提出實行兩極化的刑事政策之意見，並於1997年指示於法務部成立「法務部檢討暨改進當前刑事政策研究小組」，具體推動兩極化的刑事政策。兩極化的刑事政策其基礎概念其實非常明確，主要係在處理防止犯罪以及犯罪人之處遇這兩方面的問題，而較不涉及其他的問題。亦即，所謂的兩極化的刑事政策，指的是對於兇惡犯罪，或是具有強烈再犯傾向，難以複歸社會恢復正常生活的危險犯人，採取嚴格的法律嚴罰以及處遇方式；而對於侵害法益輕微的犯罪，或是具有改善可能性，再犯可能性小，給予其緩和或是轉向之處遇，避免其受更進一步之追究與處罰，即為緩和的刑事政策的目的。事實上，兩極化刑事政策並非僅有嚴格的刑事政策以及緩和的刑事政策，所謂的「兩極」，指的是刑事政策在面對推定兇惡犯罪或是相當輕微兩極化犯罪時，所採取的兩種趨向嚴格以及輕緩的策略，而對於並非輕微犯罪，亦不屬於兇惡犯罪的中間型態的犯罪類型，則以中間刑事政策來處遇犯罪人，此一部分可以被稱為「中間刑事政策」。在這中間領域，係以一般的刑事

處遇方式（刑罰、保安處分、保護管束）來進行犯罪防止以及犯罪者的處遇。從第二次世界大戰以來，各國刑事訴訟制度漸次改良，朝向尊重犯罪人之人權的方向演進，同時也影響了受刑人在監禁以及處遇環境上的改良。雖然嚴格的刑事政策基本上是朝向正義（Justice）模式發展，但是中間刑事政策與緩和刑事政策及嚴格的刑事政策的界線基本上是處於一種流動的、相對的狀況。因此，兩極化刑事政策是一種完整、高效率的刑事政策，如圖7。

　　從兩極化刑事政策的全面性觀點，以及犯罪化的基準來看，台灣的法制狀況與大陸的法制結構並不相同。大陸的普通刑法犯罪構成的類型眾多，在適用範圍上也相當廣泛，更必須依賴許多解釋性的命令以及法規來充足其作用。然而相對來說，特別刑法的規定就比較傾向於補充性，犯罪之治理主要還是以普通刑法為核心。台灣則將刑事實體法大別為特別刑法以及普通刑法，而其所扮演的是不同的角色，亦即，特別刑法所扮演的角色，是傾向嚴格的刑事政策這一極，如台灣的毒品危害防治條例、組織犯罪防治條例，以及2009年4月3日新修正的貪污治罪條例，納入了與大陸刑法中財產來源不明罪相近的規定等，均屬為治理妨害社會治安重大之犯罪類型，而採取較一般刑法更為嚴格的對抗模式。而普通刑法與其他社會秩序維護之法律，即扮演支撐中間的刑事政策與緩和的刑事政策的角色，除了對於一般犯罪人採取普通的刑事制裁手段之外，對於輕微犯行的犯罪人，亦運用刑事訴訟制度中的相關制度，如緩起訴制度等，進行轉向或是非刑之處遇，盡可能避免其浸淫於刑事司法程式中，並使其早日恢復正常的社會生活。

兩極化刑事政策示意圖		
兇惡犯罪與高危害性犯罪人的處理對策 ↓ 嚴格的刑事政策→	一般犯罪與犯罪人的處理對策 ↓ ←中間的刑事政策→	輕微案件以及低侵害性犯罪人的處理對策 ↓ ←緩和的刑事政策

圖7　兩極化刑事政策示意圖

(二)兩極化刑事政策的推展與實現

從上述的基礎論點，我們可以清楚地發現，其實兩極化刑事政策本身是一個結構完整的、足以支援刑事司法體系有效運作的刑事政策架構。本人認為真正的「刑事政策」的範疇，不僅限於官方所主導或推動的防制犯罪對策，或是專家學者對於犯罪現象如何控制、改善及求取犯罪與社會如何調和的見解和主張，概括其他足以提供政府與民眾有更為正確的方向與觀念的具體作為，亦均應屬於刑事政策的範圍。所以更進一步，對於整體社會大家的認知與需求，也就是所謂「法通念」概念的正確建立與實踐，更屬於身為對於社會有影響力的政府、民意代表、知識份子、媒體等的共同責任。讓對社會有影響力的人發揮「風行草偃」、「上行下效」的功能，是這些人無可旁貸的重責大任；此外，刑事政策的正確掌握與推動，不僅只在於刑事實體法的修正與推行，其於刑事程序法的配合，甚至於犯罪矯治、更生保護與犯罪被害人保護之相關法令制度的建立與健全，也都是刑事政策成敗的關鍵。本於上述認知，本人在法務部服務期間，即曾自檢察面、司法面、監所面、社會面提出各種不同的司法及處遇方面應該調整或努力的工作，期能改善台灣日益惡化的治安狀況，使大家能在「樂業」之外，更能有「安居」的生活環境，並以「重者恒重、輕者恒輕」八個字概括兩極化的刑事政策之精義。

政策是必須要落實的，因此本人在法務部期間依據研究的心得及工作的目標，尤其在於對台灣社會的了解以及責任心使命感，乃開始戮力推行兩極化刑事政策的孽化與推動。並且不斷在法務部部務會報及相關講話中，闡述兩極化刑事政策的意義其基本意義及理念如下：

1. 在「重者恒重」方面

根據美國賓州大學教授Wolfgang及其研究團隊實證研究「慢性習慣犯」（Chronic Recidivist）追蹤了1945年出生於賓州費城9,975名小孩，直至十八歲以上，所得到的結論，發現6%的慢性習慣犯，總共犯了5,305件的罪行，共占全部犯罪行為的樣本的51.9%，在全部樣本中，他們的殺人犯罪數占71%、強姦占73%、強盜搶奪占82%。其後，Wolfgang又追蹤

調查了其中10%（974位）至渠等三十歲為止，發現慢性少年習慣犯長大後，仍然持續犯罪而成為「持續性的習慣犯」。再加以本人於法務部服務期間，發生震驚社會之白曉燕被綁架的重大案件，該案之嫌犯陳進興自十七歲起即不斷犯罪，每進入監獄一次，假釋後即犯更為重大的案件，至1997年4月14日犯下擄人勒贖殺人、其後強姦多數婦女等人神共憤之滔天大罪；更以當時美國加州恢復死刑之執行未久，並已積極推動所謂「三振法案」之「暴力及重大犯罪防制法案」（Violent Crime Control and Law Enforcement Act）均頗著成效；且以美國正風行犯罪學之「破窗理論」（Broken Windows theory）而在美國紐約市市長朱裏安尼強力配合執行破窗理論之政策後，紐約市治安狀況大幅改善。本人深受此些理論及實務運作之影響，並參照當時台灣社會重刑犯、累犯及習慣犯之比例居高不下之具體情況，並發現法院在量刑上有偏輕、緩的傾向、假釋門檻太低、執行太寬、刑罰完全失去威嚇效果與約束力，重大犯罪層出不窮，是以本人認為，應全面改弦更張，對於重大犯及累犯、連續犯，主張應較長時間與社會隔離，本人深信如此改變，雖未必能減少其所犯之51.9%全部重罪，但至少可以減少20%或30%，則治安狀況必有重大之改善，大眾之生活安全必能獲得更大之保障。

2. 在「輕者恒輕」方面

刑罰執行之目的，主要在於改善犯罪人，使其改過自新，重新適應社會生活（監獄行刑法第1條），而短期自由刑之弊害，則為眾所共知，也就是學者所謂「教化不足，學壞有餘」。故近年來刑法修正均限制短期自由刑之科處（如德國刑法第47條）。

而且，就本人服務法務部當時監所實務之觀察，判處一年以下有期徒刑拘役及易服勞役而在監執行之人數高達50%以上，對此等受刑人一則產生烙印之效果，使其不易重新生活，再則於執行期間斷絕家庭與社會之關係，產生各種問題，許多人只因一時失誤，而至終生難以重生，甚至拖累家人，因此，只得重操犯罪之舊業，是以本人一再闡述對於此類之輕刑犯、初犯、過失犯，一方面應避免短期自由刑之科處，他方面則應儘量以非機構之處遇方法，例如義務服務、支付金額、電子監禁、假日服刑等等

替代機構內處遇之方式，以期一方面達成處罰之目的（在使犯罪人知錯能改），他方面避免其在機構內沾染惡習，另方面則使其不脫離生活之環境，不致發生社會複歸之困難。

　　有鑑於上述的認知及對於台灣社會的責任心與使命感，本人於法務部服務期間，積極推動複合式的刑事政策，即以刑法處罰犯罪人，其目的在於使其改過自新、重新適應社會生活的目的為核心，更進而擴大為犯罪之預防、犯罪之偵查、審判以及執行甚至於包括刑罰執行以後之更生保護，更擴及訴訟經濟與犯罪被害人保護等全面性的刑事政策。推動各項積極措施，茲舉其中犖犖大者，具體說明如下：

（一）在整體面

　　於1997年10月本人指示成立「法務部檢討暨改進當前刑事政策研究小組」，全面性深入探討包括嚴格的刑事政策與寬容（或緩和）的刑事政策，犯罪被害人之保護以及訴訟經濟等課題，計為六大項目二十一項子題，予以分析並提出具體建議，逐步推動，其專案為：

1. 如何改善假釋制度，以防杜再犯

(1)修正刑法假釋條件及其相關法規，以發揮監獄教化功能。

(2)增設「假釋審查委員會」，落實假釋之審查。

2. 如何加強受刑人之考核工作，發揮監獄教化功能，以有效防制犯罪

(1)務實重刑犯之執行率。

(2)受刑人分級分類，給予不同待遇。

3. 輕刑犯罪人處遇方式之對策

(1)加強運用職權不起訴及聲請簡易判決。

(2)加強緩刑之宣告。

(3)加強易科罰金之運用。

(4)研究「緩起訴制度」之可行性。

(5)研究對輕罪受刑人實行社會內處遇之可行性。

(6)強化鄉鎮市調解功能。

4. 重刑犯罪人處遇方式之檢討

(1)現行刑法有期徒刑最高上限之檢討。

(2)仿美國加州採取「三振刑」立法之可行性。

5. 對犯罪被害人之保護

(1)強化被害人在刑事訴訟程式中之地位。

(2)強化刑事程式中保護被害人安全及名譽之設計。

(3)使被害人獲得適當的補償或賠償。

(4)將受刑人賠償被害人之情形作為假釋審查條件，以促使受刑人設法補償被害人之損害，使被害人能認同假釋制度。

(5)檢察官介入協助調查刑事案件被害人保全債權之可行性。

6. 刑事政策經濟面之檢討

(1)研究「認罪協商制度」之可行性。

(2)研究「刑事訴訟有費制度」之可行性。

(3)研究「偵察案件立案審查制度」之可行性。

(4)現行刑罰除罪化之檢討。

研究小組指請二位常務次長謝文定、林鉅鋃為召集人，並邀請專家學者及相關主管同仁蔡墩銘、甘添貴、吳景芳、蔡德輝、黃富源、楊士隆、吳昭瑩、游乾賜、黃徵男、葉雪鵬、吳國愛、曾宗己、林茂榮等先生女士為委員，另邀請邱文禎、陳秉仁、洪威華、關銘富、韓玉元、陳文琪、陳佳瑤、李雅玲、葉自強、蔡碧玉、陳宏達、林邦樑、林錦村、莊南卿等先生女士為研究員，針對前述各項子題，深入分析，詳加研討，並提出具體意見與建議，成為其後推動之依據。小組委員及研究員之智慧結晶，貢獻甚鉅。

(二)在預防犯罪面

1. 建立社會是與非、善與惡、對與錯，守法與違法的界線，加強保障合法、打擊不法的決心與作為，建立正確的價值觀念，使社會更加安定和諧。

2. 加強法治教育

除由本人及部、檢察署、調查局、政風室、監院所相關同仁不斷實施法治教育外，本人並多次協調當時教育部吳部長京，除共同策定「加強學校法治教育方案」以外，本人並建議將法治教育列入課程之重要內容，另並建議在升學考試中將法治教育列占考試題目中一定之百分比，以期學校及社會各界更加重視法治教育，達到本人所企盼的「人人知法守法，建設美好家園」境界。惜以此事在本人離開法務部後，即告無疾而終。

3. 創設中輟生學園

本人推動掃黑除暴之工作，獲得社會各界之支援，尤其是推動股市掃黑，解除上市公司股東會及負責人遭受騷擾、恐嚇之困擾。企業界對於當時法務部之工作至表肯定，並予協助，其中如宣明智、曹興誠、郭台銘、溫世仁、林文伯、林憲銘、高次軒、韓光宇、張俊彥、羅達賢、馬國棟、姚祖驤、李金恭等先生（尚有甚多企業以及民間人士參與，不克一一列出）與本人均憂心社會價值觀念錯亂，治安敗壞，除支持本人之掃黑工作外，更期盼斷絕犯罪之源頭，是以倡議成立向陽公益基金會，推動(1)收容中輟生之學園、(2)設立技能訓練場所，增強受刑人就業能力、(3)設立工作站，成為出獄青少年之中途之家、(4)為出獄人介紹就業、就學，並提供擔保，以解決雇用人之疑慮。如萬一有所受損時即予賠償(5)加強法治教育之宣導，導正社會風氣，杜絕犯罪之根源。此一構想，於本人在法務部服務之時即已成熟，並經簽報本人核定，但本人離開法務部後，該案竟不再繼續推動，未久，本人與宣明智先生等企業界友人乃又共同將此案付諸實現，現在基金會及所屬向陽學園均正常運作，工作偏重於青少年輔導、法治教育之推廣，至今中輟生學園已經有八屆的畢業生等。除感謝企業界友人之協助外，對於當時構想之出獄人技能訓練、中途之家及出獄人就業之保證工作，限於人力、物力而尚未能推動，不無遺憾之處。

4. 推動反毒戒毒工作

毒品是萬惡之淵藪，毒品及槍枝是治安敗壞之根源，是以本人在法務部服務時，為整頓治安，特別著重槍枝與毒品之檢肅，並能獲致相當之成效，當時並引進美國之新戒毒技術，經過試驗，成效良好，但此一作法，

於本人離開法務部後，即行中止，本人離開公職後，在佛教界一向支援本人工作甚力的淨耀法師支援下，成立中華佛教普賢護法會，並由本人擔任總會長，繼續推動反毒、戒毒工作，其對治安改善、社會安定貢獻一己之力。

(三) 在偵查犯罪面

本人出身嘉義偏僻地區，高中前求學於南部，大學之後才來台北求學與就業，深入民間基層，了解台灣社會之各種現象，發現社會基礎已被腐蝕，而原來霸占地盤從事非法地下營業、白吃白喝之地痞流氓已經在經濟發展之同時跨出步伐，介入各種正當行業，圍標綁標，恐嚇勒索，無所不用其極，從中獲取重大利益，壯大其黑道幫派之勢力。此些犯罪者意猶未盡，乃勾結政治人物，或為政治人物之樁腳，或甚至於自己參選，取得政治上的地位，以此壯大其暴力與金錢，再以此暴力與金錢獲致更高之政治地位。亦即以「拳」得「錢」，再以「拳」、「錢」而得「權」，更以「權」得更多之「拳」、「錢」，如此惡性循環，將至黑道治鄉、治縣、治省、甚至是治國，則台灣將限於永劫不復之境地，是以本人當時即預言：台灣不掃黑，或掃黑不澈底，台灣將成菲律賓，將變成西西里。

有鑑於此，本人乃於1996年6月10日法務部部長就職典禮提出當前十大工作要點，第一項即為掃除黑金，旋於6月30日核定「掃黑執行方案」，並於7月起結合檢、警、憲、調之鐵四角，雷厲風行，執行全國性掃黑工作，並依法律規定，搜集事實及證據，對於犯罪事實明確，證據充分的黑道幫派領導者，並依刑事訴訟法及最高法院判例所示，解送指定處之台東看守所綠島分舍收押偵辦，依法起訴判罪執行，如此澈底作為，使台灣社會治安狀況大幅改善，社會價值觀念導正，好人得到保障，作奸犯科者依法接受制裁。

(四) 在司法審判面

此部分屬於整體刑事政策重要之一環，在不影響審判獨立前提下，曾建議司法院轉請各級法院儘量採用簡易審判程式，合理、合法審慎羈押人

犯，妥適量刑及妥善運用緩刑，以期發揮刑罰之功能。

（五）在執行面：最重要有下列各項

1. 加速獄政革新
   (1)建立監院所工作同仁之責任感與榮譽心。
   (2)加強選考及訓練，提高工作同仁素質。
   (3)增加工作同仁之福利待遇。
   (4)調整監院所收容人、受刑人處遇有關事項。
   (5)加強教化功能，引進藝文、宗教、技能、品德等教育。
2. 改善假釋制度，修正刑法第77條有關假釋之門檻，並從實審核假釋申請之案件，避免浮濫，以切實發揮假釋之功能。
3. 研究推動輕刑犯受刑人之非機構內處遇制度，例如義務勞務、電子監禁、假日服刑等。
4. 加強易科罰金之運用。

（六）在被害人保護面

積極推動被害人保護法，證人保護法之立法，及推動犯罪被害人保護方案，除保障犯罪人應有之權益以外，並應同時保護被害人，以建立正確的人權觀念，達成公平正義的社會。

（七）在訴訟經濟面

推動緩起訴制度，鼓勵切實做好職權不起訴及聲請簡易處刑判決研究偵察案件立案審查制度及刑事訴訟有費制度。

上述設置「法務部檢討暨改進當前刑事政策研究小組」，研究之議題與推展之工作當中，關於整體面的工作、預防犯罪諸措施、以及司法審判面、執行面之獄政改革、被害人保護面等部分，可謂係「中間的刑事政策」；而關於掃除黑金之偵查犯罪面，以及在執行面中之改善治安假釋制度，修正刑法第77條假釋門檻及從實審核假釋，應屬所謂的「嚴格的刑事政策」；其餘加強罰金刑之運用、研究推動輕刑犯罪人之非機構內處遇，

訴訟經濟面等各專案，均為「寬容的刑事政策」。可謂相容並蓄。但平心而論，本人認為該嚴則嚴，該輕則輕，而中間部分，仍應按普通刑事法律規定進行合理的論罪科刑，如此始能符合大多數民眾之期待，此點，本人深信兩岸人民在對於「輕輕、重重」的基礎認識上，應該相當一致。

三、小結

海峽兩岸自1950年起隔絕近四十年之久，並經歷六十年來的演變分別發展，各自在不同的社會情勢，在刑事政策的演進上，逐漸合流能夠均朝向兩極化（寬嚴相濟、寬嚴並進）的刑事政策發展，實屬難能可貴，從法律社會學的角度來看，雖然面對犯罪問題的質與量有所不同，但是有機地、積極地探索犯罪治理的最佳策略，從本質上去面對犯罪問題，有效地針對各種不同型態與品質的犯罪加以預防、打擊，而兼顧保障程式權與被害人權益，顯然已經是一種普世價值。雖然在法制結構以及法理基礎上，兩岸還有相當之差距，但是「法治」是一種必然的選擇，不論是達成建設和諧社會之目的，或是透過兩極化的刑事政策有效治理犯罪，「崇法、知法、依法、守法」應當是整個社會的價值選擇，而兩岸在觀念上的和諧，以「法治」為基礎來進展，創造兩岸人民均得以有安居樂業的客觀社會環境，實是穩健而務實的選項。

參、海峽兩岸共同打擊犯罪及司法互助協議

一、具體內容簡述

從形式上來看，「海峽兩岸共同打擊犯罪及司法互助協定」（以下簡稱協定）總共分為五章，除第五章為附則之規定外，其實協議最主要的核心，是在處理兩岸互相請求「共同打擊犯罪」以及「司法互助」之程式。而這兩項重要工作之本質，乃在於合作與互惠。互惠原則原本是區際間處理罪犯或是人員引渡的補充法則，然而為了符合實際情況之需求，世

界上多數國家與地區，均擴張互惠原則在司法或是刑事互助上的功用，實際上也達到了良好的成果。海峽之間的跨境犯罪，如毒品犯罪、販運槍械彈藥、組織（黑幫）犯罪、走私、人口販運以及洗錢犯罪等，均屬重大影響兩岸治安，而且牽涉層面亦廣，在刑事政策上有必要加以積極處理，在理論上係傾向於以嚴格的刑事政策為治理方針的犯罪問題。在這一點上，從「協定」的內容來看，協定第4條第1項規定：「雙方同意採取措施共同打擊雙方均認為涉嫌犯罪的行為。」同條第2項則規定重點打擊犯罪的對象為：「（一）涉及殺人、搶劫、綁架、走私、槍械、毒品、人口販運、組織偷渡及跨境有組織犯罪等重大犯罪；（二）侵占、背信、詐騙、洗錢、偽造或變造貨幣及有價證券等經濟犯罪；（三）貪污、賄賂、瀆職等犯罪；（四）劫持航空器、船舶及涉恐怖活動等犯罪；（五）其他刑事犯罪。」在範圍上，較既往處理跨境犯罪問題的打擊範圍為廣，包括了國際公約中提到的貪污腐化犯罪以及反恐怖行動的合作，乃有第5款概括條款之設置，原則上當足以涵蓋目前海峽兩岸跨境犯罪有必要明快處理的重要課題。

　　而在司法互助方面，「協議」對於此項工作，共有六個條文。在概念上，依然可以查知一般（民事）司法互助與刑事司法互助分立的樣貌。協議第7條的送達文書、第8條的調查取證、以及第12條的人道探視，並沒有區分刑事或是民事案件，在原則上係屬一體適用之原則。不過，第10條的民事確定裁判與仲裁之互相認可，即專屬民事司法互助之內容；而第9條罪贓移交、第11條罪犯接返（移管），則與刑事訴訟程式中證據之確保，以及受刑事裁判確定人的人身權益密切相關，故係專屬刑事司法互助之範圍，同時亦吸納了1990年「金門協議」人道遣返的精神與作法[1]。

二、從刑事政策之觀點看「協議」

　　事實上，2006年11月5日，本人在台灣領導之海峽兩岸法學交流協會即曾與大陸海峽兩岸法學交流促進會及中國法學會等合作，於北京舉辦第

---

[1] 協議全文，詳參附件。

一屆海峽兩岸法學論壇。論壇分組研討規劃二分組，六項專題，在「兩岸投資保護組」的三項專題之一，就是「兩岸共同打擊違法犯罪問題」。本人在閉幕典禮上講話時，總結了論壇的成果，關於「兩岸共同打擊違法犯罪問題」的專案，大會即曾建議：「（一）交換犯罪情資；（二）協助調查搜證；（三）協助送達訴訟文書；（四）移交逮捕罪犯；（五）移轉訴訟案件；（六）分享扣押犯罪不法所得；（七）承認執行對方刑事裁判；（八）設立專責機構；（九）促請兩會盡速複談；（十）建立區際刑事司法協作機制；（十一）增辟罪犯遣返途徑等。」而2009年的「協議」，在兩會復談的基礎上，關於犯罪情資的交換，案件的調查與協作、主辦單位之相互聯繫、犯罪所得之扣押與返還，以及罪犯遣返途徑之增設，顯然均有積極之回應，在協議中也有相關之具體條文可供操作，建立了兩岸共同打擊犯罪的初步基礎。

從兩岸刑事政策的趨向來看，「重者恒重、輕者恒輕」的兩極化（寬嚴相濟、寬嚴並進）潮流，已經透過兩岸各自的刑事司法制度，以及立法工作加以落實，而成為新世代犯罪治理的基礎。這個趨勢在總體社會政策中所取得的和諧效應，將可能進一步縮短兩岸社會的差距。刑事政策作為一種社會整體治理政策的系統要素，在這個面向的意義，就不僅是保障民眾生命財產安全的一種基礎政策，也成為兩岸社會求同存異的表現，而這個過程是循序漸進的。本人一貫主張，對於兩岸人民有利的事情，政治上的因素就應該是次要考慮，而務實地從問題之解決來著眼，建立良好的溝通與協作制度，真正為兩岸人民謀福利，也能促進兩岸關係的和諧，這就是「雙贏」的基礎思維。

「協議」關於區際刑事司法協作機制的建立，在海峽兩岸之間建立了初步的基礎，已如前述。不過，如果從某些犯罪的特性來看，「協議」所建立的機制，在支持以及聯繫上還有所欠缺。以洗錢犯罪為例，從過去的實際經驗來看，澳門以及香港具有特別行政區的地位，外匯管制之措施較大陸其他地區來得有彈性，重大的經濟犯罪往往透過香港以及澳門進行洗錢的作業，因此海峽兩岸的區際刑事司法協作範圍，在實際上必須包含兩岸四地，而並非僅限於大陸與台灣之間。在台灣即將設立具有民間性質的

「台港經濟文化合作策進會」，提高與香港的經貿交流之際，如何有效治理金融犯罪與洗錢犯罪，此觀點更趨重要；而這也是建立兩岸四地溝通平台的新契機與應該努力之方向，而「協定」其他內容，尚待業務主管機關具體落實，吾人當可謹慎觀察、樂觀期待。

肆、結論

　　兩岸自1950年起完全隔絕，各自以其不同的思維，互異的行為模式，發展其社會、經濟、政治與文化的環境，在此一階段，兩岸在法律思想、法律制度、法規規章以及法律實務的運作上，存有極大的差距，直到1987年11月台灣開放老兵返鄉探親，此一人道探親的啟動，一方面對以往存在的法律及觀念產生極大的衝擊與變化，另一方面由於交流的頻繁，而使觀念上與作法上發生互相觀摩與調整的作用，之後90年代台商大量湧入大陸，在大陸地區投資興業，以自身的人才、資金及管理的優勢結合大陸地區的土地、人力及資源，促進大陸的發展，台商企業也因此在大陸重新開闢了一片天，大陸此一階段的改革開放，確實也對法律制度的調整因應注入了無與倫比的新動力，使大陸的立法以及司法實務的運作，都能有其璀璨的開花與結果。

　　因此，法治－以法治國，民主－以民為本⋯⋯等等的呼聲，一天比一天響亮，而成為全民的共識，也成為兩岸人民所共同認定的普世價值，在此發展的途徑上，台灣經驗無論在立法上或在司法實務上，對於大陸都有相當程度可供參考之價值，因此兩岸在經濟、文化、社會、政治的交流之中，法制（或法治）的交流工作，正是所有交流工作最重要的基礎，如果法制工作不夠扎實，不夠周全，就會影響其他交流的推進以及效果，身為法律人，每念及此，就會感到責任特別重大，也感到我等所擔負的使命也特別的神聖。

　　準此，本人要提出幾點推動兩岸法制交流的具體意見。

　　第一，在兩岸政策的制定與推進方面：仍應本於「擱置爭議，求同存

異，建立互信，共創雙贏」的宗旨，依據先經濟後政治，先易後難，先簡後繁的原則，互相扶持，互相合作，以期逐步解決累積六十年來所遺留之問題。

第二，在立法方面：多做溝通，相互學習，尤其涉及兩岸有關的法律的制定更應該透過民間的交流或各種不同的管道，進行了解與意見的交換，以期對兩岸人民有更大的幫助。

第三，在司法實務方面：（一）交流、互訪，資訊的交換；（二）經常舉辦涉及兩岸事務之各種研討會、論壇；（三）新見解或新案例的互相提供；（四）公、檢、法、司（台灣為員警、檢察、法院及法務部）均應成立涉及兩岸法律處理及案件之專責單位或專責法庭。

第四，在行政部門方面：（一）例如海關、稅務、工商管理等部門均應成立專責單位，亦應對其工作人員施以兩岸政策、法律規定及兩岸案件處理之應有做法等之研習，使其能適當處理涉及兩岸之案件。（二）對台胞、台商（在台灣為對陸胞及眷屬等）實施兩岸政策、法令及當地風俗民情之教育與講習，使其適應當地之生活，亦不致於觸犯法律之規定。

本人在此仍然要呼應及呼籲，兩岸在法制交流上也必須依照「擱置爭議，求同存異，建立互信，共創雙贏」的宗旨，互相體諒，互相協助，務使法律人所追求的「公平正義」，在兩岸社會、民眾之中得到實現。同時讓民主法治，保障好人，懲罰壞人的目標得以貫徹，使兩岸經濟更加繁榮，社會更加安定，人民更加幸福。如此，才能真正達成「邁向和諧，共創雙贏」的目標。

附件：海峽兩岸共同打擊犯罪及司法互助協議

為保障海峽兩岸人民權益，維護兩岸交流秩序，財團法人海峽交流基金會與海峽兩岸關係協會就兩岸共同打擊犯罪及司法互助與聯繫事宜，經平等協商，達成協定如下：

第一章　總　則

一、合作事項

　　雙方同意在民事、刑事領域相互提供以下協助：

　　（一）共同打擊犯罪；

　　（二）送達文書；

　　（三）調查取證；

　　（四）認可及執行民事裁判與仲裁判斷（仲裁裁決）；

　　（五）接返（移管）受刑事裁判確定人（被判刑人）；

　　（六）雙方同意之其他合作事項。

二、業務交流

　　雙方同意業務主管部門人員進行定期工作會晤、人員互訪與業務培訓合作，交流雙方制度規範、裁判文書及其他相關資訊。

三、聯繫主體

　　本協議議定事項，由各方主管部門指定之聯絡人聯繫實施。必要時，經雙方同意得指定其他單位進行聯繫。

　　本協議其他相關事宜，由財團法人海峽交流基金會與海峽兩岸關係協會聯繫。

第二章　共同打擊犯罪

四、合作範圍

　　雙方同意採取措施共同打擊雙方均認為涉嫌犯罪的行為。

　　雙方同意著重打擊下列犯罪：

　　（一）涉及殺人、搶劫、綁架、走私、槍械、毒品、人口販運、組織偷渡及跨境有組織犯罪等重大犯罪；

　　（二）侵占、背信、詐騙、洗錢、偽造或變造貨幣及有價證券等經濟犯罪；

（三）貪污、賄賂、瀆職等犯罪；

（四）劫持航空器、船舶及涉恐怖活動等犯罪；

（五）其他刑事犯罪。

　　一方認為涉嫌犯罪，另一方認為未涉嫌犯罪但有重大社會危害，得經雙方同意個案協助。

五、協助偵查

雙方同意交換涉及犯罪有關情資，協助緝捕、遣返刑事犯與刑事嫌疑犯，並於必要時合作協查、偵辦。

六、人員遣返

雙方同意依循人道、安全、迅速、便利原則，在原有基礎上，增加海運或空運直航方式，遣返刑事犯、刑事嫌疑犯，並於交接時移交有關卷證（證據）、簽署交接書。

受請求方已對遣返物件進行司法程式者，得於程式終結後遣返。

受請求方認為有重大關切利益等特殊情形者，得視情決定遣返。

非經受請求方同意，請求方不得對遣返物件追訴遣返請求以外的行為。

第三章　司法互助

七、送達文書

雙方同意依己方規定，盡最大努力，相互協助送達司法文書。

受請求方應於收到請求書之日起三個月內及時協助送達。

受請求方應將執行請求之結果通知請求方，並及時寄回證明送達與否的證明資料；無法完成請求事項者，應說明理由並送還相關資料。

八、調查取證

雙方同意依己方規定相互協助調查取證，包括取得證言及陳述；提供書證、物證及視聽資料；確定關係人所在或確認其身分；勘驗、鑒定、檢查、訪視、調查；搜索及扣押等。

受請求方在不違反己方規定前提下，應儘量依請求方要求之形式提供協助。

受請求方協助取得相關證據資料，應及時移交請求方。但受請求方已進行偵查、起訴或審判程式者，不在此限。

九、罪贓移交

雙方同意在不違反己方規定範圍內，就犯罪所得移交或變價移交事宜給予協助。

十、裁判認可

雙方同意基於互惠原則，於不違反公共秩序或善良風俗之情況下，相互認可及執行民事確定裁判與仲裁判斷（仲裁裁決）。

十一、罪犯接返（移管）

雙方同意基於人道、互惠原則，在請求方、受請求方及受刑事裁判確定人（被判刑人）均同意移交之情形下，接返（移管）受刑事裁判確定人（被判刑人）。

十二、人道探視

雙方同意及時通報對方人員被限制人身自由、非病死或可疑為非病死等重訊息，並依己方規定為家屬探視提供便利。

第四章　請求程式

十三、提出請求

雙方同意以書面形式提出協助請求。但緊急情況下，經受請求方同意，得以其他形式提出，並於十日內以書面確認。

請求書應包含以下內容：請求部門、請求目的、事項說明、案情摘要及執行請求所需其他資料等。

如因請求書內容欠缺致無法執行請求，可要求請求方補充資料。

十四、執行請求

雙方同意依本協議及己方規定，協助執行對方請求，並及時通報執行情況。

若執行請求將妨礙正在進行之偵查、起訴或審判程式，可暫緩提供協助，並及時向對方說明理由。

如無法完成請求事項，應向對方說明並送還相關資料。

十五、不予協助

雙方同意因請求內容不符合己方規定或執行請求將損害己方公共秩序或善良風俗等情形，得不予協助，並向對方說明。

十六、保密義務

雙方同意對請求協助與執行請求的相關資料予以保密。但依請求目的使用者，不在此限。

十七、限制用途

雙方同意僅依請求書所載目的事項，使用對方協助提供之資料。但雙方另有約定者，不在此限。

十八、互免證明

雙方同意依本協定請求及協助提供之證據資料、司法文書及其他資料，不要求任何形式之證明。

十九、文書格式

雙方同意就提出請求、答復請求、結果通報等文書，使用雙方商定之文書格式。

二十、協助費用

雙方同意相互免除執行請求所生費用。但請求方應負擔下列費用：

（一）鑑定費用；

（二）筆譯、口譯及謄寫費用；

（三）為請求方提供協助之證人、鑑定人，因前往、停留、離開請求方所生之費用；

（四）其他雙方約定之費用。

第五章 附 則

二十一、協議履行與變更

雙方應遵守協議。

協議變更，應經雙方協商同意，並以書面形式確認。

二十二、爭議解決

因適用本協議所生爭議，雙方應盡速協商解決。

二十三、未盡事宜

本協議如有未盡事宜，雙方得以適當方式另行商定。

二十四、簽署生效

本協定自簽署之日起各自完成相關準備後生效，最遲不超過六十日。

本協定於四月二十六日簽署，一式四份，雙方各執兩份。
財團法人海峽交流基金會　　海峽兩岸關係協會
董事長　江丙坤　　　　　　會長　陳雲林

12

兩岸司法互助的回顧與前瞻[*]

壹、前言

　　1996年6月10日，本人就任法務部部長，針對當時的社會亟待面對解決的問題，本人在就職演說中提出十項最重要的工作項目。因為當時對黑、政、商之勾結現象，造成社會公義不彰、是非不明，善良民眾得不到保障，為非作歹者逍遙法外，社會功利主義盛行，價值觀念錯亂，而黑、政、商之盤根錯節，本人除警告「如果台灣不掃黑，或掃黑不澈底，台灣將變成菲律賓，台灣將變成西西里」，並認為台灣將變成「黑道治鄉、黑道治縣、黑道治國」。故在本人就職演講中即以「掃除黑金」列為十大重大工作之首要，並於到任後即核定「掃除黑金專案」，完全依據法律規定，於1996年7月起即積極推動，對黑金犯罪者進行事實證據之偵查，對

[*] 2011年3月31日於「中國法學會審判理論研究會涉外專業委員會第二屆會議暨涉外港澳民商事關係的法律適用專題研討會」（廣東惠州）主題演講。

犯罪事實明確、證據確鑿者，不問身分、地位、黨派、省籍、職務，只要情節重大者均依法收押（大部分收押於台灣東部太平洋上之小島——綠島看守所），並偵查起訴，論罪科刑。部分黑幫首腦人物，因自己涉及重大刑事案件，乃設法逃離台灣，伺機而動，其中一大部分，前來中國大陸，設置灘頭堡，另謀發展。當時兩岸當局無官方之接觸，本人乃多次在媒體上發表談話，並曾多次透過非官方管道，表達兩岸應加強司法互助以及共同打擊犯罪，以期保障合法，制裁不法。但中國大陸之反應並不熱烈，以致兩岸黑幫問題日趨嚴重，治安問題亦更為嚴重，本人目睹此一發展，尤感憂心。而多年來始終關注兩岸關係之發展，尤其特別重視司法互助及共同打擊犯罪問題的解決，本人所帶領的「海峽兩岸法學交流協會」與早年大陸司法部前部長蔡誠先生所帶領的「海峽兩岸法學交流促進會」，於2006年11月6日至8日在北京舉行「第一屆海峽兩岸法學論壇」，並將「共同打擊犯罪」列為重要討論之主題，且在會議中做成結論，送請相關部門推動，對於尤其是2009年4月26日兩岸兩會簽署協議的發展，此一問題能向前再推進一步，感到十分欣慰以外，並冀望該協議的推動，能夠更加順利，故本人之心情，可謂感觸良多。

　　2005年4月26日，中國國民黨主席連戰先生，踏上大陸，展開為期八天劃時代的和平之旅，為兩岸關係的發展打開新的格局，賡續此股兩岸關係的革新動力，海基、海協兩會重啟對談，更營造了春風和氣的氛圍。過往，因政治對峙局面惡化，讓一向被兩岸視為主權爭議禁臠的司法互助問題，難有進展，即使國際潮流早已揚棄此一觀念，兩岸對此問題的仍然毫無交集。隨著日益開放的形勢漸彰，兩岸敵視的程度降低，加以兩岸人民生活日趨緊密，交流往來接觸頻繁，許多亟待司法解決與人民息息相關的定紛止爭問題也一一出現，在此民氣可用又勢不可擋的情況下，兩岸政府有義務也有責任，共同為人民建置一個符合人權、解決紛爭並保障人民身家安全的司法互助架構。

　　自1987年兩岸開啟接觸以來，大陸地區來台人數已達530餘萬人次，泰半是2009至2010年間大幅成長所致；同樣的，台灣地區進入大陸的人

數，迄今更是已達6,200萬人次之譜[1]；再者，台商對大陸的投資金額，累計已達1,000億美元[2]，台灣對大陸貿易進出口總額，近五年內每年都逼近千億美元[3]，大陸早已為台灣第一大出口市場、第二大進口來源及第一大出超地區[4]，台灣的進口需求，更是占大陸對各國貿易比重的4.7%[5]。數據上清楚可見兩岸的依存關係，不論是在人員往來或貿易投資，都已甚為緊密。

　　然而，就在連主席破冰之後的四週年，2009年4月26日，海基海協兩會簽署海峽兩岸共同打擊犯罪及司法互助協議，此乃繼金門協議與辜汪會談所簽署的兩岸公證書使用查證協議之後，在兩岸司法互助上的一大躍進，實際上也是因應人民需求，跟隨社會的脈動。然而，司法互助的問題，既廣且密，事涉人民權益與社會安定，相較於主權議題，更是人民生活周遭所切身體驗的，吾人始終相信，只要是對兩岸人民有利的事情，政治上的因素，就是必須退居次要，因此如何建構一個符合兩岸人民需求，並且互信互重，互相協助的優質司法環境，在兩岸人民交流密切的當下，是吾等有志為司法貢獻心力之人所應致力成就的。

　　以下，本文將透過對司法互助本質的釐清，剖析兩岸司法互助的現狀與癥結，架構出兩岸間司法互助的框架與願景，提供兩岸有志之士一同努力與參考。

---

[1] 參照陸委會兩岸社會交流統計資料，http://www.mac.gov.tw/big5/statistic/ass_lp/0a/10004/5.pdf。

[2] 參照陸委會兩岸經濟交流統計速報，2011年3月，http://www.mac.gov.tw/public/Data/161011375871.pdf。

[3] 參照兩岸經濟統計月報第217期，http://www.mac.gov.tw/public/Attachment/153011245497.pdf。

[4] 國際貿易局2011年4月份兩岸貿易情勢分析，http://cweb.trade.gov.tw/kmi.asp?xdurl=kmif.asp&cat=CAT322。

[5] 國際貿易局2011年4月份大陸經貿概況統計，http://cweb.trade.gov.tw/kmi.asp?xdurl=kmif.asp&cat=CAT322。

貳、司法互助的本質

司法乃為人民、社會、政府豎立正法直度的體系，建立定紛止爭的途徑，維護人民權益、社會安定與國家發展，吾人常言，司法的運作，若是網漏吞舟，國家必定紛亂；若能明鏡高懸，國家的興盛也相去不遠。因此司法是國家機器運作中，最後理性的底線，也是最後權益的防衛。

然而，司法同為政府作用之一環，其運作自有其邊界，面對至高無上、相互平等的國家主權，有其難以跨越的困境。時勢變遷，在今日科技發達交通便利，人與人接觸無界限，傳統的概念早已淪為畫地自限之譏，各國或各區域的司法互助，成為面對新型紛爭的必要課題，也因此，吾人可以鑑古知今，從司法互助的發展歷史觀察，從時間的縱向，建構出當今國際間司法互助的剖面，並做為兩岸司法互助的參考與規範。以下，分別針對司法互助的歷史沿革探究，建立觀念與體系，並介紹長久發展以來，一些重要的司法互助原理原則，以及定性兩岸司法互助的性質，俾有助於兩岸司法互助架構的設立。

一、司法互助的沿革

最早期的司法互助是以引渡為典型，可以溯源到西元前1300年，埃及與西台所締結的犯罪人引渡條款，而古希臘、羅馬及伊斯蘭當時，也有針對逃亡犯人的引渡，但被認為真正的犯罪人引渡條約，是1376年薩伏依伯爵與法國瓦盧瓦王朝國王查理五世所締結的引渡條約[6]。而引渡之外的司法互助形式，在西元前3世紀，羅馬的外事法官的制度，當時羅馬人採用一種證人訊問的制度，其根據法庭地法官的委託，由其他國家的法官為證人訊問，在當時屬人主義的前提下，此對於犯罪地國法官要得到證言是有

6　森下忠，国際刑事司法共助の意義と歴史，收於氏著，国際刑事司法共助の研究，頁13，成文堂，1981年9月。費宗褘、唐承元主編，中國司法協助的理論與實踐，頁7，人民法院出版社，1992年10月。

必要的[7]。

　　民事司法互助在歷史的發展上也並未缺席，早在古希臘時代，科斯與加林納兩國的公債糾紛，第三國的仲裁員在仲裁期間，要求兩國在各自境內對於訊問證人與調查證據方面提供協助，進而解決紛爭，此乃有文獻以來最早的紀錄[8]。

　　然而，近代司法互助的發展，仍是隨著引渡法制內涵擴張而建立的，近代第一部引渡法是1833年的比利時引渡法，此部引渡法成為往後歐洲各國的典範。該規定中，承認了隨著犯罪人引渡之物的引渡，從單純的人移交，擴張其內容及於物的移轉[9]，當時歐洲各國的引渡條約，將此類型物的範圍，大抵還限制在逮捕當時所發現之物，從屬人的性質相當高[10]。之後逐漸緩和，主要是遇到了犯罪人死亡後，或逃逸至第三國，其證據的移轉問題。乃至於後來與人的關連脫鉤，將司法互助延伸至受委託的搜索、扣押、取證、訊問等，此舉解放了傳統司法互助的侷限性，其內涵因此也逐漸擴大，舉凡書類的送達、證人的傳喚等，皆因調查的需求而擴張原本的引渡範疇。尤有進者，二次大戰後，歐洲共同體逐漸形成，超國家主義的氣氛瀰漫，1957年歐洲引渡公約[11]，首見刑事追訴移交的制度，並且在1972年的歐洲刑事訴訟移交公約[12]中，確立此制度。其次，在外國刑事裁判的執行，1868年萊茵河航行條約當中即已承認罰金的執行，二戰之後，1952年荷比盧三國與1964年北歐五國都已分別有彼此間相互承

---

[7] 森下忠，刑事に関する国際司法共助──序論的考察，收於氏著，国際刑事司法共助の理論，頁2-3，成文堂，1983年12月。

[8] 費宗禕、唐承元，前揭註6，頁7。

[9] 森下忠，前揭註6，頁13。

[10] 森下忠，物証を得るための国際刑事司法共助，收於氏著，国際刑事司法共助の研究，頁34，成文堂，1981年9月。

[11] European Convention on Extradition, http://conventions.coe.int/Treaty/en/Treaties/Html/024. htm.

[12] European Convention on the Transfer of Proceedings in Criminal Matters, http://conventions. coe.int/Treaty/en/Treaties/Html/073.htm.

認與執行的約定，1964年歐洲交通犯罪處罰公約[13]，以及歐洲監督緩刑及假釋罪犯公約[14]，也都已承認部分的執行，到了1970年歐洲刑事判決效力公約[15]發展逐漸成熟，對於案件種類不再限制[16]。

近代民事司法互助的法制，以1846年法國和巴登簽定世界上第一部民事司法協助條約最為具體[17]，而國際立法方面，國際民事訴訟程序公約，在1896年第四屆海牙國際司法會議中通過，並在1905年與1954年兩度修正，其中包含司法及司法外文書送達、委託調查等內涵，其後，由於文書送達需求大增，遂於1965年通過民事或商事司法與司法外文書域外送達公約；在證據調查部分，於1970年完成民商事國外取證公約；在外國判決與執行方面，1971年通過海牙民商事外國判決之承認與執行公約；仲裁判斷部分有1958年通過外國仲裁判斷之承認及執行公約；另尚有許多區域性的雙邊性的協定，發展上反而以此種方式為最主要[18]。

二、司法互助的內涵與體系

司法互助的意義在於不同國家間，在民事或刑事程序中，互相委託，代為一定之訴訟行為[19]，而牽涉的層面，不僅只是審判中的訴訟行為，在歷史的發展中吾人可以發現，在進入法庭的前階段，包含偵查、情報以及犯罪追訴的移交，就已有所涉及；而法庭中的各種訴訟行為隨著調查的需求，也逐步擴張；本案實體判決之外，在法庭後的裁判認可與執行

---

[13] European Convention on the Punishment of Road Traffic Offences, http://conventions.coe. int/Treaty/en/Treaties/Html/052.htm.

[14] European Convention on the Supervision of Conditionally Sentenced or Conditionally Released Offenders, http://conventions.coe.int/Treaty/en/Treaties/Html/051.htm.

[15] European Convention on the International Validity of Criminal Judgments, http://conventions. coe.int/Treaty/en/Treaties/Html/070.htm.

[16] 森下忠，前揭註6，頁8-9。山岸秀，国際犯罪と国際刑法，頁110，早稻田出版，2003年11月。

[17] 費宗褘、唐承元主編，前揭註6，頁8。

[18] 王志文，論國際與區際民事司法協助，華岡法粹第24期，頁244-249，1996年10月。

[19] 王志文，前揭註18，頁243。

及仲裁判斷的承認等，更是在淡化主權紛擾後的重要突破。

司法互助的體系分類，有各種不同觀點的區分方式，傳統上有狹義、廣義與最廣義之三分法，此分類中，「狹義的司法互助」內容涵括證人與鑑定人之訊問、證物的移轉、搜索、扣押、勘驗、文書送達、情報提供等，「廣義的司法互助」則有引渡與狹義司法互助，「最廣義的司法互助」則包含了刑事追訴的移轉、外國裁判的執行與廣義的司法互助；其次，討論上也有所謂二分法，係將前者狹義的部分歸類為「小司法互助」，廣義與最廣義則不作區分；另有一種二分法是由德國學者Jeschesk所主張，區分為「古典型態的國際司法互助」與「新型態的國際司法互助」，前者包含引渡與狹義的司法互助，後者包含刑事追訴的移轉、國外裁判執行與對於緩刑者在國外的保護管束[20]；而由前述國際間司法互助的立法過程觀察，司法互助體系四分法的雛型也在國際的禮讓與條約中逐漸成形，基本上包含幾個面向，分別是犯罪人引渡、狹義的司法互助（包含證據或書類的提供等）、追訴的移交以及裁判的承認與執行四個主要面向。四分法的法制化，首先建立在荷比盧三國約定的制度上，後來也成為了常見的司法互助體系，前二者被稱為第二次的司法互助，也是古典的國際司法互助；後二者則稱為第一次的司法互助，也是新型態的國際司法互助[21]。本文對於司法互助之探討亦遵從國際潮流趨勢，大抵以四分法的結構論述之。

在此架構的發展趨勢中，就以由典型的犯罪人引渡所發展出的狹義的司法互助內涵最為豐富，以聯合國在2000年通過的聯合國打擊跨國有組織犯罪公約[22]為例，關於此部分所能提供的司法互助內涵即包括：向個人取得證據或陳述；送達司法文書；執行搜查、扣押及凍結；檢查物品和場所；提供資訊、物證以及鑑定結果；提供相關的正本或經認證的副本之文

---

[20] 森下忠，前揭註6，頁1-12。

[21] 森下忠，国際刑事司法共助の諸問題，收於氏著，国際刑法の潮流，頁65-66，成文堂，1985年1月。

[22] United Nations Convention against Transnational Organized Crime, http://daccess-dds-ny. un.org/doc/UNDOC/GEN/N00/560/89/PDF/N0056089.pdf?OpenElement.

件或紀錄，包含政府、銀行、金融、企業或公司的記錄；為取證目的而辨認或追查犯罪所得、財產、工具或其他物品；為有關人員自願在請求締約國出庭提供方便；不違反被請求締約國本國法律的任何其他形式的協助。尤其以最後一項最能體現出狹義司法互助的廣度，只要在本國法律許可的範疇中，任何形式的司法互助，都是可以允許的，顯然，國際間在面對跨國的犯罪偵防，尤其是毒品、組織犯罪、人口販賣、洗錢以及恐怖攻擊等問題層出不窮，已經是採取盡可能相互協助，以期達到犯罪圍堵目的的程度，此乃國際之趨勢。

新型態的司法互助，包含追訴的移轉與裁判的認可與執行，前者，聯合國在1990年曾通過刑事訴訟移轉示範條約[23]，當中明白規定了請求國可以在提供相關證明文件後，要求被請求國針對本國的犯罪行為，在被請求國中偵查、起訴、審判，並且在不違反雙方法律下，訴訟行為都被認為有效。更早在1972年歐洲刑事訴訟移交公約[24]中，認為在雙方可罰的前提下，對於訴訟程序的移轉，可維護司法正義以及犯罪嫌疑人的人權。而裁判的認可與執行，1970年歐洲刑事判決效力公約是近代比較完整的雛形，該公約前言中即提到：考慮到打擊犯罪，這個正在不斷增長的國際問題，呼籲在國際之間用現代和有效的方法；深信需要追求一個旨在保護社會共同的刑事政策；意識到必須尊重人的尊嚴，促進罪犯的復歸；考慮到其目的是在使歐洲理事會實現其成員之間更加團結。在此公約中，規範了移轉執行外國刑事判決的程序，並明定拒絕執行請求的理由，主要還是考慮到被請求國之法秩序的和平[25]；民事判決與仲裁判斷的承認與執行，則較常以雙邊或是多邊的協定方式呈現，全球性的國際規範雖然存在，但在司法管轄權的問題難有共識的情況下，反而多以區域性的國際合作或是雙邊協定居多，而另一種務實的型態，則是將民事判決與仲裁判斷的承認與執

---

[23] Model Treaty on the Transfer of Proceedings in Criminal Matters, http://daccess-dds-ny. un.org/doc/RESOLUTION/GEN/NR0/565/07/IMG/NR056507.pdf?OpenElement.

[24] 前揭註12。

[25] 關於本公約相關議題，可參考蔡佩芬，司法互助若干問題研究──涉外刑事判決效力概覽，財產法暨經濟法第18期，頁121-162，2009年6月。

行，規範在國內法中，國際間亦可形成相互承認的實際結果[26]。

從上述的國際趨勢觀察，吾人可以發現，司法互助的體系中，主權色彩較為濃厚的刑事事件，在國際犯罪防堵的需求下，反而比色彩較淡的民事事件，更為活躍，可見國際間司法互助的推進，人民的迫切需求是主要的動力，主權問題則退居其次，此乃相當正確之發展。

三、司法互助的原則

在上述司法互助的體系架構下，並非所有的互助請求都會被全盤接受，仍有許多人權保障以及國際間相互尊重的法則運用，作為體系發展的外圍控制因素。以下分別簡述之。

(一) 互惠原則

基於主權至高無上的概念之下，每一個國家間都存在的絕對的主權，也都相互平等，即使有國家發展強弱的差別，主權之間卻沒有孰高孰低的問題。此觀念在一次大戰之後，國家主權理念的高漲，更是發展到極致，而表現在司法互助的議題上，就是採取嚴格的互惠原則。

以引渡為例，重視完全一致條件的引渡，假設有相同情況而引渡的結果不同，將有損及未受引渡一方的國家尊嚴，因此當時各國間的引渡法，莫不以最嚴格的互惠原則為條件，來提升戰爭後備受不平等條約欺凌的國際地位[27]。這樣故步自封的觀念在實際司法互助的運作中，是有負面影響的，不僅大大降低司法互助的可能，也毫無正當性可以根據，早在1880年國際法學會會議中就曾決議認為：關於犯罪人引渡中互惠的條件，只不過是政策上的要求，而不是基於正義的原因[28]。

隨著二次大戰後，西歐各國的整合的氣氛以及國際犯罪的情況惡化等因素影響下，嚴格的互惠原則趨於緩和，例如1969年國際刑法會議中就曾

---

[26] 王志文，前揭註18，頁245-246。

[27] 森下忠，犯罪人引渡法における相互主義，收於氏著，犯罪人引渡法の理論，頁3-9，成文堂，1993年11月。

[28] 森下忠，前揭註27，頁2。

作成決議，認為互惠原則的要求，並非基於正義所必要，期望這個要件不要如此嚴格的被遵守。之後歐洲各國間的引渡條約紛紛將條款中規範了引渡的義務，約定兩國有相互引渡的義務，而非如過往以負面方式表示，若無互惠的保證即拒絕引渡的強硬規範[29]。反而是在兩國間無司法互助協議的情形下，以個案提供互惠承諾，成為互惠原則較有發揮的空間[30]，作為兩國促成司法互助的理由，而非拒絕的原因。除去互惠原則的藩籬，其內涵轉向較具體化的本國人不引渡原則、犯罪種類限制及雙方可罰原則等議題的探討，此乃互惠原則精緻化的產物。

(二) 本國人不引渡

　　本國人不引渡的限制是大陸法系與英美法系的差異點，在英美法系國家，認為本國人是可以引渡的，主要理由是認為被請求引渡者所犯是請求國的法律，當然要引渡到請求國審理，並且在證據蒐集上，亦較為便利；反之，在大陸法系國家，則堅持本國人不得引渡到他國，主要是出自於不信任外國裁判以及考量本國人語言不通的問題[31]。然而法律制度的齟齬，卻可能造成司法正義的空窗，1910年發生的Porter Charlton事件可謂為典型，Charlton為美國人，在義大利渡假時殺死他的新婚妻子，並丟入湖中，隨即返回美國，而義大利政府在案發後要求美國政府引渡Charlton，雖然當時美國並無本國人不引渡的規定，但義大利卻採取之，因此，美國通常援引互惠原則而拒絕引渡美國人到義大利，但本案中，最終法官允許的該案的引渡，所持理由是，假如不將Charlton引渡到義大利，將其留在不採屬人主義的美國，Charlton將不會受到任何的處罰[32]。最後更形成美

---

[29] 森下忠，前揭註27，頁11-12。

[30] 蔡碧玉，我國國際刑事司法互助的現況與發展」，軍法專刊第55卷第1期，頁165-166，2009年2月。慶啟人，試論台灣如何與他國進行實質之司法合作（二），法務通訊第2202期，2004年9月2日。

[31] 吳景芳，國際刑事司法互助基本原則之探討，台灣大學法學論叢第23卷第2期，頁336，1994年6月。

[32] 森下忠，前揭註27，頁21-23。

義之間的引渡條約修正，以及義大利刑法中對於本國人不引渡的緩和。

因此，我們可以發現，在採取屬人主義的大陸法系國家，面對本國人引渡問題尚無疑問，但若與不完全採屬人主義的國家相競合的情況下，將造成司法正義的漏洞，也使國際間對於犯罪的防堵產生疑慮，假使在本國犯罪後逃往採屬地主義刑法的國家，兼以兩國互持互惠原則的情況下，罪犯將可逍遙法外，不受處罰，這無非是對於正義的挑戰。事實上隨著互惠原則的解放，對於本國人不引渡的限制，也應該有所對應，至少在趨於緩和的情形下，將訴訟移交本國，由本國進行追訴，是較為妥適的作法。在1990年聯合國引渡模範公約[33]中，第4條即規定，被要求引渡者若被請求國以本國國民為理由而拒絕引渡者，應在請求國的請求下，由本國審理以便作適當處置。其精神就是要建構一個犯罪防堵的健全網絡，使正義得以落實。

(三) 犯罪種類限制

犯罪種類限制的原因不外乎政治犯、軍事犯以及死刑的問題，政治犯罪的拒絕引渡理由，與國際勢力消長有關，當時國際上圍堵德國納粹與蘇聯史達林的思想，認為政治犯的拒絕引渡，可以助長專制封建政治的推翻以及發展民主政治，因此在20世紀初，被認為是政治犯罪的範疇相當大[34]，但是隨著國際間反恐、反劫機等需求下，政治犯罪不引渡的範圍逐漸縮小，是一顯見的趨勢。

而軍事犯罪則以傳統的軍事犯罪為範疇，若是普通法上的犯罪行為，則不屬於不引渡的理由，通常必須考量特定原則，以避免用普通法犯罪為由，引渡回國內行軍事審判之實。

死刑議題原本各國間仍以軟性的勸告方式，在引渡後若有處以極刑的必要，仍以次重的刑度為建議，但到了1983年4月28日歐洲通過歐洲人

---

[33] Model Treaty on Extradition, http://daccess-dds-ny.un.org/doc/RESOLUTION/GEN/NR0/565/05/IMG/NR056505.pdf?OpenElement.

[34] 森下忠，犯罪人引渡しに関する伝統的諸原則の再檢討，收於氏著，犯罪人引渡法の研究，頁13-14，成文堂，2004年3月。

權公約第6號議定書[35]，對於廢除死刑的態勢變的強硬，而1990年聯合國引渡模範公約第4條也明文對於未廢除死刑的請求國，可以拒絕引渡。而這樣價值觀的糾結，造成的歧異，目前為止，仍無法有比較恰當的解決方法[36]。

(四) 特定原則

既然對於犯罪性質在國際間視為引渡的限制，則罪名的特定原則必然將會是司法互助時的要件，以免發生暗渡陳倉之爭議，特定原則是指請求國非經被請求國同意，不得追訴或處罰引渡請求書所載以外之犯罪。這樣的精神也有被延伸至狹義司法互助的範疇，但備受質疑，也不普遍[37]。

特定原則的實行有如一刀兩面刃，一方面，可以尊重被請求國的主權以及維護罪犯人權；另一方面，卻容易造成請求國在訴訟程序中的拘束。因此有適當緩和的程序作為適用此原則的例外，基本上不外乎獲得罪犯的同意、一定期間的經過[38]或是得被請求國的同意等，聯合國引渡模範公約中對特定原則的建議，也是採取被請求國或是罪犯本身的同意。而歐洲引渡公約則是採取被請求國同意與一定期間經過的制度。所謂一定期間經過，係指被告在訴訟終了或服刑完畢之後，有一定期間的機會可以離開請求國，但卻未離開，此時等同放棄特定原則的恩惠，請求國即可對於其他罪行進行訴追[39]。

在狹義司法互助的部分，則不宜以特定原則自縛，蓋此類互助內容，多屬於調查階段之範疇，若貿然以特定原則自限，反而造成司法互助

---

[35] Protocol No. 6 to the Convention for the Protection of Human Rights and Fundamental Freedoms concerning the abolition of the death penalty, http://www.conventions.coe.int/Treaty/en/Treaties/Html/114.htm.

[36] 森下忠，前揭註34，頁17-18。周成瑜，論「海峽兩岸共同打擊犯罪及司法互助協議」之法律定位及其適用」，台灣法學雜誌第136期，頁95，2009年9月15日。

[37] 森下忠，刑事に関する国際司法共助の基本原則，收於氏著，国際刑事司法共助の理論，頁95-98，成文堂，1983年12月。吳景芳，前揭註31，頁345-346。

[38] 森下忠，前揭註37，頁93。

[39] 森下忠，前揭註37，頁94。

的反效果。至於對自證己罪的疑慮，當可由國內法制的保護，抑或透過刑事免責的期間來保障。國際間對於狹義司法互助特定原則的立法或約定，並不熱衷。

(五) 雙方可罰原則

雙方可罰原則，被稱為是互惠原則中的互惠原則，是最為具體化的互惠原則內涵，主要是為維持本國的法秩序，特別是在引渡的議題上，最被重視。雙方可罰原則的內涵有區分為具體的可罰與抽象的可罰原則，前者，對於可罰的意義，不僅在實體法上構成要件、阻卻違法事由、阻卻罪責事由、阻卻刑罰事由等等都必須一致的得出可罰的結果外，在訴訟法上的時效、告訴乃論的完成與否，也都一併被考慮。後者，只要刑罰法規上對於可罰的意義，抽象的同一、類似或是構成一部即可[40]，使得被認定為雙方可罰的機會大增。

目前國際上的趨勢，對於雙方可罰原則有趨於鬆散的傾向，以聯合國引渡模範公約第2條之規定，即可看出端倪，其中認為雙方不應對於行為是否為同一類型犯罪或罪名太過計較，而應以整體考量。而在狹義的司法互助中，則認為應該放棄雙方可罰的要件，蓋此部分的互助行為，不同於引渡，不必然對於被告有不利，反而可能是有利於被告，另認為在公序良俗的原則下，該原則自可放棄[41]。但若完全放棄，有時可能造成實務上的程序障礙，例如台美刑事司法互助協定的協商過程中，美方認為該內容不涉及引渡，強制力較低，不需有雙方可罰原則的適用，但在台灣，若無案件繫屬，根本無由引發搜索、扣押等強制處分程序，最終仍將此原則加入協議之中[42]。總結而言，對於使用強制力的司法互助，仍有雙方可罰原則的必要性，但可採取抽象的雙方可罰原則，但在無強制力的部分，則大可放寬無礙，此亦為國際潮流所趨。

---

[40] 森下忠，前揭註37，頁81-83。

[41] 森下忠，前揭註37，頁84。

[42] 慶啓人，台美刑事司法互助協定執行一年之回顧與展望，法學叢刊第48卷第4期，頁136-137，2003年10月。

(六) 雙重處罰禁止

雙重處罰禁止已成為普遍性的國際共識,特別是適用在引渡的請求上,若經由受請求國被認定為無罪、有罪亦或赦免,則可作為拒絕引渡的理由,其反應在國際公約上,在聯合國引渡模範公約第3條之規定,即將已經審判之罪行,作為當然拒絕引渡的理由。歐洲引渡公約第9條亦復如是。

已經完成訴訟程序的內涵,係指確定判決而言,其中包含無罪、有罪及有實體確定力的免訴判決,至於無確定性質的程序判決,則不在禁止之列。而相對的,在引渡之外的司法互助範疇中,雙重處罰禁止的適用空間就盡可能的減少,主要的理由還是在於不一定產生不利的觀點,因此盡可能的提供司法互助是有必要的。

四、兩岸司法互助之性質

司法互助的發生,在於不同國家或不同法域之間,因法權所不及,尊重他國或他法域之主權,進而以提出委託方式,請求在司法案件上的協助。然而,兩岸長期處於特殊的關係之中,對於領土在憲法中均主張跨及彼此,因此產生法律規範的虛效與實效,簡言之,台灣對於處在大陸地區的人民,其法律效力僅有宣稱的虛效,對於身處台灣地區的人民始具有實效,反之大陸對於處在台灣的人民,亦僅具有虛效,而對於身處大陸地區的人民才具有實效,如此情況下,人民對於法律關係可能受到雙重拘束,甚至是雙重處罰自是可能[43]。並且,在相互主張法權所及的前提下,雙方亦無司法互助的可能性,蓋理論上而言,同一國家中,除非是不同法域間的互助,否則無司法互助可言,而所謂一國數法的多法域國家,係在政治統一下所為的司法協助,通常具有強制性,又與兩岸關係不甚相同,因此學者認為,台灣與大陸之間的司法互助,應歸類為特殊的區際司法互

---

[43] 王志文,析論海峽兩岸法律問題及其處理規範,華岡法粹第19、20期,頁124-125,1990年2月。

助[44]，是比較務實與妥善的安排。因此，對於牽涉到國籍關係的概念下，必須以務實的作法，將本國的概念採取功能定義[45]，特別是在公法性格較為強烈的領域，實際的定義法權所及的範圍，或許是較為開放也較能夠解決人民問題的作法。

從上述司法互助的沿革與原則的觀察吾人可以得知，在罪犯流竄快速，行為無遠弗屆的現代社會，超國界的打擊犯罪活動，在國際間不斷發酵，只要是對於此目的有幫助的，國際間的司法互助，都可拋開主權的紛擾，盡其可能的提供最廣泛的相互協助，是國際的時勢所趨，也是身為地球村的每一個公民所殷切期盼的。

因此，對於兩岸司法互助的性質而言，本文認為，在兩岸人民往來頻繁，身家安全全有賴於兩岸政府的合作之當下，我們不應如過去拘泥於主權的爭執，讓兩岸的司法互助停滯在雙方政府無法解決的層次，徒使兩岸人民在兩岸的政治對立中，成為國際社會的次等公民。反而應加強交流，通力合作，相互尊重雙方在法權領域中的實力地位，面對現實的需求，解決實際的問題，並將兩岸人民的身家安全視為兩岸工作的第一要務，才是兩岸人民之福，這才是政府存在的目的。

參、兩岸司法互助之現況觀察

兩岸之間的司法互助，定位為特殊的區際司法互助，有其實際需求的必要性已如前述，在兩岸間目前司法互助的需求，以及政府間作為的現狀為何？在兩岸重啟對談並大幅度的簽署相關協議，以期彌補數十年間的互助缺口，又形成如何的規範網絡。並且，對於現存的規範網絡中，又有何問題與盲點，是為本文以下所探究的範圍。

---

[44] 王志文，前揭註18，頁244；前揭註43，頁140-141。

[45] 蘇俊雄，國內地區間刑法適用之問題——分裂國家之刑法適用理論，刑事法雜誌第39卷第5期，頁4-5，1995年10月。

一、兩岸人民的需求

從兩岸人民交往觀察，人民往來的頻繁，台灣是在1987年開放探親之後，緊接者在許多台商西進投資以及旅遊，每年皆以數百萬人次的數目增加，迄今已達6,200萬人次曾經進入大陸地區。而大陸地區部分則是在2009以後，進入台灣人數倍增，目前也已達530萬人次（截至2011年4月）。在非法入境的部分，累計緝獲收容達5萬2,000人，但數據顯示在近年兩岸往來更加開放之後，人數明顯下降[46]，可以預見的，在兩岸交通、觀光與投資政策逐步開放之後，未來人員往來將更形密切，也更無阻礙。

再者，以貿易關係觀察，台灣對大陸貿易累計已逾1兆美元，其中對大陸出口7,600多億美元，自大陸進口2,400多億美元，出超累計高達5,000億美元[47]。而在2010年的統計中，台灣對大陸的貿易總額全年有1,200億美元，其中出口848億美元，進口359億美元，以此估算，2010年台灣對大陸貿易的比重，占外貿總額比重23.0%；其中，出口占總出口比重30.9%，進口占總進口比重15.3%（如果加計香港，外貿總額比重更高達29.0%）[48]。在投資關係部分，據經濟部統計，迄2011年3月止台灣企業赴大陸投資金額累計高達1,000億美元，3萬8,000多件投資案[49]，2010年全年投資，122億美元[50]。整體觀察企業赴大陸投資占台灣對外投資總額比重為61.6%[51]。而大陸對台灣貿易占大陸貿易比重，出口長期維持在2%，進口則在5%至15%不等，尤以1997年進口高達15.77%[52]，不論是數字或是比

---

[46] 參照兩岸經濟統計月報第217期，http://www.mac.gov.tw/public/Attachment/153011291912.pdf。

[47] 參照前揭註2。

[48] 參照陸委會兩岸經濟交流統計速報2010年12月，http://www.mac.gov.tw/public/Data/1371044671.pdf。

[49] 參照前揭註2。

[50] 參照前揭註48。

[51] 參照前揭註2。

[52] 參照兩岸經濟統計月報第217期，http://www.mac.gov.tw/public/Attachment/153011252439.pdf。

例，都可以看出台灣與大陸商業往來的緊密依存度。

兩岸人民往來與相互投資的數據節節上升的同時，隨之而來的，是經濟與社會問題糾紛，根據海基會協處台商人身安全案件統計表，1991年至今共有2,200多件，其中以因案受人身自由限制者最高，達600多件；經貿糾紛部分，經台商投訴者有1,600多件，經大陸投訴台商者，有1百多件[53]，以上都尚未包含糾紛的黑數，實際在未受委託的部分，可能高達數倍。因此，早在兩岸開放探親之初，對於司法互助的呼聲就已震天嘎響，面對層出不窮的兩岸二法問題，舉凡入出境、婚姻、投資、人身安全、法律適用、刑事追訴、執行移送以及打擊犯罪等等問題，尤其在兩岸間犯案後潛逃對岸，似乎在兩岸對峙的情況下，形成順利脫罪的終南途徑[54]，新聞不斷出現重大罪犯在對岸逍遙自在，甚至開拓事業第二春，將巨額債務遺留犯罪地的現象，勢必扼殺兩岸間的合作關係，讓守法的人民心生疑慮，讓違法的人民有機可趁，面對這樣不公不義的問題，兩岸政府勢必要有所因應。

二、兩岸政府的回應

兩岸司法互助的具體作為，可以2009年作一個分野，2009年4月26日，海基海協兩會簽署海峽兩岸共同打擊犯罪及司法互助協議，在此之前，兩岸間形式上的司法互助協議，僅有1990年由兩岸紅十字會所簽訂涉及人員遣返的金門協議，與1993年辜汪會談所簽訂的兩岸公證書使用查證協議。

然而，司法互助並非僅能依賴協議的簽定，在無協議的情況下，仍可透過國內法的制定，來提供互助的可能。雖台灣有外國法院委託事件協助法的訂定，但囿於大陸地區法院不屬於外國法院，因此關於大陸地區的司法互助並無此法的適用，必須另謀途徑，而台灣地區與大陸地區人民關係條例（以下簡稱兩岸人民關係條例）就成了主要的法源依據，其中在第7

---

[53] 參照海基會協處台商經貿糾紛案件統計，http://www.sef.org.tw/lp.asp?CtNode=4288&CtUnit=2291&BaseDSD=7&mp=37&nowPage=1&pagesize=15。

[54] 蔡墩銘，論兩岸刑事司法互助，法令月刊第42卷第11期，頁5，1991年11月。

條與第8條分別規範了文書驗證與司法文書之送達及司法調查，目前主要是透過法院委託海基會代行之。並在第41條以下，規範了民事法律衝突的選法適用規定，是台灣法院得以大陸法律審判民事案件之準據法。

在第74條復規定：「在大陸地區作成之民事確定裁判、民事仲裁判斷，不違背台灣地區公共秩序或善良風俗者，得聲請法院裁定認可。前項經法院裁定認可之裁判或判斷，以給付為內容者，得為執行名義。前二項規定，以在台灣地區作成之民事確定裁判、民事仲裁判斷，得聲請大陸地區法院裁定認可或為執行名義者，始適用之。」本條規定原本並無互惠原則的規範，本有釋放善意，期待相互承認判決之意味，在1997年修正時，認為大陸方面遲遲未能秉持互惠、對等之原則，承認在台灣所作成之民事確定裁判及民事仲裁判斷，得聲請大陸地區法院裁定認可，並得在大陸地區執行，顯屬不公，爰依公平及互惠原則，增訂第三項規定，期使中共當局正視兩岸司法互助問題，能以誠意解決，俾維護兩岸法律制度，並兼顧當事人權益。

因此，兩岸間的民事確定裁判與仲裁判斷之承認與執行進入了膠著，在互惠原則的前提下必待大陸方面的立法始得解套，所幸大陸在1998年5月22日公布「最高人民法院關於人民法院認可台灣地區有關法院民事判決的規定」，其中第19條規定申請認可台灣地區有關法院民事裁定和台灣地區仲裁機構裁決的，適用本規定。遂產生適用範圍的疑慮，2009年4月24日公布「最高人民法院關於人民法院認可台灣地區有關法院民事判決的補充規定」，第2條補充規定，申請認可台灣地區有關法院民事裁定、調解書、支付令，以及台灣地區仲裁機構裁決的，適用前述規定和本補充規定。在民事確定判決或仲裁判斷的承認與執行方面，大致含括。

尤有進者，大陸在2010年12月27日公布，並於2011年1月1日起施行之「最高人民法院關於審理涉台民商事案件法律適用問題的規定」，開放大陸法院審理涉台民商事案件得適用台灣民事法律，一舉解決長久以來在法律衝突上適用台灣法律的疑慮與爭議。

相較於民事上的相互承認，刑事上的司法互助，則顯得遲緩，主要還是爭執在主權因素的干擾。一直以來都難以開展，僅有金門協議對於人

民遣返的作業有所規範,其餘不論是調查、搜索、扣押等取證作業、裁判的認可與執行、執行的移轉等等,幾乎是付之闕如。而國內法方面,在兩岸人民關係條例第75條,對於大陸地區的刑事判決,基本上是如同刑法第9條之規範模式,也就是將大陸地區判決當作是外國判決看待。即使在兩岸在2009年簽署海峽兩岸共同打擊犯罪及司法互助協議之後,對於刑事判決的承認與執行,仍屬保留。該協議中,僅對於送達文書、調查取證、罪贓移交、罪犯接返以及人道探視有所涉及,兩岸的刑事司法互助,相較於國際社會的趨勢,仍屬於牙牙學語階段。反倒是有賴非正式管道的相互交流,建立互信窗口,才是近幾十年來協議空窗的填補主流[55]。

　　而在協議簽署後,發生於2011年2月間的菲律賓電信詐騙案之台籍嫌犯遣返爭議,則是遭遇在兩岸以外的第三地查獲罪犯之遣返難題,造成台灣、大陸與菲律賓之間的棘手僵局,而菲國最終將台籍嫌犯遣返大陸,觸碰了兩岸間敏感的主權神經,對於兩岸司法互助模式也產生疑慮。所幸,透過溝通與了解,不但對於當時十四名台籍嫌犯的遣返已有進展,更進一步形成雙方共識,在破案地點發生於第三地的情形,雙方有默契的將各自嫌犯遣返到己方處理,降低主權爭議的衝擊,並於同年六月間的東南亞詐騙案件中,遂行上述兩岸所建立合作打擊犯罪的模式[56]。

三、為德不卒,尚待努力

　　綜觀兩岸共同打擊犯罪及司法互助協議,其含括範圍跨及共同打擊犯罪與司法互助,共同打擊犯罪方面,雙方同意對於重大案件相互合作,並協助偵查、提供情報,人員遣返並附帶證物移轉,而司法互助部分,其架構上在第7條的送達文書、第8條的調查取證與第12條的人道探視,並無民刑事之區別;但對於第10條的裁判認可,如前所述,僅及於民事確定裁判與仲裁判斷;至於第9條與第11條的罪贓移交、罪犯接返,則是專屬於刑

---

[55] 朱金池、蔡庭榕、許福生,兩岸共同打擊跨境犯罪之回顧與展望,中央警察大學學報第47期,頁8-10,2010年4月。

[56] 「打擊犯罪兩岸司法合作漂亮出擊」,聯合報,2011年6月12日,http://udn.com/NEWS/NATIONAL/NATS6/6393478.shtml。

事程序。

細鐸上開協議仍有許多與國際潮流大相逕庭之處。在合作範圍部分，採用較為鬆散的雙方可罰原則，當一方認為涉嫌犯罪，另一方認為未涉嫌犯罪但有重大社會危害，得經雙方同意個案協助，不僅是抽象的雙方可罰原則，甚至不可罰但有重大社會危害時，仍是合作的範圍。然而，這樣的區分其實不盡理想，在司法互助的領域中，除涉及強制力較高的處分之外，並不需要受到雙方可罰的拘束，有時更可能因此協助原本無罪之人獲得平反。

在人員遣返的部分應增加刑事追訴移交程序，在協議第6條第3項中規定受請求方認為有重大關切利益等特殊情形者，得視情決定遣返。遣返乃引渡的替代，較無政治性，手續也較為簡便，受各國司法機關的青睞[57]，但仍須注意引渡的原理原則，排除陸委會對於本條之存有疑義的解釋不論[58]，應考量聯合國引渡模範公約中，第4條的精神，應認為當被要求遣返者若被請求方以有重大關切利益為理由而拒絕遣返者，應在請求方的請

---

[57] 宋耀明，淺談國際刑事司法互助之實踐——兼談兩岸共同打擊犯罪，展望與探索第7卷第2期，頁85，2009年2月。

[58] 陸委會於2009年4月27日發布新聞稿：重大經濟犯為一般刑事罪犯，當屬兩岸共同打擊犯罪之對象——陸委會指出，有關「海峽兩岸共同打擊犯罪及司法互助協議」第6條第3項「受請求方認為有重大關切利益等特殊情形，得視情決定遣返。」之規定，是兩岸參考國際刑事司法互助慣例與精神，納入「政治犯、軍事犯及宗教犯不遣返」原則、「己方人民不遣返」原則，作為兩岸協議之內容，因兩岸關係之特殊性，在雙方默契下，使用雙方可接受之文字表述方式。況且，政治犯、軍事犯及宗教犯，並非本協議第4條共同打擊的犯罪，自然有必要加以區隔。
陸委會並指出，本協議第4條第2項第2款之打擊犯罪之合作範圍包含所有犯罪，並已將侵占、背信、詐騙、洗錢等經濟犯罪，明列為重點打擊之對象。重大經濟犯既為一般刑事罪犯，且明列為雙方重點打擊之對象，當然不屬於本協議第6條第3項所謂「重大關切利益等特殊情形」之範疇，自然不能引用該規定，拒絕遣返重大經濟犯。相關媒體報導或引述，此項協議條款係為特定人士預留免於遣返之後門，實屬誤解。
事實上，陸委會上述所指內涵，在國際上根本就拒絕為引渡的對象，而無重大與否的考量餘地，陸委會的解釋恐有使本條文陷入五里迷霧中。可參考蔡佩芬，淺論海峽兩岸共同打擊犯罪及司法互助協議，台灣法學雜誌第136期，頁108-110，2009年9月15日。

求下，由被請求方審理，並移交相關證據資料。而同條第4項所規範的特定原則也不應毫無例外的不准追訴其他案件，而應設同意條款或是一定期間經過不離境條款。

調查取證部分，本協議並未規範雙方可罰原則，僅規範發動程序應依己方法律，取證方法應儘量符合他方方式，以免喪失證據能力，但實際上可能發生程序之障礙已如前述，在台灣，若涉及強制處分，在無案件繫屬的情況下，是不可能達成的[59]。即便若不屬於犯罪行為仍可能因為違反雙方法律而被拒絕調查，最終仍輾轉達到雙方可罰原則的結果，但仍應已明文規定為宜[60]。

裁判認可與執行是本協議中最大的缺憾，對於刑事案件的闕如，實有違共同打擊犯罪的本意，而僅能透過遣返一途，使正義得以落實。退步言之，若能建立刑事追訴移交的制度，即使在無法被認可與執行的情況下，將相關罪證移交，在不違反雙方法律的情況下，或許更符合國際間圍堵犯罪的潮流，此舉不但符合公義，相當程度也維護了罪犯的人權。

罪犯的接返則是考量教化工作與人道關懷所設，但實際成效極度不彰，在協議生效後的兩年內，台灣僅接返一人[61]，而在大陸服刑的台灣人民，則有1,000多人。關於此問題，國台辦的回應是：「台灣至今不承認大陸法院判決，使大陸台籍受刑人返台可能面臨第二次審判，不符合兩岸司法互助協議精神，是受刑人返台有困難的癥結[62]。」即使雙重處罰禁止早已是國際間的通例，但不應毫無限制的與裁判之移轉執行過度連結，否則國際間豈非毫無刑事裁判移轉執行的可能，此亦為協議中對於刑事裁判執行的規範不足所產生之疑慮，應將其條件與限制具體明文規範，此部分仍有待兩岸雙方共同努力。

---

[59] 慶啓人，前揭註42，頁136-137。

[60] 周成瑜，前揭註36，頁100。

[61] 〈兩岸司法合作，僅1人回台服刑〉，中央社，2011年3月25日，http://tw.news.yahoo.com/article/url/d/a/110324/5/2omwa.html。

[62] 〈大陸：台灣不承認大陸法院判決不符協議〉，中央社，2011年6月15日，http://udn.com/NEWS/MAINLAND/MAI1/6400120.shtml。

肆、結論──建立更緊密的司法互助關係

　　過去，兩岸之間因主權紛擾，互不相承認而昧於事實的時代早已經過去，面對罪犯快速流竄，罪犯的交流早已先於政府的交往，國際間早在多年前，就對於跨國境的組織犯罪、毒品犯罪、網路犯罪、人口販賣、洗錢與恐怖攻擊等等犯罪問題，提出犯罪無國界、追訴無國界、處罰無國界、刑事政策無國界，而認為應為更緊密相互合作模式，讓此類罪犯失去行為與逃亡的管道，進而減少犯罪的發生，保障人民的身家安全。兩岸之間，同文同種、語言相通、習慣相近，遂成為罪犯最佳的逃亡管道，甚至另起爐灶，抑或相互結盟，都已危害到兩岸人民的利益，主權的藩籬，無法蓋過人民對身家安全保障的呼聲，因此，兩岸必須建立更緊密的司法互助關係，乃迫在眉睫。

　　兩岸政府在此方面的努力有目共睹，相互放下了陷入泥沼的堅持，而將人民的需求做為兩岸發展的依歸，此方面而言是值得肯定的。但在協商會談的過程中，甚至是執行層面，仍有些許為德不卒之處，讓吾等對兩岸法制建設的有志之士感到缺憾，此亦為事實。

　　因此，本人在此建議，兩岸應建立更緊密的司法互助關係，不但要符合國際潮流，更重要的是充分解決兩岸人民對於公義的期盼，在此本人提供幾項看法，拋磚引玉，作為兩岸建立更緊密司法互助關係的藥引，健全兩岸司法互助之體制。

　　兩岸共同打擊犯罪及司法互助協議縱使讓兩岸間的互助空窗往前跨了一大步，但是在協議的內容方面則有許多的缺失已如前所述，不論是雙方可罰的錯置、刑事追訴移交的欠缺、特定原則例外的遺漏、刑事裁判認可與執行的忽略等等，都對於兩岸要建立更緊密司法互助關係產生不少阻礙，在執行將達兩年的同時，回頭審視檢討相關規範的結構，有其必要性。

　　再者，僅僅協議仍不足以運作，儘管在國際法優位原則的前提下，仍需要有具體可執行的內國規範搭配，台灣目前對於配套的法制修正，仍屬

於荒漠,大陸方面則有零星的規範公布,兩岸在司法互助的努力上,相去不遠,也造成人民停滯不前,不論是投資或是旅遊交流,都無法有具體的法律作後盾,任誰都不想做為兩岸司法互助的推進案例,實有必要在兩岸交流頻繁的當下,各自規劃統合性的立法,整合司法互助的依據與途徑,始為正辦。

徒法不足以自行,兩岸要建立更緊密的司法互助關係,還有待兩岸政府的通力貫徹,使協議精神能發揮在紛爭的處理,以及人民生命財產的保障,以罪犯接返為例,就是兩岸未能戮力落實協議精神的表象,不免讓正值春風和氣的兩岸氛圍,產生不必要的質疑。

應盡速建立兩岸互動交流的法制平台,過去,往往因為主政者的喜惡,造成兩岸時常陷入誤會而關閉協商途徑,卻又在無法解決人民需求的情況下,轉而以非政府對話的方式,暗地裡解決人民的問題,這樣的方式或許在個案中可以獲得紓解,但是長久觀察絕對是弊大於利的途徑,面對人民的無所適從,兩岸政府有責任也有義務,擔起保障兩岸人民的工作重擔,走出歷史的悲劇,邁向正常發展的互動體制,為人民也為將來,建立共同扶持、相互防衛的理想家園。

兩岸隔絕近四十年之久,才有老兵返鄉探親的人道探視,逐步開啟兩岸的往來,顛顛簸簸,雖亦已有二十年的歷史,但是政治的因素,經常綑綁著兩岸向前正常發展的步伐。實際上經歷了超過半個世紀的演變,由於思維的不同,觀念的差異,而有了不同的制度,不同的法令,不同的行為模式,亦屬必然的現象。所以兩岸現在提出「求同存異,建立互信,擱置爭議,共創雙贏」的十六字真言,應屬當前兩岸均應努力的方向。本人綜合以上的論述,加上本人多年來關注兩岸的發展,審度兩岸政經以及社會情勢的發展、人民的需要,以及本人推動兩岸宗教、文化、藝術、法制的交流(包括九年前西安法門寺地宮佛指舍利赴台巡禮及在台灣展出的──皇朝秘寶──法門寺地宮與大唐文物特展),以及長年推動台商投資保護的經驗與心得,對於兩岸共同打擊犯罪與司法互助的推動,本人在此提出具體的作為以供參考:

一、完全脫離政治上的羈絆,打破虛無飄渺的主權迷思。

二、以兩岸人民權益的保護為主軸，消除本位主義的偏激觀念。

三、保護的範圍不限台商、台眷、台灣遊客、台資，應擴及陸資、陸商、陸眷（配）及陸客，真正發揮同胞愛、骨肉情。

四、司法互助的範圍應從單純的司法機構擴及行政部門以及民間組織，即應採取最廣義的司法互助的概念，才能有效的建立兩岸社會的公平正義。

五、因此，兩岸從司法機構以至於行政部門都應該成立處理涉台案件（大陸地區）及處理涉陸案件（台灣地區）之專門審判庭、專門偵查單位、專門行政單位，以適切合理處理涉及對岸人民、財產、婚姻、繼承之任何司法或行政案件。

六、處理上述案件之人員，均應嚴格培訓，務期其充分了解兩岸之相關法規與制度及兩岸之風俗民情。

七、兩岸司法機關、行政部門以至於民間，均應加強交流，深入對方社會基層，多辦研討，多所聯繫、多做溝通，化解差異。

八、建立平台，隨時面對問題，提出解決作法，以期解決隨時發生之任何問題，並順利推進司法互助之工作。

九、兩岸共同打擊犯罪及司法互助協議之缺失或不足之處，均應隨時檢討，並予修正或補充。

十、除現行法令之規定外，必須補充規定或增加之配套（包括制度、法令或行政部門之調整與配合）均應迅速配合建立。

13

「海峽兩岸共同打擊犯罪及司法互助協議」之實踐
—— 一個實務與務實觀點的考察[*]

壹、前言

　　海峽兩岸共同打擊犯罪及司法互助協議簽署生效至今已滿五年，三十

---

[*] 2014年7月18日於「2014海峽兩岸司法實務研討會」（福州）專題演講。

餘年來由於兩岸關係日趨和緩，兩岸人民接觸往來頻仍，在多元化的交流下，勢必參雜一些犯罪的往來，尤其兩岸人民血緣相同、語言文字相通，有些罪犯在兩岸之間流竄，有些犯罪例如詐騙集團、洗錢等跨境的侵害兩岸人民。過往，由於兩岸的政治互不信任、相互抗拒，卻也形成犯罪的避風港。因此，對於兩岸共同打擊犯罪的理念，是本人一直以來所念茲在茲，不斷倡議的構想，早在1996年本人擔任法務部長時，即曾不斷呼籲兩岸應摒棄政治型態之爭議，共同打擊犯罪，以維護兩岸人民之權益，並維持社會之安定，實現公平正義。嗣後，本人仍於兩岸間積極主張及倡導，五年前終於有初步的成果，身為這個理念架構的倡議者、推動者，本人甚感欣慰。

2009年4月26日兩岸簽署共同打擊犯罪及司法互助協議後，7月9日，本人領導海峽兩岸法學交流協會，與中國法官協會、福建省法官協會共同主辦「第一屆海峽兩岸司法實務研討會」，以「邁向和諧，共創雙贏－從兩岸刑事政策看海峽兩岸共同打擊犯罪與司法互助協議」為題，發表主題演講；2011年3月31日，本人於廣東省惠州市舉行的「中國法學會審判理論研究會涉外專業委員會第二屆會議暨涉外（港澳台）民商事關係的法律適用研討會」，再以「兩岸司法互助的回顧與前瞻」為題，發表主題演講，繼續關心推動相關政策與具體工作之落實。

然而，協議簽署至今，也發生了一些適用上的困難，勢必要有成效的檢討，反覆查找問題的癥結，並進而修正錯誤之處，使協議更加完善，讓犯罪在兩岸之間無所遁形，最重要的是保障兩岸人民的權利，不論是身家財產的保障，或是基本權利的保障，都是同等重要的議題。

以下，本文將先從五年來協議在台灣的運作與成效分析之，點出協議在目前適用下於台灣實務上發生的具體問題，並逐一檢視造成問題的根本，進而提出對策，作為本文的結論。

貳、兩岸司法互助協議之現況分析

一、立法現狀

　　兩岸司法互助協議在2009年4月26日於第三次江陳會簽署，於同年4月30日由行政院第3142次會議，依台灣地區與大陸地區人民關係條例第5條第2項予以核定，並即以4月30日行政院院台陸字第0980085712號函送立法院備查，於同年6月25日生效。

　　然而行政院將協議以送立法院備查之方式，未送立法院進行審議，對於協議本身可能造成適用上的疑慮，行政院法務部方面的解釋認為：「與對岸律定合作事項涉及人民權利義務部分，均在現行相關法律下執行，未涉及法律之修正，亦無須另以法律定之。在會談過程中，雙方亦充分理解是在雙方法令的容許範圍內共同打擊犯罪及提供司法互助。因此，依台灣地區與大陸地區人民關係條例第5條第2項規定，該協議事項應於簽署後三十日內報請行政院核定，並送立法院備查，應無須立法院審議[1]。」論者亦有贊同者，認為協議並無超越現行法律的效力，尤其協議中均以「依己方規定」、「不違反己方規定」等用語，作為論據[2]，即行政院以送立法院備查之方式處理，應無疑義。但亦有論者認為，依照司法院釋字第329號解釋[3]，該協議之內容在形式上並無與其相同之國內法律，且涉及的內容也非現行法律之效力所能完全因應，據此認為協議之法律位階有所疑

---

[1] 法務部新聞稿，「海峽兩岸共同打擊犯罪及司法互助協議」不涉制定及修正法律，http://www.moj.gov.tw/public/Data/955181845852.pdf。

[2] 范振中，兩岸司法互助——以98年兩岸協議為探討，司法新聲第103期，頁98，2012年7月。

[3] 憲法所稱之條約係指中華民國與其他國家或國際組織所締結之國際書面協定，包括用條約或公約之名稱，或用協定等名稱而其內容直接涉及國家重要事項或人民之權利義務且具有法律上效力者而言。其中名稱為條約或公約或用協定等名稱而附有批准條款者，當然應送立法院審議，其餘國際書面協定，除經法律授權或事先經立法院同意簽訂，或其內容與國內法律相同者外，亦應送立法院審議。

慮[4]。

實則，台灣並無處理司法互助的「專法」，迄今僅有非系統性的法律與協議，例如：2013年1月所通過的「跨國移交受刑人法」是較為新近的法律，該法也是因為協議通過後發現國內法的不足才增訂之法律；再者尚有引渡法、涉外民事法律適用法，以及如駐美國台北經濟文化代表處與美國在台協會間之刑事司法互助協定等一些雙邊的協定[5]。但惟獨欠缺總

---

[4] 李傑清，海峽兩岸刑事司法互助之罪贓移交——以跨域詐欺、洗錢犯罪為例，刑事政策與犯罪研究論文集(15)，2012年12月。

[5] 中華民國（台灣）法務部調查局洗錢防制中心與阿魯巴異常交易申報中心關於洗錢及資助恐怖主義相關金融情資交換合作了解備忘錄、中華民國（台灣）法務部調查局洗錢防制中心與庫克群島金融情報中心關於與洗錢及資助恐怖主義相關金融情資交換合作了解備忘錄、中華民國（台灣）法務部調查局洗錢防治中心與美國金融犯罪稽查局關於洗錢及資助恐怖主義相關金融情資交換合作了解備忘錄、中華民國（台灣）洗錢防制中心與大韓民國韓國金融情報中心關於與洗錢相關金融情資交換合作了解備忘錄、中華民國（台灣）與巴拉圭共和國有關合作打擊毒品買賣及相關犯罪行為協定、中華民國（台灣）與帛琉共和國防制洗錢及資助恐怖主義情報交換合作協定、中華民國（台灣）與索羅門群島間關於打擊洗錢及資助恐怖主義情報交換合作協定、中華民國（台灣）與馬紹爾群島共和國洗錢情報交換合作協定、中華民國內政部消防署與美國加州州長辦公室緊急救難服務處災害防救合作了解備忘錄、中華民國法務部調查局洗錢防制中心與巴拉圭金融情報中心反洗錢及反恐怖主義情資交換合作協定、中華民國法務部調查局洗錢防制中心與馬其頓防制洗錢及資助恐怖主義辦公室關於洗錢及資助恐怖主義相關金融情資交換合作了解備忘錄、中華民國法務部調查局洗錢防制處與尼泊爾中央銀行金融情報中心間關於洗錢及資助恐怖主義相關金融情資交換合作了解備忘錄、中華民國法務部調查局洗錢防制處與亞美尼亞中央銀行金融監測中心「關於洗錢及資助恐怖份子相關金融情資交換合作了解備忘錄」、中華民國法務部調查局洗錢防制處與荷蘭安地列斯異常交易申報中心關於洗錢、資助恐怖主義及相關犯罪之情資交換合作了解備忘錄、中華民國政府與史瓦濟蘭王國政府間引渡條約、中華民國政府與南非共和國政府間引渡條約、中華民國政府與哥斯大黎加共和國政府間引渡條約、中華民國政府與馬紹爾群島共和國政府間引渡條約、中華民國與巴拉圭共和國引渡條約、中華民國與以色列關於洗錢及資助恐怖主義相關金融情資交換合作了解備忘錄、中華民國與多米尼克間引渡條約、中華民國與多明尼加共和國間引渡條約、中華民國與馬拉威共和國間引渡條約、中華民國與蒙古國主管機關間關於洗錢及資助恐怖份子情資交換合作了解備忘錄、北美事務協調委員會與美國在台協會在犯罪偵查與訴追方面合作之了解備忘錄、在台北（台灣）與在華沙（波蘭）主管機關間關於洗錢及資助恐怖主義金融情報交換合作了解備忘錄、駐南非共和國台北聯絡代表處與駐台北南非聯絡辦事處間

則性的法律。因此，在法律效力上，上開否定說的質疑，亦不能謂毫無理
由。並且，在司法實務中，亦有法院直接認定：「關於依『海峽兩岸司法
互助協議』取得被告以外之人之訊問筆錄之證據能力問題，『海峽兩岸司
法互助協議』並未有所明定，且該協議未經立法院審議通過，無法認定該
協議位階等同法律，無從依刑事訴訟法第159條第1項『法律另有規定』之
傳聞法則例外，而認為具有證據能力，即應參照前述說明所示，認為經由
刑事司法互助取證後，如何判斷該證據資料之證據能力問題，應依各種證
據資料之不同，參照我國刑事訴訟法之相關規定處理[6]。」可見將來在協
議的法律位階議題上，勢必成為法庭上控辯雙方正本清源的爭執重點。

二、行政績效

截至2014年5月31日為止，關於兩岸司法互助協議之行政上績效，根
據法務部統計指出：「至今（103）年5月底，經法務部之協議聯繫主體
及其授權之各司法警察機關與大陸地區公（公安）、檢（檢察）、法（法
院）、司（司法部）各部門間相互提出請求協助之總數為5萬3,260件，相
互完成4萬4,618件，完成率83.77%；平均每月完成700餘件，每月自大陸
遣返刑事犯6人；每日雙方往返送達司法文書20件，其數量龐大遠過我國
與其他任何國家之合作情形，並以顯著快速之幅度繼續成長。例如兩岸
緝捕遣返、送達文書、調查取證等請求，100年間雙方相互請求7,482件；
101年增至9,087件；102年間已達1萬2,623件，協議請求件數，於近三年案
件量成長近六成。」[7]另外具體數據方面如表7[8]：

警政合作了解備忘錄、駐菲律賓台北經濟文化辦事處與駐台灣馬尼拉經濟文化辦事
處打擊毒品濫用及管制藥品與化學品非法交易合作了解備忘錄、駐越南台北經濟文
化辦事處與駐台北越南經濟文化辦事處關於民事司法互助協定。

[6] 台北地方法院100年度金重訴字第2號判決。

[7] http://www.moj.gov.tw/ct.asp?xItem=348087&ctNode=27518&mp=001.

[8] http://www.moj.gov.tw/ct.asp?xItem=282788&ctNode=32135&mp=001.

表7　兩岸司法互助協議之行政績效

項次	協助事項	我方（請求、邀請、主動提供）	陸方（回復）完成	瑕疵、補正	進行中	陸方（請求、邀請、主動提供）	我方（回復）完成	瑕疵、補正	進行中	備註
一	通緝犯遣返	1117（792人）	376（354人）	7		12	10	1	1	★備註
二	犯罪情資交換	2,801	1,100	2	1,699	910	797		113	
三	司法文書送達	34,154	29,354			6,900	6,259			
四	調查取證	683	407	74		282	237			
五	罪犯接返		14							
六	人身自由受限制通報	請求 666	329			請求				
		提供 2,070	2,070			提供 2,958	2,958			
七	非病死及可疑非病死通報	28	28			388	388			
八	業務交流	168	168			123	123			
九	其他（請列舉）	一、人員遣返部分，我方向陸方完成遣返8人、陸方向我方完成遣返354人，業將潛逃至大陸地區前中興銀行董事長王○雄、重大槍擊犯陳○志、前立法委員郭○才、綁架台中市副議長案之集團主嫌許○祥、廣西南寧詐騙案余○螢、唐鋒炒股案周○賢、高鐵爆裂物主嫌胡○賢、前嘉義縣溪口鄉長劉○詩、腰斬棄屍案主嫌唐○及其前夫張○峰、詐保主嫌許○同等人。								

表7 兩岸司法互助協議之行政績效（續）

項次	協助事項	執行情形								備註
		我方（請求、邀請、主動提供）	陸方（回復）			陸方（請求、邀請、主動提供）	我方（回復）			
			完成	瑕疵、補正	進行中		完成	瑕疵、補正	進行中	
九	其他（請列舉）	二、我方與大陸地區合作交換情資合作偵辦案件，合計破獲113案，共逮捕嫌犯6,018人： （一）內政部警政署刑事警察局與大陸公安單位交換犯罪情資共同偵辦案件：80件5,792人，其中包括詐欺犯罪47件5,353人、擄人勒贖罪5件29人、毒品犯罪22件147人、殺人犯罪3件7人、強盜犯罪1件3人、侵占洗錢犯罪1件3人、散布兒少色情內容犯罪1件250人（台灣嫌犯46人、大陸嫌犯184人、香港嫌犯19人、澳門嫌犯1人）。 （二）法務部調查局與大陸地區公安單位交換犯罪情資，雙方共同偵辦破獲13件跨境走私毒品，計查獲海洛因毒品295公克、安非他命17.09公斤、麻黃素1038.78公斤、愷他命1776公斤，走私香菸800餘箱，搖頭丸14公斤、船2隻、車輛4部、手鎗2把，毒品案件計逮捕嫌犯61人。其他合作偵辦案件共4案，計不法金額約人民幣2600萬元，共逮捕嫌犯34人。 （三）行政院海岸巡防署與大陸地區公安單位交換情資，偵破毒品、偷渡及走私案件計有15案，查獲嫌犯106人（毒品51人）緝毒品數量計2,310.1公斤。 （四）內政部入出國及移民署與大陸公安單位同步實施逮捕掃蕩破獲跨境人口販運組織，其中逮捕大陸籍嫌疑犯5人，台灣籍嫌疑犯11人；陸方逮捕台灣籍嫌疑犯7人，大陸籍嫌疑犯2人。 三、其他陳情事項（如請求假釋、減刑、移監、探視、其他等事項）共220件，相關案件原列為重要訊息通報欄位，為求明確自101年9月間起，與非限制人身自由及病死可疑非病死之通報分開統計。 四、依「海峽兩岸投資保障和促進協議」及「人身自由與安全保障共識」踐行之「通知」：我方通知205件，陸方通知162件。								

　　從上述統計表中可以發現司法文書送達為最大宗的業務範疇；而通緝犯緝捕遣返的請求雖多，但完成的成效有限；再者，調查取證的請求也日益增加，而且增加幅度較大，勢必成為將來兩岸合作打擊犯罪的重點事項。

三、司法實務

在司法實務的運作上，兩岸司法互助協議的最大功效在於司法文書送達與調查取證，在民事訴訟中，對於調查取證的證據適格性之爭執較為和緩，不若刑事訴訟的尖銳與敏感。因此，在調查取證的爭議當中，仍以刑事訴訟程序，最為複雜也甚受矚目[9]。而調查取證當中，又可分為非供述證據與供述證據的取證，尤其後者受到台灣刑事訴訟採行傳聞法則制度的影響，在司法實務上有其取證後如何運用於認定犯罪的適用上難處。

進一步類型化兩岸司法互助協議在刑事司法上的運用，在本文所整理的83則相關各審級裁判當中，關於非供述證據的取證，占了三十九則；關於供述證據的取證則占了二十八則；另有司法文書送達數十則。

而當中最受爭議的問題在於透過司法互助協議而取得的供述證據，諸如：訊問筆錄、鑑定書等等有無證據能力[10]？亦有主張被告自白的筆錄，係受大陸司法機關刑求所做成，是否具有證據能力？該如何查證[11]？再者，對於對質詰問權的保障，在無法傳喚被告以外之證人、鑑定人等來台接受詰問的情況下，如何保障被告之對質詰問權？視訊詰問的適法性問題

---

[9] 〈杜氏兄弟一案法務部：有詳查事證〉，http://newtalk.tw/news/2014/05/07/47064.html。〈杜氏兄弟案經檢審詳查事證非僅憑中國公安筆錄判死〉，http://www.moj.gov.tw/ct.asp?xItem=342782&ctNode=27518。

[10] 例如：最高法院102年度台上字第675號判決、101年度台上字第900號判決；台灣高等法院102年度上易字第2084號判決、102年度上訴字第635號判決、100年度重上更（一）字第119號判決、100年度上訴字第803號判決、100年度金上重訴字第46號判決；台灣高等法院台中分院101年度金上訴字第1688號判決、101年度上易字第1096號判決；台灣高等法院台南分院98年度重上更（六）字第353號判決、102年度上易字第826號判決；智財法院100年度刑智上易字第108號判決；台北地方法院100年度金重訴字第2號判決；士林地方法院100年度重訴字第2號判決、101年度重訴字第6號判決；新北地方法院102年度易字第3132號判決；宜蘭地方法院101年度易字第302號第339號判決；台中地方法院103年度易緝字第118號判決、103年度訴字第214號判決、102年度金訴字第1號判決、102年度易字第1776號判決、103年度易緝字第17號判決、102年度易字第1136號判決、101年度易字第304號判決、100年度易字第1965號判決；高雄地方法院102年度易字第1055號判決、101年度易字第1266號判決等。

[11] 例如：台灣高等法院100年度重上更（一）字第119號判決、100年度上訴字第803號判決等。

亦受到矚目[12]；又透過司法互助協議所遣返的被告，於有罪判決後，對於在大陸受人身自由拘束的日數，可否抵刑期[13]？亦為爭議問題之一。

綜觀司法實務上對於上開問題的癥結點，其實都是圍繞在刑事訴訟審理的核心議題，亦即「直接審理原則」的落實，而由此派生的對質詰問權保障，以及台灣在引入傳聞法則後形成的適用上障礙等問題，一再對於透過協議取得的證據應如何適用造成挑戰。而如前所述，台灣並無司法互助的專法，因此無法有總則性的規範，針對此些問題統一處理，先天已有不足；再加上實務上原本對於傳聞證據的適用有其既有的問題，以及對於大陸刑事訴訟制度的信心不足等，在協議生效後，更是將此些問題一一凸顯，直接觸及了被告受憲法、刑事訴訟法所保障的基本權利。

參、兩岸司法互助協議與證據法則

如前所述，兩岸司法互助協議對於直接審理、被告的對質詰問權以及傳聞法則等基本原則產生巨大的衝擊，對於司法實務激起廣泛的漣漪，本有其先天及後天的體質不良造成交互的影響。以下將分別對於直接審理、對質詰問權與傳聞法則在協議運作下如何落實，以及協議生效後對於原本即有爭議的制度，產生如何的火花，分別探究之。

一、直接審理原則

直接審理原則為嚴格證明法則的一環，特別是在實質的直接性中，要求任何證據的採用必須出於審判庭，也就是禁止法院以間接的證據方法替

---

[12] 例如：台灣高等法院102年度上訴字第635號判決；台灣高等法院台中分院101年度上易字第1096號判決；士林地方法院100年度重訴字第2號判決等。

[13] 例如：最高法院101年度台抗字第1058號裁定；台灣高等法院102年度聲字第342號裁定；台灣高等法院高雄分院102年度抗字第152號裁定；高雄地方法院102年度聲字第1100號裁定等。

代直接的證據方法[14]。最高法院50年台上字第88號刑事判例即謂:「採為判決基礎之證據資料,必須經過調查程序,以顯出於審判庭者,始與直接審理主義相符,否則其所踐行之訴訟程序,即有違背法令。」因此,舉凡證人在審判外的陳述(例如訊問筆錄、警詢筆錄)、被告在審判外自白等供述證據,以及非供述證據,都應該符合出於審判庭之調查方式,始得做為證據。

在實務上,對於直接審理的要求甚為嚴格,依刑事訴訟法第164條規定:「審判長應將證物提示當事人、代理人、辯護人或輔佐人,使其辨認。前項證物如係文書而被告不解其意義者,應告以要旨。」又第165條規定:「卷宗內之筆錄及其他文書可為證據者,審判長應向當事人、代理人、辯護人或輔佐人宣讀或告以要旨。前項文書,有關風化、公安或有毀損他人名譽之虞者,應交當事人、代理人、辯護人或輔佐人閱覽,不得宣讀;如被告不解其意義者,應告以要旨。」因此在未依法定程序將證據提示或告以要旨者,往往成為裁判遭撤銷之理由,例如:未提示告訴人之告訴狀[15]、被告於警詢時供述[16]、勘驗筆錄[17]、書證[18]、監聽譯文[19]、證物[20]、共同被告之供述筆錄[21]、公務電話紀錄[22]等等;再者,未依刑訴法第261條第1項規定卻於準備程序訊問證人[23]或未經勘驗程序製作勘驗筆錄[24]等,也被認為是違反直接審理原則的態樣。

---

[14] 林鈺雄,刑事訴訟法下冊,頁187-190,2013年9月7版。

[15] 最高法院103年台上字第646號刑事判決。

[16] 最高法院102年台上字第5091號刑事判決。

[17] 最高法院102年台上字第4015號刑事判決。

[18] 最高法院101年台上字第3392號刑事判決、101年台上字第3094號刑事判決。

[19] 最高法院101年台上字第2325號刑事判決、99年台上字第1160號刑事判決。

[20] 最高法院100年台上字第6463號刑事判決、98年台上字第5997號刑事判決。

[21] 最高法院100年台上字第5238號刑事判決。

[22] 最高法院100年台上字第3232號刑事判決。

[23] 最高法院101年台上字第1280號刑事判決、101年台上字第415號刑事判決。

[24] 最高法院102年台上字第3919號刑事判決。

　　因此，讓證據呈現在審判庭上，不論是供述或非供述證據，給予被告或辯護人有表示意見（亦即聽審權）與對質詰問的機會，保障被告防禦權，並且擔保證據資料真實，以及透過證人、鑑定人親自的供述，讓供述受到直接的觀察，確保供述之真實性。此些目的都是直接審理原則的核心。

二、對質詰問權利的確立

　　由上述直接審理的內涵觀察，可以發現對質詰問權乃確保供述證據真實的重要方法之一，過去在司法院大法官會議第384號解釋中[25]，就已經將對質詰問權列為正當法律程序的內涵，惟司法實務上對於共同被告的陳述，是否須經被告詰問，一直有所疑慮，直到司法院大法官會議釋字第582號解釋出爐後，被告的對質詰問權利，毫無疑問的被確立，並提升為憲法層次中，訴訟權以及正當法律程序所保障的範疇，該解釋認為：「憲法第16條保障人民之訴訟權，就刑事被告而言，包含其在訴訟上應享有充分之防禦權。刑事被告詰問證人之權利，即屬該等權利之一，且屬憲法第8條第1項規定『非由法院依法定程序不得審問處罰』之正當法律程序所保障之權利。為確保被告對證人之詰問權，證人於審判中，應依法定程序，到場具結陳述，並接受被告之詰問，其陳述始得作為認定被告犯罪事實之判斷依據。刑事審判上之共同被告，係為訴訟經濟等原因，由檢察官或自訴人合併或追加起訴，或由法院合併審判所形成，其間各別被告及犯罪事實仍獨立存在。故共同被告對其他共同被告之案件而言，為被告以外之第三人，本質上屬於證人，自不能因案件合併關係而影響其他共同被告原享

---

[25] 憲法第8條第1項規定：「人民身體之自由應予保障。除現行犯之逮捕由法律另定外，非經司法或警察機關依法定程序，不得逮捕拘禁。非由法院依法定程序，不得審問處罰。非依法定程序之逮捕、拘禁、審問、處罰，得拒絕之。」其所稱「依法定程序」，係指凡限制人民身體自由之處置，不問其是否屬於刑事被告之身分，國家機關所依據之程序，須以法律規定，其內容更須實質正當，並符合憲法第23條所定相關之條件。檢肅流氓條例第6條及第7條授權警察機關得逕行強制人民到案，無須踐行必要之司法程序；第12條關於秘密證人制度，剝奪被移送裁定人與證人對質詰問之權利，並妨礙法院發見真實。

有之上開憲法上權利。最高法院31年上字第2423號及46年台上字第419號判例所稱共同被告不利於己之陳述得採為其他共同被告犯罪（事實認定）之證據一節，對其他共同被告案件之審判而言，未使該共同被告立於證人之地位而為陳述，逕以其依共同被告身分所為陳述採為不利於其他共同被告之證據，乃否定共同被告於其他共同被告案件之證人適格，排除人證之法定調查程序，與當時有效施行中之中華民國24年1月1日修正公布之刑事訴訟法第273條規定牴觸，並已不當剝奪其他共同被告對該實具證人適格之共同被告詰問之權利，核與首開憲法意旨不符。該二判例及其他相同意旨判例，與上開解釋意旨不符部分，應不再援用。」

司法實務界在此解釋做成後產生極大反彈，認為受影響之層面太廣泛，遂由最高法院另聲請補充解釋，而有釋字第592號解釋的做成[26]，限縮第582號解釋的適用範圍。

但無論如何，被告的對質詰問權保障，在台灣的刑事訴訟制度當中，已經是憲法層級的權利，司法實務認為，若非當事人已捨棄不行使或實際上不能行使，均應受到保障，例如未傳喚證人出庭作證[27]，常被作為指摘判決違法之理由；又共同被告作為證人，未予以傳喚[28]，更是釋字第

---

[26] 本院釋字第582號解釋，並未於解釋文內另定應溯及生效或經該解釋宣告違憲之判例應定期失效之明文，故除聲請人據以聲請之案件外，其時間效力，應依一般效力範圍定之，即自公布當日起，各級法院審理有關案件應依解釋意旨為之。至本院釋字第582號解釋公布前，已繫屬於各級法院之刑事案件，該號解釋之適用應以個案事實認定涉及以共同被告之陳述，作為其他共同被告論罪之證據者為限。

[27] 最高法院100年台上字第2936號刑事判決：「法院於審判中，除有刑事訴訟法第196條等法定情形，或該證人無法傳喚或傳喚不到，或到庭後無正當理由拒絕陳述者外，均應依法定程序傳喚證人到場，命其具結陳述，並通知被告，使被告有與證人對質及詰問之機會，以確保被告之對質詰問權；否則，如僅於審判期日向被告提示該證人未經對質詰問之審判外陳述筆錄或告以要旨，無異剝奪被告之對質詰問權，且有害於實體真實之發現，其所踐行之調查程序，即難謂為適法。」另外可參考最高法院99年台上字第524號刑事判決、97年台上字第5988號刑事判決、89年台上字第7046號刑事判決等。

[28] 最高法院100年台上字第447號刑事判決：「被告對證人之對質詰問權，係憲法所保障之基本訴訟權，除當事人已捨棄不行使或客觀上不能行使外，不容任意剝奪。故法院於審判中，除有刑事訴訟法第196條等法定情形，或該證人無法傳喚或傳喚不

582號解釋所直指的核心問題。

三、傳聞法則的立法發展與實務考察

2003年台灣刑事訴訟法有一次重大的修正，其中最受矚目的，就是配合所謂改良式當事人進行主義，將爭議已久的傳聞法則明文引進[29]，規定

到，或到庭後無正當理由拒絕陳述者外，均應依法定程序傳喚證人到庭陳述作證，並通知被告在場，使有與證人對質及詰問之機會，以確保被告之對質詰問權。又證人於偵查中向檢察官所爲之陳述，就被告而言，係被告以外之人於審判外之陳述，若無顯不可信之情況，固得爲證據。但此項未經被告詰問之被告以外之人於偵查中向檢察官所爲之陳述，因未經被告詰問，其詰問權之欠缺，應於審判中予被告行使之機會以資補正，否則如僅於審判期日向被告提示該證人未經對質詰問之審判外陳述筆錄或告以要旨，即資爲論罪之依據，無異剝奪被告之對質詰問權，且有害於實體眞實之發現，其所踐行之調查程序，即難謂爲適法，自有應調查之證據未予調查之違法。共犯張傳世、劉立明分別於法務部調查局花蓮縣調查站（下稱調查站）、警詢及檢察官偵查時，均係以共同被告之身分而爲陳述，事實審均未傳喚到庭以證人身分命作證而爲陳述，並給予被告對質詰問之機會，遽採該二人於調查站、警詢及檢察官偵訊時以被告身分所爲之陳述爲被告論罪證據之一，復未説明該等陳述如何符合傳聞法則例外得爲證據之依據及理由，其所踐行之證據調查程序難認適法，並有理由不備之違誤。」

[29] 其修法理由略謂：「一、按傳聞法則係由英、美發展而來，隨陪審制度之發達而成長，但非僅存在於陪審裁判，已進化爲近代之直接審理主義及言詞審理主義，並認訴訟當事人有反對詰問權，因此傳聞法則與當事人進行主義有密切關聯，其主要之作用即在確保當事人之反對詰問權。由於傳聞證據，有悖直接審理主義及言詞審理主義諸原則，影響程序正義之實現，應予排斥，已爲英美法系及大陸法系國家所共認，惟因二者所採訴訟構造不同，採英美法系當事人進行主義者，重視當事人與證據之關係，排斥傳聞證據，以保障被告之反對詰問權；採大陸法系職權進行主義者，則重視法院與證據之關係，其排斥傳聞證據，乃因該證據非在法院直接調查之故。我國現行刑事訴訟法於56年1月28日修正公布，增訂第159條之規定，其立法理由略謂：爲發揮職權進行主義之效能，對於證據能力殊少限制，而訴訟程序採直接審理主義及言詞審理主義，在使法官憑其直接審理及言詞審理中有關人員之陳述，所獲得之態度證據，形成正確心證，是以證人以書面代替到庭之陳述要與直接審理主義、言詞審理主義有違，不得採爲證據等語。可知當時之訴訟結構，基本上仍係以大陸法系之職權進行主義爲基礎。然而國內學者歷來就本條之規定，究竟係有關直接審理之規定或有關傳聞法則之規定，迭有爭議，亦各有其理論之基礎。二、86年12月19日公布修正之刑事訴訟法，對於被告之防禦權已增加保護之規定，此次刑事訴訟法修正復亦加強檢察官之舉證責任，且證據調查之取捨，尊重當事人之意見，並以之作爲重心，降低法院依職權調查證據之比重。在此種前提下，酌予採納

在刑事訴訟法第159條至第159條之5。但反對引進傳聞法則者甚多,有從實務的觀點認為,證人在審判外陳述雖然不一致,尤其是警詢筆錄,距離案發時間較近,反而較為真實,可信性也較高[30],在審判時可能受到當事人威脅、利誘或迴護被告,反而可信性不佳,並且認為台灣不採陪審團制度,職業法官會對證據的證明力做出適切的判斷,因此無必要引進[31]。另有從學理觀點認為,直接審理原則所能處理的範疇,已經足以涵蓋傳聞法則的全部範圍,甚至含括供述證據中的被告自白與非供述證據等,其對於被告對質詰問之權利保障已足,如今修正後的傳聞例外,反而動搖了對質詰問權的保障[32]。但修法勢無可擋,傳聞法則終究還是進入了台灣的刑事訴訟制度中,並對於司法實務產生巨大的影響。

　　論者認為,傳聞法則與對質詰問權為一體兩面,從證據法角度觀察就是傳聞法則,從被告權利觀察就是對質詰問權[33]。然而從目前傳聞例外的設計上,卻讓被告的對質詰問權利大受限縮,尤其是運用最廣泛的刑事訴訟法第159條之5之規定:「被告以外之人於審判外之陳述,雖不符前四條之規定,而經當事人於審判程序同意作為證據,法院審酌該言詞陳述或書面陳述作成時之情況,認為適當者,亦得為證據。當事人、代理人或辯

英美之傳聞法則,用以保障被告之反對詰問權,即有必要。況本法第166條已有交互詰問之制度,此次修法復將其功能予以強化,是以為求實體真實之發見並保障人權,惟善用傳聞法則,始能克盡其功。」

[30] 實務上有不同見解,例如最高法院93年台上字第2645號判決:「被告以外之人於司法警察官或司法警察調查中所為之陳述,與審判中不符時,其先前之陳述具有較可信之特別情況,且為證明犯罪事實存否所必要者,依刑事訴訟法第159條之2規定,固得為證據。惟其先前之陳述,如何『具有較可信之特別情況』?此例外情形,自應有嚴格之證明,始符合上開規定,不得單憑警詢距案發時間較近,即逕謂該陳述較為可採。否則,警詢之時間順序通常在先,豈不造成該審判外陳述之證據價值,因距案發時間較近,即優於審判中經具結、詰問等程序所為陳述之不當結果。」

[31] 吳巡龍,我國採傳聞法則必要性之探討,收於刑事訴訟與證據法全集,頁433-435,2008年11月。

[32] 林鈺雄,刑事訴訟法上冊,頁526-529,2013年9月第7版。

[33] 吳巡龍,對質詰問權的保障與限制,收於刑事訴訟與證據法全集,頁482,2008年11月。

護人於法院調查證據時，知有第159條第1項不得為證據之情形，而未於言詞辯論終結前聲明異議者，視為有前項之同意。」也就是所謂「失權效」之規定，本條文本應建立在堅實的辯護制度上，否則在被告未選任辯護人而不知程序，或辯護人未盡責時，被告的對質詰問權利幾乎是被忽略，被告根本無從知悉自己應該異議與表示意見，而此時只剩下一個「認為適當者」做為唯一的條件，恐流於形式。因此司法實務上，亦有限縮該條文適用的情形，例如：表示沒有意見不等於同意[34]、第二審的異議權[35]以及法院須盡訴訟照料義務[36]等等，以免失之過寬。

---

[34] 最高法院97年度台上字第5275號判決：「刑事訴訟法所定傳聞法則，確認當事人對傳聞證據有處分權，兼採同意制度，一方面得根據當事人明示放棄反對詰問權之意思，使被告以外之人審判外陳述具備證據能力，另方面亦得於當事人、代理人或辯護人於調查證據時，知有審判外陳述不得為證據之情形，而未於言詞辯論終結前聲明異議者，擬制為默示同意。然所謂明示或默示同意者，須針對傳聞證據之證據能力表示，而可認係使之具備證據能力，始克相當，如對於傳聞證據僅泛稱『沒有意見』而不足認有使傳聞證據具備證據能力之意思者，其中傳聞證據尚不能遽認因而取得證據能力。又法院於審認傳聞證據是否取得證據能力時，並須依該審判外陳述作成時之情況予以審酌，其認為適當者，始符合傳聞例外取得證據能力之條件，並非一經明示或默示同意，即無條件容許作為證據。此觀之該法第159條之5規定及其立法理由闡述即明。」

[35] 最高法院98年度台上字第4219號判決：「現行刑事訴訟法通常程序之第二審採覆審制，應就第一審判決經上訴之部分為完全重複之審理。第二審法院於審判期日，應依刑事訴訟法第364條規定，準用第一審審判之規定，就卷內所有證據資料，重新踐行調查程序。對於卷內證據資料有無證據能力，亦應本於職權調查審認，不受第一審判決所為判斷之拘束。而被告以外之人於審判外之言詞或書面陳述，為傳聞證據，依同法第159條之1第1項規定，除符合法律規定之例外情形，原則上無證據能力。該等傳聞證據，在第一審程序中，縱因當事人、辯護人有同法第159條之5第2項規定擬制同意作為證據而例外取得證據能力之情形，然在第二審程序調查證據時，當事人或辯護人非不得重新就其證據能力予以爭執或聲明異議，此時，第二審法院即應重新審認其證據能力之有無，否則即難謂為適法。」

[36] 最高法院99年度台上字第5531號判決：「卷查上訴人之辯護人於第一審審理時，即已主張證人楊嘉凌之警詢筆錄無證據能力，有審判筆錄可稽（見第一審卷第91頁）。原判決認上訴人及辯護人對該警詢筆錄之證據能力均不爭執，依刑事訴訟法第159條之5之規定，視為同意有證據能力，顯與卷內資料不符，難謂適法。且刑事訴訟法為發現實體真實，並保障被告之訴訟權，乃於第2條明定：實施刑事訴訟程序之公務員，應於被告有利及不利之情形，一律注意，被告並得請求為有利於己

其次，以擬制可信性作為傳聞法則例外的立法基礎[37]，早已被認為有將證明力與證據能力混淆的疑慮[38]，美國聯邦最高法院亦曾表示：「對質詰問權不是證據有可信性的實質保證，而是證據有可信性的程序保證，其所要求者，並非證據要有可信性，而是要以交互詰問來檢視其可信性。因證詞明顯可信而剝奪對質詰問權，有如因被告明顯有罪而剝奪其受陪審團審判的權利」[39]因此，台灣刑事訴訟法中傳聞法則例外的立法基礎~擬制的可信性，顯然誤解了被告的對質詰問權問題，反與立法的初衷背離。

而實務上對於上開問題也有所意識，因此巧妙地將可信性的評價與對質詰問權作適當的連結，例如最高法院95年台上字第5256號判決即謂：「按刑事訴訟法第159條之1第2項規定，被告以外之人於偵查中向檢察官所為之陳述，除顯有不可信之情況者外，得為證據，乃傳聞法則之例外得為證據之情形。惟被告之反對詰問權，屬憲法第8條第1項規定『非由法院依法定程序不得審問處罰』之正當法律程序所保障之基本人權及第16條所保障之基本訴訟權，自不容任意剝奪。故上開所稱得為證據之『被告以外之人於偵查中向檢察官所為之陳述』得為證據，自應限縮解釋為已經被告或其辯護人行使反對詰問權者始有其適用，非謂被告以外之人，於檢察官偵查中具結後之陳述，依前揭法條之規定，即取得證據能力。如檢察官

之必要處分。本此立法意旨，法院於訴訟程序進行中，對涉及擬制規定之適用，而可能對被告產生無法預見之不利益時，即應善盡訴訟照顧義務，告知所擬制之法律效果，以促請注意，使被告能合法行使訴訟防禦權，兼顧被告對於裁判效力之信賴及國家刑罰權之正確行使。關於楊嘉凌警詢筆錄之證據能力，上訴人之辯護人已於第一審聲明異議，明確表示不同意作為證據，上訴人實難預見於原審未再次聲明異議，會發生同意得為證據之擬制效果，原審未將刑事訴訟法第159條之5第2項擬制同意之法律效果告知上訴人，遽認上訴人及辯護人於原審對楊嘉凌警詢筆錄之證據能力均不爭執，視為同意其有證據能力，致上訴人受無法預見之不利益，亦非妥適。」

[37] 立法理由中常以：在可信之特別情況下所為、除顯有不可信情況外，其真實之保障極高等用語說明為何容許證據能力。

[38] 林鈺雄，前揭註32，頁521。

[39] 吳巡龍，對質詰問權與傳聞例外，收於刑事訴訟與證據法全集，頁513，2008年11月。

於偵查中訊問被告以外之人之程序，未予被告或其辯護人行使反對詰問權之機會，除非該陳述人因死亡、或身心障礙致記憶喪失或無法陳述、或滯留國外或所在不明而無法傳喚或傳喚不到、或到庭後無正當理由拒絕陳述外，均應傳喚該陳述人到庭使被告或其辯護人有行使反對詰問權之機會，若已經行使反對詰問權後，被告以外之人於偵查中向檢察官所為之陳述，除顯有不可信之情況外，有證據能力，以保障被告之反對詰問權，並符憲法第8條第1項及第16條之規定意旨。」[40]但仍應注意對質詰問權僅有程序保障的功能，而不是可信性的保證，最高法院99年台上字第6303號判決即謂：「被告於審判中行使對證人之反對詰問權，固屬檢驗證人先後證詞憑信性如何之手段；然證人在審判中之陳述與其於檢察事務官、司法警察官或司法警察調查中所為之陳述不符時，其先前在審判外之陳述，仍必須於充足刑事訴訟法第159條之2所定『相對可信性』與『必要性』之要件，始足構成傳聞法則之例外。從而，即令被告就主要待證事實在審判中已對證人進行反詰問，則不論該證人所為之陳述與審判外是否相符，均無從單憑被告已行使反對詰問權，即得遽謂該證人在審判外之先前陳述因此而具有證據能力。證人於審判中所為與審判外不符之供述，該審判外之陳述固非不得作為彈劾證據，用以減弱或否定證人審判中陳述之憑信性，但縱使審判中與審判外之陳述一致，在證據價值上，亦無所謂得以因此強化該證人審判中陳述之可信度可言。」

如果從上述直接審理原則的脈絡延續，我們可以清楚地發現，直接審理原則不僅保障了被告對質詰問權，也保障了被告對於非供述證據的聽審權、辯護權。反而在傳聞法則之下，僅規範被告以外之人所為之供述證據，實有不足。尤其在傳聞法則的觀念中，認為被告於審判外所為不利於己的供述也就是自白，通常為真實，否則保持緘默即可，並且也無詰問自己的可能，沒有詰問權的問題[41]，因此只有自白法則的適用。反之在直接審理的概念下，被告自白的代替品例如筆錄，根本禁止使用；同樣的在非

---

[40] 相同意旨例如最高法院95年台上字第3699號判決、95年台上字第3637號判決。

[41] 吳巡龍，前揭註31，頁422。

供述證據也禁止代替品出現於審判中。對於被告的聽審權、辯護權都有所保障。

據此，目前在直接審理與傳聞法則並行的制度下，部分在直接審理中所不容許的證據，縱使有可能透過傳聞法則的例外所接納，但是在實務上，除非被告處分其對質詰問權利而失權效，否則大抵上仍守住對質詰問權利保障與直接審理的底線。

四、傳聞法則的實務運作對司法互助的影響

如前所述，目前台灣刑事訴訟制度是採行直接審理與傳聞法則並行之制度，而透過兩岸司法互助協議所取的之證據，要如何透過法院程序，成為定罪之依據，在司法實務上的確掀起一陣漣漪。

在協議通過前即有此類大陸公安所做成的筆錄如何適用的問題發生，過去有認為直接可適用傳聞法則之例外，如最高法院97年台上字的1021號判決：「被告以外之人於大陸地區公安機關調查時所為之陳述經載明於筆錄或書面紀錄，同屬傳聞證據，在解釋上亦應適用同法第159條之2、第159條之3等規定，或依其立法精神以審認是否合乎各該例外容許規定之要件，據以決定得否承認其證據能力。」也有認為應該類推適用，如最高法院96年台上字第5388號判決：「被告以外之人於大陸地區公安機關（司法警察）調查時所為之陳述經載明於筆錄或書面紀錄，同屬傳聞證據，解釋上亦應類推適用第159條之2、第159條之3等規定或依其立法精神，審認是否合乎各該例外容許之要件，據以決定得否承認其證據能力。」

然而在協議生效後，大量的調查取證進入法院，問題反而浮上了檯面。首先是取證後的供述證據有無證據能力問題，如前所述，有實務見解即認為協議未經立法院審議，不是法律層級，而無法適用刑事訴訟法第159條第1項之規定作為傳聞之例外，而須個別的依照刑事訴訟法之規範認定之[42]。但多數實務見解則持肯定態度，認為既然可請求協助取證，仍可

---

[42] 台灣高等法院100年度金上重訴字第46號判決；台灣高等法院台南分院97年度金上

適用或類推適用台灣刑事訴訟法而容許該證據之證據能力。

再者，於大陸由公安機關所做成的警詢筆錄效力如何？實務見解有認為「依此互助協議之精神，我方既可請求大陸地區公安機關協助調查取證，以作為司法上之用途，即有承認大陸公安機關調查所取得之證據，可依我國法律承認其證據能力之意思。雖大陸地區公安機關偵查人員非屬我國司法警察或司法警察官，然其係大陸地區政府依法任命而具有偵查犯罪權限之公務員，依上述互助協議規定，復有協助我方調查取證之義務，則大陸地區公安機關之偵查人員依其職權或基於上述互助協議而為刑事上之調查取證，在地位與功能上實與我國司法警察或司法警察官依職權調查證據無異。且目前兩岸文化、經濟交流日漸頻繁，跨越兩岸之犯罪事件亦層出不窮（例如犯罪行為地、結果發生地或犯人所在地分別在兩岸），亟須兩岸合作共同打擊犯罪，以維護兩岸交流與人民安全。若大陸地區公安機關偵查人員依職權或依前述互助協議所調查之傳聞證據，或製作之證明文書及紀錄文書，僅因其不具我國司法警察或司法警察官之身分，而認不得適用刑事訴訟法第159條之2、第159條之3或第159條之4關於傳聞證據例外具有證據能力之規定，致妨礙事實之發現，而無法為公正之裁判，無異鼓勵犯罪，而危害兩岸交流與人民安全。故刑事訴訟法第159條之2、第159條之3關於『司法警察官或司法警察』之規定，自有依時代演進及實際需求而為適當解釋之必要。從而，原判決理由謂被告以外之人於大陸地區公安機關偵查員調查時所為之陳述，經載明於筆錄或書面紀錄（屬傳聞證據），而為證明犯罪事實存否所必要者，認可類推適用刑事訴訟法第159條之2或同條之3之規定，以決定其證據能力。」[43]

另有實務見解不認為公安機關可以直接認定為台灣司法警察或司法

重訴字第1275號判決；台北地方法院100年度金重訴字第2號判決。尤其台北地方法院100年度金重訴字第2號判決更進一步認為：「一般認為該條規定係指雙方藉由刑事司法互助取得之證言，得供請求國作為刑事審判之證據而已，並未言及該證言具有絕對之證據能力，故不能遽認依刑事司法互助協定取得之證據具有絕對之證據能力，而屬傳聞法則之例外。」

[43] 此即杜氏兄弟案，最高法院101年度台上字第900號判決。

警察官依職權調查證據,但結論上仍支持類推適用的見解,例如:「即被
告等四人彼此間於大陸公安所製筆錄,雖非我國有犯罪偵查權限之公務員
依刑事訴訟法規取得之證據資料,惟依上開協議,大陸公安所移交之筆
錄、偵詢影帶等證據,係因協助取證所得。而被告等四人間彼此相互間之
供述,依傳聞文書規定認足以證明陳述者有如筆錄所載內容之陳述,至筆
錄記載之陳述內容,則屬陳述者於審判外之陳述,應類推適用刑事訴訟法
第159條之2,決定其證據能力之有無[44]。」此類見解為實務的多數說並且
認為:「我方既可請求大陸地區公安機關協助調查取證,則被告以外之人
於大陸地區公安機關調查(詢問)時所為之陳述,經載明於筆錄或書面紀
錄,為傳聞證據之一種,在解釋上可類推適用刑事訴訟法第159條之2或同
條之3等規定[45]。」據此,類推適用刑事訴訟法第159條之2或同條之3等規
定之結論,在實務上已經是絕大多數的結論了;並且輔以同法第159條之
4規定有認為需類推適用[46]、或直接適用[47],決定其證據能力。至於應適用
哪一款作為認定之依據,多數實務見解認為:「第159條之4第1款之公務
員,僅限於本國之公務員,且證人筆錄係針對特定案件製作,亦非屬同條
第2款之業務文書,但如於可信之特別情況下所製作,自得逕依本條第3款
之規定,判斷其證據能力之有無。至於該款所稱之『可信之特別情況下所
製作』,自可綜合考量當地政經發展情況是否已上軌道、從事筆錄製作時
之過程及外部情況觀察,是否顯然具有足以相信其內容為真實之特殊情況

---

[44] 台灣高等法院100年度重上更(一)字第119號判決、100年度上訴字第803號判決;
最高法院102年度台上字第675號判決。

[45] 台灣高等法院台中分院101年度金上訴字第1688號判決、101年度上易字第1096號判
決;台灣高等法院台南分院98年度重上更(六)字第353號判決;士林地方法院101
年度重訴字第6號判決;新北地方法院102年度易字第3132號判決;宜蘭地方法院101
年度易字第302號、第339號判決;台中地方法院101年度易字第304號判決、100年度
易字第1965號判決。

[46] 台灣高等法院台南分院98年度重上更(六)字第353號判決。

[47] 台灣高等法院台中分院101年度金上訴字第1688號判決、101年度上易字第1096號判
決;新北地方法院102年度易字第3132號判決;宜蘭地方法院101年度易字第302號、
第339號判決;台中地方法院101年度易字第304號判決、100年度易字第1965號判
決。

等因素加以判斷[48]。」

　　從上述實務見解的觀察，大抵上對於證據能力的認定「依據」已無疑問，有問題的是出現在個別案件如何判斷可信性？涉及「調查取證方式」的準據法問題，多數實務見解認為應該以是否遵守大陸刑事訴訟法之規定作為標準，兩岸間刑事訴訟法雖有差距（例如：未禁止夜間訊問；僅傳喚、拘傳持續時間不得超過二十四小時，及應保證犯罪嫌疑人的飲食和必要的休息時間；並無必須同步錄音錄影等）法院實務上不強求踐行與台灣刑事訴訟法相同的程序；但仍有不少實務見解認為應該參照台灣刑事訴訟法規定審查[49]，亦即在證據的容許性上不應違反台灣刑事訴訟法之基本精神，頗與日本實務見解相似[50]。

　　由於大多見解認為應該以大陸刑事訴訟法規定作為取證方式合法性判斷的準據法，因此在裁判中就會出現將大陸刑事訴訟法訊問規範羅列，判斷大陸公安所製作之共犯訊問筆錄、被害人詢問筆錄，是否在「可信之特別情況下所製作」之綜合考量因素之一環[51]，一一審酌，但能夠佐證的資料極其有限，除非是很明確的違法[52]，否則僅能透過有限的資料審酌，特

---

[48] 此部分見解受到最高法院100年度台上字第4813號判決意旨影響，幾乎已成為例稿，可參考台灣高等法院台中分院101年度上易字第1096號判決；台中地方法院103年度易緝字第118號判決、102年度金訴字第1號判決、102年度易字第1776號判決、103年度易緝字第17號判決、101年度易字第304號判決、100年度易字第1965號判決；高雄地方法院102年度易字第1055號判決。

[49] 台北地方法院100年度金重訴字第2號判決、台灣高等法院100年度金上重訴字第46號判決、台灣高等法院台南分院97年度金上重訴字第1275號判決、新北地方法院102年度易字第3132號判決。

[50] 關於此部分日本實務的看法，可參考中島洋樹，国際捜査共助の要請に基づき、中華人民共和国において同国の捜査機関が作成した共犯者の供述調書等につき証拠能力が認められた事例：福岡地裁平成17年5月19日判決，判例時報1903号3頁（判例批評），香川法学27（3/4），頁309-325，2008年3月。

[51] 新北地方法院102年度易字第3132號判決；台中地方法院103年度易緝字第118號判決、102年度金訴字第1號判決、102年度易字第1776號判決、103年度易緝字第17號判決、101年度易字第304號判決、100年度易字第1965號判決；高雄地方法院102年度易字第1055號判決。

[52] 智財法院100年度刑智上易字第108號判決：證人依法應具結而未具結，復未見該調

別是遇到刑求抗辯的主張，常常難有完整的資料可查照，有時有錄影可供檢視[53]、或透過筆錄內容的問答方式檢視[54]、或採信筆錄中受詢問人已審視並親自簽名或捺指印[55]等等，但仍有純屬推測之詞[56]，可見，在面對不同法制之下，要斷然逕自認定取證結果有證據能力以及可信性，是非常有疑慮的，所能依據判斷的事實，大多依附在條文與書面證據的說文解字，大陸方面所提供的錄影畫面雖得以佐證，但卻常出現與筆錄不是同時作成的情形，實際上是否真有遵守大陸的刑事訴訟法規，難以獲得民眾的信賴，更何況此種情形如果出現在台灣，根本就無法當成證據，無奈法院實務礙於調查的難度，往往也只能屈就於現有的資料調查，造成法秩序的不平。

查筆錄記載其有何未具結之事由。但本判決是逕依台灣刑事訴訟法規定檢視之。

[53] 台灣高等法院100年度重上更（一）字第119號判決，本案中辯護人抗辯大陸公安移交被告等四人於95年5月6日所製作偵詢錄影內容，竟無書面偵詢筆錄，不得作為證據，然法院認為中國大陸刑事訴訟法對於製作筆錄時，並無必須同步錄音強制規定，且視聽資料亦得為證據，是依「海峽兩岸共同打擊犯罪及司法互助協議」第三章「司法互助」第8點第1項規定精神，大陸公安之偵詢錄影，難謂未符合中國刑事訴訴法規定。另可參考台灣高等法院100年度上訴字第803號判決。

[54] 台灣高等法院100年度上訴字第803號判決；台灣高等法院台中分院101年度金上訴字第1688號判決、101年度上易字第1096號判決；台中地方法院102年度金訴字第1號判決、102年度易字第1776號判決、103年度易緝字第17號判決、101年度易字第304號判決；高雄地方法院102年度易字第1055號判決。

[55] 最高法院102年度台上字第675號判決；台灣高等法院台中分院101年度上易字第1096號判決；宜蘭地方法院101年度易字第302號、第339號判決；台中地方法院102年度金訴字第1號判決、102年度易字第1776號判決、103年度易緝字第17號判決、101年度易字第304號判決；高雄地方法院102年度易字第1055號判決。

[56] 台灣高等法院100年度上訴字第803號判決「然以本案被害人俱為本國人，並無大陸地區人民，大陸公安有何刑求之必要」；最高法院101年度台上字第900號：「惟大陸地區已於西元一九七九年七月間，公布施行『中華人民共和國刑事訴訟法』，嗣於西元1996年又對上述刑事訴訟法作大幅度修正，其修正內涵兼顧打擊犯罪與保護人權，並重視實體法之貫徹與程序法之遵守，雖非完美無瑕，但對訴訟之公正性與人權保障方面已有明顯進步，故該地區之法治環境及刑事訴訟制度，已有可資信賴之水準。」台灣高等法院台中分院101年度上易字第1096號判決：「瀋陽市是大陸地區遼寧省省會及瀋陽經濟區核心城市，是中國東北地區的政治、經濟、文化、商貿中心，政治及經濟發展程度均佳，大陸地區近年來亦大力改善司法及偵查環境。」

實則，上開司法實務的操作，將傳聞法則的可信性判斷，僅依附在取證程序合法性之上，混淆了證據排除與傳聞法則，卻忽略了傳聞法則所要保障的核心，即被告對質詰問權的保障，以及在直接審理下透過交互詰問產生可信性，程序保障顯有不足。

因此有認為應該回歸對質詰問權程序保障的觀點，處理此類證據的證據能力，首先是義務法則的遵守，同時也涉及到刑事訴訟法第159條之3規定的要件，亦即法院是否已經盡力傳喚證人[57]。

其次，是能否透過視訊保障被告對質詰問權的問題，實務上採取否定看法，其理由略為：「按遠距視訊係利用法庭與其所在處所之聲音及影像相互同步傳送之科技設備，進行直接訊問。現行遠距視訊係在監獄或看守所設置一個視訊終端，作為『視訊法庭』，而『審判法庭』則為另一個視訊終端，連線之結果，『視訊法庭』似屬於『審判法庭』之延伸（最高法院97年度台上字第2537號判決意旨參照）。是以遠距視訊乃司法權具體行使，行遠距訊問證人之處所及提供遠距訊問設備之相對方（即證人應訊之處所），均應以我國政府機關及法院、檢察署為原則，是除依據海峽兩岸共同打擊犯罪及司法互助協議第三章第8條關於調查取證之規定，以囑

---

[57] 台灣高等法院 102年度上訴字第635號判決：「訊問筆錄，均係該局就本案訊問居住於大陸地區人民所為之記錄，屬被告以外之人於審判外之陳述，被告及其辯護人對前開證人證述之證據能力於原審表示爭執，且前開證人均未經傳喚而無傳聞法則例外等規定之適用，自無證據能力。」台灣高等法院100年度金上重訴字第46號判決：「檢察官亦未聲請傳喚證人林彤、劉擁軍、劉曉勇到庭作證，即不符合『供述不能』之要件，亦無證據能力。」台北地方法院100年度金重訴字第2號判決：「被告二人既爭執該等警詢筆錄之證據能力，且既未經具結，更未賦予被告二人對質詰問證人劉擁軍、劉曉勇之機會，依前述刑事訴訟法第159條之2之規定及司法院釋字第582號解釋保障被告對質詰問權之意旨，應認證人梁朕偉、林彤、劉擁軍、徐鎮廷、戴志毅、廖雲清、劉曉勇等人在大陸地區青島市公安局所為之警詢筆錄，其中證人梁朕偉、徐鎮廷、戴志毅、廖雲清業於偵、審時到庭作證，並無例外容許該警詢筆錄之必要，而檢察官亦未聲請傳喚證人林彤、劉擁軍、劉曉勇到庭作證，即不符合『供述不能』之要件，亦無證據能力。」士林地方法院100年度重訴字第2號判決：「訊問筆錄，均係該局就本案訊問居住於大陸地區人民所為之記錄，均屬被告以外之人於審判外之陳述，被告及其辯護人對前開證人證述之證據能力均表示爭執（本院卷二第41頁至第45頁），且前開證人均未經傳喚而無傳聞法則例外等規定之適用，自無證據能力。」

託之方式辦理外，若擬於境外行遠距訊問，允宜以法有明文或雙方訂有協議為前提（司法院101年2月17日院台廳刑一字第1010001255號函意旨參照）。現行法及大陸地區與我國雙方尚乏此項規定，大陸地區復為我國法權所不及之地，是偵查中以遠距視訊設備接受檢察官訊問時所為之證述，並非以囑託訊問之方式行之，自不得採為證據[58]。」因此，視訊對質詰問的方式在法制未完備的前提下，目前仍難以實施。

　　實務上對透過協議取證的證據能力處理，或許有上述重重的關卡，但最終縱使未因被告捨棄對質詰問權利而失權效，也會因為證人無法傳喚而逕自適用或類推適用第159條之3之規定而承認證據能力，至於傳聞法則的核心議題對質詰問權的保障，除少數判決認為此時無法對質詰問不能採為證據；多數見解仍將大陸訴訟程序或是台灣刑事訴訟的規範，透過書面證據或有限的影音，檢視案件中取證方式是否合法，若認無不合法即認為有證據能力，專注在證據排除的區塊，反而忽略了傳聞法則的核心議題。

　　如果詳細檢視取證過程是否有保障被告的對質詰問權，也就是對於證人的陳述是否讓被告有機會反詰問？或是對共同被告對質？此些證據恐難以維持，尤其法院在取證事後不盡力彌補對質詰問的缺漏，反而積極找尋無須對質詰問的理由，甚至在證據能力的判斷中混雜證明力的取捨（此為台灣刑事訴訟制度設計上的瑕疵造成實務的通病），而不將此些未保障被告反對詰問權的證據排除，尤有甚者，即使被告取得對質詰問的機會，使用此些證據是否違反直接審理原則？更是難以解決的難題，如此是否符合公正法院的要求，誠屬有疑。

肆、法治建設是一切建設的基礎、司法改革是一切改革的先鋒

　　從上述的說明我們可以發現，台灣法院在處理協議中調查取證的結

---

[58] 參考台灣高等法院102年度上訴字第635號判決、台灣高等法院台中分院101年度上易字第1096號判決、士林地方法院100年度重訴字第2號判決。

果是有所疑慮的，不論是從被告的抗辯、辯護人的主張或是法院的見解，我們可以聚焦在一個問題點上，就是對於大陸地區法領域的恐懼與陌生，尤其對於大陸的調查取證機關是否能遵法守法，在具體案件中，呈現相當的焦慮，特別是大陸在此部分的表現，也普遍讓民眾不信任，所謂有法不依的情形絕非少見[59]，協議所引發的上述問題，只不過是台灣民眾對於大陸未能依法治國疑慮的表現。因此，我們仍應回歸司法的本質與協議的初衷，將法律予以落實，將協議精神予以實踐，才是兩岸人民之福。

一、依法行政與司法為民

本人長年推動法制建設，多年來總是不斷宣揚「政府是為人民存在」的基礎觀念，法制健全的觀點並非以政府管理為視角，而是以人民需求為目的，進行法制的革新，誠所謂司法為民的理念，並非口號，若主政者的觀念不能以人民為主，打造人民所需求的司法環境，則只是徒然保障一個空殼的法律秩序，而無內涵，人民也無法相信司法、親近司法、利用司法。因此，建設一個以人民為主的司法體制，是政府責無旁貸的任務。

司法是正義的最後一道防線，本人常用這句話一再強調：司法好了，其他也壞不到哪裡去；司法壞了，其他也好不到哪裡去。公正執法是法律制度能否受到人民信賴的重要方法，若法律的執行存有人治考量，則法律制度終將崩塌於平等原則之前，因此我們必須堅持依法行政、依法審判，法是由於人民之間的約定，因此最能取信於人民，也是司法為民理念落實的唯一途徑。

在相信法治的社會中，法律的精神更要以保障人民為目的，以人民的需求為指標，針對人民的問題，提供解決。畢竟，人民唯一的依歸是法律，因相信法律得以解決問題，始繼續信賴法律制度的存在，台灣在多年的法律停滯期後，積極改善法制環境，希望透過在地化的需求，建立起人民

---

[59] 中共四中全會將聚焦法治議題，http://www.chinatimes.com/newspapers/20140708000970-260301。

中共四中全會專題討論依法治國，http://www.chinatimes.com/realtimenews/20140709003523-260409。

所需要的秩序，蘊積了多年的制度反省與傾聽人民的聲音，終於在跨世紀的前後，一舉將法制革新，不但趕上先進國家之林，更重要的是符合在地的人民需求，本人一直以來有幸在此其中躬逢其盛參與改革，深感榮幸。

其實人民寄望於法制建設的，無非在於（一）健全的法律制度：也就是完美良善的立法；（二）人人知法守法：也就是法律真正落實到民間社會，上下一體遵守不渝；（三）政府單位貫徹執行法律，制裁不法，保障合法。人民的要求不高，政府應該戮力達成人民此一願望。本人認為要達成此一目標，就是要時時處處以民為念，這也是英國司法部2002年提出的司法改革白皮書所標榜的「所有人的正義」，此一概念的主要內容，藉由所有人的正義之概念，而讓公平正義普遍彰顯於全世界。

因此，依法行政僅僅只是司法為民的基礎工作，如果有法不依，根本就是破壞法治國的基本原則，難以讓人民相信司法制度，最終回歸私力救濟，社會渾沌不安；進一步而言，若僅僅依循形式的法律（形式法治國），而不是以公義為本質的實質法律（實質法治國），無法落實以人民權利保障為依歸的法律，仍是違反法治國原則，若無法恪遵Rule of law，卻僅自滿於Rule by law，仍然不是一個良善的政府所應該有的作為。連帶的在司法互助的過程中，更是造成適用疑慮與權利保障不足的恐懼，這是成為一個先進法治國家的障礙，也是成為先進法治國家的基礎標準。

二、人權保障的兩面性

人權保障有其兩面性，尤其刑事法律最為明顯，一方面來看，法律懲罰不法，保護市民；另一方面依法受處罰，也是保障人民不受國家違法侵害。因此，人權保障有雙重意義，此為非常基礎的法治觀念。

誠如前所述，台灣對於大陸調查取證的證據，充滿疑慮與憂心，司法實務上對於大陸的司法制度懵懵懂懂，更是加深人民對司法的不信任，而最大的不信任在於大陸是否能依法行政充滿不確定性，尤其時有所聞的人治傳聞，終究會瓦解調查取證的可信性。

實則，打擊犯罪固然保障人民身家財產，但皆須依法而為，凡事有所依據，恪守準則，本人在擔任公職期間，大力掃蕩黑金暴力，瓦解權貴勾

結，所憑藉的不是公權力的強勢，而是在法治國的理念下，依法行政，不僅形式上合法，實質上更是謹遵人民基本權利不得侵害的憲法誡命，任何的行政霹靂作為，都在法治國的規範下操作，如此嚴以律己，才能獲得民眾的認同，也才能使受處罰者心服口服，這就是人權保障兩面性的真義。

三、面對爭議，建立機制

兩岸司法互助協議要走得長遠，很重要的基礎在於依法治國的觀念要落實，充分認知保障人權的觀念，不是只有被害者人權，同時也有被告人權，有如此的基本認知，我們才能建立互信，認同彼此的法治精神，也才有信任彼此公權力行為的根基，藉此相互運用其成果，保障兩岸人民不受犯罪侵害的理念才能落實。

兩岸之間應已擺脫相互猜忌的時局，但要說進入相互完全信任的程度，尚待努力，尤其對於彼此犯罪偵查的陌生感，對於是否依法行政的不確定性，在在都有賴雙方進一步的了解與交流。本人長期以來，深入大陸各地方推廣法治觀念，推動文化宗教交流，透過交流也了解各地的問題與困難，常常也都替各地方解決法治上的難題，其實就是一種民間交流的模式，本人總是自我期許，透過更深入的了解與溝通，推廣法治觀念的落實，藉以提升整體的法治觀念，使社會祥和安定，人人權利受到保障，那麼所謂的法域不同的差異，便消彌殆盡。

兩岸間對於公權力彼此間仍有若干堅持底線，不太容易進行相互間司法體制的司法鑑定，因此，對於協議將來的落實，仍充滿不確定感，但可預見的將來調查取證的範圍會越來越廣，資料會越來越複雜，犯罪型態也會越來越多樣，所需要的互信就更加重要。

實際上，所謂法域的觀念與公權力觀念應該有所區隔，對於不同法領域所適用不同的法律制度，應該將主權爭議予以分離，單純來看僅是法律制度的差異，而要如何認同或採信不同法律制度所生之證據，則有賴更進一步的理解，最基礎的，當然是成文的法律，但若法律未能被落實，就難以單從法律面窺探究竟，而此時適度的司法制度鑑定，有助於了解法律落實的情形，能夠使雙方的協議走得更長久，相互間法治觀念的提升，更是

有益而無害的交流。

因此，本人長久以來都提倡，應在政治上擱置爭議才能共創雙贏，此一原則在很多的領域都能適用，但在法制上，則應面對爭議，拋棄主權的框架，以維護人民利益為首要，共同學習謀求解決之道，因為此一問題無可迴避。本人身為兩岸司法互助協議的倡議者、推動者，總是希望這個協議能夠走得長久，走得更有實益，因此，本人在此希望兩岸能夠建立司法互信的機制，不是只有形式的互助，而是透過深入的交流與理解，讓雙方都能熟悉彼此法治的落實程度，藉以判斷相互間採證的可信性，並且在保障被告權利的觀點下，盡可能的協助司法上程序性的保障措施，最終達成保障人權、司法為民的理想。

伍、大陸於司法改革脈動與展望

如前所述法治建設是一切建設的基礎；司法改革是一切改革的先鋒。協議的運行要建立在兩岸人民互信的司法制度上，雙方面都應該朝人權保障的方向邁進，以普世價值兼融中華法系的特色，讓司法能夠切合人民的需求，真正的替人民服務，而大陸在這幾年司法改革已有一定的成果，並且也逐步提出大規模的改革方向，此些作為都值得肯定與鼓勵，此些改革的脈動與展望，必將有利於兩岸之交流以及共同打擊犯罪和司法互助之推進，值得我們進一步觀察。

一、大陸刑事訴訟改革

大陸的刑事司法近幾年有許多值得肯定的改革，並且從上述的台灣司法實務觀察可以發現，台灣司法實務其實也一定程度的肯定大陸司法程序，例如對於1996年所通過的大陸刑事訴訟法，原則上就立法體例、被告人權保障的項目等，就有相當程度的信任。

然而更重要者，2012年大陸對於刑事訴訟程序的大幅度修正，人權理念大幅度的修訂入法，也是值得肯定的一環；特別是在刑事訴訟法第2條

更將「尊重和保障人權」的價值觀念納入，正本清源，甚為正確。因此，我們所期待的是將來確切的落實法律，以取得雙方民眾的信賴。

在此次修法如火如荼的當時，本人倡議發起，並獲中國政法大學陳光中前校長之支持與協助，於2011年11月18、19日，在北京舉辦「當代刑事訴訟法之展望－海峽兩岸刑事訴訟法學交流研討會」，透過兩岸刑事訴訟法學專家之經驗交流，整合學術理論與實務見解，提供刑事訴訟法制充實完善之參考，以期建立更符合公平正義之當代刑事訴訟法堅實制度，並溝通交流刑事訴訟實務之運作，就是一次很好的進展。除了當時與會的許多重量級刑事訴訟學者、實務家提供許多具有突破性與建設性之論文外，本人做主題演講，提出「人權的淬煉與新生－台灣刑事訴訟法的過去、現在及未來」一文，將台灣過往的刑事訴訟變革經驗一一論述，並提供具體的建言。而這些關於被告人權、被害者人權以及刑事訴訟基本理念的架構，得以作為2012年該次刑事訴訟修正的參考，可見民間交流的積極作用，兩岸政府都應該大力支持。

二、台商權益保障

本人經常提及的「漳州經驗」，是在2000年大陸在成都舉辦第一屆西部大開發西部論壇時，本人在大會上發言倡議，在台商較多的地方，設置專責單位、專責人員一條龍辦理涉及台商案件，此一建議，首先在漳州中級人民法院實現，也就是本人協助由漳州中級人民法院成立涉台案件審判庭[60]，並由漳州中院聘任台籍人士擔任人民審判員、仲裁員與調解員。另外本人也邀請中院、基院相關人員赴台考察、觀摩研討，增進了解，適切處理涉台案件，大幅減少訴訟案件。此些都是改進兩岸司法互信而值得參考的直接作為，透過涉台審判庭的設立，培養大陸方面對於台灣法律制

---

[60] 廖正豪應邀擔任漳州市中級法院涉台事務顧問，http://news.qq.com/a/20090605/001248. htm。漳州中院聘台商為調解監督員廖正豪任涉台顧問，http://www.fjsen.com/d/2009-06/06/content_96757.htm。廖正豪應邀擔任漳州市中級法院涉台事務顧問，http://news.xinhuanet.com/tw/2009-06/05/content_11493684.htm。九名台商受聘漳州中院參與調解，http://news.sohu.com/20090618/n264598316.shtml。

度、人文習慣以及價值觀念的認知，進而協助兩岸能在調查取證方面獲得實質的有益處的協助，目前在廈門的實驗也頗見成效，本人認為此一經驗應該進一步推廣到全大陸台商較多處所，確實的解決兩岸的問題。

三、制度化的司法改革

近年來大陸不斷進行政治革新，尤其是司法革新更是沸沸揚揚的展開，日前大陸中央全面深化改革領導小組召開第三次會議，審議通過了三個關於司法改革的方案，其中包括「關於司法體制改革試點若干問題的框架意見」、「上海市司法改革試點工作方案」和「關於設立智慧財產權法院的方案」內容包含完善司法人員分類管理、完善司法責任制、健全司法人員職業保障、推動省以下地方法院檢察院人財物統一管理、設立智慧財產權法院等。

我們可以發現，大陸也正朝著過往台灣所歷經的篳路藍縷，要將最基礎的，最根本的制度建立起來，做為國家社會發展的保障，也就是法治國原則的建立與落實。這是本人多年來奔走兩岸也不斷疾呼的觀念，本人有幸歷任政府要職，處理各項政務均能得心應手，尤其是在上世紀80年代，負責台灣地區解除戒嚴、開放黨禁、中央民意代表退職、地方自治法制化、改善社會治安與社會風氣等重大革新工作，乃至90年代推動行政革新工作，建立台灣民主法治，奠定台灣社會發展之基礎，其中影響至為深遠地，應是本人始終念茲在茲推動數十年之司法改革工作。本人在行政院任職期間，負責或參與行政院召開的司法改革會議，做成司法人員任用與預算獨立、職級與審級脫勾……等，保障司法官，同時有助提升裁判品質，建立司法公信的的結論，並具體落實；其後擔任法務部部長時，亦將台灣的刑事政策作了一次全面性的檢討修訂，為實現正義，引入「兩極化刑事政策」；奠基於「所有人的正義」概念，推動「犯罪被害人人權保護」等立法與措施。本次大陸司法改革工作中，最為精髓之「脫離地方化」「脫離行政化」與各項作為，在當時均在本人主持或參與之下，順利完成改革工作，可謂奠定台灣長治久安的基石。如今能夠看到兩岸落實與保障的時代來臨，倍感欣慰。

陸、結論

　　本人常言：政府是為人民而存在。兩岸間由於一些主權紛爭，常常使得罪犯有喘息的空間，相對地使兩岸人民有受犯罪侵害的危險。因此，兩岸簽署共同打擊犯罪及司法互助協議，是以共同為民服務的理念為根基，保障人民不受犯罪侵害，也保障人民僅依法受處罰的憲法權利，更是保障兩岸社會的祥和安定。兩岸司法互助協議實有遠大的理想。

　　然而，實踐了五年之後，我們發現了若干實踐上難題，尤其對於調查取證後在審判程序中，要如何運用兩岸協力合作的成果，解除民眾與法院實務的疑慮，此些疑慮也不是空穴來風，而是大陸在長久以來在法治國方面給外界的印象，加上台灣法院長久以來對證據法則的運用問題的交互作用下，間接導致此些判決引發民眾的不信任，背離司法為民的基礎觀念。由於同樣源自於對司法制度的陌生與不信任，此些在台灣發生的問題，也可預見將發生在大陸，大陸方面不可能自外於台灣已發生的爭議。

　　人權保障本有兩面性，被害者人權非常重要，需透過公權力予以協助保護；同樣的被告人權同等重要，需透過正當法律程序才能使其受處罰。既然民眾有所疑慮，作為解決人民困擾的政府，就有責任解決人民的問題。

　　法治觀念的落實，兩岸政府都必須做到實質法治國的基本要求，這是一個以人民為本的政府所應該接受的普世價值，若非如此，人民行止無所依據，對政府充滿不信任，政府難辭其咎。

　　更深層的司法交流與互信機制建立，讓兩岸司法機關都能理解彼此在法治國落實的程度，藉以評價彼此交付的證據，進而達成保障人權的基本任務，本人認為應該有常設機制的建立，雙方應面對爭議，為共同打擊犯罪之後續建立溝通理解平台，並且容許一定程度的司法制度鑑定，是有助於深化了解，也有助於保障人民權益。

　　本人身為協議的倡議者、推動者，經常關注協議的發展，常會發現雙方在關鍵時刻，總礙於一些堅持，而無法進一步合作，實則，法域的觀念

早已在世界各地有所認知，不同的法領域本來就有相互認同的必要性，尤其兩岸交流往來頻繁，若沒有辦法面對爭議，相互協助理解，最終受害的還是兩岸的人民，因此，兩岸政府對於協議的改進，實有不可迴避的重責大任。更進一步來說，大陸方面應該藉此機會，了解台灣在法治國落實的過程與成果，篳路藍縷也總算走出一片天空。讓我們在互信的前提下，相互學習如何保障人民基本權利，維護社會安全，這才是人民之福，也是政府之責。

第四編

刑事政策

14

掃黑除惡與刑事政策
——我的掃黑政策與經驗*

目　次

* 2009年11月1日於廈門大學「南強學術講座」（廈門）演講。

壹、前言

　　1996年6月10日，在正式接掌法務部部務的典禮上，我立即嚴正地聲明十項應興應革之事項，其中首要任務，即是「全力掃除黑金」，隨即劍及履及地擬定了「掃黑行動方案」，展開歷史性掃黑的治安工作。

　　依據我的研究以及多年行政歷練的經驗，追根究底的來看，台灣社會治安的惡化，主要導因於社會整體價值觀的嚴重扭曲以及功利主義的盛行，最直接的反應就是黑道幫派乘勢而起的囂張與猖獗。黑道幫派自原本的區域性集團，漸漸坐大、串連，成為具有影響力的犯罪組織。這些犯罪

組織不僅包娼、包賭、暴力討債、擄人勒贖,更進一步參與走私、偷渡、販賣毒品或是槍械彈藥,甚至以企業化經營的方式包裝,對於公共工程的投標進行圍標、綁標,獨占龐大的利益;甚且進一步在獲取 額利益之後,以「拳」掙「錢」,以「錢」買「權」,再以「權」壯大「拳」與「錢」,透過地方性選舉成為民意代表或是公職人員,以合法掩護非法,侵蝕政務清明的根基,不僅紊亂社會治安,如任其惡性循環,迅速發展,勢將動搖國本,危害政治安定、社會安全。

本文即以我當時擘畫、設計的掃黑藍圖為經緯,依據國家法律之規定,整合犯罪偵查機關整體資源,在「沒有底限、沒有上限、沒有時限」的原則下,進行除惡務盡、澈底偵辦黑幫與組織犯罪的具體實踐作為與成果。近年來,兩岸社會經濟發展、變遷快速,社會價值觀在經濟掛帥的氛圍中漸趨敗壞,各種治安案件層出不窮。希望透過本報告之提出,分享本人在法務部時期領導掃除黑金,打擊黑道幫派與組織犯罪的經歷與規劃,提供具體而翔實的意見,以供有志於建設祥和、安定與法治社會的朋友參考、運用。吾人深信,黑道幫派勢力的瓦解與消除,是導正社會風氣,建設美好家園的基礎,同時,一個安居樂業的社會,也是民眾心中最深刻的期盼。

貳、台灣黑道的發展狀況

一、霸占地盤、魚肉鄉民的流氓

早期所謂的流氓,指的是檢肅流氓條例第2條所稱,年滿十八歲以上之人,有下列情形之一,足以破壞社會秩序者,由直轄市員警分局、縣(市)警察局提出具體事證,會同其他有關治安單位審查後,報經其直屬上級員警機關複審認定之:

　　(一)擅組、主持、操縱或參與破壞社會秩序、危害他人生命、身
　　　　　體、自由、財產之幫派、組合者。

（二）非法製造、販賣、運輸、持有或介紹買賣槍炮、彈藥、爆裂物
　　　者。

（三）霸占地盤、敲詐勒索、強迫買賣、白吃白喝、要脅滋事、欺壓
　　　善良或為其幕後操縱者。

（四）經營、操縱職業性賭場，私設娼館，引誘或強逼良家婦女為
　　　娼，為賭場、娼館之保鏢或恃強為人逼討債務者。

（五）品行惡劣或遊蕩無賴，有事實足認為有破壞社會秩序或危害他
　　　人生命、身體、自由、財產之習慣者。

　　一般而言，在社會治安的層面上，這一類的流氓，對於社會秩序的妨
害，可以透過員警機關的糾舉與督導，以及檢察機關對於犯罪的偵查、起
訴來進行嚇阻與偵辦，尚不至於對社會治安產生重大威脅。但是，如果平
時疏於糾正、督導以及防治，讓地區性的流氓勢力互相結合，甚至連結成
黑幫勢力時，對於社會治安的威脅就不可小覷。如果放任黑幫組織繼續坐
大，使其透過犯罪管道獲得金錢、槍枝或是其他供犯罪所用之資源時，他
們就會開始無所不為、無所不貪，對社會秩序形成嚴重的威脅。

二、以組織犯罪型態出現之黑道、幫派

（一）肇始期：恃憑暴力為主

　　從黑幫組織犯罪初期的狀況上來看，黑道幫派在一開始為擴大自己的
勢力、吸收幫眾、建立堂口等，確立發展初期需要之資源，往往會擁槍自
重、霸占地盤、互相火拼，在這個時期，黑幫的犯罪型態，主要是以恐嚇
取財、聚眾滋事、鬥毆傷害等暴力犯罪之型態為主。

（二）發展期：以「拳」掙「錢」，以「拳」與「錢」得「權」介入　　　正當行業，黑商合流

　　到了黑道幫派犯罪的發展期，黑幫已經脫離暴力犯罪的雛形，改以組
織化、企業化的型態，實際從事職業賭場、地下錢莊、色情行業、販毒、
走私，甚至介入公共工程等經濟活動的非法惡行。在這個時期，黑幫以

「拳」掙「錢」，獲取不法利益之後，以更多的「錢」，養更多的幫眾，經營更多不法事業，將犯罪版圖擴大至企業與社會經濟的各種層面。

(三) 成熟期

以「拳」加「錢」得「權」，再以「權」壯大「拳」及「錢」惡性循環，形成牢不可破的政、商、黑結合體，甚至有黑幫推舉黑幫自己參選漂白成為政治人物者。

當黑道幫派累積了足夠實力之後，在成熟期的發展，就是以暴力或是金錢操縱地方性或是全國性的選舉，藉由選舉躋身政壇，參與政治活動，透過「漂白」的方式，以合法掩護非法，為其組織護航。到了這個時期，黑幫勢力即已滲透進入社會政治、經濟的各種層面，形成黑金勢力的盤根錯節，再加上有心人士或是不肖政客的配合與操作，將嚴重衝擊社會治安與國家法治之發展。

參、台灣黑道形成之主因

在擔任法務部長之前，我就曾經數次在公開的場合剴切陳詞，希望政府以及民間能夠重視掃除黑金勢力的問題。當時的台灣社會，處於經濟高度發展的猛竄期，整個社會充滿各種賺錢的機會。黑幫份子以武力或是龐大的不法利得，操弄選舉，「漂白」之後，搖身一變成為地方上有頭有臉的民意代表，利用職務之便，為非作歹，交叉運用金錢、美色與暴力，變化出種種手段，威脅利誘公務人員協助其犯罪；而黑幫中的智慧型罪犯，也利用各種不法手段，介入取得上市公司的經營權。他們不斷地由小到大、由下而上，構築綿密的政商關係，久而久之，成為一個龐大的政商勾結團體，演化成為黑金勢力，也就是「政、商、黑」盤根錯節的共生。

我當時即曾說過：「如果掃黑不澈底的話，台灣會變成菲律賓，或是西西里島，也就是將會淪落為『黑道治鄉』、『黑道治縣』、『黑道治省』，甚至『黑道治國』。」在接掌法務部之後，我隨即擬定掃黑行動方

案，全力打擊黑金，阻止、防治黑金勢力的蔓延，防止黑金勢力繼續啃蝕台灣未來的發展。

　　犯罪的成因，從犯罪學的觀點來看，主要是社會變遷的問題，因為「社會失序容易產生犯罪。」「不同的社會型態中，會產生不同的犯罪。」台灣的黑金勢力之所以快速地發展，使社會治安情勢迅速沉淪，同樣有其社會因素上的背景。

一、經濟發展造成之負面作用

　　1987年台灣解除戒嚴之後，社會的活力大增，當時台灣社會的總體經濟也進入騰飛期，延續來到1995年前後甚至有所謂「台灣錢淹腳目」之說。整體而言，當時台灣社會經濟突然快速躍進，造成某種程度的失序狀態，在新的社會秩序還沒有建立之前，導致黑金勢力以及各種失序現象因而產生。此外，由於社會經濟蓬勃發展，在商場上的競爭自然相對白熱而激烈，有些不肖商人為了確保自己在商業上的利益或是擴大商業的版圖，利用黑幫勢力剷除競爭對手，或是恐嚇脅迫，也導致黑幫勢力與商業經營掛勾，此亦可認為是因為商業上利益之糾葛或爭奪而導致黑幫勢力崛起之成因。

二、人民素質及文化未能同步提升

　　經濟提升了，但是人民的文化素養以及道德觀念，卻往往難以跟著生活水準的提升而進步。台灣社會在經濟蓬勃發展之際，對於文化、生活品質的革新與建設卻相對落後，導致了相當程度的差距，而這個差距造成了社會嚴重的失衡現象。

　　首先就是價值觀念扭曲，我個人甚至常常以「嚴重錯亂」來加以形容。社會彌漫著是非不明，善惡不分的狀況。守法安分的人，吃虧受罪；違法亂紀者，卻占盡便宜。在這樣的價值觀背景下，黑幫勢力隨即乘勢而起。

　　第二個現象就是功利主義的盛行。尤其是社會上的年輕人看到別人有錢，甚至是一夕致富，就受不了誘惑，輕者誤觸法網，重者喪失理性、泯

滅良知，妄想一步登天，為達目的而不擇手段。由於功利主義的風氣瀰漫著整個社會，有人覺得何必腳踏實地辛苦賺錢？大家只想不勞而獲，而且要有暴利。欲達此目的當然要採取非法手段，於是走私、販毒販槍、買賣人口、強盜綁票等等事情，層出不窮。治安的惡化，直接鼓勵了黑道幫派發展、坐大。而在這些犯罪組織強盛之後，社會治安與風氣就更行敗壞，形成一種惡性循環。

三、政治上派系或選舉之需要

台灣社會在政治上的一個特色，就是選舉與地方派系之間的關係非常濃厚。有些候選人為了達到勝選之目的，不擇手段，利用黑道幫派的勢力，為自己進行綁樁、買票或是恐嚇等等不法的競選作為，以求打擊競選對手，使自己獲得勝選的結果。同時，在黑道幫派於地方上漸漸茁壯之後，以「拳」養「錢」，再以錢換更多的「拳」與更大的「權」，或是乾脆自己出來競選公職或是民意代表，不僅繼續在地方上為非作歹，甚至變本加厲。也因為這樣的緣故，賄選、暴力綁樁等等不法案件，層出不窮，對於真正有心希望透過參選服務人民的候選人，造成嚴重的威脅；同時，也因為有許多具有黑道背景的地方人士參選成功，漂白成為地方上有頭有臉的人，進一步掌控議會，為所欲為，不僅影響政務清新，也置人民的生活與福祉於不顧，危害了社會安定與民眾安全。

肆、本人決定進行全面性掃黑之考量

一、個人出身背景之影響

我從小生長在台灣南部的嘉南平原上，父執輩有許多參與地方政治的鄉紳，從小在鄉野間長大，穿著出生時父母賜予的「皮鞋」，在上學途中一路與泥巴、水蛙相伴，雖然環境艱困，但是我始終樂觀感恩，也因此對台灣鄉土產生濃厚的感情，並對於民瘼感受甚深。國小期間，我培養出閱

讀章回小說的興趣，對於古人教忠教孝的節義，更是心嚮往之，也啟發自己為社會貢獻，維護正義的決心。

也因為這個緣故，我很早就立志成為守護正義的法律人。1964年參加大學聯考（相當於大陸的高考）時，我填寫的志願只有法律系，幸運的以第一志願進入台灣大學法律系。1966年，在就讀台灣大學法律系二年級的時候，我以二十歲的年紀，史無前例地通過了難度極高的司法官考試，二十一歲（大三）時又順利通過留學日本考試，二十二歲（大四）更接著通過律師高考，隨即開始十年的律師生涯。1979年，我所主持的律師事務所，已是當時台北市案件數量最多的前十名，同時，我也開始在各大專院校兼課，並一邊在台灣大學法律系碩博士班進修，順利取得法學碩士、博士學位。旁人看來優渥而令人欽羨的生活，但是我卻已經開始感覺到律師工作已經到達瓶頸階段，希望能轉換工作領域，尋求另一種實現自我理想，貢獻社會的契機。在經過幾度深思與考量之後，我答應了當時即將擔任省政府地政處處長的余茂阱先生邀約，出任省政府地政處的主任秘書一職，踏上二十年公職生涯的第一站。

二、深入基層了解民間疾苦之歷練與經驗

省政府地政處期間，我協助推動了台灣農村現代化最重要的三七五減租、耕者有其田、公地放領及農地重劃、市地重劃以及地籍重測等工作，在公務員的位置上，第一次為所生所長的土地與人民做出重大的貢獻，促進了農村與國家經濟的發展。1981年7月間，我通過甲等特考法制組人員考試，行政院法規委員會主委胡開誠先生，指名要我擔任參事。因此，對於全國的法規與各行政機關及五院的業務，有了更深一步的認識，在任內，我也協助或是主導進行許多法規修正、廢止與草擬的工作，奠定日後在公職生涯上更深廣的發展性。其後，由於省政府邱創煥主席的指名要求，我開始擔任業務涉及層面更廣、協調事務更趨複雜的台灣省政府顧問兼主席辦公室主任，雖然只有七個月的期間，但是經歷了三次台灣史上最嚴重的煤礦爆炸災變、二重疏洪道拆遷的嚴重抗爭事件，以及台中大大百貨大火的救災與慰問工作等，都在我盡力協調、指揮調度下，圓滿落幕。

　　因為積極任事、疾民所苦，屢受長官抬愛、擢升，其後經歷行政院與台灣省政府之多項重要工作，在台灣省政府法規委員會兼訴願委員會主任委員整理全省的法律法規，旋即被調回行政院，擔任行政院第一組組長，主持或參與當時最重要的「六大革新事項」的擘劃，包括解除戒嚴、開放黨禁、報禁、第一屆中央民意代表退職、地方自治機關法制化、改善社會風氣與社會治安等工作，尤其法案及政策的研擬，都是由我親手完成。行政院第一組組長任內的工作與經歷，讓我累積了巨大而精純的能量。我的體認是：「身為公僕，要在乎的不是職務或是位置，而是在自己的職務上，能不能做事，把事做好。只要真的能放手做事，回饋養育我的社會，任何職務都能接受。」1988年解除戒嚴之後，我擔任了行政院新聞局副局長一職，開始與美國之間冗長而艱辛的智慧財產權談判。在美方301條款經濟制裁的沉重壓力下，憑藉著多年的歷練，以及長年研究法學之背景與協調、談判經驗，配合在台灣打擊盜版、協助業者轉型的具體成果，守住了台灣在經濟發展上的利益，也成功地將台灣從301條款的制裁名單上移去。1993年2月，我轉任行政院副秘書長，2月底行政院改組，連戰先生接任行政院長，在連院長的信任與支持之下，我擬定了「行政革新」的政策推動構想，奠定了後來數年行政院推動組織改革、程序便民以及經費精簡的重要工作。

　　連戰先生對我信賴有加，我也維持一貫戮力從公、與民謀利的處事作為，同時繼續「打抱不平、好管閒事」，協助民眾解決急迫的問題。台北市翡翠水庫水源區的居民出入不便、生活困難，我隨即協調各部門進行解決；地方上高架橋梁規劃失當，常常發生車禍，我也主動關切，協調其他單位盡速修改，保障用路人行的安全。只要是對的事情，對人民有利、政府施政有幫助的事情，我都盡心去做。1995年2月25日，我以第一位台籍、非情治系統出身的法律人身分，擔任法務部調查局局長，樹立了「大家的調查局」的形象，對內不僅強化局內的團結與士氣，對外破獲了「周人蔘電玩弊案」、「中正機場二期航站相關工程弊案」、「新偕中建設及其關係企業違法超貸案」、「國際票券公司營業員盜取百億資金案」等許多大案，也奠定了日後執行掃除黑金工作的基礎。1996年6月，自馬英九

先生手上接下法務部部長的職務，我旋即開始執行掃除黑金工作，成為台灣歷史上民意支持度唯一達到97%，並始終不墜的法務部部長。

三、對黑道無所不爲之痛恨

記得小時候外出，長輩總會警告我們哪些地方去不得，如果一定必須經過，也得低頭快速通過，因為那是黑道幫派聚集的地方。以前的黑道幫派只局限在社會的小角落，躲在暗處，做些偷雞摸狗、霸占地盤、恐嚇勒索、白吃白喝的勾當。可是隨著社會經濟的轉型，黑道幫派跨出步伐，除經營非法行業之外，更無孔不入地侵入社會的各個階層與正當行業，等於是「利之所在，無所不趨」。

黑道幫派跨足的行業，首推公共工程，各縣市、鄉鎮的大小建設，無所不包。1994年我還在擔任行政院副秘書長職務時，傳出黑幫介入圍標、綁標中正國際機場二期航站土木工程的消息，我隨即與當時的交通部長蔡兆陽先生研究，縮短兩段標相隔的時間，也就是開資格標後一星期，馬上再開價格標，讓要圍標、綁標的勢力措手不及，當時該航站第一期工程預算是54億元，卻以27億元決標，馬上為國家節省了一半的經費。1996年4月，黑道幫派故技重施，又覬覦該航站的相關工程，我當時在調查局服務，隨即下令盡速偵辦，果然發現屬實。黑道幫派以一個價值僅3,000多萬元的冷氣主機工程標，綁住價值6億多元的冷氣空調工程標，最後再綁住整個航站81億多元的工程標。經過調查，本案背後的主持者是一個非常龐大的黑道集團，他們事前就把可能得標的廠商找來聚餐，廠商非常恐懼，均由公司董事長或是負責人親自參加，黑道老大就當場宣布，這個工程他要定了，若是有人想爭取，就會「發生危險」。後來我們循線破獲了該幫派集團的所在地，發現當時國家52項重大建設的資料都在他們電腦裡面，企圖掌握所有的大工程。其所獲得的不法利益金額　大，例如台灣西部濱海公路野柳隧道工程，工程款8億9,000萬元，黑道就拿走1億5,000萬元，同時，他們也介入宗教界以及職業棒球的比賽簽賭，每一個案件都獲利上億元。

此外，選舉暴力、擄人勒贖、占地亂倒垃圾、濫采砂石謀利、販槍販

毒,可以說無所不為。這些泯滅良心,只顧自己賺錢,無視社會秩序,顛倒是非的黑幫份子,令人深惡痛絕。這也是為什麼我會堅持台灣社會一定要掃除黑金,而且對於黑幫勢力,必須堅持永不妥協;在他們從社會根絕之前,掃黑政策應永不休止。

四、期盼改善台灣社會,使人人知法守法,以期建設美好家園

我們知道,建設是一點一滴累積而成,但是衰敗卻可能在一夕之間就發生。在擔任公職期間,我也常勉勵同仁,唯有加強社會治安、改善社會風氣、建設法治基礎,這些做好了,才有能力去發展經濟,創造更多、更大的繁榮。事實上這些都存乎一念之間,並不困難,我說過「法律就是生活,生活就是法律」,遵守規矩,就是合乎法律的規定,大家知法守法、努力建設,國家自然可以長治久安。但是如果我們不用心、不努力,真的會變成歷史的罪人。

我認為,我們大家應該有生命共同體的體認,尤其社區意識的觀念要建立起來,大家從愛自己開始,很多作奸犯科的人其實就是不愛自己。除了愛自己,也要愛我們的家人,不要讓家人為我們擔心,不要增加他們的負擔。凡事三思而後行,就不會做錯事。當然,我們也要愛這塊我們生長、賴以維生的土地。如果能存有愛自己、愛家人、愛鄉土的心,相信大家每天所做的事情都不會違背法律,也都能符合法律的規定。

法律規定並沒有那麼深奧,只要多想再做,只要以「肯定自己、尊重別人」來作為行為準則,這樣的作為應該都會符合法律的規定。如果大家都能做到這個地步,我們的社會就會成為美好的家園,人間的樂土,這也是我最大的期望。

伍、掃黑行動方案之擬定及推動之過程

一、完全由本人本於職責所做決定

　　掃黑的計畫，其實早在我擔任行政院副秘書長任內，就曾經向當時的行政院長建議進行全面掃黑，而且應該「打蛇打七吋」，以懲治及改善幫派的首惡老大著手，對手下小弟則以輔導改善為主，雙管齊下。當時的行政院院長連戰先生已經注意到這個問題的嚴重性，之後，在我擔任調查局局長大力掃除官商勾結弊案時，全力支持，並且鼓勵我在類似案件上繼續加強、努力。就在與連戰先生的良好默契以及長官的全力支持下，在擔任法務部長之前，我本於研究法律幾十年的心得，相關法律工作幾十年的經驗，以及對於黑道深惡痛絕的意志，在心中已有具體的方案與執行的輪廓，因此，在接任法務部長之際，隨即依據當時的刑事訴訟法規定，擬定結合「檢、調、警、憲」四方打擊力量的鋼鐵部隊，有計畫、有順序、有步驟，而且在「不達目的，永不休止」，「沒有底限、沒有上限、沒有時限」的基礎信念下，展開台灣歷史上史無前例的大規模掃黑行動。

　　這個方案的擬定以及執行，完全依據我的規劃，並未報請行政院審議。但是，除了長官在背後的支持，當時的立法委員對於我需要掃黑的法律做後盾，也給我近乎全面性的支持。同時，我的積極參與以及認真、用心，得到了立法委員的肯定。當時就有立法委員對我說過：「你要打擊黑道，我們給你組織犯罪防治條例；你要改善社會現象、整飭獄政，我們幫你提高假釋門檻。」就在朝野「望治心切」的氛圍中，掃黑的行動順利展開。

二、與政治因素無關，亦無政黨或選舉考量

　　當時，台灣的黑金問題，已經發展到成熟期，只要是有利益的地方，背後就會有黑影浮現，盤根錯節，滲透、附生在社會的每一個角落。因此，除了大力掃除黑道份子與官商勾結的弊案之外，我還將掃黑的烽

火，點入與民眾關係最密切的社會底層，這其中包括了「宗教掃黑」、「股市掃黑」，以及危害人民經濟生活極為嚴重的「地下金融掃黑」，打擊地下錢莊以及非法高利貸業者。

在我進行與民眾息息相關的社會底層掃黑時，同時我也全力推動所謂的「選舉掃黑」、「民代掃黑」，不僅淨化選風，而且讓許多借著漂白、買票而選上民意代表，在地方上作威作福的惡質民代入獄，也讓無明顯罪證的惡劣民代，知所警惕，不再像以往一樣在議會裡張牙舞爪、為所欲為。

我始終認為，政府的施政重點，應該是針對社會大眾的切膚之痛，進行除弊革新，保障大多數善良、守法的老百姓。掃黑的政策推動，也是基於這樣的思維。所以，與選舉或是政黨考量完全無關，縱使要承受來自四面八方的「政治壓力」、「利益壓力」和「威脅恐嚇」，但是我依然堅定地執行。我認為「該做的事，就要去做」，數次接到黑道份子的恐嚇電話，甚至有情資顯示幫派買通殺手要暗殺本人，或是在座車底下安放炸藥，都無法動搖我執行「掃除黑金」的決心。

陸、掃黑行動方案之內容

法務部檢察司依據我的指示，依照法定作業程式，就建立指揮體系、完善執行部署、妥適依法偵辦及結合全民執行等方針進行整體規劃，方案於1996年6月30日擬定完成，經本人批示，旋即據以推動。

一、目的

為發揮整體統合功能，加強偵辦黑道犯罪，有效遏止黑道為虐，爰訂定「掃黑行動方案」，以為貫徹實施的准據。

二、任務組織

(一) 中央設置「中央掃黑專案小組」

1. 會報召集人由法務部部長擔任。
2. 會報成員

   最高檢察署檢察總長、台灣高等法院檢察署檢察長、內政部警政署署長、法務部調查局局長、憲兵司令部司令、法務部檢察司司長、檢察司檢察官及內政部警政署刑事警察局檢肅科科長（1997年8月6日第三十五次會議起，成員增加：法務部調查局副局長、內政部警政署刑事警察局局長，法務部檢察司司長調升為常務次長後，接續與會）。
3. 會報之召開，原則上每週舉行，必要時，得隨時召開。
4. 專案小組會報決定掃黑政策，完全從政策面、指導面著手，研討掃黑工作方針、平時掃黑工作之檢討、改進措施極需統合之決策事項。
5. 專案小組秘書業務由法務部檢察司及內政部警政署刑事警察局負責。

(二) 最高法院檢察署成立「掃黑督導小組」

1. 督導小組召集人由最高法院檢察署檢察總長擔任。
2. 督導小組成員

   台灣高等法院檢察署檢察長、法務部檢察司司長、檢察官、內政部警政署刑事警察局檢肅科科長。
3. 督導小組依據「中央掃黑專案小組」會報之決議，召開會議，督導各地方法院檢察署成立之「掃黑執行小組」，審查各執行小組搜集、彙整之「治平專案」掃黑對象之涉案事證及偵辦上應補強之相關事宜。
4. 督導小組應辦事項

   (1)督導各地方法院檢察署「掃黑執行小組」工作之進行。

(2)有關掃黑案件執行情況之研判與檢討。

(3)審核各「掃黑執行小組」陳報事項。

(4)研議解答「掃黑執行小組」工作之疑義。

(5)其他有關掃黑督導事項。

(三) 各地方法院檢察署成立「掃黑執行小組」

1. 執行小組召集人由各地方法院檢察署鑒察長擔任。

2. 執行小組成員

(1)各地方法院檢察署主任檢察官或檢察官若干人（配置書記官）。

(2)各地方法院檢察署轄區內調查處、站、組織主管或其指定之調查人員。

(3)各地方法院檢察署轄區內縣、市警察局局長或其指定之員警官。

(4)各地方法院檢察署轄區內憲兵隊隊長或其指定之憲兵隊官長。

3. 執行小組應辦事項

(1)統合檢察、員警、調查及憲兵整體力量，全力偵辦黑道犯罪案件。

(2)協調檢、警、調、憲各部門，搜集黑道犯罪事證，切實分工、密切合作。

(3)彙整檢、警、調、憲各部門，搜集黑道犯罪事證，做偵辦之研議及規劃。

(4)督導小組及中央專案小組交辦事項之處裡。

(5)隨時進行黑道幫派犯罪之偵辦及監控。

柒、掃黑行動之基本原則

一、先辦首惡

對於惡性重大、欺壓善良的各地幫派角頭、首惡，經提報為「治平專案」目標者，一經證據搜集齊全，即全力執行，執行到案之後，為免影響地方治安、民情，且為顧慮收押、戒護等的安全與被告本身的安全，一律以空中員警隊直升機押送的方式，將被告押送台東看守所綠島分舍羈押[1]。除可顯示政府執行掃黑之鐵腕作為外，對於蠢蠢欲動的黑道份子，兼可收震撼遏阻之效。

二、同步執行

為造成黑道之震撼以及達到嚇阻之目的，掃黑行動必須在絕對保密的情況下，擇定適當的執行期間，全省同步執行，以迅雷不及掩耳之勢，將鎖定的黑道份子一舉成擒，使無漏網之魚。

三、鼓勵自新

對於有心自新，改過從善的黑道份子，政府應該以開闊的心胸，網開一面，容認其回頭是岸的心志，爰依據組織犯罪防制條例、洗錢防制法及槍炮彈藥刀械管制條例等相關掃黑法制之規定，訂頒自新及自首條款，鼓勵迷途知返的黑道、幫派份子，重新做人。

四、依據法律規定，嚴守程式正義

偵辦黑道固然是依據掃黑行動方案之規劃，雷厲風行地推動，但是在依法治國的原則底下，不論物件為誰，都一樣要尊重憲法保障其基本人權之規範與精神，不僅要公正執法，而且要具體依據刑事訴訟法以及相關國家法制的規定，依照「有嫌疑，就調查；有證據，就偵辦」的準則，依法

---

[1] 此即爲俗稱的「綠島政策」，亦有稱爲「廖正豪政策」。

搜證、偵辦。同時，也不問犯罪嫌疑人或是被告之身分、地位、幫派或是政治黨派，只要是黑道份子，就必須全力偵辦，毋枉毋縱。

五、與查賄、肅貪、肅毒、肅槍、洗錢防制等同步推動，阻絕黑幫再起之資源

為澈底瓦解犯罪組織，避免其死灰復燃，依據組織犯罪防制條例、洗錢防制法、槍炮彈藥刀械管制條例等相關法律之規定，對於黑幫或是其他犯罪組織之財產、槍械、各種違禁管制物品，依法執行沒收或是扣押，澈底斷絕其賴以生存與坐大的經濟動脈。

捌、掃黑相關法制之建立

「工欲善其事，必先利其器。」在掃黑工作的推行上，同樣必須要有法律依據，才能取信於民，也使得被逮捕或是偵辦的黑道份子，沒有口實，無法利用偵辦之漏洞兔脫或是逃逸。同時，此亦為法治國原則底下，具體符合憲法保障人權的基本要求。

因此，掃黑行動必須透過立法程式，建構完整的掃黑法制，以使掃黑行動有效，持續且完全合乎法治國家偵辦犯罪之要求。因此，我在法務部統合各治安單位，發動掃黑行動的同時，為求執法之周延，陸續草擬相關法案，報請行政院送請立法院審議。在健全掃黑法制的工作上，首推1996年11月13日生效施行之「組織犯罪防制條例」的制定，其次如1997年4月23日生效施行之「洗錢防制法」、1996年12月30日生效施行之「檢肅流氓條例」修正案、1997年11月11日生效施行之「槍砲彈藥刀械管制條例」修正案、1998年5月20日公布施行之「毒品危害防制條例」及2000年2月9日公布施行的「證人保護法」等均是。凡此，均在完備掃黑法制之建立，俾有效遏阻及防制日益嚴重之組織及暴力犯罪，並使掃黑行動發揮最大的功效。以下即以法務部當時所規劃之各種反制黑幫犯罪相關法令，完整呈現當時之記錄，並就立法理由以及研擬經過，進行簡要說明。

一、組織犯罪防制條例之制定

(一)立法理由

勵行法治,確保人民生命財產的安全,為政府無可旁貸的責任。維護良好的社會治安,是政府片刻不可放鬆的重要工作。近年以來,黑道幫派已由擁槍自重、霸占地盤、互相火拼等暴力犯罪之雛型,改以組織化、企業化的型態,實際從事職業賭場、地下錢莊、色情行業、販毒、走私,甚或介入公共工程等經濟活動之非法惡行,更有以暴力操縱選舉或藉由選舉躋身政壇,參與政治活動,以合法掩護非法,為其組織護航等行徑。黑道猖獗、金權氾濫,已經衝擊社會治安以及民主法治的發展。掃黑與除暴實屬政府當前急務。而台灣當時防制黑道的法律,主要有刑法及檢肅流氓條例,但刑法第154條參與犯罪結社罪的規定過於簡略,而檢肅流氓條例部分條文在1995年又經司法院大法官會議解釋為違憲,不僅訴訟法制及正當程式均未臻完備,更無法規範及於以企業化、組織化販毒、走私、介入公共工程,從事恐怖活動、洗錢等犯罪為宗旨的組織犯罪集團,而未能有效發揮掃黑及除暴的功能。近來社會大眾及輿論要求制定反制黑道犯罪組織特別法的呼聲日增,而參諸德國、美國、義大利、瑞士、日本、香港等國家或地區的立法例,亦均訂有懲治組織犯罪的專法或特別命令,足見研訂防制組織犯罪的特別法確有其必要性與可行性。為貫徹社會各界對防制組織犯罪之殷切期盼,並針對黑道犯罪組織所具之集團、常習、脅迫或暴力等特性,爰衡酌其他國家防制組織犯罪之措施與立法例、當前社會環境之實際需要,與以往防制黑道組織犯罪所發生之問題,擬具「組織犯罪防制條例草案」。

(二)法案研擬經過

行政院於1995年5月24日以台84法字第18551號函指示:「立法院函為陳委員婉真等十六人提案,請法務部盡速將『暴力團體犯罪防治法草案送該院審議,經提該院第二屆第五會期第二十次會議討論決議:『建請行政院研處』一案,請會商有關機關研處具複。」法務部隨即函請內政部、

國防部、國家安全局及法務部調查局惠提修（立）法意見俾供彙整，並著手搜集外國相關立法例，編印成『各國反黑法律彙編』一書，送請上開機關及法務部所屬檢察機關參考。經彙整各機關意見後，法務部於1995年12月19日以法84檢字第29214號函報行政院，建請同意由內政部與法務部共同研擬『組織犯罪防制法草案』。經行政院秘書長以1996年1月16日台85法字第015977號函覆：『貴部函院所陳就立法院陳婉真等十六人所提研擬「暴力團體犯罪防治法草案」，擬由貴部與內政部共同研擬「組織犯罪防制法草案」一案，奉准照辦。』」

　　法務部接奉前揭核示後，隨即進行「組織犯罪防制法草案」條文的研擬，尤其本人接任部長後，指示應將原規劃於1997年12月底完成立法程式的法制作業盡速提前完成，主管司之檢察司同仁立即快馬加鞭，參考國內外相關法例研擬條文及相關架構，會請部內相關司、處集會研商，議定初稿後，又召集所屬檢察機關檢察首長進行研討，完成三稿後，於1996年6月15日以法85檢字第14697號函請內政部惠示意見，為爭取時效，綜合內政部所擬之草案對案稿，彙整成第四稿，於1996年7月20日邀請行政院第一組、法規會、司法院刑事廳、國家安全局、內政部、外交部、財政部、內政部警政署、國防部軍法局、憲兵司令部、法務部調查局、最高法院檢察署及台灣高等法院檢察署代表與會研討，並於會前另再做綜合檢討，完成五稿，提會討論。會後彙整各機關代表意見，研擬成第六稿，提供作為7月24日邀請立法院內政、司法、法制委員會立法委員及專家學者舉行公聽會之研討資料。會後再召集部內專案會議，分析、綜合各與會者提出之意見，研擬完成「組織犯罪防制條例草案」，隨即於1996年8月8日以法85檢字第20082號函陳報行政院審查，蒙行政院積極地於同年8月29及30兩日連續審查完畢，提報9月5日行政院院會通過後，即於9月10日以台85法字第30666號函請立法院審議。本人為促使本條例早日完成立法，除於9月11日在立法院舉辦說明會，向立法院司法、內政及邊政委員會詳細說明本條例立法意旨外，繼於9月13日應邀於立法院部分委員組成之協和會、早餐會及國民黨政策會中報告本條例立法之必要性，呼籲立法委員全力支援本條例早日完成立法程式。經多方積極協調，立法院司法、內政及邊政委員

會聯席會議連續在9月23日、25日、30日及10月2日、7日及9日審查本條例草案，審查之六日，本人均全程與會，並指示法務部於上開場合將本條例草案定稿以來，各界所提出的意見加以彙整，研擬說帖提供與會者參考並釋疑。終於10月9日完成審查，提交院會討論，而於11月22日完成三讀程序，諮請總統於12月11日公布，依法自12月13日施行。

二、洗錢防制法之制定

健全掃黑法制的另一重要工作即是儘早完成「洗錢防制法」的立法作業。本人接任法務部部長後，除指示推動「組織犯罪防制條例」的擬定外，並指示積極協調立法院三黨黨團及司法、內政、法制委員會能優先將相關掃黑法案排入議程，「洗錢防制法」之所以順利的完成立法程式，實亦本人積極協調，有以致之。謹就研擬經過及立法意旨分述如下：

(一) 立法意旨

「洗錢」一詞並非固有法律名詞，乃源自（Money Laundering）翻譯而來，系指犯罪者將其不法行為活動所獲得的資金或財產，透過各種交易管道，換轉成為合法來源的資金與財產，以便隱藏其犯罪行為，避免司法的偵查。根據國際社會防制洗錢的經驗，犯罪行為中，諸如販毒、擄人勒贖、搶劫、經濟犯罪、貪污等，均常利用洗錢管道，從事黑錢漂白，以便合法使用其非法取得的錢財。近年來，由於販毒等不法集團利用洗錢以漂白其不法資金的行為日益猖獗，世界各主要國家均紛紛制定相關的反制洗錢法律。此外，1988年聯合國67個會員國共同簽署「禁止非法販運麻醉藥品和精神藥物公約」（通稱反毒公約）中，亦有防制洗錢的規定。近年7個主要工業國家（G7）亦成立財金行動小組（Financial Action Task，簡稱FATF）訂定四十項防制洗錢建議，鼓吹各國立法，可見國際防制洗錢的大趨勢。該小組兩年前還特別派員到台灣溝通，希望我們盡速制定洗錢防制法。台灣過去一直缺乏具體的防制洗錢法規，以至於國際犯罪集團得以利用現有法令上的不足，以台灣為其洗錢的場所。如1990年港商王德輝被綁架案，綁匪要求被害人家屬透過香港的銀行，將贖款分別匯入八個

帳戶,當日便全數提出,另2,000萬美元則匯入台灣的銀行,提出並轉換為股票、短期票券,再變現提用。雖經調查局及時偵破,但是仍有部分贓金不知去向。當初我們將此案當成一般贓物罪處理,晚近我們發現情況比我們想像更嚴重。因為台灣地區除了銀行等金融機構外,還有非銀行之金融機構,如銀樓、汽車行、期貨公司等,均可作為洗錢的管道,尤其是銀行洗錢作業,遠比世界上任何金融機構來得簡便、先進,只要一通電話、一個暗號,錢就轉手了,根本不須經過開立支票等程式,使得我們在防制洗錢的工作上,面臨很大的挑戰。因此,制定「洗錢防制法」對國家的發展,實有迫切的需要,且合乎世界潮流。

(二) 法案研擬經過

　　法務部有鑑於為有效遏止重大犯罪(如販毒、貪瀆、賄選)行為人將犯罪所得,利用其與金融機關間之往來或交易,以隱匿其不法之本質,並健全金融體系,避免其有意或無意間涉入洗錢活動,經法務部洽商有關機關,認有制定防制洗錢活動法律之必要。此於其他先進國家諸如美國、英國、德國、瑞士等亦均有相關法律規定,以防範洗錢之不法活動,爰於1994年4月6日以法83檢字第06622號函陳報行政院,敬請指定研擬防制洗錢(Money Laundering)活動法律之主管機關,並陳述意旨:「防制洗錢活動之法律宜採行政上防制措施、行政處罰及刑事制裁合併規定之立法型態」,以收事前防制、事後處罰之效。惟因可能被利用或本身從事洗錢活動之金融機構範圍甚廣,且各有其目的事業主管機關,例如:銀行、信用合作杜、保險業之主管機關為財政部、中央銀行;珠寶業、銀樓、財務顧問公司、汽車、不動產銷售商之主管機關為經濟部;郵政金融業務之主管機關為交通部;當鋪業之主管機關為內政部;如制定防制洗錢活動之法律,未來立法過程亦需各該主管機關積極參與,為求順利完成該項立法,宜有一機關主司其事。如奉核示由法務部主辦,自當遵照指示,會同各有關主管機關,積極辦理。

　　行政院隨即於1994年4月23日以台83法字第13871號函覆法務部:貴部函院為請指定研擬防制洗錢活動法律之主管機關一案,請貴部本於本院

法律事務主管機關之立場，會商有關機關研擬防制洗錢活動之法律報院。法務部立即於同年5月13日以法83檢字第09706號函請財政部等相關機關就其等主管業部部分研提防制洗錢活動法律之意見，加以綜合彙整後，嗣於同年12月31日以法83檢字第28534號函，將研議完竣之「洗錢防制法草案」總說明及條文陳報行政院。行政院於1995年1月23日進行草案第一次審查會議，於同年2月25日進行草案第二次審查會議後，於同年4月27日以台84法字第14462號函送立法院審議。立法院分別於1995年5月25日及1996年6月6日舉行司法、財政兩委員會全體委員聯席會議二次對本案進行審查，函報院會進行討論，終於1996年10月3日完成三讀程序，經諮請總統於同年10月23日公布，依該法第15條規定，自1997年4月23日起生效施行。

三、毒品危害防制條例之制定

台灣防制毒品的專法「肅清煙毒條例」於1992年7月27日修正公布後，不僅毒品之危害，未見消弭，販毒之惡行卻越形頻繁，毒品走私數量更迭創新高，而施用毒品之人犯亦充斥監所，危害國民身心健康至　，因而滋生之重大犯罪案件，更成為影響社會治安之淵藪。為貫徹社會各界對防制毒品之殷切期盼，並針對施用毒品者之「斷癮」，需生理治療與心理治療雙管齊下，始足收效之戒毒實務，有衡酌其他國家管制毒品之措施與立法例、聯合國相關公約之精神、我國社會環境之實際需要及以往適用上所發生之問題，將肅清煙毒條例做大幅度修正之必要。

(一)修法意旨

肅清煙毒條例此次修正，與其說是法案之修正。毋寧是一部新法的制定，始符實情。蓋本次修正，幾乎已做全新面貌之規定。茲論述其要點如下：

1. 修正條例名稱為「毒品危害防制條例」。
2. 修正毒品之定義及品項：為符合聯合國公約及各國對於防制毒品之分類，做本項修正。

3. 配合毒品之重新定義，修正製造、運輸、販賣毒品、器具罪、意圖販賣而持有毒品、器具罪之犯罪構成要件及其法定刑。

4. 刪除有關設所供人吸食或為人施用毒品罪之規定。

5. 新增以強暴、脅迫、欺瞞或其他非法之方法使人施用毒品罪、引誘他人施用毒品、轉讓毒品罪等處罰規定。

6. 因增訂成年人以強暴、脅迫、欺瞞或其他非法方法使未成年人施用毒品、引誘未成年人施用毒品或轉讓毒品予未成年人者，加重其刑之規定。

7. 降低施用毒品及持有毒品、器具罪之法定刑。

8. 新增意圖供製造毒品之用，而栽種、運輸、販賣罌粟、古柯、大麻罪，意圖供栽種之用，而運輸、販賣罌粟種子、古柯種子或大麻種子罪及意圖販賣而持有或轉讓或單純持有罌粟種子、古柯種子、大麻種子罪之規定。

9. 增設販毒者供犯罪所用或因犯罪所得之財物追征或以其財產抵償及得於必要範圍內扣押其財產之規定。

10.對於施用毒品者之處置，原則上改為施以勒戒、強制戒治之規定。

11.配合藥癮治療體系之實施，增訂吸毒者於犯罪未發覺前自動向合法醫療機構請求治療之較寬處遇規定。

12.為切實防制施用毒品者再犯，增訂強制采驗尿液之規定。

13.新增施用毒品者，於送觀察、勒戒或強制戒治期間，所犯他罪行刑權時效停止進行之規定。

14.修正勒戒處所之設立及新增戒治處所設立之規定。

15.新增戒毒收費之規定。

16.刪除毒品案件特殊之審級規定，回歸刑事訴訟法之規定，以保障人民訴訟權。

17.增新增尿液篩檢之法源依據及刪除抵癮物品管理辦法之訂定。

18.增本條例修正施行後，原系屬案件如何處理之規定。

為配合上開毒品危害防制條例之施行，相配套的法規，如：「觀察

勒戒處分執行條例」、「戒治處分執行條例」、「法務部戒治所組織通則」、「毒品危害防制條例施行細則」及「對特定人員采驗尿液實施辦法」等法案，均已陸續研擬完成。前三種法規與「毒品危害防制條例」同時於1998年5月20日經總統公布自同年月22日施行，台灣防制毒品的工作，即走入新的紀元，而黑道幫派所為毒品犯罪，亦勢必遭受嚴厲的懲罰。

(二)法案研修經過

法務部秉持上揭修正肅清煙毒條例之中心意旨，於1993年8月14日，以法82檢字第1064號函，將檢察司初擬之修正稿，送請最高法院檢察署、台灣高等法院及其各分院檢察署及所屬各地方法院檢察署，徵詢各承辦檢察官之意見，待彙整、分析後，於1993年9月3日完成草案初稿，提供部內各相關司、處彙整意見，隨即自同年11月15日起，邀集行政院衛生署、各相關精神醫療院所專家學者及各檢察署檢察長，進行每週一次的草案討論會議，迄同年12月24日共歷經六次密集會議研商，完成修正草案之總說明及條文對照表。為使上該草案更期周延，廣為各界接納，又於1994年2月2日、7日及8日，分三次舉行草案公聽會，邀請基層檢察官、觀護人、監所管理人、司法院刑事廳、行政院秘書處、內政部、國防部、行政院衛生署、人事行政局及立法委員、學者專家等蒞會提供寶貴意見。嗣又將公聽會彙整意見，擬定修正草案稿，自1994年3月23日起，迄同年7月30日，進行六次檢討會議，終於完成修正草案底稿，隨於同年8月10日，以法83檢字第17924號函報請行政院審查。行政院於同年9月3日、10月3日及11月28日召開三次審查會完成審查，報經同年12月1日行政院院會通過後，於同年12月6日送請立法院審議。立法院司法、內政及邊政委員會於同年12月21日完成審查。嗣為使立法與實務相互配合，法務部又於1995年9月19日，將修正第18條、第33條、第36條至第38條等再修正條文，以84檢字第22224號函送行政院審查。行政院於1995年10月5日審查再修正條文通過後，送請立法院併案審查，立法院於同年12月26日完成二讀程序，經過1997年5月13日及10月14日朝野黨團協商，終於同年10月30日完成草案三讀程序。

四、證人保護法之制定

　　掃黑工作欲求落實，突破被害人及證人對於黑道恐懼的心防、挺身而出為自己權益及社會正義而揭發不法與不義，是一大關鍵，因此在掃黑法制健全的架構上，如何立法保障證人、檢舉人及被害人之安全，是必要且急迫的事務。「證人保護法」草案的立法，在立法院審議「組織犯罪防制條例」草案時，已由法務部在逐條說明時陳述另訂專法之必要性及可行性，多位熱心的立法委員也紛提附帶決議，要求保護證人相關法案應盡速提出。以下謹就研擬草案經過及立法緣由予以分述：

(一) 立法意旨

　　證人或檢舉人系提供犯罪線索之重要來源，亦為刑事案件能否定罪之重要關鍵。如證人或檢舉人受到報復之威脅而不敢出面作證或檢舉，則無法順利查緝犯罪不法活動，勢必嚴重影響社會安寧。為此，「組織犯罪防制條例」第12條第2項及「檢肅流氓條例」第12條第3項均明定應制定有關保護檢舉人、被害人及證人之法律。

　　外國有關證人保護之制度，有制定特別法者，亦有在刑事訴訟法或相關法規中規定者。例如：美國系以證人身分之保密為保護手段，作為防止組織犯罪或其他重大犯罪者對證人報復所采之對策。證人在其出庭作證後，合於一定條件者，積極給予遷居、改名、更換新職、更換戶籍資料、社會保險字型大小、駕駛執照號碼、給予生活費……等保護措施，使之脫離以往的生活圈。英國於1981年之藐視法庭法第11條規定證人之身分得對一般民眾保密；1988年刑事審判法第22條規定：證人如因恐懼或受阻礙而未提出口頭證據，其對員警或其他有調查權或起訴權之人所為之書面陳述得在刑事訴訟程式中采為證據；而日本則於犯罪搜查規範第11條規定：「員警應注意不得危害告訴人、告發人、檢舉犯罪、發動偵查或提供偵查資料之人之名譽及信用。如認渠等有遭受後患之虞時，除不得使嫌疑人或其他相關之人查知提供資料者之姓名外，必要時應對其施以適當的保護。」台灣目前主權實際所及之領土台澎金馬等地，幅員不大，交通便

利，資訊發達，自無法如美國給予證人遷居或更換身分等保護。故有關證人身分保密及人身安全維護宜另定一套保護制度。

　　為使司法機關發現真實，並維護被告在刑事程式中之權益，乃以刑事訴訟法有關證人之規定為原則，參酌英國、日本、德國、法國等國有關證人保護之規定，兼顧證人之保護、被告利益之保障以及社會、司法資源運用間之平衡關係，擬具「證人保護法草案」。

(二)法案研擬經過

　　司法院釋字第384號解釋宣示：「憲法第8條第1項規定……係指凡限制人民身體自由之處置，不問其是否屬於刑事被告之身分，國家機關所依據之程式，須以法律規定，其內容更須實質正當，並符合憲法第23條所定相關之條件。檢肅流氓條例……第12條規定關於秘密證人制度，剝奪被移送裁定人與證人對質詰問之權利，並妨害法院發現真實；……均逾越必要程度，欠缺實質正當，與首開憲法意旨不符。……至遲於1996年12月31日失其效力。」立法院內政及邊政、司法聯席委員會於1996年10月2日初審完成「檢肅流氓條例部分條文修正草案」，其中「秘密證人制度」仍予保留。蓋秘密證人是偵辦組織犯罪或其他重大犯罪能否定罪之關鍵，然因其剝奪了被告在訴訟程式中與證人對質、詰問證人，就其證言辯論之機會，實務上亦曾發現多起案件中秘密證人均為同一人，似有「職業證人」弊端出現，故在前開聯席會中，有部分立法委員對秘密證人制度持保留態度，會中並通過趙永清委員所提之附帶決議，要求行政院於六個月內研擬「證人保護法草案」，俟該法完成立法程式後，廢除秘密證人制度。嗣於同年11月22日立法院三讀通過「組織犯罪防制條例」，為使證人勇於作證，有效打擊犯罪，於第12條第1項對證人之保護設有規定。第2項規定：「檢舉人、被害人及證人之保護，另以法律定之」。而在審議「組織犯罪防制條例」草案過程中，立法院曾針對「證人保護法」草案的制定做過三次附帶決議：1.行政院應會同司法院於本法通過施行後六個月內將證人保護法草案送本院審查以周延對檢舉人、被害人及證人之保護。2.行政院應於半年之內提出證人保護之法律，送交本院審議。3.為真

正落實「組織犯罪防制條例」未來之實施效果，行政院應於本條例通過後二（兩）個月內依本條列第12條第2項完成有關檢舉人、被害人及證人保護之法律案，送交本院審議。其間，飼料奶粉事件之檢舉人之身分曝光：桃園縣長劉邦友命案發生後，據報載歹徒於逃逸時曾恐嚇證人不得報案，又目擊證人一再被媒體披露，再次凸顯證人保護之必要性。法務部於「組織犯罪防制條例」草案在立法院審議中，即著手相關證人保護外國立法例之搜集及研究，並於1996年11月11日即函請司法院、考試院、監察院、國家安全會議秘書處、銓敘部、考選部、審計部、內政部、外交部、財政部、教育部、經濟部、交通部、國防部、中央銀行、蒙藏委員會、僑務委員會、行政院主計處、人事行政局、新聞局、衛生署、環境保護署、國立故宮博物院、大陸委員會、農業委員會、勞工委員會、國軍退除役官兵委員會、公平交易委員會、青年輔導委員會、國家科學委員曾、研究發展考核委員會、經濟建設委員會、文化建設委員會、原子能委員會、台灣省政府、台北市政府、高雄市政府、福建省政府、中央選舉委員會、國家安全局及法務部調查局等機關，請就各管業務有關於保護檢舉人或證人之措施或相關法令規定，惠請提供該措施及相關規定。彙整相關機關提供之意見後，擬定「證人保護法草案」，會請部內各相關司處惠示意見，加以研析彙整後，於1997年1月25日及3月8日兩次邀請司法院、國家安全局、行政院法規會、內政部（警政署）、財政部、經濟部、交通部、國防部（軍法局）、行政院新聞局、衛生署、環境保護署、公平交易委員會等機關及台灣大學蔡墩銘教授、陳志龍教授、中興大學黃東熊教授、中央員警大學周文勇教授、中華民國律師公會全國聯合會、台北律師公會及法務部調查局、最高法院檢察署、台灣高等法院檢察署、台灣台北地方法院檢察署、台灣板橋地方法院檢察署、台灣士林地方法院檢察署等單位聚會研商「證人保護法草案」制定案，統合各界寶貴意見後，完成「證人保護法草案」總說明及條文對照表，於同年5月31日以法86檢字第15320號函，陳報行政院，行政院於同年6月24日舉行審查會議，報請院會通過後，於同年7月2日以台86法字第26926號函送立法院審議，立法院司法、內政及邊政委員會於同年12月15日舉行全體委員聯繫會議審查。其間，本人曾於同年9月

30日在國民黨立法院工作會立院黨團委員長、正副書記長第一次聯席會議及同年10月30日在立法院舉行之公聽會上詳細地報告整個草案之立法經過、緣由及精神，雖未能於本人任期內通過，但終於在2000年2月9日順利公布並施行，此外，本法於2006年5月5日進一步完成修正，亦於同年5月30日公布並施行。

五、槍砲彈藥刀械管制條例之修正

(一)修法意旨

　　按槍砲彈藥刀械管制條例原屬內政部主管法規，係於1983年6月27日制定公布，其間雖經1985年、1990年及1996年三次修正，並經政府依本條例第13條之2規定，於1990年7月18日至同年10月17日止及1996年11月1日起至1997年1月31日止，辦理兩次自首報繳槍械措施，惟統計最近三年查獲非法槍械之數量，分別為1994年2861枝，1995年2465枝，1996年3403枝，顯見社會上黑道幫派及流氓份子擁槍自重情形嚴重。彼等藉槍械而欺壓善良，橫行鄉里，從事色情、賭博、走私、販毒、經營地下錢、討債公司、強盜、擄人勒贖等違法行為，更進而介入公共工程圍標、公職人員及農、漁會等選舉活動，甚至於犯案通緝逃亡或遇有盤查取締時，動輒持槍抗拒或襲擊執勤人員，公然向公權力挑戰，導致治安環境漸趨複雜惡化，嚴重衝擊社會民心，影響投資意願及國家競爭力。由於台灣現行刑法及槍炮彈藥刀械管制條例對於製造、運輸、販賣、持有槍炮、彈藥等罪之處罰，與同屬刑法公共危險罪章之放人、決水罪刑度相比（可處無期徒刑），顯屬偏低。然而近年來黑道幫派走私槍炮、彈藥已見集團化、企業化之現象，利用漁船、貨櫃夾藏大批走私之案件屢有查獲，此類案件對於整體社會治安的危害與刑法放人、決水罪相比實有過之而無不及；且由於近年來，法院對於槍械案件大都量處低度刑罰；加以1996年修正檢肅流氓條例第21條，複規定同一案件之自由刑、保安處分與感訓期間，應互相折抵。凡此種種，已造成黑道幫派及流氓份子均認為從事槍械犯罪，系屬高

暴利、低風險之行為，對於日益惡化的社會治安無異於雪上加霜，也助長槍械犯罪的增加。

（二）法案研修經過

政府體察人民望治心切，已於1996年8月起，執行掃黑行動方案，結合檢、警、調、憲等單位，以團隊精神，澈底執行掃黑、除暴工作，並宣示1997年為「治安改善年」，以政府及民間所有力量，投入維護治安工作；然「工欲善其事，必先利其器」，因此，健全而妥適法令的配合更屬迫切，在組織犯罪防制條例、洗錢防制法及檢肅流氓條例外，尤應審酌當前社會治安及黑槍之氾濫，參酌「新加坡國持械犯罪法」之立法例，檢討修正本條例各項規定，適度加重刑罰、增加處罰之種類及提高罰金額度，並增列保安處分之規定，以期符合罪刑均衡原則，並達遏止槍械犯罪，維護人民生命財產安全之目的。

法務部奉行政院指示，研擬本條例應興應革之檢討工作，遂依據前揭法理及事實上之需要，研擬本條例修正草案，於1997年5月間，送請行政院審查，並經行政院於同年6月5日院會通過，於同年6月16日，以台86內字第24632號函送立法院審議，立法院並於同年10月18日召開審查會通過一讀，旋於同年11月11日完成三讀會後，諮請總統於同年12月24日公布施行，本條例修正案之施行，對於配合掃黑政策，遏阻槍械犯罪，可說發揮了相當大的功效。

玖、掃黑行動之成效

一、依法偵辦部分

掃黑行動方案實施以來，自1996年8月11日發動首波南北同步掃黑行動，迄1998年6月30日為止，即本人擔任法務部長之二年時間，檢、警、調、憲大結合之掃黑鋼鐵部隊以刑事偵查及流氓檢肅並行方式，全方位執

行。針對隱身幕後操控不法之幫派首惡或黑道角頭，不問其身分、地位、幫派或黨派，成立專案小組搜集證據、確認、監控以迄執行到案，依據相關刑事法律程式移送各地地方法院檢察署偵辦，或依檢肅流氓條例相關規定移送各地方法院治安法庭審理，近二年以來的執行成效，已普獲社會各界及輿論之肯定及支持，充分展現政府掃黑一體的決心及魄力，確立法治社會偵辦黑道犯罪有效之模式。

據統計，自掃黑行動實施以來，台灣高等法院檢察署所屬各地方法院檢察署執行掃黑方案，共受理偵辦包括竹聯幫、四海幫、天道盟、松聯幫、沙地幫、至尊盟、十五神虎幫及所謂海線、縱貫線之幫派首惡、角頭及其成員、關係人等675人，其中405人經檢察官偵訊後，認涉案情節重大，有羈押之必要，而諭令羈押或聲請法院諭令羈押，其中經列為治平對象而移往台東看守所附設於綠島監獄之分舍者共有162人。

掃黑方案將若干幫派首惡及魚肉鄉民、橫行霸道、作奸犯科的黑道，列為治平專案物件，依法執行到案，有鑑於幫派組織領導人或重要成員在外闖蕩，關係複雜，地方惡霸在地區交遊不單純，為顧及彼等羈押後之安全、囚情之安定、看守所戒護之周全及減少不必要的顧慮，各地檢署檢察官認定將彼等解送台東看守所設於綠島監獄內之分舍，最符合掃黑行動方案事實上之需求，此從97%之民眾對於掃黑的支持與贊許，足可明證，而某些被告被移往綠島羈押，亦產生掃黑打擊犯罪的震撼效果，1997年8月台北市重大刑案發生率為零的紀錄，完全是掃黑所成就的績效。

二、解散及脫離組織犯罪登記自新部分

為啟自新，給予參加犯罪組織者一個自新的機會，組織犯罪防制條例特於第18條規定：本條例施行前已成為犯罪組織，其成員於本條例施行後二個月內，未發覺犯罪前，脫離該組織，並向員警機關登記者，免除其刑。其發起、主持、操縱或指揮者於本條例施行二個月內，未發覺犯罪前，解散該組織並向員警機關等記者，亦同。前項辦法，由內政部定之。組織犯罪防制條例經總統於1996年12月11日公布，為此，內政部於上開條例生效之同年月13日亦根據組織犯罪防制條例第18條規定公布「解散及脫

離犯罪組織登記辦法」，鼓勵幫派組織之發起、主持、操縱、指揮及參與者，於犯罪未被發覺前，向員警機關登記，澈底解散、脫離犯罪組織，依法予以免除其參與犯罪組織之刑責。

根據統計，自1996年12月13日至1997年2月12日止，受理登記，兩個月期間內，共有55個犯罪組織登記解散，成員1,725人辦理脫離犯罪組織登記。其中包括四海幫所屬14個堂口、竹聯幫所屬25個堂口、天道盟所屬4個分會等，不僅使一時誤入歧途者有自新重生的良機，亦宣示政府瓦解幫派、組織的決心及毅力。

三、對政治面之影響：政治更加清明

黑道透過各種政治上的選舉，取得各級民意代表、地方首長等公職人員身分，進而假借「公職漂白」的機會，遂行擴張勢力及危害社會鄉里的犯罪行為。在我主導下完成立法的組織犯罪防治條例第13條即明定有防止黑道參選條款，其內容為：「犯本條例之罪，經判處有期徒刑以上之刑確定者，不得登記為公職人員候選人。」此外在同條例第14條規定：「本條例施行後辦理之各類公職人員選舉，政黨所推薦之候選人，於登記為候選人之日起五年內，犯本條例之罪確定者，每有一名，處該政黨新台幣1千萬元以上，5,000萬元以下之罰鍰。前項情形，如該類選舉應選名額中有政黨比例代表者，該屆其缺額不予遞補。」，配合掃黑各項具體作為之推動，全面性地清查以暴力及金錢介入選舉的案件，以落實政黨政治清明從政的理想。

掃黑的全力施為，發揮了震撼不法份子蠢蠢欲動、企圖挑戰公權力的意念，使得政治活動的風氣漸趨清明。以1998年1月24日所舉辦的各縣市議員、鄉鎮市長選舉為例，各政黨辦理候選人提名時，立即傾向保守慎重，不再為求勝選而昧於地方惡勢力，提名具有黑道背景的人物參選。根據調查，1994年縣市議員當選者中具有不良背景者，總計287位，而1998年於掃黑過後當選者，則已銳減至121位。顯見在該此選舉中，具有黑道背景的參選者，已開始體認到藉公職漂白也是罔然的效應，同時，人民也感受到清明的政治不容許黑道棲身。掃黑掃除了政治上清廉的絆腳石，政

治秩序恢復應有的常態運作，讓國人知道政府貫徹公權力及樹立公信力的決心，法治與施政的基礎也會趨向穩固。

四、對經濟面之影響：產業重獲生機

有暴利之處，就有黑道虎視眈眈的陰影，這是黑幫的特性，也是其存在與壯大的來源。隨著經濟繁榮，黑道幫派更是無所不用其極，紛紛介入各種經濟層面，以獲取暴利，維持其經濟來源。然而由於一連串的掃黑行動，已針對黑道幫派遂行之強迫買賣、經營賭場、地下錢莊、有線電視及圍標公共工程等不法行為，全方位、多目標的進行掃蕩，使得竹聯幫、四海幫、松聯幫及至尊盟等幫派首惡及重要成員非經執行到案，移送綠島羈押，即已透過各種管道遁避國外，至幫派組織處於瓦解或是群鼠無首之境況，適時遏止黑道挾其暴力介入股市、公共工程、霸占市場、壟斷商機之情事。

五、對社會面之影響

(一)治安全面改善

掃黑行動不分身分、地位全面性的檢肅，不僅首惡份子，連附從份子亦進行連根剷除，此即所謂「大、小尾都要抓」的策略作為，就是要澈底的奠立國內治安的根基。民眾因為掃黑政策的展開，逐漸恢復對於政府貫徹公權力、樹立公信力的信心，使社會趨向安定，人民得以安居樂業。人民因為政府的保障而脫離黑道威脅的陰影，自然對於國家之前途寄予無限希望，對於政府自然會有更多期許。

(二)公平正義之實現，社會價值觀之重建

由於掃黑行動的展開，一般人對社會風氣的急功近利、人與人之間的重利輕義、崇拜金錢、以財富為衡量個人社會地位標準等心理，獲得檢討、深思及改正的契機。也對黑道之「假面具」與「真面目」有正確的了解，逐步不再與黑道人物往來、掛勾或是相互依存、利用，相對地也使民

眾知道黑道的「英勇」是明日黃花，黑道的「財富」是罪惡的淵藪。

六、掃黑行動引起國際重視與合作

　　我規劃結合檢、警、調、憲各治安單位整體力量,所規劃實施的掃黑行動方案，規模堪稱前所未有，不論是在跨部會間之聯繫合作、全民反黑氣勢掀起、掃黑原則策略之研議擬定、搜證執行程式的充分完備，乃至於掃黑法制化的建構確立，均已獲致國內、外極高之評價與贊許，深受國際間之矚目、關注，美國、加拿大、日本、法國、德國等國政要、有關機構或法政學者拜訪法務部、內政部等參與掃黑之機關，無不對於掃黑的作法及成果，甚或其機制及法制面的研擬，都投以無限的關心與一睹相關資料為快的熱切。而國內相關情治單位並藉此與美國聯邦調查局、加拿大皇家警騎及東南亞各國警方建立良好聯繫與合作關係，足堪為目前深受幫派組織犯罪所苦的發展中國家作為「掃黑經驗」的成功典範。

　　台灣之幫派與日本山口組、香港十四K幫、新義安、大圈仔、美國華青幫、血影幫、竹聯幫美國分支堂口等頗有聯繫。透過國內幫派移民海外份子之居間、勾聯而結盟。尤其鑑於台灣政府的強力掃黑作為，已使幫派犯罪組織份子紛紛避罪逃亡國外，與當地黑幫相互串聯，彼此共同在海外從事非法犯罪及遙控犯罪等勾當，也等於他們又建立了灘頭堡，甚至於迅速集結擴張，使其不僅得到喘息的機會，而且更加坐大勢力，對於所在國之治安，造成一定程度的影響，有關犯罪活動及洗錢過程都有跨國交流的現象，因而引起所在國治安單位極度重視，尤其港澳地區在地緣、文化、交通上與台灣接近，以致港澳成為黑道人士藏匿之主要處所，或以港澳為跳板，轉入或直接進入大陸及東南亞、美加等地。此等亡命天涯的黑道幫派份子利用台灣與所在國或地區無正式外交關係或未簽署引渡條約的漏洞，不僅在所在國或地區繼續從事犯罪，甚且持續遙控國內手下犯罪，不僅對他國治安造成衝擊，危害其國內社會治安，更造成台灣聲譽負面的影響。為此，相關治安單位除配合先期情資運用，嚴密入出境及安檢管制措施外，亦特別加強國際合作掃黑的聯繫，輸出我國成功、寶貴的掃黑經驗的同時，針對逃亡在外的幫派首惡份子，協調澳門、香港、東南亞及美加

等國警方協助緝捕，遣返回國受審，聯手執行海外掃黑任務，並透過海基會、紅十字會等協商管道，強化兩岸共同打擊犯罪，將鐵腕伸向海外，擴大打擊範圍，使黑道無所遁形。

茲略舉台灣跨國掃黑合作成功案例如次：

1. 1996年8月間，法務部開始執行大規模之「掃黑行動方案」後，黑道首要蕭○○即潛逃國外避罪，經相關情治單位積極與加拿大皇家警騎及美國移民局合作，於1997年5月7日將通緝中之蕭○○押解回國受審。

2. 1997年4月23日，涉及多起重大刑案之四海幫堂主暨重要槍擊要犯楊○○，經與菲律賓警方積極聯繫，在潛逃海外多年後，於菲律賓當地落網，並隨即將其押解返台調查。

3. 1997年6月間，涉嫌以暴力介入選舉及圍標工程之黑道要角雲林縣議員吳○○，在得悉被警方鎖定調查後，即輾轉經由金門偷渡潛逃至大陸廈門，並遭中共公安部門逮捕，經相關單位透過海基會、紅十字會等管道協商聯繫，終於1997年8月8日依據金門協議，將通緝中之吳某押解返國受審，成功阻絕黑道份子潛逃大陸之管道。

拾、結論

一、統合掃黑戰力，完整配套措施

掃黑工作的成功，不可能只是憑藉法務部或是檢察機關的力量。要掃除盤根錯節的黑道勢力，必須要用到每一分可用的資源，結合政府與全民的力量，才能克竟其功。我規劃的掃黑政策的優勢，在於我數十年深入研究法學的專業背景，更在於本身歷練諸多職位、機關，深知政府機關可資有效利用的資源在哪裡，也明白要如何去結合、利用這些資源，這就是戰力的統合與資源的有效運用。而在掃黑政策的規劃上，不能只從打擊犯

罪著眼，必須宏觀全面性、社會整體性的問題癥結，從預防犯罪以及切斷經濟來源做起，採取掃黑、查賄、肅貪、肅毒、肅槍、洗錢防制及獎勵自新、更生保護多管齊下之方式，將配套措施完善化，才能真正掃除犯罪勢力，達成生活環境無黑道之威脅的施政理想。

二、大陸應高度重視並積極推動掃黑工作

　　近年來，隨著經濟開放，大陸黑幫逐漸滲透經濟領域，不擇手段攫取經濟利益，已形成「以黑護商、以商養黑」的問題，成為大陸整治社會治安及經濟市場秩序的頭痛問題。這個現象的產生，與我當初在台灣堅持進行掃黑的背景，幾乎完全相同。因為改革開放，在經濟路線上的彈性與內需市場的擴大，使得社會上商機處處，也就使得原本的黑幫有機可乘，「利之所趨，無所不為」。2005年6月11日，河北省定州市繩油村發生的黑幫血腥襲擊民眾案[2]，引起大陸以及海外媒體重視；這個現象也顯示，大陸的黑幫活動猖獗，正危及社會的穩定。具體而言，黑幫的不法行為包括橫行鄉里，欺壓百姓，還充當打手、殺手；看護地下賭場、色情娛樂場所，以及充當保鏢；插手經濟糾紛，使用暴力、脅迫等手段替人催款討債；干擾司法公正，充當地下法庭，替人擺平事端。依我看來，河北定州流血事件恐怕只是冰山一角，大陸黑幫或撈取政治資本尋求紅色保護，或拉攏腐蝕幹部尋求黑後台，或染指地方基層政權，終將侵蝕大陸經濟發展，進而危及社會穩定。

　　因此，即使各省所謂的「掃黑」行動捷報頻頻，也要小心避免落入「頭痛醫頭、腳痛醫腳」的表面功夫。真正的困難以及問題的癥結，還是必須儘快建立整體的掃黑方案，進行全國性、大規模的掃除黑金作為，同

2　新華社2005年6月18日報導：6月11日凌晨，在定州市繩油村附近的國華定洲電廠灰場建設用地上，以楊樹寬為首的黑幫份子，三百餘人持械襲擊在場聚居的數百名繩油村村民，致使六人死亡，數十人受傷。當局已逮捕了二十二人，包括主謀、定洲電廠灰場工程承建人張某及她的丈夫甄某。據稱，灰場工地原為村民所有，年前為電廠收購，但村民不滿賠償，其後在工地上居住下來，不讓動工。灰場承建人即聯絡黑幫勢力，進行非法驅逐民眾的工作。同時，公安機關亦查獲楊樹寬所有，平時專供犯罪之用的軍用裝甲車數輛。

時，也必須配合「反貪、反腐」的政策，將與黑幫勢力有所聯絡的黨政官員以及警務人員，一併掃除。建立清廉的政風，形成全民望治的氛圍，掃黑工作的推動才能順利、成功。

　　最近幾年，大陸對黑幫問題亦已逐漸重視，除了三次嚴打的政策仍持續進行之外，在法制的建立上，亦已逐漸完備。例如1997年頒布刑法第294條的處罰規定；2004年12月10日施行的最高人民法院關於審理黑社會性質組織犯罪的案件具體應用法律若干問題（共七條）；2002年4月28日第九屆全國人民代表大會常務委員會會議通過的刑法第294條第1款的解釋；2006年2月，中央政法委召開全國打黑除惡專項鬥爭電視電話會議，進行統一部署，在中央層面成立了打黑除惡專項鬥爭協調小組，開展全國「打黑除惡」專項鬥爭。自此以後，中央政法委每年都召開一次全國電視電話會議，並下發深化打黑除惡專項鬥爭的指導意見。同時，一系列工作機制相繼建立：最高人民檢察院、公安部聯合建立了對重大案件的聯合督辦制度，先後九批掛牌督辦399起重大涉黑案件；各地普遍建立黨委政府領導掛帥、政法委牽頭，公檢法司、紀檢、組織、宣傳、工商、銀行等部門共同參與的組織領導協調機制；制定了辦理黑社會性質組織犯罪案件的通報制度；對判處十年以上的重大涉黑組織頭目及骨幹成員實行跨省異地服刑制度。2009年12月，大陸中央成立了三個有組織犯罪偵查隊（俗稱「打黑隊」），由「打黑隊」統一調用，指導各地解決案件偵辦中的疑難問題；同時，中央編辦核准了2,075名專項編制，在省級、省會市和計畫單列市建立了一支打黑除惡專業隊伍，在打黑的方法上，經常性使用「下打一級、異地用警」的超常措施。至2011年為止，共打掉2,131個涉黑組織，跨省異地關押518名黑社會性質組織頭目和骨幹成員，依法追究文強等數百名掩護黑道的「保護傘」刑事責任。迄今，公安部、最高人民法院、最高人民檢察院，仍分別發表談話，要求繼續深化「打黑除惡」專項鬥爭。

三、兩岸應擱置政治爭議，共同合作打擊黑道與犯罪[3]

　　自1987年台灣開放赴大陸探親始，兩岸經貿互動、文教及社會交流即日益成長與頻繁，商旅往返更是絡繹於途。然而，兩岸間互動密切、交通便利、出入管制放寬、牟求暴利等發展結果卻也帶來不少新興的治安問題，其中包括：兩岸刑事嫌疑犯、通緝犯潛逃至對岸躲藏；兩岸犯罪份子結合，共同進行走私（貨物、黑槍、毒品等）、偷渡（由人蛇集團「包辦」所有過程）、偽造有價證券（以人民幣為主）、恐嚇及勒索（以台商為主）等犯罪勾當，雙方犯罪份子或黑幫且有「結盟」整合之發展趨勢；此外，台海附近亦不時發生大陸漁船劫奪台灣漁船等海上犯罪事件。這些治安問題不但增加台灣及大陸維持社會安全與秩序的內政成本，同時也造成兩岸互動過程中所應可避免的誤解、猜忌與悲觀。基此，兩岸進行合作以共同打擊犯罪應系符合互利互惠之原則，且又有利於雙邊良性互動之發展。

　　以前，兩岸合作共同打擊犯罪最具體的做法即是透過1990年9月兩岸所達成的「金門協議」而進行刑事嫌疑犯或通緝犯查緝遣返，無需再經由「第三國」轉手遣送。（如1989年4月，即有大陸經由新加坡而遣返台灣所通緝的楊明宗刑事犯乙案）。經由兩岸紅十字總會和海基、海協會等仲介團體居間傳送訊息與遣返見證，兩岸治安單位基於尊重雙方司法管轄權及互利互惠原則而進行疑犯資料審核、查緝（若發現另有觸犯當地法令情事則先進行應有之司法程式處理）、收容與遣返等作業。至1996年為止，大陸方面曾十五次遣返潛逃大陸地區之台灣刑事通緝、嫌疑犯計28人。台灣方面則有五次遣返大陸刑事犯作業共7人。除刑事犯遣返外，兩岸間尚運用兩會傳達雙方治安單位其他方面的協助要求和訊息，另如國際刑警組織（托由東京局代轉）也是兩岸轉達訊息的通道。

　　共同打擊犯罪是兩岸應較具共識且互利互惠的議題。停頓多年以後，終於在2009年4月，海基會與海協會在南京所舉行的第三次江陳會談

---

[3] 張中勇，兩岸合作共同打擊犯罪的可行方案，國策雙週刊第144期，1996年8月6日出刊。

中，兩岸代表共同簽署「共同打擊犯罪與司法互助協議」。從形式上來看，「海峽兩岸共同打擊犯罪及司法互助協定」（以下簡稱協定）總共分為五章，除第五章為附則之規定外，其實協議最主要的核心，是在處理兩岸互相請求「共同打擊犯罪」以及「司法互助」之程式。而這兩項重要工作之本質，乃在於合作與互惠。互惠原則原本是區際間處理罪犯或是人員引渡的補充法則，然而為了符合實際情況之需求，世界上多數國家與地區，均擴張互惠原則在司法或是刑事互助上的功用，實際上也達到了良好的成果。海峽之間的跨境犯罪，如毒品犯罪、販運槍械彈藥、組織（黑幫）犯罪、走私、人口販運以及洗錢犯罪等，均屬重大影響兩岸治安，而且牽涉層面亦廣，在刑事政策上有必要加以積極處理，在理論上系傾向於以嚴格的刑事政策為治理方針的犯罪問題。在這一點上，從「協定」的內容來看，協定第4條第1項規定：「雙方同意採取措施共同打擊雙方均認為涉嫌犯罪的行為。」同條第2項則規定重點打擊犯罪的對象為：「（一）涉及殺人、搶劫、綁架、走私、槍械、毒品、人口販運、組織偷渡及跨境有組織犯罪等重大犯罪；（二）侵占、背信、詐騙、洗錢、偽造或變造貨幣及有價證券等經濟犯罪；（三）貪污、賄賂、瀆職等犯罪；（四）劫持航空器、船舶及涉恐怖活動等犯罪；（五）其他刑事犯罪。」在範圍上，較既往處理跨境犯罪問題的打擊範圍為廣，包括了國際公約中提到的貪污腐化犯罪以及反恐怖行動的合作，乃有第5款概括條款之設置，原則上當足以涵蓋目前海峽兩岸跨境犯罪有必要明快處理的重要課題。

而在司法互助方面，「協議」對於此項工作，共有6條。在概念上，依然可以查知一般（民事）司法互助與刑事司法互助分立的樣貌。協議第7條的送達文書、第8條的調查取證、以及第12條的人道探視，並沒有區分刑事或是民事案件，在原則上系屬一體適用之原則。不過，第10條的民事確定裁判與仲裁之互相認可，即專屬民事司法互助之內容；而第9條罪贓移交、第11條罪犯接返（移管），則與刑事訴訟程式中證據之確保，以及受刑事裁判確定人的人身權益密切相關，故系專屬刑事司法互助之範圍，同時亦吸納了1990年「金門協議」人道遣返的精神與作法。

四、加強國際合作，消弭黑幫、組織犯罪

由於全球經濟的發展及國際機動性、流動性均增加，無論是一般的犯罪、電腦犯罪、組織性的犯罪如槍毒走私及人口販運及恐怖主義，都有跨國的特性，國家的社會治安並非一國能獨力完成，必須結合國際的執法單位共同努力，包括經驗交流、　育訓練、情資分享，建立共同打擊犯罪的機制，才能有效打擊跨國性的犯罪。

從國際趨勢來看，回顧2000年11月聯合國在義大利西西里島所召開之「防制跨國有組織犯罪」會議中，通過了「聯合國打擊跨國有組織犯罪公約」（U.N. Convention Against Transnational Organized Crime），其中第6條有關洗錢行為罪刑化部分，即特別指出組織犯罪、貪污犯罪等犯罪類型，應列為洗錢之前犯罪（predicate offences），第7條則進一步規定各種防制洗錢措施，第8條將貪污行為罪刑化，第9條則為採取防制貪污措施，同時還特別強調肅貪行動的獨立、不受不當影響。該公約目的應在加強跨國合作，共同打擊朝國際化發展的有組織犯罪。聯合國毒品管制及犯罪防治局執行長阿爾拉奇在這場於義大利打擊黑道犯罪最前線的巴勒默市召開的會議閉幕時說，會議的成功超乎預期，全球的法律武器今後將趨於一致。簽約國承諾將促使各國國會一字不改的通過這項公約，以加強國際調查人員的合作來對抗全球化風潮下所帶來的黑暗面。這項公約必須有40國批准才能成為國際法工具，到了2007年3月，已經有147個國家簽署，其中51個國家已經批准了此項國際公約。以金融業務保密聞名的奧地利、塞席爾、列支敦斯登、瑞士、盧森堡及摩納哥均在公約簽字。依據該公約防範洗錢的條款，這些國家往後在調查人員調查犯罪活動時，不得拒絕檢調銀行帳戶來往紀錄，同時匿名或假名帳戶將予作廢及成立金融情報單位，而在這些簽約國中，阻撓司法調查將屬犯罪行為。這次會議中，簽約國亦矢言將立法規定貪污為犯罪行為，並將保護指控黑幫的證人。此外，七大工業國（G7）所成立之金融行動工作小組（Financial Action Task Force，以下簡稱FATF）也公布了15個在國際打擊洗錢活動中不合作的國家，同（2000）年12月，已有125個以上國家簽署前述公約（包括美國與

瑞士），這可謂國際社會為打擊洗錢等黑幫、組織犯罪型態，已邁入一個新的里程碑[4]。

---

[4] 謝立功，加強國際合作、共同打擊犯罪，財團法人國家政策研究基金會國政研究報告，2001年8月28日。

15

「掃黑」法制與實務
——宏觀政策的規劃與推動

目　次

＊ 2008年6月3日於「大法官會議第636號解釋與檢肅流氓法制問題研討會」（台北）專題演講。

壹、前言

　　從刑事政策或是犯罪學的角度來看，社會治安的敗壞與惡化，是由許多原因[1]造成的，黑道幫派的形成與發展，也一樣有其社會背景。

　　依據筆者的研究與多年實務歷練的經驗，追根究底地來看，台灣社會治安之所以在近年來快速地沈淪、惡化，重大案件接續不斷地發生[2]，主

---

[1] 學者認為，台灣社會變遷是處於動態以及不均衡的狀況，因而產生城鄉發展不均、貧窮現象的轉變，以及社會階級、教育職業所得結構的不均衡，是導致台灣犯罪情況日趨嚴重的主要因素。詳參：周愫嫻，變遷中的犯罪問題與社會控制——台灣經驗，頁31-46，1997年9月，五南圖書。而從刑事政策的目的係以犯罪之預防與犯罪問題之治理來看，如何規劃有效的策略，針對犯罪之癥結加以有效治理，係屬刑事政策學之核心價值。詳參：丁道源，刑事政策學，頁15-24，作者自版，2002年9月16日。併請參酌：許福生，刑事政策學，頁186-210，元照出版，2007年8月2版。

[2] 依據司法院的統計，每年的實際上以重大刑案終結之件數，從民國87年的482件、88年的444件、89年的370件、90年的401件、91年的418件，突然在民國92年暴增至628件，93年又降回547件，94年則上升至641件，95年再度上升至694件，而96年則再度增加至839件，被告人數也從95年的1312人增加到1618人。事實上，自民國92年之後，每年重大刑事案件的被告，至少都有1,130人以上。詳參司法院之司法統計資料網址：http://www.judicial.gov.tw/Juds/report/Sf-9.htm。此份資料是以地方法院受理重大刑案被告人數進行統計，係以裁判結果進行區分後所得之數據。

要導因於社會整體價值觀的嚴重扭曲以及功利主義的盛行，最直接的反應就是黑道幫派[3]乘勢而起的囂張與猖獗。黑道幫派自原本的區域性集團，漸漸坐大、串連，成為具有影響力的犯罪組織。這些犯罪組織不僅包娼、包賭、暴力討債、擄人勒贖，更進一步參與走私、偷渡、販賣毒品或是槍械彈藥，甚至以企業化經營的方式包裝，對於公共工程的投標進行圍標、綁標，獨占龐大的利益；甚且進一步在獲取鉅額利益之後，從「拳」獲「錢」，再以「錢」買「權」，透過地方性選舉成為民意代表或是公職人員，以合法掩護非法，並結合政治人物，侵蝕政務清明的根基，不僅紊亂社會治安，如任其發展，勢將動搖國本，危害政治安定、社會安全。

　　本文即以筆者當時規劃的掃黑藍圖為經緯，結合法制與理論基礎，整合犯罪偵查機關整體資源，在「沒有底限、沒有上限、沒有時限」的政策原則下，進行除惡務盡、澈底偵辦黑幫與組織犯罪的具體實踐作為與成果。近年來，兩岸社會經濟發展、變遷快速，社會價值觀在經濟掛帥的氛圍中漸趨敗壞，各種治安案件層出不窮。希望透過本文，提供筆者服務於法務部時期進行掃除黑金，打擊黑道幫派與組織犯罪的經驗，提供相關機關參考，作為制訂相關政策時的輔助。吾人深信，黑道幫派勢力的瓦解與消除，是導正社會風氣，建設美好家園的基礎，同時，一個安居樂業、人人知法守法的社會，也是社會大眾心中最深刻的期盼。

---

[3]　鄭善印，組織犯罪集團之現況與抗制對策，頁118-129，收錄於刑事法律專題研究（二十），2003年10月，司法院秘書處。鄭教授於文中簡要概述了台灣四大幫派：天道盟、竹聯幫、四海幫與至尊盟的發展狀況。日本學界對於黑社會組織犯罪，稱為「暴力團」犯罪，亦有學者將暴力團犯罪即等同於組織犯罪者，同時，日本學界亦將暴力團犯罪區分為數種型態，如民事介入的暴力（金錢借貸、土地取得等具有相當利益的民事行為）、偽裝公司、企業犯罪與暴力團犯罪的結合，或是暴力團本身的企業化等層次加以檢討。詳參：前野育三，刑事政策論，頁305-315，1994年4月20日改訂版，法律文化社。並請參酌：大谷實，刑事政策講義，頁410-417，弘文堂，1999年6月30日4版。

貳、台灣流氓、黑道幫派的發展狀況

一、霸占地盤、魚肉鄉民的流氓

　　所謂的流氓，指的是檢肅流氓條例第2條所稱：「年滿十八歲以上之人，有下列情形之一，足以破壞社會秩序者[4]，由直轄市警察分局、縣（市）警察局提出具體事證，會同其他有關治安單位審查後，報經其直屬上級警察機關複審認定之：

　　（一）擅組、主持、操縱或參與破壞社會秩序、危害他人生命、身體、自由、財產之幫派、組合者。

　　（二）非法製造、販賣、運輸、持有或介紹買賣槍砲、彈藥、爆裂物者。

　　（三）霸占地盤、敲詐勒索、強迫買賣、白吃白喝、要挾滋事、欺壓善良或為其幕後操縱者。

　　（四）經營、操縱職業性賭場，私設娼館，引誘或強逼良家婦女為娼，為賭場、娼館之保鑣或恃強為人逼討債務者。

　　（五）品行惡劣或遊蕩無賴[5]，有事實足認為有破壞社會秩序或危害

---

[4] 「流氓」的定義，在學理上與法律上的定義並不相同。檢肅流氓條例第2條所規定者，係法律上對於所謂「流氓」在意義以及概念上之限縮，惟學理上，論者有認為所謂的「流氓」，指的是經常仗勢或以暴力手段欺壓善良民眾；或有破壞社會秩序或危害他人生命、身體、自由、財產習慣之不良組織、組合成員或黑社會不良份子。而對一般民眾的認識而言，幾乎凡是遊蕩無業，為非作歹，以舉止、言語或是惡勢力欺壓善良民眾的人，均可概稱為流氓。詳參：王文忠，警察機關辦理流氓、組織犯罪案件之現況介紹，頁6-7，收錄於刑事法律專題研究（二十），司法院秘書處，2003年10月。

[5] 司法院大法官以釋字第636號解釋對於本條所謂流氓之要件進行了全新的檢視。釋字第636號解釋認為檢肅流氓條例第2條第3款所規定「霸占地盤、白吃白喝、要挾滋事」行為之規定，以及第5款關於「品行惡劣、遊蕩無賴」之規定，與法律明確性原則不相符合。節錄解釋理由書之說明：「……基於法治國原則，以法律限制人民權利，其構成要件應符合法律明確性原則，使受規範者可能預見其行為之法律效果，以確保法律預先告知之功能，並使執法之準據明確，以保障規範目的之實現。依本

院歷來解釋，法律規定所使用之概念，其意義依法條文義及立法目的，如非受規範者難以理解，並可經由司法審查加以確認，即與法律明確性原則無違（本院釋字第432號、第491號、第521號、第594號、第602號、第617號及第623號解釋參照）。又依前開憲法第8條之規定，國家公權力對人民身體自由之限制，於一定限度內，既為憲法保留之範圍，若涉及嚴重拘束人民身體自由而與刑罰無異之法律規定，其法定要件是否符合法律明確性原則，自應受較為嚴格之審查。

本條例第2條明文規定流氓之定義，其中第3款所謂霸占地盤、敲詐勒索、強迫買賣、白吃白喝、要挾滋事及為其幕後操縱，係針對流氓行為之描述。依據一般人民日常生活與語言經驗，以及司法審查之實務，敲詐勒索與強迫買賣，足以理解為對被害人施以詐術、恐嚇、強暴、脅迫等行為，誤導或壓制被害人自由意志，而使被害人交付財物或完成一定之買賣行為；幕後操縱，則足以理解為對他人行為意思之形成、行為之決定與行為之實施為實質上之支配。上開構成要件行為之內涵，均為受規範者所得預見，並可經由司法審查加以確認，俱與法律明確性原則尚無違背。至霸占地盤，依其文義，所謂霸占固然足以理解為排除他人合法權益、壟斷特定利益之行為，而地盤，則可指涉特定之空間，亦可理解為占有特定之營業利益或其他不法利益；白吃白喝，應可理解為吃喝拒不付帳，以獲取不法財物；要挾滋事之要挾，足以理解為強暴、脅迫或恐嚇等行為。此等流氓行為構成要件所涵攝之行為類型，一般人民依其日常生活及語言經驗，固然尚非完全不能預見，亦非司法審查所不能確認，惟排除他人之壟斷行為，其具體態樣及內涵如何，所謂地盤是否僅限於一定之物理空間，吃喝以外之生活消費，是否亦可涵蓋於白吃白喝構成要件範圍之內，以及滋事所指涉之行為內容究竟為何，均有未盡明確之處，相關機關應斟酌社會生活型態之變遷等因素，檢討具體描述法律構成要件之可能性。本條例第2條第4款所謂經營、操縱職業性賭場，私設娼館，引誘或強逼良家婦女為娼，為賭場、娼館之保鏢或恃強為人逼討債務，亦均屬對於流氓行為之描述。經營、操縱職業性賭場，乃指意圖營利提供賭博場所及聚眾賭博之行為；私設娼館，足以理解為未經許可而媒介性交易並剝削性交易所得；為賭場、娼館之保鏢，乃經營、操縱賭場及經營娼館行為之協助行為；恃強為人逼討債務，乃以強暴、脅迫等方法為他人催討債務；引誘良家婦女為娼，係以非強暴脅迫之方法，使婦女產生性交易意願之行為；強逼良家婦女為娼，則係施強暴、脅迫等方法，使婦女為性交易行為。上開構成要件行為，皆為社會上所常見之經濟性剝削行為，其所涵攝之行為類型與適用範圍，並非一般人民依其日常生活及語言經驗所不能預見，亦非司法審查所不能確認，與法律明確性原則均無違背。本條例第2條第3款規定之欺壓善良、第5款規定之品行惡劣、遊蕩無賴均屬對個人社會危險性之描述，其所涵攝之行為類型過於空泛，非一般人民依其日常生活及語言經驗所能預見，亦非司法審查所能確認，實務上常須與強暴、脅迫、恐嚇等行為或與同條文其他各款規定合併適用。此基本構成要件所涵攝之行為內容既不明確，雖第5款另規定『有事實足認為有破壞社會秩序或危害他人生命、身體、自由、財產之習慣』，亦不能使整體構成要件適用之範圍具體明確，因此上開欺壓善良及品行惡劣、遊蕩無賴之規定，與法律明確性原則不符。本條例

他人生命、身體、自由、財產之習慣者。」

　　一般而言，在社會治安的層面上，這一類的流氓，對於社會秩序的妨害，可以透過警察機關的糾舉與督導，以及檢察機關對於犯罪的偵查、起訴來進行嚇阻與偵辦，尚不至於對社會治安產生重大威脅。但是，如果平時疏於糾正、督導以及防治，讓地區性的流氓勢力互相結合，甚至連結成黑幫勢力時，對於社會治安的威脅就不可小覷。如果放任黑幫組織繼續坐大，使其透過犯罪管道獲得金錢、槍枝或是其他供犯罪所用之資源時，他們就會開始無所不為、無所不貪，對社會秩序形成嚴重的威脅。

二、以組織犯罪型態出現之黑道、幫派

(一) 肇始期

　　從黑幫組織犯罪初期的狀況上來看，黑道幫派在一開始為擴大自己的勢力、吸收幫眾、建立堂口等，確立發展初期需要之資源，往往會擁槍自重、霸占地盤、互相火併，在這個時期，黑幫的犯罪型態，主要是以恐嚇取財、聚眾滋事、鬥毆傷害等暴力犯罪之型態為主。

(二) 發展期

　　到了黑道幫派犯罪的發展期，黑幫已經脫離暴力犯罪的雛形，改以組織化、企業化的型態，實際從事職業賭場、地下錢莊、色情行業、販毒、走私，甚至介入公共工程等經濟活動的非法惡行[6]。在這個時期，黑幫以

第6條第1項規定『經認定為流氓而其情節重大者，直轄市警察分局、縣（市）警察局經上級直屬警察機關之同意，得不經告誡，通知其到案詢問；經合法通知，無正當理由不到場者，得報請法院核發拘票。但有事實足認為其有逃亡之虞而情況急迫者，得逕行拘提之。』所謂情節重大者，依一般社會通念，應審酌實施流氓行為之手段、被害之人數、被害人受害之程度、破壞社會秩序之程度等一切情節是否重大予以認定，核與法律明確性原則尚無牴觸。」

[6] 日本將黑社會組織犯罪或是黑幫犯罪稱為「組織暴力犯罪」或是「暴力團犯罪」，重視黑社會組織的暴力習性與集團性，甚至以擬制血緣關係（如養父子、兄弟關係）互相結合成為組織，以暴力獲取其自身發展壯大必要的資源與資金。同時亦將其分成賣春暴力團、港灣暴力團等各種不同性質的暴力團。詳參：木村容作，組織

「拳」掙「錢」，獲取不法利益之後，以更多的「錢」，養更多的幫眾，經營更多不法事業，將犯罪版圖擴大至企業與社會經濟的各種層面。

(三) 成熟期

當黑道幫派累積了足夠實力之後，在成熟期的發展，就是以暴力或是金錢操縱地方性或是全國性的選舉，藉由選舉躋身政壇，參與政治活動，透過「漂白」的方式，以合法掩護非法，為其組織護航，也就是以「拳」加「錢」而得到「權」，朝著黑道治鄉、黑道治縣、黑道治國的路上發展。到了這個時期，黑幫勢力即已滲透進入政治、經濟的各種層面，形成黑金勢力的盤根錯節，再加上有心人士或是不肖政客的配合與操作，嚴重衝擊了社會治安與國家法治之發展[7]。

參、台灣黑道形成之主因

在擔任法務部部長之前，筆者就曾經數次在公開的場合懇切陳詞，希望政府以及民間能夠重視掃除黑金勢力的問題。當時的台灣社會，處於經濟高度發展的猛竄期，整個社會充滿各種賺錢的機會。黑幫份子以武力或是龐大的不法利得，操弄選舉，「漂白」之後，搖身一變成為地方上有頭有臉的民意代表，利用職務之便，為非作歹，交叉運用金錢、美色與暴力，變化出種種手段，威脅利誘公務人員協助其犯罪；而黑幫中的智慧型罪犯，也利用各種不法手段，介入取得上市公司的經營權。他們不斷地由小到大、由下而上，構築綿密的政商關係，久而久之，成為一個龐大的政商勾結團體，演化成為黑金勢力，也就是「政、商、黑」盤根錯節的共

暴力犯罪とその刑事政策，收錄於八木國之編，刑事政策原論，頁414-419，酒井書店，1984年4月20日3版。

[7] 廖忠俊，台灣地方派系的形成發展與質變，頁172-191、頁201-207，允晨文化出版，1998年4月30日修訂。本書作者亦認為，黑金政治的防制與改善是維護真正的民主政治所必須進行的工作。

生[8]。

筆者當時即曾說過：「如果掃黑不澈底，台灣會變成菲律賓，或是西西里島，也就是將會淪落為『黑道治國』。」在接掌法務部之後，筆者隨即擬定掃黑行動方案，全力打擊黑金問題，盡全力阻止、防治黑金勢力的蔓延，防止黑金勢力繼續啃蝕台灣未來的發展。

犯罪的成因，從犯罪學的觀點來看，主要是社會型態變遷[9]的問題，因為「社會失序容易產生犯罪。」「不同的社會型態中，會產生不同的犯罪。」台灣的黑幫勢力之所以快速地發展，使社會治安情勢迅速沈淪，同樣有其社會因素上的背景，以我國情況來觀察，主要的因素可大別為以下數種：

一、經濟發展造成之負面作用

1987年解除戒嚴之後，台灣社會的活力大增，適時台灣社會的總體經濟也進入騰飛期，延續來到1995年前後，忽然猛爆竄升，甚至有所謂「台灣錢淹腳目」之說。整體而言，當時台灣社會經濟突然快速躍進，造成某種程度的失序狀態，在新的社會秩序還沒有建立之前，導致黑金勢力以及各種失序現象因而產生。此外，由於社會經濟蓬勃發展，在商場上的競爭自然相對白熱而激烈，有些不肖商人為了確保自己在商業上的利益或是擴

8　從刑事政策作為一種「政策」，亦即治安治理的一種具體策略而言，在黑幫組織犯罪與其他犯罪的連結與共生上，尤其是與「金」、「權」密切相關的白領犯罪上發生如何的關係，如何互相輔助、作用，又應該採取如何的策略來加以有效治理，實為國內學界必須進一步深入研究的課題。關於白領犯罪之意義，可參閱：孟維德，白領犯罪，頁7-10，2008年2月初版，五南圖書。國內亦有以性別區分男性的白領犯罪與女性的白領犯罪之相關研究，可參閱：林莉婷，女性白領犯罪之研究——以公司犯罪為例，收錄於犯罪與刑事司法研究，半年刊第4期，頁121-131，國立台北大學犯罪學研究所，2005年3月。大陸學界對於此一問題亦有深入研究，可參酌：夏菲、王劍、王峻、郝英兵，白領犯罪人矯正對策研究，犯罪研究第5期，頁31-36，2005年，上海市犯罪學學會。

9　鄧煌發，影響台灣地區近二十年來犯罪問題之社會因素及其未來趨勢預測之研究，頁221-227，收錄於2001年犯罪防治學術研討會會議手冊，2001年7月18～27日。鄧教授以統計方式分析各項指標，並進行之後三年的各項犯罪指標之預測，深具參考價值。

大商業的版圖，利用黑幫勢力剷除競爭對手，或是恐嚇脅迫，也導致黑幫勢力與商業經營掛勾，此亦可認為是因為商業上利益之糾葛或爭奪而導致黑幫勢力崛起之成因。

二、人民素質及文化未能同步提升

經濟提升了，但是人民的文化素養以及道德觀念，卻往往難以跟著生活水準的提升而進步。台灣社會在經濟蓬勃發展之際，對於文化、生活品質的革新與建設卻相對落後，導致了相當程度的差距，而這個差距造成了社會嚴重的失衡現象。

首先就是價值觀念扭曲，筆者甚至常常以「嚴重錯亂」來加以形容。社會瀰漫著是非不明，善惡不分的狀況。守法安分的人，吃虧受罪；違法亂紀者，卻占盡便宜。在這樣的價值觀背景下，黑幫勢力隨即乘勢而起。

第二個現象就是功利主義的盛行。尤其是社會上的年輕人看到別人有錢，甚至是一夕致富，就受不了誘惑，輕者誤觸法網，重者喪失理性、泯滅良知，妄想一步登天，為達目的而不擇手段。由於功利主義的風氣瀰漫著整個社會，有人覺得何必腳踏實地辛苦賺錢？大家只想不勞而獲，而且要有暴利。欲達此目的當然要採取非法手段，於是走私、販毒販槍、買賣人口、強盜綁票等等事情，層出不窮。治安的惡化，直接鼓勵了黑道幫派發展、坐大。而在這些犯罪組織強盛之後，社會治安與風氣就更行敗壞，形成一種惡性循環。

三、政治上派系或選舉之需要

台灣社會在政治上的一個特色，就是選舉與地方派系[10]之間的關係非常濃厚。有些候選人為了達到勝選之目的，不擇手段，利用黑道幫派的勢

---

[10] 台灣的地方性選舉與地方政治派系之間有者近乎「盤根錯節」的關係。詳參：陳明通，派系政治與台灣政治變遷，頁221以下，月旦出版，1998年7月修訂。陳明通教授書中提到的「民主轉型期的派系政治」時期，即是台灣黑社會組織發展成熟，開始進行選舉漂白，開始黑金勢力密切結合、聯繫的時期。

力，為自己進行綁樁、買票或是恐嚇等等不法的競選作為，以求打擊競選對手，使自己獲得勝選的結果。同時，在黑道幫派於地方上漸漸茁壯之後，以「拳」養「錢」，再以錢換更多的「拳」與更大的「權」，或是乾脆自己出來競選公職或是民意代表，不僅繼續在地方上為非作歹，甚至變本加厲。也因為這樣的緣故，賄選、暴力綁樁等等不法案件，層出不窮，對於真正有心希望透過參選服務人民的候選人，造成嚴重的威脅；同時，也因為有許多具有黑道背景的地方人士參選成功，漂白成為地方上有頭有臉的人，進一步掌控議會，為所欲為，不僅影響政務清新，也置人民的生活與福祉於不顧，危害了社會安定與民眾安全。

肆、掃黑行動方案之內容

1996年6月，法務部檢察司依據筆者的指示，依照法定作業程序，就建立指揮體系、完善執行部署、妥適依法偵辦及結合全民執行等方針進行整體規劃，計畫於同月30日擬定完成，旋即據以推動[11]。

一、目的

目的為發揮整體統合功能，加強偵辦黑道犯罪，有效遏止黑道為

---

[11] 掃黑的計畫，其實早在筆者擔任行政院副秘書長任內，就曾經向當時的行政院連院長建議進行全面掃黑的工作；而且應該「打蛇打七吋」，以懲治及改善幫派的首惡老大著手，對手下小弟則以輔導改善為主，雙管齊下。當時行政院連院長已經注意到這個問題的嚴重性，之後，在筆者擔任調查局局長大力掃除官商勾結弊案時，全力支持，並且鼓勵筆者在類似案件上繼續加強、努力。因此，在擔任法務部長之前，筆者在心中已有掃黑具體的方案與執行的策略，此係完全依據筆者之構想、規劃，並未報請行政院審議。然而，除了長官在背後的支持，當時的立法委員對於筆者需要掃黑的法律做後盾，也給筆者近乎全面性的支援。當時就有立法委員對筆者說過：「你要打擊黑道，我們給你組織犯罪防制條例；你要改善社會現象、整飭獄政，我們幫你提高假釋門檻。」就在朝野「望治心切」的氛圍中，掃黑的行動順利展開。

虐，爰訂定「掃黑行動方案」[12]，以為貫徹實施的準據。

二、任務組織

(一) 中央設置「中央掃黑專案小組」

1. 會報召集人由法務部部長擔任。
2. 會報成員：最高檢察署檢察總長、台灣高等法院檢察署檢察長、內政部警政署署長、法務部調查局局長、憲兵司令部司長、法務部檢察司司長、檢察司檢察官及內政部警政署刑事警察局檢肅科科長。（1997年8月6日第35次會議起，成員增加：法務部調查局副局長、內政部警政署刑事警察局長，法務部檢察司司長調升為常務次長後，接續與會。）
3. 會報之召開，原則上每週舉行，必要時，得隨時召開。
4. 專案小組會報決定掃黑政策，完全從政策面、指導面著手，研討掃黑工作方針、平時掃黑工作之檢討、改進措施極需統合之決策事項。
5. 專案小組秘書業務由法務部檢察司及內政部警政署刑事警察局負責。

(二) 最高法院檢察署成立「掃黑督導小組」

1. 督導小組召集人由最高法院檢察署檢察總長擔任。
2. 督導小組成員台灣高等法院檢察署檢察長、法務部檢察司司長、檢察官、內政部警政署刑事警察局檢肅科科長。
3. 督導小組依據「中央掃黑專案小組」會報之決議，召開會議，督導各地方法院檢察署成立之「掃黑執行小組」，審查各執行小組蒐集、彙整之「治平專案」掃黑對象之涉案事證及偵辦上應補強之相關事宜。

---

[12] 「掃黑行動方案」是掃黑刑事政策的一個總稱。詳參：法務部，掃黑白皮書，頁12，法務部檢察司，1998年10月。

4. 督導小組應辦事項

(1)督導各地方法院檢察署「掃黑執行小組」工作之進行。

(2)有關掃黑案件執行情況之研判與檢討。

(3)審核各「掃黑執行小組」陳報事項。

(4)研議解答「掃黑執行小組」工作之疑義。

(5)其他有關掃黑督導事項。

(三) 各地方法院檢察署成立「掃黑執行小組」

1. 執行小組召集人由各地方法院檢察署檢察長擔任。

2. 執行小組成員

(1)各地方法院檢察署主任檢察官或檢察官若干人（配置書記官）。

(2)各地方法院檢察署轄區內調查處、站、組織主管或其指定之調查人員。

(3)各地方法院檢察署轄區內縣、市警察局局長或其指定之警察官。

(4)各地方法院檢察署轄區內憲兵隊隊長或其指定之憲兵隊官長。

3. 執行小組應辦事項

(1)統合檢察、警察、調查及憲兵整體力量，全力偵辦黑道犯罪案件。

(2)協調檢、警、調、憲各部門，蒐集黑道犯罪事證，切實分工、密切合作。

(3)彙整檢、警、調、憲各部門，蒐集黑道犯罪事證，做偵辦之研議及規劃。

(4)督導小組及中央專案小組交辦事項之處裡。

(5)隨時進行黑道幫派犯罪之偵辦及監控。

伍、掃黑行動之基本原則

一、先辦首惡

對於惡性重大、欺壓善良的各地幫派角頭、首惡，經提報為「治平專案」目標者，一經證據蒐集齊全，即全力執行，執行到案之後，為免影響地方治安、民情，且為顧慮收押、戒護等的安全與被告本身的安全，一律以空中警察隊直升機押送的方式，將被告押送台東看守所綠島分舍羈押[13]。除可顯示政府執行掃黑之鐵腕作為外，對於蠢蠢欲動的黑道份子，兼可收震撼遏阻之效。

二、同步執行

為造成黑道之震撼以及達到嚇阻之目的，掃黑行動必須在絕對保密的情況下，擇定適當的執行期間，全省同步執行，以迅雷不及掩耳之勢，將鎖定的黑道份子一舉成擒，使無漏網之魚。

三、鼓勵自新

對於有心自新，改過從善的黑道份子，政府應該以開闊的心胸，網開一面，容認其「回頭是岸」的心志，爰依據組織犯罪防制條例、洗錢防

---

[13] 此即為所謂的「綠島政策」，亦有稱為「廖正豪政策」。前揭註11，頁85-88。在1995年間，由於組織犯罪持續坐大，甚至與地方派系相結合，造成民主政治品質惡質化，且之前所推動的「迅雷專案」著重於檢肅到案流氓「量」之多寡，並未針對特殊著名幫派角頭，或具特殊身分背景之嚴重危害治安幕後首惡為之。因而在筆者推動掃黑政策之後，內政部警政署實施了「治平專案」。第一階段係自1995年3月至1996年7月為止，由警察機關依據檢肅流氓條例規劃執行，憲調治安單位協力搜證。第二階段則從西元1996年8月開始，納入檢察體系，由檢察官指揮警憲調等治安單位統合偵辦，依據相關刑事法律與檢肅流氓條例，採刑案追訴與流氓檢肅並行原則規劃執行，以符合刑事訴訟法上相關規定，而以「重獎重懲」的方式作為推動專案執行手段。另對部分重要對象，採取「綠島政策」，以俗稱的「黑道老大」為目標，使黑社會組織首惡份子隔絕於其主要活動區域，同時繼續推動掃黑相關法制之建立。

制法及槍砲彈藥刀械管制條例等相關掃黑法制之規定，訂頒自新及自首條款[14]，鼓勵迷途知返的黑道、幫派份子，重新做人。

四、依據法律規定，嚴守程序正義

偵辦黑道固然是依據掃黑行動方案之規劃，雷厲風行地推動，但是在法治國原則底下，不論對象為誰，都一樣要尊重憲法保障人民基本人權[15]之規範與精神，不僅要公正執法，而且要具體依據刑事訴訟法以及相關國家法制的規定，依照「有嫌疑，就調查；有證據，就偵辦」的準則，依法蒐證、偵辦。同時，也不問犯罪嫌疑人或是被告之身分、地位、幫派或是政治黨派，只要是黑道份子，就必須全力偵辦，毋枉毋縱。

---

[14] 自新條款乃規定於組織犯罪防治條例第8條：「犯第3條之罪自首，並自動解散或脫離其所屬之犯罪組織者，減輕或免除其刑；因其提供資料，而查獲該犯罪組織者，亦同；偵查中自白者，減輕其刑。犯第6條之罪自首，並因其提供資料，而查獲其所資助之犯罪組織者，減輕或免除其刑；偵查中自白者，減輕其刑。」簡要的說明可參閱：蘇南桓，組織犯罪防制條例之實用權益，頁201-205，永然文化出版，1997年11月。日本學界針對黑社會組織犯罪所提出之對策中，亦有使黑社會組織成員脫離原本之組織，而完成社會復歸歷程之具體建議。詳參：澤登俊雄、所一彥、星野周弘、前野育三主編，新・刑事政策，頁421-428，日本評論社，1999年第1版第4刷。

[15] 司法院大法官釋字第384號解釋闡述了正當法律程序與基本人權之關係，並影響了組織犯罪防制條例與檢肅流氓條例的修正。司法院大法官釋字第384號解釋文：「憲法第8條第1項規定：『人民身體之自由應予保障。除現行犯之逮捕由法律另定外，非經司法或警察機關依法定程序，不得逮捕拘禁。非由依法定程序，不得審問處罰。非依法定程序之逮捕，拘禁，審問，處罰，得拒絕之。』其所稱『依法定程序』，係指凡限制人民身體自由之處置，不問其是否屬於刑事被告之身分，國家機關所依據之程序，須以法律規定，其內容更須實質正當，並符合憲法第23條所定相關之條件。檢肅流氓條例第6條及第7條授權警察機關得逕行強制人民到案。無須踐行必要之司法程序；第12條關於秘密證人制度，剝奪被移送裁定人與證人對質結問之權利，並妨礙法院發見真實；第21條規定使受刑之宣告及執行者，無論有無特別預防之必要，有再受感訓處分而喪失身體自由之虞，均逾越必要程度，欠缺實質正當，與首開憲法意旨不符。又同條例第5條關於警察機關認定為流氓並予告誡之處分，人民除向內政部警政署聲明異議外，不得提起訴願及行政訴訟，亦與憲法第16條規定意旨相違。均應自本解釋公布之日起，至遲於中華民國85年12月31日失其效力。」詳參：司法院公報第37卷第9期，頁6-9，2007年9月版。

五、與查賄、肅貪、肅毒、肅槍、洗錢防制等同步推動，阻絕黑幫再起之資源

為澈底瓦解犯罪組織，避免其死灰復燃，依據組織犯罪防制條例、洗錢防制法、槍砲彈藥刀械管制條例等相關法律之規定，對於黑幫或是其他犯罪組織之財產、槍械、各種違禁管制物品，依法執行沒收或是扣押[16]，澈底斷絕其賴以生存與坐大的經濟動脈。

陸、掃黑相關法制之建立[17]

「工欲善其事，必先利其器。」在掃黑工作的推行上，同樣必須要有法律依據，才能取信於民，也使得被逮捕或是偵辦的黑道份子，沒有口實，無法利用偵辦之漏洞兔脫或是逃逸。

因此，掃黑行動必須透過立法程序，建構完整的掃黑法制，以使掃黑行動有效，持續且完全合乎法治國家偵辦犯罪之要求。

因此，筆者在法務部統合各治安單位，發動掃黑行動的同時，為求執法之周延，陸續草擬相關法案，報請行政院送請立法院審議。在健全掃黑法制的工作上，首推1996年11月13日生效施行之「組織犯罪防制條例」的

---

[16] 組織犯罪防制條例第7條規定：「犯第3條之罪者，其參加之組織所有之財產，除應發還被害人者外，應予追繳、沒收。如全部或一部不能沒收者，追徵其價額。犯第3條之罪者，對於參加組織後取得之財產，未能證明合法來源者，除應發還被害人者外，應予追繳、沒收。如全部或一部不能沒收者，追徵其價額。為保全前二項之追繳、沒收或追徵，檢察官於必要時得扣押其財產。」可參閱：顧立雄、范曉玲，組織犯罪防制條例立法評論，律師雜誌第209期，頁57，1997年2月15日。日本近年來槍枝濫用問題惡化，對於槍砲刀劍類的管制越趨嚴格，平成19年（2007年）4月所發生的長崎市長射殺事件、同年5月於愛知縣長久手町發生的人質挾持事件，均屬於槍枝濫用的重大案件，此類案件的發生，也促使日本修正其原有的槍砲刀劍的取締法，加重與黑社會組織相關的武器濫用犯罪行為的處罰。詳參：小澤孝文，銃砲刀劍類所持等取締法及び武器等製造法の一部改正する法律の概要，法律のひろばVol.61特集：暴力團対策の現狀と課題，頁29-35，2008年4月。

[17] 整理、增補自法務部，前揭註12書，頁25-40。

制定，其次如1997年4月23日生效施行之「洗錢防制法」、1996年12月30日生效施行之「檢肅流氓條例」修正案、1997年11月11日生效施行之「槍砲彈藥刀械管制條例」修正案、1998年5月20日公布施行之「毒品危害防制條例」及2000年2月9日公布、施行的「證人保護法」等均是。凡此，均在完備掃黑法制之建立，俾有效遏阻及防制日益嚴重之組織及暴力犯罪，並使掃黑行動發揮最大的功效。以下即以法務部當時所規劃之各種反制黑幫犯罪相關法令，完整呈現當時之記錄，並就立法理由以及研擬經過，進行簡要說明。

一、組織犯罪防制條例之制定

(一)立法理由

　　勵行法治，確保人民生命財產的安全，為政府無可旁貸的責任。維護良好的社會治安，是政府片刻不可放鬆的重要工作。近年以來，黑道幫派已由擁槍自重、霸占地盤、互相火併等暴力犯罪之雛型，改以組織化、企業化的型態，實際從事職業賭場、地下錢莊、色情行業、販毒、走私，甚或介入公共工程等經濟活動之非法惡行，更有以暴力操縱選舉或藉由選舉躋身政壇，參與政治活動，以合法掩護非法，為其組織護航等行徑。黑道猖獗、金權氾濫，已經衝擊社會治安以及民主法治的發展[18]。掃黑與除暴實屬政府當前急務。而我國目前防制黑道的法律，主要有刑法及檢肅流氓條例，但刑法第154條參與犯罪結社罪的規定過於簡略，而檢肅流氓條例部分條文在1995年又經司法院大法官會議解釋為違憲，不僅訴訟法制及正當程序均未臻完備，更無法規範及於以企業化。組織化販毒、走私、介入公共工程，從事恐怖活動、洗錢等犯罪為宗旨的組織犯罪集團，而未能有效發揮掃黑及除暴的功能。

　　近來社會大眾及輿論要求制定反制黑道犯罪組織特別法的呼聲日

---

[18] 立法院公報法律案專輯第208輯，組織犯罪防制條例案，頁2，立法院公報處，1997年8月。

增，而參諸德國[19]、美國、義大利、瑞士、日本[20]、香港等國家或地區的
立法例，亦均訂有懲治組織犯罪的專法或特別命令，足見研訂防制組織犯
罪的特別法確有其必要性與可行性。為貫徹社會各界對防制組織犯罪之殷
切期盼，並針對黑道犯罪組織所具之集團、常習、脅迫或暴力等特性，
爰衡酌其他國家防制組織犯罪之措施與立法例、當前社會環境之實際需
要，與以往防制黑道組織犯罪所發生之問題，擬具「組織犯罪防制條例草
案」。

(二) 法案研擬經過

　　行政院於1995年5月24日以台84法字第18551號函指示：「立法院函
為陳委員婉真等十六人提案，請法務部儘速將『暴力團體犯罪防治法草案
送該院審議，經提該院第二屆第五會期第二十次會議討論決議：『建請行
政院研處』一案，請會商有關機關研處具復。」法務部隨即函請內政部、
國防部、國家安全局及法務部調查局惠提修（立）法意見俾供彙整，並著
手蒐集外國相關立法例，編印成「各國反黑法律彙編」一書，送請上開機
關及法務部所屬檢察機關參考。經彙整各機關意見後，法務部於1995年12
月19日以法84檢字第29214號函報行政院，建請同意由內政部與法務部共
同研擬「組織犯罪防制法草案」。經行政院秘書長以1996年1月16日台85

---

[19] 德國防制組織犯罪的立法方式與我國的立法方式是截然不同的兩種型態。其乃採取
包裹立法之方式，將組織犯罪偏好的犯罪類型，如以犯罪集團方式販賣人口、竊
盜、臟物、毒品販賣等加重其處罰，並規範其常業性以及其集團性之特質，而沒
有明確的定義何謂組織犯罪。詳參：吳耀宗（譯著），德國1992年「抗制組織犯罪
之非法麻醉藥品交易與其他活動型態的法案」，刑事法雜誌第43卷第6期，頁126-
137，1999年12月。

[20] 日本於平成3年（1991年）立法通過了國內第一部對抗組織犯罪（包括黑社會組織）
的法律，即「暴力団員による不当の行為の防止に関する法律」。由於近來日本接
連發生數件與「暴力団」相關的重大刑案，因此關於組織犯罪以及暴力団（黑社會
組織）之刑事政策以及法制設計，又成為學界檢討的對象。詳參：櫻井敬子，組織
犯罪対策の法制的課題，收於法律のひろばVol.61特集：暴力団対策の現状と課題，
頁43-45，2008年4月。並請參閱：陳慈幸，論中日防制組織犯罪之問題與對策，刑
事法雜誌第47卷第1期，頁94-102，2003年2月。

法字第015977號函復：「貴部函院所陳就立法院陳婉真等十六人所提研擬
『暴力團體犯罪防治法草案』，擬由貴部與內政部共同研擬『組織犯罪防
制法草案』一案，奉准照辦。」

　　法務部接奉前揭核示後，隨即進行「組織犯罪防制法草案」條文的
研擬，筆者接任部長後，深感掃黑法制必須盡快建立，故而指示將原規劃
於1997年12月底完成立法程序的法制作業儘速提前完成，主管司之檢察
司同仁隨即快馬加鞭，參考國內外相關法例研擬條文及相關架構，會請部
內相關司、處集會研商，議定初稿後，又召集所屬檢察機關檢察首長進行
研討，完成三稿後，於1996年6月15日以法85檢字第14697號函請內政部
惠示意見，為爭取時效，綜合內政部所擬之草案對案稿，彙整成第四稿，
於1996年7月20日邀請行政院第一組、法規會、司法院刑事廳、國家安全
局、內政部、外交部、財政部、內政部警政署、國防部軍法局、憲兵司令
部、法務部調查局、最高法院檢察署及台灣高等法院檢察署代表與會研
討，並於會前另再做綜合檢討，完成五稿，提會討論。會後彙整各機關代
表意見，研擬成第六稿，提供作為7月24日邀請立法院內政、司法、法制
委員會立法委員及專家學者舉行公聽會之研討資料。會後再召集部內專案
會議，分析、綜合各與會者提出之意見，研擬完成「組織犯罪防制條例草
案」，隨即於1996年8月8日以法85檢字第20082號函陳報行政院審查，蒙
行政院積極地於同年8月29及30兩日連續審查完畢，提報9月5日行政院院
會通過後，即於9月10日以台85法字第30666號函請立法院審議。筆者為促
使本條例早日完成立法，除於9月11日在立法院舉辦說明會，向立法院司
法、內政及邊政委員會詳細說明本條例立法意旨外，繼於9月13日應邀於
立法院部分委員組成之協和會、早餐會及國民黨政策會中報告本條例立法
之必要性，呼籲立法委員全力支持本條例早日完成立法程序。經多方積極
協調，立法院司法、內政及邊政委員會聯席會議連續在9月23日、25日、
30日及10月2日、7日及9日審查本條例草案，審查之六日期間，筆者均全
程與會，並指示法務部於上開場合將本條例草案定稿以來，各界所提出
的意見加以彙整，研擬說帖提供與會者參考並釋疑。終於10月9日完成審

查,提交院會討論,而於11月22日完成三讀程序,咨請總統於12月11日公布,依法自12月13日施行[21]。

二、洗錢防制法之制定

健全掃黑法制的另一重要工作即是儘早完成「洗錢防制法」的立法作業。筆者接任部長後,除指示推動「組織犯罪防制條例」的擬定外,並指示積極協調立法院三黨黨團及司法、內政、法制委員會能優先將相關掃黑法案排入議程,謹就研擬經過及立法意旨分述如下:

(一) 立法意旨

「洗錢」一詞並非固有法律名詞,乃源自(Money Laundering)翻譯而來,係指犯罪者將其不法行為活動所獲得的資金或財產,透過各種交易管道,換轉成為合法來源的資金與財產,以便隱藏其犯罪行為,避免司法的偵查。根據國際社會防制洗錢的經驗,犯罪行為中,諸如販毒、擄人勒贖、搶劫、經濟犯罪、貪污等,均常利用洗錢管道,從事黑錢漂白,以便合法使用其非法取得的錢財[22]。近年來,由於販毒等不法集團利用洗錢以漂白其不法資金的行為日益猖獗,世界各主要國家均紛紛制定相關的反制洗錢法律。此外,1988年聯合國六十七個會員國共同簽署「禁止非法販運麻醉藥品和精神藥物公約」(通稱反毒公約)中,亦有防制洗錢的規定。近年七個主要工業國家(G7)亦成立財金行動小組(Financial Action

---

[21] 學界曾以美國RICO法案之設計,觀察、研究我國組織犯罪防制條例。在是否違反法律明確性原則的問題上,學者認為本條例之制訂為刑法第154條參與以犯罪為宗旨的結社之特別法,就構成要件相比,本條例之規定均較刑法第154條之構成要件更為明確,當不產生違反法律明確性原則之問題。惟就本條例所定義犯罪行為的條文,是否違反法律明確性原則,就理論而言,仍應獨自判斷,不應以刑法第154條未違反法律明確性原則,即認為定義犯罪行為的條文未違反法律明確性原則。詳參:王兆鵬,組織犯罪防制條例評析,台灣大學法學論叢第28卷第1期,頁194-204,1998年10月,國立台灣大學法律學系出版。

[22] 謝立功,兩岸洗錢現況與反洗錢法規範之探討──兼論兩岸刑事司法互助,頁15-30,中央警察大學出版,2003年4月。

Task，簡稱FATF）訂定四十項防制洗錢建議[23]，鼓吹各國立法，可見國際防制洗錢的大趨勢[24]。該小組亦曾特別派員到台灣溝通，希望我國立法機關儘速制定洗錢防制法。由於台灣過去一直缺乏具體的防制洗錢法規，以至於國際犯罪集團得以利用現有法令上的不足，以台灣為其洗錢的場所。如1990年港商王德輝被綁架案[25]，綁匪要求被害人家屬透過香港的銀行，將贖款分別匯入八個帳戶，當日便全數提出，另2,000萬美元則匯入台灣的銀行，提出並轉換為股票、短期票券，再變現提用。雖經調查局及時偵破，但是仍有部分贖金不知去向。當初將此案當成一般贓物罪處理，晚近執法機關發現情況比想像中更加嚴重。因為台灣地區除了銀行等金融機構外，還有非銀行之金融機構，如銀樓、汽車行、期貨公司等，均可作為洗錢的管道，尤其是銀行洗錢作業，遠比世界上任何金融機構來得簡便、先進，只要一通電話、一個暗號，錢就轉手了，根本不須經過開立支票等程

---

[23] 關於FATF對於國際洗錢問題之說明，可參閱FATF官方網站之文件：http://www.fatf-gafi.org/dataoecd/32/26/34047538.pdf。此四十項建議，指的是FATF於1990年提出，而於1996年再次修正，針對國際洗錢犯罪行為之相關建議。最主要的項目是呼籲世界各國能夠建立關於洗錢行為的標準，並且積極立法抗制洗錢之行為。

[24] 依據目前國際貨幣基金組織所估計的的全球犯罪份子的洗錢金額，大約占全世界國民生產總值的4%到6%。東南亞地區由於組織犯罪、販賣人口以及毒品犯罪之猖獗，幾乎成為世界上洗錢最便利也是最盛行的地區，其中又以菲律賓最為嚴重。菲國亦於2001年9月29日制訂了反洗錢法，同時於2003年3月7日進行修正。詳參：程琦，菲律賓打擊跨國有組織犯罪綜述，犯罪研究第2期，頁67，上海市犯罪學學會，2007年。

[25] 依據《香港文匯報》之報導，1983年年初，香港富商王德輝與其妻龔如心從山頂百祿徑獨立花園洋房駕車上班途中，被幾名匪徒手持刀、槍綁架。匪徒把王德輝放進一個大冰箱內運返匪穴，把龔如心釋放回家，讓她準備巨款贖人。等到龔如心將1,100萬美元匯到指定的一家台灣銀行帳戶後，王德輝獲得釋放。這次的綁架雖然沒有造成什麼傷害，但卻給夫婦二人留下了心理創傷。但是災難並沒有因此而結束，1990年4月10日，王德輝於跑馬地馬會打完壁球駕車回家途中再次被劫。兩日後，王德輝所經營的「華懋集團」接到綁匪要求6,000萬美元贖金的勒索電話，龔如心按綁匪指示先將3,000萬美元存入一銀行戶頭，隨後即向警方報案求助。但王德輝至今杳無音信，香港高等法院於1999年9月9日宣布王德輝在法律上已經死亡。依據警方當時拘捕的綁匪供認，王德輝早已被拋下大海。http://news.wenweipo.com/2007/04/04/IN0704040090.htm。

序,使得執法機關在防制洗錢的工作上,面臨很大的挑戰。因此,「洗錢防制法」之儘速立法與落實,對於國家的治安工作,實有迫切的需要,且合乎世界潮流。

(二)法案研擬經過

法務部有鑑於為有效遏止重大犯罪(如販毒、貪瀆、賄選),行為人將犯罪所得,利用其與金融機關間之往來或交易,以隱匿其不法之本質,並健全金融體系,避免其有意或無意間涉入洗錢活動,經法務部洽商有關機關,認有制定防制洗錢活動法律之必要。此於其他先進國家諸如美國、英國、德國[26]、瑞士等亦均有相關法律規定,以防範洗錢之不法活動,爰於1994年4月6日以法83檢字第06622號函陳報行政院,敬請指定研擬防制洗錢(Money Laundering)活動法律之主管機關,並陳述意旨:「防制洗錢活動之法律宜採行政上防制措施、行政處罰及刑事制裁合併規定之立法型態」,以收事前防制、事後處罰之效。惟因可能被利用或本身從事洗錢活動之金融機構範圍甚廣,且各有其目的事業主管機關,例如:銀行、信用合作社、保險業之主管機關為財政部、中央銀行;珠寶業、銀樓、財務顧問公司、汽車、不動產銷售商之主管機關為經濟部;郵政金融業務之主管機關為交通部;當鋪業之主管機關為內政部;如制定防制洗錢活動之法律,未來立法過程亦需各該主管機關積極參與,為求順利完成該項立法,宜有一機關主司其事。如奉核示由法務部主辦,法務部自當遵照指示,會同各有關主管機關,積極辦理。

行政院隨即於1994年4月23日以台83法字第13871號函復法務部:貴部函院為請指定研擬防制洗錢活動法律之主管機關一案,請貴部本於本院法律事務主管機關之立場,會商有關機關研擬防制洗錢活動之法律報院。法務部立即於同年5月13日以法83檢字第09706號函請財政部等相關機關就其等主管業部部分研提防制洗錢活動法律之意見,加以綜合彙整後,嗣

---

[26] 林東茂,德國的組織犯罪及其法律上的對抗措施,頁116-120,收錄於法務部,掃黑白皮書,法務部檢察司,1998年10月。

於同年12月31日以法83檢字第28534號函，將研議完竣之「洗錢防制法草案」總說明及條文陳報行政院。行政院於1995年1月23日進行草案第一次審查會議，於同年2月25日進行草案第二次審查會議後，於同年4月27日以台84法字第14462號函送立法院審議。立法院分別於1995年5月25日及1996年6月6日舉行司法、財政兩委員會全體委員聯席會議二次對本案進行審查，函報院會進行討論，終於1996年10月3日完成三讀程序，經諮請總統於同年10月23日公布，依該法第15條規定，自1997年4月23日起生效施行。

三、毒品危害防制條例之制定

台灣防制毒品的專法「肅清煙毒條例」於1992年7月27日修正公布後，不僅毒品之危害，未見消弭，販毒之惡行卻越形頻繁，毒品走私數量更迭創新高，而施用毒品之人犯亦充斥監所，危害國民身心健康至鉅，因而滋生之重大犯罪案件，更成為影響社會治安之淵藪。為貫徹社會各界對防制毒品之殷切期盼，並針對施用毒品者之「斷癮」，需生理治療與心理治療雙管齊下，始足收效之戒毒實務，有衡酌其他國家管制毒品之措施與立法例、聯合國相關公約之精神、筆者國社會環境之實際需要及以往適用上所發生之問題，將肅清煙毒條例做大幅度修正之必要。

(一) 修法意旨

肅清煙毒條例之修正，與其說是修正。毋寧說是一部新法的制定，始符實情[27]。蓋本次修正，幾乎已做全新面貌之規定。茲說明其要點如下：

---

[27] 其後，本條例於民國92年7月9日又進行了另一次的全文修正。其修正理由，依據其總說明，係由於民國87年5月20日公布施行後，因認施用毒品者具「病患性犯人」之特質，降低施用毒品罪之法定刑，並兼採以觀察勒戒方式戒除其「身癮」及以強制戒治方式戒除其「心癮」之措施，使我國之反毒政策產生重大變革。惟本條例公布施行五年以來，因原僅分為三級毒品，無法與管制藥品管理條例互相配合，致第四級管制藥品遭致濫用，卻無相關處罰規定；又所訂施用毒品者之刑事處遇程序過於繁複，司法機關須依其不同犯次而異其處置，且強制戒治執行滿三月，即得停止強制戒治付保護管束，三月之執行期間過短，無法提升強制戒治之成效，再犯率仍

1. 修正條例名稱為：「毒品危害防制條例」。
2. 修正毒品之定義及品項：為符合聯合國公約及各國對於防制毒品之分類，做本項修正。

偏高，致未了之前案與再犯之新案間，一般刑事訴訟程序與觀察勒戒、強制戒治執行程序交錯複雜，於法律適用上引發諸多爭議；再勒戒處所，由法務部委託於醫院內附設之規定，有執行上之困難，而看守所或少年觀護所附設勒戒處所缺乏醫療專業人員，無法落實觀察勒戒業務等問題，均須予以解決；又跨國毒品犯罪查緝有賴國際合作，惟我國並無相關法源據以執行。實有針對目前實務執行上面臨之困境予以修正本條例之必要。本次修正之毒品危害防制條例修正條文針對前開問題所為之修正，計刪除3條，修正23條，新增9條，共35條，其修正要點如下：一、增列第四級毒品之處罰規定（修正條文第2條、第4條至第8條、第15條及第17條）。二、修正持有專供製造或施用第一、二級毒品之器具者之規定（修正條文第11條）。三、增列第三、四級毒品及製造或施用毒品器具，禁止無正當理由擅自持有之規定（修正條文第11條之1）。四、刪除本條例現行條文第16條有關偽證及誣告反坐之規定。五、修正查獲之第一、二級毒品予以沒收銷燬，並增列查獲之第三、四級毒品及製造或施用毒品之器具，無正當理由擅自持有者，均予沒入銷燬之規定（修正條文第18條）。六、修正簡化施用毒品者之刑事處遇程序，並刪除現行條文第22條（修正條文第22條及第23條）。七、增訂施用毒品之被告，因拘提、逮捕到場者，或因傳喚、自首、自行到場，經檢察官予以逮捕者，檢察官聲請法院裁定觀察勒戒或強制戒治，應自拘提或逮捕之時起二十四小時內為之，並將被告移送該管法院訊問之規定（修正條文第23條之1）。八、增訂處理少年施用毒品案件之相關規定（修正條文第23條之2）。九、刪除現行條文第24條五年內再犯或三犯以上之施用毒品者，於執行強制戒治後，得免執行其刑或管訓（保護）處分之規定。十、增訂觀察勒戒或強制戒治處分於其施用毒品罪之追訴權時效消滅時，不得執行之規定（修正條文第24條之1）。十一、修正通知採驗尿液之時限（修正條文第25條）。十二、修正附設勒戒處所之規定（修正條文第27條）。十三、修正附設戒治處所之規定（修正條文第28條）。十四、修正規定不支付觀察勒戒或強制戒治費用者，由（軍事）看守所、少年觀護所或戒治處所逕移送強制執行（修正條文第30條）。十五、增訂受觀察、勒戒或強制戒治處分人其原受觀察、勒戒或強制戒治處分之裁定經撤銷確定者，原已繳納之費用得請求返還；亦得準用冤獄賠償法之規定請求賠償，以保障人權（修正第30條之1）。十六、修正防制毒品危害之獎懲對象（修正條文第32條）。十七、增訂有關「控制下交付」之法源，俾供查緝毒品犯罪機關以供遵循（修正第32條之1及第32條之2）。十八、增訂有關施用毒品之尿液檢驗機構，及該機構之認可標準、認可及管理等辦法，及尿液檢驗及作業程序由行政院衛生署定之之授權規定（修正條文第33條之1）。十九、修正規定本次修正施行後，前已繫屬案件之處理程序（修正條文第35條）。二十、本條例修正文自公布後六個月施行（第36條）。讀者可自行對照法案修正的不同基調，以得知我國對於毒品防制政策之方向與變革。

3. 配合毒品之重新定義，修正製造、運輸、販賣毒品、器具罪、意圖販賣而持有毒品、器具罪之犯罪構成要件及其法定刑。

4. 刪除有關設所供人吸食或為人施用毒品罪之規定。

5. 新增以強暴、脅迫、欺瞞或其他非法之方法使人施用毒品罪、引誘他人施用毒品、轉讓毒品罪等處罰規定。

6. 因增訂成年人以強暴、脅迫、欺瞞或其他非法方法使未成年人施用毒品、引誘未成年人施用毒品或轉讓毒品予未成年人者，加重其刑之規定。

7. 降低施用毒品及持有毒品、器具罪之法定刑。

8. 新增意圖供製造毒品之用，而栽種、運輸、販賣罌粟、古柯、大麻罪，意圖供栽種之用，而運輸、販賣罌粟種子、古柯種子或大麻種子罪及意圖販賣而持有或轉讓或單純持有罌粟種子、古柯種子、大麻種子罪之規定。

9. 增設販毒者供犯罪所用或因犯罪所得之財物追徵或以其財產抵償及得於必要範圍內扣押其財產之規定。

10.對於施用毒品者之處置，原則上改為施以勒戒、強制戒治之規定。

11.配合藥癮治療體系之實施，增訂吸毒者於犯罪未發覺前自動向合法醫療機構請求治療之較寬處遇規定。

12.為切實防制施用毒品者再犯，增訂強制採驗尿液之規定。

13.新增施用毒品者，於送觀察、勒戒或強制戒治期間，所犯他罪行刑權時效停止進行之規定。

14.修正勒戒處所之設立及新增戒治處所設立之規定。

15.新增戒毒收費之規定。

16.刪除毒品案件特殊之審級規定，回歸刑事訴訟法之規定，以保障人民訴訟權。

17.增新增尿液篩檢之法源依據及刪除抵癮物品管理辦法之訂定。

18.增本條例修正施行後，原繫屬案件如何處理之規定。為配合上開毒品危害防制條例之施行，相配套的法規，如：「觀察勒戒處

分執行條例」、「戒治處分執行條例」、「法務部戒治所組織通則」、「毒品危害防制條例施行細則」及「對特定人員採驗尿液實施辦法」等法案,均已陸續研擬完成。前三種法規與「毒品危害防制條例」同時於1998年5月20日經總統公布,自同年月22日施行。自此,台灣防制毒品的工作,即走入新的紀元,而黑道幫派所為毒品犯罪,亦必須接受嚴厲懲罰。

(二) 法案研修經過

法務部秉持上揭修正肅清煙毒條例之中心意旨,於1993年8月14日,以法82檢字第1064號函,將檢察司初擬之修正稿,送請最高法院檢察署、台灣高等法院及其各分院檢察署及所屬各地方法院檢察署,徵詢各承辦檢察官之意見,待彙整、分析後,於1993年9月3日完成草案初稿,提供部內各相關司、處彙整意見,隨即自同年11月15日起,邀集行政院衛生署、各相關精神醫療院所專家學者及各檢察署檢察長,進行每週一次的草案討論會議,迄同年12月24日共歷經六次密集會議研商,完成修正草案之總說明及條文對照表。為使上該草案更期週延,廣為各界接納,又於1994年2月2、7及8日,分三次舉行草案公聽會,邀請基層檢察官、觀護人、監所管理人、司法院刑事廳、行政院秘書處、內政部、國防部、行政院衛生署、人事行政局及立法委員、學者專家等蒞會提供寶貴意見。嗣又將公聽會彙整意見,擬定修正草案稿,自1994年3月23日起,迄同年7月30日,進行六次檢討會議,終於完成修正草案底稿,隨於同年8月10日,以法83檢字第17924號函報請行政院審查。行政院於同年9月3日、10月3日及11月28日召開三次審查會完成審查,報經同年12月1日行政院院會通過後,於同年12月6日送請立法院審議。立法院司法、內政及邊政委員會於同年12月21日完成審查。嗣為使立法與實務相互配合,法務部又於1995年9月19日,將修正第18條、第33條、第36條至第38條等再修正條文,以84檢字第22224號函送行政院審查。行政院於1995年10月5日審查再修正條文通過後,送請立法院併案審查,立法院於同年12月26日完成二讀程序,經過1997年5月13日及10月14日朝野黨團協商,終於同年10月30日完成草案三讀程序。

四、證人保護法之制定

掃黑工作欲求落實，突破被害人及證人對於黑道恐懼的心防、挺身而出為自己權益及社會正義而揭發不法與不義，是一大關鍵，因此在掃黑法制健全的架構上，如何立法保障證人、檢舉人及被害人之安全，是必要且急迫的事務。「證人保護法」草案的立法，在立法院審議「組織犯罪防制條例」草案時，已由法務部在逐條說明時陳述另訂專法之必要性及可行性，多位熱心的立法委員也紛提附帶決議，要求保護證人相關法案應儘速提出。以下謹就研擬草案經過及立法緣由予以分述：

(一) 立法意旨

證人或檢舉人係提供犯罪線索之重要來源，亦為刑事案件能否定罪之重要關鍵。如證人或檢舉人受到報復之威脅而不敢出面作證或檢舉，則無法順利查緝犯罪不法活動，勢必嚴重影響社會安寧。為此，「組織犯罪防制條例」第12條第2項及「檢肅流氓條例」第12條第3項均明定應制定有關保護檢舉人、被害人及證人之法律。

外國有關證人保護之制度，有制定特別法者，亦有在刑事訴訟法或相關法規中規定者。例如：美國係以證人身分之保密為保護手段，作為防止組織犯罪或其他重大犯罪者對證人報復所採之對策。證人在其出庭作證後，合於一定條件者，積極給予遷居、改名、更換新職、更換戶籍資料、社會保險字號、駕駛執照號碼、給予生活費……等保護措施，使之脫離以往的生活圈。英國於1981年之藐視法庭法第11條規定證人之身分得對一般民眾保密；1988年刑事審判法第22條規定：證人如因恐懼或受阻礙而未提出口頭證據，其對警察或其他有調查權或起訴權之人所為之書面陳述得在刑事訴訟程序中採為證據；而日本則於犯罪搜查規範第11條規定：「警察應注意不得危害告訴人、告發人、檢舉犯罪、發動偵查或提供偵查資料之人之名譽及信用。如認渠等有遭受後患之虞時，除不得使嫌疑人或其他相關之人查知提供資料者之姓名外，必要時應對其施以適當的保護」。台灣目前主權實際所及之領土台澎金馬等地，幅員不大，交通便利，資訊發

達,自無法如美國給予證人遷居或更換身分等保護。故有關證人身分保密及人身安全維護宜另定一套保護制度。

　　為使司法機關發現真實,並維護被告在刑事程序中之權益,乃以刑事訴訟法有關證人之規定為原則,參酌英國、日本、德國、法國等國有關證人保護之規定,兼顧證人之保護、被告利益之保障以及社會、司法資源運用間之平衡關係,擬具「證人保護法草案」。

(二) 法案研擬經過

　　司法院釋字第384號解釋宣示:「憲法第8條第1項規定…係指凡限制人民身體自由之處置,不問其是否屬於刑事被告之身分,國家機關所依據之程序,須以法律規定,其內容更須實質正當,並符合憲法第23條所定相關之條件。檢肅流氓條例……第12條規定關於秘密證人制度,剝奪被移送裁定人與證人對質詰問之權利,並妨害法院發現真實;……均逾越必要程度,欠缺實質正當,與首開憲法意旨不符。……至遲於民國95年12月31日失其效力。」立法院內政及邊政、司法聯席委員會於1996年10月2日初審完成「檢肅流氓條例部分條文修正草案」,其中「秘密證人制度」仍予保留。蓋秘密證人是偵辦組織犯罪或其他重大犯罪能否定罪之關鍵,然因其剝奪了被告在訴訟程序中與證人對質、詰問證人,就其證言辯論之機會,實務上亦曾發現多起案件中秘密證人均為同一人,似有「職業證人」弊端出現,故在前開聯席會中,有部分立法委員對秘密證人制度持保留態度,會中並通過趙永清委員所提之附帶決議,要求行政院於六個月內研擬「證人保護法草案」,俟該法完成立法程序後,廢除秘密證人制度。嗣於同年11月22日立法院三讀通過「組織犯罪防制條例」,為使證人勇於作證,有效打擊犯罪,於第12條第1項對證人之保護設有規定。第2項規定:「檢舉人、被害人及證人之保護,另以法律定之。」而在審議「組織犯罪防制條例」草案過程中,立法院曾針對「證人保護法」草案的制定做過三次附帶決議:

1. 行政院應會同司法院於本法通過施行後六個月內將證人保護法草案送本院審查以周延對檢舉人、被害人及證人之保護。

2. 行政院應於半年之內提出證人保護之法律，送交本院審議。

3. 為真正落實「組織犯罪防制條例」未來之實施效果，行政院應於本條例通過後二（兩）個月內依本條列第12條第2項完成有關檢舉人、被害人及證人保護之法律案，送交本院審議。其間，飼料奶粉事件之檢舉人之身分曝光：桃園縣長劉邦友命案發生後，據報載歹徒於逃逸時曾恐嚇證人不得報案，又目擊證人一再被媒體披露，再次凸顯證人保護之必要性。法務部於「組織犯罪防制條例」草案在立法院審議中，即著手相關證人保護外國立法例之蒐集及研究，並於1996年11月11日即函請司法院、考試院、監察院、國家安全會議秘書處、銓敘部、考選部、審計部、內政部、外交部、財政部、教育部、經濟部、交通部、國防部、中央銀行、蒙藏委員會、僑務委員會、行政院主計處、人事行政局、新聞局、衛生署、環境保護署、國立故宮博物院、大陸委員會、農業委員會、勞工委員會、國軍退除役官兵委員會、公平交易委員會、青年輔導委員會、國家科學委員曾、研究發展考核委員會、經濟建設委員會、文化建設委員會、原子能委員會、台灣省政府、台北市政府、高雄市政府、福建省政府、中央選舉委員會、國家安全局及法務部調查局等機關，請就各管業務有關於保護檢舉人或證人之措施或相關法令規定，惠請提供該措施及相關規定。彙整相關機關提供之意見後，擬定「證人保護法草案」，會請部內各相關司處惠示意見，加以研析彙整後，於1997年1月25日及3月8日兩次邀請司法院、國家安全局、行政院法規會、內政部（警政署）、財政部、經濟部、交通部、國防部（軍法局）、行政院新聞局、衛生署、環境保護署、公平交易委員會等機關及台灣大學蔡墩銘教授、陳志龍教授、中興大學黃東熊教授、中央警察大學周文勇教授、中華民國律師公會全國聯合會、台北律師公會及法務部調查局、最高法院檢察署、台灣高等法院檢察署、台灣台北地方法院檢察署、台灣板橋地方法院檢察署、台灣士林地方法院檢察署等單位聚會研商「證人保護法草案」制定案，統

合各界寶貴意見後，完成「證人保護法草案」總說明及條文對照表，於同年5月31日以法86檢字第15320號函，陳報行政院，行政院於同年6月24日舉行審查會議，報請院會通過後，於同年7月2日以台86法字第26926號函送立法院審議，立法院司法、內政及邊政委員會於同年12月15日舉行全體委員聯繫會議審查。其間，法務部筆者曾於同年9月30日在國民黨立法院工作會立院黨團委員長、正副書記長第一次聯席會議及同年10月30日在立法院舉行之公聽會上詳細地報告整個草案之立法經過、緣由及精神，雖未能於筆者任期內通過，但終於在2000年2月9日順利公布並施行。此外，本法於2006年5月5日進一步完成修正[28]，亦於同年5月30日公布並施行。

五、槍砲彈藥刀械管制條例之修正

（一）修法意旨

「槍砲彈藥刀械管制條例」原屬內政部主管法規，係於1983年6月27日制定公布，其間雖經1985年、1990年及1996年三次修正，並經政府依本條例第13條之2規定，於1990年7月18日至同年10月17日止及1996年11月1日起至1997年1月31日止，辦理兩次自首報繳槍械措施，惟依據當時統計1994年到1996年所查獲非法槍械的數量，分別為1994年2861枝，1995年2465枝，1996年3403枝[29]，顯見社會上黑道幫派及流氓份子擁槍自重情形嚴重。彼等藉槍械而欺壓善良，橫行鄉里，從事色情、賭博、走私、販

---

[28] 民國95年5月5日經立法院三讀通過，同年5月30日總統令修正公布第2、14、23條條文；並自95年7月1日施行。

[29] 依據內政部警政署之統計，民國96年警察機關查獲槍砲、刀械、數量之統計中，有關制式槍枝、中共槍枝與土制槍枝合計的數量，為2295枝。從近5年來的統計觀察，民國92年為2643枝，民國93年為4276枝，民國94年為3394枝，民國95年為2788枝，亦即，每年平均大約有3000枝左右的非法槍械為警方查獲，顯然我國目前的槍枝管制與取締還是一個需要加強的部分。詳細統計資料可造訪內政部警政署統計處網址：http://sowf.moi.gov.tw/stat/month/m5-08.xls。

毒、經營地下錢、討債公司、強盜、擄人勒贖等違法行為，更進而介入公共工程圍標、公職人員及農、漁會等選舉活動，甚至於犯案通緝逃亡或遇有盤查取締時，動輒持槍抗拒或襲擊執勤人員，公然向公權力挑戰，導致治安環境漸趨複雜惡化，嚴重衝擊社會民心，影響投資意願及國家競爭力。由於台灣現行刑法及槍砲彈藥刀械管制條例對於製造、運輸、販賣、持有槍砲、彈藥等罪之處罰，與同屬刑法公共危險罪章之放人、決水罪刑度相比（可處無期徒刑），顯屬偏低。然而近年來國內黑道幫派走私槍砲、彈藥已見集團化、企業化之現象，利用漁船、貨櫃夾藏大批走私之案件屢有查獲，此類案件對於整體社會治安的危害與刑法放人、決水罪相比實有過之而無不及；且由於近年來，法院對於槍械案件大都量處低度刑罰；加以1996年修正檢肅流氓條例第21條，復規定同一案件之自由刑、保安處分與感訓期間，應互相折抵。凡此種種，已造成黑道幫派及流氓份子均認為從事槍械犯罪，係屬高暴利、低風險之行為，對於日益惡化的社會治安無異於雪上加霜，也助長槍械犯罪的增加。

(二) 法案研修經過

1996年8月起，政府相關機關開始執行掃黑行動方案，結合檢、警、調、憲等單位，以團隊精神，澈底執行掃黑、除暴工作，並宣示1997年為「治安改善年」，以政府及民間所有力量，投入維護治安工作；然「工欲善其事，必先利其器」，因此，健全而妥適法令的配合更屬迫切，在組織犯罪防制條例、洗錢防制法及檢肅流氓條例外，尤應審酌當前社會治安及黑槍之氾濫，參酌「新加坡國持械犯罪法」之立法例，檢討修正本條例各項規定，適度加重刑罰、增加處罰之種類及提高罰金額度，並增列保安處分之規定，以期符合罪刑均衡原則，並達遏止槍械犯罪，維護人民生命財產安全之目的。

法務部奉行政院指示，研擬本條例應興應革之檢討工作，遂依據前揭法理及事實上之需要，研擬本條例修正草案，於1997年5月間，送請行政院審查，並經行政院於同年6月5日院會通過，於同年6月16日，以台86內字第24632號函送立法院審議，立法院並於同年6月18日召開審查會通過

一讀，旋於同年11月11日完成三讀會後，咨請總統於同年12月24日公布施行。本條例修正案之施行，對於配合掃黑政策，遏阻槍械犯罪，可說發揮了相當大的功效。

柒、掃黑行動之成效

一、依法偵辦部分

　　掃黑行動方案實施以來，自1996年8月11日發動首波南北同步掃黑行動，迄1998年6月30日為止，檢、警、調、憲大結合之掃黑鋼鐵部隊以刑事偵查及流氓檢肅並行方式，全方位執行。針對隱身幕後操控不法之幫派首惡或黑道角頭，不問其身分、地位、幫派或黨派，成立專案小組蒐集證據、確認、監控以迄執行到案，依據相關刑事法律程序移送各地方法院檢察署偵辦，或依檢肅流氓條例相關規定移送各地方法院治安法庭審理，一年半以來的執行成效，已普獲社會各界及輿論之肯定及支持，充分展現政府掃黑一體的決心及魄力，確立法治社會偵辦黑道犯罪有效之模式。

　　據統計，自掃黑行動實施以來，台灣高等法院檢察署所屬各地方法院檢察署執行掃黑方案，共受理偵辦包括竹聯幫、四海幫、天道盟、松聯幫、沙地幫、至尊盟、十五神虎幫及所謂海線、縱貫線之幫派首惡、角頭及其成員、關係人等675人，其中405人經檢察官偵訊後，認涉案情節重大，有羈押之必要，而諭令羈押或聲請法院諭令羈押，其中經列為治平對象而移往台東看守所附設於綠島監獄之分社者共有162人。

　　掃黑方案將若干幫派首惡及魚肉鄉民、橫行霸道、作奸犯科的黑道，列為治平專案對象，依法執行到案，有鑑於幫派組織領導人或重要成員在外闖蕩，關係複雜，地方惡霸在地區交遊不單純，為顧及彼等羈押後之安全、囚情之安定、看守所戒護之周全及減少不必要的顧慮，各地檢署檢察官認定將彼等解送台東看守所設於綠島監獄內之分舍，最符合掃黑行動方案事實上之需求，此從96%之民眾對於掃黑行動的支持與讚許，足可

明證；而某些被告被移往綠島羈押，亦產生掃黑打擊犯罪的震撼效果，1997年8月台北市重大刑案發生率為零的紀錄，不啻是掃黑所成就的績效[30]。

二、瓦解犯罪組織部分

為啟自新，給予參加犯罪組織者一個自新的機會，組織犯罪防制條例特於第18條規定：「本條例施行前已成為犯罪組織，其成員於本條例施行後二個月內，未發覺犯罪前，脫離該組織，並向警察機關登記者，免除其刑。其發起、主持、操縱或指揮者於本條例施行二個月內，未發覺犯罪前，解散該組織並向警察機關等記者，亦同。前項辦法，由內政部定之。」組織犯罪防制條例於1996年12月11日公布，為此，內政部於上開條例生效之同年月13日亦根據組織犯罪防制條例第18條規定公布「解散及脫離犯罪組織登記辦法」，鼓勵幫派組織之發起、主持、操縱、指揮及參與者，於犯罪未被發覺前，向警察機關登記，澈底解散、脫離犯罪組織，依法予以免除其參與犯罪組織之刑責。根據統計，自1996年12月13日至1997年2月12日止，受理登記，兩個月內，共有55個犯罪組織登記解散，成員

---

[30] 從統計資料來看，掃黑的成果也影響到其後數年的刑案狀況。從2000年到2004我國與美國、日本、德國、法國4國相較的犯罪率以及破案率來看，我國自2000年到2003年的犯罪率均最低，甚至低於日本，而刑案破獲率自2000年至2004年，我國與其他四國相較，均居首位。詳參：警政署內政部警政統計通報，95年第37號，95年9月13日。此外，依據97年（2008年）5月26日內政部警政署所公布的警政統計重要參考指標來看，1997年展開掃黑行動之後，法務部、內政部警政署以及相關治安主管單位通力配合、全力施爲之下，台閩地區的全般刑案，自民國86年（1997年）的426,425件，降低到民國88年（1999年）的384,222件，降幅爲11.57%；發生率也從民國86年（1997年）的每10萬人發生1971.08件，迅速降低到民國88年（1999年）的每10萬人1745.63件。然而，從近五年（民國92到96年／2003年到2007年）的警政統計重要指標來看，犯罪發生件數，平均每年爲515,354.4件，雖然因爲破獲率的修正與提升而在犯罪率上稍有波動，但是就犯罪人口率來看，從民國92年（2003年）的每10萬人703件，上升到民國96年（2007年）的1160.1件，上升幅度達到60%，這個指標也顯示，一般人民身邊的犯罪件數，近5年來均有相當成長，不啻爲一個重要的警訊。詳參內政部警政署警政統計資料：http://www.npa.gov.tw/NPAGip/wSite/public/Attachment/f1211772914297.xls。

1725人辦理脫離犯罪組織登記。其中包括四海幫所屬14個堂口、竹聯幫所屬25個堂口、天道盟所屬4個分會等，不僅使一時誤入歧途者有自新重生的良機，亦宣示政府瓦解幫派、組織的決心及毅力。

三、對政治面之影響

　　黑道透過各種政治上的選舉，取得各級民意代表、地方首長等公職人員身分，進而假借「公職漂白」的機會，遂行擴張勢力及危害社會鄉里的犯罪行為。在筆者主導下完成立法的組織犯罪防治條例第13條即明定有防止黑道參選條款，其內容為：「犯本條例之罪，經判處有期徒刑以上之刑確定者，不得登記為公職人員候選人。」此外在同條例第14條規定：「本條例施行後辦理之各類公職人員選舉，政黨所推薦之候選人，於登記為候選人之日起五年內，犯本條例之罪確定者，每有一名，處該政黨新台幣1千萬元以上，5千萬元以下之罰鍰。前項情形，如該類選舉應選名額中有政黨比例代表者，該屆其缺額不予遞補。」配合掃黑各項具體作為之推動，全面性地清查以暴力及金錢介入選舉的案件，以落實政黨政治清明從政的理想。

　　掃黑的全力施為，發揮了震撼不法份子蠢蠢欲動、企圖挑戰公權力的意念，使得政治活動的風氣漸趨清明。以1998年1月24日所舉辦的各縣市議員、鄉鎮市長選舉為例，各政黨辦理候選人提名時，立即傾向保守慎重，不再為求勝選而昧於地方惡勢力，提名具有黑道背景的人物參選。根據調查，1994年縣市議員當選者中具有不良背景者，總計287位，而1998年於掃黑過後當選者，則已銳減至121位。顯見在該此選舉中，具有黑道背景的參選者，已開始體認到藉公職漂白也是罔然的效應，同時，人民也感受到清明的政治不容許黑道棲身。掃黑掃除了政治上清廉的絆腳石，政治秩序恢復應有的常態運作，讓國人知道政府貫徹公權力及樹立公信力的決心，法治與施政的基礎也會趨向穩固。

四、對經濟面之影響

　　有暴利之處，就有黑道虎視眈眈的陰影，這是黑幫的特性，也是其存

在與壯大的來源。隨著經濟繁榮，黑道幫派更是無所不用其極，紛紛介入各種經濟層面，以獲取暴利，維持其經濟來源。然而由於一連串的掃黑行動，已針對黑道幫派遂行之強迫買賣、經營賭場、地下錢莊、有線電視及圍標公共工程等不法行為，全方位、多目標的進行掃蕩，使得竹聯幫、四海幫、松聯幫及至尊盟等幫派首惡及重要成員非經執行到案，移送綠島羈押，即已透過各種管道遁避國外，至幫派組織處於瓦解或是群鼠無首之境況，適時遏止黑道挾其暴力介入股市、公共工程、霸占市場、壟斷商機之情事。

五、對社會面之影響

（一）治安全面改善掃黑行動不分身分、地位全面性的檢肅，不僅首惡份子，連附從份子亦進行連根剷除，此即所謂「大、小尾都要抓」的策略作為，就是要澈底的奠立國內治安的根基[31]。民眾因為掃黑政策的展開，逐漸恢復對於政府貫徹公權力、樹立公信力的信心，使社會趨向安定，人民得以安居樂業。人民因為政府的保障而脫離黑道威脅的陰影，自然對於國家之前途寄予無限希望，對於政府自然會有更多期許。

（二）公平正義之實現，社會價值觀之重建由於掃黑行動的展開，一般人對社會風氣的急功近利、人與人之間的重利輕義、崇拜金錢、以財富為衡量個人社會地位標準等心理，獲得檢討、深思及改正的契機。也對黑道之「假面具」與「真面目」有正確的了解，逐步不再與黑道人物往來、掛勾或是相互依存、利用，相對地也使民眾知道黑道的「英勇」是明日黃花，黑道的「財富」是罪惡的淵藪。

---

[31] 掃黑掃除黑道暴力的作為以及相關規劃，後來由警政署接續主導、規劃，包括治平專案、迅雷作業以及一般檢肅部分。依據2004年1到8月的統計，治平專案到案人數425人，較上年同期增加111人；同時，「不良幫派專案臨檢」計查獲3420人，也較上年同期增加989人。詳參：內政部警政署警政統計通報93年第37號，93年9月15日。

六、國際的重視與合作

　　筆者規劃結合檢、警、調、憲各治安單位整體力量，所規劃實施的掃黑行動方案，規模堪稱前所未有，不論是在跨部會間之聯繫合作、全民反黑氣勢掀起、掃黑原則策略之研議擬定、蒐證執行程序的充分完備，乃至於掃黑法制化的建構確立，均已獲致國內、外極高之評價與讚許，深受國際間之矚目、關注，美國、加拿大、日本、法國、德國等國政要、有關機構或法政學者拜訪法務部、內政部等參與掃黑之機關，無不對於掃黑的作法及成果，甚或其機制及法制面的研擬，都投以無限的關心與一睹相關資料為快的熱切。而國內相關情治單位並藉此與美國聯邦調查局、加拿大皇家警騎及東南亞各國警方建立良好聯繫與合作關係，足堪為目前深受幫派組織犯罪所苦的發展中國家作為「掃黑經驗」的成功典範。

　　台灣之幫派與日本山口組、香港十四K幫、新義興、大圈仔、美國華青幫、血影幫、竹聯幫美國分支堂口等頗有聯繫。透過國內幫派移民海外份子之居間、勾聯而結盟。尤其鑑於台灣政府的強力掃黑作為，已使幫派犯罪組織份子紛紛避罪逃亡國外，與當地黑幫相互串聯，彼此共同在海外從事非法犯罪及遙控犯罪等勾當，對於所在國之治安，造成一定程度的影響，有關犯罪活動及洗錢過程都有跨國交流的現象，因而引起所在國治安單位極度重視，尤其港澳地區在地緣、文化、交通上與台灣接近，以致港澳成為黑道人士藏匿之主要處所，或以港澳為跳板，轉往大陸或東南亞、美加等地。此等亡命天涯的黑道幫派份子利用台灣與所在國或地區無正式外交關係或未簽署引渡條約的漏洞，不僅在所在國或地區繼續從事犯罪，甚且持續遙控國內手下犯罪，不僅對他國治安造成衝擊，危害其國內社會治安，更造成台灣聲譽負面的影響。為此，相關治安單位除配合先期情資運用，嚴密入出境及安檢管制措施外，亦特別加強國際合作掃黑的聯繫，輸出筆者國成功、寶貴的掃黑經驗的同時，針對逃亡在外的幫派首惡份子，協調澳門、香港、東南亞及美加等國警方協助緝捕，遣返回國受審，聯手執行海外掃黑任務，並透過海基會、紅十字會等協商管道，強化兩岸共同打擊犯罪，將鐵腕伸向海外，擴大打擊範圍，使黑道無所遁形。茲略

舉台灣跨國掃黑合作成功案例如次：

（一）1996年8月間，法務部開始執行大規模之「掃黑行動方案」後，黑道首要蕭某即潛逃國外避罪，經相關情治單位積極與加拿大皇家警騎及美國移民局合作，於1997年5月7日將通緝中之蕭某押解回國受審。

（二）1997年4月23日，涉及多起重大刑案之四海幫堂主暨重要槍擊要犯楊某，經與菲律賓警方積極聯繫，在潛逃海外多年後，於菲律賓當地落網，並隨即將其押解返國調查。

（三）1997年6月間，涉嫌以暴力介入選舉及圍標工程之黑道要角某縣議員吳某，在得悉被警方鎖定調查後，即輾轉經由金門偷渡潛逃至大陸廈門，並遭中共公安部門逮捕，經相關單位透過海基會、紅十字會等管道協商聯繫，終於1997年8月8日依據金門協議，將通緝中之吳某押解返國受審，成功阻絕黑道份子潛逃大陸之管道。

捌、結論

一、統合掃黑戰力，完整配套措施

掃黑工作的成功，不可能只是憑藉法務部或是檢察機關的力量。要掃除盤根錯節的黑道勢力，必須要用到每一分可用的資源，結合政府與全民的力量[32]，才能克竟其功。我們必須充分掌握政府機關可資有效利用的資源在哪裡，也要明白如何積極地結合、利用這些資源，這就是戰力的統合與資源的有效運用。而在掃黑政策的規劃上，不能只從打擊犯罪著眼，必須宏觀全局與社會整體性的問題癥結，從預防犯罪以及切斷經濟來[33]做

---

[32] 日本政府在這一點的作法上是較為先進的。在日本全部的都道府縣，都設有「暴力追放運動推進センター」（驅逐暴力運動推廣中心）此機構之性質屬於公益法人，其設立之目的事業，乃在於防止黑社會組織成員（暴力團員）不當的行為，並且協助受到黑社會組織成員侵害的被害人。詳參：森下忠，刑事政策の論点II，頁106-116，成文堂，1994年9月1日。

[33] 詳參：李傑清，組織犯罪防制條例剝奪不法利益規定之檢討，刑事法雜誌第42卷第

起,採取掃黑、查賄、肅貪、肅毒、肅槍、洗錢防制及獎勵自新、更生保護多管齊下之方式,將配套措施完善化[34],才能真正掃除犯罪勢力,達成生活環境無黑道之威脅的施政理想,這也才是刑事政策學作為一種實用社會科學的展現[35]。

二、大陸應高度重視並積極推動全國性的掃黑工作

近年來,隨著經濟開放,大陸黑幫逐漸滲透經濟領域,不擇手段攫取經濟利益,已形成「以黑護商、以商養黑」的問題,成為大陸整治社會治安及經濟市場秩序的頭痛問題[36]。這個現象的產生,與筆者當初在台灣堅持進行掃黑的背景,幾乎完全相同。因為改革開放,在經濟路線上的彈性與內需市場的擴大,使得社會上商機處處,也就使得原本的黑幫有機可乘,「利之所趨,無所不為」[37]。2005年6月11日,河北省定州市繩油村發生的黑幫血腥襲擊民眾案[38],引起大陸以及海外媒體重視;這個現象也

4期,頁71-76,1998年8月。並請參閱:鄧湘全,防制組織犯罪所採取擴大沒收制度之檢討,頁47-57,刑事法雜誌第42卷第4期,頁71-76,1998年8月。

[34] 傅美惠,組織犯罪及其對抗措施,刑事法雜誌第44卷第6期,頁111-124,2000年12月。

[35] 近年來,大陸學界對於這個問題有多層次、多面向甚至跨社會學與法律學領域的探討。從刑事政策的技術層面來講,政策被法治化的程度受到各種社會因素的影響,這樣的研究趨勢也影響了大陸近年來從「嚴打」的刑事政策轉向至「寬嚴相濟」的刑事政策。詳參:白建軍,刑事政策的運作規律,中外法學第16卷第5期,頁526-532,北京大學法學院,2004年。

[36] 何秉松主編,黑社會犯罪解讀,頁11-40,中國檢察出版社,2003年6月。大陸學界將黑幫犯罪區分為「黑社會組織犯罪」與「黑社會性質組織犯罪」,或是將其包括在「有組織犯罪」之概念底下來進行說明。而且,配合大陸「嚴打」的刑事政策,大陸在刑法的立法與適用上均有關於組織犯罪或是黑社會組織犯罪的相關規定。詳參:張穹主編,「嚴打」的理論與實務,頁405-441,中國檢察出版社,2002年10月。此外亦請參照:張小虎,我國當前犯罪率階位攀高的社會安全警示,犯罪研究第6期,頁2-11,上海市犯罪學學會,2007年。

[37] 張高文,淺析黑社會性質組織犯罪隱蔽性及其對策,犯罪研究2007年第3期,頁43-44,上海市犯罪學學會。並請參閱:張曉秦、趙國玲主編,當代中國的犯罪與治理,頁227-256,北京大學出版社,2001年5月。

[38] 新華社2005年6月18日報導:6月11日凌晨,在定州市繩油村附近的國華定洲電廠灰

顯示，大陸的黑幫活動猖獗，正危及社會的穩定。具體而言，黑幫的不法行為包括橫行鄉里，欺壓百姓，還充當打手、殺手；看護地下賭場、色情娛樂場所，以及充當保鏢；插手經濟糾紛，使用暴力、脅迫等手段替人催款討債；干擾司法公正，充當地下法庭，替人擺平事端。依筆者看來，河北定州流血事件恐怕只是冰山一角，大陸黑幫或撈取政治資本尋求紅色保護，或拉攏腐蝕幹部尋求黑後台，或染指地方基層政權，終將侵蝕大陸經濟發展，進而危及社會穩定。

因此，即使各省所謂的「掃黑」行動捷報頻頻，終究也只是一種「頭痛醫頭、腳痛醫腳」的表面功夫。真正的困難以及問題的癥結，還是必須盡快建立整體的掃黑法制與方案[39]，進行全國性、大規模的掃除黑金作為，同時，也必須配合「反貪、反腐」的政策，將與黑幫勢力有所聯絡的黨政官員以及警務人員，一併掃除。建立清廉的政風，形成全民望治的氛圍，掃黑工作的推動才能順利、成功。

三、兩岸應共同合作打擊黑幫組織與犯罪

自1987年台灣開放赴大陸探親始，兩岸經貿互動、文教及社會交流即日益成長與頻繁，商旅往返更是絡繹於途。然而，兩岸間互動密切、交通便利、出入管制放寬、牟求暴利等發展結果卻也帶來不少新興的治安問題，其中包括：兩岸刑事嫌疑犯、通緝犯潛逃至對岸躲藏；兩岸犯罪份子結合，共同進行走私（貨物、黑槍、毒品等）、偷渡（由人蛇集團「包辦」所有過程）、偽造有價證券（以人民幣為主）、恐嚇及勒索（以台商

場建設用地上，以楊樹寬為首的黑幫份子，300餘人持械襲擊在場聚居的數百名繩油村村民，致使6人死亡，數十人受傷。當局已逮捕了22人，包括主謀、定洲電廠灰場工程承建人張某及她的丈夫甄某。據稱，灰場工地原為村民所有，年前為電廠收購，但村民不滿賠償，其後在工地上居住下來，不讓動工。灰場承建人即聯絡黑幫勢力，進行非法驅逐民眾的工作。同時，公安機關亦查獲楊樹寬所有，平時專供犯罪之用的軍用裝甲車數輛。

[39] HuanGao、JohnSong，中國大陸組織犯罪之抗制──理論與實務，頁97-99，收錄於2001年國際治安學術研討會：會議手冊暨論文集，中央警察大學國際學術交流委員會，2001年8月13日。

為主）等犯罪勾當，雙方犯罪份子或黑幫且有「結盟」整合之發展趨勢；此外，台海附近亦不時發生大陸漁船劫奪台灣漁船等海上犯罪事件。這些治安問題不但增加台灣及大陸維持社會安全與秩序的內政成本，同時也造成兩岸互動過程中所應可避免的誤解、猜忌與悲觀。基此，兩岸進行合作以共同打擊犯罪應係符合互利互惠之原則，且又有利於雙邊良性互動之發展[40]。

以前，兩岸合作共同打擊犯罪最具體的做法即是透過1990年9月兩岸所達成的「金門協議」而進行刑事嫌疑犯或通緝犯查緝遣返，無需再經由「第三國」轉手遣送[41]（如1989年4月，即有大陸經由新加坡而遣返台灣所通緝的楊明宗刑事犯乙案）。經由兩岸紅十字總會和海基、海協會等中介團體居間傳送訊息與遣返見證，兩岸治安單位基於尊重雙方司法管轄權及互利互惠原則而進行疑犯資料審核、查緝（若發現另有觸犯當地法令情事則先進行應有之司法程序處理）、收容與遣返等作業。至1996年為止，大陸方面曾十五次遣返潛逃大陸地區之台灣刑事通緝、嫌疑犯計28人。台灣方面則有五次遣返大陸刑事犯作業共7人。除刑事犯遣返外，兩岸間尚運用兩會傳達雙方治安單位其他方面的協助要求和訊息，另如國際刑警組織（託由東京局代轉）也是兩岸轉達訊息的通道。

共同打擊犯罪雖然是兩岸應較具共識且互利互惠的議題，然而實際上，兩岸政府昧於政治議題的考量，裹足不前，缺乏更寬廣、更深入的合作做法，使得當前共同打擊犯罪僅止於選擇性、有限度、缺乏積極與主動的少數作為。為求落實兩岸共同打擊犯罪的目標，雙方應該基於對等、互惠互利、互信互助的原則，邁開務實腳步，進行功能性合作，改善內部治安。具體的作法有以下：

（一）兩岸應持續、擴大並提升刑事通緝犯和嫌疑犯查緝遣返作業的對象、範圍與效率。

---

[40] 張中勇，兩岸合作共同打擊犯罪的可行方案，國家政策雙週刊第144期，頁6，1996年8月6日。

[41] 高政昇，兩岸共同合作打擊犯罪之探討，頁27-33，收錄於2001年犯罪防治學術研討會會議手冊，2001年7月18/27日。

　　未來兩岸遣返對象應首重販槍、販毒、製造假鈔、流氓等嚴重影響
治安之重大惡性犯罪份子；雙方治安單位亦應全力配合嚴密查緝，迅速行
動緝捕到案後即予遣返。當台灣警方全力查緝偷渡來台和非法入境之大陸
人民，尤其是犯罪潛逃與「身分動機不明」者，並且要求大陸方面儘速同
意遣回這些「不受歡迎者」之際，大陸治安當局實不應選擇性、有限度地
查緝潛逃至大陸之台灣犯罪份子，不僅助長罪犯僥倖與逍遙法外之氣息，
更埋下可能導致當地治安惡化的毒瘤，不利人且損己。易言之，當台灣方
面提出要求協助查緝與遣返刑事通緝犯及涉及重大刑案之嫌疑犯，尤其是
從事兩岸走私販槍賣毒及人蛇偷渡買賣人口之犯罪份子，大陸公安當局應
本於「治安一體」的認識及互利互惠原則，迅速行動而進行查緝、遣返作
業。此項作業仍可援往例而由兩岸民間團體（兩岸兩會、紅十字總會）居
間協助、轉達訊息與見證。然而，為提高查緝遣返作業效率及爭取時效，
同時避免互動過程中可能產生的誤解與衝突，進而建立並擴展合作經驗和
信心，兩岸警方可考量進行對等、互惠的直接聯繫與溝通，經由相互認識
「對口」單位之作業方式、規範及人員教育訓練，發揮兩岸警力合作的加
乘效果[42]，務使犯罪者無法在彼岸覓得藏匿棲身之處。

　　（二）兩岸治安當局可建構制度性甚或機構性犯罪資料交換、交流的
互動機制。

　　目前，兩岸可透過國際刑警組織（由「東京中央局」代轉）散發和取
得相關訊息，協助查緝通緝要犯或嫌犯。鑑於兩岸治安多僅涉及兩岸人民
而少見外國人士參與，國際刑警組織及其他跨國治安組織（如Europol及
美歐合作之機制）或無興趣、或缺乏人力及能力而助益不大。因此，兩岸
可考量直接進行犯罪情報交流及建立犯罪資料庫，提供對岸有關可能、經
常或有組織性涉及跨海犯罪份子或集團之活動情形與犯罪手法，包括兩岸
接頭管道、活動範圍、當地結合情形（如政商關係、黨政關係等）、作業
模式、資金「黑錢」流向及「漂白」途徑、做案日期和地點等相關情報資

---

[42] 楊永年，以合作模式處理兩岸跨境犯罪問題，頁152-153，收錄於2001年國際治安學
　　術研討會：會議手冊暨論文集，中央警察大學國際學術交流委員會，2001年8月13
　　日。

料，除可加強潛逃刑事犯查緝效益外，更可積極、主動與先發防制跨海犯罪活動。

（三）兩岸治安當局可研究進行雙方治安人員互訪，增進教育與訓練交流認識。

為落實並提升合作共同打擊犯罪的目標與效果，兩岸有必要先對雙方治安理念、政策目標與管理策略有所認知，次對兩岸警察任務目的、作業規範、執勤方式、教育與訓練內容等加以了解，藉以避免因誤解而產生的衝突（例如對於罪行的認定、警察權的內容、「行政中立」的認知、人權保障的程度等差異），強調共識與共同利益，經由合作而創造雙贏的局面。除刑事犯遣返議題已有「金門協議」可資遵循外，其他如建構犯罪資料庫機制和人員互訪及教育訓練交流等措施，應先經由兩會進行協商以達成協議，建立制度，提供未來合作共同打擊犯罪之行事規範。

四、加強國際合作，消弭黑幫、組織犯罪

由於全球經濟的發展及國際機動性、流動性均增加，無論是一般的犯罪、電腦犯罪、組織性的犯罪如槍毒走私及人口販運及恐怖主義，都有跨國的特性，國家的社會治安並非一國能獨力完成，必須結合國際的執法單位共同努力，包括經驗交流、教育訓練、情資分享，建立共同打擊犯罪的機制，才能有效打擊跨國性的犯罪[43]。

從國際趨勢來看，回顧2000年11月聯合國在義大利西西里島所召開之「防制跨國有組織犯罪」會議中，通過了「聯合國打擊跨國有組織犯罪公約」（U.N. Convention Against Transnational Organized Crime），其中第6條有關洗錢行為罪刑化部分，即特別指出組織犯罪、貪污犯罪等犯罪類型，應列為洗錢之前犯罪（predicate offences），第7條則進一步規定各種防制洗錢措施，第8條將貪污行為罪刑化，第9條則為採取防制貪污措

---

[43] 謝立功，前揭註22，頁125-127。並請參閱：莊金海，非法入出境犯罪控制機制之探討——控制論在偷渡防制上的運用，頁127-148，收錄於2001年犯罪防治學術研討會會議手冊，2001年7月18～27日。

施，同時還特別強調肅貪行動的獨立、不受不當影響[44]。該公約目的應在

---

[44] 依據聯合國官方公布的中文（原爲簡體字，作者轉爲正體字呈現）版本，本條約的
第6條至第9條規定爲：

・第6條洗錢行爲的刑事定罪

1.各締約國均應依照其本國法律基本原則採取必要的立法及其他措施，將下列故
意行爲規定爲刑事犯罪：(a)(1)明知財產爲犯罪所得，爲隱瞞或掩飾該財產的非
法來源，或爲協助任何參與實施上游犯罪者逃避其行爲的法律後果而轉換或轉
讓財產；(2)明知財產爲犯罪所得而隱瞞或掩飾該財產的真實性質、來源、所在
地、處置、轉移、所有權或有關的權利；(b)在符合其本國法律制度基本概念的
情況下：(1)在得到財產時，明知其爲犯罪所得而仍獲取、占有或使用；(2)參
與、合夥或共謀實施，實施未遂，以及協助、教唆、便利和參謀實施本條所確
立的任何犯罪。

2.爲實施或適用本條第1款：(a)各締約國均應尋求將本條第1款適用於範圍最爲廣
泛的上游犯罪；(b)各締約國均應將本公約第2條所界定的所有嚴重犯罪和根據本
公約第5條、第8條和第23條確立的犯罪列爲上游犯罪。締約國立法中如果明確
列出上游犯罪清單，則至少應在這類清單中列出與有組織犯罪集團有關的範圍
廣泛的各種犯罪；(c)就(b)項而言，上游犯罪應包括在有關締約國刑事管轄權範
圍之內和之外發生的犯罪。但是，如果犯罪發生在一締約國刑事管轄權範圍以
外，則只有該行爲根據其發生時所在國本國法律爲刑事犯罪，而且若發生在實
施或適用本條的締約國時根據該國法律也構成刑事犯罪時才構成上游犯罪；(d)
各締約國均應向聯合國秘書長提供其實施本條的法律以及這類法律隨後的任何
修改的副本或說明；(e)如果締約國本國法律基本原則要求，則可以規定本條第1
款所列犯罪不適用於實施上游犯罪的人；(f)本條第1款所規定的作爲犯罪要素的
明知、故意或目的可根據客觀實際情況推定。

・第7條打擊洗錢活動的措施

1.各締約國均應：(a)在其力所能及的範圍內，建立對銀行和非銀行金融機構及
在適當情況下對其他特別易被用於洗錢的機構的綜合性國內管理和監督制度，
以便制止並查明各種形式的洗錢。這種制度應強調驗證客戶身分、保持記錄和
報告可疑的交易等項規定；(b)在不影響本公約第18條和第27條的情況下，確
保行政、管理、執法和其他負責打擊洗錢的當局（本國法律許可時可包括司法
當局）能夠根據其本國法律規定的條件，在國家和國際一級開展合作和交換資
訊，並應爲此目的考慮建立作爲國家級中心的金融情報機構，以收集、分析和
傳播有關潛在的洗錢活動的資訊。

2.締約國應考慮採取切實可行的措施調查和監督現金和有關流通票據出入本國國
境的情況，但須有保障措施以確保情報的妥善使用且不致以任何方式妨礙合法
資本的流動。這類措施可包括要求個人和企業報告大額現金和有關流通票據的
跨境劃撥。

3.在建立本條所規定的國內管理和監督制度時，籲請締約國在不影響本公約的任

加強跨國合作，共同打擊朝國際化發展的有組織犯罪。聯合國毒品管制及犯罪防治局執行長阿爾拉奇在這場於義大利打擊黑道犯罪最前線的巴勒默市召開的會議閉幕時說，會議的成功超乎預期，全球的法律武器今後將趨於一致。簽約國承諾將促使各國國會一字不改的通過這項公約，以加強國際調查人員的合作來對抗全球化風潮下所帶來的黑暗面。這項公約必須有40國批准才能成為國際法工具，到了2007年3月，已經有147個國家簽署，其中51個國家已經批准了此項國際公約。以金融業務保密聞名的奧地利、塞席爾、列支敦斯登、瑞士、盧森堡及摩納哥均在公約簽字。依據該公約防範洗錢的條款，這些國家往後在調查人員調查犯罪活動時，不得

何其他條款的情況下將各種區域、區域間和多邊組織的有關反洗錢倡議作為指南。

4.締約國應努力為打擊洗錢而發展和促進司法、執法和金融管理當局間的全球、區域、分區域和雙邊合作。

・第8條腐敗行為的刑事定罪

1.各締約國均應採取必要的立法和其他措施，將下列故意行為規定為刑事犯罪：(a)直接或間接向公職人員許諾、提議給予或給予該公職人員或其他人員或實體不應有的好處，以使該公職人員在執行公務時作為或不作為；(b)公職人員為其本人或其他人員或實體直接或間接索取或接受不應有的好處，以作為其在執行公務時作為或不作為的條件。

2.各締約國均應考慮採取必要的立法和其他措施，以便將本條第1款所述涉及外國公職人員或國際公務員的行為規定為刑事犯罪。各締約國同樣也應考慮將其他形式的腐敗行為規定為刑事犯罪。

3.各締約國還應採取必要的措施，將作為共犯參與根據本條所確立的犯罪規定為刑事犯罪。

4.本公約本條第1款和第9條中的「公職人員」，係指任職者任職地國法律所界定的且適用于該國刑法的公職人員或提供公共服務的人員。

・第9條反腐敗措施

1.除本公約第8條所列各項措施外，各締約國均應在適當時並在符合其法律制度的情況下，採取立法、行政或其他有效措施，以促進公職人員廉潔奉公，並預防、調查和懲治腐敗行為。

2.各締約國均應採取措施，確保本國當局在預防、調查和懲治公職人員腐敗行為方面採取有效行動，包括使該當局具備適當的獨立性，以免其行動受到不適當的影響。

詳參：http://www.uncjin.org/Documents/Conventions/dcatoc/final_documents_2/index.htm。

拒絕檢調銀行帳戶來往紀錄，同時匿名或假名帳戶將予作廢及成立金融情報單位，而在這些簽約國中，阻撓司法調查將屬犯罪行為。這次會議中，簽約國亦矢言將立法規定貪污為犯罪行為，並將保護指控黑幫的證人。此外，七大工業國（G7）所成立之金融行動工作小組（Financial Action Task Force，即前述FATF）也公布了15個在國際打擊洗錢活動中不合作的國家，同（2000）年12月，已有125個以上國家簽署前述公約（包括美國與瑞士），這可謂國際社會為打擊洗錢等黑幫、組織犯罪型態，已邁入一個新的里程碑[45]。

---

[45] 謝立功，加強國際合作、共同打擊犯罪，財團法人國家政策研究基金會國政研究報告，2001年8月28日。全文參照：http://www.npf.org.tw/particle-592-2.html。

16

我國犯罪被害人保護法制的檢討與策進
——並簡介日本「犯罪被害者等基本計畫」*

壹、前言

　　民國85年6月，本人出任法務部部長，有感於社會多年來由於黑道、財團與政治之盤根錯節，敗壞社會風氣，摧毀價值觀念，魚肉鄉里、欺壓善良、無惡不作、破壞治安、人神共憤。當（6）月乃規劃由法務部所屬

---

* 2008年9月29日於「我國犯罪被害人保護制度之檢討與策進研討會」（台北）專題演講。

之檢察官，整合調查員、警察、憲兵（本人稱之「鐵四角」）之力量，推動「治平掃黑」及「迅雷」之專案，雷厲風行，依法澈底掃蕩，同時推動輔導幫眾之改過自新，一時之間，弊絕風清，治安全面改善，經濟持續發展、價值觀念重建，善良者得到保障，違法者受到制裁，守法與違法、善與惡、對與錯之界線逐步分明，正擬繼續加強執行，進一步整頓台灣社會，以期長治久安，不意橫遭阻撓，本人乃於87年7月宣布辭職，此一政策之推動，後續乏力，致黑道政商勾結為惡，繼續橫行，最近辛樂克颱風肆虐，斷橋處處，屋倒連連，或為黑道政商勾結、盜採砂石，或為人謀不臧、貪贓枉法之效應，有以致之，此為長年存在之問題，政府竟曲予維護，甚至不敢指責，而完全將責任推給颱風之原因，似此不面對現實，不敢處理，台灣將淪落為黑道勾結政商治國之結果，前此努力之成果，勢將毀於一旦，令人不勝欷噓！本人推動此一工作，至為艱鉅與危險，但本人義無反顧，完全依據法律規定，不問親疏，澈底執行，在工作當中，曾面臨多次黑幫勾結政治勢力，不擇手段反撲，或污衊抹黑，或恐嚇加害，無所不用其極，以本人之聲望地位，不法之徒都敢如此囂張，遑論一般市井小民。在85年6月本人開始推動「治平掃黑」等專案後，即不斷接獲訊息，知悉被害人或證人遭受犯罪人（包括黑道、一般犯罪人及所勾結之政商）等繼續侵害，甚或變本加厲對其施以恐嚇威脅，甚至加以殺害等。某日本人與少數首長曾接獲陳情書，指涉某政黑關係緊密之民意代表為非作歹，不意第三天該民意代表竟來函針對其內容逐一反駁，顯見接獲陳情書之首長有人將陳情書全文轉給此一黑道身分之民代；亦有檢舉人被用布袋吊起來毆打，過不久死亡之案例，此些情形，不勝枚舉。本人眼見台灣社會沉淪至此，乃更堅定依法澈底掃蕩犯罪、整頓社會之決心與作為，並決定除制裁犯罪行為人外，尤應建立全面性、澈底保護被害人（包括證人、檢舉人等）之法制。此一心情除表現於本人在任時所推動的各項工作外，民國87年6月法務部出版「犯罪被害人保護研究彙編」一書時，本人在序文中所述，足以綜合之。該序文之內容為：

「犯罪被害人之心聲與困境在傳統法律制度下，因缺乏系統化、制度化之設計，未得應有之尊重與照顧，其權益長期被漠視，其於刑事司法程

序之地位，充其量僅是協助偵查犯罪之工具，較諸現行法律制度對於被告
及受刑人權益，自偵查、審判以迄執行，乃至出獄後之更生保護均有週全
之保護設計，顯失衡平，有違司法追求公平正義之原則。正豪有鑑於此，
故自接掌法務部以來，即將加強犯罪被害人之保護列為重要之刑事政策，
提示主管之業務採取各種加強保護措施，例如：

　　一、為保護因犯罪行為被害而死亡者之遺屬或受重傷者，推動制訂
『犯罪被害人保護法』並擬定其施行細則，以保障人民權益，促進社會安
全，該法已於本（87）年5月27日奉總統令公布，施行日期由行政院訂之。

　　二、研擬整體性、全面性之『加強犯罪被害人保護方案』，該方案已
於本年5月1日陳報行政院，伺奉核定後，即可全面逐步推動執行。其工作
項目，分救援協助、安全保護、補償損失、協助訴訟、教育宣傳及其他相
關措施等六方面，採行之加強保護措施要領多達45項。

　　三、研擬「證人保護法草案」，以立法保護證人、檢舉人及被害人之
人身安全、該法草案現已經立法院一讀審查完竣。

　　四、研究強化被害人在刑事訴訟程序中之地位，強化被害人安全及名
譽保護之設計及如何使被害人獲得適當之補償或賠償，以強化被害人在刑
事訴訟程序上權益之保障。

　　五、設置『重大犯罪被害人申訴窗口』，受理重大犯罪被害人之申
訴，妥速處理，維護被害人權益。

　　六、編印出版『犯罪被害人保護手冊』，提供民眾維護權益、尋求救
濟及救援管道之參考。

　　七、舉辦『犯罪被害人保護法律研習營』，以培養犯罪被害人保護種
子，廣植犯罪被害人保護觀念。

　　八、修正法務部處務規程，於保護司增設一科，專責辦理犯罪被害人
保護工作。」

　　近年以來，社會大眾眼見社會不公不義的現象層出不窮，追求公平
正義的期待日越殷切。本人在任內所提保護被害人之意見亦多經落實。就
法制的角度來看，我國對於犯罪被害人保護的基礎法制，經過多年的規劃
推動，業已初具規模，其主要之法律，分屬於法務部、內政部、財政部、

教育部、行政院新聞局及司法院等機關主管，例如家庭暴力防治法、性侵害防治法、兒童福利法、少年福利法、強制汽車責任保險法、犯罪被害人保護法、證人保護法、檢肅流氓條例、組織犯罪防治條例、刑法、刑事訴訟法、法律扶助法等，其中最基本的法律，應屬民國87年5月27日公布，同年10月1日施行的犯罪被害人保護法（以下簡稱「保護法」）。本法規定共36條，第1條為立法宗旨，第2條為法律適用程序、第3條規定用詞定義，第4條至第28條規定犯罪被害補償金，第29條規定犯罪被害人保護措施，第30條規定保護機構辦理之業務，第31條至第36條規定文書送達及適用之範圍等，對於犯罪被害人之保護，粗具原則性之規定。施行四年後，本法於民國91年7月10日修正公布第12條、第25條、第27條，第29條，並增訂第12條之1[1]，自同年10月1日起開始施行，迄今已有六年。依保護法之規定，我國的犯罪被害人保護，其最主要的部分，就是國家支給犯罪被害補償金。而犯罪被害補償金，必須是因犯罪行為被害而死亡者之遺屬所得申請補償之金錢，或是受重傷者因犯罪而損失之金錢。此外，則為第30條所規定的犯罪被害人保護機構應視人力、物力及實際需要辦理下列業務：一、緊急之生理、心理醫療及安置之協助。二、偵查、審判中及審判後之協助。三、申請補償、社會救助及民事求償等之協助。四、調查犯罪行為人或依法應負賠償責任人財產之協助。五、安全保護之協助。六、生理、心理治療及生活重建之協助。七、被害人保護之宣導。八、其他之協

---

[1] 本修正案為民國91年6月23日經立法院三讀通過。簡要言之，乃為配合當時公布、施行的行政程序法進行調整，共計修正四個條文，增加一個條文。增加的條文為第12條之1，係規定犯罪被害人保護法之法定機關（地方法院或其分院檢察署）有權調查犯罪行為人或依法應負賠償責任之人的財產狀況，受調查者不得拒絕。而其他異動條文，則多屬國家機關或法定機關於補償金支付後行使求償權、事先聲請假扣押以及補償金返還之規定，與犯罪被害人保護之刑事政策直接產生關連性者，則為第29條關於犯罪被害人保護機構之成立與其經費來源之規定。第29條規定為：「為協助重建被害人或其遺屬生活，法務部應會同內政部成立犯罪被害人保護機構（第1項）。犯罪被害人保護機構為財團法人，受法務部之指揮監督；登記前應經法務部許可；其組織及監督辦法，由法務部定之（第2項）。犯罪被害人保護機構經費之來源如下：一、法務部、內政部編列預算。二、私人或團體捐贈（第3項）。」可參酌：趙昌平、黃武次、黃勤鎮、張陰廉，有關「犯罪被害人保護法」施行後，法務部辦理情形及其執行成效之專案調查研究報告，頁95，監察院，2002年12月。

助等。保護法有關犯罪被害人受領補償金之規定，其範圍似較狹隘，而對於因犯罪行為被害而得申請國家補償金之範圍，亦僅限縮在因犯罪行為而受重傷或是死亡為限，更侷限了犯罪被害人得申請國家補償之範圍，屢受學界批評與質疑，認為至少應擴大補償事由之範圍[2]，或是在其他法制面向上多加努力[3]，以提升我國被害人在刑事程序法或是補償法制中的地位與權能[4]。

　　有鑑於犯罪被害人保護法施行十年以來，國際間被害人保護運動蓬勃發展，各國莫不致力提升對被害人的照顧與保護，國內倡議擴大被害人保護之呼籲也迭有所聞。因而於2009年5月8日立法院修正通過「犯罪被害人保護法」，並於2009年8月1日施行。縱觀此次犯罪被害人保護法修正重點，則包含擴大補償對象至性侵害犯罪行為之被害人，且增加精神慰撫金為補償項目及放寬補償金申請人範圍，並擴大犯罪被害保護對象至性侵害、家庭暴力與人口販運犯罪、兒童及少年、以及大陸地區、香港、澳門

---

[2] 許福生，犯罪被害人保護發展趨勢之探討，刑事法雜誌第49卷第4期，頁37-40，2005年8月。

[3] 盧映潔，淺論我國犯罪被害人保護法，逢甲人文社會學報第1期，頁372-374，逢甲大學人文社會學院，2000年11月。關於犯罪被害人保護法補償範圍限縮之問題，盧映潔教授引立法理由說明，認為我國立法例將財產犯罪排除於補償範圍之外，最主要的考量點即在於國家的財政負擔。蓋因依據被害補償之社會福利的本質推演，原本應對每一個社會組成份子給予全面性的制度保障，亦即原本不分何種犯罪型態造成的損害，均應一併給予被害人補償，只是顧及國家財政壓力，只能給予最需要者享受此補償福利，因此才將財產犯罪排除在外。此外亦請參酌：盧映潔，論被害補償制度排除條款的適用問題──以德國法為說明，台大法學論叢第31卷第2期，頁230-236，2002年5月。亦有論者介紹日本警察支援被害人的具體策略，詳參：鄭善印，警察對犯罪被害人保護策略之研究，刑事法雜誌第49卷第4期，頁12-20，2005年8月。

[4] 近來國內討論較多者，則以提升犯罪被害人在刑事司法程序中的地位為主要觀點。可參酌：柯爾納、鄭昆山、盧映潔，德國如何在刑事程序中改善被害人的地位──以「行為人與被害人調解制度」為討論重點，軍法專刊第49卷第4期，頁21-31，2003年4月；劉邦繡，由犯罪被害人觀點檢視現行刑事司法制度，刑事法雜誌第46卷第4期，頁89-91，2002年8月；廖尉均，犯罪被害人刑事訴訟權利之保護，刑事法雜誌第49卷第4期，頁104-110，2005年8月；賴帥君，論被害人刑事審判程序之地位，刑事法雜誌第48卷第4期，頁15-27，2004年8月。

與外國籍配偶或勞工等六類被害人，以及擴大犯罪被害人保護經費來源並增訂法務部得設置犯罪被害人保護基金之法源依據。2011年再次修正「犯罪被害人保護法」，使在台之國內外犯罪被害人均享有一樣保障，落實政府人權立國施政理念。2013年又再次修法，於現行補償機制外，創設「扶助金」制度，針對在台灣地區設有戶籍且未為遷出國外登記之中華民國國民，於我國領域外因他人之故意行為被害而死亡之遺屬發給扶助金，並提供保護措施，以貫徹國家照顧被害人理念。

　　與我國相較，日本犯罪被害人保護法制的發展歷程，可以說是「從個別到全面」[5]，而非如我國係直接制訂較為全面性的犯罪被害人補償基本法制。其犯罪被害人保護法制的發展歷程，雖然與歐美先進國家相較，顯

---

[5] 日本學說上對於犯罪被害人保護法制的發展階段有不同的見解，不過大多數學者都將戰後日本犯罪被害人法制的發展，區分為第一階段與第二階段，而第一階段又可分為昭和前期與昭和後期。在昭和前期與犯罪被害人保護較為相關的法制改革，係散見於各個不同的法領域之中；如昭和20年代後半開始到昭和30年代前半的刑事訴訟法修正加入對於被告的權利保釋除外事由（日本刑事訴訟法第89條）、汽車損害保障賠償法的訂定，以及昭和33年（1958年）法律第107號通過日本刑法增設第105條之2證人威迫罪，與昭和33年（1958年）法律第108號通過日本刑事訴訟法增設第281條之2、第304條之2，將被告於庭訊中威嚇或是脅迫證人時，法院可命其退席或是退庭之規定。昭和33年（1958年）法律第109號則直接制訂了「証人等の被害について給付の関する法律」，即證人作證而受到報復被害時，可申請國家的補償給付之法律。而昭和後期則為以昭和49年（1974年）8月30日發生的「三菱重工大樓爆破事件」為契機，而於昭和55年（1980年）4月23日制訂了「犯罪被害者等給付金支付法」，在性質上即相當於我國的犯罪被害人保護法，係屬於金錢補償之性質的法律；可參閱：神村昌通，犯罪被害者等基本計画策定の経緯と目的，法律のひろば Vol.59，頁4-5、頁8，2006年4月號。而在第二階段，則以1990年代後半，由於發生許多重大案件，因此可以被稱為是「被害者の再發現」的時代，在平成12年（2000年）5月12日國會通過了犯罪被害者保護二法，即「刑事訴訟法及び検察審査会法の一部を改正する法律」與「犯罪被害者等の保護を図るための刑事手続に付随する措置に関する法律」，而後國會進一步於平成13年（2001年）4月6日通過了「犯罪被害者等給付金支給法の一部を改正する法律」，最後則於平成16年（2004年）12月1日通過「犯罪被害者等基本法」，同年8月公布；可參閱：瀬川晃、大谷晃大、加藤克佳、川出敏裕、川上拓一、高橋正人，犯罪被害者等の権利利益保護法案をめぐって【座談會】，瀬川晃發言，ジュリスト1338期，頁3，有斐閣，2007年7月15日号。

得較為遲緩[6]，惟其關於犯罪被害人補償事宜的基本法制，係於昭和55年
（1980年）4月23日制定的「犯罪被害者等給付金支給法」，在時間上早
於我國18年公布施行，而為亞洲第一個實施犯罪被害人補償制度之國家。
近年來，隨著其國內對於犯罪被害人相關權益與照護全面化之呼聲漸趨高
漲[7]，且配合其司法制度改革的規劃與進程[8]，日本在犯罪被害人保護的相

---

[6] 關於日本立法保護犯罪被害人的腳步是否較為遲緩之問題，依據監察院於民國91年
　（2002年）的報告來看，比較起紐西蘭、德國、美國而言，其腳步似乎稍微遲緩；
　可參閱：前揭註1報告，頁7。惟就其國內之研究而言，日本在被害人方面的刑事政
　策，相當程度上受到英國的影響，日本觀察1973年間由英國民間組織Victim support
　所展開的一連串被害人保護活動，而於十年之後的1983年推動制訂了「犯罪被害者
　保護強化法」，在此期間（即1980年代至90年代前期），日本的犯罪被害人保護工
　作，係由警察為主導，而與民間合作，由警察署制訂被害人支援計畫並實際地展開
　被害人支援活動，可以說是這個時代的特色，而相較於英國1983年制訂的「犯罪被
　害者保護強化法」，日本亦先其一步於昭和55年（1980年）制訂了「犯罪被害者等
　給付金支付法」，雖然在保護範圍上較英國為狹，惟就年代而言仍在英國之前。關
　於此一方面的觀察，可參閱：淺田和茂、川崎英明、山下幸夫、高田昭正，犯罪被
　害者と刑事訴訟——犯罪被害者関連施策の總論的・各論的檢討【座談會】，淺田
　和茂發言，法律時報79卷7號，頁88-89，2007年6月号。而關於日本研究英國刑事政
　策的專門著作，可參閱：奧村正雄，イギリス刑事法の動向，頁245-247，成文堂，
　1996年4月1日。

[7] 以平成7年（1995年）3月20日，由奧姆真理教教徒所犯的東京地下鐵沙林毒氣事件
　（總計12人死亡，5,510人輕重傷）發生為契機，再加上近年來日本黑道幫派對於有
　金錢利益的商業活動或是民事活動，進行暴力介入以牟取暴利，使得日本社會對於
　犯罪被害人的保障極為注重。可參閱：奧村正雄，犯罪被害者等の損害回復と損害
　賠償命令制度，ジュリスト1338期，頁64-66，有斐閣，2007年7月15日号。論者亦
　有認為，近20年到30年的日本立法動向，最醒目、最重要的兩個部分就是關於組織
　犯罪對策以及被害者支援對策的刑事立法；可參閱：前揭註6，淺田和茂等座談會記
　錄，高田昭正發言，法律時報79卷7號，頁88，2007年6月号。

[8] 平成13年（2001年）6月12日，日本司法制度改革審議会將其審議結果的意見書提交
　至當時的日本內閣，成為決定21世紀日本司法制度改革的全面性方針。本意見書的
　副標題為「21世紀の日本を支える司法制度」，即「足以支撐21世紀日本的司法制
　度」。本意見書分成五大部分，第二部分為回應國民期待的司法制度，而此部分的
　第二部分，即為刑事司法制度的改革，內容的第5點乃說明犯罪者的改善更生與犯罪
　被害人保護的重要性。詳閱：最高人民檢察院（中國大陸）法律政策研究室編譯，
　支撐21世紀日本的司法制度：日本司法制度改革審議會意見書，頁214-215，中國檢
　察出版社，2004年1月。

關法制與推動、落實上，已經開展新的面貌，與我國在犯罪被害人保護的
法制規劃與推動上的差距，顯然已漸趨擴大。

　　本文之目的，首先在於審視我國目前犯罪被害人保護法與法務部
「加強犯罪被害人保護方案」之措施，並提出相關之檢討。而後則介紹日
本於平成16年（2004年）以後與犯罪被害人保護相關的法制規劃與其具體
內容，並以平成17年（2005年）12月27日經日本內閣與相關學術、民間單
位策定、議決，而成為當今日本最重要的犯罪被害人保護法制根基之「犯
罪被害者等基本計畫」為探討核心。最終則希望透過法制的比較介紹，建
立我國於犯罪被害人保護法制上較為全面與和諧之觀點，而為未來法制規
劃與落實執行之參考。

貳、我國犯罪被害人保護法制現況

一、犯罪被害人保護法及加強犯罪被害人保護方案的概況

　　依據保護法規定，我們可以發現保護的主要內容係在於發給犯罪被
害人補償金（保護法第3條至第28條），亦即對於因犯罪死亡被害人之遺
屬，或對受重傷害之犯罪被害人發給一定金額之犯罪被害補償金，對於
（一）其他犯罪被害人及（二）其他保護措施，則甚顯忽略，而參照監察
院在民國91年針對犯罪被害人保護法實施逾三年的專案報告結論[9]來看，
我國的犯罪被害人保護法所發生的最主要問題，還是在於補償範圍極其有
限，而決定補償之件數及人數比例偏低，簡單來說，就是「侷限」。依內

---

[9]　前揭註1報告，頁95-102。此報告從簡介各國犯罪被害人補償或是保護制度開始，而
　　整理自民國87年到91年4月底法務部辦理犯罪被害人補償工作之統計資料，並提出具
　　體分析與建議。深具參考價值。亦請參酌：前揭註2文，頁37-38。監察院指出我國
　　犯罪被害人保護法所發生最主要的問題乃在於：（一）目前我國犯罪被害人保護之
　　補償範圍，在整個犯罪被害者中所占比例極低；（二）有關犯罪被害人補償金經費
　　之動支，悉賴政府預算編列，亦造成政府財政負擔；（三）犯罪被害補償金決定之
　　件數及人數比例偏低；（四）犯罪被害補償金求償權之執行比例偏低；（五）審議
　　委員會審查逾期之情形嚴重。

政部警政署90年10月所出版的「台閩刑案統計資料」觀之，當時的刑事
案件，以竊盜案發生最多，約占整體刑案的70.87%，違反毒品危害防制
條例次之，占9.16%，公共危險案又次之，約占4.81%，而最可能形成犯
罪被害人請求補償的殺人案件，則僅占整體犯罪比例的0.25%，傷害罪亦
僅占2.01%，因此如果將殺人罪的總被害人（有求償權者為遺屬）加上傷
害罪中傷害程度達到重傷的被害人，亦與一般所稱的廣義被害人範圍相差
極大，能夠符合補償要件順利請領犯罪害人補償金者，可謂微乎其微[10]。
如果從給予犯罪被害補償金的觀點來看，在受到如此侷限的條件下，雖然
我國具備了基礎的犯罪被害人補償法制，但是其能發揮的功效極為有限，
而且所謂的犯罪被害人保護法得以受到「保護」的被害人，其實只是全部
犯罪被害人的極小部分。為謀犯罪被害保護的業務開展以及涵蓋性，法務
部本於犯罪被害人保護法之基本原則，邀集各相關部會及民間團體訂定
「加強犯罪被害人保護方案」陳報行政院，行政院於民國87年10月15日
核定[11]。該方案實施以來，歷經民國89年3月[12]及民國91年7月[13]共二次修

---

[10] 現今刑案統計的方式與民國91年相比已經有很大的不同，不僅各項統計指標與計算
　　基數有極大變化，統計的程式也已經改變許多。不過如果參照內政部警政署民國97
　　年的警政統計資料來看，現在的統計方式，是以刑事案件發生數、刑事案件破獲數
　　來計算破案率，因此，與犯罪被害人補償申請權產生直接關連的，就是刑事案件眞
　　正被破獲的件數，由此即可大略統計出符合犯罪被害人保護法補償要件的案件比。
　　此處所使用的刑案統計資料，係取自內政部警政署警政統計資料網址：http://www.
　　npa.gov.tw/NPAGip/wSite/public/Attachment/f1219282588976.xls，最後瀏覽日期：
　　2008年8月25日。此爲Excel檔案的下載版本。民國96年1至12月全般刑案的破獲數爲
　　367,001件，與犯罪被害人補償申請權直接相關的故意殺人案件與重傷害案件分別爲
　　845件與45件，兩者合計890件，約占全般刑案發生率的0.2425%，亦即，在這極其稀
　　薄的案件比率中的犯罪被害人或其遺屬，有向國家請求補償之權利，但是否所有的
　　被害人或其遺屬都會請求補償則係另一問題。依據這樣的比較來看，目前犯罪被害
　　人保護法「我國犯罪被害人保護之補償範圍，在整個犯罪被害者中所占比例極其有
　　限」的問題，從民國91年到民國96年的六年期間，依然沒有任何改變。

[11] 行政院87年10月15日台87法字第50702號函核定。

[12] 行政院89年3月29日台89法字第08949號函核定。

[13] 在民國91年時仍有一次修正，係行政院認爲該方案所規劃的應辦事項，大致上
　　皆已落實，故而請法務部再次通盤檢討該方案。行政院91年7月26日院台法字第
　　0910024235號函核定。

訂，在具體內容與規劃上較為彈性，對於犯罪被害人之保護，較諸保護法所涵蓋之範圍，顯然擴大。本方案並列為各部會及直轄市政府之經常性辦理事項，持續辦理，在民國87年到92年之間，方案所規劃的應辦事項，大致上都已經底定或是落實，法務部亦認為已經完成階段性任務。惟民國92年2月6日我國刑事訴訟法經過大幅度修正，於同年9月1日全部條文開始施行[14]，刑事訴訟結構已由職權進行主義，改採改良式當事人進行主義，對被告的保護將更為周延。故而法務部認為，在被告保障強化之刑事訴訟法結構下，對於犯罪被害人之保障亦必須對等地予以強化[15]，同時必須大幅度修正既有的計畫，使之與時俱進，才能達到保護犯罪被害人的目的，這也就促成了「加強犯罪被害人保護方案」在民國93年時的再次修正[16]。

依據目前法務部所執行的「加強犯罪被害人保護方案」，其具體內容可大別為[17]：

---

[14] 民國92年2月6日總統令修正公布。本次刑事訴訟法修正條文，除第117之1、118、121、175、182、183、189、193、195、198、200、201、205、229、236之1、236之2、258之1、271之1、303、307條條文自公布日施行外；其他條文自民國92年9月1日施行。

[15] 刑事訴訟法自職權主義改為所謂的改良式當事人進行主義是否強化被告在刑事訴訟結構中之保障，似乎應與犯罪被害人之保護工作分別以觀，而並非以天秤式的等量法來處理。被告雖然在刑事訴訟法中屬於當事人之一，具有一定之訴訟地位，然於刑事訴訟程序中，被告係屬程序上之對象，暴露在被客體化之危險中，故而近來刑事訴訟法之制度發展，莫不以平衡真實發現之要求與被告人權保障為設計宗旨。可參閱：謝如媛，犯罪被害人與刑事司法，月旦法學雜誌第56期，頁176-177，1999年12月，元照出版。因此，並非單純從行政機關所規劃的保護方案進行加強，就能夠在訴訟結構上強化或是提升被害人的地位，而必須從整個刑事政策上，包括立法論的領域中進行調整，才能產生足夠的動能。日本學界有從「修復式司法」模式去討論加害者（被告、犯罪嫌疑人）與被害者救濟相互調和的論點，而非如法務部以近似二律背反的平衡論去處理此一問題的視點。詳參：加藤久雄，ボーダーレス時代の刑事政策（改訂版），頁183-203，有斐閣，1999年4月15日。

[16] 行政院93年2月27日院台法字第0930005623號函核定，這也是目前法務部實施犯罪被害人保護工作的主要計畫跟依據。

[17] 民國93年經過法務部修正後的方案原本有八個大點，包含緣起、目的、依據、修訂原則、具體措施及預定達成目標、經費、考核管制、以及各細部執行計畫之原則，本文將其精簡為六個部分，以配合檢討方案實施之具體成效。

(一)方案目的

方案之目的為健全犯罪被害人保護制度，強化被害人保護措施，有效執行救援協助、安全保護、補償損失、心理輔導及協助訴訟等被害人保護工作，以保障人民權益，促進社會安全。

(二)方案修訂原則

以三至五年為期程，之前的方案中已達成目標者，不再列入計畫中；而已列為經常工作項目者儘量不再列入；近年來各部會保護弱勢被害人之相關法令已有增修或預定修正者，以較能突顯各部會績效之項目列為「具體措施」，納入本方案，並由主辦機關自行擬定「預定達成目標」和「辦理完成時限」，例如以民國92年2月6日修正刑事訴訟法交互詰問制度施行後，對家庭暴力及性侵害被害人人身安全及隱私權應如何加強保護；又例如財政部於民國85年12月15日已制定強制汽車責任保險法，並於民國92年12月底前完成修正強制汽車責任保險法相關規定，函送行政院審查，認應擴大汽車交通事故受害人賠償或補償範圍，加速取得保險給付，並刪除申請特別補償基金應扣除社會保險給付之規定[18]等是。

---

[18] 方案所稱財政部此一預定審查計畫，最後促成了在民國94年2月5日立法院修正通過強制汽車責任保險法，且本次修正為全面修正，原有的50個條文全面加以修正、調整，增修為53個條文。依強制汽車責任保險法第10條第2項之規定：「本法所稱受害人，指因汽車交通事故遭致傷害或死亡之人。」其概念包含因為他人之故意或是過失而受汽車交通事故損害之人，在概念上較犯罪被害人之範圍為大。本法最重要之目的，乃在於使得請求權人能夠「迅速獲得基本保障」，故而依據同法第11條行政院所提出之修正理由：「本保險理賠案件極多，保險人因無完整調查權，由其確認請求權人身分、支出項目及金額頗為費時，如因延宕理賠造成請求權人權益受損，亦與本法第1條規定『迅速獲得基本保障』立法目的有違。故為使保險給付快速可行，並參酌保險業者反應意見及理賠作業實務需要，關於請求權人之範圍及順位，參酌犯罪被害人保護法第6條規定，並兼顧民法第194條規定之利害關係人之權益，增訂第1項第2款規定。」以這樣的模式與犯罪被害人保護法發生關連，同時亦刪除了申請特別補償基金，應扣除社會保險給付之規定。

（三）具體措施

在具體措施的規劃[19]上，法務部於民國93年承繼89年及91年二次修正的方案，將具體工作項目訂為六個大項：即救援協助犯罪被害人，對於被害人、被害人家屬以及證人的安全保護，依據犯罪被害人保護法強化犯罪被害人的損失補償，對於犯罪被害人及其家屬的心理輔導與輔導管道建立，並結合地方資源或司法專業人員（律師、檢察官等）對於犯罪被害人進行訴訟協助，以及在性質上屬於整體法治教育規劃的避免犯罪被害宣導等宣傳活動。以下簡介「加強犯罪被害人保護方案」的六大具體項目：

1. 救援協助

(1)補助並督導財團法人犯罪被害人保護協會辦理因犯罪行為被害而死亡者之遺屬，及因犯罪行為受重傷者重建生活。

(2)依據性侵害犯罪防治法、家庭暴力防治法及兒童及少年福利法等相關規定，提供被害人驗傷診療、緊急庇護、心理復健、法律訴訟、緊急生活費用補助等保護扶助措施。

(3)整合「113婦幼保護專線」、家庭暴力資料庫、性侵害資料庫及兒童保護個案等管理系統，強化通報機制，落實婦幼保護單一窗口受案機制，整合各類型保護性服務工作。

(4)法務部督導財團法人犯罪被害人保護協會研訂犯罪被害業務專業人員共同處理準則[20]。

(5)法務部督導財團法人犯罪被害人保護協會對於申請犯罪被害補償

---

[19] 依據民國93年的修正，加強犯罪被害保護方案在具體施施以及預定達成目標上有數個項目，包括具體措施、預定達成目標、辦理完成時限以及主、協辦機關之規劃。為檢討研究之便，本文僅整理在工作項目上的具體措施。

[20] 此處之共同處理準則，即指目前財團法人犯罪被害人保護協會所訂定之「財團法人犯罪被害人保護協會辦理保護業務專業人員共同處理要點」，其內容主要為規範該協會專業人員處理保護業務時應遵守之業務準則。依據該共同處理要點第2點之規定，所謂的專業人員，指的是犯罪被害人保護協會約聘的專、兼任人員。本共同處理要點分為九個大點，第9點係保護服務業務之範圍及項目。詳情可瀏覽財團法人犯罪被害人保護協會網站下載專區的「管理規則」部分，其網站為：http://www.cvpa.org.tw。

　　金未獲補償，亦未獲得其他機構資助，經濟困難，而陷於無力支付醫療費用之被害人及被害人遺屬，就其自付額部分得予補助。

(6)法務部督導財團法人犯罪被害人保護協會協助符合證人保護法規定[21]之被害人及被害人遺屬，向地方法院檢察署、法院聲請核發證人保護書。

(7)法務部督導財團法人犯罪被害人保護協會協助不符合證人保護法規定但有安全疑慮及有保護需求之被害人及被害人遺屬，洽請地方法院檢察署或警察機關施以適當之保護。

(8)行政院衛生署督導訂定有關醫院執行業務時，遇有被害事件之通報機制、對象分類，以及對於受重傷或死亡之犯罪被害人，須及時通知財團法人犯罪被害人保護協會當地分會之作業準則。

2. 安全保護

(1)警察機關應加強被害人之人身安全保護措施，對於有安全之虞之被害人適時提供自我保護措施，並派員保護或採取其他必要措施。

(2)加強被害人之隱私權保護

　①行政院新聞局應主動建立監督機制，督促大眾傳播媒體，就涉

---

21 證人保護法於民國89年制定公布，全文共23條，並於民國95年5月30日修正公布，同年7月1日起施行。這裡所謂的符合證人保護法規定的證人，指的是依據證人保護法第3條之規定：「依本法保護之證人，以願在檢察官偵查中或法院審理中到場作證，陳述自己見聞之犯罪或流氓事證，並依法接受對質及詰問之人為限。」亦即，如果犯罪被害人或其遺屬符合第3條所規定之範圍時，則依同法第4條規定：「證人或與其有密切利害關係之人因證人到場作證，致生命、身體、自由或財產有遭受危害之虞，而有受保護之必要者，法院於審理中或檢察官於偵查中得依職權或依聲請、被害人或其代理人、被告或其辯護人、被移送人或其選任律師、輔佐人、司法警察官、案件移送機關、自訴案件之自訴人之聲請，核發證人保護書。但時間急迫，不及核發證人保護書者，得先採取必要之保護措施（第1項）。司法警察機關於調查刑事或流氓案件時，如認證人有前項受保護必要之情形者，得先採取必要之保護措施，並於七日內將所採保護措施陳報檢察官或法院（第2項）。檢察官或法院如認該保護措施不適當者，得命變更或停止之。聲請保護之案件，以該管刑事或檢肅流氓案件之法院，為管轄法院（第3項）。」可依法聲請，或由承審法官或偵察中之檢察官依職權聲請，使其接受保護。

及報導或記載性侵害事件被害人之姓名或其他足以識別其身分
之資訊，適時予以勸誡或移請新聞自律組織處理；如違反性侵
害犯罪防治法第10條之規定[22]者，應嚴予取締處罰。

②檢察、警察、調查人員應切實遵守偵查不公開之原則[23]，保護被
害人之隱私。

③行政機關所製作而必須公示之文書，不得揭露足以識別性侵
害犯罪被害人身分之資訊。並建請司法院轉知各級法院參照辦
理。

(3)落實證人保護法之施行，強化犯罪被害人身分保密及人身安全保
護措施。

(4)各地方法院檢察署應於被害人出庭時提供安全之空間及環境；並
建請司法院轉知各級法院參照辦理。

3. 補償損失

(1)落實犯罪被害人保護法有關犯罪被害補償金之相關規定，補償因
犯罪行為被害而死亡者之遺屬或受重傷者之損失，保障人民權

---

[22] 性侵害犯罪防治法係於民國86年1月22日制定公布，於民國91年5月15日、6月12日經
歷2次修正，在民國94年2月5日復進行一次全面性的修正，而於同年8月5日施行。這
裡所說的性侵害犯罪防治法第10條的規定，指的應是修正後性侵害犯罪防治法第13
條之規定：「廣告物、出版品、廣播、電視、電子訊號、電腦網路或其他媒體，不
得報導或記載被害人之姓名或其他足資識別被害人身分之資訊。但經有行為能力之
被害人同意或犯罪偵查機關依法認為有必要者，不在此限（第1項）。違反前項規定
者，由各該目的事業主管機關處新台幣6萬元以上60萬元以下罰鍰，並得沒入前項物
品或採行其他必要之處置；其經通知限期改正，屆期不改正者，得按次連續處罰。
但被害人死亡，經目的事業主管機關權衡社會公益，認有報導必要者，不罰（第2
項）。」

[23] 偵查不公開原則係屬刑事訴訟程序中偵查程序的基本原則。依我國刑事訴訟法第245
條第1項規定：「偵查，不公開之。」但我國刑事訴訟系統並非採取絕對的不公開原
則，而係採取相對的不公開原則。同條第3項規定：「檢察官、檢察事務官、司法警
察官、司法警察、辯護人、告訴代理人或其他於偵查程序依法執行職務之人員，除
依法令或為維護公共利益或保護合法權益有必要者外，不得公開揭露偵查中因執行
職務知悉之事項。」亦即，如依法令或維護公共利益或保障合法權益有必要時，得
公開部分偵查資訊。於我國實務上，此類情況多為重大案件或社會高度矚目案件，
而需要民眾協助發現犯罪嫌疑人或被害人時。

益。

(2)修正強制汽車責任保險法相關規定，以擴大汽車交通事故受害人賠償或補償範圍，加速取得保險給付並刪除申請特別補償基金應扣除社會保險給付之規定。

(3)財政部應加強督導保險公司，對於車禍之強制險申請事件，應在規定時間內給付，或說明延遲給付之原因，以維護被害人權益。

(4)財團法人犯罪被害人保護協會應主動告知犯罪被害人及遺屬有關犯罪被害補償金、暫時補償金等相關規定及應提出之證明文件，並提供申請書。必要時可協助被害人或其遺屬填寫申請書。

(5)建請司法院提示各級法院注意於緩刑之宣告[24]前，宜調查加害人賠償被害人之情形及其是否已撫平被害人之感，避免以和解書為緩刑宣告與否之唯一參考依據。

(6)在刑事偵查程序中結合鄉鎮市調解制度，透過調解程序，促使加害人對被害人賠償，使被害人在刑事程序中可直接並提早受償。但被告所涉之家庭暴力犯罪及性侵害犯罪屬告訴乃論時，檢察官不宜以調解成立為由而勸導息訟。

---

[24] 依據刑事訴訟法第451條之1的規定，在簡易判決處刑（刑事訴訟法第449條第1項參照）之案件中，制度上仿效緩起訴之規定，檢察官於向法院求刑或是為緩刑宣告之前，得徵詢被害人之意見，命被告為一定之事項。第451條之1內容為：「前條第1項之案件，被告於偵查中自白者，得向檢察官表示願受科刑之範圍或願意接受緩刑之宣告，檢察官同意者，應記明筆錄，並即以被告之表示為基礎，向法院求刑或為緩刑宣告之請求（第1項）。檢察官為前項之求刑或請求前，得徵詢被害人之意見，並斟酌情形，經被害人同意，命被告為左列各款事項：一、向被害人道歉。二、向被害人支付相當數額之賠償金（第2項）。被告自白犯罪未為第4項之表示者，在審判中得向法院為之，檢察官亦得依被告之表示向法院求刑或請求為緩刑之宣告（第3項）。第1項及前項情形，法院應於檢察官求刑或緩刑宣告請求之範圍內為判決，但有左列情形之一者，不在此限：一、被告所犯之罪不合第449條所定得以簡易判決處刑之案件者。二、法院認定之犯罪事實顯然與檢察官據以求處罪刑之事實不符，或於審判中發現其他裁判上一罪之犯罪事實，足認檢察官之求刑顯不適當者。三、法院於審理後，認應為無罪、免訴、不受理或管轄錯誤判決之諭知者。四、檢察官之請求顯有不當或顯失公平者（第4項）。」方案中所稱之緩刑宣告情形，已經無法跟上目前法制之變化，實宜再次修正。

(7)監獄於審核假釋案件時，宜參酌被害人受損害賠償之情形及社會
之觀感，以為准駁之參考依據。

(8)建請司法院提示各級法院辦理刑事附帶民事訴訟案件時，除非確
有刑事訴訟法第504條第1項所定「附帶民事訴訟確係繁雜，非經
長久時日不能終結其審判者」之情形，不得將案件裁送民事庭，
以貫徹刑事附帶民事訴訟制度之良法美意[25]。

4. 輔導

(1)財團法人犯罪被害人保護協會對於有心理輔導需求之個案，應聘
請具輔導實務經驗之專業人員，或具有心理諮商輔導專長之保護
志工輔導，或轉介至心理諮商輔導機構提供必要之心理輔導。

(2)行政院衛生署應建立並提供有關心理諮商及輔導資源之資料庫，
俾供社會各界運用。

(3)由各地方法院檢察署結合社會資源及公益團體辦理預防毒害、網
路遊戲被害，以及能使青少年遠離偏差行為或犯罪之正當休閒育
樂和課業輔導活動。

5. 協助訴訟

(1)結合地方性法律資源或建立義務律師團，以供被害人諮詢相關法
律問題或協助訴訟。

(2)檢察官於被害人（告訴人）聲請證據保全時，儘速依刑事訴訟法

---

[25] 依現行刑事訴訟法規定，附帶民事訴訟移送民事庭的情形有三種：一為第503條第1
項但書，因原告之訴業經從程序上駁回，附帶民事訴訟依聲請移送之後，原告應繳
納訴訟費用。二為依第504條以合議裁定移送，對此裁定不得抗告，案經移送之後，
免納裁判費。三依第511條之規定而移送，即僅就附帶民事訴訟為審判之狀況，係專
指實體上審判之情形而言。第504條之適用，須以附帶民事訴訟確係繁雜且耗時長久
為要件，旨在避免造成刑事訴訟程序之延宕。法條所定「得以合議裁定移送該院之
民事庭」者，意即脫離「附帶」於刑事訴訟，而移由同院民事庭進行審判。惟就實
務上之實際情況而言，第504條第1項之要件往往被忽略，率而將案件移往民事庭，
甚至情節輕微、事證明確之普通傷害案件訴請賠償財產上損害者，仍為移送之裁
定，積習已久，悖離法意，實有不盡妥善之處。詳參：朱石炎，刑事訴訟法論，頁
560-563，三民書局，2007年9月。

第219條之1[26]妥適處理。

(3)強化檢察及司法警察機關服務功能，增列被害人服務項目，提供被害人申訴服務。並建請司法院轉知各級法院參照辦理。

(4)檢察及司法警察機關宜設置犯罪被害人及證人候訊處所，依法指派專人並協調社工人員或志工協助被害人及證人應訊。並建請司法院轉知各級法院參照辦理。

(5)檢察機關對於犯罪被害人以口頭或電話查詢有關偵查、執行及其他聲請案件之進行情形時，應立即妥速答復。並建請司法院轉知各級法院參照辦理。

(6)檢察及司法警察機關應儘量傳訊被害人，給予充分陳述機會。並建請司法院轉知各級法院確實依刑事訴訟法第271條[27]規定辦理。

(7)督促檢察官妥適運用職權不起訴、緩起訴處分及簡易程序，促加害人向被害人道歉、立悔過書或支付慰撫金，以平撫被害人之感情。並建請司法院轉知各級法院加強運用刑事訴訟法第299條[28]關

---

[26] 此指我國目前刑事訴訟程序偵查中證據保全要件之規定。刑事訴訟法第219條之1規定：「告訴人、犯罪嫌疑人、被告或辯護人於證據有湮滅、偽造、變造、隱匿或礙難使用之虞時，偵查中得聲請檢察官為搜索、扣押、鑑定、勘驗、訊問證人或其他必要之保全處分（第1項）。檢察官受理前項聲請，除認其為不合法或無理由予以駁回者外，應於五日內為保全處分（第2項）。檢察官駁回前項聲請或未於前項期間內為保全處分者，聲請人得逕向該管法院聲請保全證據（第3項）。」具體說明詳參：黃朝義，刑事訴訟法，頁316-322，一品文化出版社，2005年8月增補版。

[27] 此係指刑事訴訟法第271條第2項所規定被害人或其家屬的意見陳述權：「審判期日，應傳喚被害人或其家屬並予陳述意見之機會。但經合法傳喚無正當理由不到場，或陳明不願到場，或法院認為不必要或不適宜者，不在此限。」實務上對於本條，所注重者並非第2項之規定，而係第1項之規定：「審判期日，應傳喚被告或其代理人，並通知檢察官、辯護人、輔佐人。」依49年台上字第1356號判例見解：「審判期日應傳喚被告或其代理人，並通知檢察官、辯護人、輔佐人為（舊）刑事訴訟法第250條之所明定，上訴人等在原審既曾委任律師為共同辯護人，乃原審並未於審判期日通知該辯護人到庭辯護，而逕行判決，其所踐行之訴訟程序，自屬於法有違。」足見本條原乃規範被告於庭審時之程序權保障。

[28] 刑事訴訟法第299條之規定，依司法院大法官釋字第582號解釋之見解，係屬正當法律程序之一環（第299條第1項）。此處所稱者為同條第2項之規定：「依刑法第61條規定，為前項免刑判決前，並得斟酌情形經告訴人或自訴人同意，命被告為左列各

於免刑判決前令加害人向被害人道歉、立悔過書或支付慰撫金之規定。

(8)司法警察機關宜儘量通知被害人有關案件移送情形。檢察機關對於有被害人告訴、告發之案件，於必要時應將被告保釋情形告知被害人，並於案件移送法院審理時副知被害人；對於未有被害人告訴、告發之案件，如被害人申請發給結案書類時應准予發給。並建請司法院轉知各級法院參照辦理。

6. 教育宣導

(1)編印犯罪被害預防手冊或其他宣導品，教導民眾如何避免被害。

(2)印製犯罪被害人保護手冊或有關請求救援協助之資訊，教導被害人如何保護權益。

(3)各級學校應加強辦理犯罪被害預防宣導活動，教導學生如何預防被害。

(4)各級中小學應切實依法實施性侵害及家庭暴力防治教育課程，加強宣導性侵害及家庭暴力防治之觀念與知識。

(5)訂定犯罪被害人保護週[29]，發動全國各有關機關、學校、團體及媒

款事項：一、向被害人道歉。二、立悔過書。三、向被害人支付相當數額之慰撫金（第2項）。前項情形，應附記於判決書內（第3項）。第2項第3款並得為民事強制執行名義（第4項）。」

[29] 以民國92年法務部所主辦的第五屆「犯罪被害人保護週」實施計畫為例，協辦單位包括內政部、財政部、經濟部、交通部、行政院新聞局、行政院衛生署等許多單位，承辦單位則以內政部警政署、內政部警政署刑事警察局、內政部家庭暴力及性侵害防治委員會、台北市政府、高雄市政府、各縣市政府、各地方檢察署，以及財團法人犯罪被害保護協會，其活動方式包括：一、舉行路跑、登山、健行、簽名、有獎徵答、全民徵文比賽，請各中小學在校內舉辦演講、壁報、作文、說唱（如數來寶）比賽，或舉辦犯罪被害保護業務觀摩會、現身說法、座談、個案研討等活動，或與各大學院校設有犯罪防治系所或學術單位結合舉辦犯罪被害保護實務研討會，擴大宣導效果，並表揚推展犯罪被害人保護工作有功人士及團體。二、懸掛宣導犯罪被害人保護紅布條、張貼標語、製作海報，或樹立看板，結合有線電視台以跑馬燈方式或電子看板業者利用公益時段，以犯罪被害預防或保護為題播放宣導標語等活動。三、印製發放犯罪被害預防、保護手冊及尋求協助管道宣導資料。四、於相關機關、團體、學校發行之刊物登載有關犯罪被害人保護之文章、標語

體，密集加強宣導犯罪被害人保護觀念。

(6)對於法務、警察、醫療、教育、心理、社會工作等從事犯罪被害人保護工作之相關人員，應加強其有關犯罪被害人保護觀念及知能之教育訓練。並建請司法院參照辦理。

(7)加強犯罪被害經驗調查、統計分析，掌握犯罪被害之最新狀況，以為擬訂刑事政策及規劃犯罪被害人保護措施之參考依據。

（四）經費

本方案所需經費由各主、協辦機關按年度編列預算支應。

（五）管制考核

本方案由各主辦機關自行列管，必要時由行政院研究發展考核委員會選定重點項目，由行政院列管。

（六）本方案各項加強措施之細部執行計畫，由各主辦機關自行訂定[30]。

二、犯罪被害人保護法制的實施成效

整體上來看，法務部所規劃的以及推動的犯罪被害人保護法制，比較

或資訊，並請電視、廣播、報章雜誌等大眾傳播媒體多加報導本週各地活動情形。五、發動志工，洽請犯罪被害人保護團體或機構配合舉辦犯罪被害保護推廣活動，擴大社會參與。除此之外，並有年度性、全國性的「推展犯罪被害人保護工作有功人士及團體選拔及表揚活動」配合舉辦，且皆於犯罪被害人保護週結束之前（9月29日至10月5日），完成表揚工作。

[30] 「加強犯罪被害人保護方案」實施的層面牽涉極廣，不僅包括中央政府機關的司法院、行政院、法務部、內政部、財政部等單位，也包括各地方政府以及犯罪被害人保護團體必須要協同辦理的事項。故而不僅中央法規中有犯罪被害人保護法、犯罪被害人保護法施行細則以及犯罪被害人保護機構組織與監督辦法等各種規定；各縣市政府、各機關單位均有相關的補助辦法、作業流程、注意事項、處理要點、實施計畫或自治條例。以各地方政府為例，多數訂有「性侵害被害人補助辦法」，如台北市、高雄市、基隆市、新竹市、台中市、台南市、宜蘭縣、桃園縣、新竹縣、苗

重要的有八種,即犯罪被害人保護法、犯罪被害人保護法施行細則、加強犯罪被害人保護方案、犯罪被害人保護組織及監督辦法、犯罪被害人保護協會捐助及組織章程、以及前述的犯罪被害人保護週實施計畫、全國表揚推展犯罪被害人保護工作有功人士及團體計畫、地方法院或其分院檢察官行使犯罪被害人保護法所定求償權及保全程序作業要點[31]。除補償之外,其實最主要的部分,還是在填補我國「犯罪被害人保護法」沒有辦法充分保障到犯罪被害人的部分。

依據法務部的報告[32],由法務部主導的犯罪被害人保護業務,從民國87年到民國94年之間,漸漸擴大、發展成十三個部分,與民國87年時,顯然已有極大擴張,在被害人保護的業務推廣上,實有長足進步。從業務推

栗縣、台中縣、彰化縣、南投縣、高雄縣、屏東縣、台東縣、花蓮縣與金門縣均有此補助辦法。而司法院各級機關亦有對於性侵害或弱勢被害人在程序上加以保護之業務注意事項,如「性侵害犯罪被害人在審判程序中可受保護的注意事項」、「少年法院(庭)調查性侵害事件減少被害人重複陳述注意事項」等。新聞局亦訂有規範媒體報導被害人之處理原則,如「媒體報導對性侵害犯罪事件、性騷擾事件暨兒童及少年保護事件被害人處理原則」。從中央到地方,大約有51種中央或是地方法規、行政規則等與被害人相關,不過在比例上,性侵害案件的被害人受到的社會矚目較高,因此大多數的法律法規,較偏重此一方面的特殊保障或補助;另外一個較受重視的族群就是受到家庭暴力的被害人。從這個方面來說,我國被害人法制上或是政策上較受到重視的部分,是犯罪被害人保護法所明文規定的因犯罪行為死亡或是受到重傷的被害人與其遺屬,以及各縣市特別重視的性侵害案件被害人與家庭暴力被害人這三個部分。

[31] 朱坤茂(時任法務部保護司副司長),我國施行犯罪被害人保護法八年來的成效(四),法務通訊第2296期第5版,2006年7月6日,法務通訊社。本文中並稱:「我國的保護措施除了給付補償金之外,更有安置收容、醫療服務、法律協助、社會救助、調查協助、安全保護、心理輔導、生活重建、信託管理、緊急資助、出具保證書、訪視慰問,法令和措施之多,可說是居亞洲之冠。」而且認為法務部的犯罪被害人保護業務在成效上有三大特點:(一)於亞洲國家中,我國的犯罪被害人保護法令最完整;(二)對於犯罪被害人保護業務,政府介入最深;(三)對於犯罪被害人所為之訪視、輔導以及慰問,次數居亞洲之冠。

[32] 整理自朱坤茂(時任法務部保護司副司長),我國施行犯罪被害人保護法八年來的成效(二),法務通訊第2294期第5版,2006年6月22日;我國施行犯罪被害人保護法八年來的成效(三),法務通訊第2295期,第3-5版,2006年6月29日。

廣內容上來看，這十三個部分[33]可以分成：

(一) 安置收容

對於受到犯罪侵害，或因犯罪發生重大變故至無家可歸，而需政府協助緊急安置或收容之被害人，法務部協助安排轉介收容於政府、社會福利機構等設置的收容場所，或其他適當場所。此項業務自民國87年10月1日開始施行至民國94年12月31日止，共計收容27人，支出2萬4,000元。

(二) 醫療服務

被害人因犯罪行為致生理、心理遭受創傷，法務部協助或轉介往公私立醫療院所進行治療復健或提供相關醫療服務。此項業務自民國87年10月1日開始施行至民國94年12月31日止，共計協助205人就醫，支出176萬3,493元。

(三) 法律協助

對於被害人或應受保護之對象，因犯罪行為被害案件之民事求償及刑事偵查、審判中、審判後等相關法律問題，提供諮詢與協助。此項業務自民國87年10月1日開始施行至民國94年12月31日止，共計提供1萬3,779人法律扶助，支出10萬3,894元。

(四) 申請補償

被害人因犯罪行為受害，符合犯罪被害人保護法規定得請領補償之要件者，法務部依得受保護人之申請，協助其向地方法院及其分院檢察署申請犯罪被害補償、暫時補償金及其他相關事項。此項業務自民國87年10月

---

[33] 前揭註32，法務通訊第2294期第5版，2006年6月22日。本文將民國87年至民國94年的業務推展數據詳細記載，深具參考價值。惟民國87年至91年之間，係屬我國犯罪被害人法制革創及發展前期，加強犯罪被害人保護方案亦隨著社會狀況以及犯罪被害人保護之實際需求進行調整，尚未呈現穩定之狀況，故本文引用以及介紹之業務數據，係擷取民國87年至民國94年之總結數據，俾便銜接最新數據以進行比較研究。

1日開始施行至民國94年12月31日止，受申請決定補償者，共計2,084件，補償總金額為9億767萬5,000元。

(五) 社會救助

被害人或應受保護人因家境貧寒致難以維持生活者，法務部協助其向社政機關或社會福利機構申請急難救助事宜。此項業務自民國87年10月1日開始施行至民國94年12月31日止，共提供2,068人社會救助，支出400萬1,760元。

(六) 調查協助

為確保被害人或受保護人受償權益，法務部協助洽請相關機關調查犯罪行為人或依法應負賠償責任人之財產狀況。從民國87年10月1日施行至民國94年12月31日止，共計協助2,542人調查，總計支出1萬2,512元。

(七) 安全保護

恐被害人或受保護人有更受迫害之虞者，經法務部協助，協調警察機關等單位實施適當保護措施。從民國87年10月1日施行至民國94年12月31日止，共計提供96人安全保護。

(八) 心理輔導

被害人或受保護人因犯罪行為案件致心理受創傷者，法務部協助其進行專業心理調適與治療。自民國87年10月1日施行至民國94年12月31日止，共計協助提供心理輔導9,709人次，總計支出1,279萬887元。

(九) 生活重建

以輔導就學就業、技藝訓練、生涯規劃及心理輔導等方式，及提供相關資訊、轉介服務等，協助被害人或受保護人重建其生活。從民國87年10月1日施行至民國94年12月31日止，共計協助1萬3,285人生活重建，總計支出3,202萬6,225元。

(十) 信託管理

因應被害人或受保護人係未成年人，不適於管理其受補償金額時，依法[34]得於其成年前，就該補償金額交付信託管理，並分期或以其孳息按月支給生活費用，以保障其權益。自民國87年10月1日施行至民國94年12月31日止，共計協助258人信託管理，總計支出450元。

(十一) 緊急資助

被害人或受保護人因犯罪行為案件，致生活頓陷困境、情況緊急者，法務部提供急難救助並協助尋求救助，以解決其燃眉之急。自民國87年10月1日施行至民國94年12月31日止，共計緊急資助3,598人，總計支出2,048萬5,796元。

(十二) 出具保證書

被害人或受保護人向被告起訴，請求犯罪被害人保護法第9條第1項各款之損害賠償[35]時，若無資力支出假扣押擔保金，且非顯無勝訴之望者，得依申請出具保證書代之。自民國87年10月1日施行至民國94年12月31日止，共計出具保證書228件。

---

[34] 犯罪被害人保護法第9條第4項規定：「申請第1項第3款補償金之遺屬，如係未成年人，於其成年前，其補償金額得委交犯罪被害人保護機構信託管理，分期或以其孳息按月支付之。」此信託管理業務，係自此規定而來。

[35] 犯罪被害人保護法第9條第1項規定：「補償之項目及其最高金額如下：一、因被害人受傷所支出之醫療費，最高金額不得逾新台幣40萬元。二、因被害人死亡所支出之殯葬費，最高金額不得逾新台幣30萬元。三、因被害人死亡致無法履行之法定扶養義務，最高金額不得逾新台幣100萬元。四、受重傷被害人所喪失或減少之勞動能力或增加之生活上需要，最高金額不得逾新台幣100萬元。」但此係犯罪被害補償金在種類上之最高規定，而非請求權基礎。真正的請求權基礎，係同條第2項：「犯罪行為被害而死亡者之遺屬，得申請前項第1款至第3款所定補償金；因犯罪行為被害而受重傷者，得申請前項第1款及第4款所定補償金。」

(十三) 訪視慰問

以主動訪視慰問等方式，關懷了解被害人或受保護人生活上之困境，提供必要協助，並撫慰其心靈。自民國87年10月1日施行至民國94年12月31日止，共計訪視慰問1萬8,689人，共支出2,017萬8,326元。

三、小結

從以上的業務數據來看，法務部依據「犯罪被害人保護法」以及「加強犯罪被害人保護方案」等法制所進行的犯罪被害人保護業務，經過將近十年的努力，也有相當程度的收穫，並且在業務執行有了一定的成績，值得尊重與肯定。

不過，如果我們從更全面的角度來觀察有關犯罪被害人保護的相關數據，尤其是從全體被害人的角度來觀察時，我們會得到不一樣的結果。誠然，「加強犯罪被害人保護方案」的推動與執行，尤其是各地犯罪被害人保護協會功能的發揮與強化，使得我國犯罪被害人保護的局勢與業務得到了相當程度的開展，但是也因此累積了不少問題[36]。最根本的一個問題，是無法單純從法務部所統計的保護業務數據來加以認識，而必須綜合其他的犯罪相關統計指標來合併觀察，才能確知問題的關鍵。從內政部警政署「警政統計年報」的資料[37]來看，我國近五年來全般刑案的犯罪被害者人數，如表8所示。

---

[36] 鄭瑞隆、王世文，犯罪被害人家屬服務需求之研究，收錄於刑事政策與犯罪研究論文集（七），頁293-299，2004年12月，法務部編印。文中指出，法律與司法問題的解決以及經濟支援這二個項目，是被害人家屬最需要被協助的項目，不過經濟支援項目的受助滿意度排序較低。此外，保護犯罪被害人之協助網絡依然有必須要改進的地方：主要有扶助項目宣導不夠周全、與檢警之間的聯絡網絡不良，容易錯失保護先機、犯罪被害人保護協會專任幹事人力嚴重缺乏、其助人專業亦有待提升、被害人生活重建以及轉介資源缺乏、安全保護與心理輔導流於空泛等問題必須加以解決。

[37] 本文在此使用的基礎統計數據，為內政部警政署「警政統計年報」所統計的「各類刑案被害者人數──年齡層別」，此指標包含被害人年齡與性別。其Excel版本的統計檔案下載網址為：http://www.npa.gov.tw/NPAGip/wSite/public/Attachment/f1208246224034.xls，最後瀏覽日期：2008年8月29日。

從表8來看，每年大約皆有26萬名以上的被害人數，以此為基礎，我們比較近五年來法務部「申請犯罪被害補償金案件決定補償情形」之統計結果[38]，並以表9顯示其結果：

從表9整理之結果，我們可以發現；雖然從申請犯罪補償案件的終結情形來看，大約有二成到三成左右的申請案件能夠終局地得到補償[39]，但是將表8與表9的被害者人數與補償人數合併計算時，我們以表10顯示其結果。

表8 警政署台閩地區各類刑案年齡層別被害者人數（年齡與性別項目）

年（民國／西元）	總計	男性	女性
民國92年／2003年	267,094	162,870	104,224
民國93年／2004年	288,504	178,858	109,646
民國94年／2005年	343,890	213,031	130,859
民國95年／2006年	328,764	199,255	129,509
民國96年／2007年	298,946	182,360	116,586

表9 法務部申請犯罪被害補償金案件決定補償情形（年別與人數項目）

年（民國／西元）	補償人數總計	遺屬補償人數	重傷補償人數
民國92年／2003年	477	436	41
民國93年／2004年	364	318	46
民國94年／2005年	349	309	40
民國95年／2006年	257	233	25
民國96年／2007年	230	200	30

[38] 此處使用之數據，係法務部統計處所進行的法務統計項目：「司法保護統計指標」項下的「申請犯罪被害補償金案件決定補償情形」，其pdf檔案的下載網址為：http://www.moj.gov.tw/site/moj/public/MMO/moj/stat/yearly/t3-3.pdf，最後瀏覽日期：2008年8月29日。

[39] 依前揭註38之原始統計數據顯示，民國92年（2003年）時終結案件為1,216件，補償件數為348件，大約有28.6%的申請案件能夠得到補償。依此計算方式，民國93年（2004年）的申請補償率為26.5%，民國94年（2005年）為25.8%，民國95年（2006年）為22.2%，民國96年（2007）為21.9%，隨著補償人數的遞減，申請補償率也由原本的近三成降至二成二左右。

　　亦即，犯罪被害人保護法第3條第1款雖然已經規定我國犯罪被害人保護法所指的犯罪行為，是包含故意或過失侵害他人生命、身體，而有刑罰之行為，惟不僅包括有刑罰規定之犯罪行為，亦包括刑法第18條第1項、第19條第1項以及第24條第1項規定不罰之行為。同時，同條第2款亦規定犯罪被害補償金之範圍，並未限定在特定法條或是章節，而係國家補償因犯罪行為被害而死亡者之遺屬，或受重傷者損傷之金錢。然而，經過法務部與警政署兩者統計資料的整理、計算後我們可以發現，民國91年監察院針對犯罪被害人保護法執行成效所為的專案調查研究報告[40]，其所言「目前我國犯罪被害人保護之補償範圍，在整個犯罪被害者中所占比例極其有限」此一結論，並未隨著法務部大力推動「加強犯罪被害人保護方案」而使得犯罪被害人在申請補償金的層面上得到改善；反而自民國92年開始，犯罪被害補償金的決定補償人數逐年下降，而從得到補償的被害者人數與廣義被害者人數的比例上來看，近五年來終局地得到國家決定犯罪被害補償金的被害人或是遺屬，五年平均僅有0.14%，近二年則只有0.07%或是0.08%，可以說是「微乎其微」。

　　然而，從另外一個方面來看，「加強犯罪被害人保護方案」中有關財團法人犯罪被害人保護協會所進行的相關業務，如安置收容、法律協助、心理輔導及生活重建、緊急資助、訪視慰問、查詢諮商等業務，依據法務

表10　犯罪被害補償人數與全般刑案被害人數比例表（人數與百分比）

年（民國／西元）	補償人數總計	被害人數總計	百分比
民國92年／2003年	477	267,094	0.18%
民國93年／2004年	364	288,504	0.12%
民國94年／2005年	349	343,890	0.10%
民國95年／2006年	257	328,764	0.07%
民國96年／2007年	230	298,946	0.08%
5年平均統計	335	246,240	0.14%

---

[40] 前揭註1，頁96-99。

部的統計資料[41]，以表11呈現犯罪被害人保護協會實施保護的結果。

　　從表11的整理我們可以清楚地發現，雖然在民國92年到93年之間，犯罪被害人保護協會實施保護的人次稍有減少，即從1萬7,971人減少至1萬6,938人，但從年增進比率的換算來看，只有下降0.57%，而自民國93年之後，犯罪被害人保護協會每年實施保護的總人次，皆有35%以上的成長，在民國95年到民國96年之間，更成長了61%，尤其是在心理輔導以及生活重建的業務增長上，從民國95年的9,919人次，成長到民國96年的1萬9,651人次[42]，年增進比率為98%，對於廣義犯罪被害人的保護與支援，具有相當良好的成效[43]。我國犯罪被害人保護法制的基礎，從理論上以及實際上來看，應係以民國87年公布、施行，並於民國91年修正、施行的「犯罪

表11　犯罪被害人保護協會實施保護人數統計與增進比率

年（民國／西元）	實施保護總人數	年增進比率（百分比）
民國92年／2003年	17,971	—
民國93年／2004年	16,938	-0.57%
民國94年／2005年	23,571	39.1%
民國95年／2006年	31,921	35.4%
民國96年／2007年	230	200
民國96年／2007年	51,401	61.0%

---

[41] 此處使用之基礎統計數據，係法務部統計處所進行的法務統計項目：「司法保護統計指標」項下的「犯罪被害人保護協會實施保護情形」，其pdf檔案下載網址為：http://www.moj.gov.tw/site/moj/public/MMO/moj/stat/yearly/t3-6.pdf，最後瀏覽日期：2008年8月29日。

[42] 前揭註41引用數據。在心理輔導以及生活重建的業務上，近五年來皆以一定的比率成長，自民國92年（2003年）的3,703人次，成長到民國96年（2007年）的19,651人次，在增進比率上為430%，可以說快速地成長。

[43] 前揭註36文，頁291-292。犯罪被害人家屬多數肯定犯罪被害人保護協會的服務項目，保護協會確實能有效地援助被害人或其家屬。從「被害人受助滿意項目百分比」來說，被害人家屬對保護協會整體滿意度為68.2%。其中滿意度最高的是陪同出庭項目，滿意度高達100%，而最低的則是人身安全保護，滿意度為50%。而在申請犯罪被害補償金方面，有78.1%的犯罪被害人家屬有此需求，但是在滿意度上則為69.1%。

被害人保護法」為基礎，另以法務部為達成保護被害人及其家屬之行政目的，所設計、具有行政計畫性質[44]的「加強犯罪被害人保護方案」予以實際落實，亦即以「加強犯罪被害人保護方案」具體照顧犯罪被害人與其家屬。但是我們可以說，以犯罪被害人保護法做為我國犯罪被害法制的基礎法律，在對被害人補償金的適用範圍上，顯然欠缺全面性。而這樣的缺陷，即使在民國91年經監察院以專案報告方式[45]提示應「研議放寬犯罪被害補償之要件，以貫徹國家照顧重大犯罪被害者生活的責任」，此一問題，迄已提出六年之久，卻仍無任何進展，且從數據上來看，對已規定可申請犯罪被害補償金之案件，其執行成效反而更為低落。

　　犯罪被害人保護法的立法，在民國87年可說具有劃時代的意義，象徵我國在多年的學界討論與相關單位研究之後，開啟了重視我國犯罪被害人法律地位以及生活照顧的大門。就法制面上來說，這部法律在當初設定的框架上過小，因為體認到這個問題，法務部同時制定了「加強犯罪被害人保護方案」，事實上是一種互補計畫，補充母法尚無規定的細節與作法。犯罪被害人保護法制是一種具有全面性與整體性的規劃，在我國，作為母法的犯罪被害人保護法所能保障的，似乎在於較少數的犯罪被害人或是遺屬，其他廣義的犯罪被害人（如內政部警政署統計資料上所說的全般刑案的被害人）則依靠法務部所推動的得到一定程度的支援與保護，經過多年的推廣與實踐得到了相當的收穫，但是我國犯罪被害人保護法制在立法活動與政策推動的有效連結上，可能還需要進行調整或檢討，尤其是應該適用於具有法律上基本地位的廣義被害人，以免其不僅在犯罪被害人保護法

---

[44] 行政程序法第163條規定：「本法所稱行政計畫，指行政機關為將來一定期限內達成特定之目的或實現一定之構想，事前就達成該目的或實現該構想有關之方法、步驟或措施等所為之設計與規劃。」

[45] 前揭註1報告，頁100。專案報告認為：法務部在犯罪被害人保護法的草案說明中，對於補償總金額的預判，與實際情況產生相當程度的落差，國家財政的負擔沒有因為犯罪被害人的補償制度而變得嚴重。因此，在施行三年餘（民國91年，2002年）的情況下，建議立法機關與主管機關研究放寬犯罪被害補償之要件，以貫徹國家照顧重大犯罪被害者生活的責任。

上欠缺其地位，在刑事訴訟程序或是其他刑事程序法之中，其地位也相對
曖昧、薄弱，無怪乎許多民眾、甚至犯罪被害人家屬本身，還是存留著
「法律只會保護壞人」這樣的印象[46]。

參、日本「犯罪被害者等基本計畫」簡介

一、制訂的經緯

　　近年來，日本對於犯罪被害者的保護，在法制推動方面與我國截然不
同。在日本，隨著市民意識以及被害者團體的壯大，與治安情勢漸趨嚴峻
而有了不少的改革。這樣的改革進程，當以平成16年（2004年）為一個分
界。在平成16年（2004年）之前，除了在本文緒論中已經提到的昭和時期
（1926至1988年）以及平成初期（1989年以降）的個別法制發展之外，平
成8年（1996年）到平成16年（2004年）之間，可說是日本的犯罪被害人
保護法制累積改革能量的重要時期[47]。在這個時期之內，許多立法集中在
與被害者相關的措施或政策上，以表12加以說明：

表12　日本犯罪被害人相關計畫與法律（平成8至16年，1996至2004年）

年（平成／西元）	法律或措施、計畫	說明
平成8年／1996年	日本警察廳制定「被害者對策要綱」。	由日本警察廳於平成8年（1996年）2月1日所策定。影響所及，各個與被害人保護業務相關的部會與機關，均展開與被害者相關措施的研擬與制定[48]。

---

[46] 廖其偉，被害者參加訴訟制度──日本法制之創設與台灣、大陸法制之比較，軍法專刊第54卷第1期，頁54-55，2008年2月。

[47] 神村昌通，前揭註5文，頁4-5。

[48] 日本警察庁即相當於我國的內政部警政署，關於日本警察庁制定「被害人対策要綱」的經緯，以及在犯罪被害者等基本法公布之後，如何因應基本法之要求制定相

表12　日本犯罪被害人相關計畫與法律（平成8至16年，1996至2004年）（續）

年（平成／西元）	法律或措施、計畫	說明
平成11年／1999年	「兒童買春、兒童裸露等行為等之處罰及兒童保護等有關之法律」立法。	保護國家的兒童不受色情產業污染，並防制兒童性交易之法律，即保障「兒童性被害人」之專法，於平成11年（1999年）5月18日經日本國會通過。
平成11年／1999年	日本全國統一施行「被害者等通知制度」。	日本檢察廳於平成11年（1999年）所實施的制度。
平成12年／2000年	設置「犯罪被害者對策關係省廳聯繫會議」。	日本內閣府所設置，其目的及機能，乃在於使被害人業務相關部會以及機關，能夠緊密的合作，而成立的跨部會協調、研究會報，在平成12年3月30日針對其討論與協調、研究之成果，提出報告書。
平成12年／2000年	「犯罪被害者保護二法」立法通過。	平成12年（2000年）5月12日由日本國會立法通過。所謂的犯罪被害者保護二法，指的是「刑事訴訟法及檢察審查法一部改正之法律」以及「犯罪被害者等之保護有關刑事手續相關措置之法律」[49]。

關的措施與辦法，請參酌：廣田耕一，警察の犯罪被害者対策の推進について：犯罪被害者等基本計画の策定を踏まえて，法律のひろばVol.59，頁11-16，2006年4月号。基本上來說，日本對於警察機關設置的目的已經產生新的定義（原文為再定義），即警察機關設置之目的，在於保障個人的權利與自由。犯罪對於個人而言，是一種法益的侵害，警察的設置，原本就是為了避免或是改善犯罪的侵害而存在，因此對於被害人的保護原本就屬於警察保護個人權利以及自由的重要業務，從具體方向上來看，與警察有關的被害人的基本施策，在推進狀況上來說可以分成幾個方面：一、提供被害人所需要的資訊（情報提供業務）。二、諮詢、面談與會商機制的整備（相談業務の整備）。三、減少在偵查過程中，被害者所受的負擔。四、確保被害者的安全。五、適切地運用犯罪被害給付制度。六、加強與民間的被害者支援團體等關係機關、團體的合作。

[49] 這二個法案都是日本國會第147回會議（常会）所提出的重要法案，刑事訴訟法和檢察審查會法的併案修正，係於平成12年（2000年）3月17日由內閣向國會提出，於同年5月12日通過（日本用語為成立）後，於同年5月19日公布，而修正各法條係個別以政令定其應施行的期間。如刑事訴訟法第235條廢除性犯罪告訴期間限制的規定，以及檢察審查會法的修正規定，是從平成12年（2000年）6月8日開始施行，而刑事

表12　日本犯罪被害人相關計畫與法律（平成8至16年，1996至2004年）（續）

年（平成／西元）	法律或措施、計畫	說明
平成12年／2000年	「兒童虐待防止等有關法律」立法通過。	於平成12年（2000年）5月17日經日本國會通過，為保障兒童不受虐待被害之專法。
平成12年／2000年	「跟蹤行為等規制等有關法律」立法通過。	平成12年5月18日經日本國會立法通過，將異常的、非法的、偏執的跟蹤行為視為犯罪行為的專門法律。即管制「跟蹤狂」的變態行為的法

訴訟法第157條之4關於以錄影連線方式訊問證人之規定，則因各地法院必須購置相關器材並完成準備，因此自平成13年（2001年）6月1日開始施行。而其他相關條文，則自平成12年（2000年）11月1日開始施行。不過，與犯罪被害者保護相關的刑事程序附隨措施法，則有統一的施行日期。平成12年（2000年）5月19日公布之後，統一於平成12年（2000年）11月1日施行，http://www.moj.go.jp/HOUAN/houan05.html，最後瀏覽日期：2008年9月2日。此為日本內閣府官方網站，詳細記錄了第147回國會，日本內閣向國會提出哪些法案、法律案要綱、法條全文以及施行日期等各種重要情報。刑事訴訟法的一部修正，其要點可以分成以下數項：一、訊問證人時，如果證人顯著不安或是感覺緊張時，可允許適當的人在場，陪同其接受訊問。二、如果在訊問證人之時，可能會使得證人受到被告威脅或是壓迫，或是證人在被告面前感到顯著不安時，法院必須採取適當的措施隔離證人而進行訊問。三、以錄影連線的方式訊問證人制度的創設。四、以錄影連線方式所為的證人訊問記錄，其記錄媒體的調查方式；五、性犯罪的告訴乃論期間的限制，不適用於強制猥褻罪以及強姦罪。六、建立被害者等心情或是其他意見，得於公判期日進行意見陳述的制度。七、其他必要規定的調整與準備。檢察審查會法的修正要點，則為：一、若被害人死亡，被害者之配偶、直系血親或是其兄弟姊妹，對於檢察官所為的不起訴處分不服，而向檢察審查會申訴時，檢察審查會得因上述該當事人之聲請，對於該不起訴處分之當否進行審查。二、審查聲請人，得就聲請案件向檢察審查會提出意見書與相關資料。三、其他必要的整備規定。而與犯罪被害者保護相關的刑事程序附隨措施法屬於刑事訴訟法的特別法，其要點為：一、目的：立於關心犯罪被害者及其遺族之立場，於刑事程序的審理過程中，尊重被害者以及其遺族之心情，規定相關之措施，以協助其自被害的狀況中回復，或提供程序中保護的法律。二、允許被害人或是其遺族在公判程序旁聽的申請制度。三、允許被害人或是其遺族，在一定的適當要件下，得閱覽或是謄寫公判審理相關記錄。四、於刑事訴訟程序進行中，民事上的爭點亦得於同一程序進行和解，俾便盡快回復被害人或其遺族之生活。五、手續費用的相關規定。由上述概要可知，之所以被稱為「犯罪被害人保護二法」，係因此二法案俱為與保障或是協助犯罪被害人相關程序事項之修正或立法。

表12　日本犯罪被害人相關計畫與法律（平成8至16年，1996至2004年）（續）

年（平成／西元）	法律或措施、計畫	說明
		律[50]。本法在同年11月24日施行。
平成12年／2000年	日本少年法修正，導入裁定合議制度。	平成12年（2000年）11月修正通過，平成13年（2001年）4月1日施行[51]。
平成13年／2001年	日本刑法修正，新設「危險駕車致死罪」。	平成13年（2001年）11月28日，日本國會通過此修正案，平成13年12月5日以法律第138號公布，同年12

[50] 跟蹤狂在日本造成了一定程度的社會與治安問題。多數行爲人雖然沒有具體的犯罪行爲，但是對於被跟蹤對象的正常生活卻產生非常大的困擾，而少數較激烈的行爲人，會對跟蹤對象，或跟蹤對象之家人、朋友等進行恐嚇、威脅、暴力行爲或性侵害等犯罪行爲。平成11年（1999年）10月26日，在日本埼玉縣桶川市的JR高崎桶川車站前，發生了女大學生被其前男友（小松和人，本案被告1）的哥哥（小松武史，本案被告2）教唆的殺手殺死的案件。在案件發生之前，被害人的家屬長期受到被告以及其所操縱的相關人等不斷地騷擾、恐嚇、中傷，警方在被害人報案之後，又隱匿告訴狀而導致偵查遲誤時機，並對被害人的人格提出攻訐與質疑，案經媒體披露之後引發軒然大波，重創日本警察形象。本案並成爲平成12年日本政府通過「ストーカー行爲等の規制等に関する法律」的重要原因之一。可參照：平成12（ワ）2324損害賠償請求事件判決（日本さいたま（埼玉）裁判所第1民事部，平成18年（2006年）3月31日判決）。

[51] 日本平成12年（2000年）對於少年法的的修正大概有幾個方向：一、少年刑事案件的處分方式的改正。二、少年審判的事實認定程序的適正化；三、對於被害者的配套措施的完善。與被害者最爲相關的，乃與被害者相關措施的採取，在本次修正中，家事裁判所開始採取聽取被害人的意見之制度（少年法第9條之2），並採取被害人通知制度（少年法第31條之2第1項），以及被害人得於裁判中，以及裁判確定後，在一定的範圍內記錄閱覽或是謄寫該少年的非行事實（少年法第5條之2第1項）之措施。更詳細的情報，可以參閱：http://www.moj.go.jp/KEIJI/keiji38-1. html，最後瀏覽日期：2008年9月1日。此爲平成18年（2006年）10月17日下午13：30到16：05於日本法務省第一會議室所舉行的「平成12年改正少年法に関する意見交換会（第1回）」的會議記錄。出席者有甲斐行夫（法務省刑事局刑事課長）、川出敏裕（東京大學教授）、河原俊也（最高裁判所家庭局第二課長）、久木元伸（法務省刑事局參事官）、武るり子（少年犯罪被害当事者の会・代表）、武内大德（弁護士）、松尾浩也（法務省特別顧問）、松村徹（最高裁判所家庭局第一課長）、三浦守（法務省大臣官房審議官）、望月廣子（（社）被害者支援都民センター・相談支援室長）、安永健次（法務省刑事局付）、山崎健一（弁護士）。而這裡所說的合議

表12　日本犯罪被害人相關計畫與法律（平成8至16年，1996至2004年）（續）

年（平成／西元）	法律或措施、計畫	說明
		月25日施行[52]。
平成13年／2001年	「犯罪被害者等給付金支給法一部改正之法律」修正通過。	平成13年（2001年）4月6日由日本國會通過其修正案，同年4月11日公布。本法在性質上與我國「犯罪被害人保護法」相近，本次修正係以擴大補償範圍爲其重點[53]。

制度，指的是家庭裁判所的少年事件裁判，應實施裁定合議制度（裁判所法第31條之4第2項）。

[52] 在平成13年（2001年）11月28日之前，日本在處理交通事故的加害者時，一般乃將其區分爲故意犯或是過失犯。而過失犯的部分，則以刑法第211條的業務上過失致人死傷罪來加以處理。平成12年（2000年）4月，神奈川縣座間市的小池大橋（屬於座間南林間線），警方正在進行例行盤查勤務時，有一名男性建設作業員爲了逃避臨檢，駕車超速逃逸，卻使得所駕車輛衝上了路旁的行人步道，撞上了二名正在走路的大學生，導致其二人死亡。後來根據警方調查，此名男性駕駛不僅酒醉駕車，而且並無駕駛執照，所駕的車輛亦未按規定定期檢查，因此屬於「無保險運行」的極度惡質駕駛。在此案件中失去剛上大學的兒子，身爲母親的造型作家鈴木共子女士以「對於惡質駕駛人所造成的事故量刑過輕，日本的法律不能反映對生命的重視」爲主旨，展開了要求刑法修正的連署活動。這個活動受到各地的犯罪被害人個人、家屬或是團體的極大支持，自2000年6月連署活動開始，到2001年10月向法務大臣（相當於我國的法務部長）提出最後的署名簿時，總計連署了37萬4,339人，日本政府在同年7月25日隨即召開「法制審議会刑事法（自動車運轉による死傷事犯関係）部会」相關會議，於同年11月28日，日本國會通過於刑法中新設第208條之2危險駕駛致死罪（體系上係屬於傷害罪章中）的規定，這可說是犯罪被害人直接影響政府立法的重要里程碑。在鈴木共子女士推動連署立法運動時，有一對夫妻的連署引起了社會的重大關注；即日本於1999年11月28日所發生之酒醉駕車肇事案件「東名高速飲酒運轉事故」被害人的井上保孝、井上郁美夫妻。井上先生與其夫人、以及一歲與三歲的幼女，在東名高速公路上遭到長年酒醉駕駛成習的大貨車司機所駕的十二頓大貨車追撞，井上一家所駕駛的車輛爆炸起火燃燒，夫妻二人眼睜睜看著二名幼女燒死車內，井上先生自己亦嚴重灼傷。關於「東名高速飲酒運轉事故」的事實全貌，可以參閱：平成14（ワ）22987損害賠償請求事件判決（東京地方裁判所民事第27部，平成15年7月24日判決，http://www.ask.or.jp/ddd_inoue.html，最後瀏覽日期：2008年9月1日。此爲井上夫妻的手記，以及其協助鈴木女士推動連署活動的簡要記錄。

[53] 此次修正爲平成13年法律案第30号，最近的一次修正爲平成20年法律第15號。在平

　　在經過平成12年（2000年）到平成13年（2001年）的大量被害人立法時期之後，這些相關的法律與措施雖然得到了來自犯罪被害人以及社會一定程度的好評，但是在刑事司法程序中，對於被害人的忽略以及其參與程度的薄弱，依然為人所詬病[54]，因此犯罪被害人與其相關團體，積極提出更進一步的要求，希望政府在被害人政策以及其實踐上能有更進一步的推展。

　　在此背景之下，平成16年（2004年）2月，日本自民黨司法制度調查會開始檢討犯罪被害者的整體對策，之後，自民黨復與公民黨互相合作，成立一個跨黨派的專案小組進行政策檢討，然後再與民主黨之間進行政策協商，在同年11月17日，「犯罪被害者等基本法案」由第161次國會眾議

成13年（2001年）4月的修正中，將本法的名稱改為「犯罪被害者等給付金の支給等に関する法律」，其主要內容除了法律題名的修正之外，在實質上係包括三大部分：一、犯罪被害給付制度。如創設重傷給付金；在被害人需要入院十四日以上進行傷病治療，或需要一個月以上進行治療時，國家於三個月的限度內，應支給被害人與其傷病自付額相等的金額。二、警察本部長等援助措施相關的規定。三、促進民間團體相關活動的規定，如公安委員會得指定民間團體，進行直接的支援以及諮商的活動，並促進民間團體「危機介入」的早期支援活動。

[54] 日本的犯罪被害人團體係分別為全國性質與地方性質。以全國性質而言，規模最大、力量足以直接影響政府立法以及政策活動的被害人團體，係平成13年（2001年）1月成立的「全國犯罪被害者の会」，簡稱為「あすの会」，其名稱取「雖然被害人今天還是非常辛苦，但是未來一定會變好」之意。其主要的目的，乃在於：一、犯罪被害者相關權利的爭取與確立。二、謀求被害回復制度的確立。三、對被害者的支援。四、啟發與宣傳活動。五、相關巡迴教育講座的舉辦。六、該會活動內容與研究調查報告的發表。在相關法律的提案上，包括犯罪被害人賠償支給制度的修正、犯罪被害人參加刑事訴訟程序的地位爭取與立法通過，此團體都扮演極其重要的推手。不過也正因為如此，與其立場相反，重視被告人權保障的「日本弁護士連合會」，在政策與立法意見上常常與之相左，甚至形成嚴重對立的局面。關於日本全國被害人團體「あすの会」，其詳細狀況可點閱：http://www.navs.jp/introduction/introduction.html，最後瀏覽日期：2008年9月2日。如果仔細計算目前日本國內的犯罪被害者團體與犯罪被害者支援團體之數量，以犯罪被害者團體（包含自助團體）而言，全國有22個；而以犯罪被害者支援團體而言，全國有47個。我們可以發現，日本的犯罪被害者團體、被害者支援團體的能量凝聚，與我國的情況不同，在立法與政策的串連上顯然具有舉足輕重的地位。詳情可點閱：http://www8.cao.go.jp/hanzai/dantai/index.html#a-1，最後瀏覽日期：2008年9月2日。

院內閣委員會起草後，向日本國會提出。同年12月1日立法通過，而在當月的8日公布，這也就是我國習稱[55]的日本「犯罪被害人基本法」。

根據日本「犯罪被害者等基本法」第8條之規定[56]，政府必須制定總合的（全面性的）犯罪被害者基本計畫與實施方案。「犯罪被害者等基本法」在平成17年（2005年）4月1日施行後，日本內閣府隨即成立以內閣府官房長官為首（推進會議的會長），設置了「犯罪被害者等措施推進會議」，以國務大臣五名（總務大臣、法務大臣、厚生勞動大臣、國土交通

---

[55] 關於日本立法過程，以及其他國外立法新知的報導與資料，國內的網站，可以點閱：http://npl.ly.gov.tw/do/www/newKnowCollList;jsessionid=E94DC4500F71DEC189BB746A0D040FE8，最後瀏覽日期：2008年9月3日。此為立法院國會圖書館「外國新知彙集」的網站，本網址乃刊載民國93年（2004年，平成16年）12月1日「朝日新聞」的消息。從概要上來看，日本犯罪被害人保護法的基本特徵，在於明文規定被害人權利、賦予政府及國民支援被害人之義務。除警政單位立案之犯罪事件的被害人與遺眷外，遭騷擾或家庭暴力等因準犯罪行為而身心受創者均適用本法。日本政府於本法施行後，依法成立「犯罪被害人措施推動會議」，主要成員包括相關部會閣員、學者專家，共同研擬具體奧援措施，要求各部會配合實施，並定期擬定「犯罪被害人基本計畫」，檢討實施成效。亦請參酌：堀江慎司，刑事手續上の被害者關連施策について—刑事裁判への「直接關与」の制度を中心に，法律時報Vol.79，頁77，2007年5月號。

[56] 從犯罪被害者等基本法有「前文」的設計來看，這一部「犯罪被害者等基本法」，在架構上其實可以說就是犯罪被害者的憲法，亦即與憲法保障基本人權的核心價值一樣，「犯罪被害者等基本法」其實就是在保障犯罪犯害者得享有的基本權利。本法第8條乃明文規定政府有制訂「犯罪被害者等基本計画」之義務，其條文共有五項，明揭犯罪被害者等基本計画制訂所必須具備的要件。原文為：「政府は、犯罪被害者等のための施策の總合的かつ計画的な推進を図るため、犯罪被害者等のための施策に關する基本的な計画（以下「犯罪被害者等基本計画」という。）を定めなければならない（第1項）。犯罪被害者等基本計画は、次に掲げる事項について定めるものとする。1、總合的かつ長期的に講ずべき犯罪被害者等のための施策の大綱。2、前号に掲げるもののほか、犯罪被害者等のための施策を總合的かつ計画的に推進するために必要な事項（第2項）。內閣總理大臣は、犯罪被害者等基本計画の案につき閣議の決定を求めなければならない（第3項）。內閣總理大臣は、前項の規定による閣議の決定があったときは、遲滯なく、犯罪被害者等基本計画を公表しなければならない（第4項）。前二項の規定は、犯罪被害者等基本計画の変更について準用する（第5項）。」第1項乃規定政府有制訂「犯罪被害者基本計画」的義務，而第2項則規定該基本計畫的大綱，必須具有全面性，且屬能長期實施的方案；同時，也必須包括該基本計畫能推動的必要事項。

大臣以及國家公安委員會委員長）為委員並兼任「犯罪被害者等措施擔當大臣」，及其他四名由首相指定並任命的專業人士（有識者）組成。本推進會議組成之後，於平成17年（2005年）4月28日首次開會，在推進會議之下，設置「犯罪被害者等基本計畫檢討會」[57]，檢討會至同年11月21日最後一次開會檢討「犯罪被害者等基本計畫」之具體內容，總計開會11次，並於同年12月26日向「犯罪被害者等措施推進會議」進行最終報告，在此一時點上，日本「犯罪被害者等基本計畫」一案其實已經確立，同月27日，「犯罪被害者等基本計畫」經內閣會議通過，正式成為主導日本犯罪被害人政策最重要的計畫。

二、基本計畫的方針

如果我們從現在日本政府推動「犯罪被害者等基本計畫」（以下簡稱基本計畫）的架構來看，其實這個計畫的落實，只是21世紀日本社會朝向「共生社會」[58]發展的共生社會政策之一部分。從基本計畫的概略上來看，本基本計畫預計要推行五年，有四個基本方針與五個重點課題，與

---

[57] 神村昌通，前揭註5文，頁5-7。本檢討會之構成，係由首相所指定的四名專業人士，以及另外的專門委員11人所組成。平成17年（2005年）4月28日的會議，係「犯罪被害者等施策推進會議」與「犯罪被害者等基本計畫檢討會」首次開會，而之後主要的議題討論與研究規劃，乃由「犯罪被害者等基本計畫檢討會」進行，呈送推進會議審議。

[58] 所謂的共生社會，指的是推動共生社會政策之後，人民能夠更加安居樂業地生活之社會型態。日本內閣府為推動共生社會政策，在內閣府設有共生社會政策統括官，以負責各項業務之統括推動。所謂的共生社會政策，其主要的理念在於：「經濟成長與社會的安並必須要依靠每一個人的力量才能達成。少子化、高齡化以及生活型態多樣化的現代日本社會，伴隨著賦予每位國民都能養成豐富人格特質的力量的同時，每位國民對於年輕人或是孩童都有養成與支援的義務；同時，不論年齡或是否有其他障礙，政府會努力讓每位國民都能安心、安全地生活。」而共生社會政策主要的項目，包括：工作與生活的調和、青少年育成、國際交流、食育推進、少子化政策、高齡社會措施、身心障礙者措施、交通安全對策、犯罪被害者措施、自殺對策、共通的無障礙環境設計推進，與其他促進社會福利的相關政策。犯罪被害者等基本計畫，係包含在共生社會政策中的一環。關於「共生社會政策」的詳細說明，可點閱日本內閣府政策統括官（共生社會政策担当）網址：http://www8.cao.go.jp/hanzai/index.html，最後瀏覽日期：2008年9月3日。

推進體制相關的項目，有19個，而有258個達成具體目標與重點課題的措施[59]。如果以戲院當作例子，基本方針是「犯罪被害者等基本計畫」的縱深，而重點課題則是戲院演出的戲碼。戲院的縱深不足，就不能容納足夠的觀眾；而戲碼不好，就不能吸引更多觀眾進場觀賞演出，此二者的關係非常密切，並非只是階段性任務的賦予，而具有經營長遠社會政策的寓意存在。

「犯罪被害者等基本計畫」有四項方針：

（一）基本計畫必須要保障犯罪被害者等應受到符合其尊嚴的待遇[60]，且此符合其尊嚴之待遇，係屬其基本權利之一環。此方針確立了「犯罪被害者等基本計畫」之立場，即政府對於犯罪被害者所為的種種保護與支援措施，並非是一種例外的存在，亦非為恩惠之給予，犯罪被害人作為社會的一員，本應受到政府的照顧，並謀求其於犯罪被害後應得的權利與保護。

（二）基本計畫的設計以及實行，必須要適切地對應各種情況，採取準確的作為。犯罪被害的原因、行為人或是被告的犯行、被害人的身心狀況，以及被害人所處的生活環境與家庭環境等各種因素，盡皆不同。基本計畫所採取的措施，必須要能夠因時、因地制宜[61]，符合被害者情況的變化，進行必要的保護與照顧。

（三）基本計畫所進行的各種保障措施，必須有持續性與長期性，避

---

[59] 詳參附圖1。並請參閱：椎橋隆幸，犯罪被害者等基本計画が示す施行の全体像，法律のひろばVol.59，頁40-42，2006年4月号。

[60] 犯罪被害者等基本法第3條第1項規定：「すべて犯罪被害者等は、個人の尊厳が重んぜられ、その尊厳にふさわしい処遇を保障される権利を有する。」此方針即根據本項之規定而來。犯罪被害者等基本法第3條的規定，可以說架構了「犯罪被害者等基本計画」的方針。

[61] 犯罪被害者等基本法第3條第2項規定：「犯罪被害者等のための施策は、被害の状況及び原因、犯罪被害者等が置かれている状況その他の事情に応じて適切に講ぜられるものとする。」並請參閱：井川　良，犯罪被害者等基本法，ジュリストNo.1285，頁39-42，有斐閣，2005年3月号。

免保護之中斷[62]。從犯罪被害者的回復過程以及其必要性來看，不僅因為被害狀況的不同而必須要有不同的對應方式，也因為被害狀況通常需要長時間的療癒以及協助，以恢復被害人與其家屬或關係人平穩的生活。從恢復其平穩生活的觀點上來看，自然不可以因為制度的變更或是責任機關、單位的變化而使其恢復過程受到中斷，因此在制度有所變更或是責任機關改變時，應主動、積極地聯絡被害人與其相關人等，使之能繼續其恢復過程並得到協助。

（四）被害者政策的推展，必須要立於民意的基礎上來推展[63]。此項方針與第1項方針有非常緊密的關連，犯罪被害人與沒有受到犯罪侵害的人一樣，都是一國的國民，國家對於國民有照顧之義務，而第1項方針強調的是犯罪被害人相關措施，不是國家對於犯罪被害人所施的恩惠，而是基於社會照顧義務而來的措施。共生社會的精神在這裡就與第1項方針的內容產生了連結，國民對於自己生活區域內發生犯罪被害案件，對於犯罪被害人，應該理解、包容其處境，避免再度傷害其名譽或影響其回復平穩的生活，並盡可能協助國家機關幫助犯罪被害人，使其早日恢復正常生活。這也就是第4項方針與第1項方針互相連結的重心所在，亦即，犯罪被害人並非被當成弱勢族群來看待，在共生社會政策的理念之下，每位國民都能得到國家的照顧，只是因為犯罪被害人的生活處境有所不同，因此需要更專業的協助，也更需要其他國民的理解與包容。

三、基本計畫的重點課題與措施

「犯罪被害者等基本計畫」的實際措施，是從其規劃的重點課題來發

---

[62] 犯罪被害者等基本法第3條第3項規定：「犯罪被害者等のための施策は、犯罪被害者等が、被害を受けたときから再び平穩な生活を営むことができるようになるまでの間、必要な支援等を途切れることなく受けることができるよう、講ぜられるものとする。」即與被害人相關的措施，是以恢復被害人平穩的生活為宗旨，因此必須具有繼續性，並且賦予責任機關告知義務。

[63] 犯罪被害者等基本法第6條規定：「国民は、犯罪被害者等の名誉又は生活の平穩を害することのないよう十分配慮するとともに、国及び地方公共団体が実施する犯罪被害者等のための施策に協力するよう努めなければならない。」

展的。雖然名為重點課題，實際上就是在犯罪被害保護以及犯罪被害回復的各領域之中，日本內閣所希望達成的措施目的。重點課題依其必要性以及性質之不同，分成五個大項；以下就配合其法律依據以及相關措施[64]，進行重點介紹：

（一）損害回復與對於犯罪被害人在經濟上的支援等各項措施[65]

從犯罪被害狀況的現實面來看，雖然犯罪被害在案件內容上可能牽涉許多範圍，然而被害人家屬家中因犯罪被害而失去經濟支柱，或者自身失

---

[64] 篇幅所限，關於各重點課題所規劃的全部措施，無法在本文中完全呈現，故依據日本內閣府共生社會統括官所呈現之重點加以說明。而關於法務省（相當於我國法務部）對於基本計畫的推進所採取的相關措施，請參閱：松下裕子，法務省基本計畫推進，法律のひろばVol. 59，頁17-23，2006年4月號。從日本法務省今後的各項具體措施來看，除了在偵查、公判階段配合法律的修正，落實犯罪被害人保護的相關制度之外，在矯正措施（受刑人教育與管理方面）以及更生保護上也導入了從被害人觀點出發的「再被害防止」制度與相關專業訓練，可以說因為此基本計畫的實施，而在法務矯正工作上展開了新的面貌。而法務省未來的規劃，則以下述六項為其重點：一、加強犯罪被害等相關制度的週知，使其得以被確實地實踐；二、在刑事程序上施行的犯罪被害人相關措施，必須隨著制度運行進行相關檢討；三、更生保護相關機關應檢討對犯罪被害人提供加害人的相關資訊制度之建立，並配合基本計畫的實施，重新檢討假釋制度；四、日本司法支援中心設立後，犯罪被害人的支援也是其重要業務之一，法務省必須要積極進行相關的準備；五、繼續進行各種犯罪被害狀況的社會調查工作；六、針對各相關人員舉辦研修活動，充實其專業知能，以配合基本計畫的實行。

[65] 犯罪被害者等基本法第12條規定：「国及び地方公共団体は、犯罪等による被害に係る損害賠償の請求の適切かつ円滑な実現を図るため、犯罪被害者等の行う損害賠償の請求についての援助、当該損害賠償の請求についてその被害に係る刑事に関する手続との有機的な連携を図るための制度の拡充等必要な施策を講ずるものとする。」；第13條規定：「国及び地方公共団体は、犯罪被害者等が受けた被害による経済的負担の軽減を図るため、犯罪被害者等に対する給付金の支給に係る制度の充実等必要な施策を講ずるものとする。」；第16條規定：「国及び地方公共団体は、犯罪等により従前の住居に居住することが困難となった犯罪被害者等の居住の安定を図るため、公営住宅（公営住宅法（昭和26年法律第193号）第2条第2号に規定する公営住宅をいう。）への入居における特別の配慮等必要な施策を講ずるものとする。」；第17條規定：「国及び地方公共団体は、犯罪被害者等の雇用の安定を図るため、犯罪被害者等が置かれている状況について事業主の理解を高める等必要な施策を講ずるものとする。」

去工作能力者，所在多有。因此不論是以前的犯罪被害相關措施，或是現在的「犯罪被害者等基本計畫」，都相當注重被害人在損害回復以及經濟面向的支援。更重要的是，如果被害人必須經歷漫長的復原過程時，經濟上的支援就更不可匱乏或中斷。因此，在基本計畫規定國家必須對於這一方面進行完整的規劃與資源分配[66]，並給予犯罪被害人得以安心回復的經濟資源。

關於此一問題，基本計畫規劃有四十二項措施，較重要者有：

1. 檢討在刑事程序中如何使得被害人能夠儘速得到損害賠償，由法務省進行相關制度的檢討以及措施的實行。

2. 擴大犯罪被害給付制度中「重傷病給付金」的範圍。

3. 究竟如何能給予被害人優質的經濟支援，其制度的應有面貌為何，以及財源應該如何開拓等相關措施以及計畫必須檢討、落實。

4. 給予被害人優先入住公營住宅的權利。

5. 增進被害人受雇企業、公司、機關、單位等對於被害人的了解與包容，以維持其在工作上的安定與持續。

(二)防止與回復精神上、身體上的被害的相關措施[67]

不僅要恢復被害人在身體上所受的傷害，更要使得其心理上的傷害

---

[66] 依據平成14年（2002年）日本政府的決算（監獄、矯正方面）而言，國家花費在加害者身上的費用如下：逮捕之後四十八小時之內，由警方所支出的醫療費用以及餐費，總計3億7,817萬2,000円；在此之後各種相關的費用，餐費146億800萬円、服裝費10億3,300萬円、醫療費21億9,000萬円、光熱與燃料費用72億8,600萬円、生活管理費50億8,600萬円，以及國選辯護報酬65億8,100萬円，總計397億100萬円左右。此二者相加，國家花費在加害者身上的費用，總計466億6,017萬2,000円，尚不包含監獄的人事成本以及設備維修成本。但是，同年依據「犯罪被害者等給付金支給法」所給付的賠償金額，則只有11億1,302萬円，日本「あすの会」將其稱為「雲泥の差があります」，即天壤之別。因此首要的重點課題，就是在司法以及經濟資源上的重新調整與分配。可點閱：http://www.navs.jp/introduction/ introduction.html，最後瀏覽日期：2008年9月6日。

[67] 犯罪被害者等基本法第14條規定：「国及び地方公共団体は、犯罪被害者等が心理

能夠漸漸復原。同時，配合制度上的改進與實施，基本計畫更強調被害人能夠持續地得到保護、避免二次或三次被害，同時建立完整的被害醫療諮詢制度，讓更多專業人士協助被害人在身心上的重建與回復。在這方面有六十三項措施，其重要措施有：

1. 針對重度的PTSD（外傷後嚴重壓力症候群）以及其他造成被害人嚴重壓力的狀況，積極培養、導入專業人士與服務，建立心理療癒與復原制度，並配合該制度之實施，進行檢討。

2. 建立制度，培育與犯罪被害人相關的醫療人才，而這些專業醫療人才也必須具備司法相關的專業知識，以提供更優質的協助與服務。

3. 在加害者因服刑期滿或假釋出獄時，由法務省更生保護官署中負責被害人支援的專門人員，與被害者聯絡，提供加害者的現況與相關資訊，預防再度被害或其他侵害之可能。

4. 被害者資訊的管理與保護，總務省應從根本上改革「住民基本台帳」等相關私人資訊的閱覽制度。

5. 在「二次被害」的防止上，必須加強各業務承辦人員的專業，舉辦研修活動與講座等，充實其對應犯罪被害人的專業知識，以落實被害保護制度。

的外傷その他犯罪等により心身に受けた影響から回復できるようにするため、その心身の状況等に応じた適切な保健 療サービス及び福祉サービスが提供されるよう必要な施策を講ずるものとする。」；第15條規定：「国及び地方公共団体は、犯罪被害者等が更なる犯罪等により被害を受けることを防止し、その安全を確保するため、一時保護、施設への入所による保護、防犯に係る指導、犯罪被害者等がその被害に係る刑事に関する手続に証人等として関与する場合における特別の措置、犯罪被害者等に係る個人情報の適切な取扱いの確保等必要な施策を講ずるものとする。」；第19條規定：「国及び地方公共団体は、犯罪被害者等の保護、その被害に係る刑事事件の捜査又は公判等の過程において、名誉又は生活の平穏その他犯罪被害者等の人権に十分な配慮がなされ、犯罪被害者等の負担が軽減されるよう、犯罪被害者等の心身の状況、その置かれている環境等に関する理解を深めるための訓練及び啓発、専門的知識又は技能を有する職員の配置、必要な施設の整備等必要な施策を講ずるものとする。」

(三)關於被害人參與刑事程序的各項措施與法律上的擴充[68]

從平成19年（2007年）之後，「犯罪被害者等基本計畫」在立法活動上可以說投入了一顆活性劑，尤其是在與犯罪被害人相關的刑事程序法制度上，日本在近年來連續通過了數個與犯罪被害人刑事訴訟參與[69]以及其權利、利益保護相關的法律案[70]。基本計畫在這個方面的措施，總共有43項，較重要者幾乎皆在立法活動上得到落實：

1. 檢討現行刑事訴訟相關制度，在制度上導入被害者直接參與的機制，並配合實施狀況進行檢討。
2. 於基本計畫施行後的一年內，將公判時記錄開頭陳述的書面文件，送達給被害人知悉。
3. 在少年保護案件中，實施並檢討被害人得提出意見與要求的制度。
4. 對於加害人的假釋審查，實施被害人得進行意見陳述之制度。

(四)犯罪被害人支援體系的整備[71]

被害人支援體系的完善與健全，足以影響被害人是否能順利回復社

---

[68] 犯罪被害者等基本法第18條規定：「国及び地方公共団体は、犯罪被害者等がその被害に係る刑事に関する手続に適切に関与することができるようにするため、刑事に関する手続の進捗（ちょく）状況等に関する情報の提供、刑事に関する手続への参加の機会を拡充するための制度の整備等必要な施策を講ずるものとする。」

[69] 前揭註46，頁39-46。並請參閱：岩田研二郎，刑事訴訟における被害者参加制度の問題点－法制審議会刑事法部会の審議を中心に，法律時報Vol.79，2007年5月号。

[70] 白木功，「犯罪被害者等の権利利益の保護を図るための刑事訴訟法等の一部を改正する法律」の概要，ジュリストNo.1338，頁49-55，2007年7月号，有斐閣。並請參酌：奥村正雄，前揭註7文，頁66-72。

[71] 犯罪被害者等基本法第11條規定：「国及び地方公共団体は、犯罪被害者等が日常生活又は社会生活を円滑に営むことができるようにするため、犯罪被害者等が直面している各般の問題について相談に応じ、必要な情報の提供及び助言を行い、犯罪被害者等の援助に精通している者を紹介する等必要な施策を講ずるものとする。」；第21條規定：「国及び地方公共団体は、犯罪被害者等に対し専門的知識

會正常生活，因此縱然社會上已經成立許多被害者團體或是被害者支援團體，但是只有縱向的單打獨鬥，不能發揮足夠的功效，因此建立橫向的聯繫與合作機制，便成為基本計畫中非常重要的課題。關於此項重點課題，有高達75項的措施，是全部重點課題中措施最多的。較重要者有：

1. 不論是以哪一個關係機關或團體開始被害人個案之支援，對於該支援之個案，在制度上應確立其保護與支援活動不會中斷。
2. 設置犯罪被害人團體或被害人支援團體的專用連結網站。
3. 在刑事裁判終了之後，由更生保護官署與保護司協調被害人支援的工作與推展，並建立制度。
4. 持續調查犯罪被害人的各種情報、資料以及統計數據之建立、分析。
5. 建立辦法與制度，對民間的被害人團體或被害人支援團體提供財政上的援助。

(五) 增進國民對於犯罪被害人的理解、關心，並確保國民提供協助的相關措施[72]

基本計畫的實施與國民的理解，對於被害者的生活回復以及安全保護的目標來說，恰如「車之兩輪」，缺一不可。在各種相關的場合中，應

に基づく適切な支援を行うことができるようにするため、心理的外傷その他犯罪被害者等が犯罪等により心身に受ける影響及び犯罪被害者等の心身の健康を回復させるための方法等に関する調査研究の推進並びに国の内外の情報の収集、整理及び活用、犯罪被害者等の支援に係る人材の養成及び資質の向上等必要な施策を講ずるものとする。」；第22條規定：「国及び地方公共団体は、犯罪被害者等に対して行われる各般の支援において犯罪被害者等の援助を行う民間の団体が果たす役割の重要性にかんがみ、その活動の促進を図るため、財政上及び税制上の措置、情報の提供等必要な施策を講ずるものとする。」從法條上來看，不僅是國家或是地方公共團體，包括民間團體的協助與合作，以及專業人才的養成訓練，同樣都包含在基本法的範圍內。

[72] 犯罪被害者等基本法第20條規定：「国及び地方公共団体は、教育活動、広報活動等を通じて、犯罪被害者等が置かれている状況、犯罪被害者等の名誉又は生活の平穏への配慮の重要性等について国民の理解を深めるよう必要な施策を講ずるものとする。」

進行教育活動、啟發活動，使國民能了解被害人的處境與難處，同時也可以因為理解，使得國民學到避免被害的知識，接納犯罪被害人，使其不必孤立，而得以安心、安全地繼續在社會上生活。此項重點課題共有29項措施，主要的措施有：

1. 由文部科學省規劃，在學校中推動重視寶貴生命的教育，以及相關教材、師資的規劃與落實。
2. 實施「犯罪被害者週」活動[73]（固定於每年11月25日至12月1日），集中對國民實施啟發教育與宣傳活動。
3. 持續讓國民了解犯罪被害人所處境況，增進國民對於被害人以及被害人保護活動的理解與接納。
4. 保護犯罪被害人的個人資訊，使其不受無端騷擾或二次傷害。

四、小結

從平成18年（2006年）以及平成19年（2007年）日本官方所公布的犯罪被害者白書[74]來看，與我國犯罪被害者策略最大的不同，就是我國的「加強犯罪被害人保護方案」，係由法務部報行政院核定，然後由法務部督導、執行、建請或協助其他的相關機關或是單位來進行犯罪被害人的保護業務。而日本的「犯罪被害者等基本計畫」，與我國的「犯罪被害人保護法」與「加強犯罪被害人保護方案」二者相較，不僅在質量上、立法活動以及投入資源上有著天壤之別，最重要的是，日本政府係以一種全面

---

[73] 類似我國法務部依據「加強犯罪被害人保護方案」與「犯罪被害人保護週實施計畫」所規劃的「犯罪被害人保護週」活動，惟此活動在基本計畫中並非由法務省單獨負責，而係由日本內閣府統籌規劃，與我國情況顯然有別。

[74] 平成18年版（2006年）的犯罪被害者白書，係於同年11月出版；而平成19年（2007年）的犯罪被害者白書，則於同年10月出版。由於積極推動節能減碳措施，與政府政策資訊化以及網路公開化的實施，此二犯罪被害者白皮書均得於日本內閣府共生社會統括官網站上進行「全文下載」或「概要下載」，且分成HTML版本與PDF版本，以符合不同的需求。所謂的「犯罪被害者白書」，即依據「犯罪被害者等基本法」第10條之規定，每年必須由政府向國會提出被害者政策的報告書，並向國民全體公開。請點閱：http://www8.cao.go.jp/hanzai/whitepaper/index.html，最後瀏覽日期：2008年9月6日。

性、社會性以及持續性的觀點，立於政府整體施政的高度以及觀點上[75]，規劃犯罪被害人在社會上應當受到的整體保護與協助其回復生活的措施，並且從犯罪被害人的觀點出發，落實各種具體的配套措施，亦透過積極的立法活動，賦予犯罪被害人在刑事程序中法定的地位與權利，漸漸地改變了加害者與被害者在刑事程序上所受到的待遇輕重失衡的問題，然而，這一切規劃並非在「二律背反」的政策邏輯上進行，而是以「共生社會」為其宗旨，希望能有效使得加害者在洗淨罪惡之後復歸社會，也使得犯罪被害人能儘早脫離被害狀況，恢復正常、安心、安穩的社會生活。在刑事政策上即為「修復的司法」[76]，而從社會政策的宏觀面上來看，日本政府則將其定調為「共生社會」的建立。我國的「加強犯罪被害人保護方案」，在許多具體措施上與日本「犯罪被害者等基本計畫」相互近似；然而，「加強犯罪被害人保護方案」是否本於國家整體社會政策的觀點，或本於犯罪被害人的觀點出發？能否全面性有效性地涵蓋犯罪被害人在回復正常社會生活過程中的各項需求？均有待進一步斟酌。我國目前的犯罪被害人保護與支援措施，係將犯罪被害人自社會中獨立出來，視為一種弱勢族群而給予補償與協助，忽略了其實犯罪被害人是社會整體生活中的一份子，犯罪被害人的保護政策，要從維護其尊嚴與生活的根基來出發；而這是我國目前的「加強犯罪被害人保護方案」與「犯罪被害人保護法」應該審慎考量，期以達成的目標。

肆、結論

　　達成共生社會，是為當前政治與社會的主流，而其表現於法律的制度上，即為在法律規定及實務運作上，秉持人性尊嚴與公平，除了對犯罪人的照顧關懷以外，更應該照顧與關懷犯罪被害人，如此才能真正達到實現

---

[75] 詳參文末附圖2～4。

[76] 前揭註6，淺田和茂等座談會記錄，頁90-93。「修復的司法」在刑事政策方面的說明，請參閱：加藤久雄，前揭註15書，頁182-183、202-203。

公平正義的理念，我國犯罪被害人保護法實施十週年之際，為期加強保護犯罪被害人，本人謹以一向所主張之（一）實現所有人的正義、（二）他山之石，可以攻錯──借鏡日本經驗、（三）成立國家級犯罪防治研究院等三項意見，與大家共同勉勵。

一、實現所有人的正義

　　長久以來，政府以及社會大眾，對於犯罪人（被告或受刑人）權益之保障，生活之照顧以及協助等，都十分重視，無論在制度上、法律規定上或實務運作上，可以說是唯恐不週，故自聯合國之相關國際規約，以至於各國憲法、刑事訴訟法、刑法及諸多犯罪偵查、起訴、執行甚至於出獄後之更生保護，均予以嚴密規定及審慎推動，無論其係出自人性本善的宗教慈悲，亦或為協助犯罪人改過自新、重新適應社會生活，均具有極其重大之意義與作用，是以應更為加強推動。但以犯罪人所實施侵害之另一端，即犯罪被害人部分，無論其或為肇因犯罪之人抑或成為犯罪原因之一部分，甚至於更多屬於無辜之第三人等，犯罪對其造成之影響與傷害，均至巨大，但在過去，被害人始終未受重視，以致於法律所欲達成之公平正義，似乎僅在於犯罪人之一方，以致於常常招致「守法者吃虧，違法者占便宜」之不正常現象。本人曾將此比喻為「犯罪人成群結黨，趾高氣昂；被害人躲在黑暗角落哭泣，孤苦無助」。此一現象，顯然與「所有人的正義」（此亦為2002年英國司法改革報告書所主張）之要求大相逕庭，所謂所有人的正義乃求除犯罪人以外，被害人與社會均能獲得照顧、公平對待，始能撫平眾人之情緒，保障大眾之權益。本於實現所有人正義之旨，考量被害人保護制度及法令是否正確與週延，方能切合實際。因此，在檢討犯罪被害人保護制度，審視現行「犯罪被害人保護法」及「加強犯罪被害人保護方案」時，固可發現犯罪被害人保護法以給與「犯罪被害人補償金」為主要規定，而有關其他保護業務則僅列於該法第30條規定而已，是否規定之比例輕重不一，有無調整加強各種保護工作比重之必要？又補償是否限以因犯罪而死亡者之遺屬或受重傷者損失之金錢，或應擴大及於其他之犯罪均予以補償？另以其補償是否以金錢為限……等等，均涉及政

府政策上是否重視及財政上能否支應，當然亦涉及社會大眾之認知與支持之態度。此一情形，均仍有待反覆斟酌，再做進一步之決定。

二、他山之石，可以攻錯——借重日本經驗

　　本文所以介紹日本有關被害人保護制度之發展過程以及平成17年（2005年）「犯罪被害者等基本計畫」，了解日本對被害人補償制度之全面性、人性化的規劃與推動之情形，期望吾人亦能本於此一觀點，使社會大眾以至於政府均更重視此一問題，並參考日本之相關概念，進一步研究我國被害人保護制度應興應革之處。

三、成立國家級犯罪防治研究院

　　為結合各方碩彥，共聚一堂，對犯罪原因、犯罪抗制、偵查、審判、執行等籌謀對策，如日本早於60年前即成立犯罪綜合研究所，成效斐然，更於平成17年（2005年）成立犯罪被害者等措施推進會議，以有效推動犯罪人之保護。本人眼見當前社會不公不義之現象至為嚴重，而犯罪情勢日益嚴峻，所以再三強烈建議應該成立國家級犯罪防治研究院，其目的無非在於（一）整合全社會各種與犯罪有關之問題，包括犯罪之預測、犯罪之原因、犯罪預防之對策、犯罪之偵查（辦）、犯罪之審判、犯罪之執行，出獄人及更生保護等各個互為關連之問題，予以整合並深入分析，提出政策以解決與犯罪有關之問題，關於被害人與被害人保護之研究，當然亦涵蓋於內。（二）結合政府相關部門，包括警政、檢察、司法、監所、教育、內政、衛生，甚至於經濟、財政等相關部門及各級政府（包括地方政府），分工合作，提出對策，有效改善社會風氣，打擊犯罪，保障好人，以期建立和諧、安全的社會。成立國家級「犯罪防治研究院」乃是達成安居樂業、平安幸福社會最重要的基礎工作。

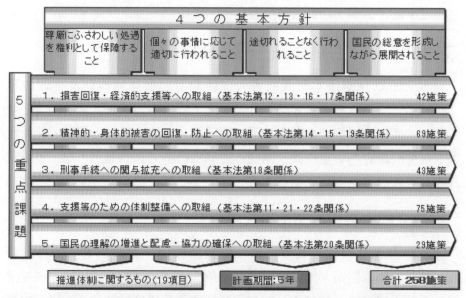

附圖1　「犯罪被害者等基本計畫」的基本方針與重點課題

資料來源：http://www8.cao.go.jp/hanzai/seihu/6kadai.html，2008年9月3日。

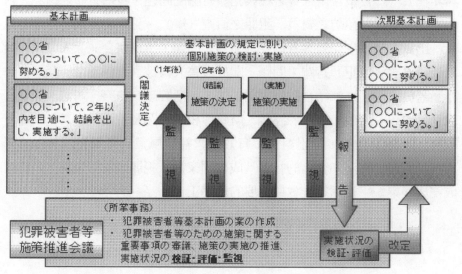

附圖2　「犯罪被害人等基本計畫」的推進體制

資料來源：http://www8.cao.go.jp/hanzai/seihu/6taisei.html，2008年9月6日。

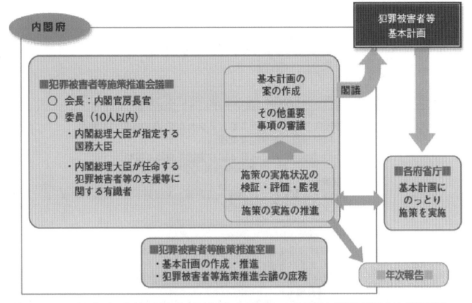

附圖3　日本政府「犯罪被害者等基本計畫」整體的推進體制的概略圖(1)
　　　　《政府的整體推進體制》

資料來源：http://www8.cao.go.jp/hanzai/whitepaper/w-2007/html/gaiyou/part1/s1_2.
　　　　　html，2008年9月6日。

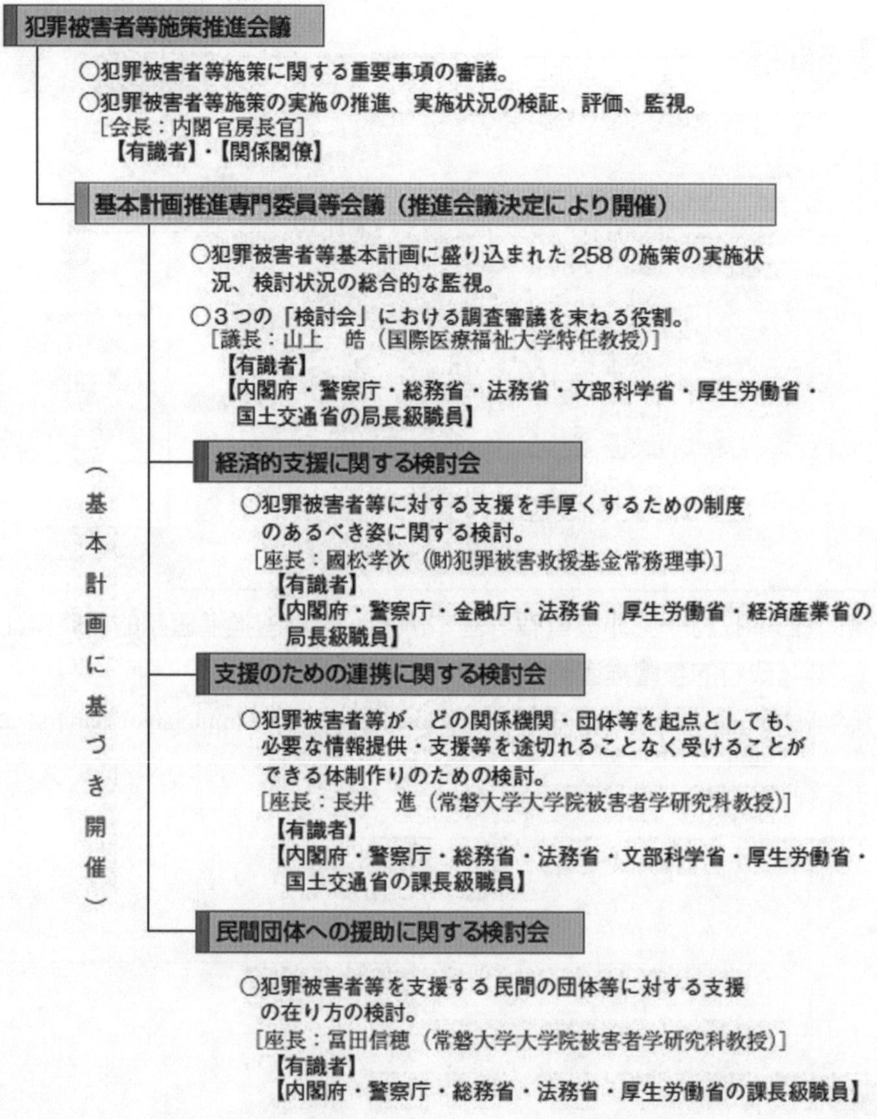

犯罪被害者等施策推進会議
　　○犯罪被害者等施策に関する重要事項の審議。
　　○犯罪被害者等施策の実施の推進、実施状況の検証、評価、監視。
　　　［会長：内閣官房長官］
　　　　【有識者】・【関係閣僚】

基本計画推進専門委員等会議（推進会議決定により開催）
　　○犯罪被害者等基本計画に盛り込まれた 258 の施策の実施状
　　　況、検討状況の総合的な監視。
　　○3 つの「検討会」における調査審議を束ねる役割。
　　　［議長：山上　皓（国際医療福祉大学特任教授）］
　　　【有識者】
　　　【内閣府・警察庁・総務省・法務省・文部科学省・厚生労働省・
　　　国土交通省の局長級職員】

　　経済的支援に関する検討会
　　　　○犯罪被害者等に対する支援を手厚くするための制度
　　　　　のあるべき姿に関する検討。
　　　　　［座長：國松孝次（財犯罪被害救援基金常務理事）］
　　　　　【有識者】
　　　　　【内閣府・警察庁・金融庁・法務省・厚生労働省・経済産業省の
　　　　　局長級職員】

　　支援のための連携に関する検討会
　　　　○犯罪被害者等が、どの関係機関・団体等を起点としても、
　　　　　必要な情報提供・支援等を途切れることなく受けることが
　　　　　できる体制作りのための検討。
　　　　　［座長：長井　進（常磐大学大学院被害者学研究科教授）］
　　　　　【有識者】
　　　　　【内閣府・警察庁・総務省・法務省・文部科学省・厚生労働省・
　　　　　国土交通省の課長級職員】

　　民間団体への援助に関する検討会
　　　　○犯罪被害者等を支援する民間の団体等に対する支援
　　　　　の在り方の検討。
　　　　　［座長：冨田信穂（常磐大学大学院被害者学研究科教授）］
　　　　　【有識者】
　　　　　【内閣府・警察庁・総務省・法務省・厚生労働省の課長級職員】

（基本計画に基づき開催）

附圖4　日本政府「犯罪被害者等基本計」整體的推進體制的概略圖(2)
　　　　〈專門委員等相關會議的設置〉

資料來源：http://www8.cao.go.jp/hanzai/whitepaper/w-2007/html/gaiyou/part1/s1_2.
　　　　html，2008年9月6日。

17

從兩極化刑事政策與
修復式正義論偏差行為少年之處遇[*]

---

[*] 2009年11月24日於「兩岸四地偏差行為少年處遇之理論與實務」（台北）專題演講。

壹、前言

　　2009年7月31日司法院大法官就現行少年事件處理法，關於經常逃學或逃家之虞犯少年，收容於少年觀護所或施以感化教育之規定是否違憲，做出解釋[1]。大法官認為，少年法院依現行少年事件處理法處理虞犯少年問題，基於憲法保護兒童及少年之身心健康及人格健全成長的基本國策而言，並非違憲。但在經常逃學或逃家且尚未觸犯刑罰法律的虞犯少年方面，除了其規定有涵蓋過廣與不明確之外，對於逃學逃家的虞犯少年所採取的人身自由限制，並不符合憲法的比例原則，更與保障少年人格權之憲法意旨有違，故應自本解釋公布之日起，至遲於屆滿一個月時，失其效力[2]。

　　由於少年處遇之相關問題所涉及的，乃涵蓋法律、社會、教育等多項領域，在大法官認定目前對於偏差行為少年收容之處遇係屬違憲之後，實務所面對的，即是如何重新整合及擬定適當且適合偏差行為少年之處遇方式。關此，本文欲從近來的國際刑事政策的趨勢，即「兩極化的刑事政策」的基礎，以及「修復式正義」的角度，來審視偏差行為少年之處遇。因此，首先介紹「兩極化刑事政策」及「修復式正義」之內容，再分別就「兩極化刑事政策」及「修復式正義」之角度，切入偏差行為少年處遇的問題。最後，提出對我國少年司法體系的建議，擬將目前財團法人向陽公益基金會新竹市向陽學園的經驗，推展至台灣各縣市，冀望不論是官方或私人，都能同樣推動對於偏差行為少年在學業、生活及家庭上之協助。畢竟，所有的少年虞犯，都有可能成為明日的成年犯，因此能夠適時將虞犯少年導回正途，提供必要的幫助，比事後的責難更有效用。

---

[1]　請參閱司法院大法官釋字第664號。
[2]　請參閱司法院大法官釋字第664號解釋理由書。

貳、「兩極化刑事政策」之內涵

一、目前我國實踐之「兩極化刑事政策」之緣起

現今社會的快速變遷，不可避免的造就了犯罪案件迅速攀升，使得刑事司法案件負荷量過重且監獄人滿為患，這些都不只是台灣目前的情況，更是世界各國所普遍存在的問題。為尋求解決之道，在各國的刑事政策上，有朝向嚴格的刑事政策與緩和的刑事政策二者併行的趨勢，即所謂「兩極化的刑事政策」[3]。本人於擔任法務部部長期間，即有鑑於此世界各國的刑事政策趨勢，為期早日朝此目標前進，建構現代刑事政策的藍圖，故於1997年10月間，由本人指示法務部成立「法務部檢討暨改進當前刑事政策研究小組委員會」，迄於1998年10月間計召開十五次會議，全面性研討關於「兩極化刑事政策」及其他的相關議題，進而作為規劃將來具體措施的參考[4]。而後於2005年2月公布，並於2006年7月1日施行之新修正刑法，其刑事政策的基礎即為兩極化的刑事政策，亦即在結構基礎上，以嚴格的刑事政策與緩和的刑事政策兩者同時存立的思維[5]。

二、「兩極化刑事政策」的概念[6]

所謂「兩極化刑事政策」，係指嚴格的刑事政策與緩和的刑事政策兩者並行之謂。其所言之嚴格的刑事政策，乃是針對危害社會的重大犯罪或

---

[3] 中國大陸方面亦有相同的概念的刑事政策，稱為「寬嚴相濟的刑事司法政策」。相關介紹請參閱廖正豪，邁向和諧，共創雙贏——從兩岸刑事政策看海峽兩岸共同打擊犯罪及司法互助協議，刑事法雜誌第53卷第5期，頁4-10，2009年10月；陳國慶，和諧社會需要貫徹寬嚴相濟的刑事政策，人民網：http://theory.people.com.cn/BIG5/49150/49153/5372284.html，最後瀏覽日期：2009年10月14日。

[4] 相關會議詳細資料請參閱：法務部檢察司編輯，「法務部檢討暨改進當前刑事政策研究小組研究資料彙編」，1999年8月。

[5] 請參閱廖正豪，刑法之修正與刑事政策之變遷，刑事法雜誌第50卷第6期，頁9-10，2006年8月。

[6] 請參閱前揭註5，頁10-14。

是高危險性的犯罪人,採取重罪重罰的嚴格刑事政策,使其罪當其罰,罰當其罪,以有效壓制犯罪,目的在於防衛社會,有效維持社會秩序。

而在另一方面,所謂緩和的刑事政策,指的是對於輕微犯罪或是法益侵害性微小之犯罪,以及具有改善可能性之犯罪行為人,採取非刑罰化的緩和手段,以抑制刑罰權之發動為出發點,透過不同階段之「轉向」(diversion),採取各項緩和之處遇措施,以代替傳統刑罰,而達成促使犯罪人回歸社會,並盡可能發揮防止再犯之功效的積極目的。

不過,或許是因為「兩極」的名詞相當獨特,而容易使得學界或實務界,僅專注於嚴格的刑事政策或是緩和的刑事政策兩端,甚至外界社會大眾望文生義,誤以為是否有重罪輕罰、輕罪重罰之嫌。以上都是忽略到「兩極化刑事政策」本質所致,承前所述,本人於1997年於法務部指示成立研究小組,欲引進各國的刑事政策趨勢時,最根本的思考,即是日本學者森下忠教授所引介的「兩極化的刑事政策」。雖然森下忠教授在闡述兩極化的刑事政策時,僅以簡單的定義以及範圍,來說明嚴格的刑事政策與緩和的刑事政策,並未特別提出在該兩者之間是否存有「中間刑事政策」的部分,但是本人認為,在實務的犯罪案件上,除了重大的犯罪案件及輕微犯罪外,亦有介於前二者之間的中間地帶的犯罪及犯罪行為人,且占了極大的比例,故亦是不可忽視之所在。因此所謂的「中間的刑事政策」,係指適用一般的、通常的程序以及刑罰來處罰一般的、中間地帶的犯罪行為人。

在二次世界大戰之後,就犯罪行為人或是受刑人處罰以及矯正之處遇來看,對於犯罪行為人或是受刑人人權之尊重,以及處遇條件之改善,可以說是中間刑事政策最明顯的特徵。因此可得而知,縱使稱之為「兩極化的刑事政策」,並不僅只是關注於重大犯罪、高危險的犯罪人,或是屬於輕罪、惡性極小的犯罪行為人,對於重罪輕罪兩者之間的中間地帶犯罪行為人亦給予相當的關注。

三、「兩極化刑事政策」的本質[7]

　　「兩極化刑事政策」在本質上乃是整體刑事政策上考量，因此若是將其理解為「如果不是輕罪，就是重罪」或是「朝向重刑化進行的刑事政策」，均有所偏頗且不正確。

　　首先必須先確立的是，「兩極化刑事政策」之概念是屬於流動以及彈性的設計，並非單純朝向兩個極化。亦即不應該以「二律背反」原則去理解，其係屬於一個整體概念的設計。因此，之所以對重大犯罪或高危險性之犯罪行為人採取嚴格的處遇方式來防止或是矯正其罪行，係立基於防衛社會，維持社會秩序與整體國民安全公益之立場；而對於侵害法益微小、輕度的過失犯罪，或是危險性小之行為人，則儘量利用緩和及轉向的措施，則是基於其在社會觀感上往往較能接受此類輕刑行為人，且如此一來能使其早日復歸社會，回復社會正常生活；而對於輕重兩極之外一般犯罪行為人，則依據一般處遇方式，並在重視其人權及正當法律程序的執行下，以確定國家刑罰權以及其處罰方式。以上三種模式的彈性組合與運用，即顯現出其乃三元結構所組成，並非僅偏重兩極，如此一來，在面對社會上各種不同的犯罪以及其型態時，可以使得「兩極化刑事政策」發揮所長之所在。

　　再者，基於上三種模式的彈性組合，在對於重大案件上，能集中資源辦理之，而對於輕案，則能避免行為人易被貼上標籤，並減輕刑事司法的負荷，如此一來能夠達到訴訟經濟的效果。

　　最後，在思考有關犯罪預防以及犯罪人處遇的各項對策的同時，必須考量到的是，在每一項犯罪的背後，都存在著被害人的事實。為了避免受害者遭受忽略，而反過頭來成為下一個加害人，犯罪被害人的保護政策亦是相當重要的，因此若能在犯罪人的懲罰、更生以及矯正外，考量到被害人的被害感情是否達到撫平、損害是否能得到救濟，亦即從加害人與被害人雙方同步尋求犯罪問題的解決，如此一來才能達到刑事政策整體規劃的目的。

---

[7] 請參閱前揭註5，頁11-14。

綜上得知，集中資源應付重大犯罪、讓輕刑犯減少入監服刑機會、中間犯罪人得其所處的三元結構走向，能夠達到對司法資源有效運用的目的，並加入顧慮犯罪被害人情緒撫平與否的考量，均是「兩極化刑事政策」的本質所在。

四、目前於我國已落實的相關措施[8]

2006年7月1日施行之新修正刑法，在「兩極化刑事政策」[9]的導向上，目前已落實的，在嚴格刑事政策方面，諸如第47條擴大累犯認定之範圍、第51條第5款宣告多數有期徒刑上限提高到三十年、第62條自首改為「得減」及第80條追訴權時效之延長等；緩和的刑事政策方面，例如第74條的擴大緩刑範圍、第41條易服社會勞動制度、第42條確立之罰金分期繳納制度及刑事訴訟的緩起訴制度等。

參、「修復式正義（修復式司法）」之內容

一、「修復式正義」名詞翻譯的多樣性與其概念

Restorative justice一詞的中文翻譯，目前在國內文獻上，其名詞翻譯尚未有一定見。有譯為「恢復的正義」、「復歸性正義」，亦有譯為「修復式司法」，以及本文所採用的「修復式正義」等翻譯名詞。而各個翻譯名詞因其所著重的理論之點不同，故產生不同之譯名，惟理論內容並無太大歧異。其實無論中文翻譯名如何，restorative justice的整個理論本身目的，即在於盡其可能的修復已經遭受到破壞的社會平衡關係，亦即不在於只關注犯罪人事後的懲罰而已，而是使得被害人能藉由參與程序之進行而獲得實質賠償。換言之，restorative justice主要是在於營造一個程序，在

8　請參閱前揭註5，頁14-21。

9　法務部日後將其更名為「寬嚴並進的刑事政策」。請參閱法務部檢察司編輯，「法務部檢討暨改進當前刑事政策研究小組研究資料彙編」序言，1999年8月。

此程序中，讓所有的利害關係者能聚集在一起，共同商討如何處理犯罪行為的結果，如此一來能達到再度整合關係之效果[10]。

修復式正義之概念，乃是基於「和平建構犯罪學」（Peacemaking Criminology）而來，其目的是要建構一個和平而公正的社會，並且認為在一個充滿衝突的社會，懲罰和矯治是無效的。因此提倡以社區為機制，透過諸如會議、調解、道歉、寬恕、賠償等方式，取代監獄與刑罰，來達成傷害的彌補及問題的和平解決。亦即，修復式正義認為犯罪是一種對個人及社會的侵害，因此被害人、加害人要回復，社會亦要回復，回復到原先和平的狀態。而為達此目的，司法當然必須將被害人、加害人及社區等所有利害關係人聚集在一起，共同商討如何回復犯罪所造成之損害。如此一來，為達修復被害人、加害人、社區的三贏目的，原則上社區必須具有解決既成衝突的主權，加害人必須對於被害人及社區有象徵性的補償，且加害人本身必須進行整合與復健。由此可知，即是藉由三方的共同參與而發現問題之所在，進而治療創傷，漸而回復損害[11]。

二、修復式正義的歷史發展簡介

「修復式正義」並非一近代新創的概念，根據歷史記載，其出現更早先於應報式正義。修復式正義的歷史發展，與被害人地位息息相關，而在歷史進程上，最早的氏族社會的團體生活方式，每一個氏族有維護自身成員的義務，因此被害人或其家屬是得以參與犯罪行為之評判，可說被害人地位較為高漲。到國家興起的時代，國家獨占犯罪行為之審判，甚至認為犯罪是對國家的侵害，被害人的地位漸排出審判的過程中，自此被害人地位低落。近代，犯罪人地位漸受重視，刑事訴訟程序不該只是一味重視被告的訴訟上權利，因此修復式正義之倡議日漸受重視[12]。

由此可知，現在所倡談的「修復式正義」，並非新的概念提倡，而只

---

[10] 陳珈谷，論修復式司法，國立台灣大學法律學研究所碩士論文，頁1-2、8，2002年10月。

[11] 許福生，刑事政策學，頁223，元照出版，2007年8月增訂2版。

[12] 請參閱前揭註10，頁9-22。

可謂是回歸到傳統西方世界與非西方世界，在其人類歷史上解決犯罪和衝突的模式，並重視其紛爭的化解及被害人的治癒[13]。有謂者稱目前為「和平創建的復歸式正義時期」，亦即以「和平創建」的概念來達到溝通犯罪人與社會的橋樑。所謂「和平創建」（peace making），乃是相對於現今社會所使用的責難加害人之「壓制處置」（war making）方式，欲營造一個回復到具有和平、問題解決取向與關係修復（被害人、加害人、社區）等特色的情境，即強調被害人與加害人之間關係的和解。並在此情境之下，才能追求所要「修復」的「正義」[14]。

三、修復式正義在實務上主要之實踐型態[15]

（一）被害人——加害人調解（Victim-Offender Mediation）

即是透過被害人及其利害關係人與加害人直接面對面對話的模式，讓加害人明瞭對被害人所造成的傷害，及如何賠償的事宜，且必須有一個訓練有素的仲裁者在場協助程序的進行。

（二）家庭團體會議（Family Group Conferencing）

由一個專業人士召集在犯罪案件中受到影響之人，包括被害人、加害人及其各自之支持者，集聚在一起共同討論如何解決問題。在會議進行中，每一個參與人能發表各自在此事件中所受到的傷害及影響。最後商討出一個每一個參與人能接受的補償方法。

（三）審判圈（Sentencing Circles）

將被害人、加害人及其各自支持者，以及法官、檢察官、警察等社區相關人士聚集在一起，共同尋求問題的和平解決，目的在藉由此項會議的

---

[13] 陳祖輝，少年司法新典範的轉移：論復歸式正義觀點的轉向制度，頁417，社區發展季刊110期，2005年6月。

[14] 請參閱前揭註13，頁418。

[15] 請參閱前揭註11，頁225-226。

召開，能對各方當事人的態度及行為造成改變及影響。

(四)社區修復委員會（Community Restorative Boards）

由一群經過訓練的地方居民所組成的社區修復委員會，直接與加害人面對面進行公開討論，並討論出一套修復、補償的計畫，並要加害人於一定期限內完成。並在加害人約定完成的期限結束後，向法院報告加害人執行之情形，至此委員會的任務完成。

肆、偏差行為少年處遇與兩極化刑事政策、修復式正義之關連

一、何謂少年的「偏差行為」

(一)定義

偏差行為可分廣狹二義，廣義係指個體在與社會互動的過程中，脫離了文化價值規範或是違背了社會、家庭、學校等對其之角色價值期望，或是違反了法律規範等行為。狹義偏差行為，則是專指少年事件處理法第3條所規定之有觸犯刑罰法律之虞的少年虞犯行為，諸如經常與有犯罪習性之人交往、經常出入少年不當進入之場所、經常逃學或逃家、參加不良組織、無正當理由經常攜帶刀械、吸食或施打煙毒或麻醉藥品以外之迷幻物品以及有預備犯罪或犯罪未遂而為法所不罰之行為[16]。

偏差行為與犯罪行為差異之處在於，偏差行為係指凡是違反一般社會文化規範的行為，故大至嚴重的吸毒、傷害行為，小至日常生活的壞習慣均屬之。而犯罪行為則侷限於行為人違反相關的刑罰法律規定，例如刑法

---

[16] 曾育貞，刺激尋求動機、青少年自我中心與偏差行為之相關研究──以台南地區為例，國立成功大學教育研究所碩士論文，頁5-6，2002年6月。

或特別刑法的規定[17]。

　　本文所探討「少年」之範圍，以目前的「兒童及少年福利法」與「少年事件處理法」等規定，原則上係指十二歲以上，未滿十八歲之人。

(二) 偏差行爲少年問題的嚴重性

　　目前社會文化、資訊的快速變遷，加上少子化等因素，現今青少年往往自我意識高漲，常為追求物質上的享樂而不擇手段達成目的，以致偏差行為或犯罪的產生且其偏差或犯罪行為呈現多元化、暴力化及低齡化的趨勢[18]。以常在社會新聞上出現的校園「霸凌」[19]（bully）行為為例，依據兒童福利聯盟基金會的調查發現，大約有六成六的兒童及少年知情霸凌行為，有六成三則有被霸凌的親身經驗，可見其校園霸凌行為普遍存在，且其嚴重性已超出一般人想像的嚴重程度[20]。且有研究顯示，霸凌行為的出現，無論是對於霸凌者、被霸凌者或是旁觀者都有深遠的影響，亦即有霸凌行為者，在往後為犯罪行為的機率大為提高；被霸凌者則因自卑而在日後會產生自殺等偏差行為；至於旁觀者，卻無形中會追隨霸凌者的行為而涉入其中[21]。校園霸凌行為僅是少年偏差行為之一環，其所呈現的嚴重性已讓吾人擔憂不已，更何況其他的偏差行為，諸如飆車、鬥毆、少年幫派、藥物濫用等問題。

　　此外，亦有研究指出一般民眾對於少年偏差及犯罪行為的問題，仍認為是當今嚴重的社會問題之一[22]。因此輔導今日的偏差行為少年不會成為

---

[17] 請參閱前揭註16，頁6。

[18] 請參閱前揭註16，頁1。

[19] 「霸凌」，係指一個學生長時間、重複地被暴露在一個或多個學生的負面行動之中。資料來源：兒童福利聯盟文教基金會網站，http://www.children.org.tw/database_p0.php?id=192&typeid=26&offset=0，最後瀏覽日期：2009年11月10日。

[20] 許福生，台灣地區少年非行狀況與防制策略之探討，刑事政策與犯罪研究論文集（八），頁266，法務部編印，2005年11月。

[21] 資料來源：兒童福利聯盟文教基金會網站，http://www.children.org.tw/database_p0.php?id=199&typeid=26&offset=5，最後瀏覽日期：2009年11月10日。

[22] 請參閱前揭註20，頁265。

明日的成年犯，乃是探討少年偏差行為處遇方式之重心所在。

二、與兩極化刑事政策之關連

　　少年因其心智年齡上的不成熟，故判斷能力較差，因而易受外界環境的影響，但相對的，其可塑性也高[23]，容易經由輔導等教育方式進行改善。對於其尚未犯罪之偏差行為，依照兩極化刑事政策的理念，輕罪的範疇即應適用寬鬆的刑事政策，但是少年虞犯行為根本未成犯罪，理應不得施以任何刑罰，但是為了保護少年往後不至犯罪，對其輔導矯治是有其必要的，因此得以適用寬鬆刑事政策的理念來處理少年虞犯行為。

　　首先是寬鬆的刑事政策的主要理論依據，即刑法的謙抑思想，此乃是為了避免刑罰所帶來的痛苦性及標籤作用，因此除非到了無法使用其他制裁方式才能遏止侵害時，刑罰是非不得已是不會用的[24]。因此對於少年偏差行為之處遇，基於少年心智發展之不成熟，對其施以類似刑罰的痛苦性懲罰，可能不甚理解施以痛苦的目的，如此一來便無法達到預期矯治的效果；若因進行矯治而使其貼上標籤，例如外界對於曾進入少年感化院的少年，觀感普遍不佳，使得少年在往後復歸社會時，還較其他成年犯受到在時間進程上更早的排擠，易使其再一次誤入歧途。

　　再者，即是寬鬆刑事政策之中的轉向處分概念。所謂轉向處分，即對於初犯或是青少年犯較輕微之罪，不予審判，亦不予處罰，而僅以教育性輔助措施[25]。轉向處分的本質可謂是輔導教育的方式，承前所述，少年因其人生歷練少，人格往往未完全定型，因此可塑性仍高，若在出現偏差行為之際即施以適當的教育，改正其偏差行為，比其以壓制的方式引起反感，效果更佳。

　　由以上可知，兩極化的刑事政策在偏差行為少年的處遇上，雖然面對

---

[23] 趙丙貴，對少年犯司法保護應確立的幾個理念，北大法律信息網，http://big5. chinalawinfo.com/article.chinalawinfo.com/Article_Detail.asp?ArticleID=49695，最後瀏覽日期：2009年11月10日。

[24] 請參閱前揭註11，頁549-550。

[25] 請參閱前揭註11，頁550-551。

的是尚未成罪的少年，但若以刑法預防犯罪發生的基本目的，以及刑法謙抑思想的角度，當然得以預防少年往後犯罪而矯治之，且矯治之方式主要亦以教育為主。

三、與修復式正義之關連

　　現代的少年司法以保護為基本立場，因此對於偏差行為少年的處遇均以輔導教育等非司法程序的轉向制度來替代刑罰。而在轉向制度上，雖著重於矯正少年偏差行為，但是否真能讓偏差行為少年在犯了錯之後真心悔悟，常是令人質疑的。少年因為心智未臻成熟，在犯了錯之後想要逃避乃是人性之下意識行為，此時若僅以保護的立場而不讓其面對被害一方，不僅被害一方無法諒解，做了偏差行為的少年亦無法理解被傷害的一方之感受到底是如何，畢竟人是經驗的動物，唯有體會過，才能深深有所感觸。如此一來，失衡的社會正義難以得到回復，被害人的傷痛、怨恨依舊存在，矯治是否有效亦遭受質疑，社會和平的狀態因此潛藏著隨時遭受破壞的風險之中。

　　既然現代的少年司法主要認為，以保護替代刑罰為更有效的對待偏差少年處遇的方式，則以前述的修復式正義的立場而言，當刑罰與懲罰在一個衝突的社會是無效時，為達修復傷痛、排解衝突之目的，「修復型」的少年司法是有其必要的，其強調以公民的積極參與作為，去建構出一個「共信」的基礎，並以此基礎來尋求問題的解決。也因此「共信」的建立，參與團體者產生高度的彼此信賴，進而激發高度羞恥心與責任感，並願意為了社會更好而進行在整合彼此關係[26]。

　　因此基於修復式正義基礎上的少年司法而言，透過被害人、加害人及協調人（法官、觀護人、社區領導人等）的三方互動關係，以對話及協調的方式，對於已經造成的損害達成賠償的共識。也因並非以審判的方式進行，所以並不主張如審判庭般嚴肅的程序與氣氛，且未嚴格要求審判者主

---

[26] 請參閱前揭註13，頁415。

導程序，因此只要是在一個安全的場所，都可進行[27]。

四、小結

　　兩極化的刑事政策的理念，主要是「調和」，而非「對立」[28]，因此政策內容包含犯罪人的處遇及犯罪被害人的保護。且除此之外，對於輕罪，兩極化刑事政策所採取之非刑罰的轉向制度，均含有修復式正義概念在內。而修復式正義係以透過情境的營造，讓偏差行為少年能置身於其所製造的事件後果之中，亦即並非事不關己的被審判人角色，而是直接面對被害人，此亦是一種學習與教育。常在社會新聞上看到青少年犯罪之後，被媒體號稱一副事不關己、冷漠的模樣，到底是真的是沒了情緒而冷漠？還是不知該如何面對鑄下大錯後的後果而漠然？若是前者，往往是被保護過度，造成自我意識高揚，因此無法理會他人的情感；後者則是缺乏讓其獨立面對事情的能力所造成的不知所措。因此若能在其為犯罪行為之前的偏差行為出現階段，施予適當的輔導措施，直接面對被害人的傷痛，習得將心比心的心態，或許可以有效截堵未來的犯罪行為。

伍、結論

　　少年司法，依照目前的國際趨勢，大都已朝向福利保護趨勢，這也就是福利先行的概念，畢竟讓少年太早進入司法體系，容易因貼上標籤，使今日的少年犯成為日後的成年犯。尤以兩極化刑事政策之輕者恆輕角度，虞犯少年根本未犯罪，只是有犯罪之「虞」，更理應給予保護措施，而不是刑罰。然而，即便不施以刑罰，如何有效矯治少年偏差行為的轉向制度的銜接，更是實踐上重要的問題。

　　少年階段往往是懵懂無知的，一旦有偏差行為發生時，如果急於對

---

[27] 請參閱前揭註13，頁415-416。

[28] 請參閱前揭註5，頁13。

他們課以刑罰，只會徒增少年的反感以及復歸社會的困難，更是把他們推向社會黑暗面的助力。因此當少年出現偏差行為時，應將偏差之源頭阻斷或糾正，才能收致成效。站在修復式正義的立場，應集聚偏差行為少年及被害人，坐下來面對面討論，讓偏差行為少年知道自身行為的錯誤，並使其了解在受到被害人原諒之後，切勿再犯，進而協助其回歸社會；另一方面，也應對被害人提供能夠接受的補償。總而言之，虞犯少年之矯治，應當屬於保護體系，而不等同於犯罪少年，進入司法體系，這也是大法官會議第664號解釋，認為對虞犯少年施以感化教育處遇違憲之本旨。然而，除了虞犯少年之處遇與收容處所以外，我們實際上要面對更重要的問題，則是如何進一步導正虞犯少年的偏差，使其回到正軌。

　　大多數的偏差行為少年成為刑法的犯罪者之前，大都具有家庭失能或人際關係不佳，甚至遭到學校放棄等因素，就是因為如此，也造成少年自暴自棄的傾向，若於此際誤結損友，或是被幫派吸收，更加無法自拔。因此，虞犯少年的問題，必須要結合多方面的配合，共同修復導正。

　　原生家庭對於少年具有舉足輕重的影響。少年往往受到家庭影響，形成其人格發展與行為模式。當少年在功能不全的家庭成長時，僅僅苛責其本身行為偏差，根本無法導正少年的觀念與行為。因此，對於偏差行為少年的父母家人，應加以教育溝通，使其重視少年的成長，勿以溺愛、暴力或是冷漠相待，畢竟，沒有問題少年，只有問題的家庭與社會。所以落實親職的再教育，從家族問題根本治療青少年的偏差行為，是根治少年偏差行為的基本方向。在少年成長與人格養成的階段中，除了家庭之外，學校的影響也十分重要。以目前的社會觀念與教育制度而言，當少年在學校適應不良時，似乎即沒有其他選擇，只能成為被鄙視、貼上標籤的一群人。因此，社會或政府為他們提供一個中途轉介的地方，實在是刻不容緩的要務。

　　為改善社會風氣、斷絕犯罪源頭，導正價值觀念的錯亂，避免治安繼續敗壞，本人與多方民間人士及企業家於2000年成立財團法人向陽公益基金會，同時創設中輟生學園──位於新竹市的向陽學園。向陽公益基金會主要在辦理中輟生收容輔導、推廣法治教育、青少年輔導與犯罪防治政

策研討與推動等工作，基金會成立九年來，我們在新竹市向陽學園實施中輟生輔導的工作，收容逃學逃家、參加幫派、有犯罪之虞或被施以保護管束處分的國中階段少年，施以適性的選替性課程、體驗教育，發展學生技藝，並實施家族治療，得到積極正面的成果[29]。

　　就此，藉著新竹市向陽學園落實輔導中輟生的成功例子，希望無論是官方或是民間各界，都能夠重視中輟生的輔導問題。畢竟青少年中輟學業的因素很多，例如家庭的不完整或是學業的挫敗等，不論原因如何，都易使少年蹈入犯罪之途。而向陽學園收受中輟生，除了使得少年不被排除在校園之外，在品格教育、基本學業、技能的培養等方面多管其下，讓少年學習「肯定自己，尊重別人」的宗旨。因為了解到這樣的工作不是一時的，必須要長期的努力，向陽學園除了提供學園在校生教育輔導外，對於回歸原校或是在學園領到畢業證書、結業證書的少年，仍持續予以追蹤輔導[30]。

　　本人在擔任法務部部長的時候，接獲少觀所收容少年寄給我的一封信，信中提到：「今天你們放棄我們，明天我們就放棄你們」，這段話令我感受無限的震撼。如果今天我們能夠提供少年一個自新的機會，將減少日後犯罪的發生，社會也可以減少鉅大的成本，來因應重大犯罪問題。因此，本人卸任公職後，基於幫助台灣社會，回饋這片土地的理念，仍繼續推動社會治安改善與青少年輔導工作，縱使過程辛苦，本人願意提出多年來從事社會服務、冀望改善社會治安、奠定社會安寧基礎，與全體民眾共同期盼的心得，期盼向陽學園的經驗能夠推廣出去，提供偏差行為少年處遇與矯治的方向，並協助少年推開一扇心窗，看到一盞明燈，成為有能力貢獻社會的人。

　　在此，本人要再度強調：「沒有問題青少年，只有青少年問題」；「沒有青少年問題，只有成年人問題」，並以此與大家共勉之。

---

[29] 請參閱前揭註5，頁27-28。

[30] 全國中輟學生防治諮詢研究中心編輯群，全國中輟防治通訊，91年10月第4期，頁46-53。

18

建構更完整的刑事政策
——談犯罪被害人保護的發展*

壹、前言

　　刑事政策的涵義有廣狹之分，主要區分是在研究對象與內涵的廣狹，狹義說者認為，刑事政策是指犯罪的對策，以研究犯罪人的處遇以及預防犯罪的對策為範圍。廣義說者認為，刑事政策是指探求犯罪的原因，從而樹立犯罪的對策，包括犯罪原因的研究，包含刑罰學、刑事立法以及刑事司法政策、犯罪人處遇對策之統合學科。簡言之，是從犯罪的整體防治之專門學科。尤有甚者，在日本的研究發展中，我們更發現，對於刑事政策的實質內涵，配合社會學以及犯罪學等各種專題分工的範圍，例如犯罪發生之原因、各種犯罪之型態、犯罪被害人之保護與救濟、犯罪人處遇

* 2011年6月27日於「回顧與前瞻——觀護三十檢討與展望實務研討會」（台北）專題
　演講。

與矯正等，並且係由國家或地方自治團體作為提出規劃的主體，是其特色[1]。事實上，刑事政策應具備一個完整的規模，過往肇因於對犯罪的研究使然，對於犯罪原因的研究著力甚深，以此延伸的犯罪防治、刑事立法、刑事司法、犯罪人處遇、更生保護都有所研究，然而被害者學的興起，使得刑事政策的面容有所轉變，並且隨著被害者學不再侷限於犯罪原因論的範疇，開始思考，對應於犯罪人的研究，我們該對於犯罪被害人有哪些關注，甚至是擴及到社群關係的社會方面之注意，遂使得刑事政策的研究趨於完整與全面，此乃正向的發展，殊值肯定。

因此，涉及關注犯罪被害人保護部分，在傳統之刑事政策理論中，幾乎並不存在，及至19世紀前後，刑事政策逐漸發展之初，所關心者仍為被告及其犯罪之成因與預防之研究，而涉及人權部分，則僅注意及於被告之人權，對犯罪被害者部分幾無涉及，及至20世紀下半世紀，雖在歐、美、日等業已開創犯罪被害人之研究，即為所稱「被害者學」（Victimology），然而此一時期所重視者，仍為犯罪被害人與犯罪原因關聯性之研究，以及如何防止被害等之研究，仍未特別關注犯罪被害人之保護，迨於20世紀末，刑事司法實務及理論研究開始重視犯罪被害人保護，而真正為甚為無辜或無奈被害之犯罪被害人設想，為其推動保護之工作，以期達成公平正義的目標。

本人擔任法務部部長時，於民國86年指示法務部成立「法務部檢討暨改進當前刑事政策研究小組委員會」，綜整各國刑事政策的發展趨勢，以及國內當前之需要，而本人提示之研究方向最核心的思考，就是日本學者森下忠教授所提出的「兩極化刑事政策」，也就是後來為刑法修正主軸的「寬嚴並進的刑事政策」，本人所主張之兩極化刑事政策，除了嚴格的刑事政策與緩和的刑事政策之外，對於中間的刑事政策更是占犯罪之大部分，而不可忽略。在兩端其具體內涵係指，在對於重大犯罪或是高危險性之犯罪行為人，應該立於防衛社會，維持社會秩序與整體國民安全公益的

---

[1] 廖正豪，刑法之修正與刑事政策之變遷，刑事法雜誌第50卷第6期，頁4-6，2006年8月。

立場，對其採取嚴格的處遇方式來防止或是矯正其行為；對於侵害法益微小、輕度的過失犯罪，或是危險性小，足以復歸社會，社會觀感上也能接受之輕刑行為人，亦即對於輕刑犯、過失犯或初犯，則儘量利用緩和或是轉向之措施，使其早日復歸社會，回復社會正常生活；而對於一般的犯罪行為人，則依據一般處遇方式，重視其人權，採取正當法律程序，以確定國家刑罰權以及其處罰方式。這三種模式即重者恆重，輕者恆輕，中間者按一般情形科刑及處遇的彈性組合運用，才是對於犯罪人方面的整體對策。

　　然而如前所述，刑事政策不能只關注在犯罪人的區塊，每一個犯罪的背後，大多存在著被害人，早期的犯罪原因論者觀察研究顯示，對於被害人的漠視，會導致被害人寧願以私刑、報復的手段來回應這個體制；或者犯罪被害人的第二次與第三次被害；甚或有些犯罪被害人更成為犯罪人等等。然而，單純的將犯罪被害人當成犯罪原因之研究未免太過消極，而是應更進一步的比照對於犯罪人的關注，建設應有的犯罪被害人保護體制，諸如被害補償、被害人協助與保護、訴訟程序權利保障、以及修復與賠償等等，特別應注意的，是對於犯罪被害人的保護，並非剝奪犯罪人的人權保障，二者絕無此消彼長的關係，而是齊頭並進的相應照顧，最終的目的，是要透過此等保護，使犯罪人與被害人能在此過程中有所修復，並與社會言歸和好，「修復式正義」的理念得以落實，並朝著重視犯罪人、被害人與社會三方正義之「所有人正義」理想邁進，此乃完整的刑事政策所應具有的基本骨架概念。

　　近年來，對於犯罪被害人的保護發展，可以大致分為幾個階段，從對犯罪被害人的補償，被害人的協助與保護，被害人訴訟程序權利保障，到修復式正義之回復[2]，台灣在此發展的歷程中，也逐步建立犯罪被害人保

2　陳慈幸，由政策觀點檢視我國被害者學之興起、發展與研究建議（二），法務通訊第2177期，2004年3月11日第3版。陳慈幸，從日本法看犯罪被害人保護——日本犯罪被害保護重要論點歸納與觀察，月旦法學雜誌第178期，頁24-25，2010年3月。黃蘭媖，追尋犯罪被害人的正義之路：從福利到修復、從控制到重分配，社會政策與社會工作學刊第11卷第2期，頁39，2007年12月。謝協昌，論犯罪被害人在刑事訴訟程序之角色、地位，日新第6期，頁103，2006年1月。許福生，犯罪被害人保護政策

護的法規範網絡，並且落實執行。然而，犯罪被害人保護的法治建設規模幅員遼闊，有時並非單純個別的行政部門可以完成，必須綜合司法與立法方面的相互合作，本文以下，將細鐸台灣犯罪被害人保護的發展過程，並掃描對於目前體制建制的規模，觀察其完備與不足之處，並提供建言，作為將來法制發展的參考方向。

貳、重視犯罪被害人保護的契機

　　民國85年6月，本人出任法務部部長，有感於社會多年來由於黑道、企業與政治之盤根錯節，敗壞社會風氣，摧毀價值觀念，魚肉鄉里、欺壓善良、無惡不作、破壞治安、人神共憤。就任當月，乃規劃由法務部所屬之檢察官、整合調查員、警察、憲兵（本人稱之鐵四角）之力量，推動「治平掃黑」及「迅雷」之專案，雷厲風行，依法澈底掃蕩，同時推動輔導幫眾之改過自新，一時之間，弊絕風清，治安全面改善，經濟持續發展、價值觀念重建，善良者得到保障，違法者受到制裁，守法與違法、善與惡、對與錯之界限逐步分明。事實上，本人推動此一工作，至為艱鉅與危險，但本人義無反顧，完全依據法律規定，不問親疏，澈底執行，在工作當中，曾面臨多次黑幫勾結政治勢力，不擇手段反撲，或污衊抹黑，或恐嚇加害，無所不用其極，以本人之聲望地位，不法之徒都敢如此囂張，遑論一般市井小民。

　　本人開始推動「治平掃黑」等專案後，即不斷接獲訊息，知悉被害人或證人遭受犯罪人（包括黑道、一般犯罪人及所勾結之政商）等繼續侵害，甚或變本加厲對其施以恐嚇威脅，甚至加以殺害等。某日，本人與少數首長曾接獲陳情書，指涉某政黑關係緊密之民意代表為非作歹，不意第三天，該民意代表竟來函針對其內容逐一反駁，顯見接獲陳情書者有人將陳情書全文轉給此一黑道身分之民意代表；亦有檢舉人被用布袋吊起來毆

打，過不久死亡之案例，此些情形，不勝枚舉。本人眼見台灣社會沉淪至此，乃更堅定依法澈底掃蕩犯罪，整頓社會的決心與作為，並決定除制裁犯罪行為人外，尤應建立全面性、澈底保護被害人（包括證人、檢舉人等）之法制。

在此背景下，本人將加強犯罪被害人之保護列為重要之刑事政策，提示主管之業務採取各種加強保護措施，例如：

一、為保護因犯罪行為被害而死亡者之遺屬或受重傷者，推動制定「犯罪被害人保護法」並擬定其施行細則，以保障人民權益，促進社會安全，該法於87年5月27日奉總統令公布。

二、研擬整體性、全面性之「加強犯罪被害人保護方案」，該方案陳報行政院核定後，全面逐步推動執行，其工作項目，分救援協助、安全保護、補償損失、協助訴訟、教育宣導及其他相關措施等六方面，具體措施要領多達45項。

三、研擬「證人保護法草案」，以立法保護證人、檢舉人及被害人之人身安全。89年2月9日已由總統公布施行。

四、研究強化被害人刑事訴訟程序中之地位，強化被害人安全及名譽保護之設計及如何使被害人獲得適當之補償或賠償，以強化被害人在刑事訴訟程序上權益之保障。

五、設置「重大犯罪被害人申訴窗口」，受理重大犯罪被害人之申訴，妥訴處理，維護被害人權益。

六、編印「犯罪被害人保護手冊」，提供民眾維護權益、尋求救濟及救援管道之參考。

七、舉辦「犯罪被害人保護法律研習營」，以培養犯罪被害人保護種子，廣植犯罪被害人保護觀念。

八、修正法務部處務規程，於保護司增設一科，專責辦理犯罪被害人保護工作。[3]

---

[3] 廖正豪，我國犯罪被害人保護法制的檢討與策進──並簡介日本「犯罪被害者等基本計畫」，刑事法雜誌第52卷第6期，頁2-4，2008年12月。

上述的工作多經落實，並已將犯罪被害人保護法制發展方向建立，台灣犯罪被害人保護的發展就此昂揚，並且在一定的基礎上有所進步，以下，本文就對於現行犯罪被害人法制的規模與實踐，進一步介紹。

參、現行犯罪被害人保護制度的具體內容

現行犯罪被害人保護的制度發展，大致上可區分為行政與司法兩方面的運作，各有其職司的任務，也各有其依循的法制，因此，本文在此擬先區分為行政方面的保護法制與成效，以及司法方面的保護法制與成效兩大子題，分別探討現今台灣犯罪被害人保護的光譜，將具體可見的制度分析並檢討成效，而將尚未明朗的部分，探究其必要性與立法方向。

一、行政方面的保護法制與成效

在現行於台灣之犯罪被害人保護法制中，犯罪被害人保護法為核心之法律規範，其中包含對犯罪被害人補償與協助，並且透過法務部所推行，由行政院核定之「加強犯罪被害人保護方案」作為延伸補償、協助與保護之總體計畫，還有家庭暴力防治法、性侵害犯罪防治法、人口販運防制法、兒童及少年性交易防制條例、兒童及少年福利與權益保障法、身心障礙權益保障法、證人保護法與強制汽車責任保險法等法律規範做為周邊配套措施。至於修復式正義之回復，則仍屬推廣試行階段，並以前開「加強犯罪被害人保護方案」與「法務部推動『修復式司法試行方案』實施計畫」為主要規定。

關於犯罪被害人補償之研究汗牛充棟，理論基礎方面，有從社會安全法制觀察，並有社會補償[4]、社會救助[5]、社會保險[6]各種論據，也有從折

4　郭明政，犯罪被害人保護法──後民法與社會法法律時期的成熟標竿，政大法學評論第60期，頁314，1998年12月。鍾秉正，「犯罪被害人保護法」之補償規定及其實務分析，台北大學法學論叢第52期，頁41-46，2003年6月。許福生，台灣犯罪被害人保護法之回顧與展望──以2009年擴大保護性侵害被害人為例，亞洲家庭暴力與

衷被害者保護的各理論基礎，採行綜合理論[7]、而實務的態度則認為被害人補償係屬於民事賠償的補充觀念[8]，可見關於犯罪被害人的補償，基礎架構的認知仍有許多爭議。尤其在立法當時，原本是以保護生活理論為出發點，提出犯罪被害人保護法草案，但在立法過程中，則是往社會補償的國家責任方向訂定[9]，法案訂立之後，實務運作卻仍以保護生活為優先考量，強調救急不救窮，並審查被害人是否能維持生活，判斷補償是否有失妥當[10]，導致紛爭仍舊不斷，並且體制內不同基礎的規定交錯規範，復以解釋上無法受限法規範目的，皆因其立法體制本無定論使然。

　　再者，對於補償對象的擴大，則是98年修正的重點，修法前，犯罪被害人保護法的補償對象，是指因犯罪行為被害而死亡者之遺屬、受重傷者，但對於重傷的規範範疇，卻限縮在刑法所定義之重傷，導致對於部分因暴力犯罪身受創傷之被害人，特別是性侵害犯罪行為之被害人，無法適用，此乃以犯罪結果而非犯罪行為認定補償的立法模式所致，因此98年擴大適用到性侵害犯罪行為被害人，並且將補償金的範圍納入精神慰撫金，而協助措施的適用對象也擴大至犯罪被害人為大陸地區、香港、澳門或外國籍之配偶或勞工，而100年11月，更將互惠原則[11]的規定刪除，使在台

性侵害期刊第6卷第1期，頁171-172，2010年7月。

[5] 謝榮堂，社會救助之憲法保障與實踐，社區發展季刊第124期，頁12-13，2009年3月。

[6] 許啓義，我國犯罪被害補償制度之重點及特色，法務通訊第1915期，1999年1月21日第5版。

[7] 林輝煌，建構犯罪被害人之司法保護體系──美國制度之借鏡，律師雜誌第223期，頁26，1999年4月。

[8] 盧映潔，淺論我國犯罪被害人保護法，逢甲人文社會學報第1期，頁360-361，2000年11月。盧映潔，我國犯罪被害人保護法施行成效之研究──以被害補償排除條款的運用為探討中心，政大法學評論第77期，頁285-332，2004年2月。

[9] 郭明政，前揭註4，頁313。許福生，前揭註4，頁173-174。

[10] 盧映潔，前揭註8b，頁317-319。許福生，前揭註4，頁177-178。

[11] 2003年8月曾發生偷渡丟包事件，造成關於大陸人民是否適用互惠原則的爭議，其分析可參考，廖元豪，偷渡「丟包」案被害人有權請求犯罪被害補償──簡評台中高等行政法院一個「把人當人看」的判決，台灣本土法學雜誌第73期，頁196，2005年

灣的外籍人士不論在補償或協助都一體適用犯罪被害人保護法，儘管論者曾謂，若以本質及賦稅的角度而論，實不宜將外國人納入犯罪被害「補償」的範疇，「協助」部分則應儘量的擴大無礙[12]，但立法院為實現人權保障無國界的理想，仍將外國人納入犯罪被害補償範疇。102年又再次修法，於現行補償機制外，創設「扶助金」制度，針對在台灣地區設有戶籍且未為遷出國外登記之中華民國國民，於我國領域外因他人之故意行為被害而死亡之遺屬發給扶助金，並提供保護措施，以貫徹國家照顧被害人理念。

關於協助的部分，除了犯罪被害人保護法第30條所規範的協助業務外，更有「加強犯罪被害人保護方案」作為實際執行的方針，其內容涵括救援協助、安全保護、補償損失、輔導、協助訴訟與教育宣導等六大區塊[13]。而其適用範疇，在98年修正條文之中，除申請補償範圍擴大以外，也擴大其他協助措施的適用對象，包含一、家庭暴力或人口販運犯罪行為未死亡或受重傷之被害人；二、兒童或少年為第1條以外之犯罪行為之被害人；三、犯罪被害人為大陸地區、香港、澳門或外國籍之配偶或勞工。此乃基於犯罪被害人保護法第1條規範模式導致之誤會，必須以立法解決，蓋肇因於第1條的規範原本是要將補償範圍設限，卻因而造成對協助措施的限制之錯誤理解，導致須另以明文規範協助措施的範疇[14]，但仍不免掛一漏萬，實則犯罪被害人的協助，應盡其可能的視需求予以包含，始為正辦。

犯罪被害補償的實際執行成效部分，關於犯罪補償的範圍，每年受補償人數不超過500人，每年金額約在6,100萬至1億4,000萬元新台幣左右（參照圖8），並且依照法務部在98年所完成之「犯罪被害保護十年有成」統計專題分析，十年內七個面向的指標，分別為：

8月。但本案最終仍遭最高行政法院駁回確定。

[12] 盧映潔，犯罪被害人保護法修正之評析，月旦法學雜誌第178期，頁41，2010年3月。

[13] 其詳細內容與介紹，參照廖正豪，前揭註3，頁15-24。

[14] 盧映潔，前揭註12，頁39-40。

圖8　　地方法院檢察署申請犯罪被害補償金決定補償情形

　　一、平均每年新收犯罪被害補償事件1,076件，其中以申請犯罪被害補償 案件最多，每年約783件，占七成三。

　　二、平均每年犯罪被害補償事件終結990件，其中以申請犯罪被害補償金案件最多，每年約740件，占七成五。

　　三、十年來，申請犯罪被害補償 終結案件中，決定補償2,666件、3,749人，決定補償金額11億1,815萬元，平均每件41萬9,000元。

　　四、十年來，申請犯罪被害補償 終結案件中，死亡者6,000人，占80.9%；重傷者1,413人，占19.1%。由父母提出申請者最多，占38.2%。

　　五、十年來，申請犯罪被害補償金終結案件中，申請至決定期間為三個月以內者占29.2%；六個月以內者占60.3%。

　　六、十年來，行使求償權終結案件總計2,263件，求償金額（含債權憑證）7億918萬元，累計求償比率為65.4%。

　　七、十年來，犯罪被害人保護協會平均每年新收案件2,960件，平均每年提供2萬3,590人次的服務。

由上述統計綜合觀察可以發現，實際受補償的犯罪被害人仍屬少數，實際支出的補償金額亦非立法當時所預設之規模，並且在時效上，超過六個月決定的案件竟達近40%，實屬程序上過為冗長，恐造成被害人自我放棄求償之第三次的傷害。並且，由犯罪被害人保護協會提供之服務，利用率顯不及於犯罪被害的人數，其顯然拘泥在犯罪被害人保護法的框架下，導致受協助人數不普遍，從犯罪被害人保護協會的服務中，亦可發現，雖然服務的項目非常全面，包含1.安置收容、2.醫療服務、3.法律協助、4.申請補償、5.社會救助、6.調查協助、7.安全保護、8.心理輔導、9.生活重建、10.信託管理、11.緊急資助、12.出具保證書、13.訪視慰問、14.查詢諮商、15.其他服務。但是對於適用的對象則非常狹隘，仍然依附在犯罪被害人保護法第1條的架構下，實則補償與協助、保護的對象，不應全然重合，其設置的目的與保護的強度本來就有所區隔，如今一體適用，則產生保護不足。

關於協助與保護的事項，依附在以被害補償為主要的犯罪被害人保護法中，造成上述困境之外，絕大部分的工作，必須依賴法務部之「加強犯罪被害人保護方案」來推行，其中我們可以發現，很多的措施，延伸到行政機關以外的區塊，就顯得施展不開，此當然是基於權力分立、五院共治、相互尊重而來，但權力分立的目的是為了保障人權，而非為了權責區分而存在，在共同的目的之下，或許有更進一步協調共進的方向。再者，其內涵包含多項的給付行政內容，如不進一步立法規劃，恐有違法治國下的法律保留要求，其雖不至於要用最嚴格的法律保留層級，但現今之制，恐怕也太過於鬆散。

二、司法方面的保護法制與成效

在司法方面犯罪被害人的角色在過去從未是一個被重視的程序主體，充其量僅是負責部分程序的發動者，以及單純的證人。此乃因國家代替被害人行使刑罰權，使得被害人權益在訴訟中被遺忘，忽略犯罪被害人

是案件中感受最深，對犯罪事實有親身體驗的了解[15]，在對於被告地位提升的同時，遺忘了正義並非專屬於被告特權，而係所有人的正義觀點，此些誤會，在晚近被害者學的興起，許多的研究中，已有逐步的受到重視。

目前現行訴訟法制的規範中，對於犯罪被害人權益的保障，除自訴外，可以分成幾個部分，除了訴訟上權益保障外，也延伸到被害人保護、修復與賠償的區塊，但仍是在訴訟程序的觀念，刑事訴訟法中相關規範與適用主體，可參照附表1之整理。

從附表1的整理中我們可以發現，刑事訴訟法對於被害人的保護制度，仍屬於萌芽階段，大多還是立基於告訴人的角色理解犯罪被害人的保障，並且在協助與保護的部分，刑事訴訟母法中並未有周延的規範，僅將其視為一般的證人處置，有時並不恰當，必須依賴零星子法，諸如性侵害犯罪防治法第14至18條的規範、家庭暴力防治法第三章、人口販運防制法第三章關於被害人保護、兒童及少年性交易防制條例第18條之安置裁定、證人保護法等等規範，應有統合性的立法作為指導原則。

再者，對於被害人在訴訟上的權益保障，效力非常薄弱，這也是本文在此不稱其為犯罪被害人訴訟程序權利保障之緣故。其大多針對告訴人而規範，並且陳述意見權沒有拘束力，請求資訊權當中的閱卷權僅限於告訴人之代理人為律師，被害人的律師權，幾乎付之闕如，而被害人的對質、詰問根本不認為是一種權限，現行制度距離外國立法例中所稱的「訴訟參加」制度相去甚遠。而民事賠償命令的發展，仍停留在較為簡易的程序之中，其他部分仍依賴刑事附帶民事訴訟程序。因此，綜合觀察我國在刑事訴訟程序中的被害人地位，相較於補償與協助，現今的狀況，已到達需澈底整合、建置新觀念的迫切時機。

我國基本上是以告訴人為本位來看待犯罪被害人訴訟權益保障，但在我國刑法當中，告訴乃論之罪，不過區區三十條，雖然特別法當中亦有部分，但涵蓋範圍極其不足是至明之理。被害人原本還能從刑事訴訟法上對告訴人的保障而有所主張，但只要法規稍有變動，告訴乃論改為非告訴

---

[15] 林永謀，刑事訴訟法釋論（上），頁177-178，作者自版，2006年。

乃論，就可能轉化為單純的程序客體，證明的工具而已[16]，如此細微的變動，居然可造成被害人重大的權利剝奪，不可小覷。並且，權利內涵缺乏體系化的架構，難以有更進一步的發展，衡其原因，係出自於對犯罪被害人訴訟地位的否定，發展上當無被害人觀點的考量，特別是將被害人的利益當成是刑事訴訟程序下的反射利益[17]，而無主觀的權利請求權概念，此觀我國刑事訴訟法的前開內涵更是明證。

　　然而，對於犯罪被害人刑事訴訟地位的提升，乃犯罪被害人保護的重要環節，對犯罪被害人保護的層次，總是從最容易完成的補償開始發展，進一步到對被害人的協助與保護，而訴訟地位的程序保障，則是緊接著要面臨的課題。關於犯罪被害人在刑事訴訟地位提升的基礎論述非常豐富，從憲法層次著眼[18]，主要是來自於國家對人民基本權的保護義務，並且要實現其主觀上程序性給付功能；與此相對的，是對於被告基本權侵害的基本權防禦功能，兩者乃基本權在憲法上對於國家的雙重拘束[19]，司法院大法官釋字第507號解釋[20]甚至提出應對被害人提供制度性之保障。但過往總是較重視後者防禦功能的發展，對於保護義務，總以為透過實踐刑罰權即達成法益保護的要求，其實是不足夠的，也因此有發展的必要性，此乃

---

[16] 劉邦繡，對現行刑事司法制度與犯罪被害人之檢視，全國律師第6卷第6期，頁70，2002年6月。

[17] 謝協昌，前揭註2，頁105。

[18] 關於憲法層次的深入探討，可參考謝協昌，論犯罪被害人權利保護之理論基礎，刑事法雜誌第51卷第1期，頁30-64，2007年2月。廖尉均，犯罪被害人刑事訴訟權利之保護，刑事法雜誌第49卷第4期，頁98-99，2005年8月。

[19] 雙重拘束的概念，可參考許宗力，基本權的功能與司法審查，收於憲法與法治國家行政，頁196，元照出版，2007年1月2版。李建良，基本權利與國家保護義務，收於憲法理論與實踐（二），頁97-98，新學林出版，2007年8月2版。

[20] 司法院大法官釋字第507號解釋：「憲法第16條規定人民有訴訟之權，此項權利自亦包括人民尋求刑事司法救濟在內，是故人民因權利遭受非法侵害，加害之行為人因而應負刑事責任者，被害人有請求司法機關予以偵查、追訴、審判之權利，此項權利之行使國家亦應提供制度性之保障。其基於防止濫訴並避免虛耗國家有限之司法資源，法律對於訴訟權之行使固得予以限制，惟限制之條件仍應符合憲法第23條之比例原則。……」

來自於憲法的誡命,而非被害人的乞求。

學者觀察刑事訴訟法上,對於被告權利的保障,在整個刑事程序流程中,各階段都有其保護,以程序主體地位受許多保障,不論是偵查、審判、執行與更生保護,並且有具體的權利可主張,諸如聽審權、辯護權、在場權、調查證據聲請權、對質詰問權、緘默權、救濟權等等,並受不自證己罪、無罪推定原則保障。而相對應的被害人其保障內涵如前所述,遠遠不及於被告[21],當然這是肇因於定位使然,未正視被害人為刑事訴訟主體的結果,然而,刑事訴訟的目的在於發現真實與人權保障,而人權保障的內涵,應兼含被告與被害人,而非以被告為限[22],被害人的訴訟上權益,自應顧及之,縱使未能達與被告相對應,至少也應注意到,整個程序的開始,是為了保護被害人所受侵害的權益,受侵害的法益與其所有人,應受同等重視,不可因具體的損害抽象化為法益之後[23],就捨本逐末、倒行逆施。單向的發展已非主流,由憲法而來,進入刑事訴訟法中的權利衝突,要如何衡平恐怕才是不得不面對的問題[24]。

學者更綜合各面向的論理,舉出十一項應加強犯罪被害人在刑事訴訟中的地位,認為加強犯罪被害人在刑事訴訟中的地位,可以避免被害人的二次被害、回復被害人的權利,增進被害人的福祉、平復或緩和被害人的感情、國家當然的責任、有助於犯罪之追訴、增加人民對於刑事司法的信心、回復司法正義、回復社會正義,符合社會利益、有助於再犯控制及犯罪人的教育或矯治、有助於犯罪人的社會復歸、符合刑事訴訟的制度目的[25]等等,多方面考量犯罪被害人訴訟上權利保障在刑事政策的運用。

---

[21] 劉邦繡,前揭註16,頁63-65。劉邦繡,由性侵害犯罪被害人的困境與在刑事司法上的重要性論性侵害犯罪被害人保護之必要性,全國律師第6卷第4期,頁76-77,2002年4月。

[22] 謝協昌,前揭註2,頁108-109。廖尉均,前揭註17,頁99-100。

[23] 劉邦繡,前揭註16,頁63。蔡碧玉,犯罪被害人之賠償與刑事司法,律師雜誌第223期,頁50,1998年4月。謝協昌,前揭註2,頁109。

[24] 林裕順,刑事程序犯罪被害人權利保障——以被害人保護、訴訟參加為中心,律師雜誌第348期,頁46,2008年9月。

[25] 謝協昌,前揭註2,頁106-108。

　　從上述的各種的論述，我們可以發現，要找出加強犯罪被害人訴訟程序保障的理由並不困難，會有疑義的，可能是實際將犯罪被害人放入刑事訴訟程序中的齟齬問題，尤其是對被害人如何認定、無罪推定的侵害與三面關係的崩壞等三個問題最受重視。

　　認定被害人的問題在於，被告未受有罪判決確定前，被害人的角色根本尚未產生，又何來被害人權益之主張。事實上，對於被害人的認定絕對不會是一個議題，否則，現行刑事訴訟法中，對於被害人的保障、告訴人的認定、程序上的發動等等，豈是無法認定？顯然並非如此，其實際的運作，仍然是一種推定的被害人觀念，對於犯罪被害人的保障，若必然要等到有罪判決確定，恐怕過於消極，並且將犯罪被害人保護限縮在補償與協助，放任被害人漂流在刑事訴訟流程中，屆時，被害人或許也沒有保護的必要了。

　　然而，對於被害人的推定，更引發對於被告受無罪推定原則保障侵害的疑義，事實上，對被害人的推定僅僅在於程序上而非實體上[26]，因此可能隨程序的發展、證據證明的過程，對此推定的身分產生變化，此身分賦予的目的，並不是要用來確定犯罪的，而是要避免犯罪被害人在訴訟過程中，遭受司法機關漠視其權益，造成再次的受害。被害人與被告的權益並無此消彼長的關係，無罪推定原則仍保障著被告不受國家機關的侵害。

　　犯罪被害人加入刑事訴訟程序的另一個疑慮，是其加入恐怕造成對於當事人主義的崩壞[27]，打破三面關係的訴訟結構，使被告防禦對象不當的擴大。然而，如前所述，刑事程序的目的不可忽略具體受害的被害人，刑事司法不是只有維護社會秩序，而是及於犯罪被害人利益的考慮[28]，被害人的法益保護才是刑事訴訟程序的核心，三面關係不是刑事訴訟的目的，而是制衡的考量，並且被害人加入在刑事訴訟程序中，也不是要創造一個新的訴訟戰場，而是希冀能參與其中，使其本身利益與陳述受到正視，並

---

[26] 林裕順，前揭註24，頁39-40。

[27] 白取祐司，刑事訴訟法，頁62-63，日本評論社，2007年3月第4版。

[28] 林裕順，前揭註24，頁40。

且透過參與來理解受害，進而產生和解。因此，結構上來說，犯罪被害人的參與，是增加三面關係的節點而非端點，不可先入為主，誤解其加入的角色與功能。

在這樣的基礎架構下，我們可以展開刑事訴訟程序中的犯罪被害人訴訟程序保障之體系，原則上要顧及幾個面向，分別是對於被害人在程序中的保護措施、被害人程序權利的保障、程序上當事人關係的修復與損害的賠償三部分。

在犯罪被害人程序中保護措施部分，可分為證人保護與一般人身保護，前者，係程序進行中法院應給予的照料，主要在避免因程序進行的受害，因此相關的制度設計，如請求輔助人陪同之權利、詰問的遮蔽、視訊詰問、隔離詰問、審判不公開、法院於必要時的縮減程序等。後者是對於追訴程序進行外的人身保護，最主要就是保護令核發或命被告不得為一定行為之指令。

犯罪被害人程序權利的保障，必須承認被害人在訴訟上的權利，而非依附於告訴的人角色，諸如聽審權、在場權、調查證據聲請權、對質詰問權、律師權、救濟權等等。

事實上，我國對於上述權利部分有所規範，但問題出在其大多依附於告訴人的角色，範圍非常狹隘，並且，被害人的意見徵詢，根本是一種恩惠而非權利，被害人的意見，若未受法院或檢察官認可，甚至無須為任何表達，聽審權的內涵，包含請求資訊、請求表達與請求注意[29]三種權利，若被害人表達之後，採納與否全憑法院或檢察官個人喜惡，而無須說明理由，那表達又有何實益。對照被告有罪判決之判決書，對於認定犯罪事實所憑之證據及其認定之理由，以及對於被告有利之證據不採納者，其理由。都是屬於應記載事項，否則即屬於判決不載理由或所載理由矛盾之當然違背法令，兩相比較可見差異之大。同樣的問題也出現在對於調查證據之聲請、救濟等權利當中。因此，有必要予以導正，使其具有實效，特別是對於准駁與否的理由說明要明文訂定，才能算是完整的權利。

---

[29] 林鈺雄，刑事訴訟法（上冊）總論編，頁163-164，作者自版，2010年9月6版。

　　適用主體應從現行的以告訴人為中心之範疇予以擴大，但仍須注意，對於犯罪被害人的訴訟上參加，是被害人之權利而非義務，應設計由被害人主動請求，並且應視案件類型有所規範，尤以個人法益之侵害為最優先。對質詰問權的承認，則是被害人訴訟參加的精隨所在，當然，這也必須建立在完善的保護措施之下，並且應透過事先具明詰問內容的聲請機制。因此，檢察官的在當事人訴訟參加的機制當中，對於被害人各項訴訟程序進行的權利主張，就負有關鍵的調節功能，不僅應協助被害人參加訴訟，對於參加的內容，也有准駁的空間，避免成為失焦的法庭鬧劇。

　　當事人關係的修復與損害的賠償，前者必須透過程序的參與，並有賴修復式正義的機制導入，目前有「法務部推動『修復式司法試行方案』實施計畫」，規劃推動以「被害人與加害人調解VOM」為主要模式之修復式司法方案，並以當事人自願參加為限，在一定條件下實施，其成效在2010年12月開始積極收案，2011年6月底止，8個地檢署總共進入修復式司法方案者共有128件，真正進入對話階段的案件數僅有36件，全部都是偵查中案件[30]，在審判中應如何運用，恐須更長的時間來觀察，始具實益。而損害的賠償，在刑事訴訟法中雖有附帶民事訴訟之制度，但目前附帶民事訴訟的實務中，泰半案件都移送民事庭審理，造成賠償的程序延遲，恐非適當，應進一步考量民事損害賠償命令的建構，使被害人在遭受侵害之後，能有較民事訴訟甚至附帶民事訴訟程序更為有效率，利用刑事判決的結果，建立簡易與迅速的程序，使被害人的損害賠償請求權更加容易滿足。

　　尤有甚者，我國目前關於罰金之執行，依照刑法第42條第1項與刑事訴訟法第470條第2項之規定，屬於強制執行法第4條第1項第6款「其他依法律之規定，得為強制執行名義者。」所明定之執行名義，若有其他債權人（尤其是被害人）對於犯罪行為人亦有執行名義，罰金債權則與一般債權地位相同，可聲請參與分配。然而國家與被害人共同參與分配，常常造

---

[30] 法務部委託研究報告，「修復式正義理念運用於刑事司法制度之探討」成果報告書，頁310，http://www.criminalresearch.moj.gov.tw/public/Attachment/1101195675.pdf。

成對被害人受償的阻礙，尤其是在犯罪行為人財產不足清償債務時，更是造成國家與被害人爭奪受償的不良觀感，然而，這裡真正直接受損害的，乃犯罪被害人最甚，因此有無必要使國家與被害人共同分擔犯罪行為人無法全部清償債權的損失，實有可檢討之處，或可參考中華人民共和國刑法第36條第2款之規定[31]，將國家刑罰權罰金的執行，調整受償順序，使其次於因犯罪行為所生之民事賠償責任，使得犯罪行為人於其債務的總擔保不足時，犯罪被害人能優先於國家受償，獲得賠償方面的滿足。

綜合而言，對於犯罪被害人訴訟程序權利保障的區塊，亟待新觀念的建立以及法制化，現在的訴訟法律當中，雖有零星的觀念散落，但全面性、整體性的提升犯罪被害人地位之觀念，仍屬於未開發之區塊，首要改變的，恐怕也是法制方面的建制為最優先，或許也應該有方針性的基本法制，作為訴訟制度修訂的方向指引。

肆、代結論——建立犯罪被害人保護基本法

犯罪被害人保護的法制，在前述的說明中我們可以發現不論是行政上抑或是司法上，在立法的密度都有所不足，犯罪被害人保護的現行制度下，補償的區塊，以犯罪被害人保護法作為執行主要法制；在行政上的保護與協助的區塊，因依附在犯罪被害人保護法中，造成有所侷限，因此需以「加強犯罪被害人保護方案」以及相關的特別法作為實際規範的補強，但仍呈現保護不足的實際情形，與違反給付行政的法律保留要求，而司法上的保護與協助，則仍欠缺整體性的母法，但已有零星特別法的觀念與制度可供運用；在賠償與修復的區塊，前者有刑事附帶民事訴訟程序，但尚待更便利的修正與執行。後者有法務部推行的各項方案作為規劃，但實際

---

[31] 中華人民共和國刑法第36條：「由於犯罪行為而使被害人遭受經濟損失的，對犯罪份子除依法給予刑事處罰外，並應根據情況判處賠償經濟損失。」「承擔民事賠償責任的犯罪份子，同時被判處罰金，其財產不足以全部支付的，或者被判處沒收財產的，應當先承擔對被害人的民事賠償責任。」

的母法仍然欠缺，遂端賴行政機關的作為與否，實有不當。而最弱勢的，是在我國尚未能有整體制度觀念的刑事訴訟程序權利保障部分，仍屬亟待發展的空間，不論是基本觀念的革新、訴訟結構的釐清、被害人個別權益的保障與保護、以及相關配套制度的設計，都有待相關機關的推動與實踐。綜合觀察，目前我們所需要的改革方案，應當是一個全盤的犯罪被害人保護基本法，作為整體規劃與價值觀念的確立，才能整合各方力量，並有層次的、不同密度的提供犯罪被害人各面向的保護。

　　本人擔任法務部部長任內，推動「加強犯罪被害人保護方案」，以補充犯罪被害人保護法在立法上的侷限性，目的即希望以跨部會方式，平行整合資源與推展犯罪被害人保護的觸角，打破權責觀念，來完成犯罪被害人保護的理念，並藉此打下基礎工作，促使立法明文擴大保護工作範疇。無奈跨得了部會卻跨不過院，平行整合的工作，在行政院內尚屬順利，但是遭遇司法院的權責，本於相互尊重的五院共治體制，反而成為無法跨越的鴻溝，此乃體制上的必然，但導致犯罪被害人保護的發展，在訴訟權利保障這個區塊，彷彿斷了聯繫，卻是始料未及。甚至在2008年，法務部對於「加強犯罪被害人保護方案」修正時，勉強在方案中批註「適時建請司法院辦理」等字樣，都遭司法院出席代表要求刪除[32]。可見政府各部門間的權責觀念，恐怕會造成犯罪被害人保護的缺漏。

　　然而，就如同前言所提及，權力分立的目的，是在於保障人民基本權，而非權責的推諉，因此，要澈底解決上述的困境，唯有以立法建立一套完整的犯罪被害人保護基本法，作為國家在犯罪被害人保護的基本方針，從賠償、保護與協助、訴訟權利保障、修復與賠償各個面向，積極的建制對應於國家對於犯罪人的關注，本於對犯罪被害人的基本權利保障，全盤的提升國家對其保護義務的精緻化，並且透過包裹立法，將相關法律措施一併修訂，不再以犯罪的訴追而自覺已足，而是將被害人視為主體，作為刑事政策的發展的一端，使得權利保障趨於完整，讓政策的考量，不

---

[32] 陳淑貞，犯罪被害人保護法簡介——律師能為修復式正義做些什麼？，律師雜誌第349期，頁19，2008年10月。

再侷限於犯罪行為人，而是顧及犯罪被害人與社會，形成完整的刑事政策，並遂行所有人的正義觀。

再者，本人一向主張，應成立國家級犯罪防治研究院，作為整合犯罪被害人保護、犯罪原因、犯罪抗制、偵查、審判、執行各階段的平台，藉此整合資源、分工合作、建立制度、廣納建言，才能有效推動犯罪的防制與被害人的保護，並且透過對於犯罪人與犯罪被害人觀念的全面提升，進而建立機會與管道，讓犯罪的懲治不再只是消極的處罰犯罪人，而應更積極的有所作為，超越既有權責觀念的窠臼，建構起保障被告、被害人與社會之方案研究機關。

犯罪被害人的保護，如同對犯罪的防治，是一件艱難與巨大的工作，舉凡犯罪原因的研究、犯罪人的懲治、犯罪被害人的協助與保護、補償、訴訟權利、修復與賠償等等，不僅工作橫跨行政、司法與立法單位，對於整體規劃的工作，更是國家責無旁貸的任務，透過國家級犯罪防治研究院的總體規劃，讓犯罪被害人保護工作之推動，不再侷限於權責，並且由立法機關，訂定犯罪被害人保護基本法，透過行政機關，對於犯罪被害人在國家刑罰權實現過程中，第一線的提供協助與保護，而司法機關，也要保障犯罪被害人訴訟上的參與及受照料之權利，在刑罰權實現的過程，使當事人都能充分的受到尊重，使其因了解而原諒、和解，最終復歸於社會，犯罪人、被害人與社會都能言歸和好，使社會能夠和諧與安定，此乃完整的刑事政策最終之理想。

附表1　刑事訴訟法中被害人權益保障類型

類型	主體	依據
保護	被害人及家屬	第116條之2第1項第2款 法院許可停止羈押時，得命被告應遵守下列事項：二、不得對被害人或其配偶、直系血親、三親等內之旁系血親、二親等內之姻親、家長、家屬之身體或財產實施危害或恐嚇之行為。
	被害人	第248條之1 被害人於偵查中受訊問時，得由其法定代理人、配偶、直系或三親等內旁系血親、家長、家屬、醫師或社工人員陪同在場，並得陳述意見。於司法警察官或司法警察調查時，亦同。
		第253條之2第1項第7款 檢察官為緩起訴處分者，得命被告於一定期間內遵守或履行下列各款事項：七、保護被害人安全之必要命令。
訴訟上權益（程序發動）	被害人	第232條 犯罪之被害人，得為告訴。
	被害人之家屬	第233條 被害人之法定代理人或配偶，得獨立告訴。 被害人已死亡者，得由其配偶、直系血親、三親等內之旁系血親、二親等內之姻親或家長、家屬告訴。但告訴乃論之罪，不得與被害人明示之意思相反。
		第235條 被害人之法定代理人為被告或該法定代理人之配偶或四親等內之血親、三親等內之姻親或家長、家屬為被告者，被害人之直系血親、三親等內之旁系血親、二親等內之姻親或家長、家屬得獨立告訴。
	告訴人	第253條之3第1項 被告於緩起訴期間內，有左列情形之一者，檢察官得依職權或依告訴人之聲請撤銷原處分，繼續偵查或起訴：一、於期間內故意更犯有期徒刑以上刑之罪，經檢察官提起公訴者。二、緩起訴前，因故意犯他罪，而在緩起訴期間內受有期徒刑以上刑之宣告者。三、違背第253條之2第1項各款之應遵守或履行事項者。
		第256條第1項 告訴人接受不起訴或緩起訴處分書後，得於七日內以書狀敘述不服之理由，經原檢察官向直接上級法院檢察署檢察長或檢察總長聲請再議。但第253條、第253條之1之處分曾經告訴人同意者，不得聲請再議。
		第258條之1第1項 告訴人不服前條之駁回處分者，得於接受處分書後十日內委任律師提出理由狀，向該管第一審法院聲請交付審判。

附表1 刑事訴訟法中被害人權益保障類型（續）

類型	主體	依據
訴訟上權益（在場權）	告訴人、被害人	第344條第3項 告訴人或被害人對於下級法院之判決有不服者，亦得具備理由，請求檢察官上訴。
	告訴人	第219條之6第1項 告訴人、犯罪嫌疑人、被告、辯護人或代理人於偵查中，除有妨害證據保全之虞者外，對於其聲請保全之證據，得於實施保全證據時在場。
	被害人及家屬	第271條第2項 審判期日，應傳喚被害人或其家屬並予陳述意見之機會。但經合法傳喚無正當理由不到場，或陳明不願到場，或法院認為不必要或不適宜者，不在此限。
訴訟上權益（陳述意見權）	被害人及家屬	第271條第2項 審判期日，應傳喚被害人或其家屬並予陳述意見之機會。但經合法傳喚無正當理由不到場，或陳明不願到場，或法院認為不必要或不適宜者，不在此限。
	告訴人	第271條之1第1項 告訴人得於審判中委任代理人到場陳述意見。但法院認為必要時，得命本人到場。
		第314條第2項（得上訴之判決的陳述意見） 前項判決正本，並應送達於告訴人及告發人，告訴人於上訴期間內，得向檢察官陳述意見。
	被害人	第451條之1第2項（簡易判決處刑之求刑或緩刑宣告請求） 檢察官為前項之求刑或請求前，得徵詢被害人之意見，並斟酌情形，經被害人同意，命被告為左列各款事項： 一、向被害人道歉。 二、向被害人支付相當數額之賠償金。
		第455條之2第1、2項 除所犯為死刑、無期徒刑、最輕本刑三年以上有期徒刑之罪或高等法院管轄第一審案件者外，案件經檢察官提起公訴或聲請簡易判決處刑，於第一審言詞辯論終結前或簡易判決處刑前，檢察官得於徵詢被害人之意見後，逕行或依被告或其代理人、辯護人之請求，經法院同意，就下列事項於審判外進行協商，經當事人雙方合意且被告認罪者，由檢察官聲請法院改依協商程序而為判決： 一、被告願受科刑之範圍或願意接受緩刑之宣告。 二、被告向被害人道歉。 三、被告支付相當數額之賠償金。 四、被告向公庫或指定之公益團體、地方自治團體支付一定之金額。 檢察官就前項第2款、第3款事項與被告協商，應得被害人之同意。

附表1　刑事訴訟法中被害人權益保障類型（續）

類型	主體	依據
訴訟上權益（請求資訊權）	告訴人	第258條之1第2項（交付審判聲請之閱卷） 律師受前項之委任，得檢閱偵查卷宗及證物並得抄錄或攝影。但涉及另案偵查不公開或其他依法應予保密之事項，得限制或禁止之。
		第271條之1第2項（審判中告訴人委任代理人之閱卷） 前項委任應提出委任書狀於法院，並準用第28條、第32條及第33條之規定。但代理人為非律師者於審判中，對於卷宗及證物不得檢閱、抄錄或攝影。
	告訴人、告發人、被害人	第255條第2項（不起訴、緩起訴、撤銷緩起訴或因其他法定理由為不起訴處分之處分書送達） 前項處分書，應以正本送達於告訴人、告發人、被告及辯護人。緩起訴處分書，並應送達與遵守或履行行為有關之被害人、機關、團體或社區。
	告訴人、告發人	第314條第2項（得上訴之判決送達） 前項判決正本，並應送達於告訴人及告發人，告訴人於上訴期間內，得向檢察官陳述意見。
	告發人	第256條第3項 死刑、無期徒刑或最輕本刑三年以上有期徒刑之案件，因犯罪嫌疑不足，經檢察官為不起訴之處分，或第253條之1之案件經檢察官為緩起訴之處分者，如無得聲請再議之人時，原檢察官應依職權逕送直接上級法院檢察署檢察長或檢察總長再議，並通知告發人。
訴訟上權益（保全證據）	告訴人	第219條之1第1、3項 告訴人於證據有湮滅、偽造、變造、隱匿或礙難使用之虞時，偵查中得聲請檢察官為搜索、扣押、鑑定、勘驗、訊問證人或其他必要之保全處分。 檢察官駁回前項聲請或未於前項期間內為保全處分者，聲請人得逕向該管法院聲請保全證據。
修復與賠償	被害人	第142條第1項 扣押物若無留存之必要者，不待案件終結，應以法院之裁定或檢察官命令發還之；其係贓物而無第三人主張權利者，應發還被害人。
		第253條之2第1項第1、3款 檢察官為緩起訴處分者，得命被告於一定期間內遵守或履行下列各款事項：一、向被害人道歉。三、向被害人支付相當數額之財產或非財產上之損害賠償。 第253條之2第2項 檢察官命被告遵守或履行前項第3款至第6款之事項，應得被告之同意；第3款、第4款並得為民事強制執行名義。

附表1 刑事訴訟法中被害人權益保障類型（續）

類型	主體	依據
修復與賠償	被害人	第299條 被告犯罪已經證明者，應諭知科刑之判決。但免除其刑者，應諭知免刑之判決。 依刑法第61條規定，為前項免刑判決前，並得斟酌情形經告訴人或自訴人同意，命被告為左列各款事項： 一、向被害人道歉。 二、立悔過書。 三、向被害人支付相當數額之慰撫金。 前項情形，應附記於判決書內。 第2項第3款並得為民事強制執行名義。
		第318條第1項 扣押之贓物，依第142條第1項應發還被害人者，應不待其請求即行發還。
		第451條之1第2項 檢察官為前項之求刑或請求前，得徵詢被害人之意見，並斟酌情形，經被害人同意，命被告為左列各款事項： 一、向被害人道歉。 二、向被害人支付相當數額之賠償金。
		第455條之2第1、2項 除所犯為死刑、無期徒刑、最輕本刑三年以上有期徒刑之罪或高等法院管轄第一審案件者外，案件經檢察官提起公訴或聲請簡易判決處刑，於第一審言詞辯論終結前或簡易判決處刑前，檢察官得於徵詢被害人之意見後，逕行或依被告或其代理人、辯護人之請求，經法院同意，就下列事項於審判外進行協商，經當事人雙方合意且被告認罪者，由檢察官聲請法院改依協商程序而為判決： 一、被告願受科刑之範圍或願意接受緩刑之宣告。 二、被告向被害人道歉。 三、被告支付相當數額之賠償金。 四、被告向公庫或指定之公益團體、地方自治團體支付一定之金額。 檢察官就前項第2款、第3款事項與被告協商，應得被害人之同意。
		第487條第1項 因犯罪而受損害之人，於刑事訴訟程序得附帶提起民事訴訟，對於被告及依民法負賠償責任之人，請求回復其損害。
	被害人或其他有告訴權人	第315條 犯刑法偽證及誣告罪章或妨害名譽及信用罪章之罪者，因被害人或其他有告訴權人之聲請，得將判決書全部或一部登報，其費用由被告負擔。

廖正豪先生年表

1946年	出生於臺灣嘉義縣六腳鄉潭墘村，父爲廖榮輝先生，母爲廖陳桃女士
1952年	就讀嘉義縣六腳鄉蒜頭國民小學
1958年	蒜頭國民小學畢業 考入省立嘉義中學新港分部
1959年	轉學高雄縣六龜鄉六龜初級中學
1961年	初中畢業考入省立後壁高級中學
1964年	高中畢業考入國立臺灣大學法律系法學組
1966年	司法官高等考試及格（以通過高等檢定考試及格資格報考，大學二年級，時年20歲）
1967年	參加法務部司法官訓練所第八期受訓 教育部留學日本考試及格（大學三年級）（以高考司法官及格大學畢業同等學歷資格報考）
1968年	臺灣大學大學部法律系畢業 高考律師及格 考入臺灣大學法律研究所碩士班 服預備軍官役一年
1969年～1979年	執業律師
1971年	與臺灣大學法律系同班同學林麗貞女士結婚
1973年6月	取得臺灣大學法學碩士
1973年7月	考入臺灣大學法律研究所首屆博士班
1973年起迄今	中央警官學校（中央警察大學）、文化大學、銘傳大學、東吳大學、東海大學、中興大學（台北大學）、兼任講師、副教授、教授、講座教授
1978年	日本國立東京大學研究
1979年7月～1981年12月	臺灣省政府地政處主任秘書（簡任第十職等）
1981年	甲等特考普通行政法制組最優等及格
1981年12月～1984年8月	行政院法規委員會參事（簡任第十二職等）
1984年8月～1985年3月	臺灣省政府顧問兼主席辦公室主任（簡任第十二職等）

1985年3月～1986年1月	臺灣省政府法規委員會兼訴願委員會主任委員（簡任第十二職等）
1986年1月～1988年12月	行政院參事兼第一組組長（簡任第十三職等）
1986年	獲頒全國保舉特優公務人員獎勵
1988年12月～1992年8月	行政院新聞局副局長（簡任第十四職等實授）
1990年6月	取得臺灣大學法學博士
1992年3月	美國史丹佛大學訪問學者
1992年9月～1993年1月	行政院顧問（簡任第十四職等實授）
1993年2月～1995年2月	行政院副秘書長（簡任第十四職等實授）
1993年	創辦財團法人韓忠謨教授法學基金會
1995年2月～1996年6月	法務部調查局局長（簡任第十四職等實授）
1996年6月～1998年7月	法務部部長（特任）
1998年7月	辭卸法務部部長
1998年迄今	應聘擔任中國文化大學教授、講座教授
1999年	創辦財團法人向陽公益基金會 應邀至北京大學演講並應聘北京大學客座教授
2000年	創辦財團法人向陽公益基金會向陽學園（中輟生學校） 創辦社團法人中華民國身心障礙者藝文推廣協會
2001年	接任財團法人泰安旌忠文教公益基金會董事長
2002年	獨力接洽後主辦陝西法門寺佛指舍利來台巡禮，任臺灣佛教界恭迎佛指舍利委員會副主任委員兼執行長 接任財團法人刑事法雜誌社基金會董事長
2006年	創辦社團法人海峽兩岸法學交流協會 主辦第一屆海峽兩岸法學論壇
2009年起	每年主辦海峽兩岸司法實務研討會
2010年	主辦陝西法門寺地宮及陝西八大博物館院一級國寶來台展覽半年
2011年	主辦「當代刑事訴訟法之展望──海峽兩岸刑事訴訟法學交流」研討會
2015年	主辦2015年兩岸公證事務研討會

廖正豪博士著作目錄

一、論文

1. 「海峽兩岸共同打擊犯罪及司法互助協議」之實踐——一個實務與務實觀點的考察（刑事法雜誌／58 卷 4 期／2014 年 8 月）

2. 以人為本的司法——中華法系的傳承與發揚（刑事法雜誌／57 卷 6 期／2013 年 12 月）

3. 修復式正義於刑事司法之展望——以台灣推動「修復式司法試行方案」為中心（2013 年海峽兩岸司法實務熱點問題研究／2014 年 7 月 1 日）

4. 實現公平正義創建和諧社會——對海峽兩岸司法實務研討會的期許與祝福（刑事法雜誌／56 卷 6 期／2012 年 12 月）

5. 緩起訴制度的任務與前瞻（刑事法雜誌／56 卷 4 期／2012 年 8 月）

6. 建構更完整的刑事政策——談犯罪被害人保護的發展（刑事法雜誌／56 卷 2 期／2012 年 4 月）

7. 人權的淬煉與新生——台灣刑事訴訟法的過去、現在及未來（刑事法雜誌／55 卷 6 期／2011 年 12 月）

8. 把握司法改革契機，再造公平正義社會（刑事法雜誌／55 卷 4 期／2011 年 8 月）

9. 兩岸司法互助的回顧與前瞻（刑事法雜誌／55 卷 3 期／2011 年 6 月）

10. 健全法治司法為民（刑事法雜誌／54 卷 5 期／2010 年 10 月）

11. 從兩極化刑事政策與修復式正義論偏差行為少年之處遇（刑事法雜誌／53 卷 6 期／2009 年 12 月）

12. 邁向和諧，共創雙贏——從兩岸刑事政策看海峽兩岸共同打擊犯罪及司法互助協議（刑事法雜誌／53 卷 5 期／2009 年 10 月）

13. 我國檢肅貪瀆法制之檢討與策進——並從兩極化刑事政策看「財產來源不明罪」（刑事法雜誌／53 卷 4 期／2009 年 8 月）

14. 我國犯罪被害人保護法制的檢討與策進——並簡介日本「犯罪被害者等基本計畫」（刑事法雜誌／52 卷 6 期／2008 年 12 月）

15. 從「精密司法」之精神看大陸刑事訴訟法的再修改（華岡法粹／41 期／2008 年 7 月）（與廖其偉合著）

16. 「掃黑」法制與實務——宏觀政策的規劃與推動（刑事法雜誌／52 卷 3 期／2008 年 6 月）

17. 理性思考死刑制度的存廢——如何實現所有人的正義（刑事法雜誌／51 卷 3 期／2007 年 6 月）

18. 第一屆海峽兩岸法學論壇紀實（展望與探索／4 卷 12 期／2006 年 12 月）

19. 刑法之修正與刑事政策之變遷（刑事法雜誌／50 卷 4 期／2006 年 8 月）
20. 私刑現象的思考（人權會訊／76 期／2005 年 4 月）
21. 五十年來兩岸刑法之發展（法令月刊／51 卷 10 期／2000 年 10 月）
22. 全面打擊犯罪建立祥和社會——法務部部長在總統府國父紀念月會專題報告講詞（法務通訊／1829 期／1997 年 5 月）
23. 論必要的共犯（法令月刊／44 卷 2 期／1993 年 2 月）
24. 刑法上著手之意義（法令月刊／43 卷 11 期／1992 年 11 月）
25. 論監督過失（刑事法雜誌／36 卷 1 期／1992 年 2 月）
26. 如何塑造政府形象（工商雜誌／37 卷 12 期／1989 年 12 月）
27. 中華民國七十七年罪犯減刑條例之研析（刑事法雜誌／32 卷 2 期／1988 年 4 月）
28. 動員戡亂時期國家安全法草案解析（刑事法雜誌／31 卷 2 期／1987 年 4 月）
29. 比較刑法學的發展及其任務與方法（刑事法雜誌／30 卷 3 期／1986 年 6 月）
30. 槍砲彈藥刀械管制條例修正條文之探討（刑事法雜誌／29 卷 3 期／1985 年 6 月）
31. 〈犯罪各論〉〔西原春夫著〕（刑事法雜誌／27 卷 6 期／1983 年 12 月）
32. 槍砲彈藥刀械管制條例之解析（刑事法雜誌／27 卷 5 期／1983 年 10 月）
33. 刑事訴訟法第八十八條之一逕行拘提規定之研究（刑事法雜誌／27 卷 1 期／1983 年 2 月）
34. 「貪污」之意義（軍法專刊／29 卷 1 期／1983 年 1 月）
35. 法條競合、想像競合犯及牽連犯（刑事法雜誌／25 卷 2 期／1981 年 4 月）
36. 論妨害名譽罪中之議員言論免責權（刑事法雜誌／24 卷 6 期／1980 年 12 月）
37. 使用警械有關法律問題之探討（警學叢刊／11 卷 2 期／1980 年 12 月）
38. 緩刑之要件（刑事法雜誌／24 卷 5 期／1980 年 10 月）
39. 「販賣」之意義（刑事法雜誌／24 卷 2 期／1980 年 4 月）
40. 唐律與現行刑法有關共犯規定之比較（刑事法雜誌／23 卷 3 期／1979 年 6 月）
41. 經濟犯罪防制之道及其立法方式（中國論壇／8 卷 4 期／1979 年 5 月）
42. 對於「刑法分則修正草案初稿」之管見（刑事法雜誌／22 卷 5 期／1978 年 10 月）
43. 論罪刑法定主義（刑事法雜誌／22 卷 4 期／1978 年 8 月）
44. 過失共同正犯論（刑事法雜誌／21 卷 5 期／1977 年 10 月）
45. 共謀共同正犯論（刑事法雜誌／21 卷 4 期／1977 年 8 月）
46. 莊子法律思想淺論（華岡法粹／9 期／1977 年 6 月）
47. 日本之訴因制度（刑事法雜誌／21 卷 3 期／1977 年 6 月）
48. 對於「刑法總則修正草案初稿」之管見（刑事法雜誌／20 卷 6 期／1976 年 12 月）
49. 妨害名譽罪之研究（刑事法雜誌／20 卷 5 期／1976 年 10 月）
50. 妨害名譽罪之研究（刑事法雜誌／20 卷 4 期／1976 年 8 月）

51. 刑法與社會變遷（刑事法雜誌／20 卷 1 期／1976 年 2 月）
52. 妨害名譽罪立法之檢討（中國比較法學會學報／1 期／1975 年 12 月）
53. 刑法修正之建議（中國比較法學會學報／1 期／1975 年 12 月）
54. 精神障礙影響刑事責任能力規定之探討（刑事法雜誌／19 卷 5 期／1975 年 10 月）
55. 日本一九七二年改正刑法草案總則篇重要原則之解析（刑事法雜誌／19 卷 2 期／1975 年 4 月）
56. 日本一九七二年改正刑法草案總則篇重要原則之解析（刑事法雜誌／19 卷 1 期／1975 年 2 月）

二、專書

1. 諍言（財團法人向陽公益基金會／2011 年 1 月 2 版）
2. 人人知法守法，建設美好家園（第六屆吳尊賢社會公益講座／1997 年 8 月）
3. 過失犯論（三民書局／1993 年 9 月）
4. 妨害名譽罪之研究（自版／1975 年）

三、譯述

1. 平成三年（一九九一年）版「犯罪白皮書」特集「高齡化社會與犯罪」之概要──以受刑人之高齡化爲中心，坪內宏介著，廖正豪譯（刑事法雜誌／36 卷 5 期／1992 年 10 月）
2. 過失犯客觀的注意之具體化，都築広巳著，廖正豪譯（刑事法雜誌／33 卷 3 期／1989 年 6 月）
3. 業務過失與重大過失之區別，眞鍋毅著，廖正豪譯（刑事法雜誌／32 卷 4 期／1988 年 8 月）
4. 現代刑法理論中學派之爭，植松正著，廖正豪譯（刑事法雜誌／29 卷 6 期／1985 年 12 月）
5. 刑罰論：死刑二則、其他刑罰二則，廖正豪譯（刑事法雜誌／28 卷 6 期／1984 年 12 月）
6. 犯罪論（9）：罪數八則，廖正豪譯（刑事法雜誌／28 卷 5 期／1984 年 10 月）
7. 犯罪論（8）：共犯十五則，廖正豪譯（刑事法雜誌／28 卷 4 期／1984 年 8 月）
8. 比較刑法研究之基礎作業，宮澤浩二著，廖正豪譯（刑事法雜誌／28 卷 3 期／1984 年 6 月）
9. 犯罪論（7）：共犯十一則，廖正豪譯（刑事法雜誌／28 卷 3 期／1984 年 6 月）
10. 犯罪論（6）：未遂犯九則，廖正豪譯（刑事法雜誌／28 卷 2 期／1984 年 4 月）
11. 犯罪論（5）：未遂犯五則，廖正豪譯（刑事法雜誌／28 卷 1 期／1984 年 2 月）
12. 犯罪論（4）：責任八則，廖正豪譯（刑事法雜誌／27 卷 6 期／1983 年 12 月）

13. 犯罪論（3）：責任六則，廖正豪譯（刑事法雜誌／27卷5期／1983年10月）

14. 犯罪論（2）：責任十一則，廖正豪譯（刑事法雜誌／27卷4期／1983年8月）

15. 犯罪論（1）：行爲八則・違法性廿三則，廖正豪譯（刑事法雜誌／27卷3期／1983年6月）

16. 關於刑法修正，平場安治著，廖正豪譯（刑事法雜誌／26卷6期／1982年12月）

17. 學說與實務之理論的考察，大谷實著，廖正豪譯（刑事法雜誌／26卷5期／1982年10月）

18. 老鼠會、連鎖販賣方式等特殊販賣方法與刑罰法規，板倉宏著，廖正豪譯（刑事法雜誌／26卷1期／1982年2月）

19. 西德新刑法制定過程及其基本内容，内藤謙著，廖正豪譯（刑事法雜誌／22卷3期／1978年6月）

20. 結果加重犯之共同正犯，大塚仁著，廖正豪譯（刑事法雜誌／22卷1期／1978年2月）

21. 憲法理念與刑法改正動向，馬屋原成男著，廖正豪譯（刑事法雜誌／20卷4期／1976年8月）

22. 安樂死——阻卻違法事由之安樂死之成立要件，内田文昭著，廖正豪譯（刑事法雜誌／20卷3期／1976年6月）

23. 日本刑法思潮及其刑法改正事業，平場安治著，廖正豪譯（刑事法雜誌／20卷2期／1976年4月）

24. 對於刑法改正草案批判之再批判（下），小野清一郎著，廖正豪譯（刑事法雜誌／20卷1期／1976年2月）

25. 對於刑法改正草案批判之再批判（中），小野清一郎著，廖正豪譯（刑事法雜誌／19卷6期／1975年12月）

26. 對於刑法改正草案批評之再批評（上），小野清一郎著，廖正豪譯（刑事法雜誌／19卷5期／1975年10月）

27. 有關刑法之全面修正——以草案之批判爲主，團藤重光著，廖正豪譯（刑事法雜誌／19卷3期／1975年6月）

28. 信賴原則與預見可能性——就食品事故與交通事故之比較，西原春夫著，廖正豪譯（刑事法雜誌／18卷5期／1974年10月）

29. 日本一九七二年改正刑法草案，廖正豪譯（刑事法雜誌／17卷6期／1973年12月）

30. 刑事訴訟上的錯誤判決，Max Hirschberg著，廖正豪；葉志剛譯（刑事法雜誌／15卷3期／1971年6月）

國家圖書館出版品預行編目資料

所有人的正義——法務部廖正豪前部長近年法
制論文集 / 廖正豪著. -- 初版. -- 臺北市
: 五南, 2016.07
　面 ；　公分
ISBN 978-957-11-8587-3(精裝)

1.法制 2.論述分析 3.文集

580.7　　　　　　　　　　105005280

4T86

所有人的正義
——法務部廖正豪前部長近年法制論文集

作　　　者— 廖正豪

執行編輯— 廖尉均

出 版 者— 廖正豪

封面設計— P.Design視覺企劃

總 經 銷— 五南圖書出版股份有限公司

地　　　址：106台北市大安區和平東路二段339號4樓

電　　　話：(02)2705-5066　　傳　　真：(02)2706-6100

網　　　址：http://www.wunan.com.tw

電子郵件：wunan@wunan.com.tw

劃撥帳號：01068953

戶　　　名：五南圖書出版股份有限公司

法律顧問　林勝安律師事務所　林勝安律師

出版日期　2016年7月初版一刷

定　　　價　新臺幣650元

※版權所有‧欲利用本書內容，必須徵求出版者同意※